GEO

SCHATTENLICHT

Herausgeber: Peter-Matthias Gaede
Idee und Konzept: Ruth Eichhorn
Bildredaktion: Markus seewald, Nadja Masri (Büro New York)
Gestaltung: Melanie wolter
Textredaktion: Ulrike Moser, Torben Müller (freie Mitarbeit); Jens Schröder
Schlussredaktion: Ute Arndt, Gabriela Strobel (freie Mitarbeit)
Herstellung: Heiko Belitz, G+J-Druckzentrale
Lithografie: MWW-Repro, Hamburg
Druck: Firmengruppe Appl, Wemding

1. Auflage 2002
ISBN 3-570-19370-5

GEO

SCHATTEN**LICHT**

Schwarzweiß-Fotografie aus GEO

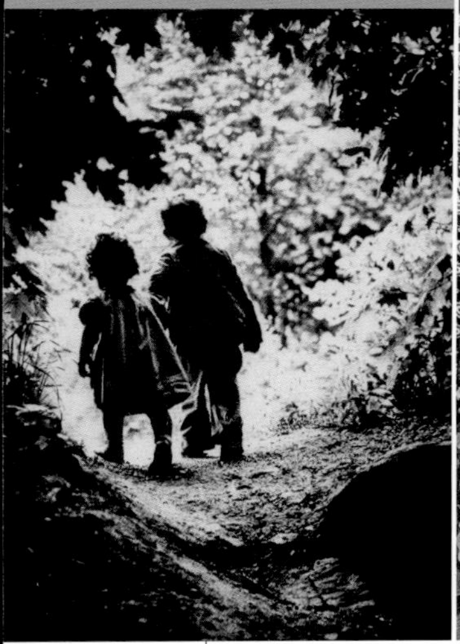

1

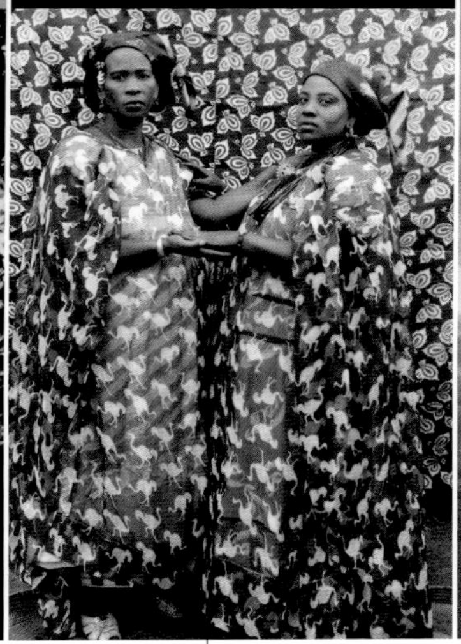

2

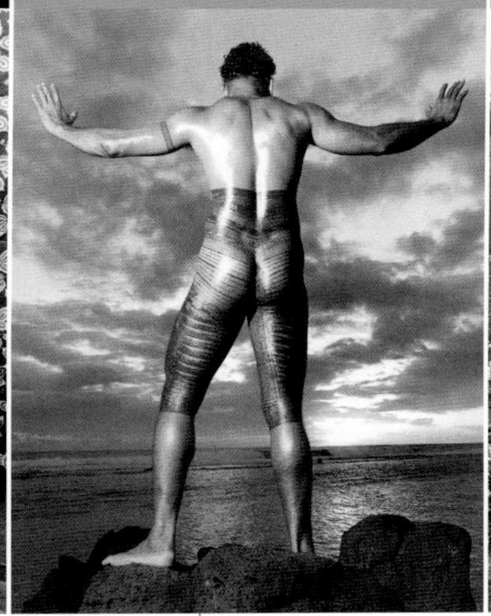

3

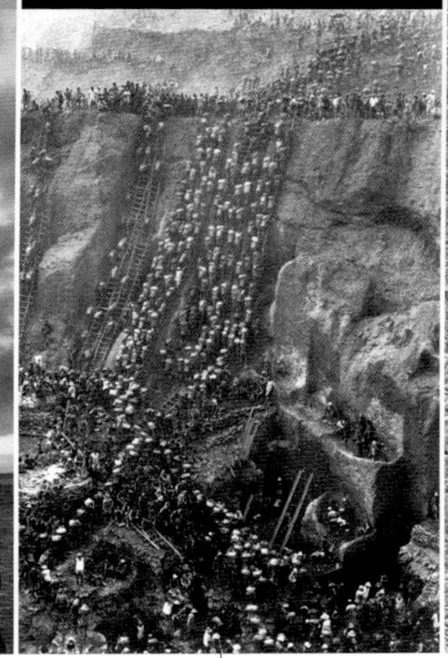

4

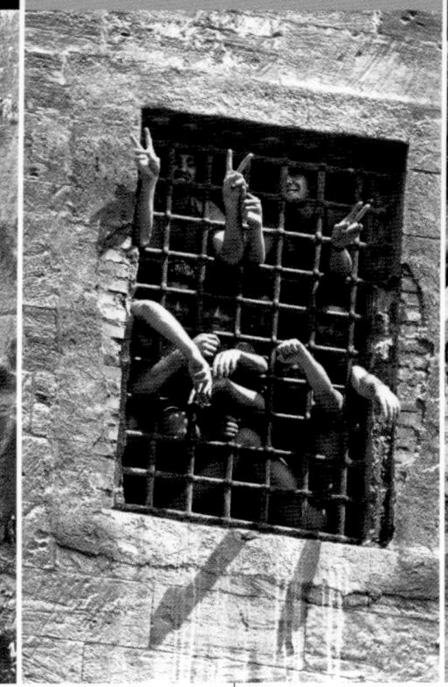

5

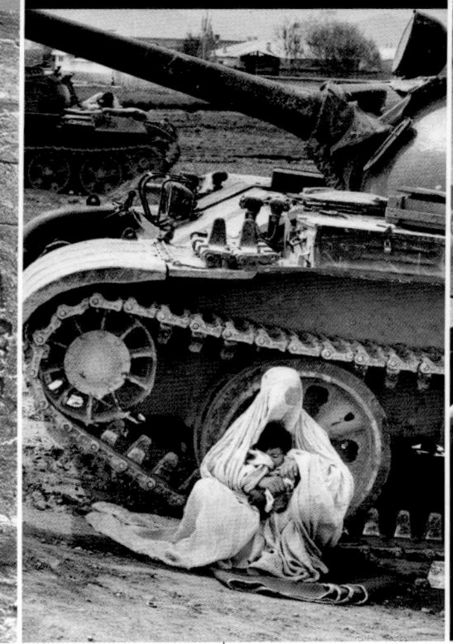

6

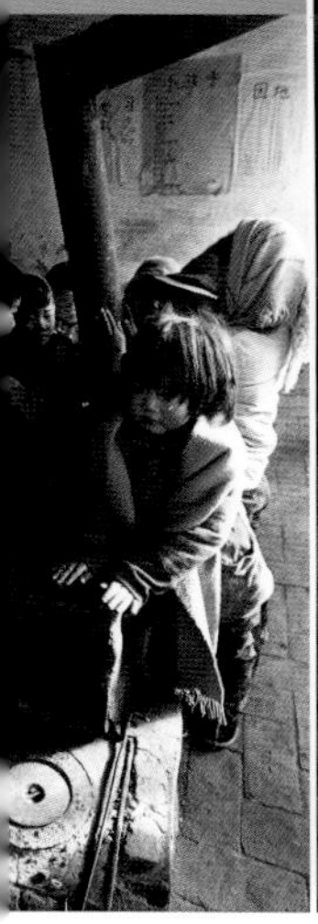
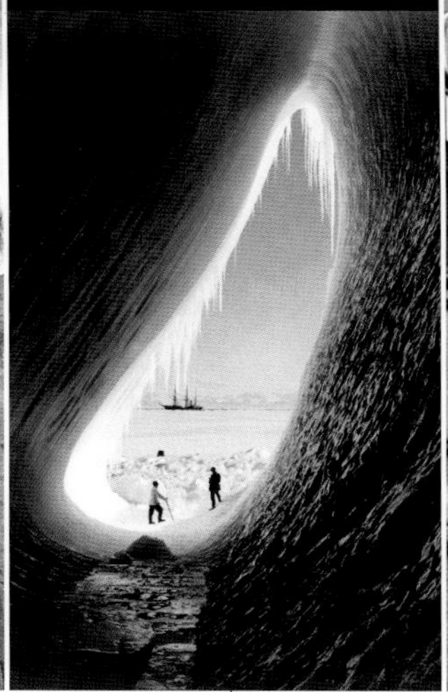
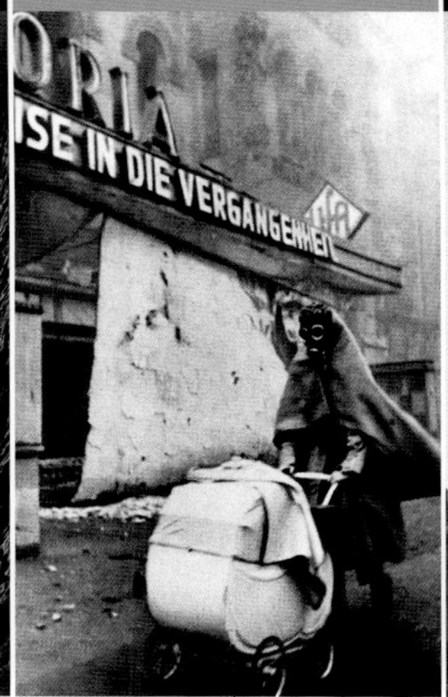

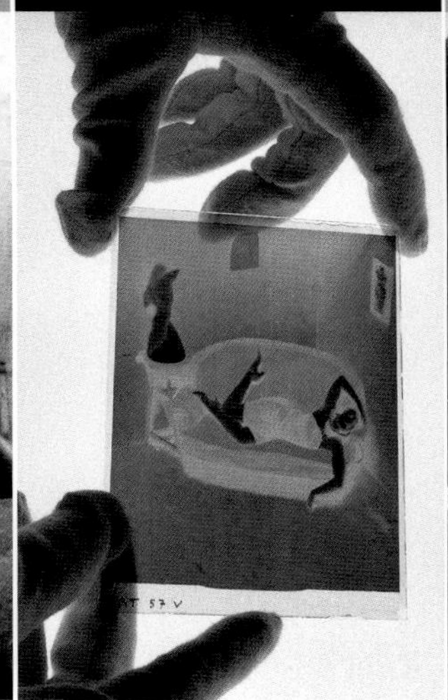
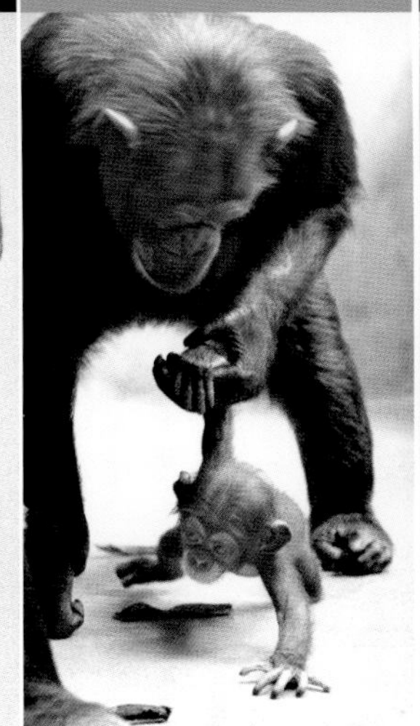
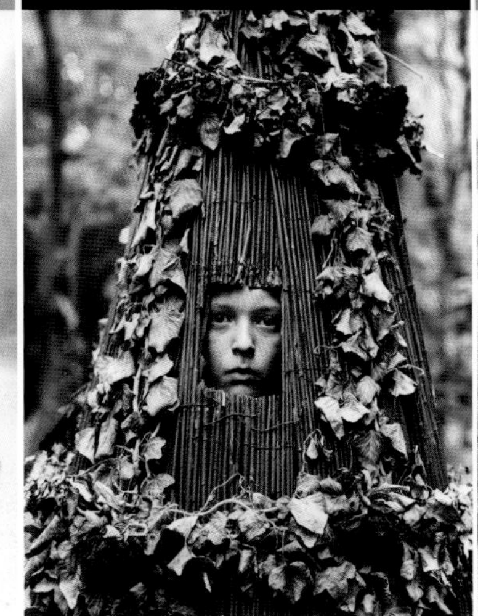
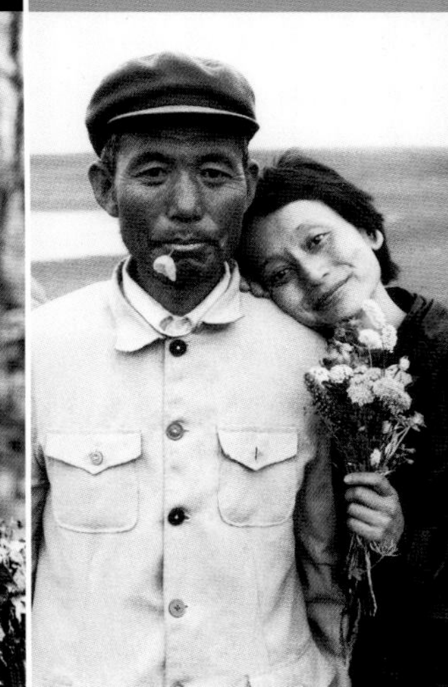

7 8 9 10 11 12 13

INHALT

SCHWARZ.WEISS.

»Der eine verbirgt, das andere zeigt. . . .und der Schatten hat mehr Macht als das Licht, denn er kann das Licht abschaffen und die Körper vollkommen des Lichtes berauben, und das Licht kann den Schatten niemals vollständig verjagen . . .« *Leonardo da Vinci*

VOR-WORT

Als GEO 1976 gegründet wurde, war es das erste Magazin, das komplett in Farbe gedruckt werden konnte – eine kleine, wenngleich nicht zu unterschätzende Sensation auf dem Zeitschriftenmarkt der damaligen Zeit. Mit ihr ging einher, dass zunächst ausschließlich Fotografen ins Heft gelangten, die eben in Farbe arbeiteten. Doch schon wenige Jahre später wurde GEO auch zum Terrain einer außergewöhnlichen Schwarzweiß-Fotografie. Als Referenz an einen Pionier dieses Mediums waren im Oktober 1982 die elegischen Zauberlandschaften des damals 80-jährigen Ansel Adams zu sehen: Der Moment einer Wiederentdeckung, dem zunächst vereinzelte, dann regelmäßige Verbeugungen vor den international herausragenden Exponenten einer besonderen Ästhetikschule wie auch eines sozial und politisch engagierten Blickes auf den Menschen und seine Welt folgen sollten.

Früh, teils erstmals in Deutschland, waren in GEO auch die Arbeiten des Amerikaners James Nachtwey zu sehen, der zum unumstritten bedeutendsten Kriegsfotografen der Gegenwart geworden ist. Oder die beeindruckenden Schwarzweiß-Fotografien des Brasilianers Sebastião Salgado, den vor allem seine großen

Arbeiten zur Lage des Menschen auf der verschatteten Seite der Welt unverwechselbar gemacht haben. Beide, Nachtwey wie Salgado, hatten wie die große Mehrheit der Foto-Reporter ihrer Zeit mit Farbfotografie begonnen, dann aber einen Sonderweg eingeschlagen, die spezifische Symbolkraft der Schwarzweiß-Fotografie für sich entdeckt. Aber auch Gilles Peress, Larry Towell, Abbas, Chris Rainier, Chien-Chi Chang, Jan Dagø – sie alle stehen für eine Fotografie, die bewusst reduziert, um das Wesentliche besser zum Vorschein zu bringen. Sie alle stehen für eine Fotografie, die pur und eindringlich ist. Und nicht selten für eine Fotografie von melancholischer Würde.

Es sind Fotografen, die gewissermaßen mit den „Farben der Stille" arbeiten. Die mit einer ungewöhnlichen Intensität zu zeigen vermögen, was den Menschen bewegt. Das reicht von Martin Gusindes poetischen Porträts der letzten Feuerland-Indianer aus der Frühzeit der Fotografie bis zu Rogério Reis' verschroben-träumerischen Bildern eines ganz anderen als des bekannten Karnevals in Rio; von den ultra-objektiven Industriewelt-Serien Bernd und Hilla Bechers bis zu Markus Bulliks Bildnissen eines grotesk anmutenden Mummenschanzes im heutigen Deutschland; von Cristína Garcia Roderos irritierenden Zeugnissen einer kurios-düsteren Religiosität in Spanien bis zu den grauwertigen Dokumentationen des Alltags in Russland, in Haiti oder in Sierra Leone.

Was könnte es sein, das die Schwarzweiß-Fotografie, dieses Medium des konzentrierten Innehaltens, so eigenartig macht. Dass sie dramatisiert? Dass sie nicht übereinstimmt mit dem, was wir auf den ersten Blick sehen? Oder dass sie uns, im Gegenteil, erst wirklich sehen, durchblicken lässt? Führt man ihre Ästhetik auf Aristoteles' „aisthesis"-Begriff zurück, so steht sie für mehr als die gebräuchliche Übersetzung in „Schönheit", sondern für die umweglose, ungefärbte Erkenntnis. Eine Erkenntnis, die nicht vom quantitativ Messbaren, vom Rationalen kommt, aber Augen öffnet und individuelle Gedanken freisetzt. Die Wahrnehmung von Bildern ist ein Transfer der Außen- in unsere Innenwelt, der Wandel von einem gemachten Bild zu einem Bild, das wir uns machen. Und das ist selten objektiv, auch wenn der Vorsatz vor dem Kameragehäuse so heißt.

Schwarzweiß-Fotografie vereinfacht die Komplexität der Wirklichkeit auf einen Kern, zwingt zur Auseinandersetzung mit einer Grundaussage und lässt zugleich, wie ein Buch der Andeutungen, einen Freiraum für Assoziationen, übergibt einen Rest von Verantwortung an den Betrachter. „Alle Schatten erzählen von der Sonne", schreibt Emanuel Carnevali. Und Licht wirft Schatten. Die Grautönungen dazwischen stehen unserer Interpretation zur Verfügung.

Seine Bilder „huschen nicht vorbei wie verwischte Action shots, sondern brennen sich in die Erinnerung", hat Freddy Langer in der „Frankfurter Allgemeinen Zeitung" über den Kriegsfotografen James Nachtwey geschrieben. Über einen Fotografen, der 1985 in GEO notierte: „Ich sehe die große Chance der Fotografie darin, dass sie ein Gefühl für Humanität zu wecken vermag. Wenn Krieg die Folge des Zusammenbruchs der Verständigung ist, dann ist Fotografie als eine Form der Verständigung das Gegenteil von Krieg." In seiner jüngsten Arbeit für GEO hat Nachtwey die Gesichter traumatisierter New Yorker nach dem 11. September 2001 fotografiert. Doch es wäre ein Irrtum, den Brennfaktor von Schwarzweiß-Fotografie auf das Katastrophische zu reduzieren. Die besondere Kraft, sich einzunisten in unserem Gedächtnis, kann ebenso gut von dem gänzlich unspektakulären, beiläufigen Schwarzweiß-Bild eines mongolischen Ehepaares ausgehen, das auf Seite 381 dieses Buches zu sehen ist. Schwarz. Weiß. Das klingt nach Extremen und zeigt doch auch die Ruhe im Sturm.

Das „Stille Bild" – immer häufiger wird es als ein Ruhepol im Lärm der heraufschwappenden Bilderflut der elektronischen Medien beschworen. Und nach wie vor wird ihm zugetraut, die Zeit anzuhalten und Erinnerung bewirken zu können. Es hat bewiesen, aus einem Augenblick Geschichte machen zu können und aus einem Moment das Bildnis einer Zeit. In »Schattenlicht« bleibt dieses Bildnis notwendigerweise ein Mosaik mit leeren Stellen. Immerhin aber eines, das unvergleichbar sein dürfte.

Peter-Matthias Gaede

LEBENS-WANDLUNGEN

„Ja! Ein göttlich Wesen ist das Kind, solang es nicht in die Chamäleonsfarbe der Menschen getaucht ist. Es ist ganz, was es ist, und darum ist es schön.“ Friedrich Hölderlin

AM ANFANG IST das Ich eine ganze Welt. Nur träumen, schlafen, wachsen. Schwerelose Purzelbäume im embryonalen Unterwasserkosmos. Gedankenlose Selbstgenügsamkeit. Bis zur Geburt und der Entdeckung, nicht allein auf dieser Welt zu sein. Zum Glück. Nie wieder sind wir so hilflos wie in den ersten Wochen unseres Lebens – und omnipotent zugleich. Nie wieder werden wir für Bedürftigkeit derart geliebt werden. Und nie wieder dürfen wir uns unseren Gefühlen und Ängsten so hemmungslos hingeben, so machtvoll schreiend Zuwendung fordern. Ohne Zärtlichkeit verkümmert ein Säugling. Von jetzt an geht es um die Liebe. Für den Rest des Lebens. Und immer auch um die Angst, sie zu verlieren.

Zum Älterwerden, zur Entdeckung und Aneignung der Welt, gehört auch die missliche Erfahrung, dass sie uns sehr bald nicht mehr bedingungslos zu Füßen liegt. Dass wir mit Geschrei nicht mehr nur ängstliche Fürsorge wecken. Dass es Konkurrenz um die Aufmerksamkeit der Eltern gibt, dass es deren Freunde gibt, Geschwister, Alltag. Und dass Eltern launenhafte, oftmals auch überforderte und ungerechte Wesen sind, deren ausgesprochenen und unausgesprochenen Hoffnungen nur schwer zu genügen ist.

1

Kinder sind längst keine Investition in die Zukunft mehr. Als billige Arbeitskräfte werden sie nicht mehr gebraucht. Und dass sie Vater und Mutter im Alter versorgen, ist eher unwahrscheinlich. Im Gegenteil, Kinder kosten viel Geld. Sie werden häufig schon als Karrierehindernis gewertet, bringen keine gesellschaftliche Anerkennung. Und sie sind steter Quell von Stress und Verunsicherung, seit Kindererziehung zur Entwicklungshilfe geworden ist, die alle Mängel am Kinde beseitigen und alle positiven Anlagen zur Blüte bringen soll. So bleibt allein der Anspruch an das Kind, es möge den Eltern unerschöpflicher Quell des Glückes werden. Ihrem Leben einen tieferen Sinn geben, die Liebe der beiden zueinander festigen.

Familie ist eine fragile Verbindung, und doch hält sie uns ein Leben lang gefangen. Manchmal als Hort der Geborgenheit, der verlässlichen Liebe. Manchmal traumatisch, so sehr wir uns auch bemühen, uns aus dieser emotionalen Verstrickung zu befreien. Am heftigsten während der Pubertät, wenn Kinder noch einmal zu launischen Terroristen werden, die Eltern aus dem Olymp der Allwissenheit stürzen, reizbar, aggressiv, selbstquälerisch. Und voller Sehnsucht nach einer anderen Liebe, nach Verliebtheit: dem stärksten Motiv, aus der familiären Bindung auszubrechen.

Liebe, meinen manche, sei die einzige Zwangsneurose, die wir uns herbeiwünschten. Sie bindet all unsere Fantasie. Und adelt die Schwächen und Fehler des anderen zu Vorzügen. Es gibt nichts, was Menschen in ihrem Namen nicht tun, nicht in Kauf nehmen würden. Edward VIII. verzichtete für eine Frau auf den Thron. Goethe blieb bis zu deren Tod bei Christiane Vulpius, trotz des Gespötts der Weimarer Gesellschaft. Und Bonnie und Clyde feierten ihre Liebe in einer Orgie der Gewalt, bis zum gemeinsamen Ende im Kugelhagel. Liebende schwelgen im Gefühl der Einzigartigkeit. Sie sind bereit, sich zu opfern, zu erniedrigen. Der Weg vom Himmel in den Abgrund ist nicht weit. Auch nicht der von Verehrung zu Verachtung. Und dennoch, die Liebe bleibt eine Macht, die weder Psychologie, Genetik noch Anthropologie entzaubern konnten. Noch ernüchtert von diversen Enttäuschungen hoffen wir wieder und wieder auf die lebenslange Liebe – allen entmutigenden Statistiken zum Trotz. Nur dass die Liebe immer seltener ein Weg zur Familie ist. Die Familie ist der „Kommunismus im Kapitalismus“, wie der Soziologe Ulrich Beck sagt. Ein unrentables Auslaufmodell?

FOTO: W. EUGENE SMITH | Geliebte Rivalen: Geschwister haben viel gemeinsam – neun Monate im Bauch derselben Mutter, dasselbe Zuhause, die Hälfte der Erbanlagen. Doch vom ersten Fläschchen bis zum ersten Auto prägt der scheinbar simultane Lebensweg ihre Persönlichkeiten völlig unterschiedlich – und entlässt sie in eine lebenslange Beziehung meist grundverschiedener Menschen

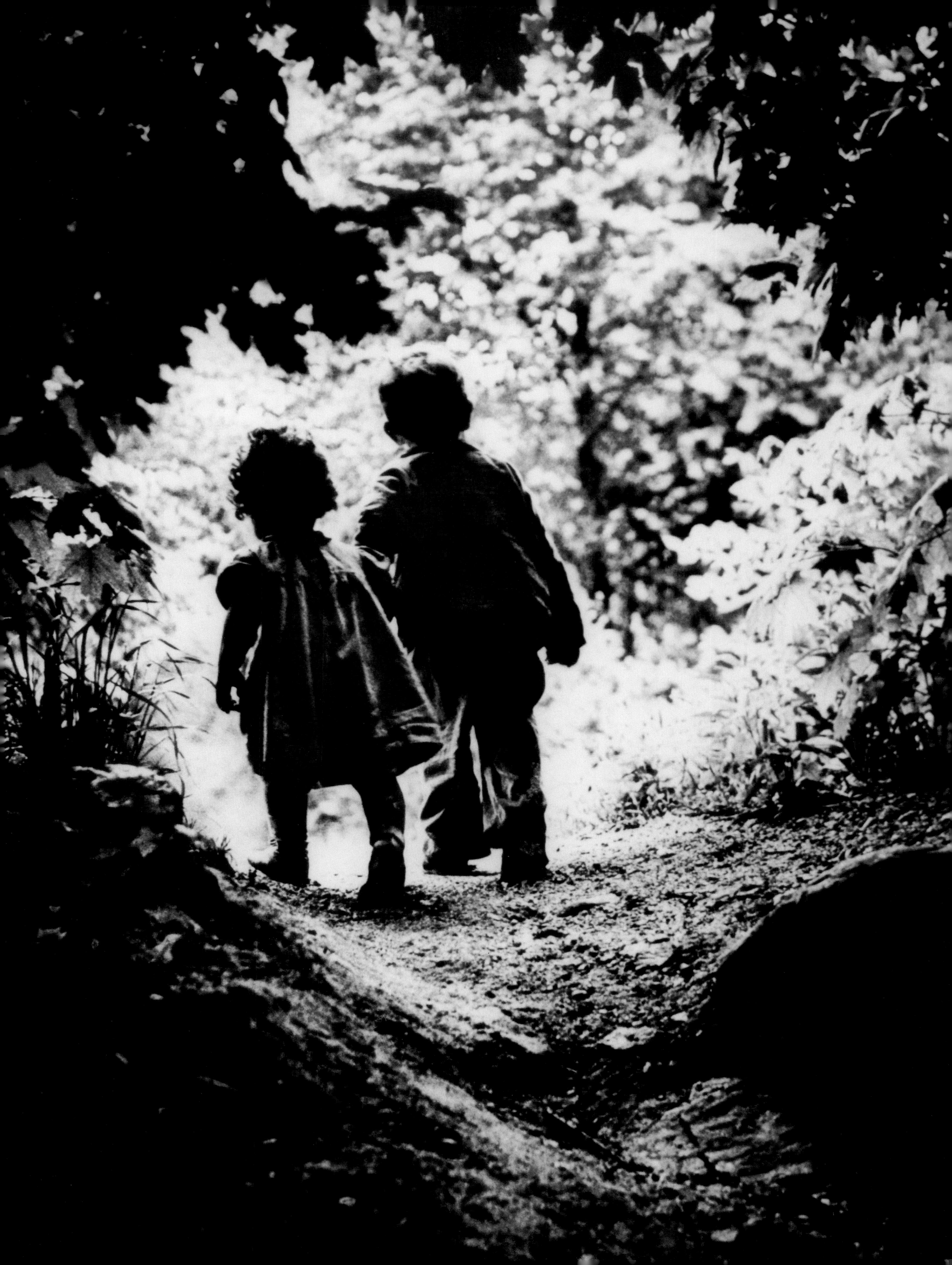

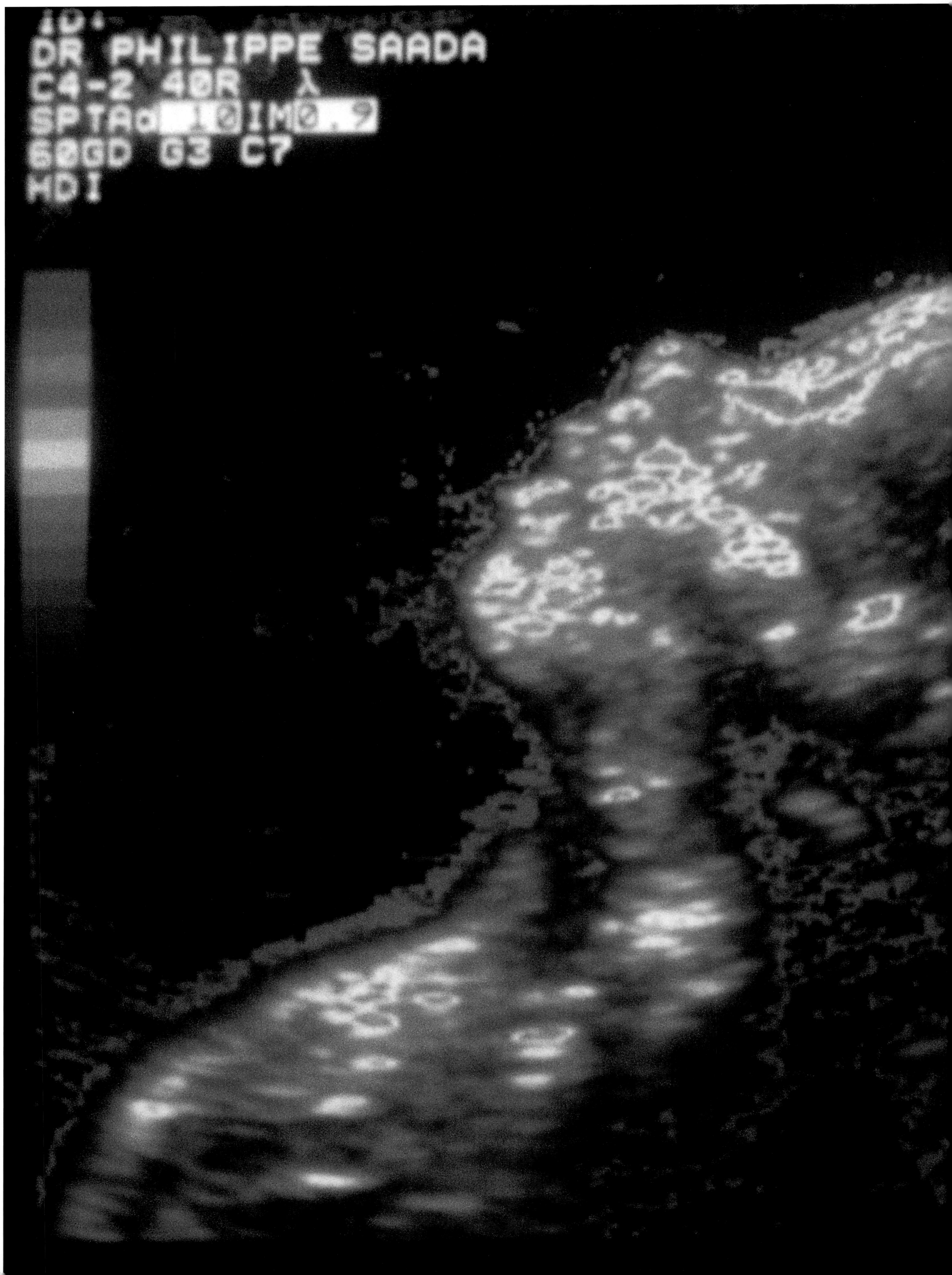
DR PHILIPPE SAADA
C4-2 40R λ
60GD G3 C7
HDI

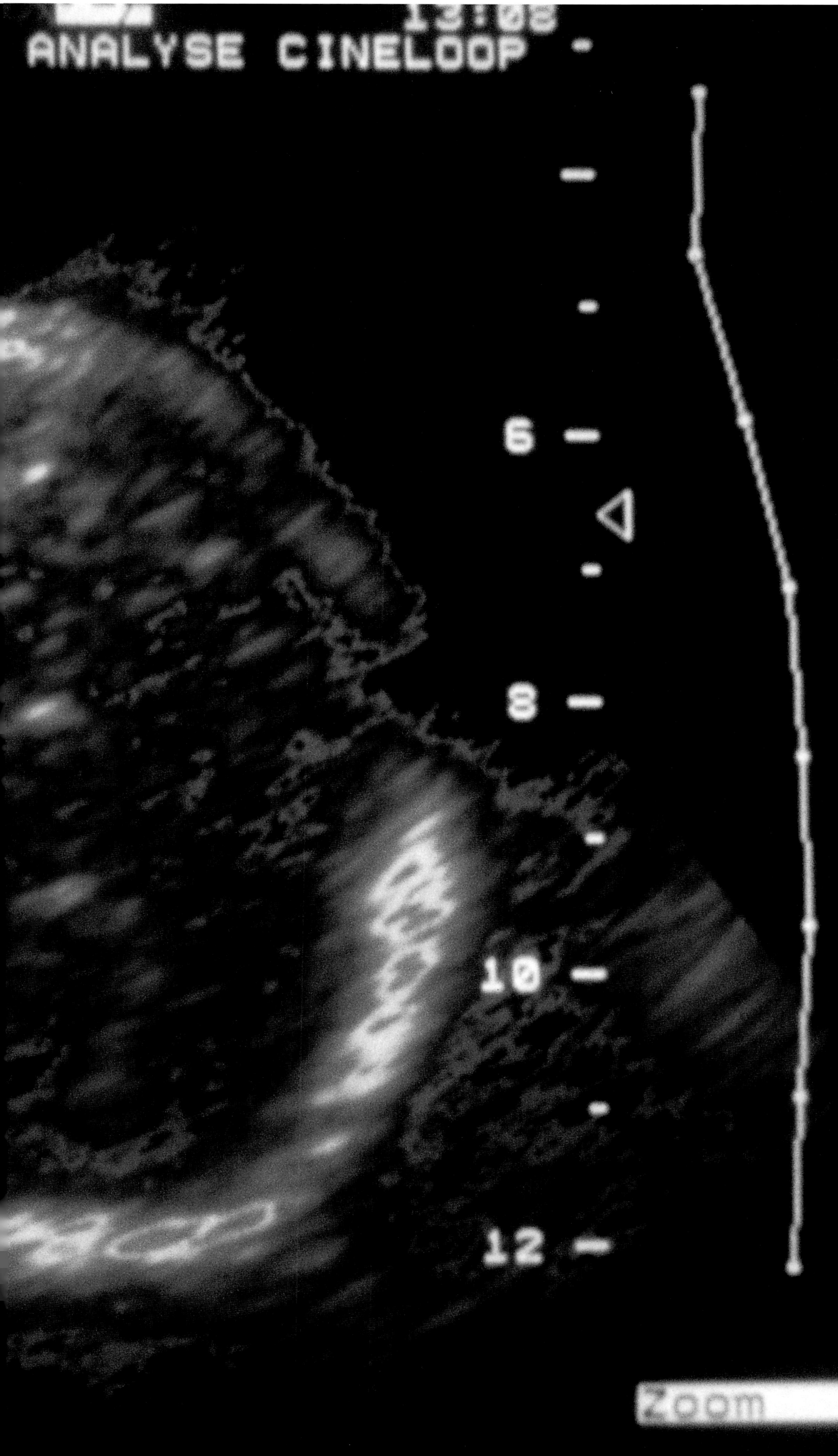

FOTO:
PHILIPPE SAADA

Mit hochfrequenten Schallwellen bildet das »Doppler-Sonar« den Kopf eines fünf Monate alten Fötus in Grauschattierungen ab. Noch vor 20 Jahren war ein Ungeborenes in den Augen vieler Mediziner kaum mehr als ein gefühlloser Zellklumpen. Inzwischen belegen Studien, dass schon im zweiten Schwangerschaftsdrittel Milliarden von Nervenzellen den winzigen Körper verdrahten – und dass Neugeborene mit klaren Erinnerungen an erlauschte Geräusche und den Geschmack des Fruchtwassers auf die Welt kommen

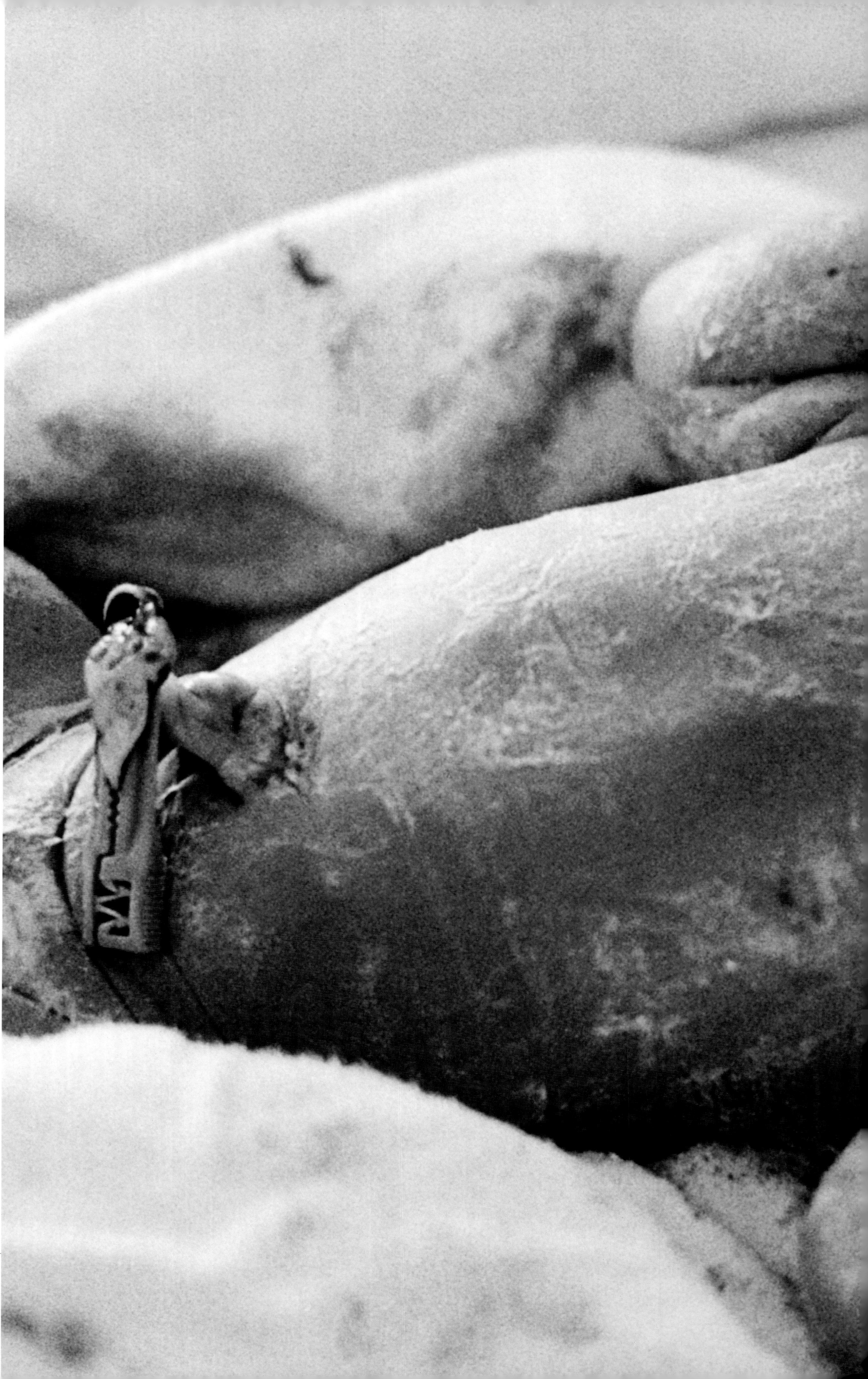

FOTO:
SIMON PUSCHMANN

Der allererste Schrei – vielleicht drückt er nur Schmerz aus, vielleicht aber auch Entsetzen über die brutale Veränderung der unmittelbaren Umwelt. Früher sahen Psychologen im »Geburtstrauma« eine entscheidende Ursache für seelische Probleme in späteren Lebensjahren – etwa Depressionen oder Ängste. Neuere Forschungen zeigen aber, dass die psychische Konstitution eines Menschen auch durch andere frühe Einflüsse geprägt wird: durch die Stimmungen und Spannungen etwa, denen die Mutter während der Schwangerschaft ausgesetzt war

GEO *07/01*

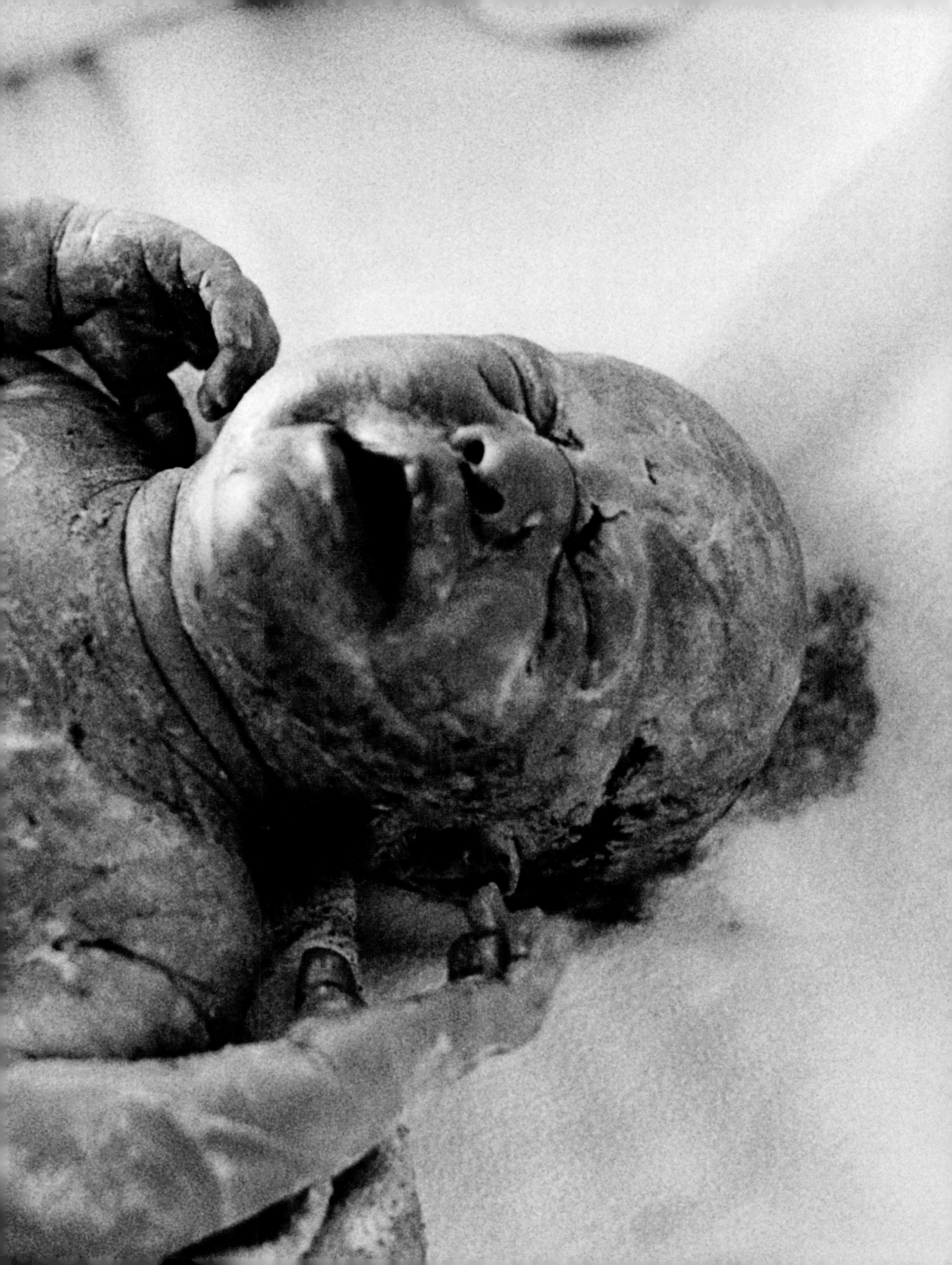

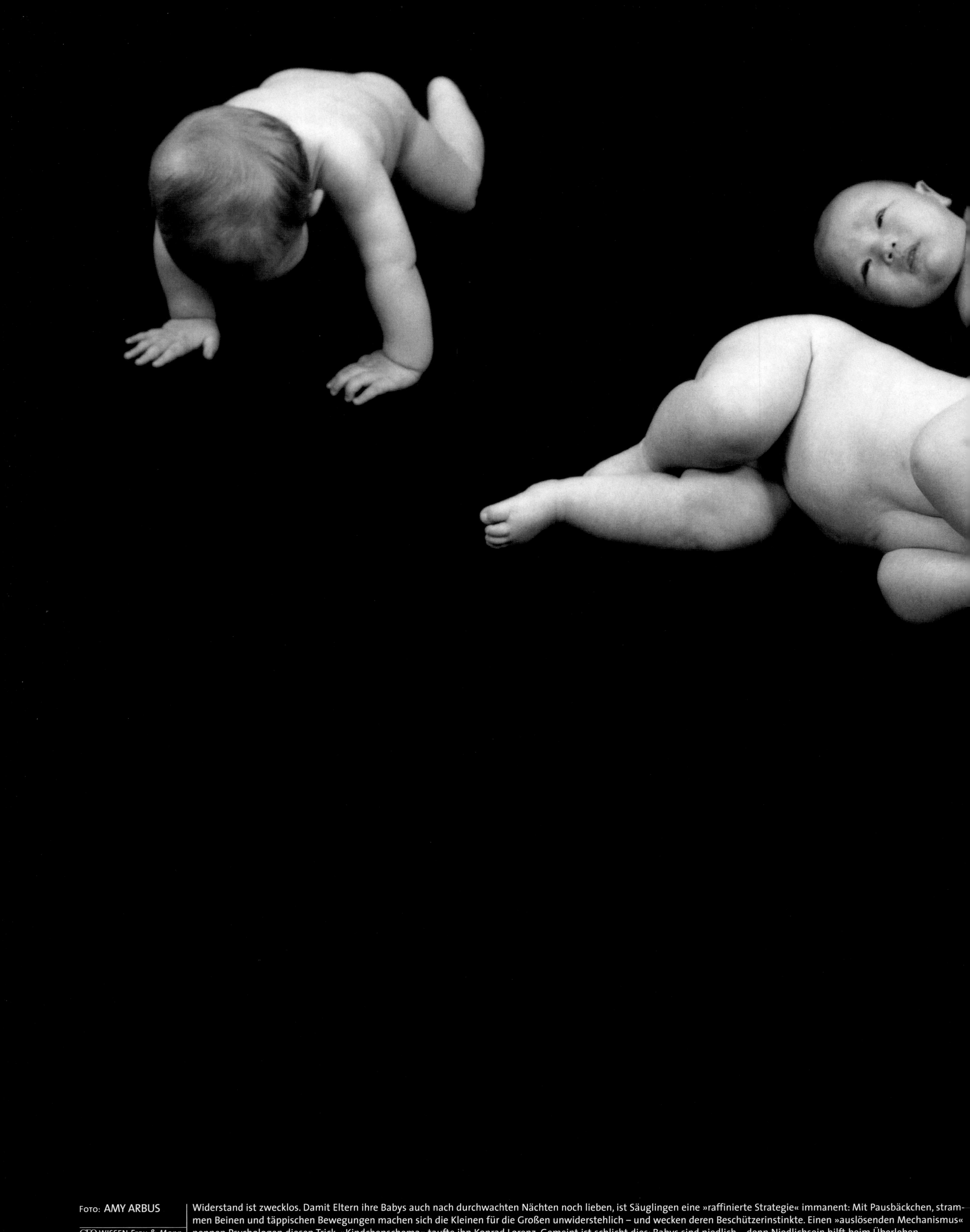

Foto: AMY ARBUS

GEO WISSEN *Frau & Mann*

Widerstand ist zwecklos. Damit Eltern ihre Babys auch nach durchwachten Nächten noch lieben, ist Säuglingen eine »raffinierte Strategie« immanent: Mit Pausbäckchen, strammen Beinen und täppischen Bewegungen machen sich die Kleinen für die Großen unwiderstehlich – und wecken deren Beschützerinstinkte. Einen »auslösenden Mechanismus« nennen Psychologen diesen Trick. »Kindchenschema« taufte ihn Konrad Lorenz. Gemeint ist schlicht dies: Babys sind niedlich – denn Niedlichsein hilft beim Überleben

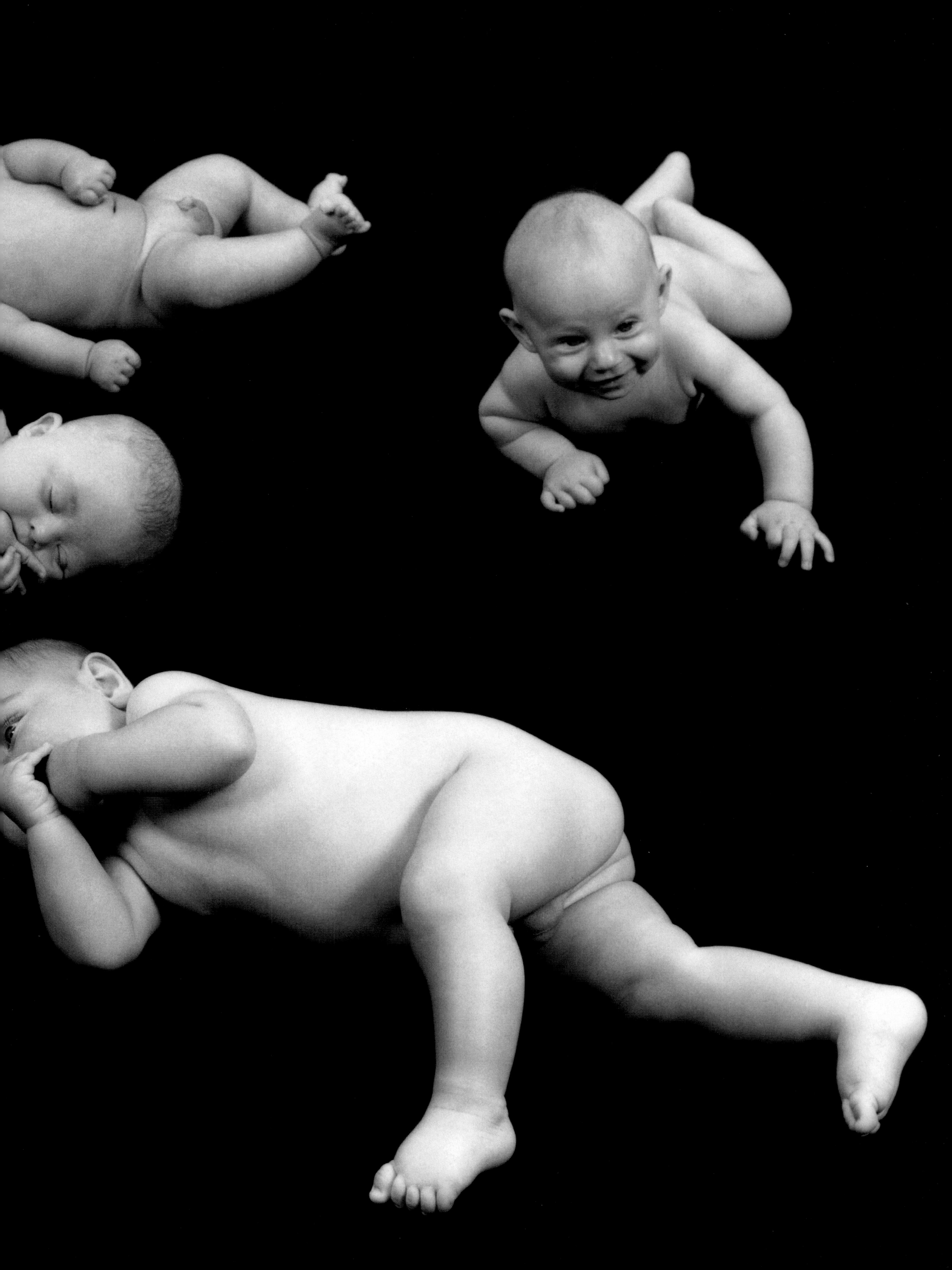

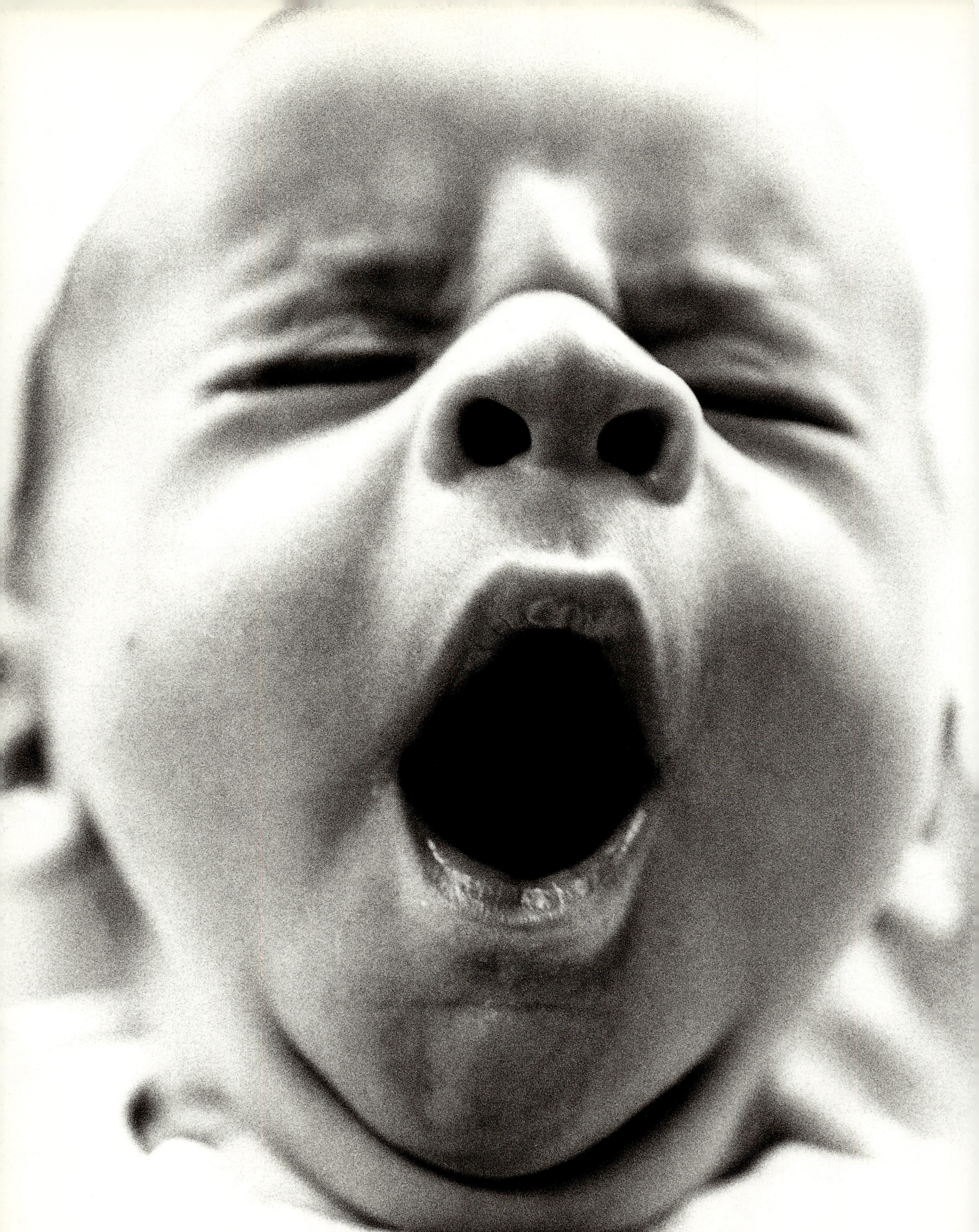

ᴅ:
Y ARBUS

ummerkünstler: In den
en Monaten schlafen
ys so lange und so
fig, wie es ihr Körper
angt. An jedem Ort
in jeder Lage können
n einen von langen
umphasen durchsetz-
Schlaf fallen. Ihr Gehirn
anisiert derweil die
vonnenen Eindrücke
kann sogar gleich-
ig noch neue aufneh-
n – das Baby lernt. Und
Eltern lernen mit: näm-
dass sie selbst auch
mit weniger Schlaf
kommen müssen

WISSEN *Frau & Mann*

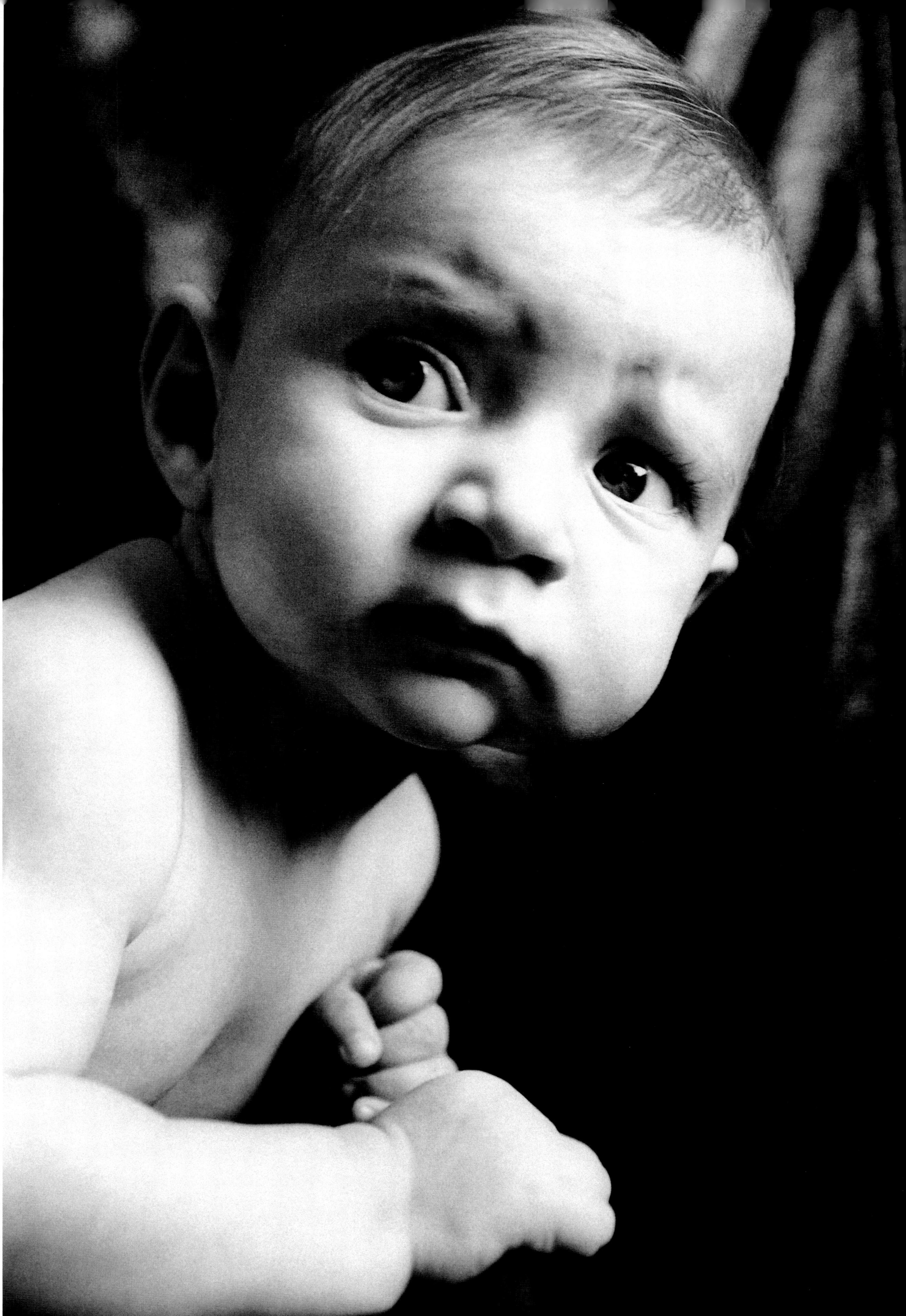

Foto: AMY ARBUS

GEO WISSEN *Frau & Mann*

Gesunde Skepsis: Eltern sind oft schockiert, wenn ihr Nachwuchs nach einem guten halben Jahr den Bäcker oder die Kassiererin im Supermarkt nicht mehr anlächeln mag. Dabei ist dieses Fremdeln nur die Kehrseite eines wichtigen Entwicklungsschritts: Die Babys können nun unterscheiden, wer sie stets umsorgt und demzufolge verlässlich liebt – und wer seine vorgebliche Freundlichkeit erst noch beweisen muss

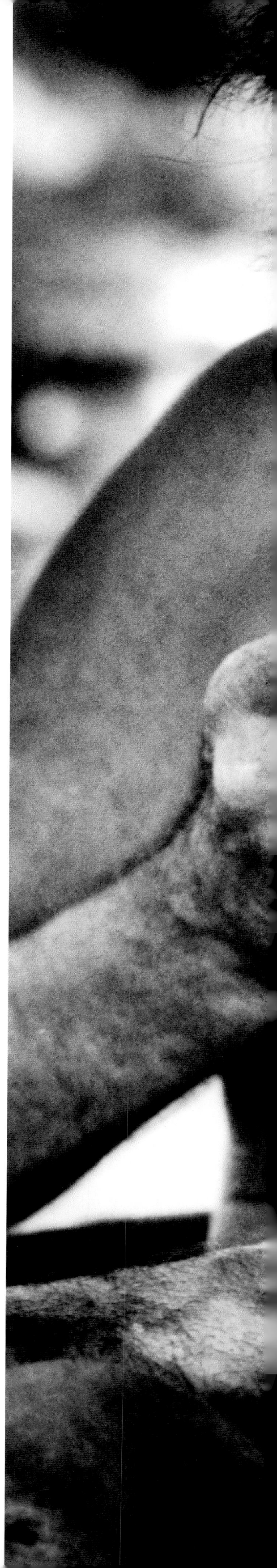

FOTO: CAROL GUZY
GEO 01/97

Glückselig schließt dieser Mann nach einem überstandenen Hurrikan seine Tochter in die Arme – ein Sinnbild väterlicher Zärtlichkeit. Studien haben belegt, dass Hormone wie der Botenstoff Oxytocin nicht nur Mütter, sondern auch Väter an die emotionale Kette legen: eine sanfte Sucht nach Nähe und Berührung, die mit jedem Streicheln stärker wird und Glücksgefühle durch die elterlichen Adern kreisen lässt

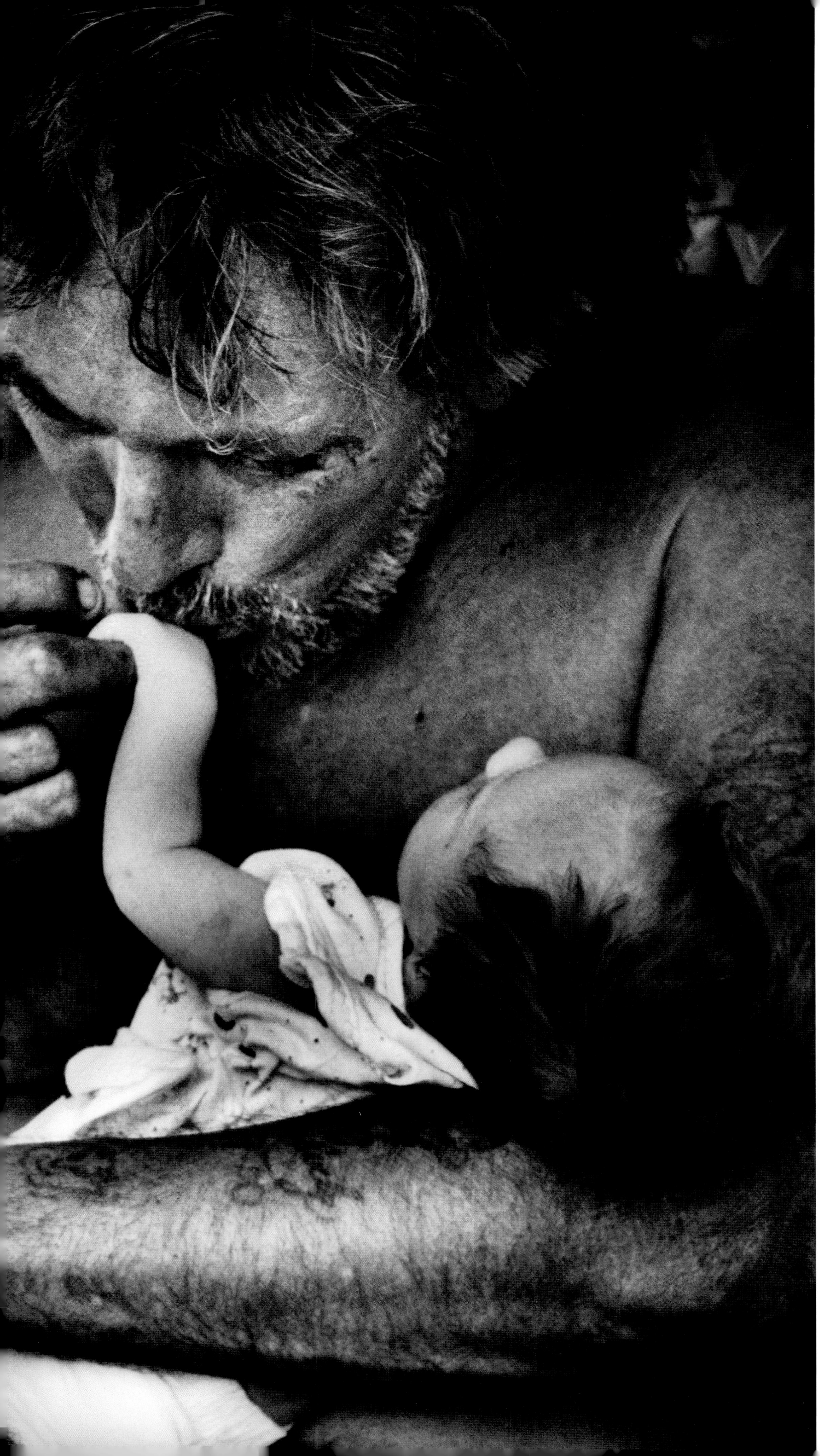

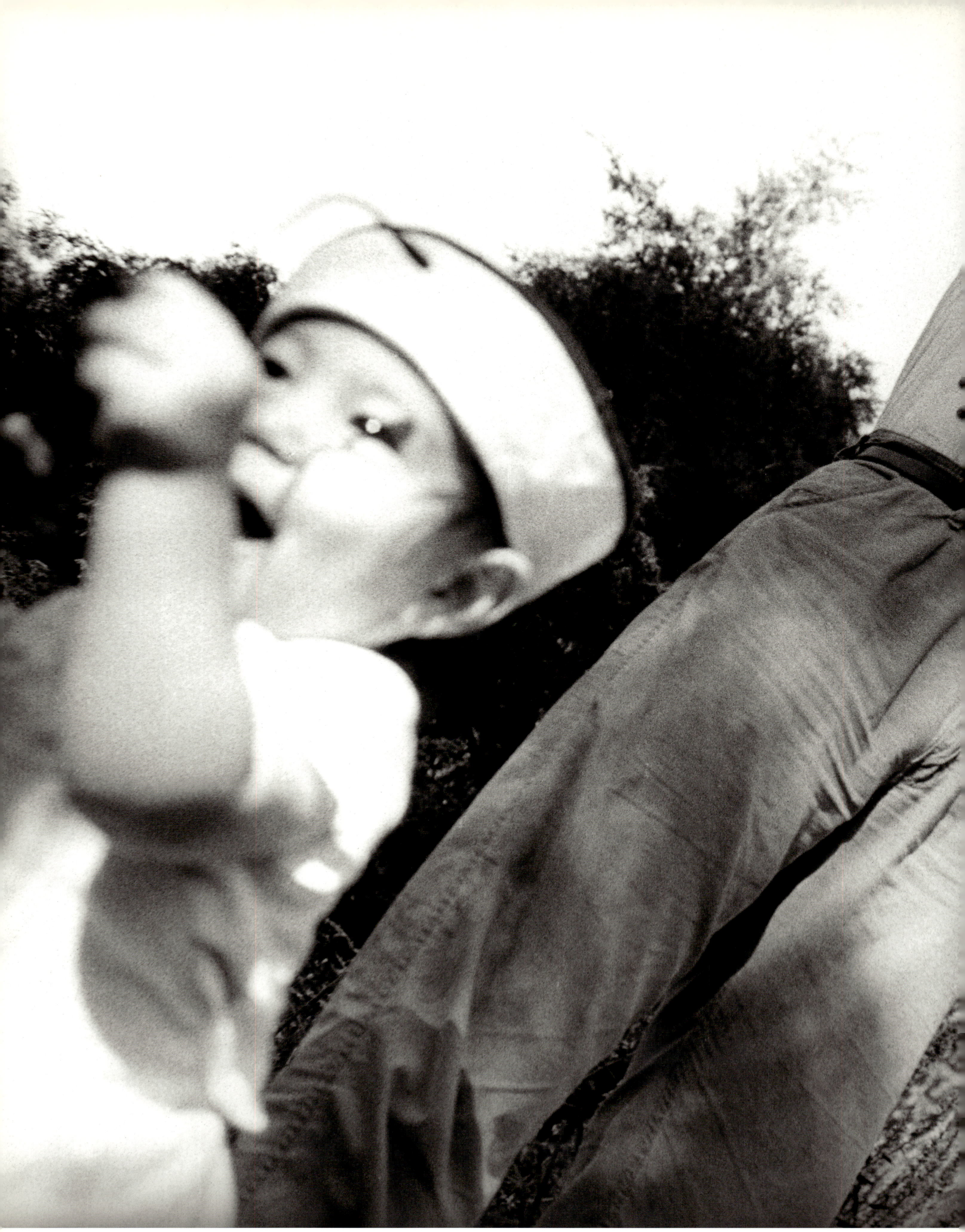

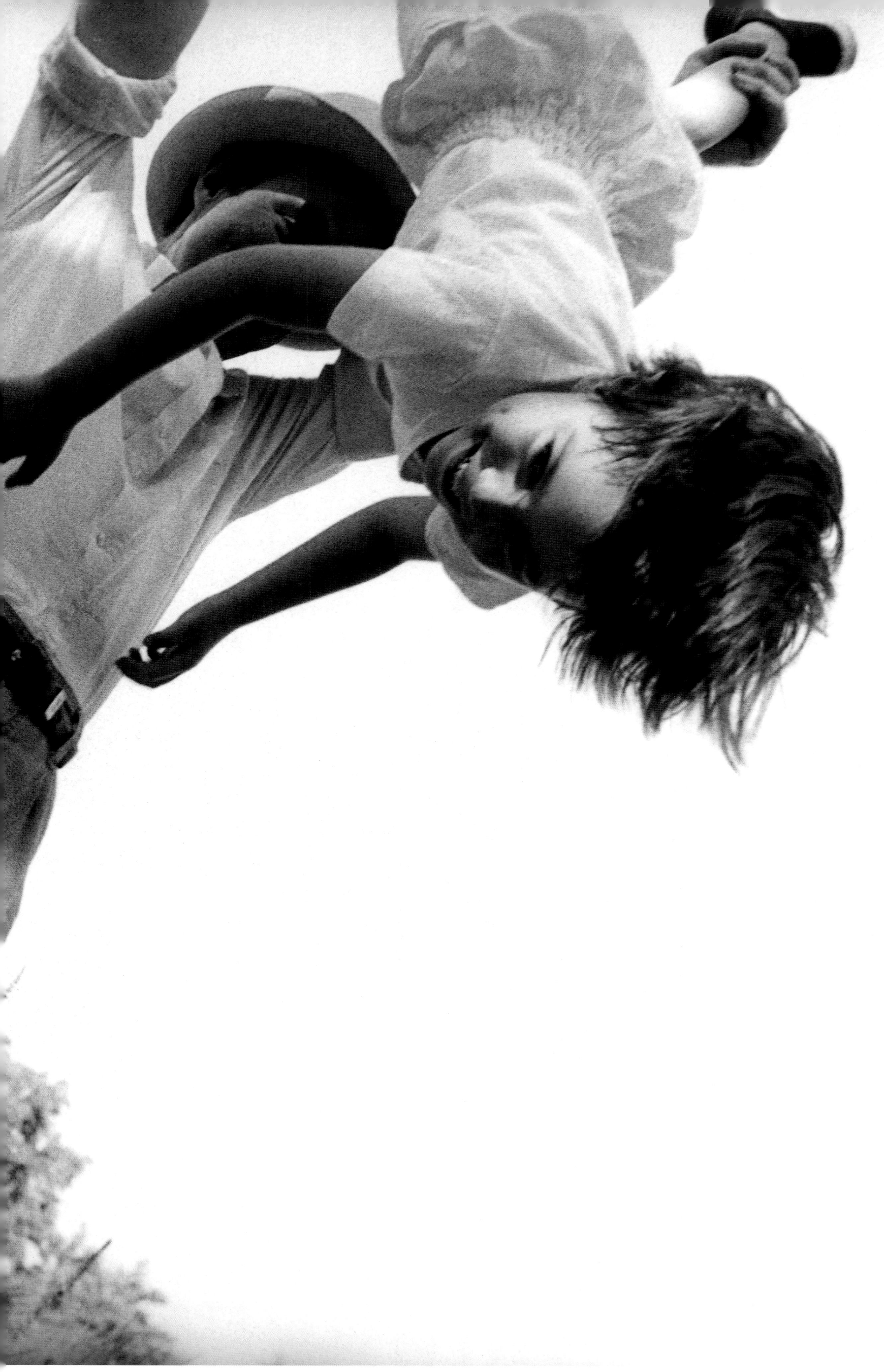

FOTO:
SYLVIA PLACHY

Ein Hang zum Spielen ist Kindern angeboren – ihr natürliches Anrecht auf zweckfreies Tollen und Toben wurde ihnen aber in Mitteleuropa lange verwehrt. Bis ins 18. Jahrhundert mussten die Kinder der Armen auf den Feldern arbeiten, sobald sie laufen konnten. Adelige machten ihre Sprösslinge früh zu Miniatur-Erwachsenen – und zu lebendiger Verhandlungsmasse für dynastische Familienbündnisse. Dabei hatte der Priester Johannes Comenius schon 1632 zu hoffen gewagt, dass spielende Kinder einst die Welt zum Frieden führen

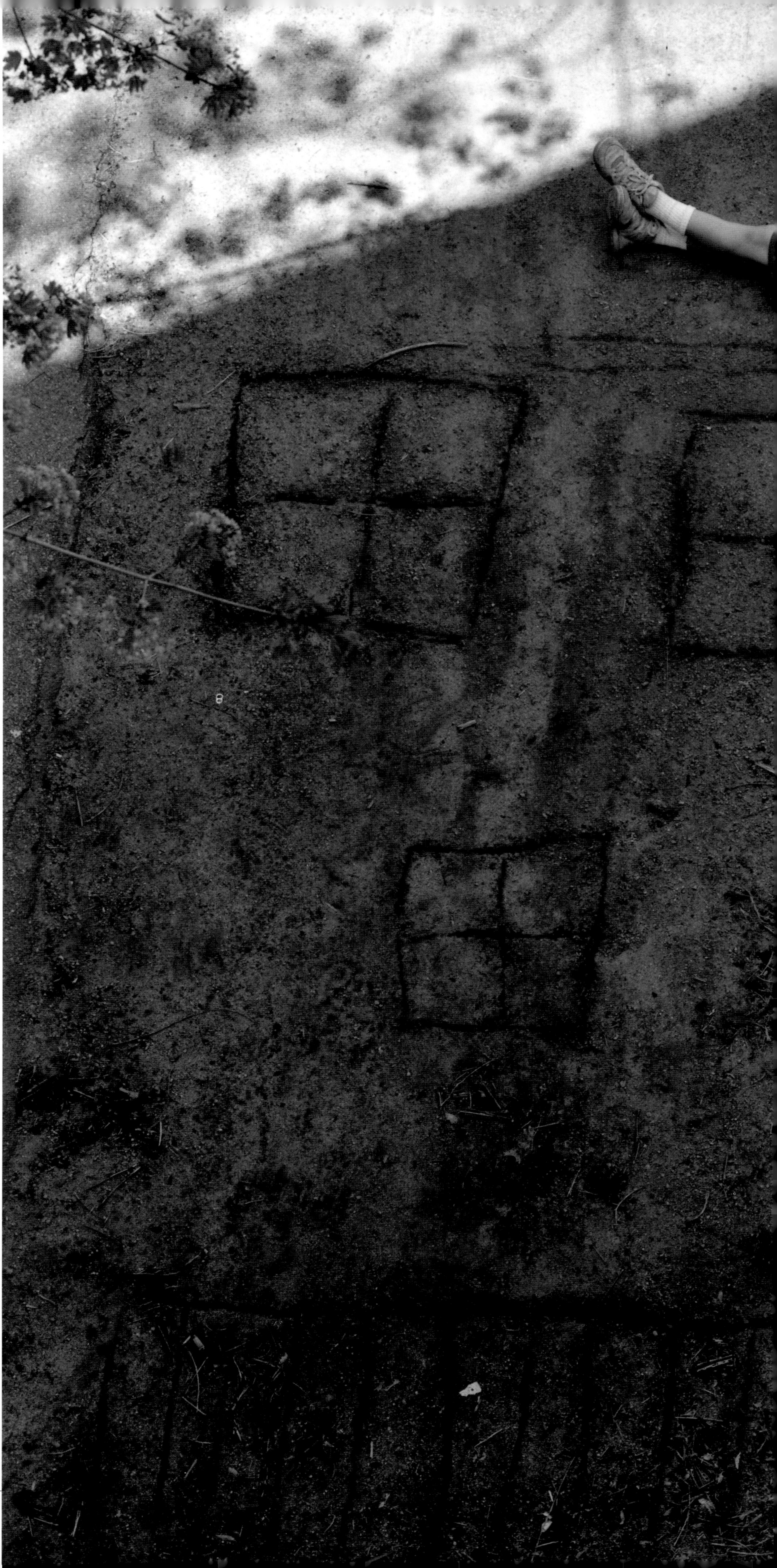

FOTO:
ABELARDO MORELL

Unbändiges Bedürfnis nach Zugehörigkeit: Für ein Kind kann selbst der Schatten eines Zuhauses Geborgenheit spenden. Bis zur Selbstaufgabe kämpfen die Kleinen um den Zusammenhalt ihrer häuslichen Gemeinschaft. Wenn die gefährdet ist, zum Beispiel durch eine Ehekrise der Eltern, registriert der Nachwuchs dies fast immer als Erstes und löst ein familiäres Frühwarnsystem aus: Die kindlichen Hilfeschreie äußern sich vielfach in Erkrankungen und Verhaltensauffälligkeiten

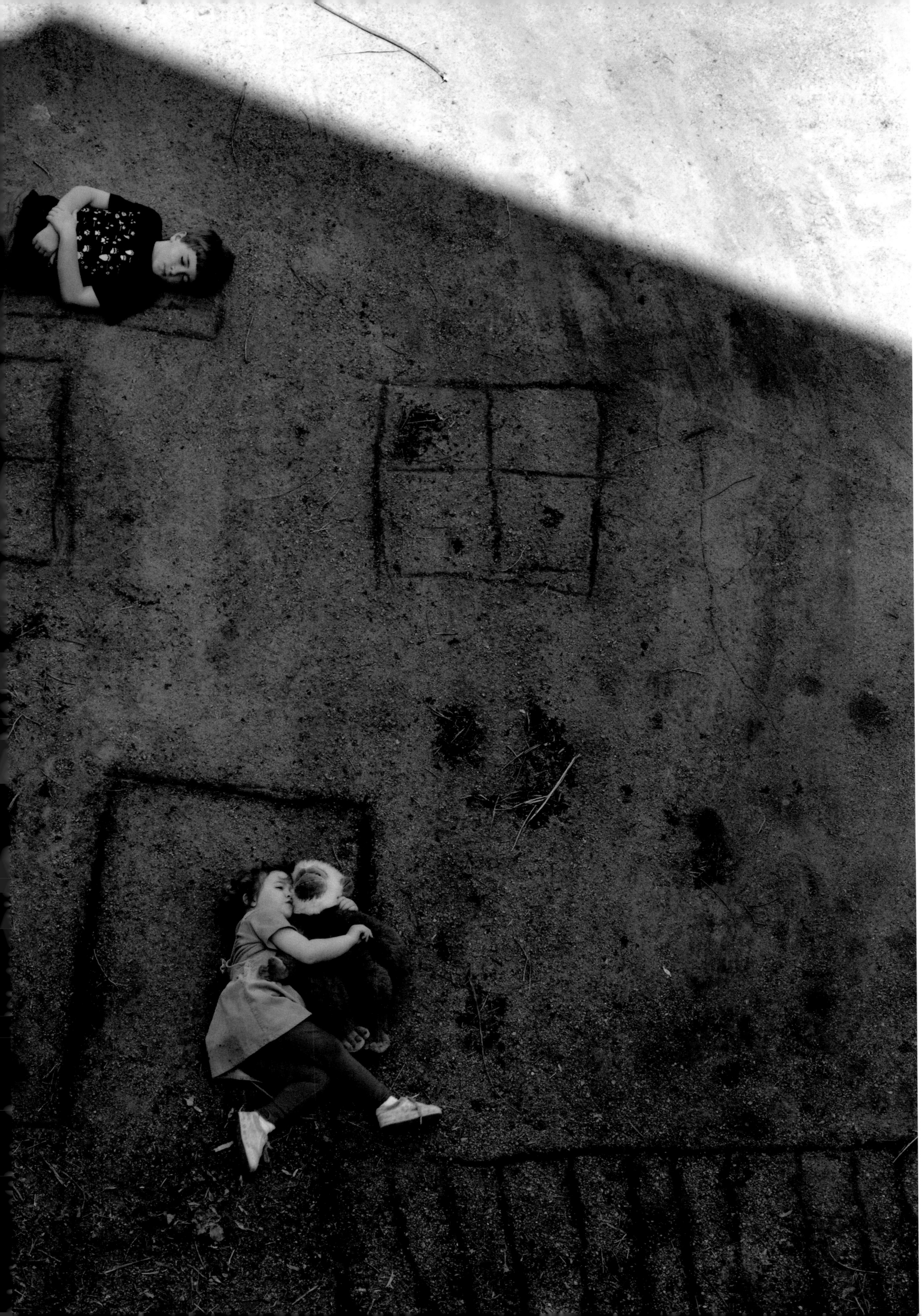

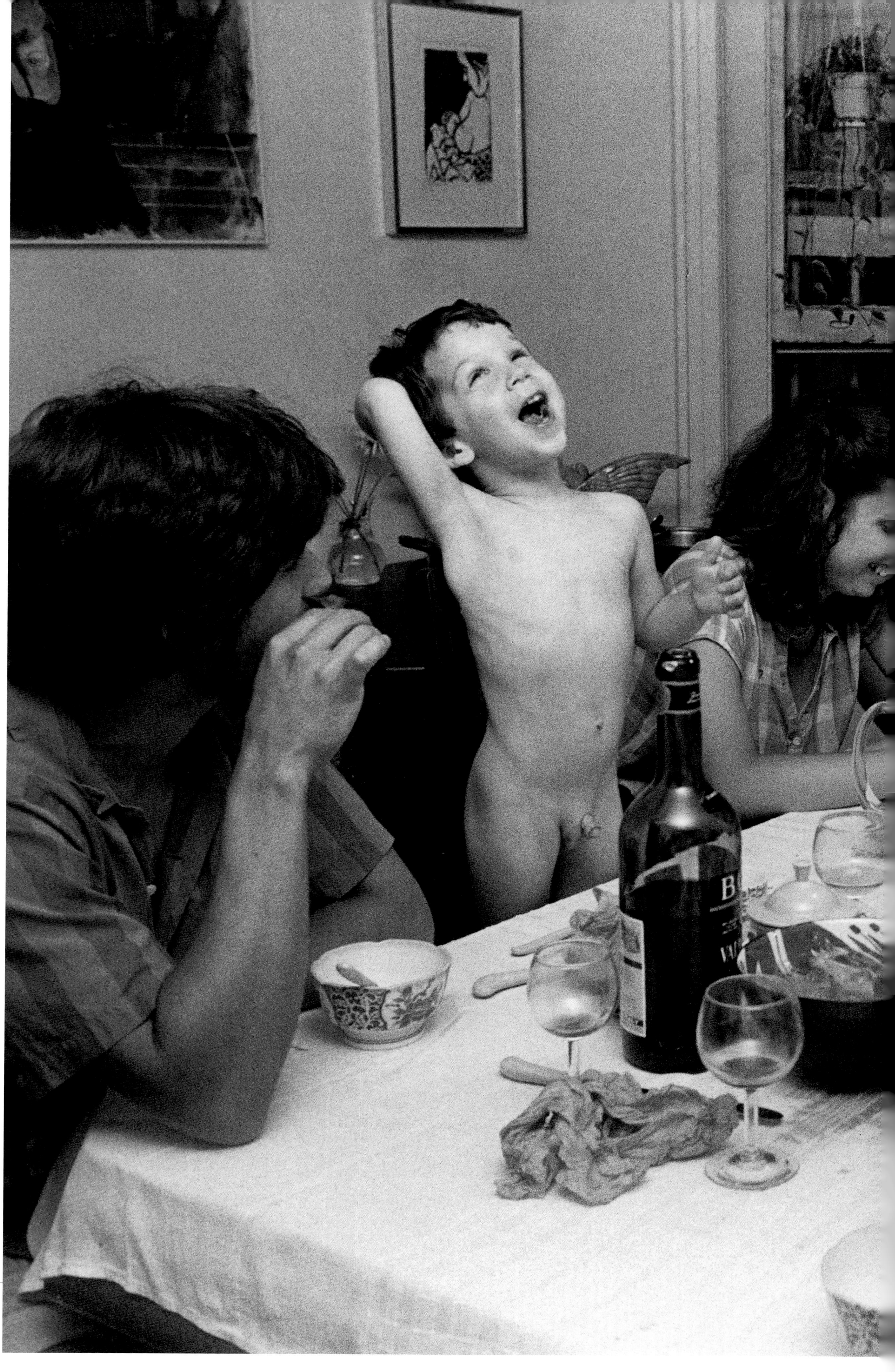

FOTO:
ABIGAIL HEYMAN

Familienbande und Sippenhaft: Wie ein behütendes Netz kann eine Familie ihre Mitglieder umfangen, wenn die Balance zwischen Nähe und Distanz ausgewogen ist. Rituale wie gemeinsames Essen oder Familienfeiern verleihen solchen Lebensgemeinschaften eine »seelische Struktur«. Bisweilen allerdings bestimmen auch unsichtbare Tabus und Verstrickungen die Atmosphäre – wenn sie unreflektiert bleiben, können sie einen Menschen lebenslang bedrücken und sogar in nachfolgenden Generationen weiter wirken

GEO 03/00

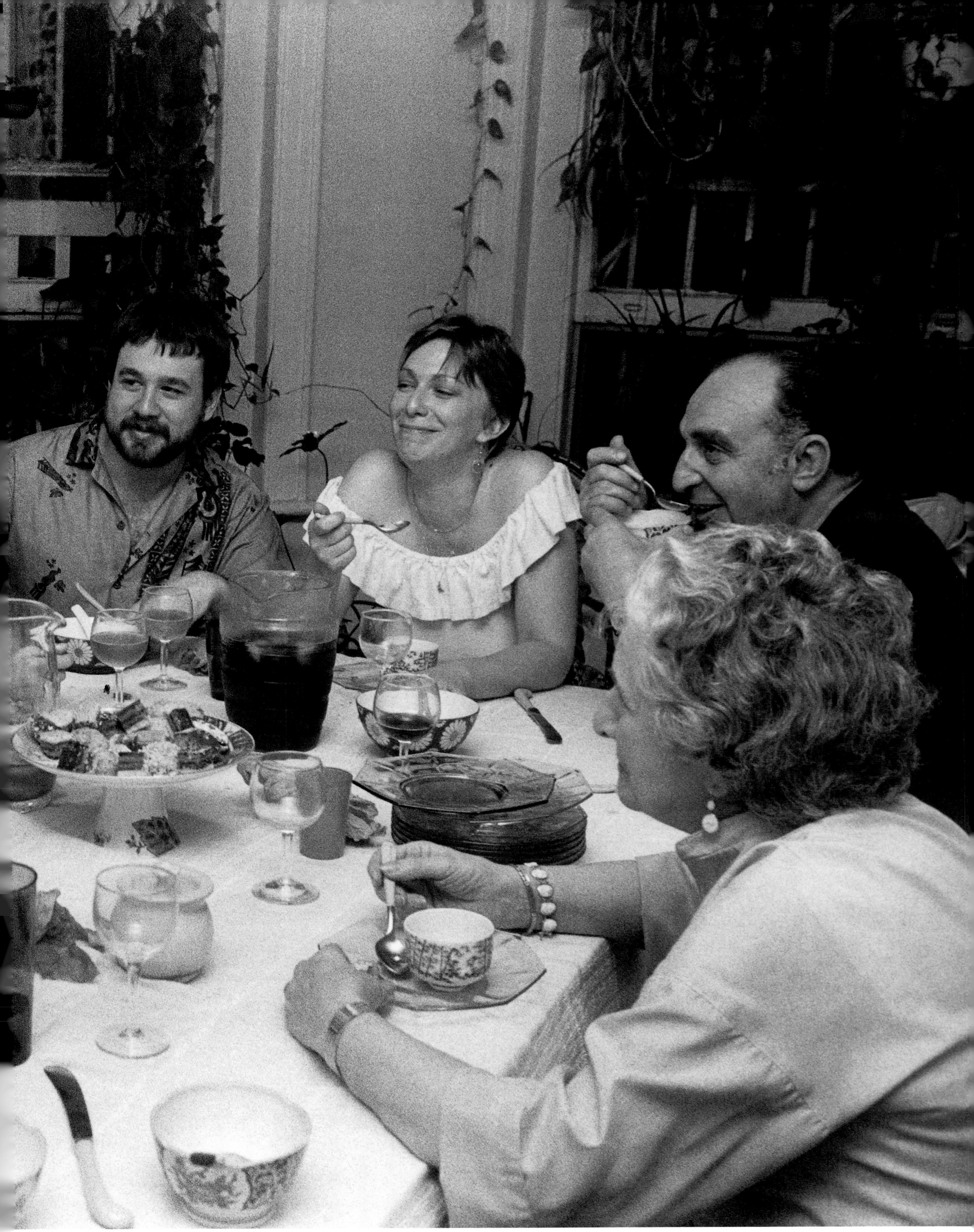

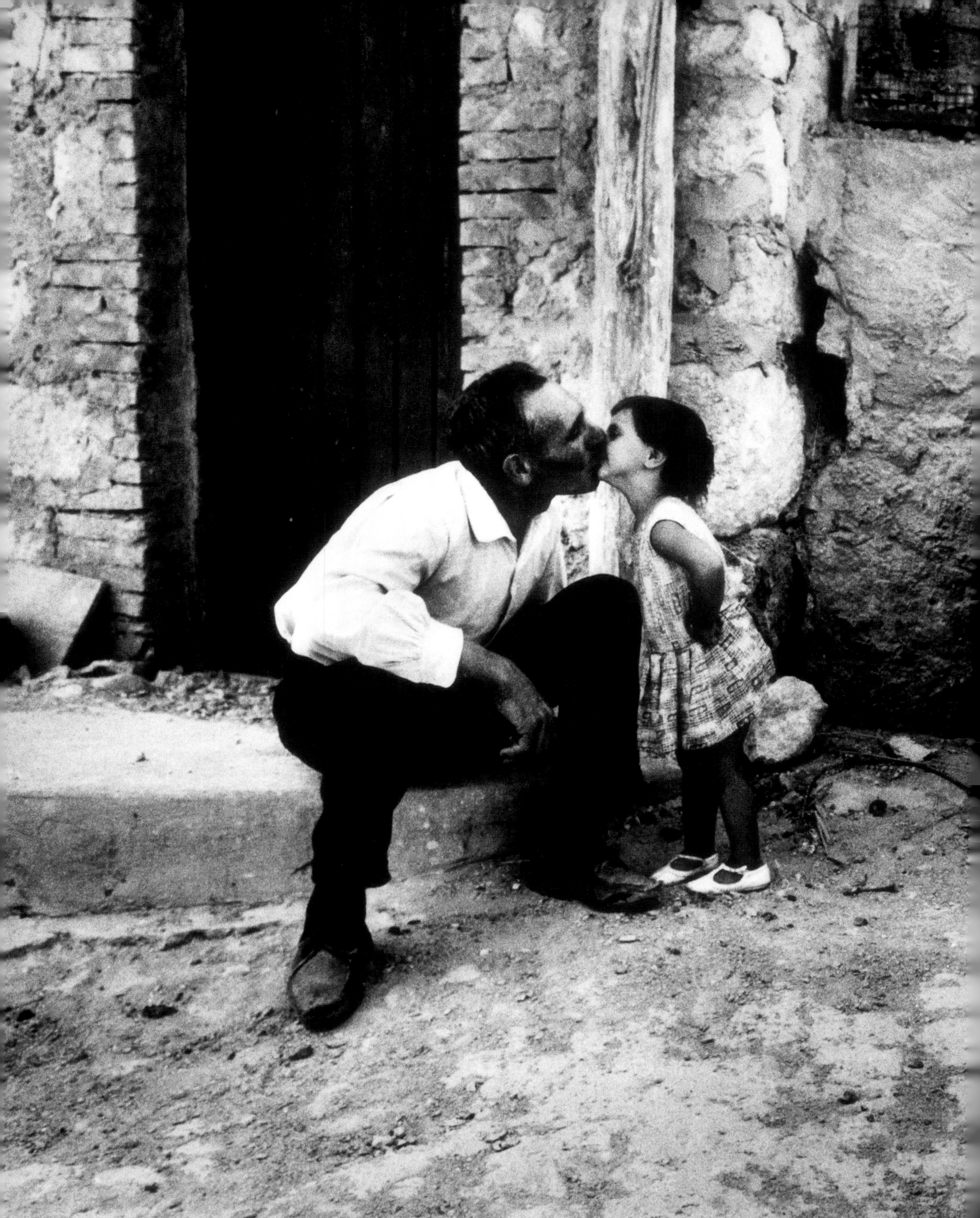

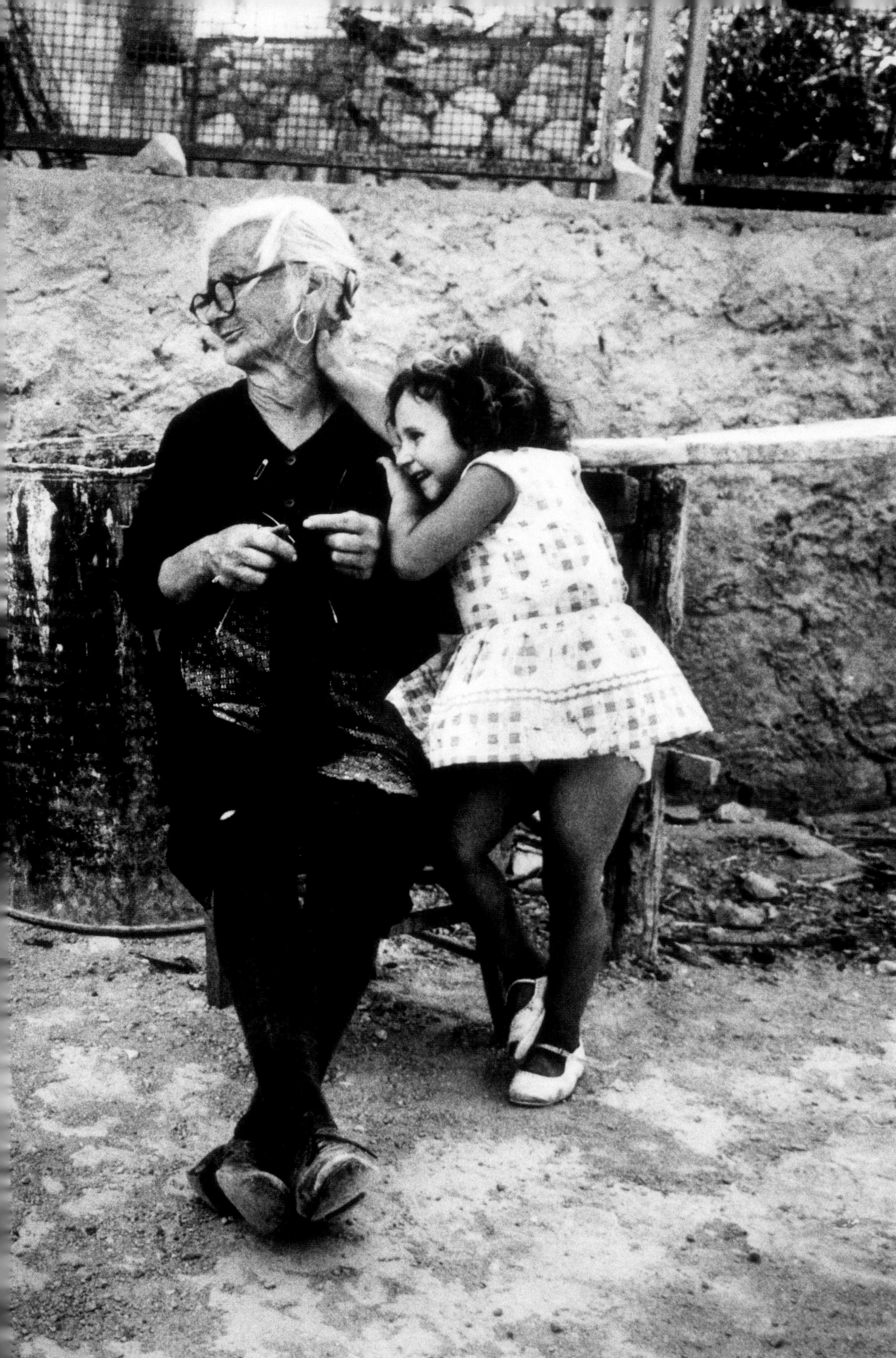

Foto:
KEN HEYMAN

Großeltern können Kindern etwas geben, was selten geworden ist: Zeit. Wie ihre Enkel leben sie oft jenseits der Dringlichkeiten von Alltag und Beruf. Sie kennen andere Lieder und Spiele. Sie lieben, ohne erziehen zu müssen. Und das genießen sie: eine zweite, unbeschwerte Chance, ein Kind beim Aufwachsen zu begleiten. Die einzig sinnvolle Konsequenz aus dieser Idylle zog der Dichter Kurt Tucholsky. Von ihm ist der Wunsch überliefert, er wolle bei der nächsten Familiengründung gleich mit den Enkeln anfangen

GEO *01/97*

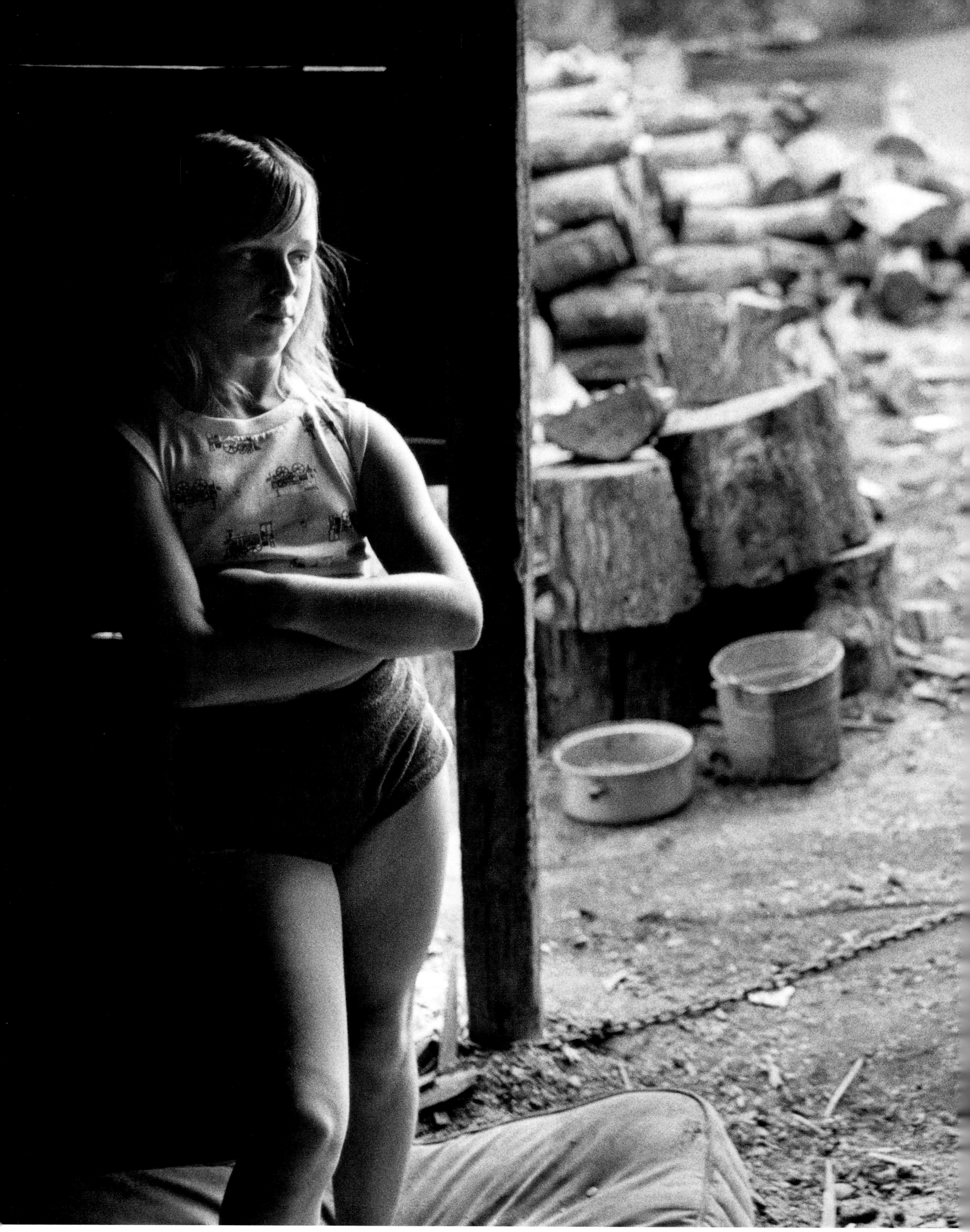

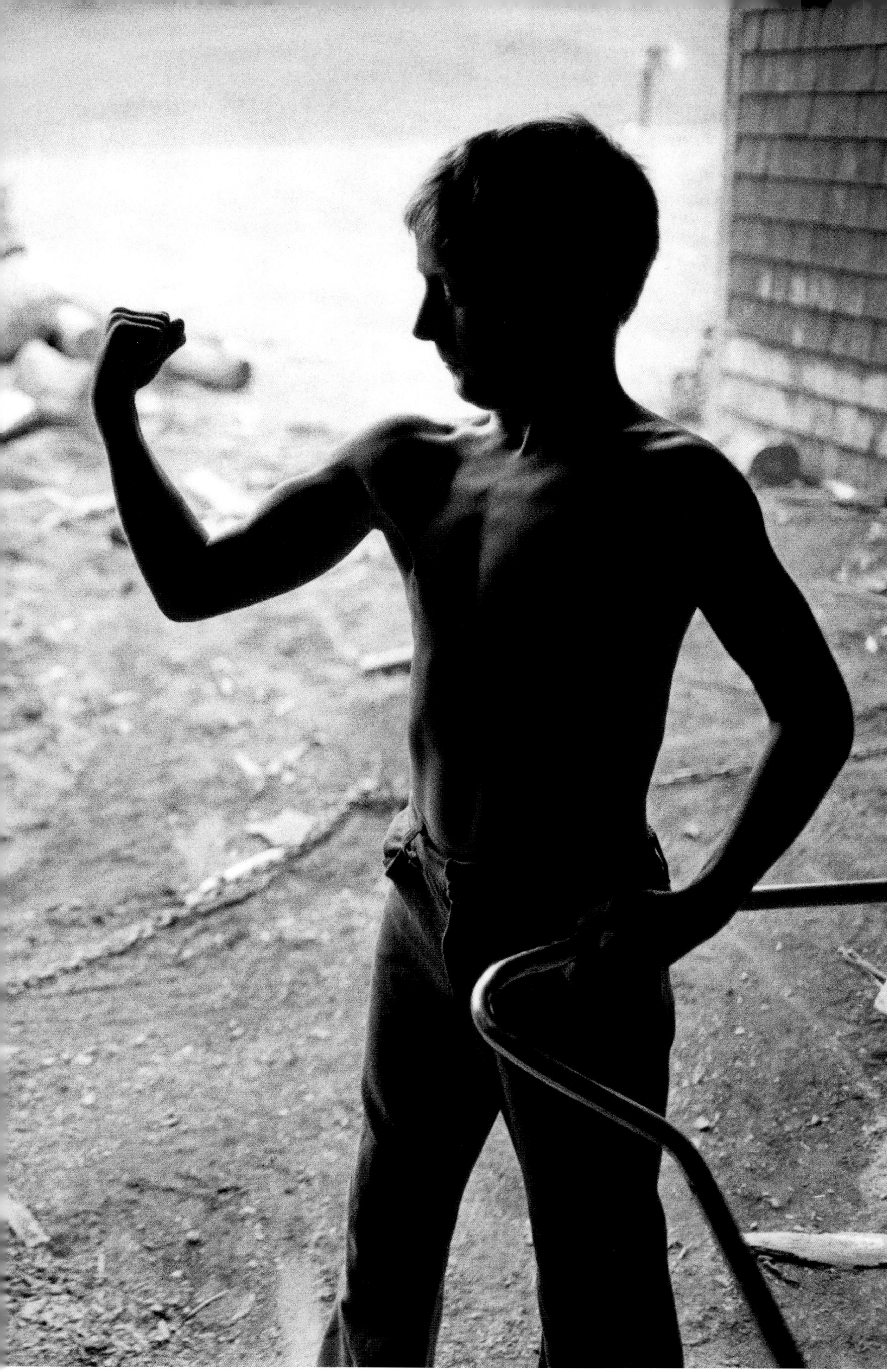

FOTO:
STEVEN RUBIN

Früh zeigt Muskeln, wer sich als Mann beweisen will. Kraft und Durchsetzungsvermögen kommen auch im Zeitalter des Feminismus noch bei vielen Mädchen an. Breite Schultern und quadratisches Kinn wirken attraktiv: ein Ideal aus der Vorgeschichte, als kräftige Männer für die Frauen zu Versorgern wurden. Doch statistisch ist das Bild vom starken Mann längst widerlegt: Männer leben kürzer, sind öfter krank, drogensüchtig oder obdachlos – und begehen drei mal häufiger Selbstmord als Frauen

GEO 01/97

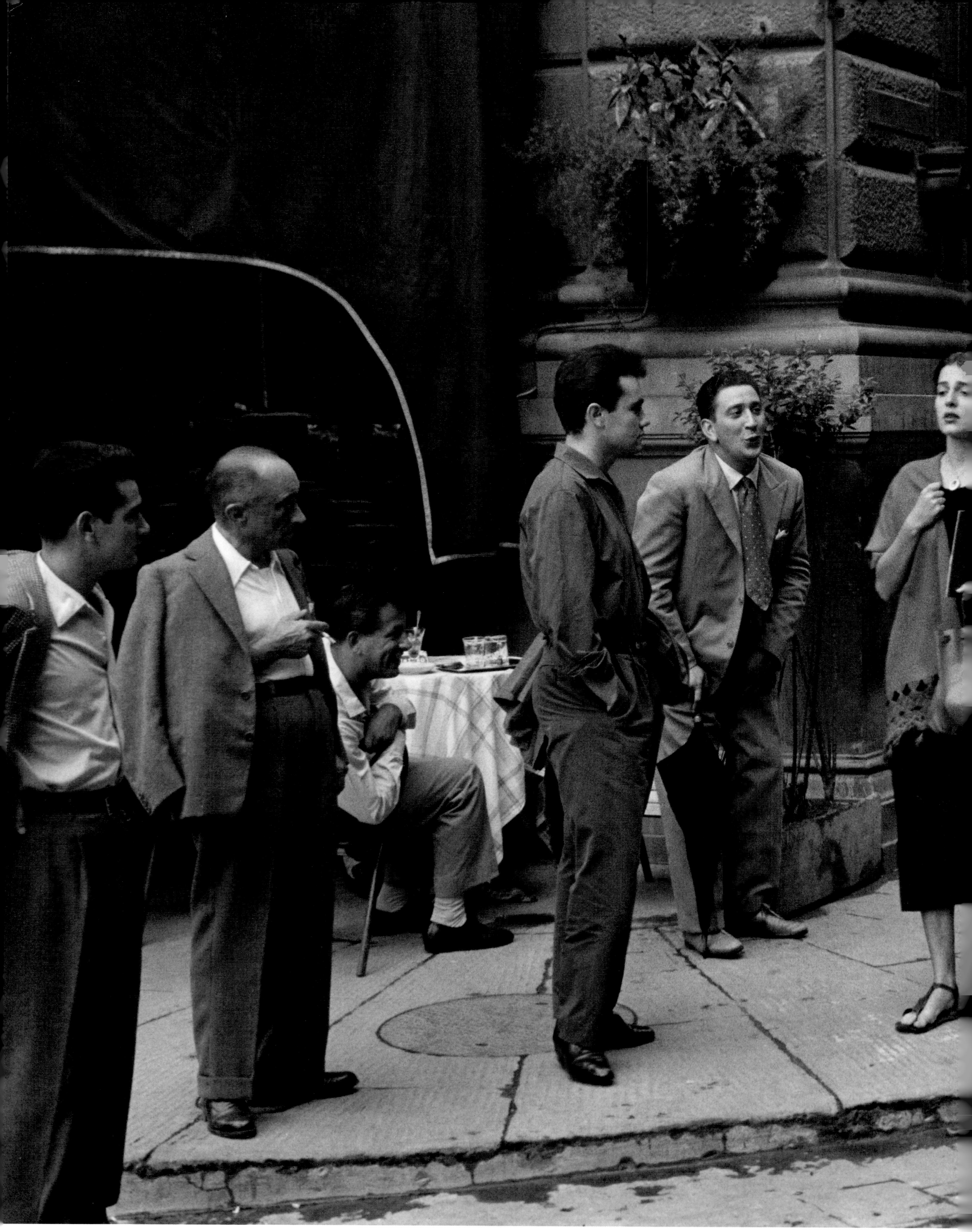

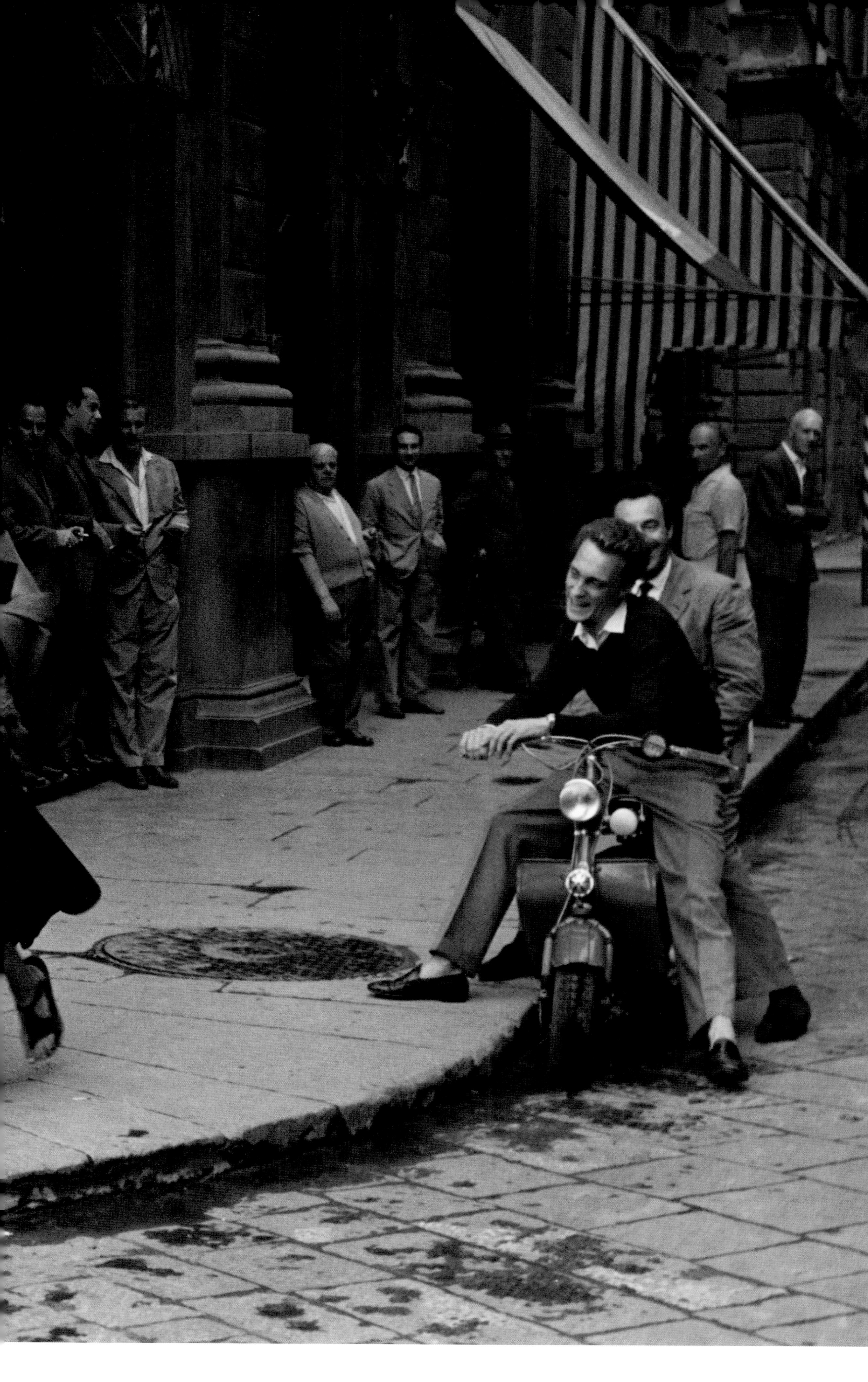

Foto:
RUTH ORKIN

Gerade dann, wenn der Mann ein richtiger Mann sein will, macht er sich oft zum Männchen: Er plustert sich, keckert und balzt, stellt sich zur Schau und zur Wahl, allein oder in Horden. Ein Verhaltensmuster, das nicht immer erfolgreich ist. Vielleicht sollten sich Männer ab und zu an die Theorie des Evolutionsforschers Geoffrey Miller erinnern: Der vermutet nämlich, dass auch Gehirnleistungen wie Kunst, Moral und Humor im Verlauf der Evolution vor allem zum Zweck der Partnerwerbung entstanden sind

GEO WISSEN
Sex–Geburt–Genetik

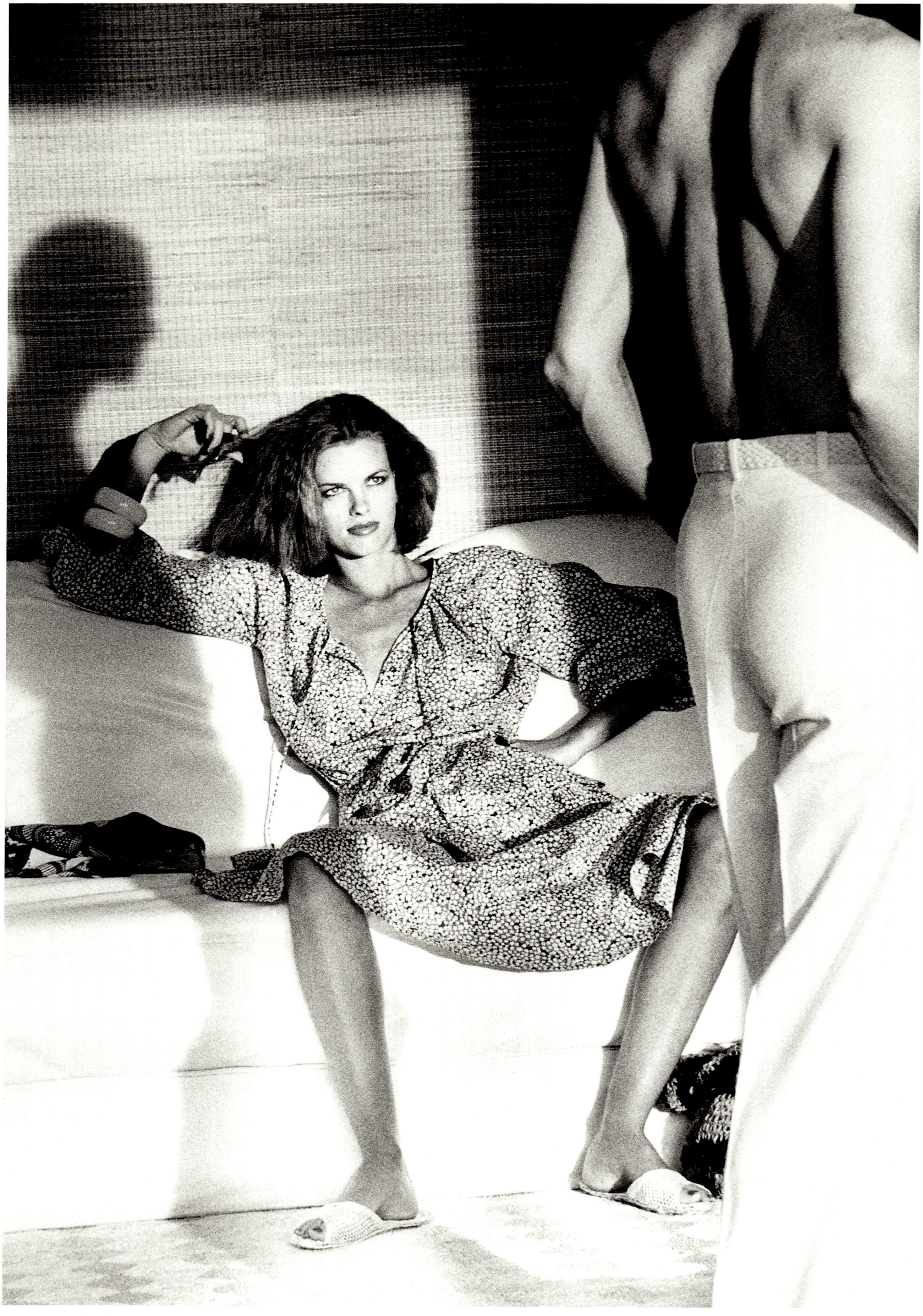

Fotos: CHRISTOPHER PILLITZ (rechts), HELMUT NEWTON (oben)

Ungleiches Wahlverhalten: Frauen sind bei der Auslese ihrer Partner kritischer, als vielen Verehrern lieb ist. Forscher führen das auf ein uraltes Natur-Muster zurück: Die Eizellen sollen den Spermien der geeignetsten Bewerber vorbehalten bleiben – ein Gebot genetischer Qualitätssicherung. Bei Männern provoziert der Anblick weiblicher Rundungen rascher Bereitschaft zum Sex. Auch dies eine Verhaltensweise der Steinzeitmenschen: Ihr Erbgut verbreiten Männer am besten, wenn sie verschwenderisch mit ihrem Samen umgehen

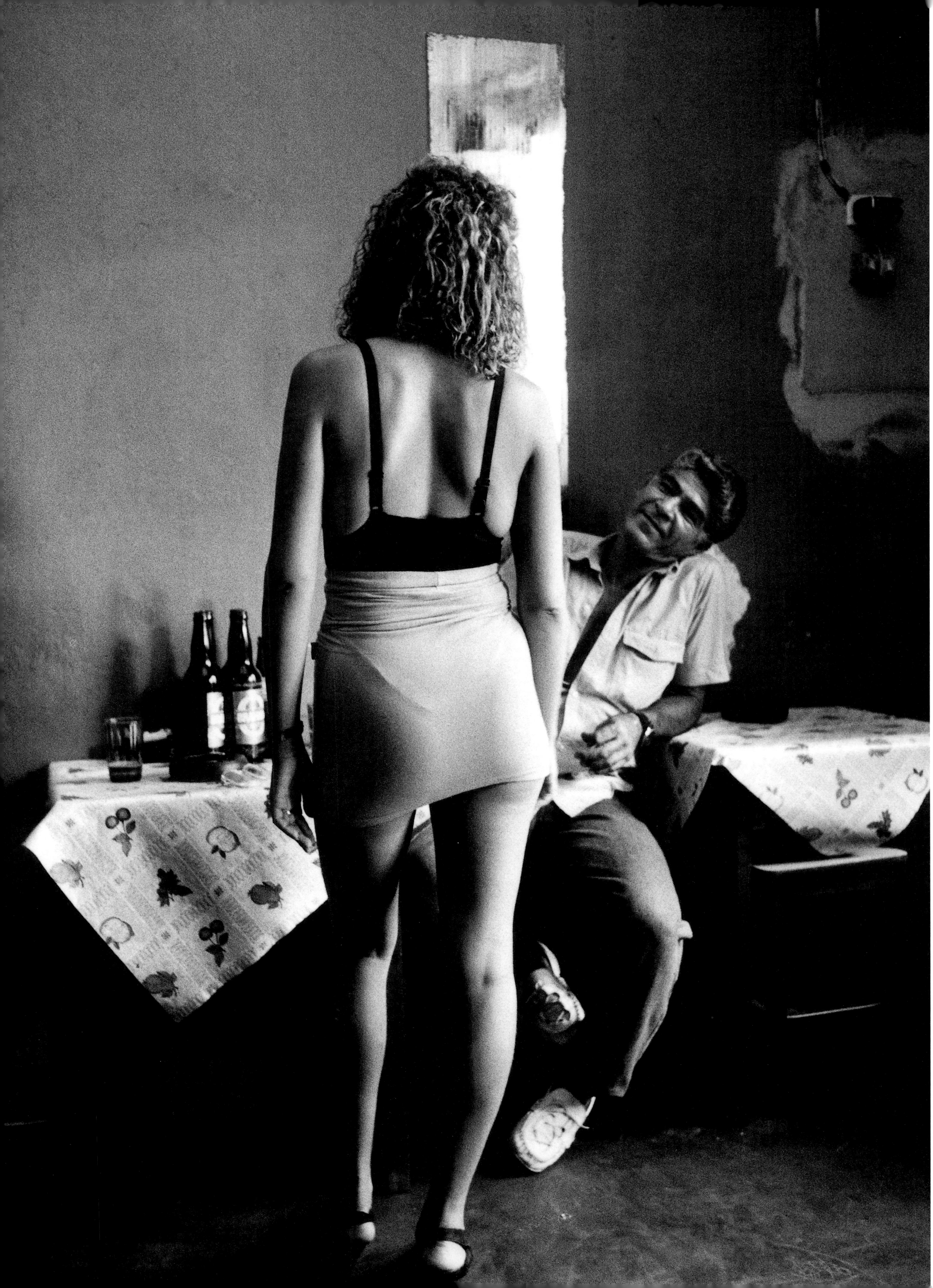

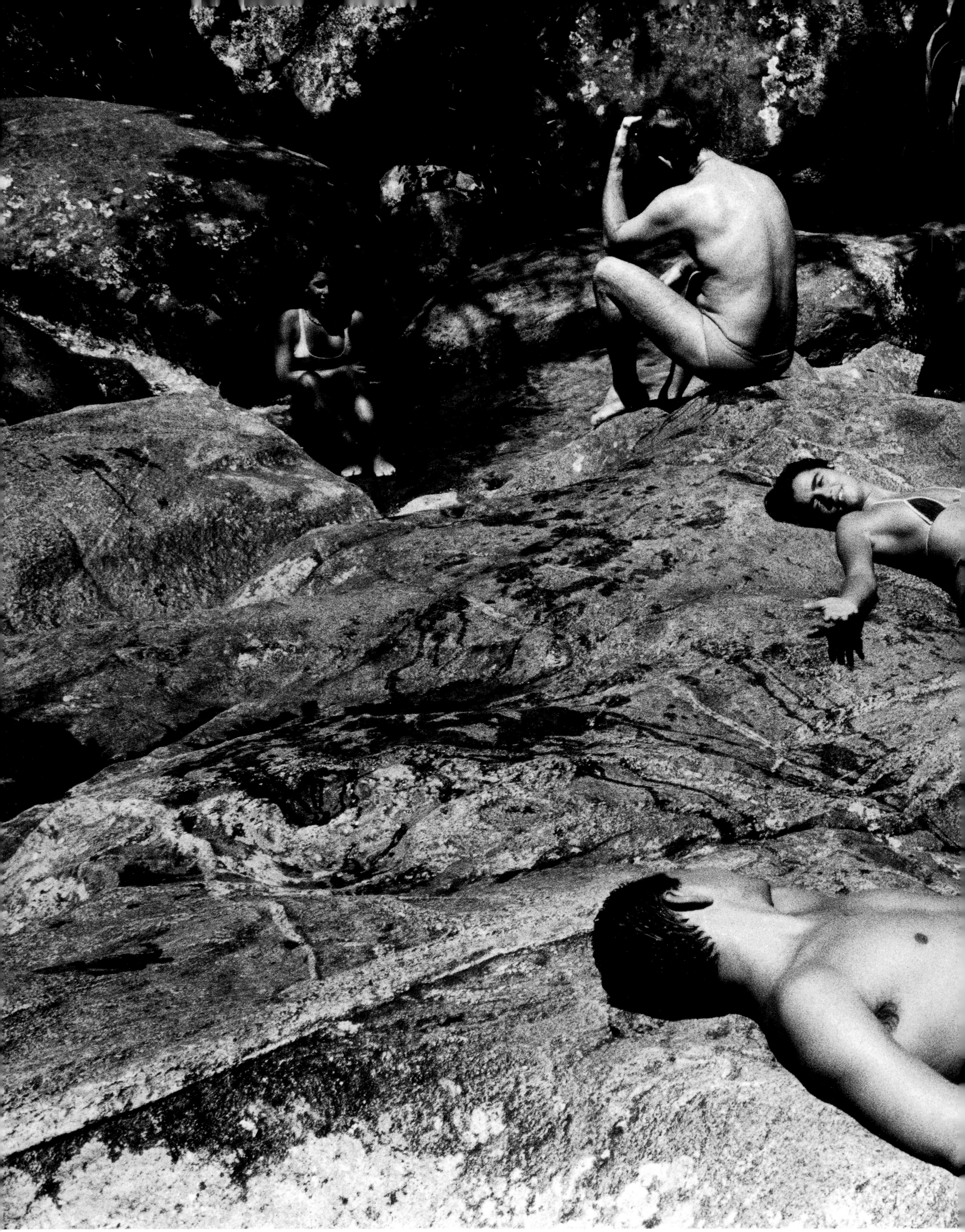

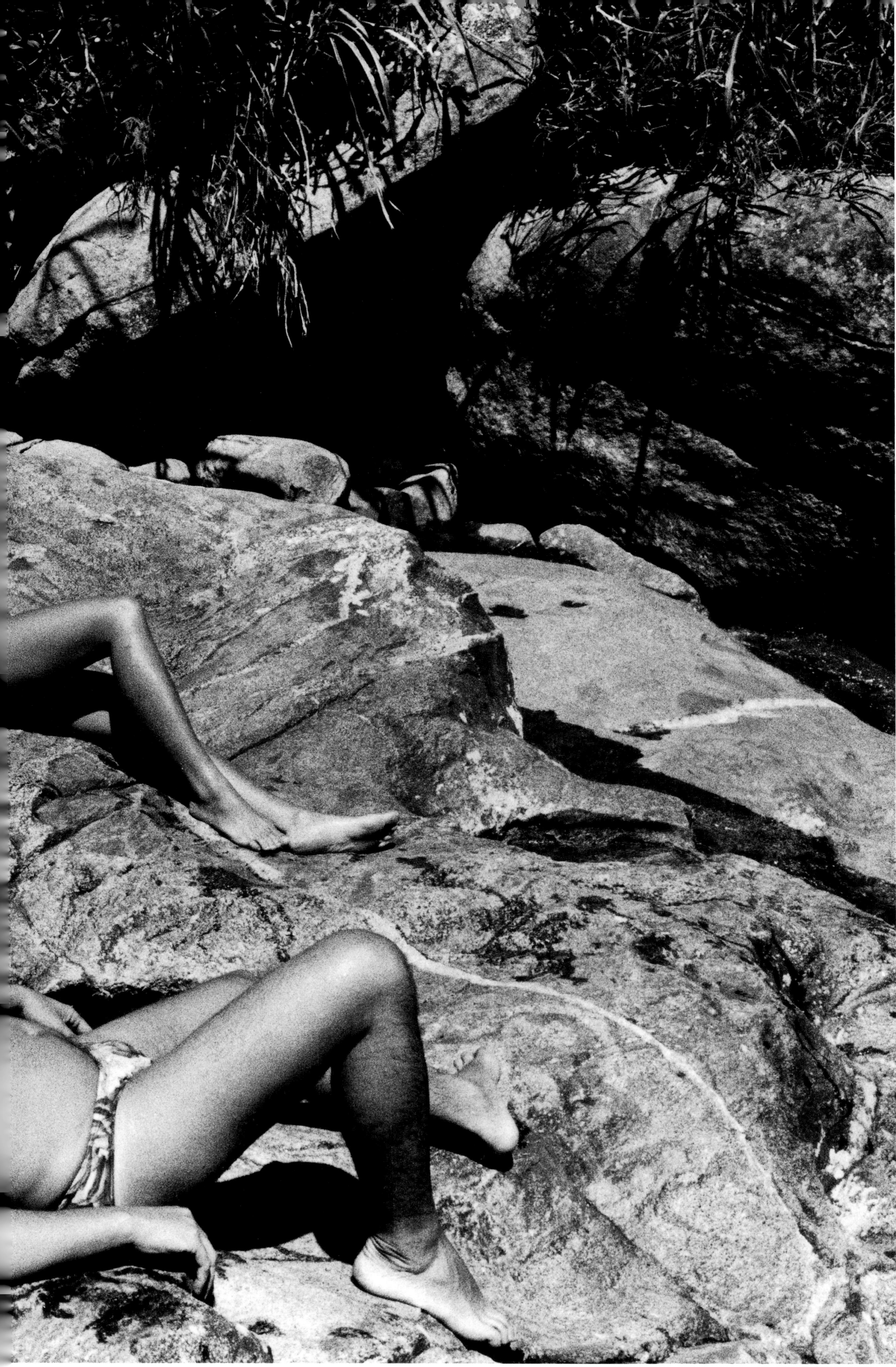

Foto:
CHRISTOPHER PILLITZ

Chercher l'homme: Welche Eigenschaften finden Frauen an einem Partner anziehend? Seit Urzeiten wollen Männer diese Frage ergründen, jetzt bekommen sie Hinweise aus der Wissenschaft. Ein Mann muss vor allem gut riechen. Genauer gesagt, sein Immunsystem. Am Körpergeruch erkennen Frauen angeblich, ob die Resistenz-Gene eines möglichen Partners sich von den eigenen unterscheiden. Je mehr sie das tun, desto attraktiver wirkt der Duft des Mannes – denn seine Erbanlagen würden die Abwehrkräfte eines gemeinsamen Kindes sinnvoll ergänzen

GEO *08/00*

Foto:
ELLIOTT ERWITT

Vieles wird dem Kuss heute nachgesagt: Er sei eine Weiterentwicklung der Mund-zu-Mund-Fütterung oder ein symbolischer Geschlechtsakt. Vor der Entwicklung des aufrechten Ganges sei er aufs Hinterteil appliziert worden. Intensives Küssen verbraucht zwölf Kalorien, beansprucht 40 Muskeln und verlängert sogar das Leben. Die eigentliche Bedeutung des zärtlichen Lippenkontaktes erfasste aber schon der französische Bühnenpoet Cyrano de Bergerac: Ein Kuss, so sagte er, ist das Rosenpünktchen auf dem »i« der Liebe

GEO *01/97*

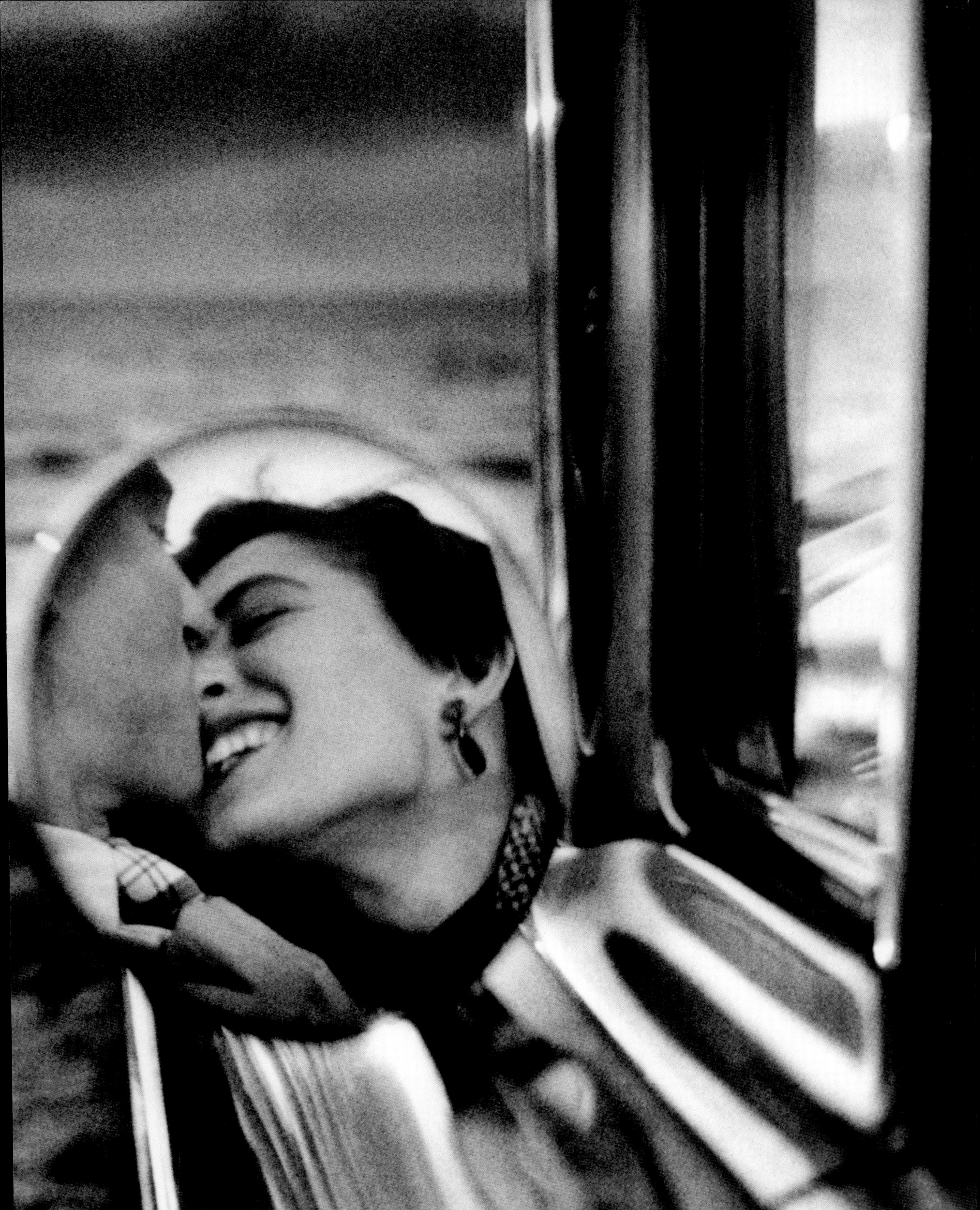

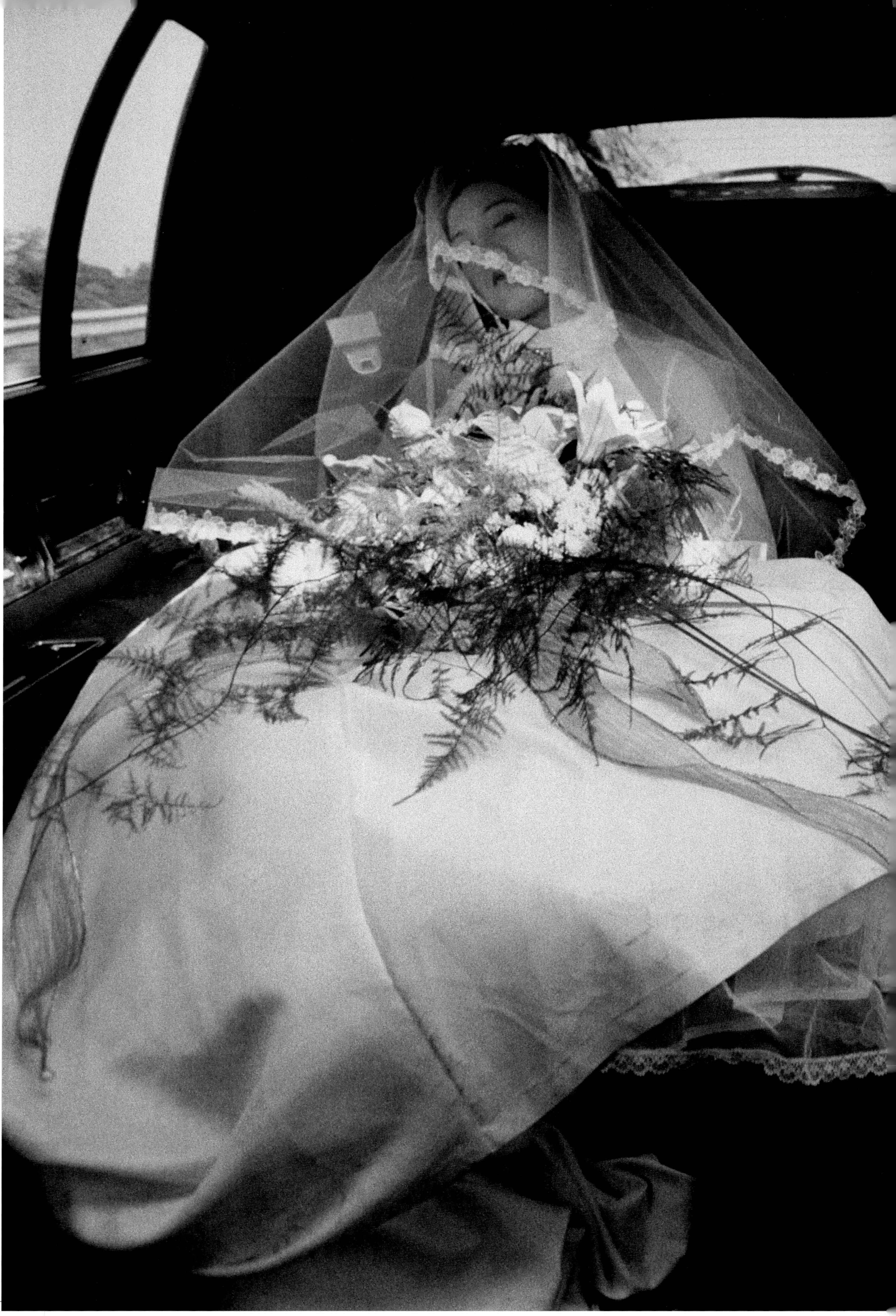

FOTO:
CHIEN-CHI CHANG

Traumhochzeit in Taiwan: Wenn die Liebe – und mit ihr das Erwachsensein – formell besiegelt wird, haben sich auch bei den chinesischen Bewohnern des Inselstaates westliche Riten durchgesetzt. Weißes Kleid, Brautstrauß, gemietete Limousine. Vor den Augen von Nichte und Neffe schöpft dieses Paar nach der Zeremonie neue Kraft für den zweiten Teil der Feier. Was danach kommt, bleibt auch in diesem Fall ungewiss. Mit der fortschreitenden Emanzipation der Frauen hat sich in Taiwan die Scheidungsrate binnen 25 Jahren vervierfacht

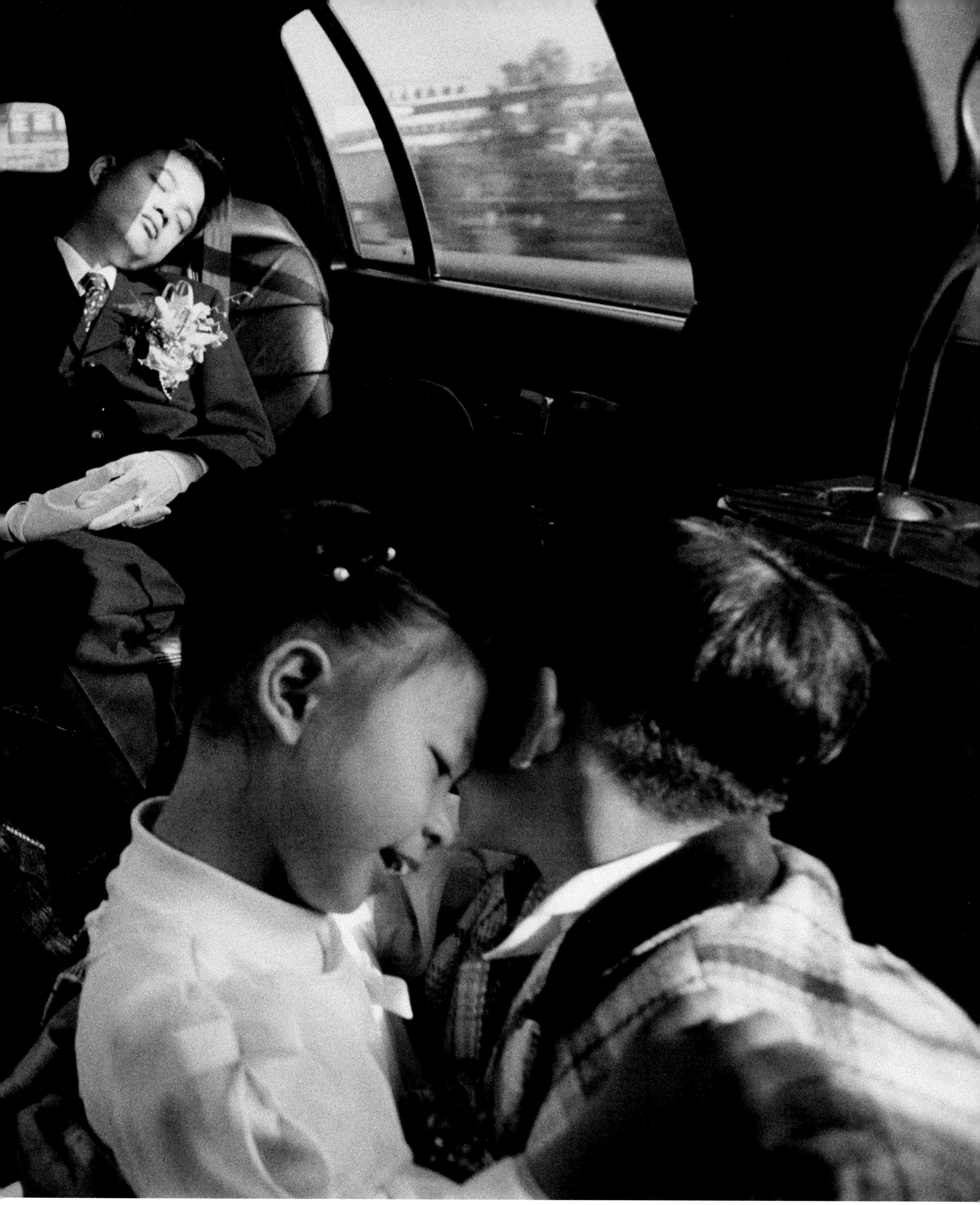

PORTRÄTS

„Zum Glück besitzt die Seele im Auge einen Dolmetscher – einen oft unbewussten, aber treuen Dolmetscher.“ *Jane Eyre*

Es sind Heerscharen, die uns durch unser Leben begleiten, uns begegnen, die wir betrachten, die vorüberhuschen. Erinnerte, vergessene, beziehungslos schattenhafte, sich auflösende, zu Ikonen erstarrte und unbewusst konservierte. Ein gewaltiger Strom von Gesichtern. Und doch werden wir ihrer nie müde, bleibt ein unersättlicher, elementarer Hunger nach Gesichtern, dem menschlichen Antlitz und Gegenüber; und eine nicht ermüdende Faszination. Von Geburt an. Jedes Gesicht, jeder Körper trägt Spuren, Narben, zeugt von Entbehrungen oder Völlerei, von Pflege oder Vernachlässigung, von Verbitterung und erlittenem Leid oder heiterer Gelassenheit und Selbstgewissheit. Manchmal von seiner Herkunft, fast immer von seinem Geschlecht. Und unerbittlich, immer noch, vom Älterwerden.

Jedes Gesicht, jeder Körper eine Geschichte, die zu ergründen und zu entziffern den Menschen seit jeher reizt. Und an der wir immer wieder scheitern. Weil das Gesicht und sein Abbild zur einfachen Erkenntnis nicht taugen. Weil in dem Schauspiel, das das Gesicht des anderen ist, der Betrachter immer auch Akteur ist. Weil das Gegenüber ein Spiegel ist, in dem wir nicht dem anderen, sondern zuallererst uns selbst begegnen. Unseren Vorstellungen von Ästhetik, den gesellschaftlichen Werten und Normen, denen wir uns zugehörig fühlen, dem Katalog erinnerter Gesichter, Vorurteile und Ängste.

2

Dem Blinden sehen wir seine Blindheit von hinten an, hat der Aphoristiker Georg Christoph Lichtenberg scharfsinnig formuliert, sobald wir von seiner Blindheit wissen. Wir sehen, was wir wissen und kennen. Oder zu kennen glauben. Wir sind befangen. Und, oftmals, dem Fremden gegenüber selbst blind. Das Gesicht eines Thailänders wird zum Kollektivbild aller Asiaten. Die zentnerschwere Massigkeit des Sumo-Ringers, in seiner japanischen Heimat ein gefeierter Halbgott, dem diätgeplagten Westeuropäer zur grotesken Monstrosität. Das Familienbild verklärt sich dem Einsamen zum Sehnsuchtsort, verzerrt sich dem anderen zum Bild eigener Gefangenschaft. In Sekunden entscheiden wir, ob unser Gegenüber sympathisch oder abstoßend, hässlich oder schön, normal oder anormal, vertraut oder irritierend fremd ist. Geliebt und verabscheut wird sofort. Und zwar unerbittlich. Punkt, Punkt, Komma, Strich. Fertig ist das Angesicht.

Das Porträt, das Abbild eines Menschen, ist eine Prüfung gleichermaßen für den Fotografen wie für den späteren Betrachter. Einen Menschen zu zeigen, „vorzuführen“, ist immer auch eine Frage von Respekt, Motiv, Mission und Moral. Der intelligenteste Mensch kann wie ein Idiot abgebildet werden, die atemberaubendste Schönheit in karikierender Hässlichkeit, das Abstoßende lieblich, das Triviale bedeutsam.

Der Blick auf ein Gegenüber ist immer auch Testfall für unsere Sehgewohnheiten, für unsere Toleranz und für unser Interesse. Fotos sind einprägsamer als bewegte Bilder. Aber Fotografierte sind stumm, also wehrlos. Wie neugierig sind wir auf die Geschichte des anderen, wie bereit, eine Meinung zu ändern? Und uns, trotz allen Befremdens, trotz der Kluft von Kultur und Erfahrung, auf den anderen einzulassen? Freude, Zorn, Angst, Erstaunen, Abscheu und Trauer sind universell, mimisches Esperanto, das überall auf der Welt verstanden wird. Die Zärtlichkeit zwischen Vater und Kind ist ein Gefühl, das noch in der Stilisierung übersetzbar ist. Das Lachen eines Mädchens ist auch dann noch ansteckend und lesbar, wenn seine durchbohrten Mundwinkel uns verstören.

Das lässt uns die verlorene Geschichte eines Gesichts und einer Person ertragen, das „memento mori“, das jeder Fotografie innewohnt. Und die Faszination lebendig hält.

Foto: SEYDOU KEITA | Zwei Damen der Gesellschaft posieren 1959 in der malischen Stadt Bamako in einem Fotostudio. In dieser Zeit herrscht eine Aufbruchstimmung in dem afrikanischen Land, die alle Schichten der Bevölkerung erfasst: Das Ende der 66-jährigen Kolonialherrschaft der Franzosen ist abzusehen. Ein Jahr später erklärt Mali seine Unabhängigkeit

GEO 12/97

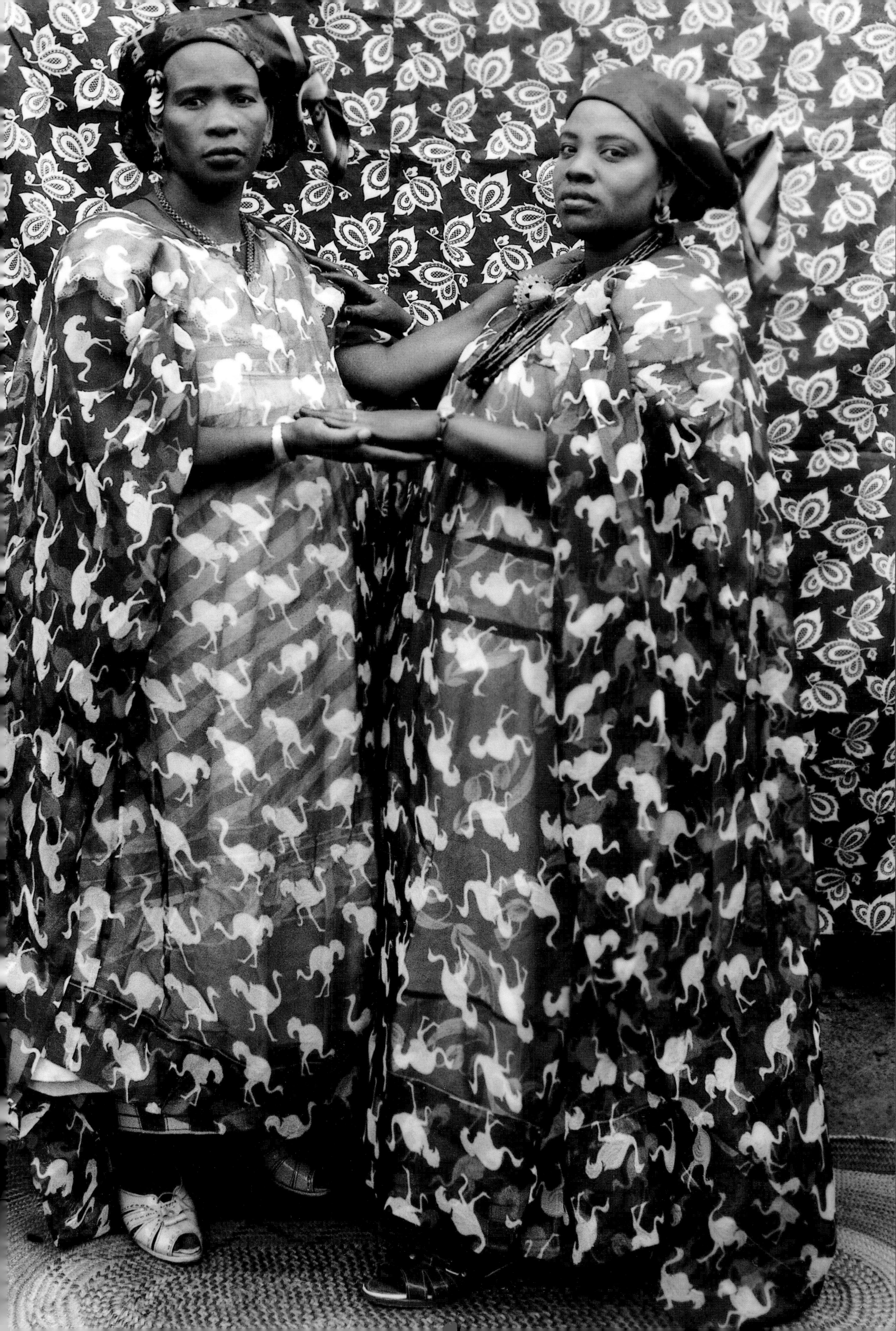

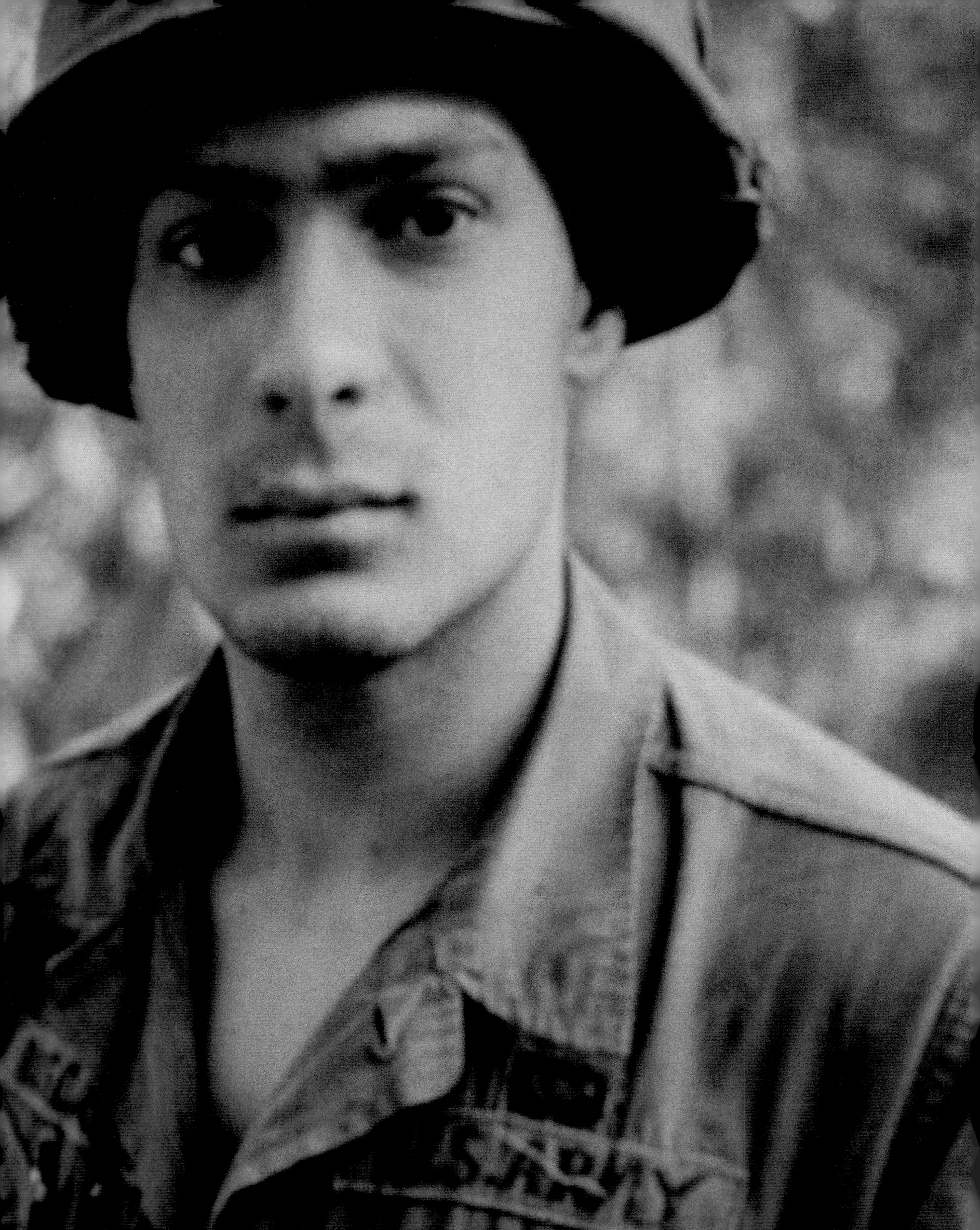
S.ARMY

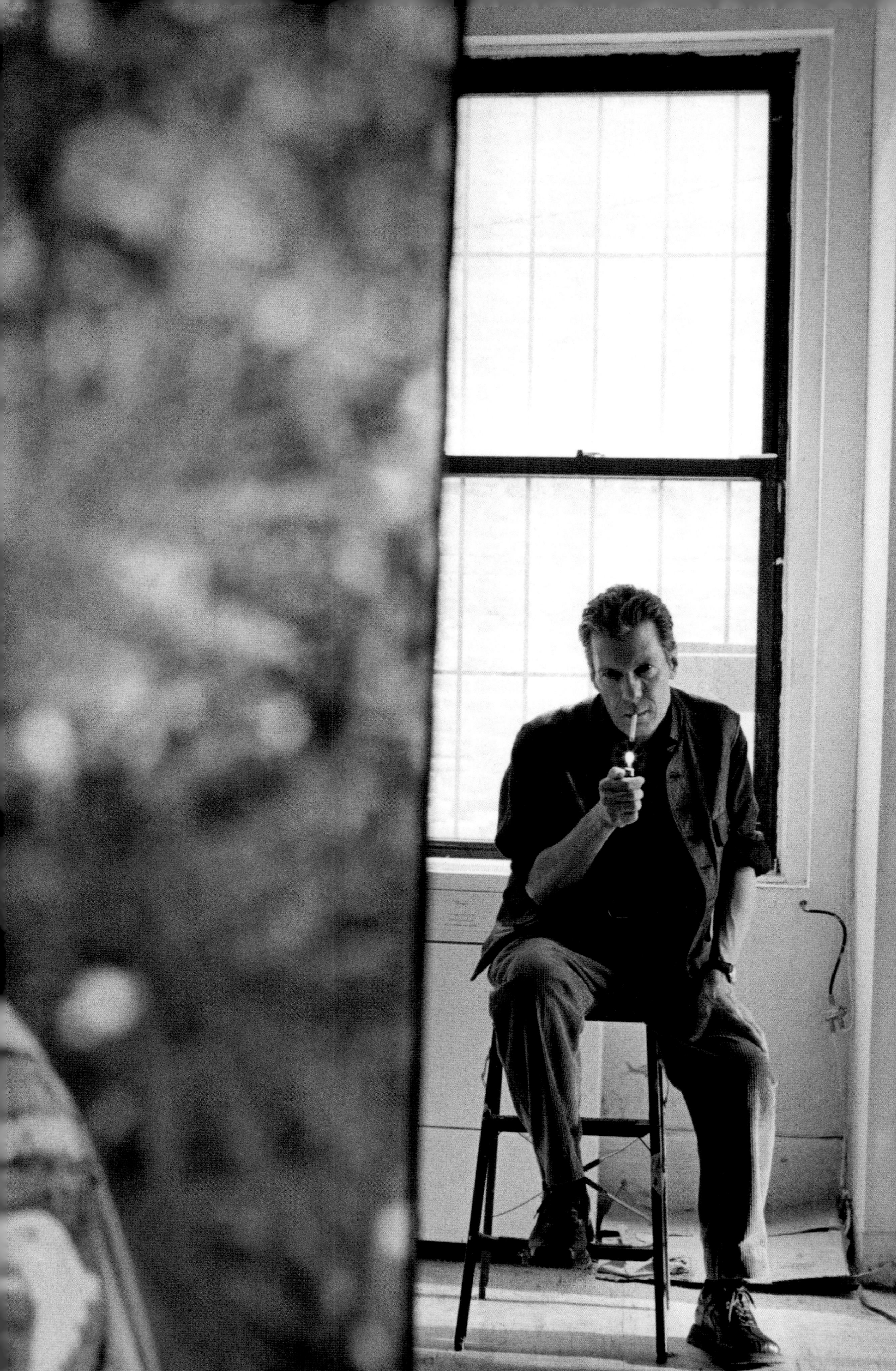

FOTO:
JAMES NACHTWEY

Er war 19, als er als Fallschirmjäger nach Vietnam musste. Dort erlebte der US-Fotograf John Boscarino die Schrecken des Krieges: das stundenlange Kreuzfeuer über seinem Kopf; die Handgranate, die den besten Freund zerfetzte. Bilder, die ihn nach mehr als 35 Jahren noch verfolgen. Eine Million Vietnam-Veteranen in den USA leiden unter einem Trauma. Immer wieder kehren sie im Geiste an die Orte der Finsternis zurück. Manchmal reicht ein Geräusch, ein Geruch, und der innere Film läuft wieder ab

GEO 5/2002

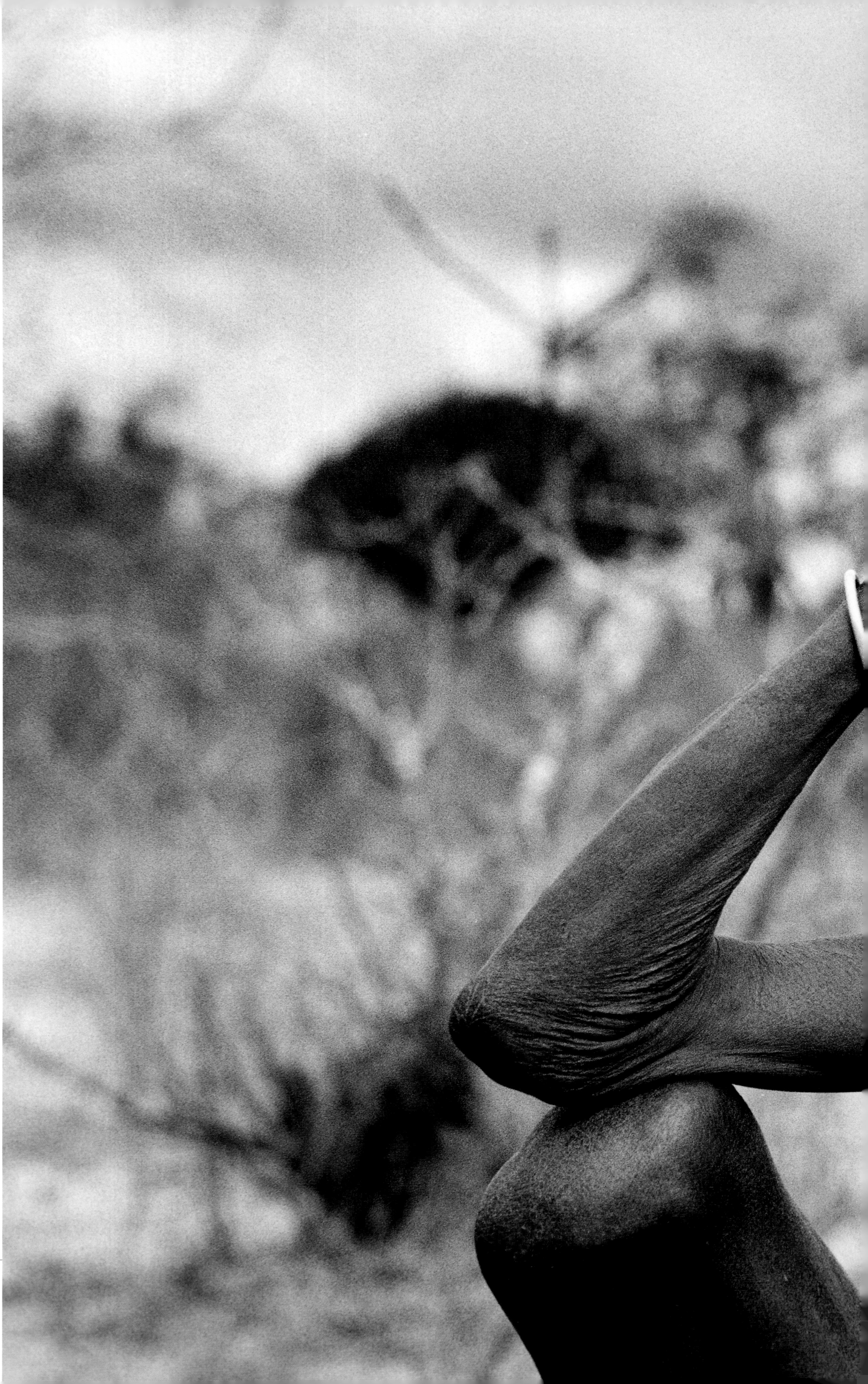

Foto:
STUART FRANKLIN

In der weiten tansanischen Steppe leben die Dorobo, ein jahrtausendealtes Jäger- und Sammlervolk. Doch bedrängt von Viehzüchtern und der Moderne, finden die Alten kaum noch Nachkommen, die ihrem traditionellen Lebensstil folgen mögen. Die Jungen wollen keine Dorobo sein, keine Habenichtse, wie das Maasai-Wort übersetzt heißt. Statt mühsam nach Wild und Honig umherzustreifen, werden sie sesshaft, halten Ziegen und Hühner oder heiraten in wohlhabende Maasai-Familien ein

GEO 5/2000

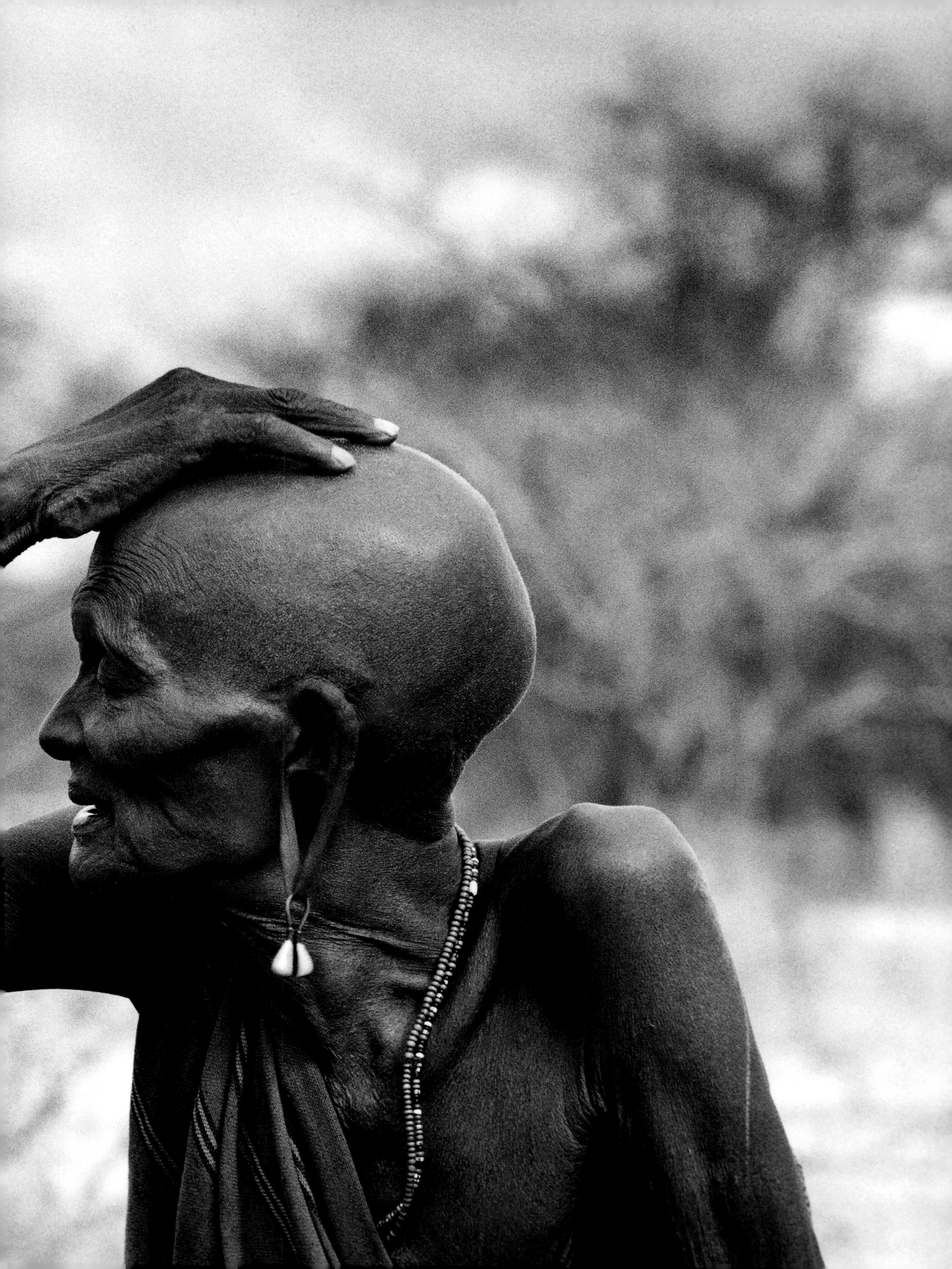

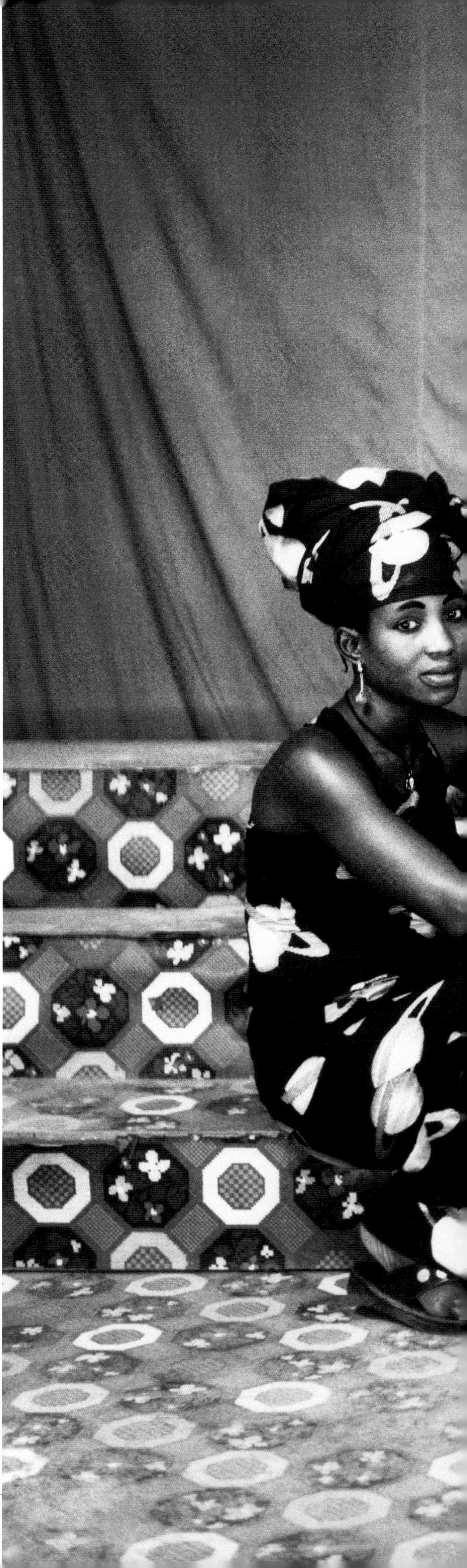

Foto:
CORNELIUS YAO AZAGLO AUGUSTT

Elfenbeinküste 1975: In ihren besten Kleidern lassen sich diese Frauen in der Stadt Korhogo fotografieren. Mit der Unabhängigkeit 1960 hat in dem Land eine Periode der politischen Stabilität und des wirtschaftlichen Aufschwungs begonnen. Der steigende Wohlstand manifestiert sich in den großformatigen Porträts und Gruppenbildern, die sich viele Menschen in dieser Zeit als Wohnzimmerschmuck herstellen lassen

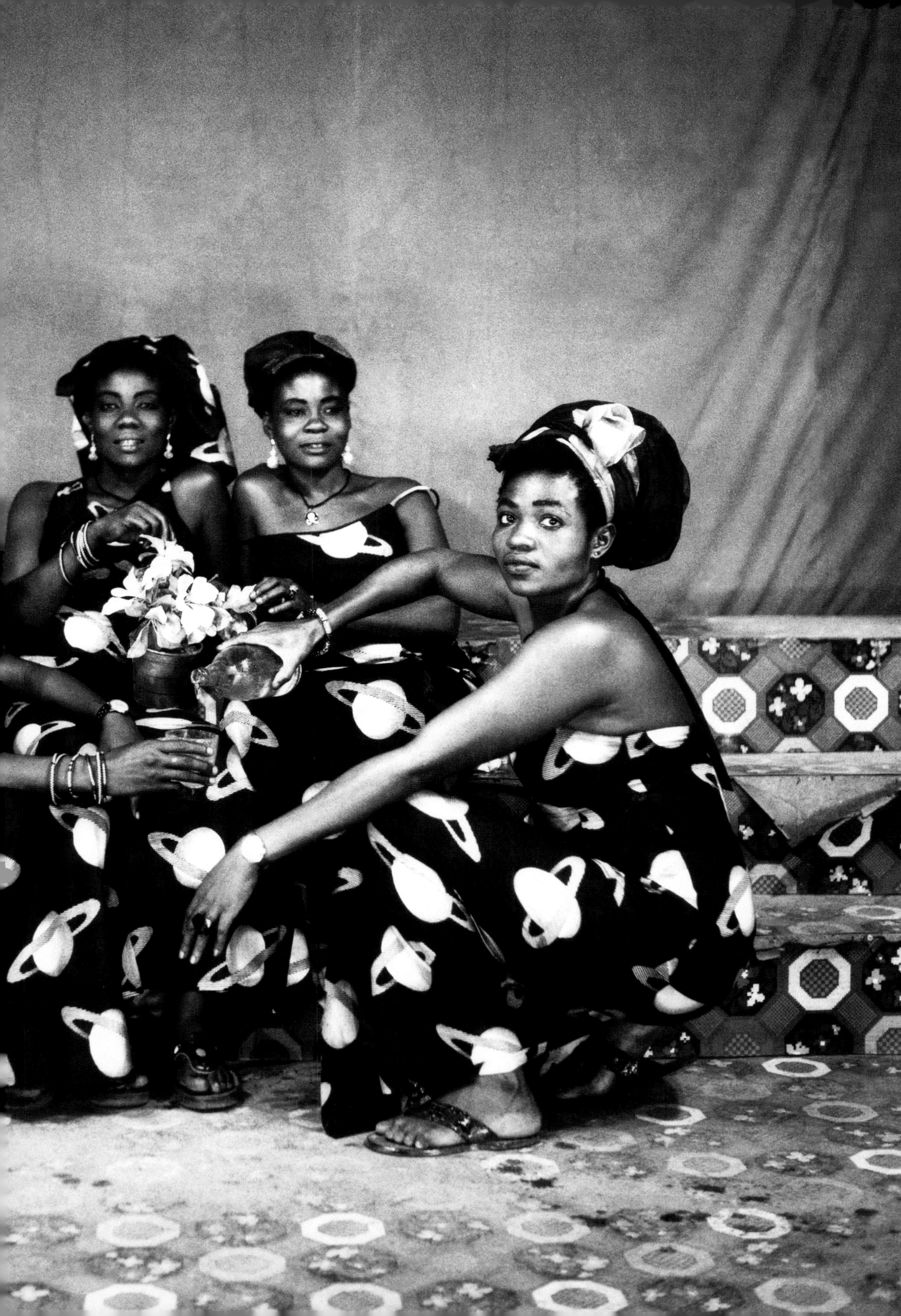

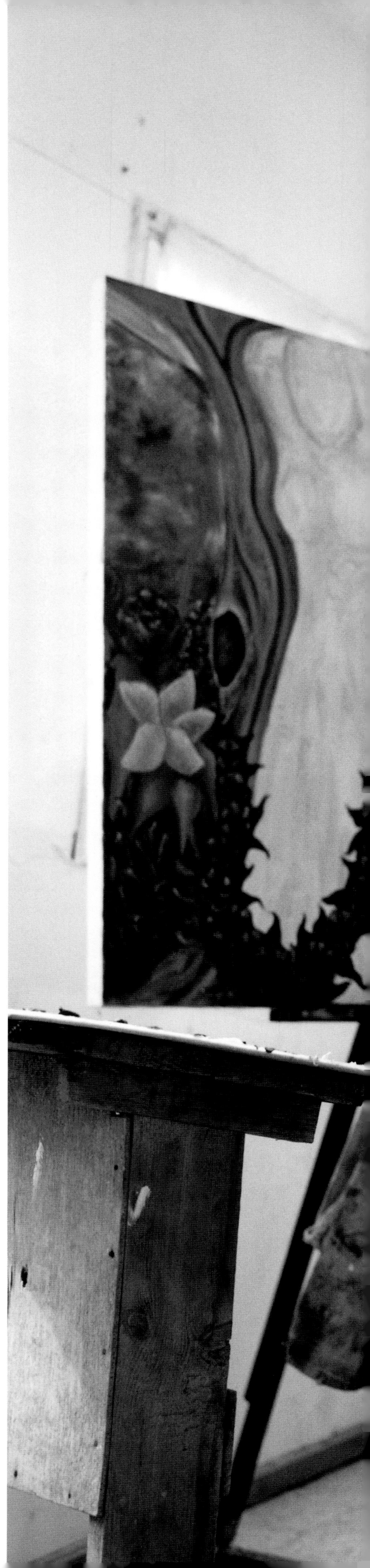

Foto: TOM STODDART

Die Kunst des Überlebens: Ständig müssen die 150 000 jüdischen Siedler im Westjordanland mit palästinensischen Anschlägen rechnen. Deswegen legt Marc Prowisor, der Sicherheitschef der Siedlung Shiloh, selbst beim Malen Funkgerät und Pistole nicht ab. Den rund 1,6 Millionen Arabern der Region gönnt er nur ein Gastrecht: »Gott hat uns dieses Land gegeben. Die Araber können froh sein, wenn wir sie dulden«

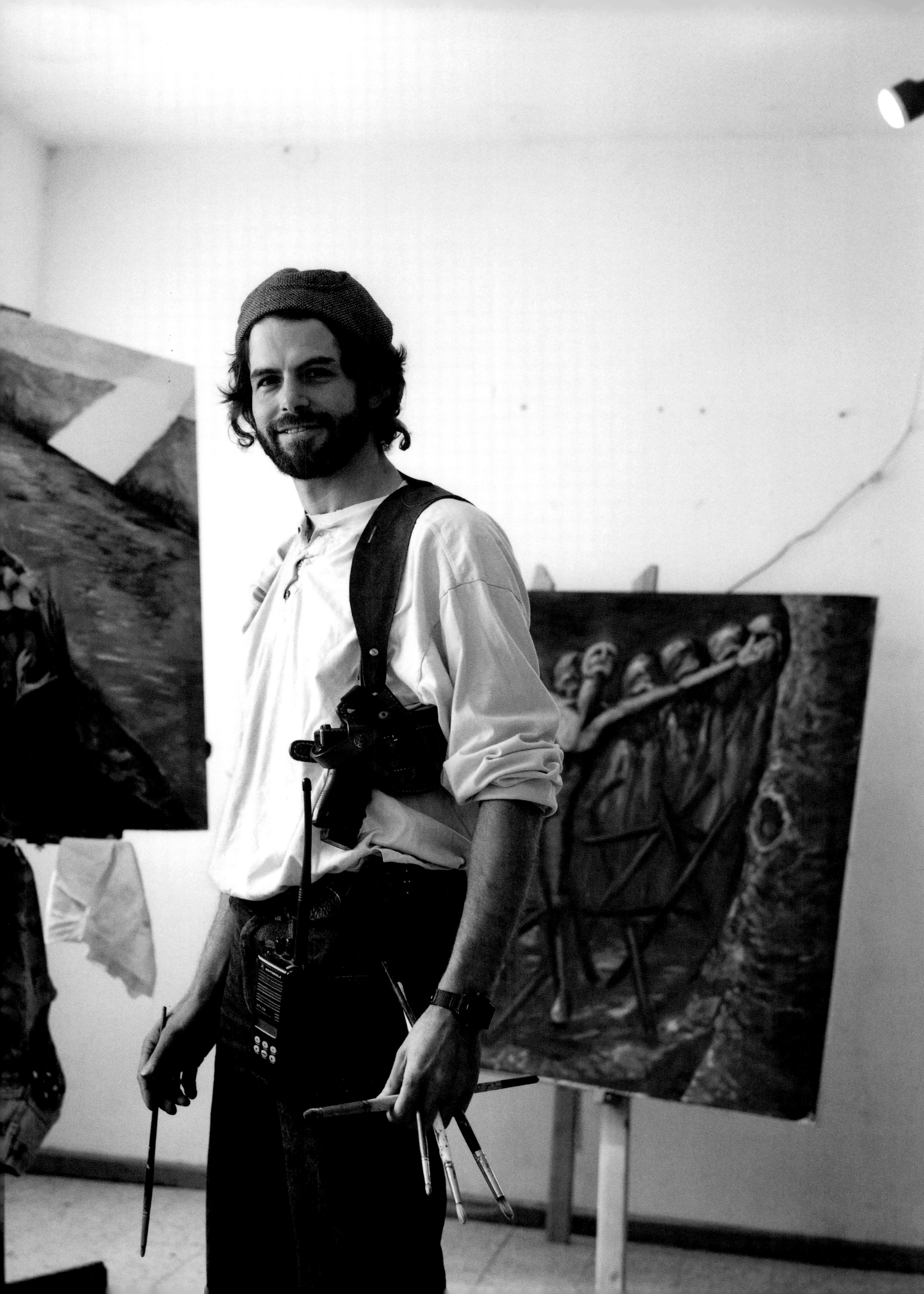

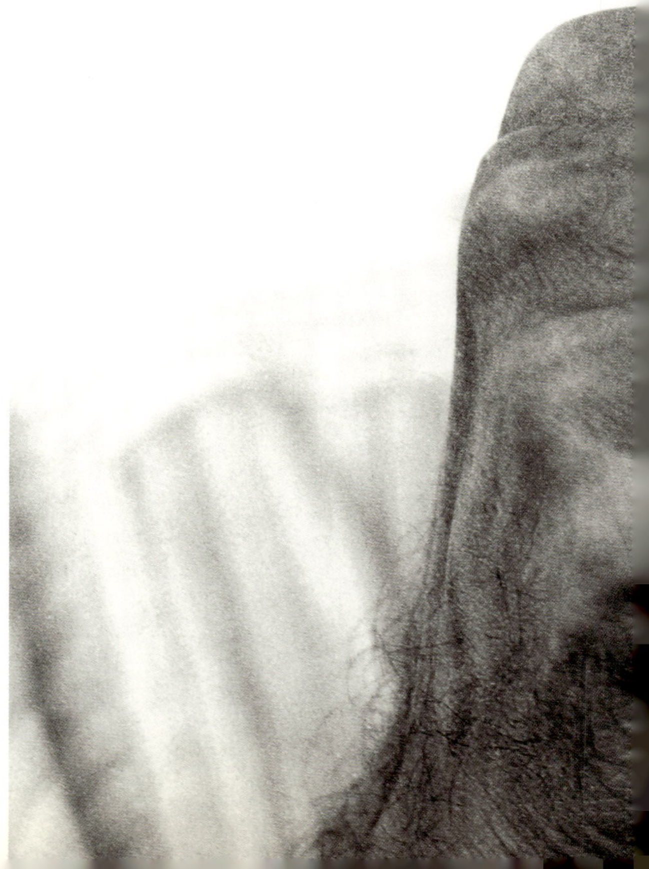

FOTO: MARTIN PUDENZ

Die Augen auf die Zukunft gerichtet: Seit mehr als 30 Jahren warnt der amerikanische Biologe Paul Ehrlich vor der Bevölkerungsexplosion auf der Erde. Von 3,5 auf 6 Milliarden ist die Zahl der Menschen in dieser Zeit gestiegen, mehr als 200 Millionen sind verhungert. Eine Wende traut Ehrlich der Welt nicht zu: »Ich bin optimistisch, was die Menschheit leisten kann. Und pessimistisch, dass sie tatsächlich das Notwendige tun wird«

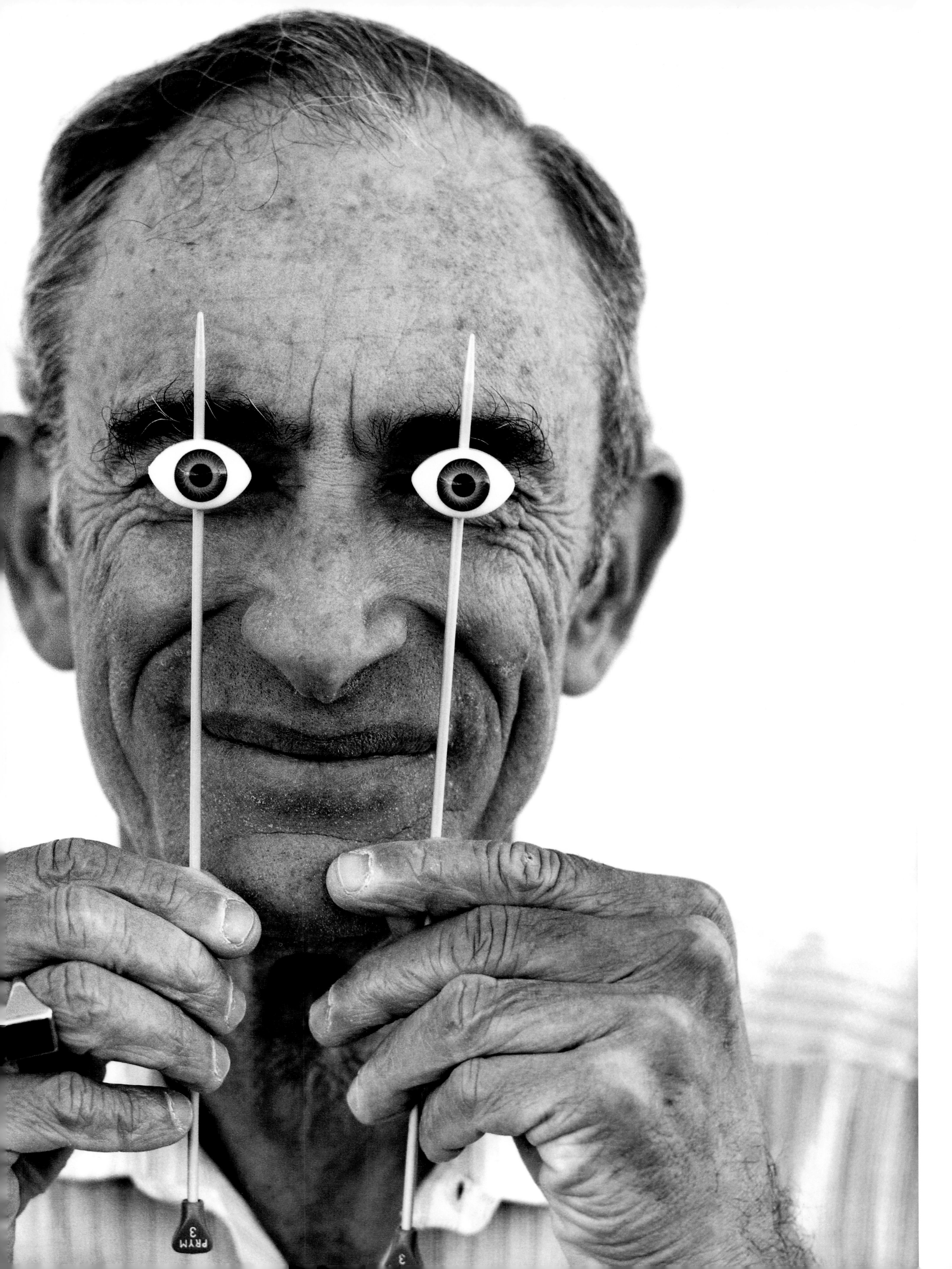
PRYM
3

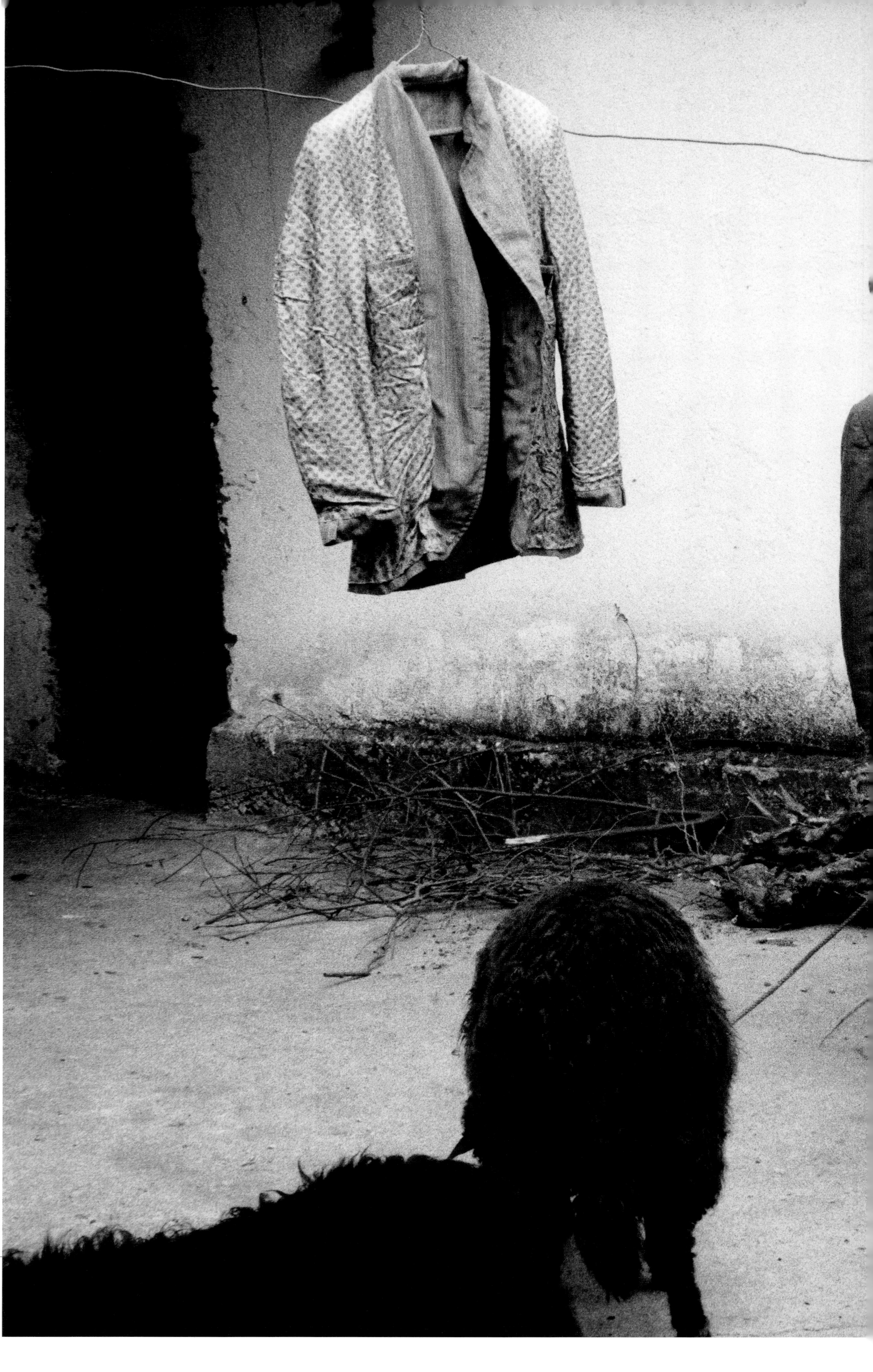

FOTO:
BARBARA BRÄNDLI

Antonio und Julia leben zusammen mit ihren Tieren hoch oben in den venezolanischen Anden. Jahrzehntelang hat Antonio hier Korn gemahlen. Doch nun zieht der Müller seine Kittel, die seine Frau im Hof des Hauses zum Trocknen aufgehängt hat, nicht mehr zur gewohnten Arbeit an: Denn die alte Steinmühle steht still. Das Flusswasser, das sie einst antrieb, fließt heute zur Bewässerung auf die Felder ringsherum

GEO 3/92

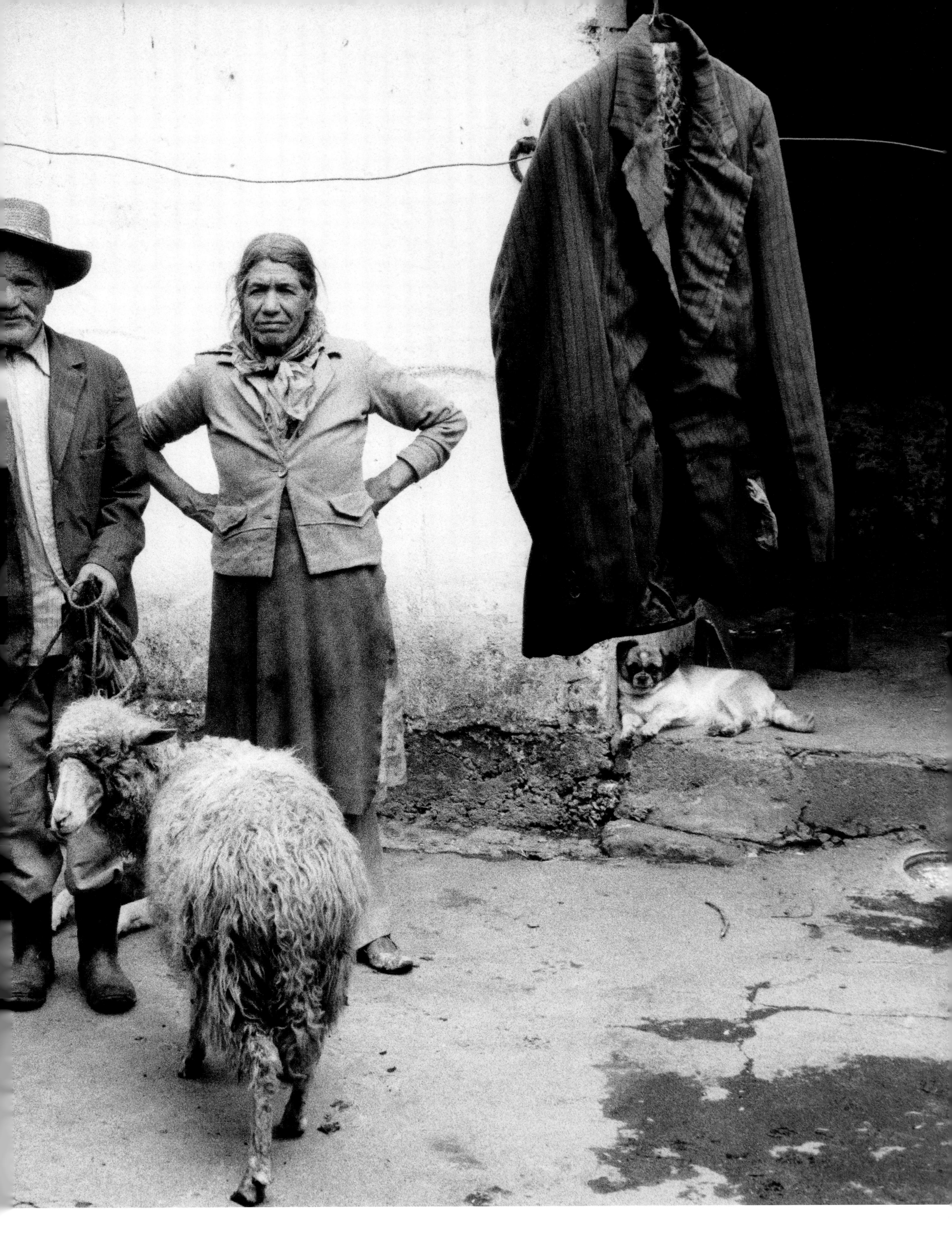

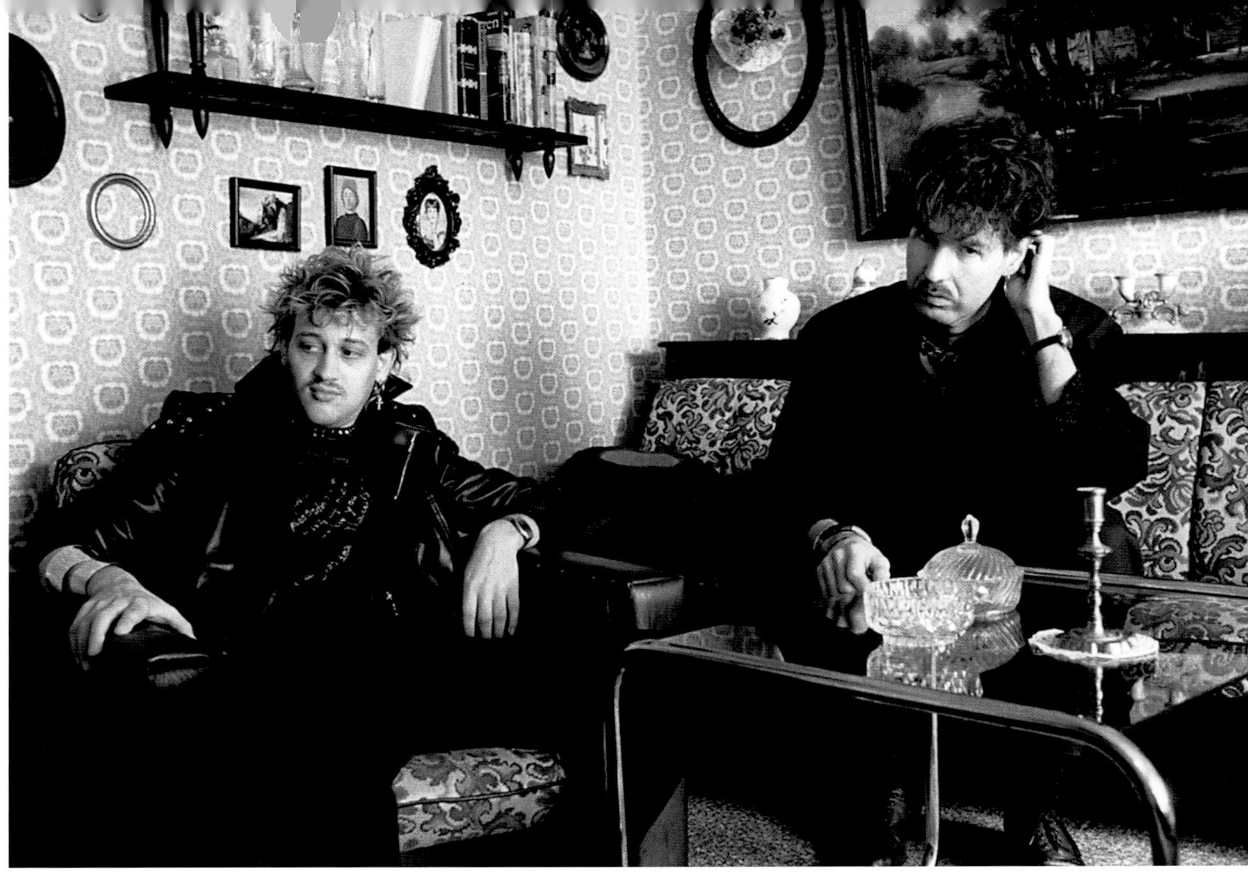

Man sollte sein eigenes Ich nicht verleugnen.

Jan Reddemann

Ich bin so wie ich bin.
Erwarte von meiner Umwelt mehr Verständnis und Toleranz.

29. Mai 1987

Klaus-D. Schmidt

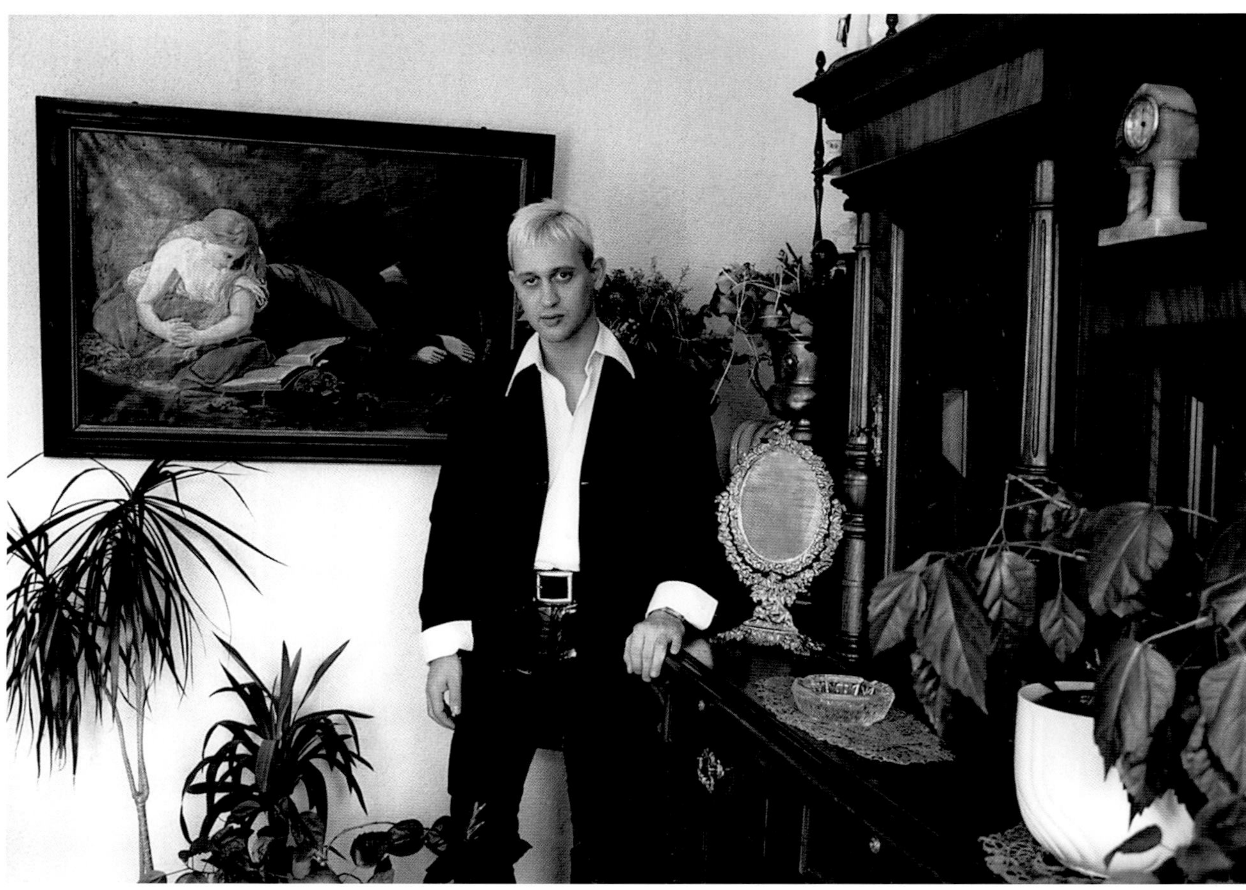

Es geht immer noch – schlimmer!

05. Mai 1997

FOTO: BERND LASDIN | Kurz vor dem Mauerfall beginnt der Fotograf Bernd Lasdin, Bewohner seiner Heimatstadt Neubrandenburg zu porträtieren. Er besucht unter anderen den 23-jährigen Friseur Jan Reddemann und die 21-jährige Handbuchbinderin Susanne Schubert. Zu dieser Zeit ist die Wirklichkeit der DDR für sie und die meisten anderen der Porträtierten noch die einzig denkbare. Zehn Jahre später kehrt Lasdin zu seinen Modellen zurück. Er findet sie immer noch im selben Ort – und doch in einer anderen Welt

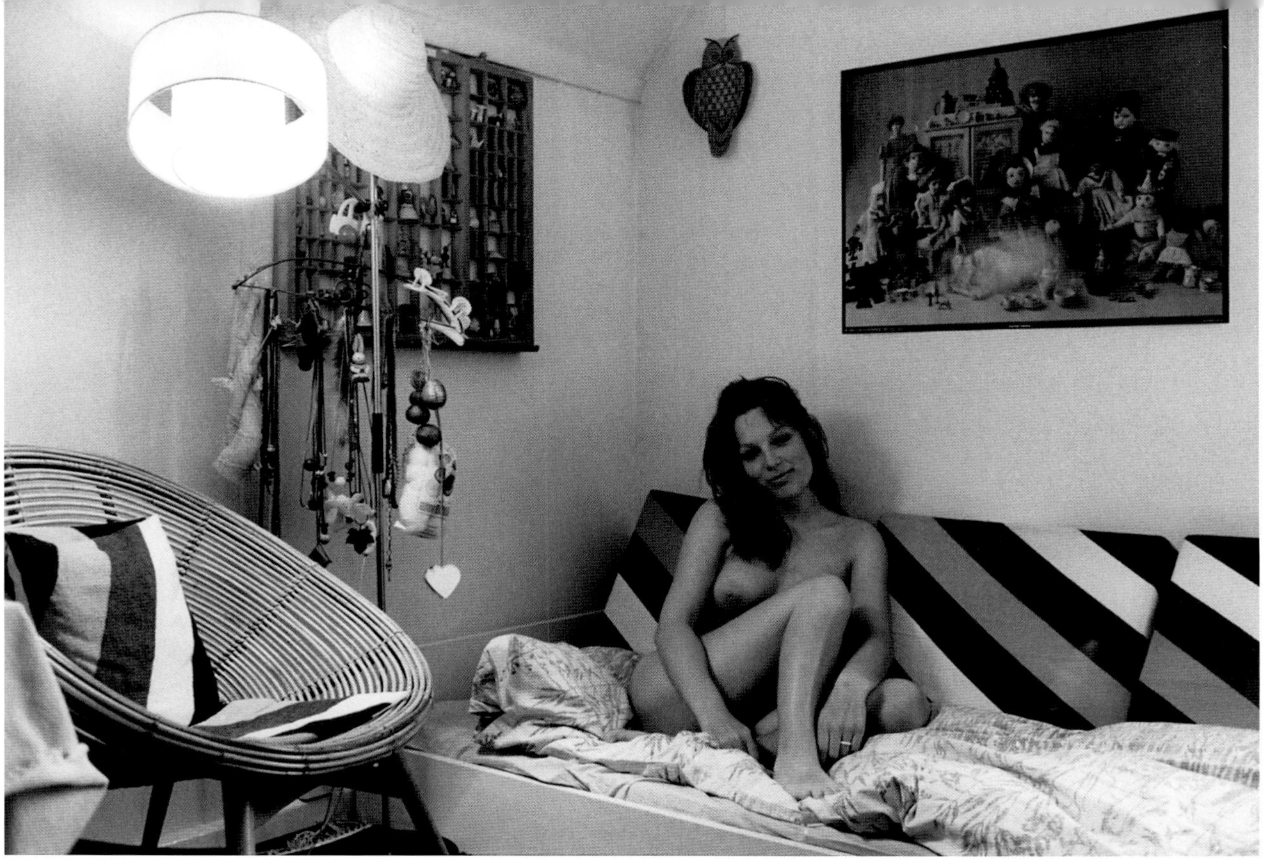

Ich wünsche uns ein sonniges Herz, Lachen, Zeit für Liebe, Geborgenheit, gesunde Kinder, Phantasie ... manchmal könnte ich die ganze Welt umarmen!

19. Mai 1987
Susanne Schubert

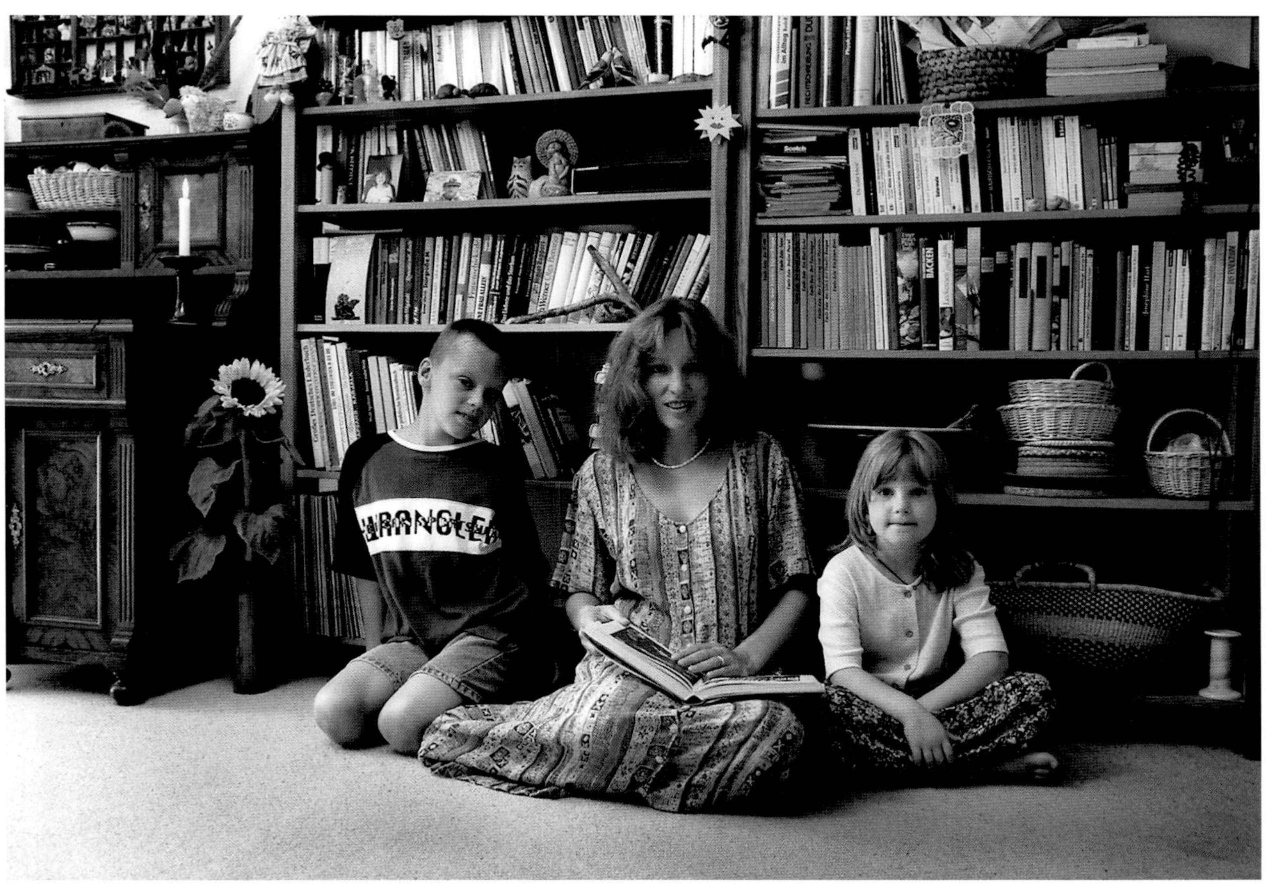

„Wir sind alle Engel mit einem Flügel und müssen uns umarmen, wenn wir fliegen wollen!"

Meine Kinder geben mir Liebe und Kraft!

15. September 1997
Susanne Ehling

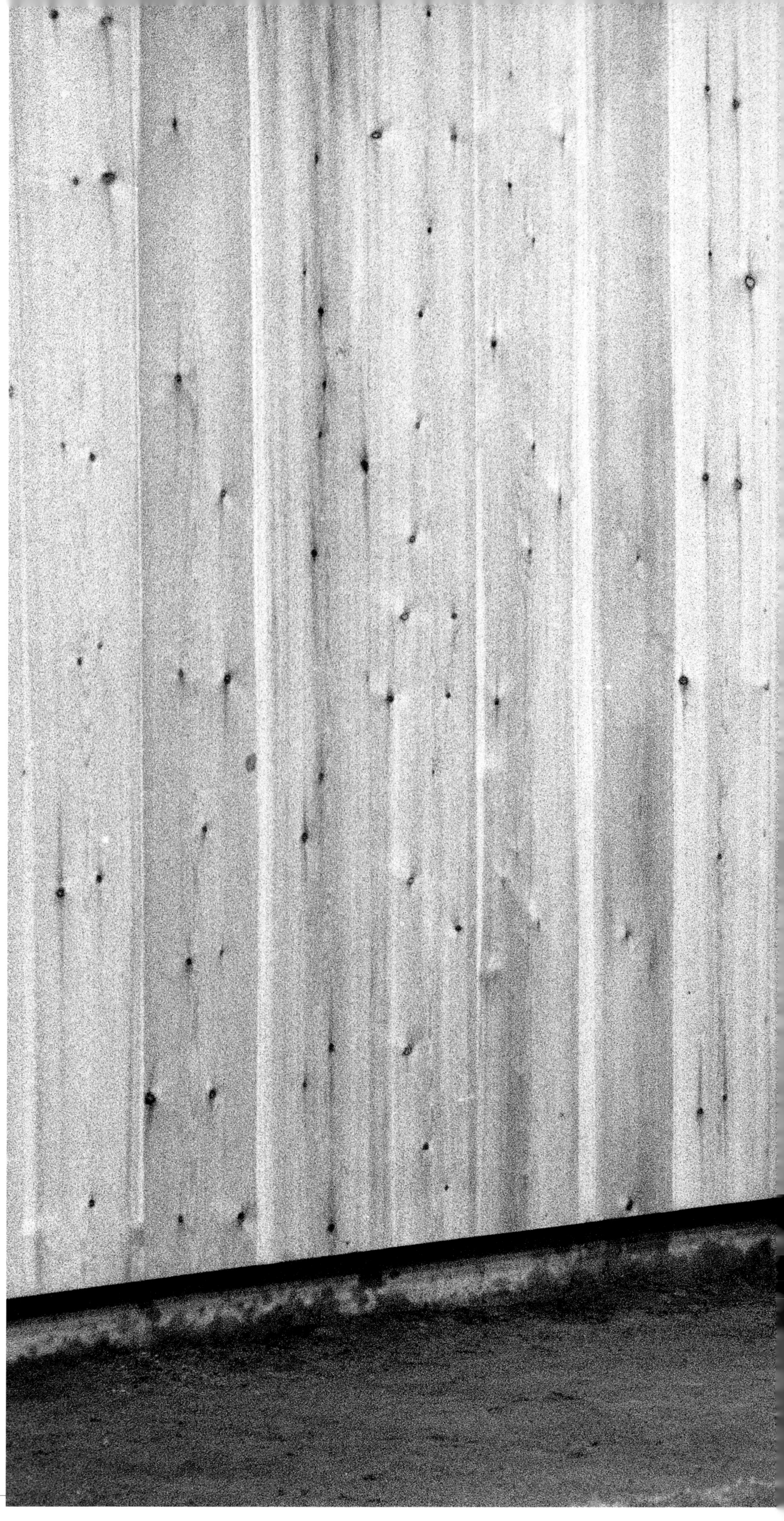

Foto:
JOEL SACKETT

Die Füße gespreizt, die Hand auf dem Schenkel, den zentnerschweren Leib zur Entlastung an die Wand gelehnt – auch in der Pause ruht der Sumo-Ringer ganz in sich. Die Ruhe kommt aus der Masse. Und aus der schnellen Bewegung der Masse erwächst der Sieg – innerhalb von 15 Sekunden, länger dauert ein Kampf nicht. Der japanische Nationalsport ist kurz und simpel: Zwei Männer stehen sich in einem Kreis gegenüber. Wer diesen verlässt oder den Boden mit etwas anderem als den Fußsohlen berührt, hat verloren

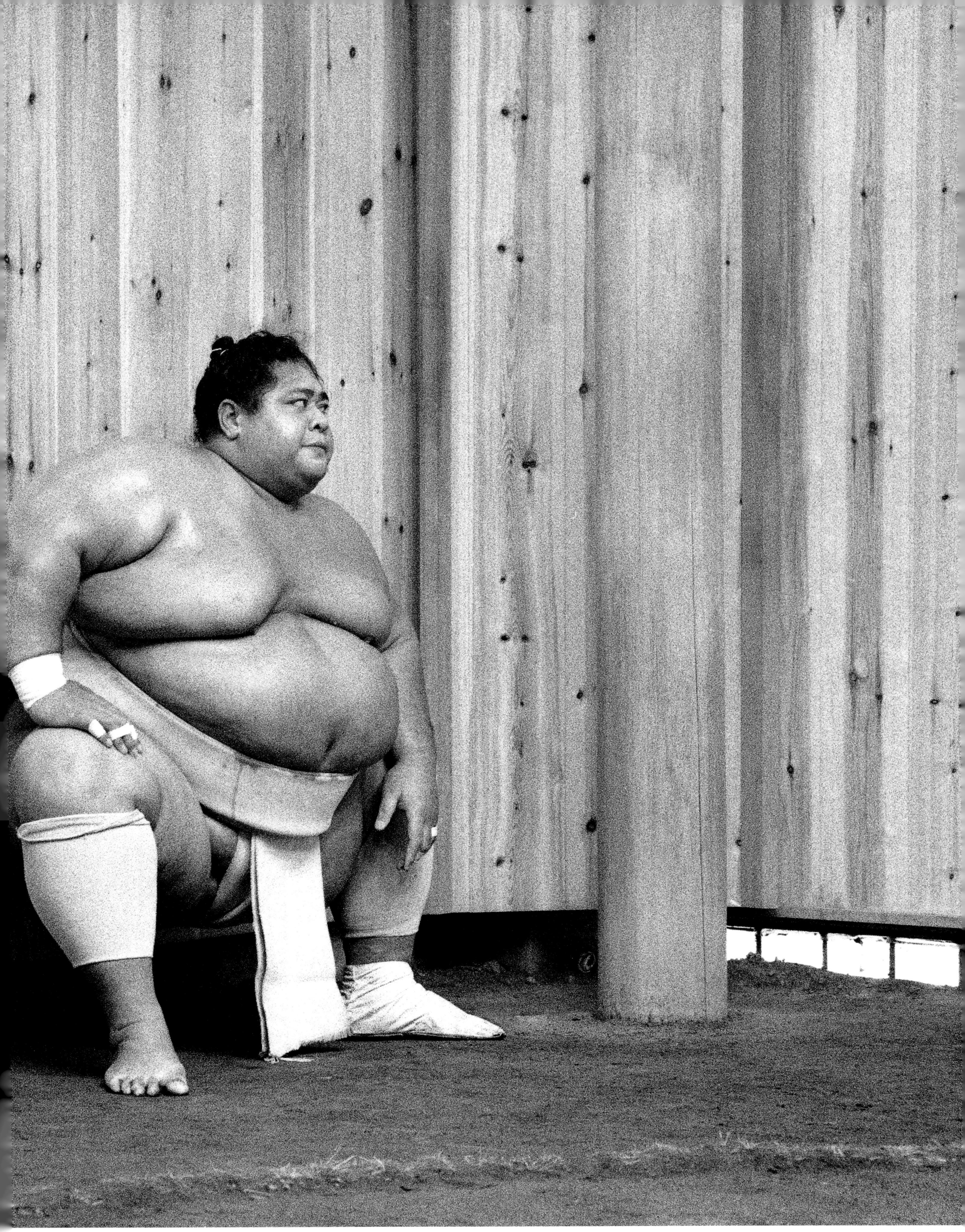

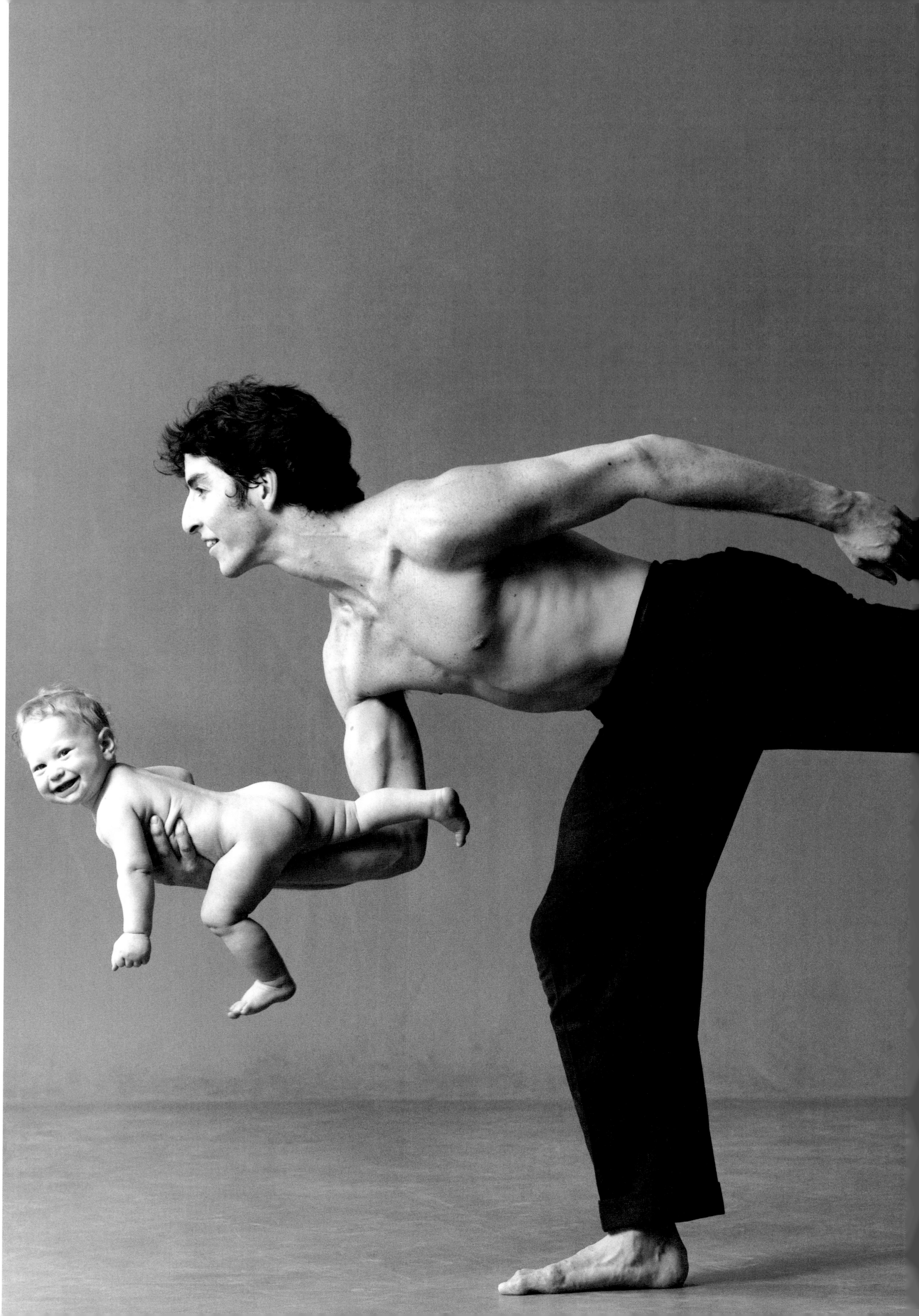

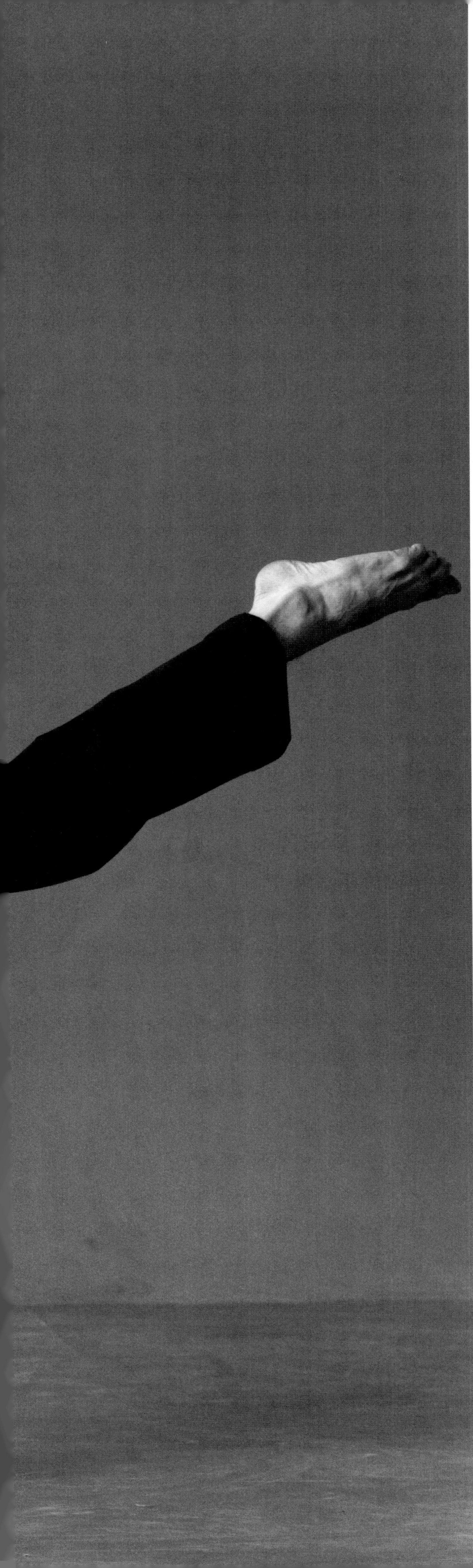

Foto:
LOIS GREENFIELD

Es scheint, als wolle das Baby in der Hand von Daniel Ezralow die Pose des Tänzers nachstellen: Ein Bein nach hinten gestreckt, eines zum Boden gerichtet. Vergnügt lächelt das Kind – offensichtlich spürt es keine Angst in der Obhut des amerikanischen Künstlers. Mit Ensembles wie der Hubbart Street Dance Company ist Ezralow durch Amerika, Europa und Asien gereist. Als Choreograf arbeitete er für Pop-Größen wie U2 und David Bowie. Und sogar die Legende Rudolf Nurejew tanzte nach seinen Anweisungen

GEO 11/89

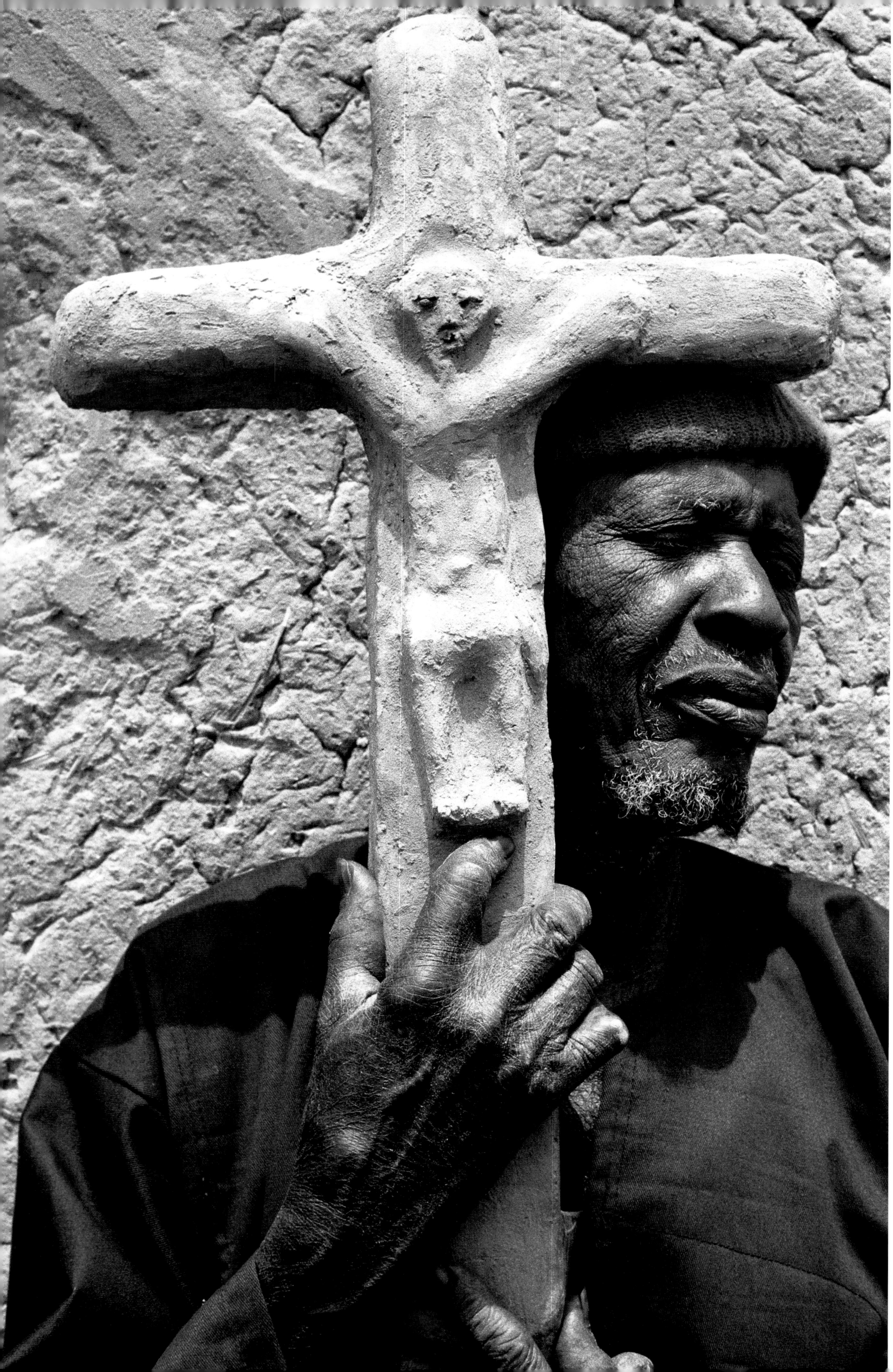

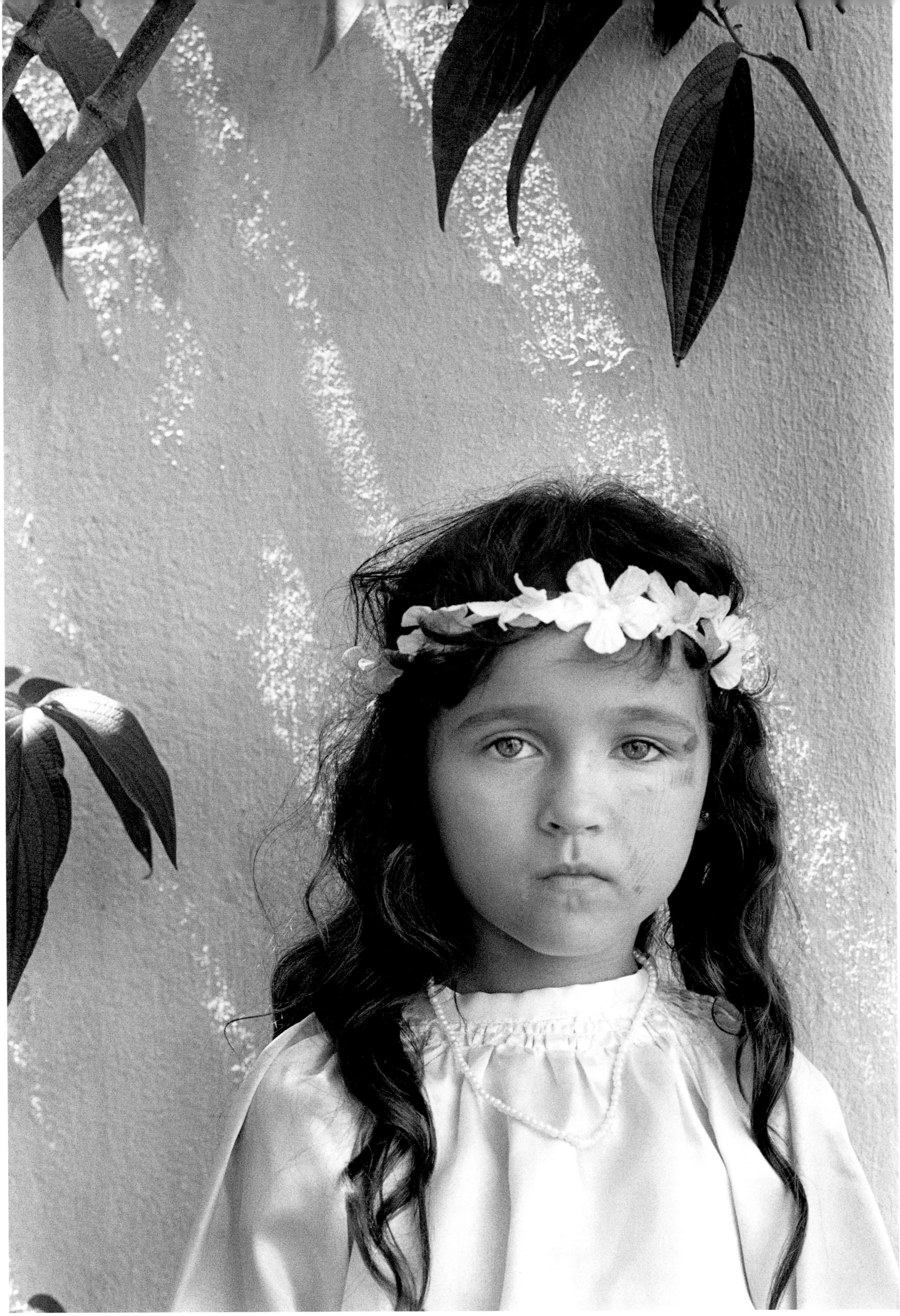

Fotos: ABBAS

Keine Religion ist so verbreitet wie das Christentum: Zwei Milliarden Menschen glauben an die Bibel. Vor allem die Kolonisation Afrikas und Südamerikas brachte der Kirche Einfluss. In Mali blieben die Missionare jedoch weitgehend erfolglos: Nur 100 000 der elf Millionen Bewohner bekennen sich, wie dieser Dogon-Mann, zu Jesus. Die gläubigen Brasilianer, deren Kinder sich zu Prozessionen als Engel verkleiden, bilden dagegen mit 158 Millionen Christen die zweitgrößte bibeltreue Nation der Welt

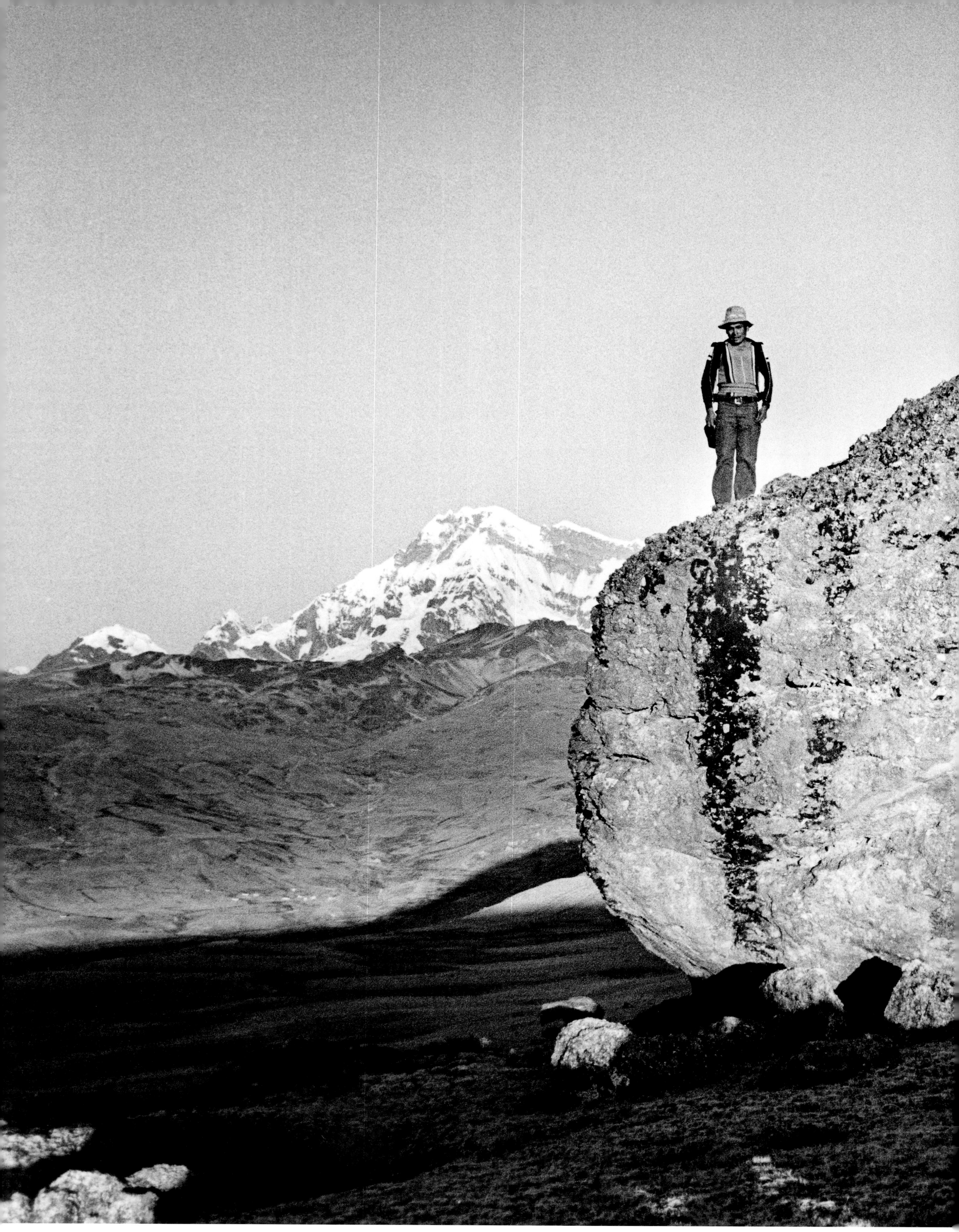

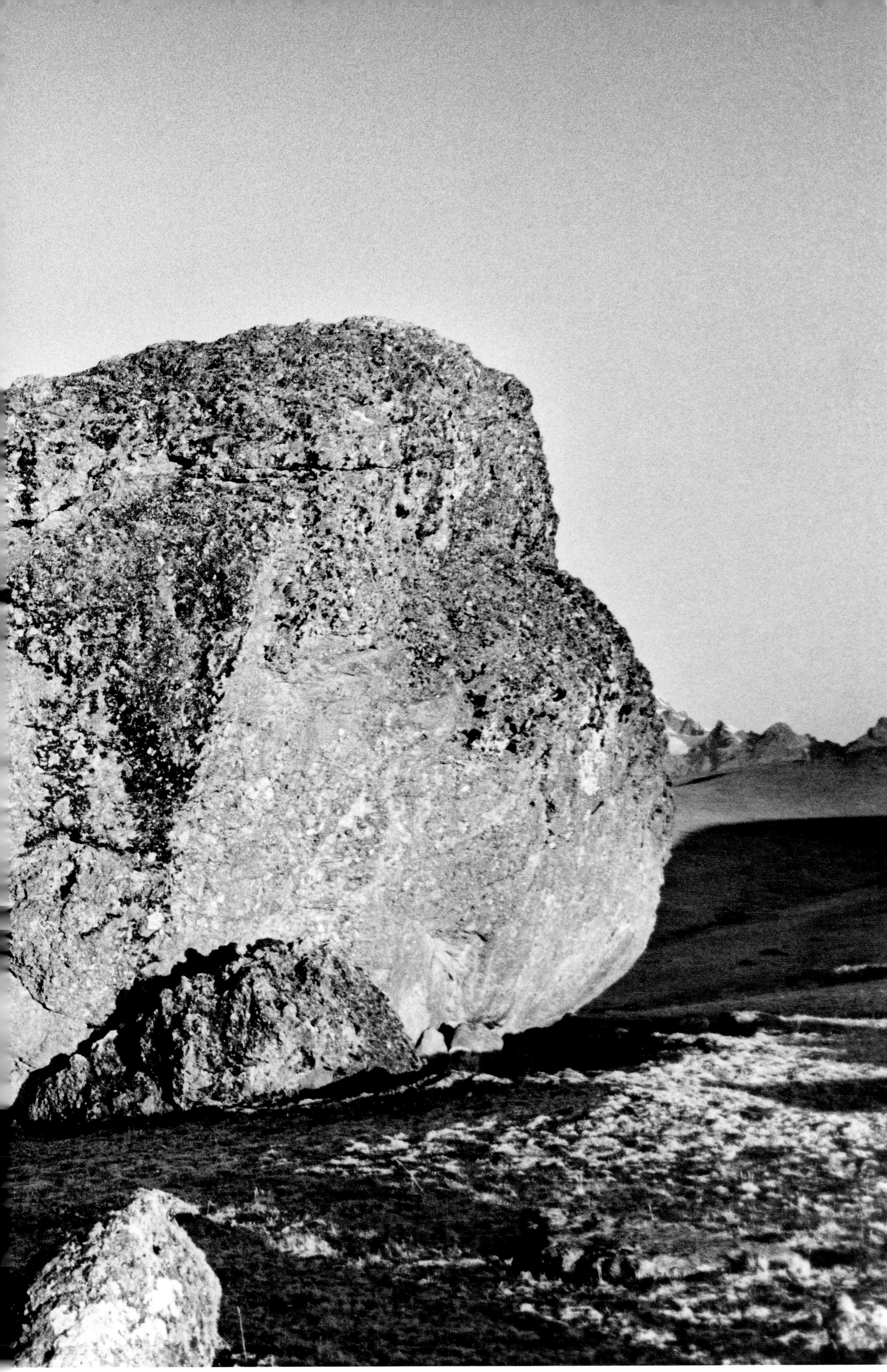

FOTO:
MARIANO CHILLIHUANI

Verloren wirkt Mariano Chillihuani auf einem Felsen in der peruanischen Andenregion Ocongate. Dass er überhaupt auf dem Bild erscheint, ist ungewöhnlich: Sonst steht Chillihuani oft hinter der Kamera. Zusammen mit rund 200 anderen Bauern der Gegend engagiert er sich bei den »Talleres de Fotografía Social«. Jeden Monat ziehen die Laienfotografen mit einem geliehenen Apparat und einem Schwarzweißfilm los, um das Alltagsleben der Bewohner zu dokumentieren: die Armut, die Gewalt, die Hoffnung

GEO *11/95*

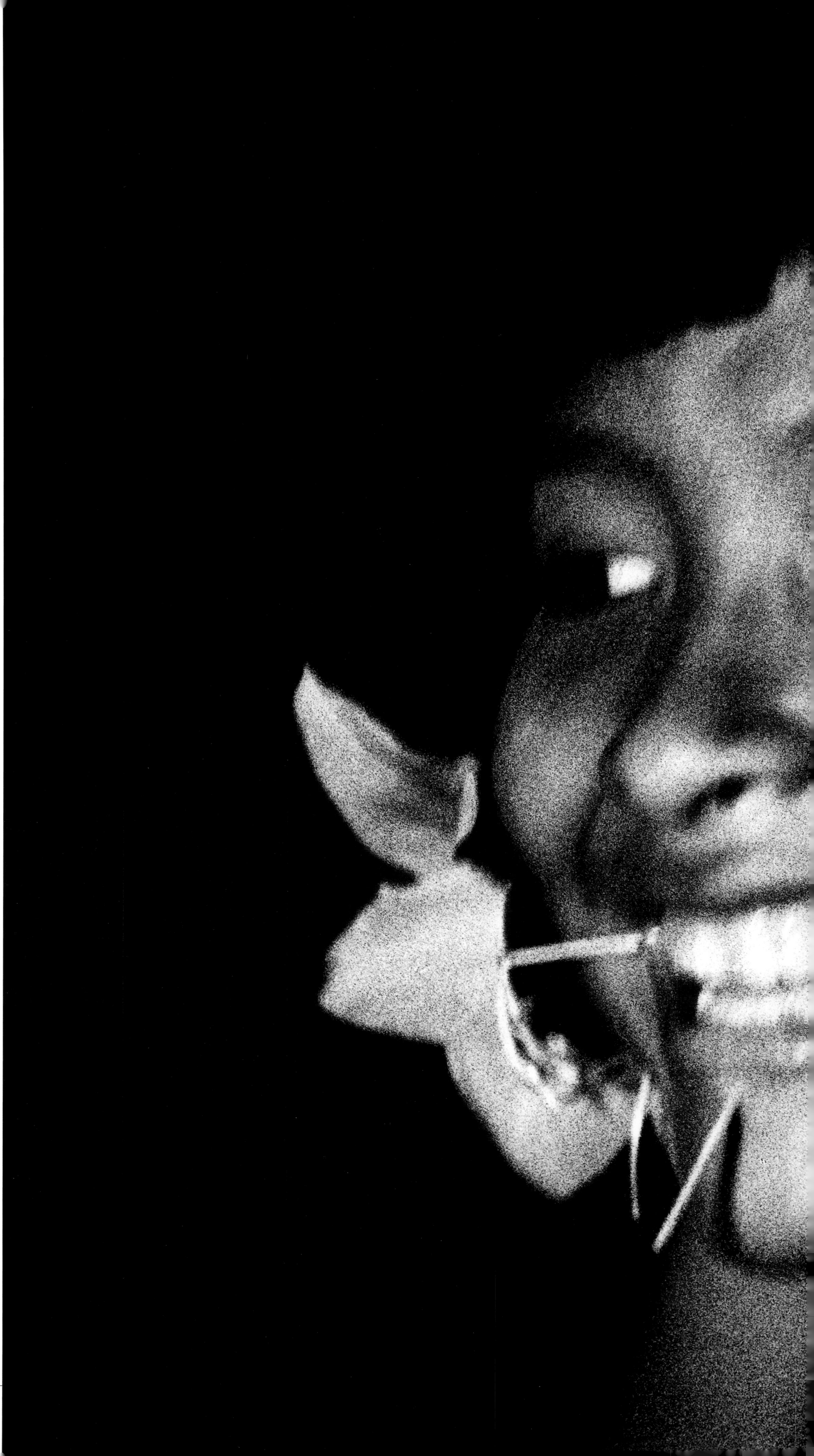

Foto:
BARBARA BRÄNDLI

Isoliert von der übrigen Welt, in den Regenwäldern Venezuelas, leben die Yanomami. In kleinen Gruppen ziehen sie als Jäger und Sammler umher oder lassen sich zeitweilig als Ackerbauern nieder. Das Volk gilt als eine der am wenigsten entwickelten Menschengruppen. Der Wortschatz der Yanomami ist gering, doch ihre Sprache wird durch Gesten unterstützt. Dieses Mädchen hat auf ihre in die Mundwinkel gebohrten Zierstäbchen die Blüten wilder Lilien gesteckt, um die Schönheit ihres Gesichtes zu steigern

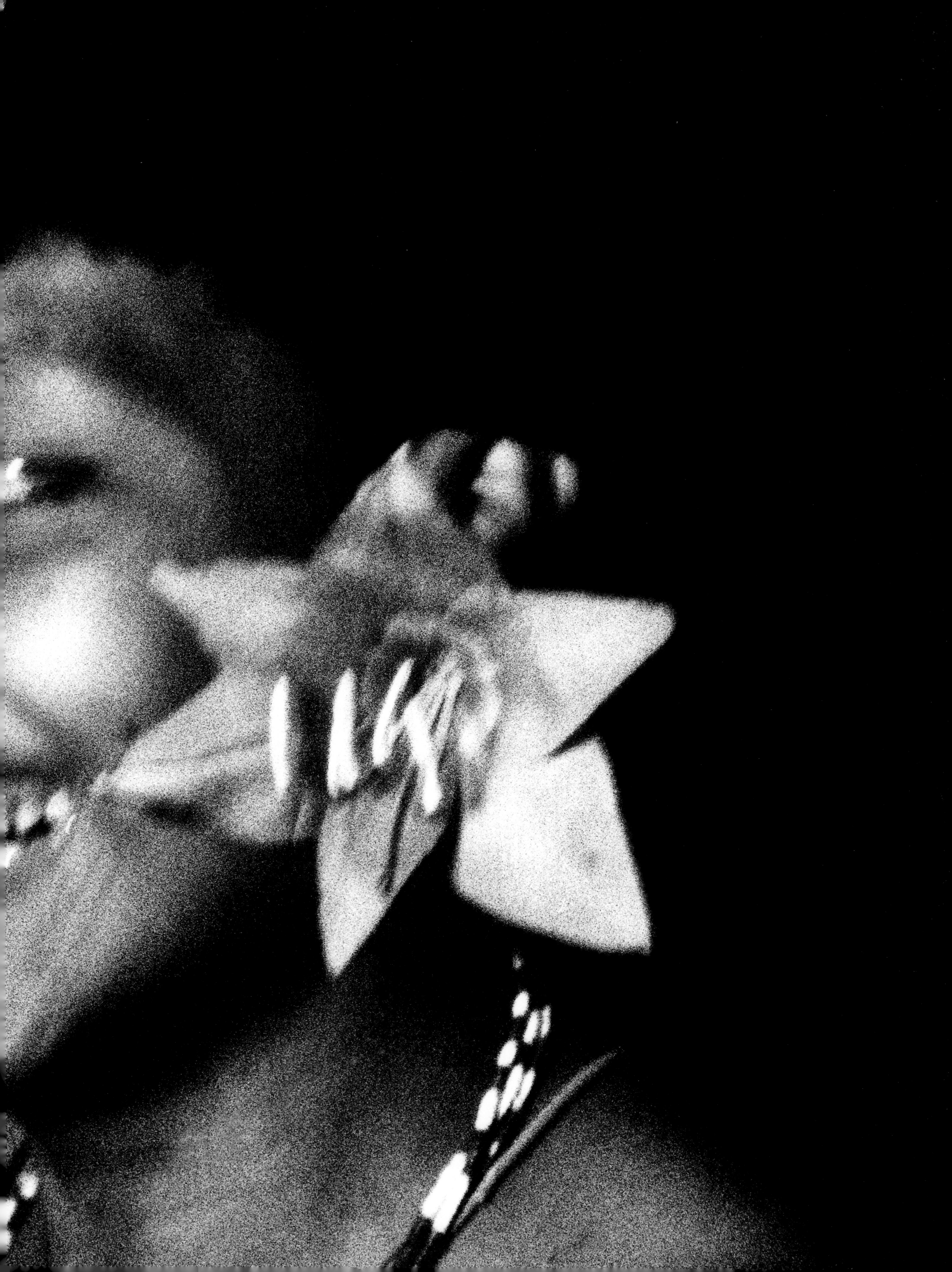

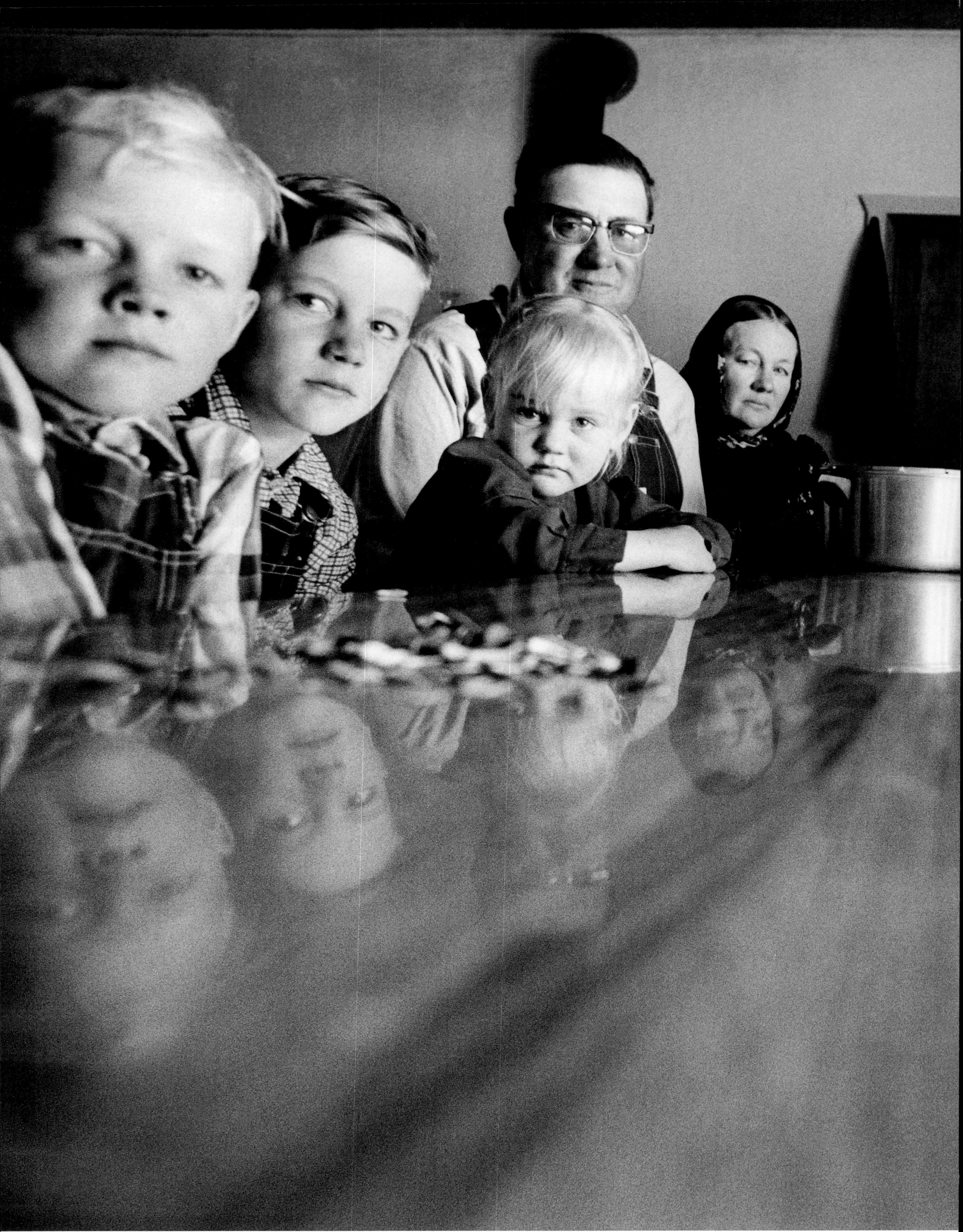

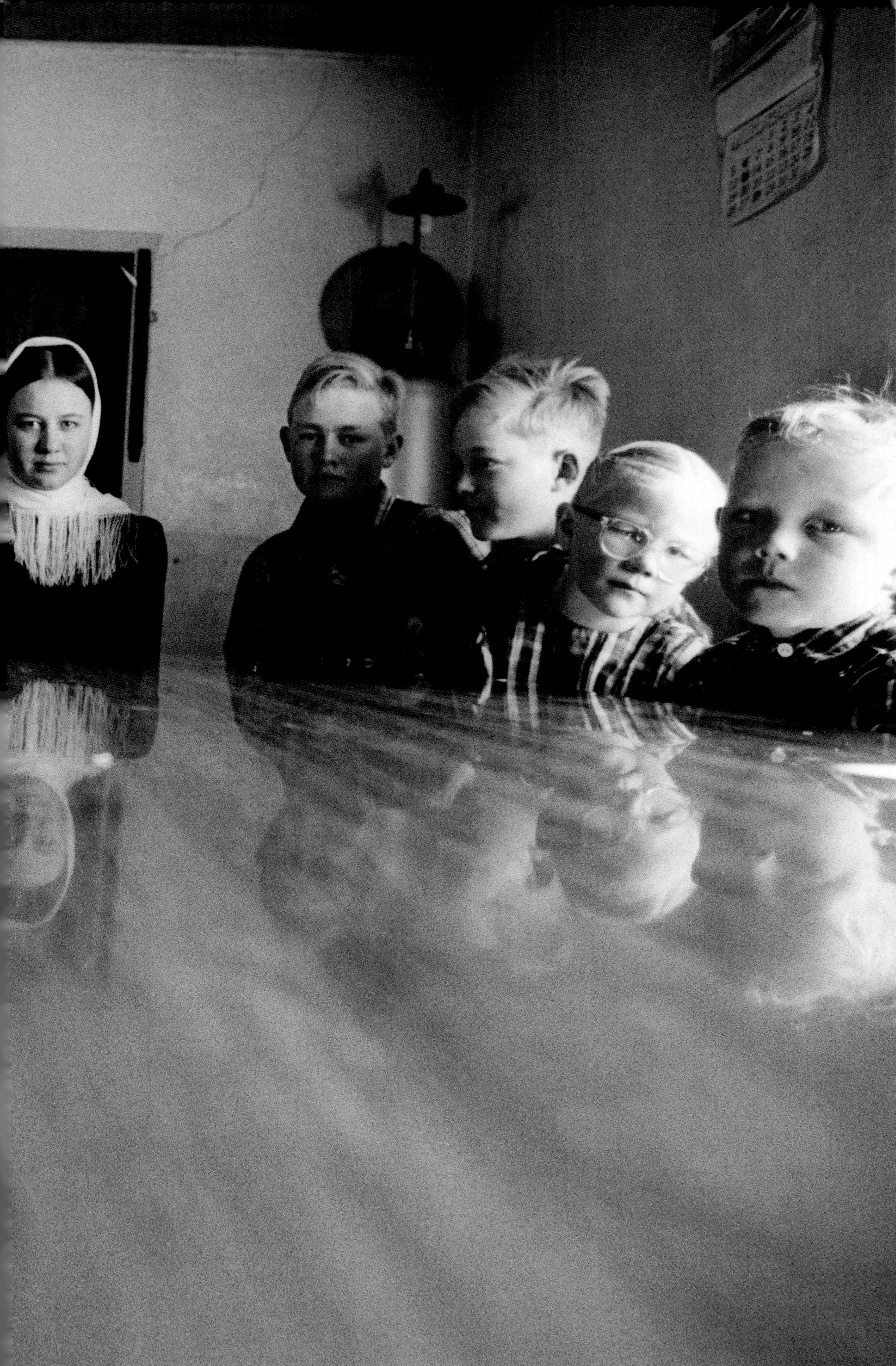

FOTO:
LARRY TOWELL

Ein Besuch bei einer Mennoniten-Familie wie dieser in Mexiko gleicht einer Reise in die Vergangenheit: Die streng gläubigen Christen, die sich nur der Bibel und keinem staatlichen Gesetzbuch verpflichtet fühlen, führen ein asketisches Leben. Selbstverständlichkeiten der modernen, »sündigen« Welt, etwa Elektrizität oder Autos, lehnen sie ab. Kinder sind in dieser Gesellschaft Vaters Stolz und Mutters Bestimmung. Die Junioren werden als Analphabeten groß und lernen, dass Tanz und Turnen Teufelszeug sind

GEO *2/96*

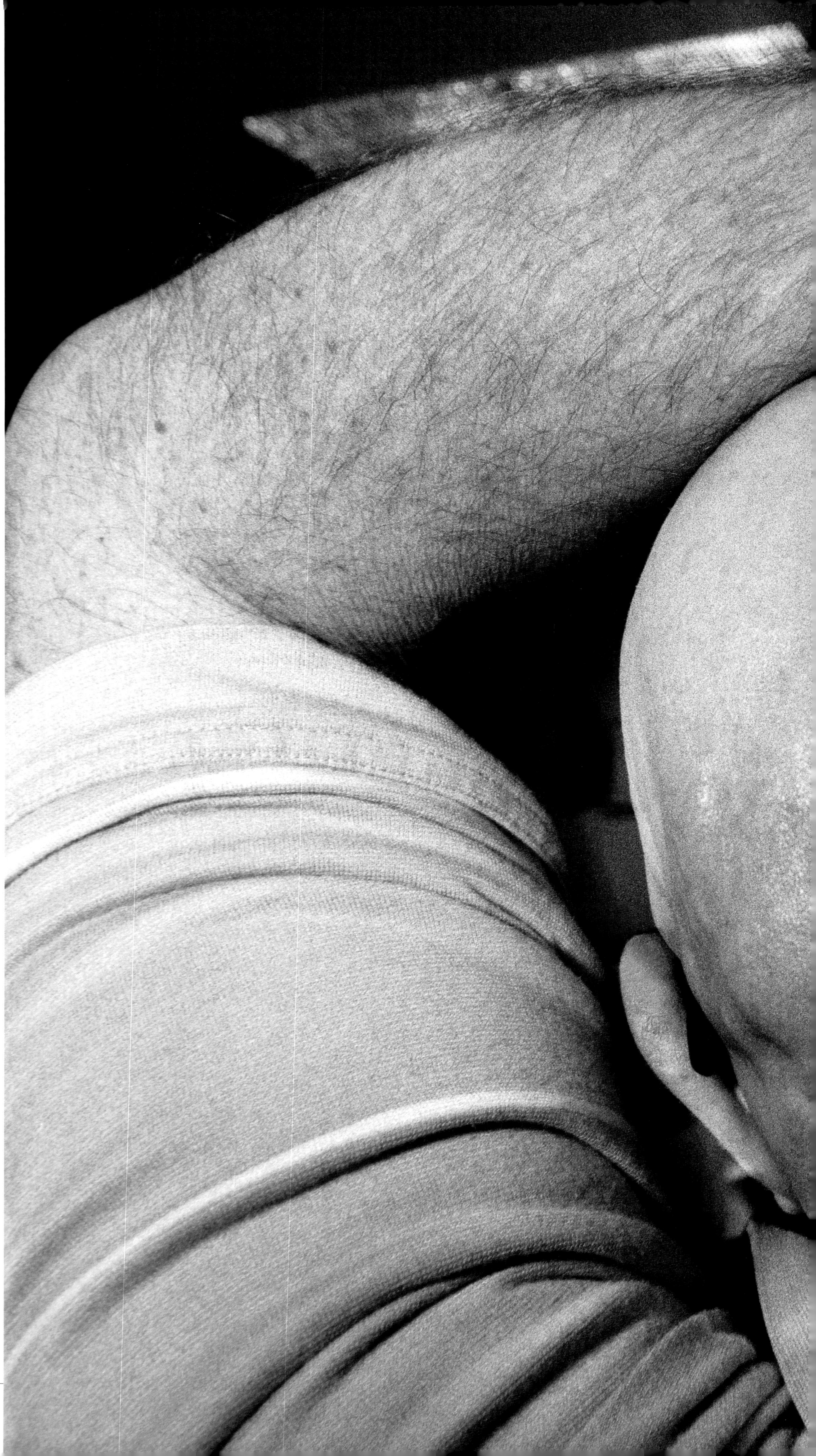

Foto:
PETER GINTER

Die Welt am Draht: Norman Brown, Auslandsredakteur der Nachrichtenagentur Associated Press, telefoniert in der New Yorker Zentrale mit einem Korrespondenten. Seinen Arbeitsalltag bestimmt die Uhr, denn im Geschäft der Pressedienste zählt die Schnelligkeit. Als dieses Foto entsteht, ist AP die größte Agentur der Welt: 3700 Mitarbeiter beliefern 8500 Zeitungen, Radio- und Fernsehsender mit Texten, Fotos und Filmen. 20 Millionen Wörter gehen jeden Tag über den »Ticker« – das entspricht 50 000 voll bedruckten DIN-A4-Blättern

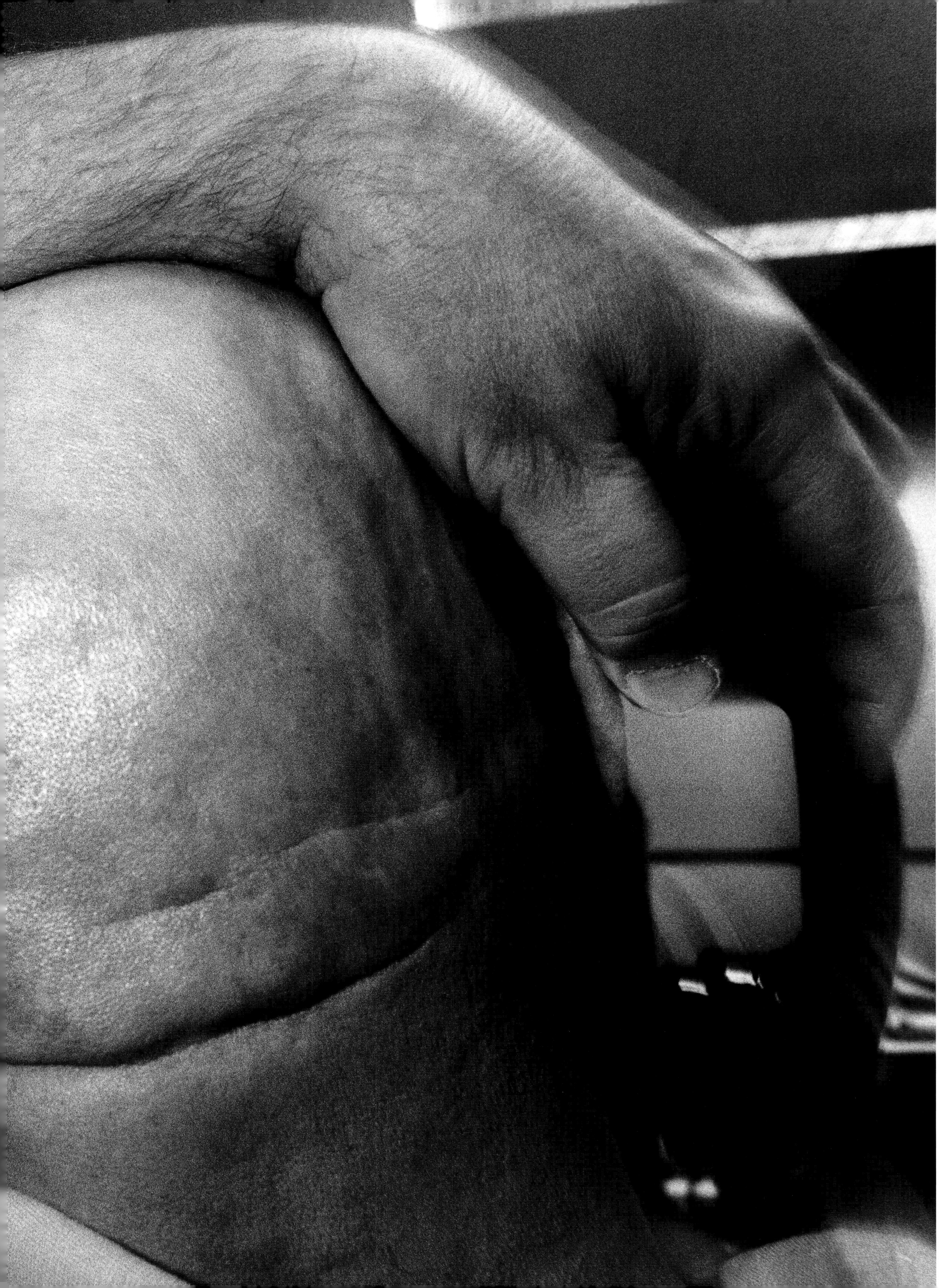

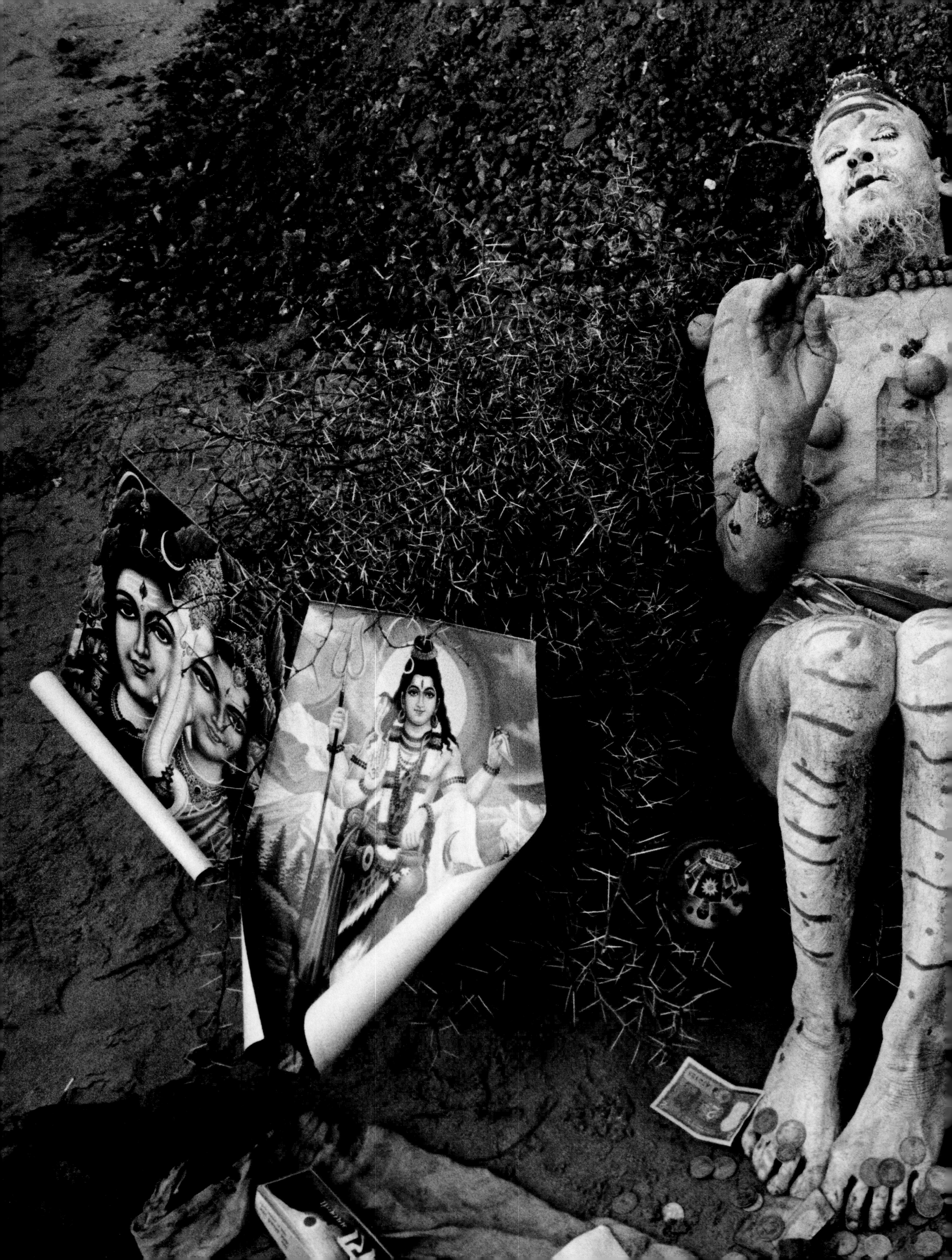

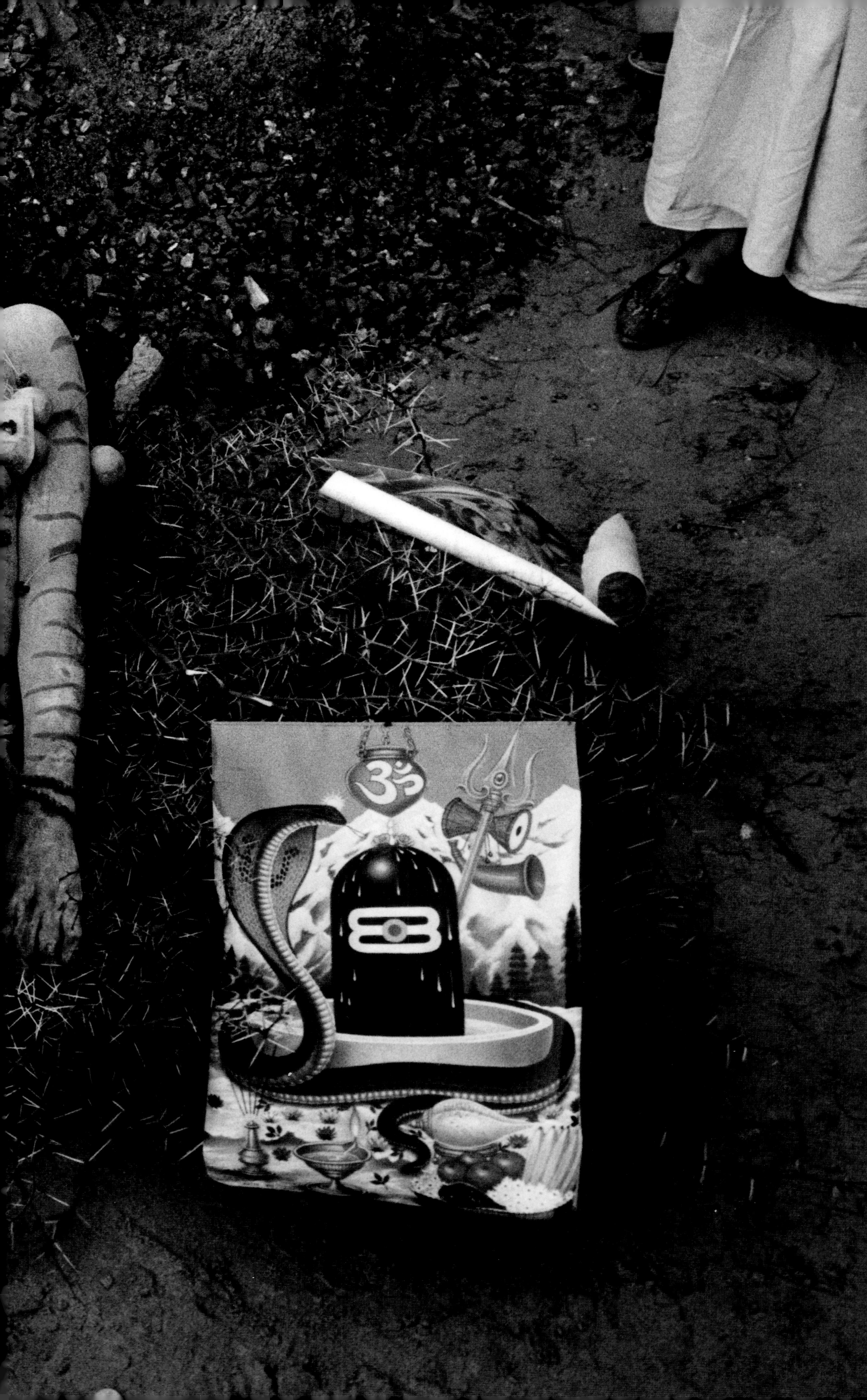

Foto:
TIANE DOAN NA CHAMPASSAK

Allahabad, 24. Januar 2001: 30 Millionen Hindus feiern Kumbh Mela, das »Fest des Kruges«, die wohl größte religiöse Zeremonie des Planeten. Abseits der Massen liegt ein Asket in einem Dornengestrüpp in Versenkung. Geldspenden und Bilder seines Gottes Shiva – rechts in der Form des Linga, eines phallusförmigen Steins – umgeben ihn. Der Hindu leidet für sein Seelenheil: Den eigenen Leib zu kasteien hilft, die vergängliche Welt hinter sich zu lassen und der Erlösung näher zu kommen

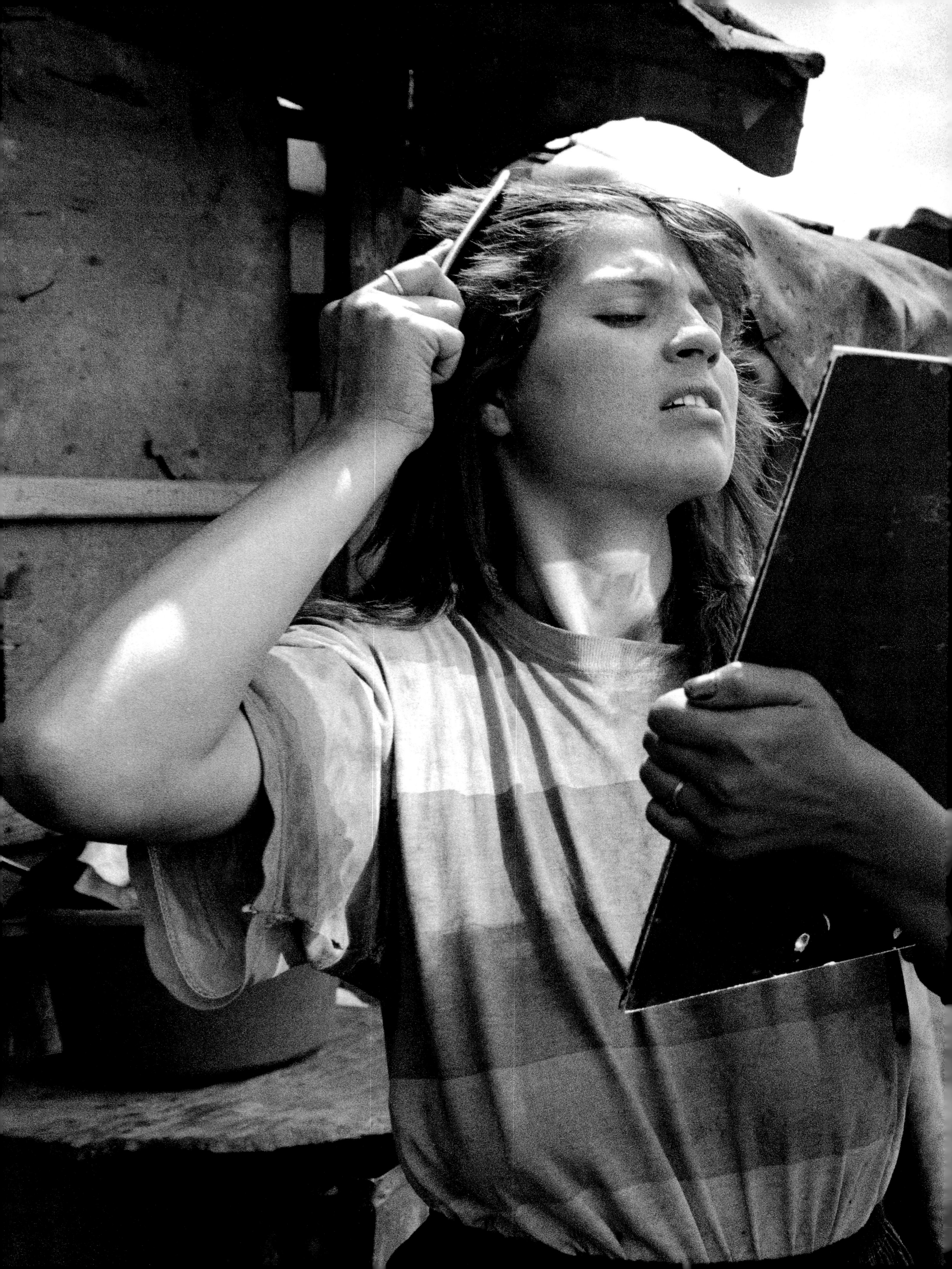

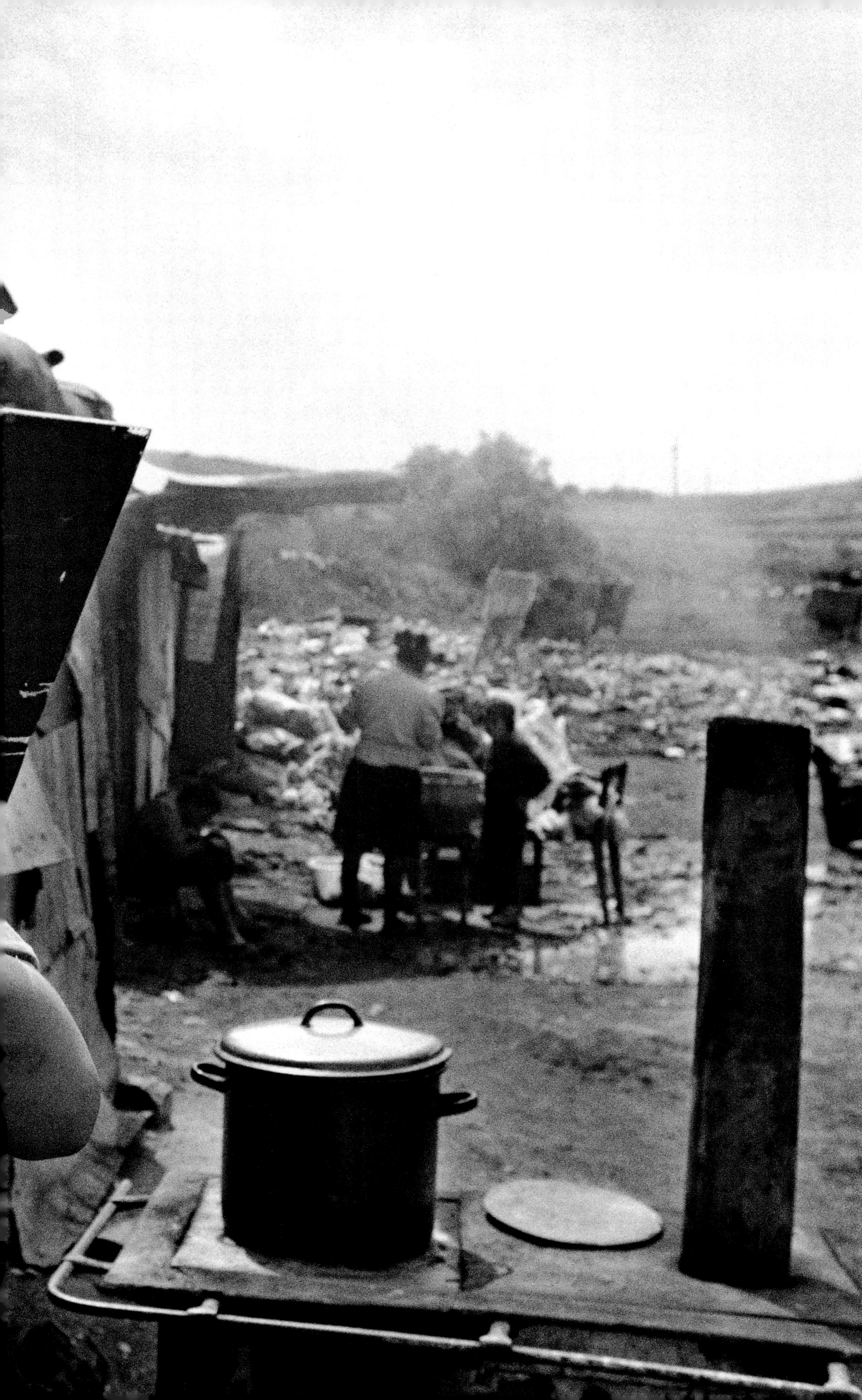

Foto:
JORDIS SCHLÖSSER

Als 1990 die kommunistischen Kolchosen in Rumänien aufgelöst wurden, verloren Hunderttausende Roma ihre Jobs als Landarbeiter. Seither leben 400 von ihnen auf einer Müllkippe in Klausenburg; in einem Hüttendorf, das sie Dallas nennen. Ihr Leben im Müll ist armselig. Nur manchmal, wenn Geld in der Kasse ist, macht sich Lena schön und geht mit den anderen jungen Bewohnern der Müllhütten aus. In die Stadt, in ein feines Restaurant. Oder ins Kino, wenn dort die geliebten Schmachtfetzen aus Indien laufen

GEO *11/99*

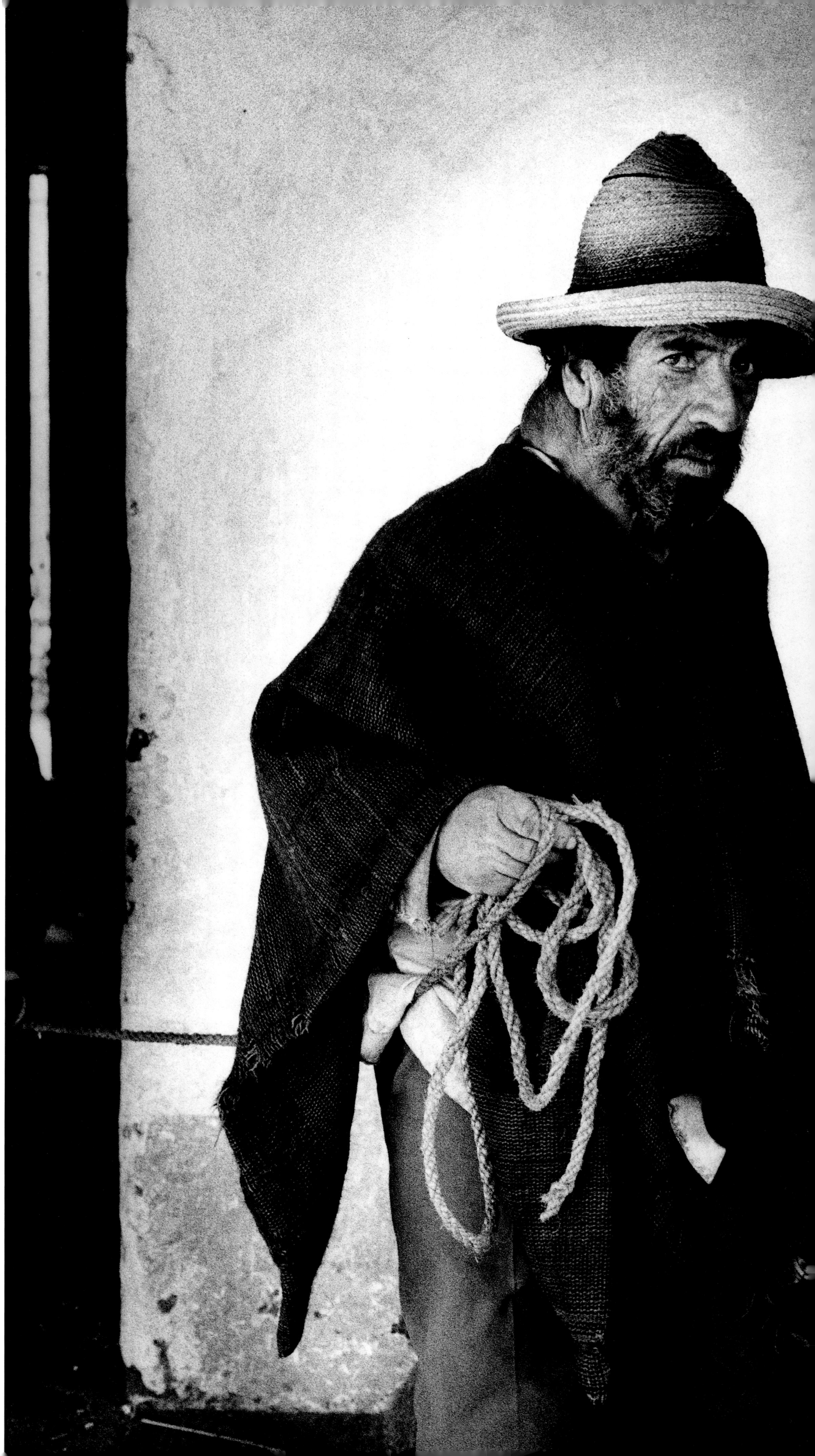

FOTO: BARBARA BRÄNDLI

Harte Arbeit hat das Gesicht und die Hände von Silvestre, einem Bewohner der venezolanischen Anden, gezeichnet. Das Überleben in den mehr als 3000 Meter hohen Bergen ist mühselig: Mit Ochsengespannen und Holzpflügen bestellen die Menschen die steinigen Felder. Doch der Aufwand wird von der Natur nur dürftig belohnt: mit ein paar Kartoffeln oder Gras für das Vieh

3

DAS ANDERE IN UNS

„Es genügt zu zeigen, was wir aus ihnen gemacht haben, um zu erkennen, was wir aus uns gemacht haben.“ Jean-Paul Sartre

ZUERST WAR ALLEIN schon der Anblick eine Sensation: eine „Lappen“-Familie, die in Hamburg im Jahr 1874 ihre Zelte aufbaute. 30 Rentiere. Und eine Frau, die ihrem Baby vor aller Augen die Brust gab. Zur Völkerschau von „Hagenbecks Tierpark“ waren so viele Menschen gekommen, dass die Polizei sie in Schach halten musste. Schon bald aber begann Carl Hagenbeck, die Exotik ein wenig exotischer zu gestalten. Sklavenhändler „überfielen“ in der Somali-Schau ein friedliches Dorf. Cowboys und Sioux zogen, 1910, mehr als eine Million Besucher an, aber längst waren die Darsteller Profis, mit dem Mythos vom Wilden Westen auf Tournee.

Die Wilden sind eben immer so wild, die Fremden so fremd, wie wir sie haben wollen. So faszinierend, bedrohlich oder verführerisch, wie wir sie imaginieren. Schon die ersten Begegnungen der Eroberer mit den Völkern in Übersee waren voll janusköpfiger Ambivalenz. Der Fremde konnte sowohl für das Heidentum, für Barbarei, für ungezügelte Triebhaftigkeit und Primitivität stehen. Wie aber auch für das Abbild einer von der Zivilisation unverdorbenen Unschuld, der Einheit von Natur und Mensch, für das verlorene Paradies. Dazu für farbenfrohe Exotik, mit der sich Fürstenhäuser zu schmücken begannen. Mit einer Menagerie schwarzer Militär-Musiker oder einem Kammer-Mohren, der bald auch exzentrisches Dekor für Bürgerhäuser wurde. Und schließlich zog mit schwülem Ägypten-Kitsch die gebändigte Erotik der Ferne in die gründerzeitlichen Wohnzimmer ein. Mit dem weltweiten Tourismus, mit der Globalisierung der Nachrichten- und der Warenströme schließlich ist dem Wilden die Wildheit, bis auf Reste, endgültig ausgetrieben worden.

Kaum noch ein Ort, der vor zivilisationsmüden oder Geschäfte suchenden Reisenden sicher wäre. Und wo das Fremde nicht auch zur Staffage, zum Unterhaltungsprogramm geworden wäre. Die Weltbewegung der Globalisierer ist dabei, Fremde und Einheimische ununterscheidbar zu machen. Für den Exoten in Jeans wird der Reisende notdürftig mit Folklore an der Hotelbar entschädigt.

Neben der Brutalität, mit der diktatorische Regime die Kultur ethnischer Minderheiten zerstören, ist für viele indigene Völker wohl kaum etwas so nachhaltig nivellierend gewesen wie die Begegnung mit der westlichen Kultur. Etwa für die Bewohner von Ladakh im Hochland von Tibet, das bis 1975 von der Außenwelt völlig abgeschlossen war. Und wo der Kontakt mit den Westlern nicht nur die Illusion weckte, alle Besucher seien Millionäre, sondern auch das Gefühl, die eigene Kultur sei es nicht wert, an die Nachkommen weitergegeben zu werden. Oder für die Bewohner der Marquesas nordöstlich von Tahiti, deren Gesang und Tanz und deren spiritueller Kosmos für immer verloren zu sein scheinen. Und die Mennoniten, die vor der Zivilisation des Materiellen einst nach Mexiko und bis ins tiefste Paraguay flohen, werden der Verführungskraft der Moderne auch nicht entkommen.

Der indische Popstar Babydoll Alisha singt Songs von Madonna auf Hindi. In kolumbianischen Überlandbussen wird der Film „Robocop“ gezeigt. Nur noch wenigen gelingt es, wie einigen Pazifik-Völkern, die nicht mehr rückgängig zu machende Anpassung an die westliche Welt mit einer lebendigen Renaissance alter Tradition zu versöhnen und den abenteuerhungrigen, friedlichen Konquistadoren aus dem reichen Teil der Welt ein neues Selbstbewusstsein entgegenzusetzen.

Exotik bleibt ein merkwürdig gebrochener Traum. Kommt das Unbekannte zu uns und zu nahe, soll es verschwinden, sich anpassen, sich assimilieren; soll es aufgehen in uns. Das Fremde soll fremd bleiben; aber nur in der Fremde.

FOTO: CHRIS RAINIER | Als die katholischen Missionare in die Südsee kamen, verboten sie den Bewohnern das Tätowieren. Mittlerweile ist diese alte Kunst auf einigen Inseln im Pazifik-Raum, wie hier auf Samoa, wieder aufgeblüht. Und sie ist nicht nur bloßer Schmuck: Meist künden die Muster symbolisch von der Herkunft oder dem Lebenslauf dessen, der sie auf der Haut trägt

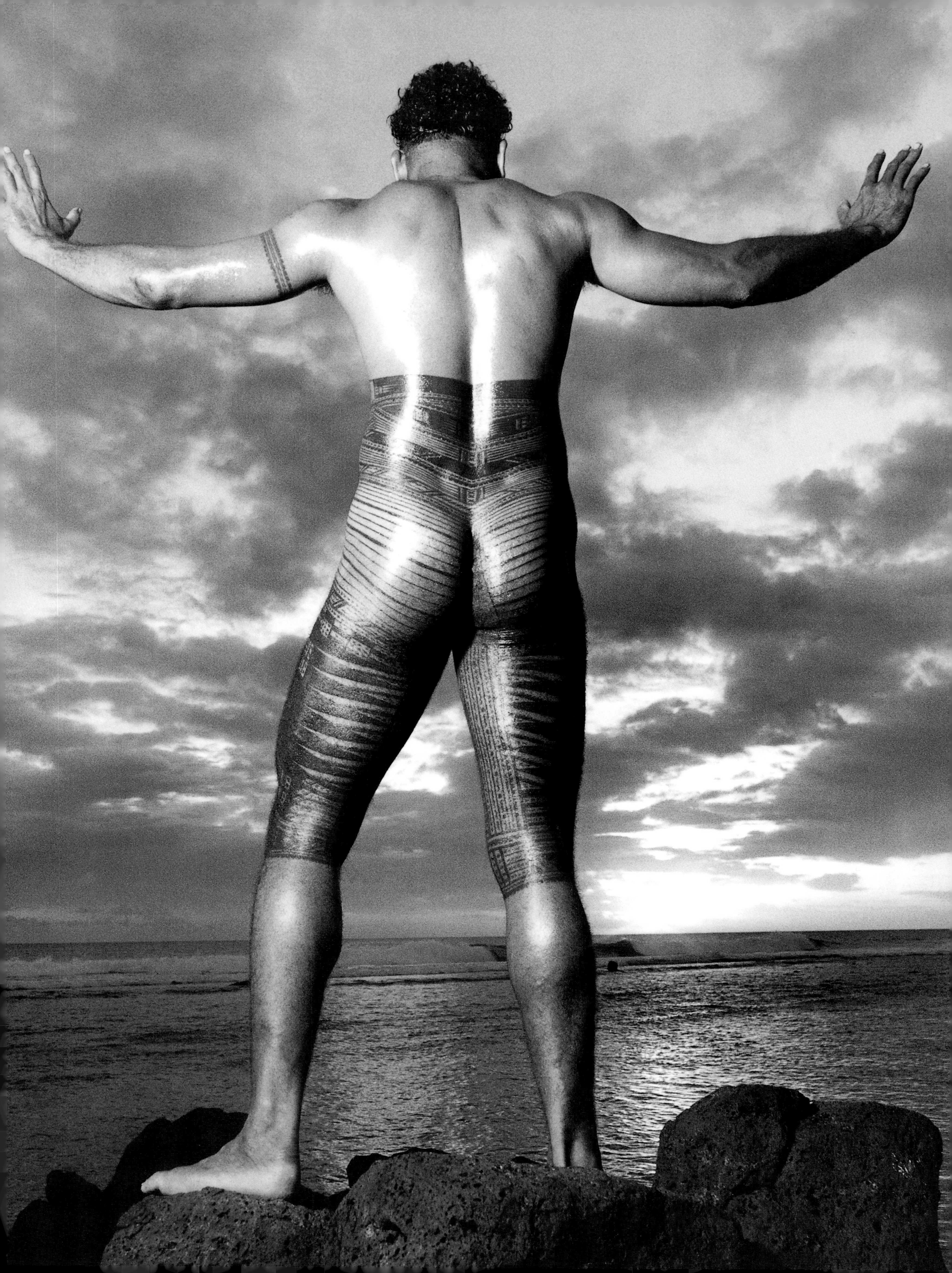

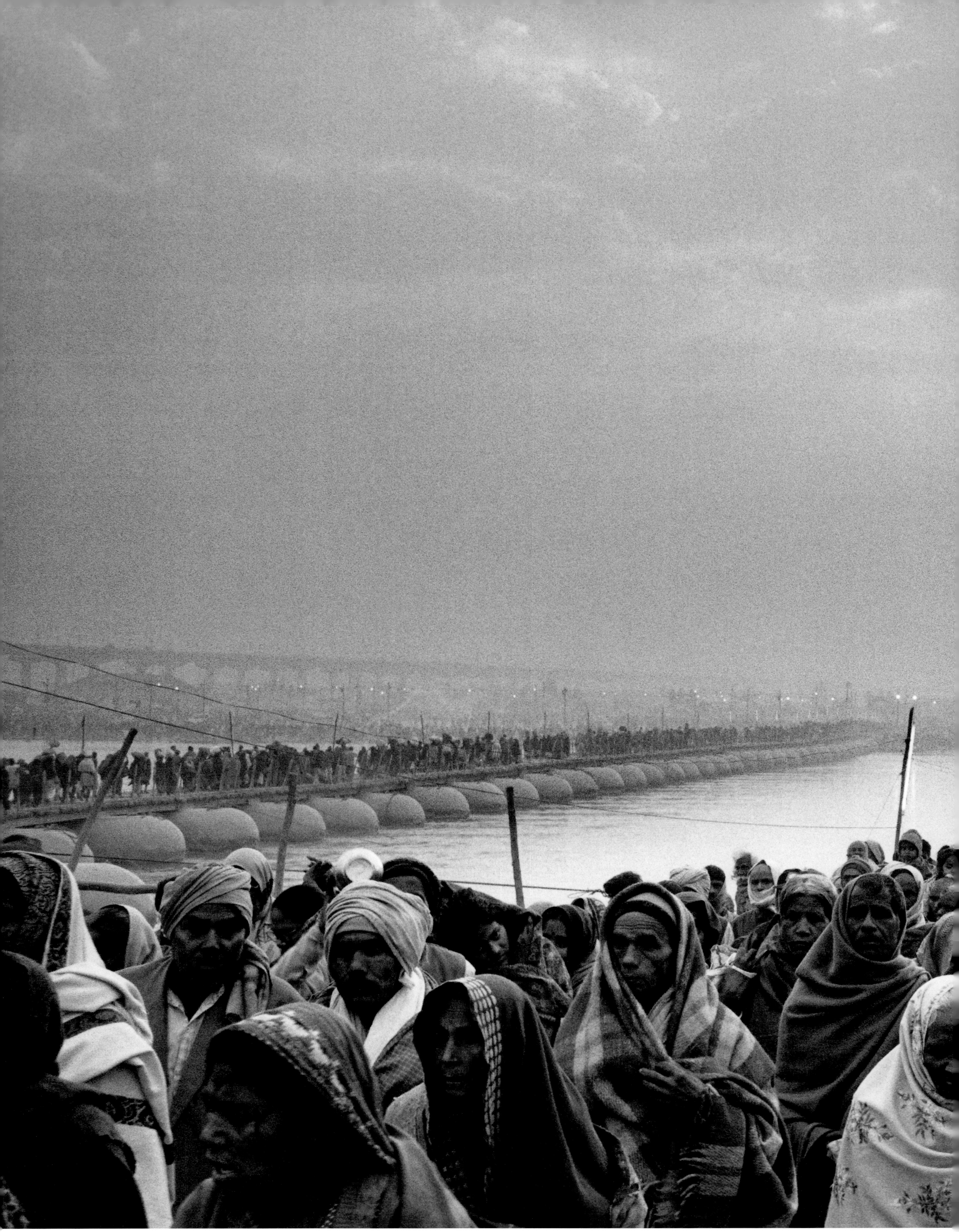

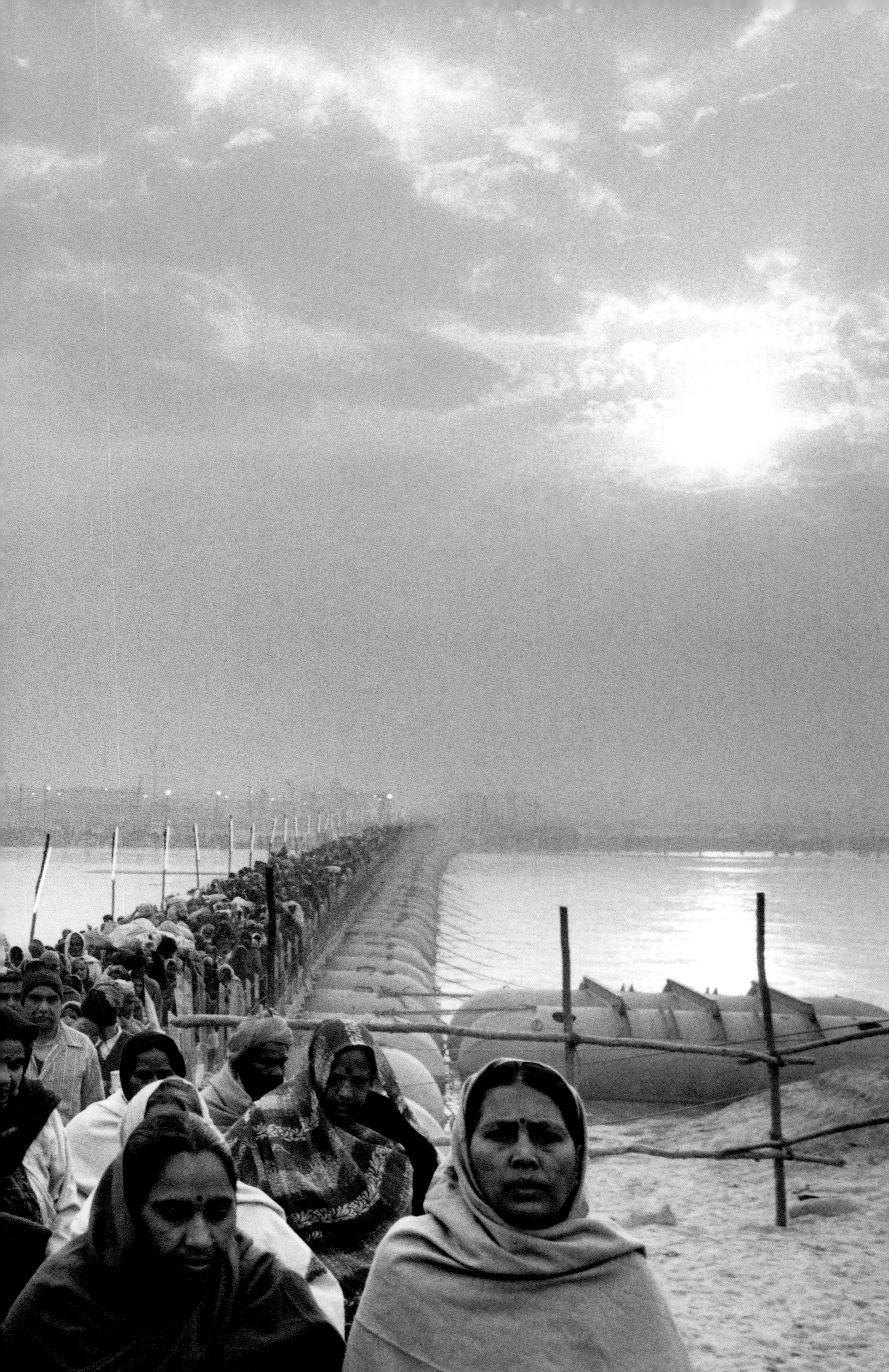

FOTO:
TIANE DOAN NA CHAMPASSAK

Der Zusammenfluss von Ganges und Yamuna ist eine der berühmtesten Pilgerstätten Indiens. Dem hinduistischen Mythos zufolge verwandelt sich das Wasser dort während der sechs Wochen dauernden Kumbh Mela, dem »Fest des Kruges«, in reinigenden Nektar – und Millionen Gläubige machen sich in dieser Zeit über eigens errichtete Pontonbrücken auf den beschwerlichen Weg zum heiligen Bad

GEO WISSEN *Erkenntnis, Weisheit, Spiritualität*

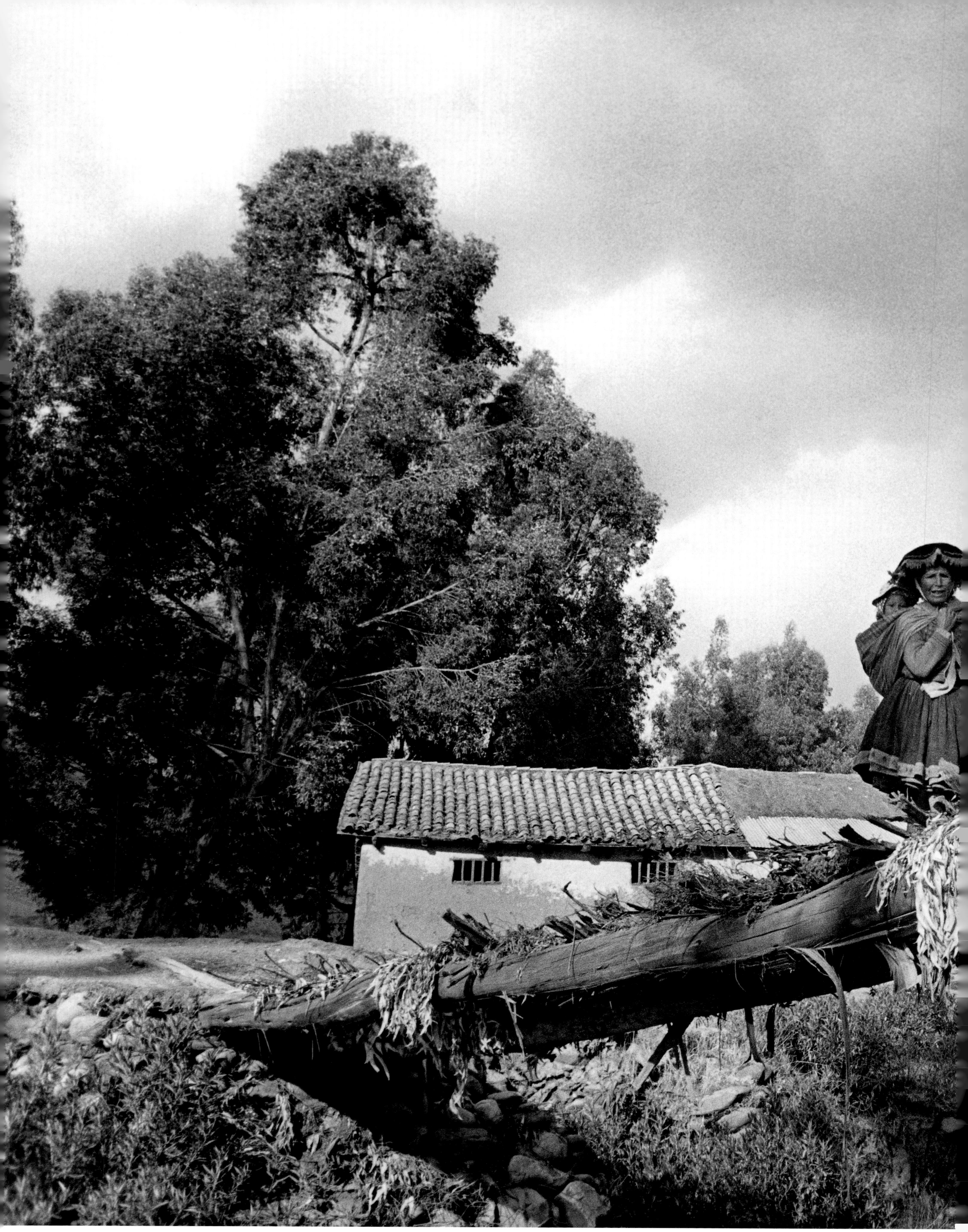

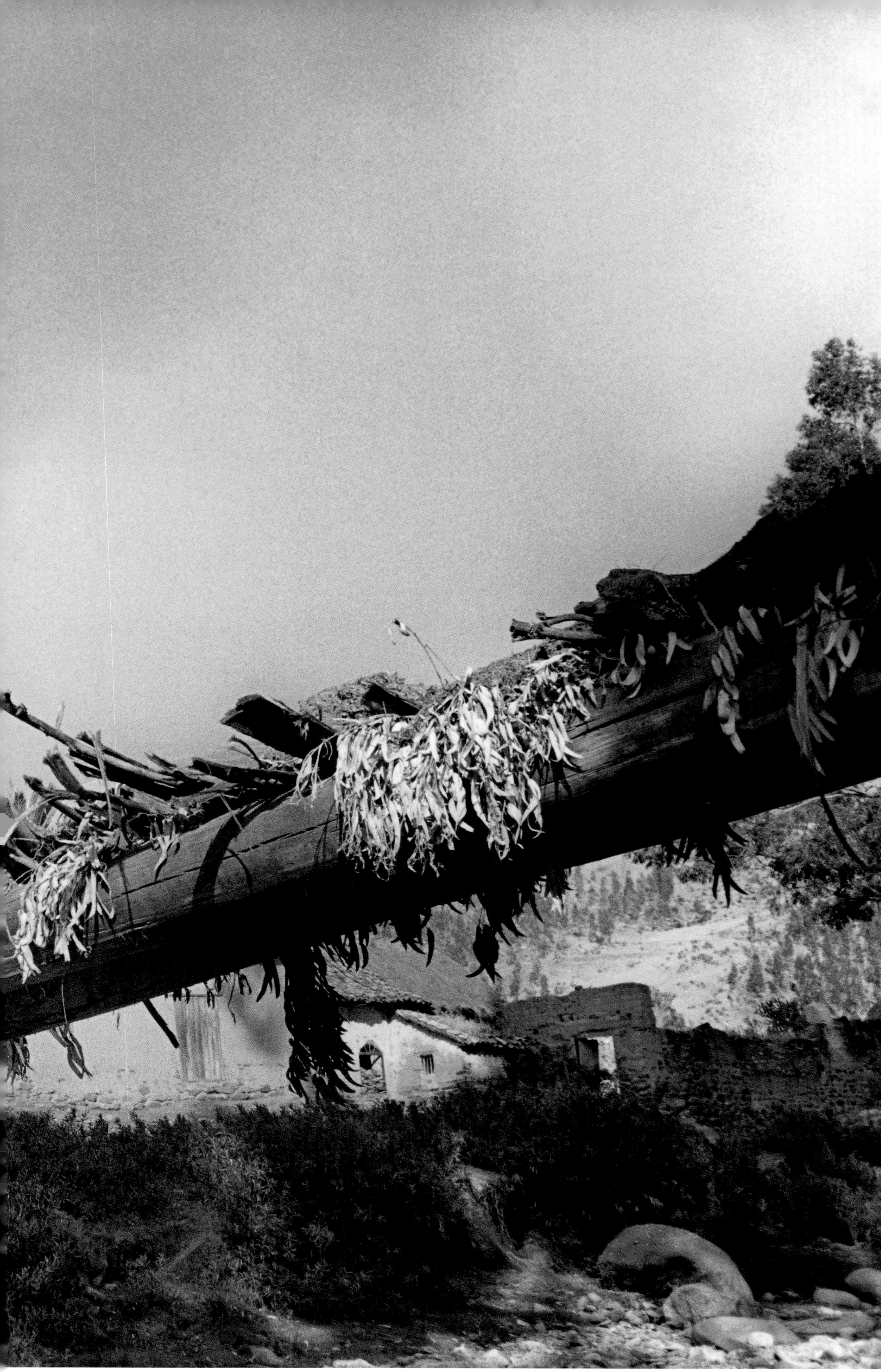

FOTO:
SERAPIO VERDUZCO

Erst wurden die Indios im peruanischen Andendistrikt Ocongate von den Inka unterworfen, später von den Spaniern. Dennoch haben sie sich ihre Kultur bewahrt. Sie sprechen Quechua, tragen traditionelle Kleidung und bewirtschaften ihre Felder je zur Hälfte individuell und gemeinschaftlich. Doch die Erde wirft nur alle sieben Jahre ein paar Kartoffeln ab – danach muss sie ruhen. Nur selten gibt es Fleisch von Schafen, Lamas und Alpakas. 90 Prozent der Menschen in Ocongate gelten als fehlernährt

GEO *11/95*

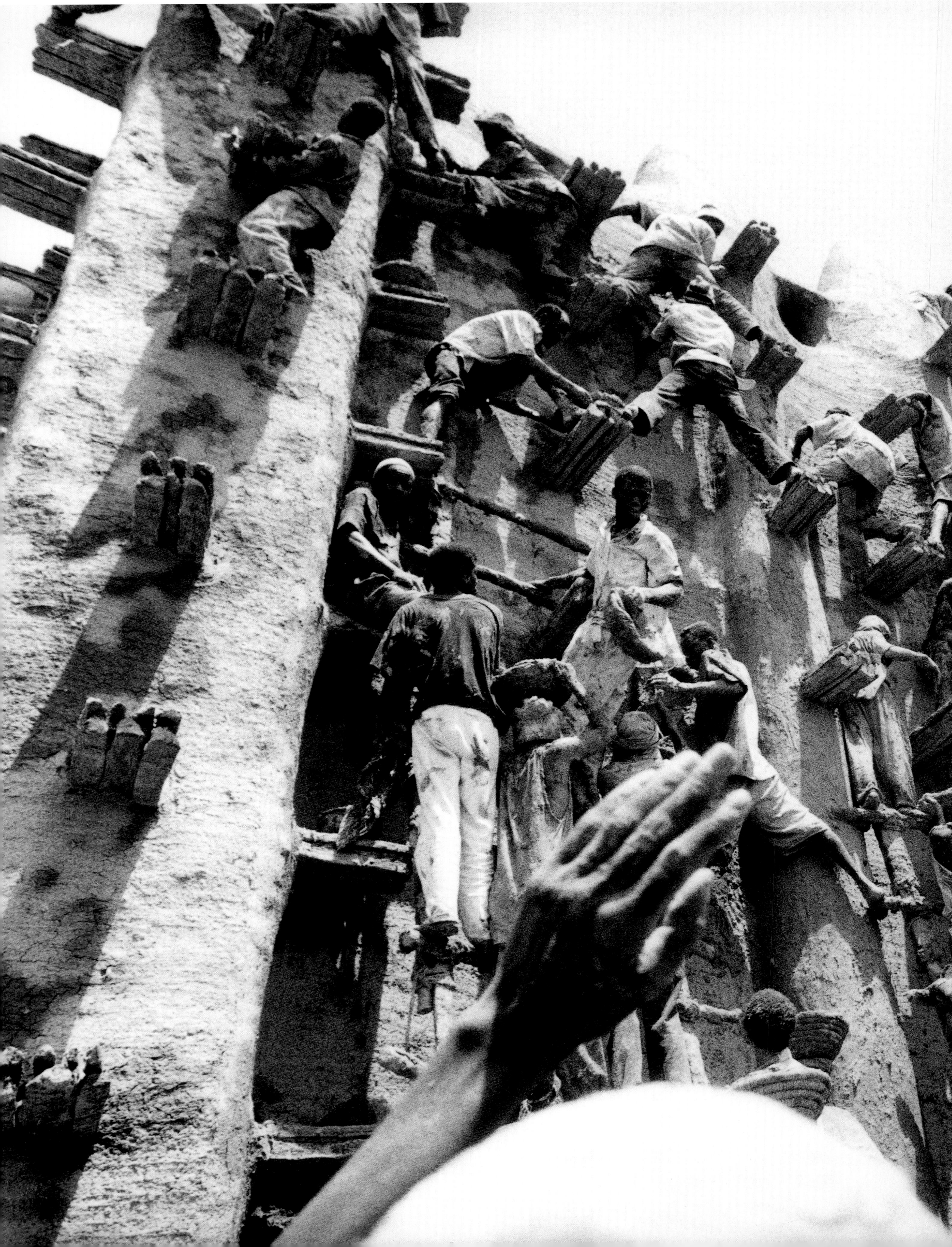

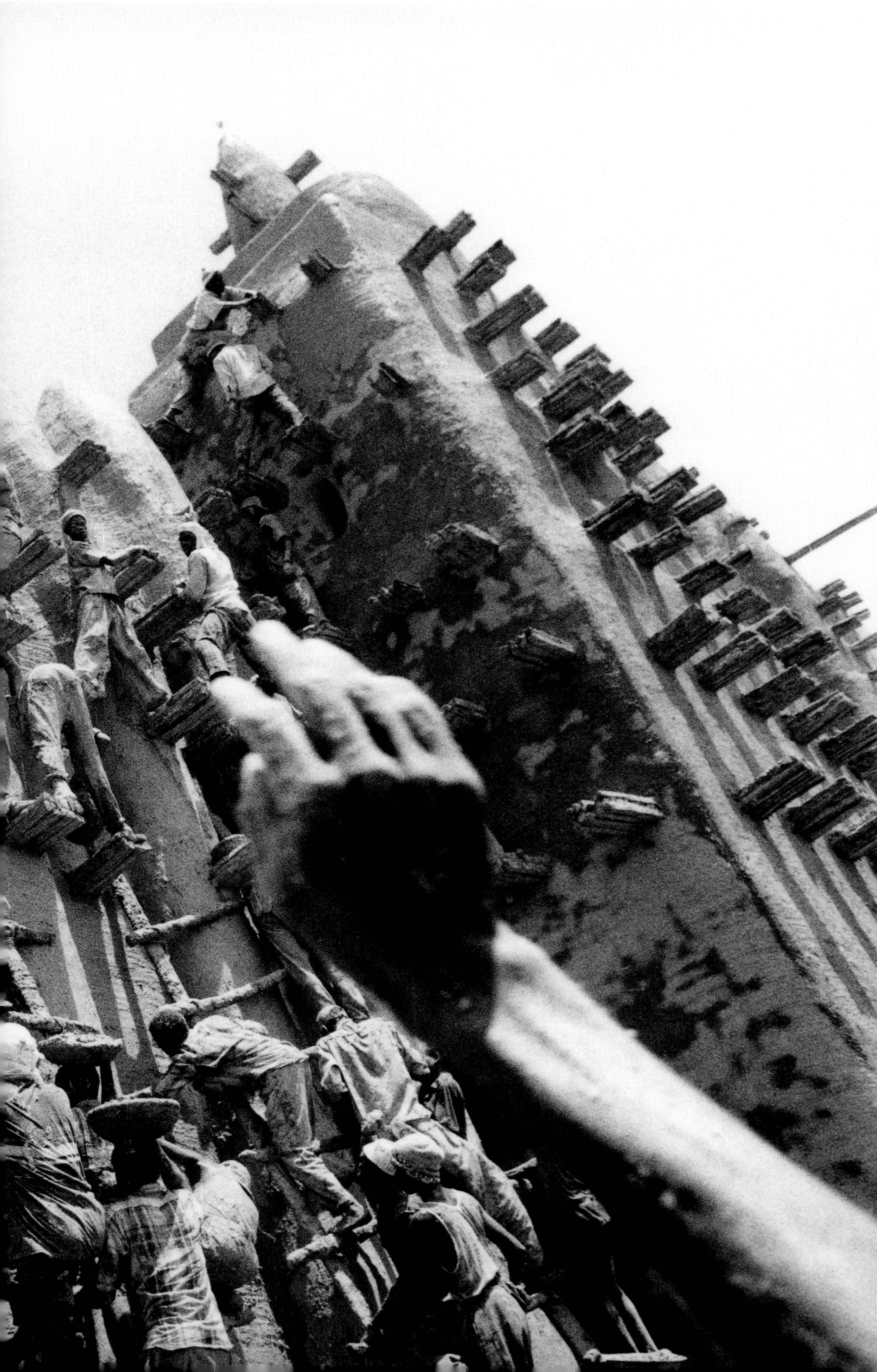

Foto:
CHRISTIEN JASPARS

Banco heißt der Baustoff des Sahel, ein Gemisch aus Lehm, Spreu und Kuhmist. Sein prächtigstes Monument ist die Moschee von Djenné in Mali. Jedes Jahr wird sie aufs Neue verputzt – ein Festakt für die ganze Stadt. An den Stützbalken klettern dann die Männer die Mauern hinauf, werfen frischen Banco gegen die Fassade und streichen ihn glatt. Ohne die jährliche Renovierung würde die Moschee bald zerbröseln, denn jede Regenzeit wäscht die Mauern aus

GEO Special *Westafrika*

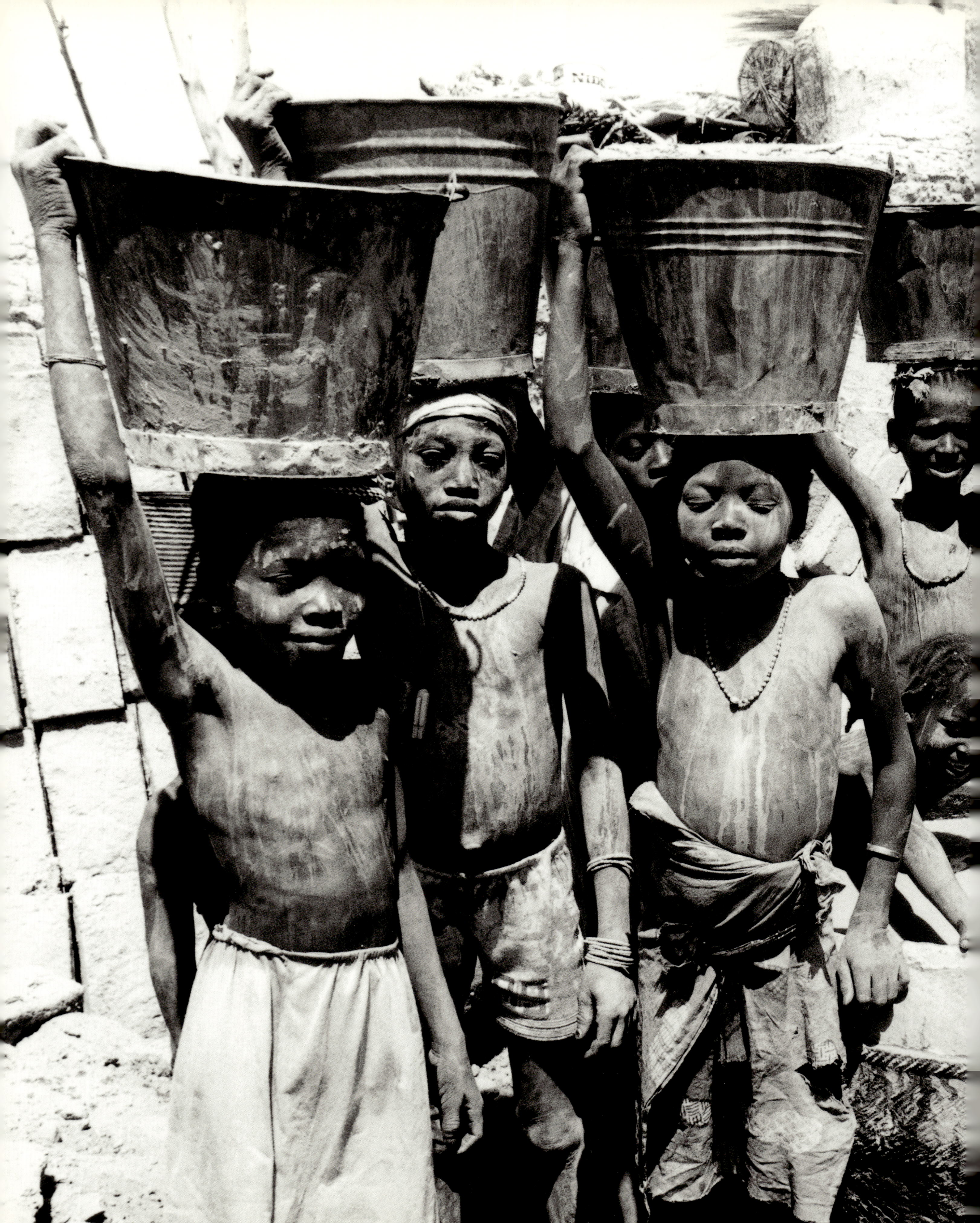

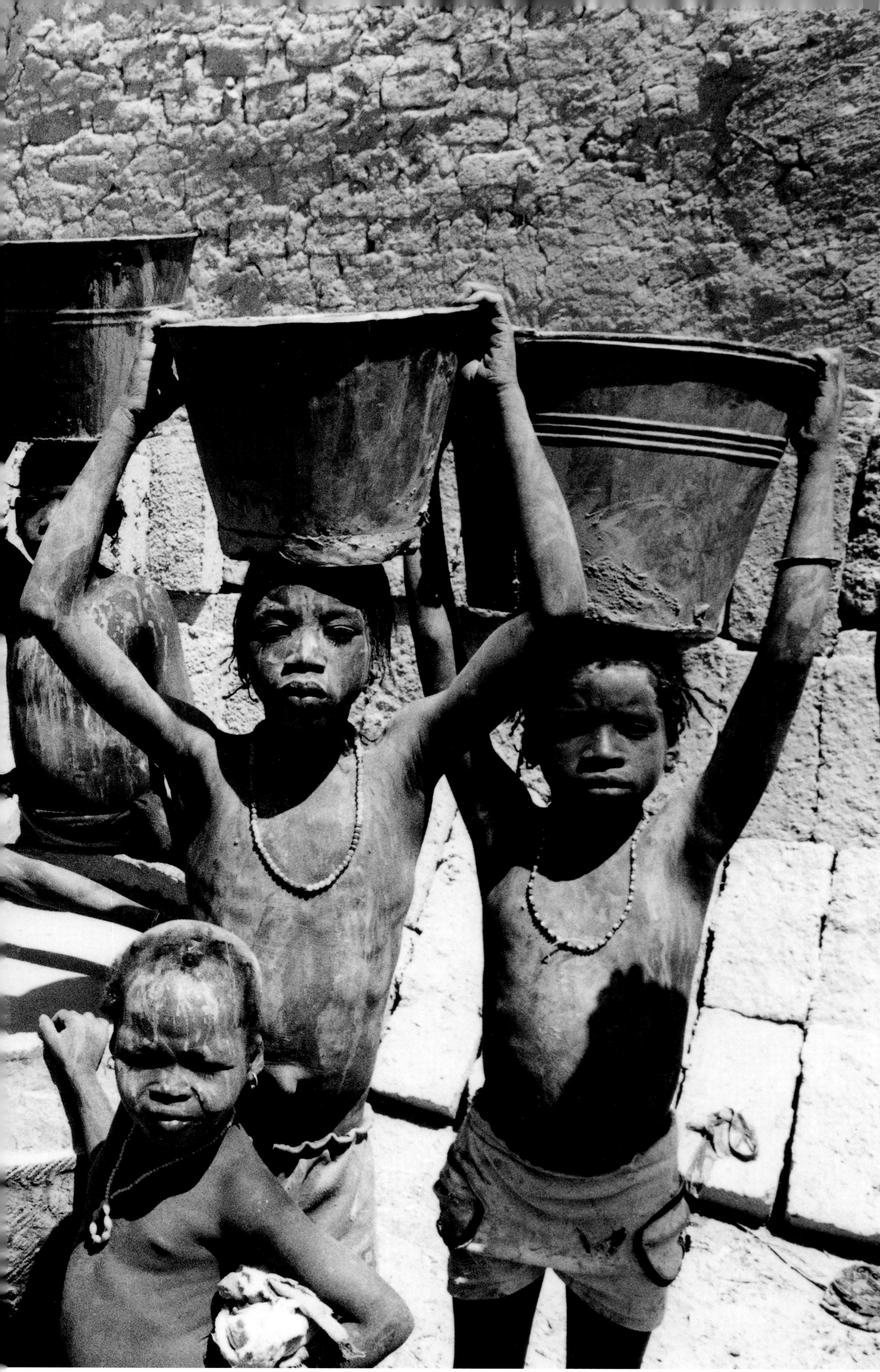

Foto:
CHRISTIEN JASPARS

Die erste Moschee von Djenné, aus dem 15. Jahrhundert, stand 355 Jahre, bis ein feindlicher Eroberer die Wasserabflüsse zustopfen ließ: In der folgenden Regenzeit wurde das Gebäude förmlich weggewaschen. 1907 bauten die Bewohner der Stadt eine neue Moschee; seither helfen jedes Jahr auch die Kinder mit, das Gotteshaus vor dem Einsturz zu bewahren. Wie eine zweite Haut legt sich dann der Banco auf die kleinen Arbeiter

GEO Special *Westafrika*

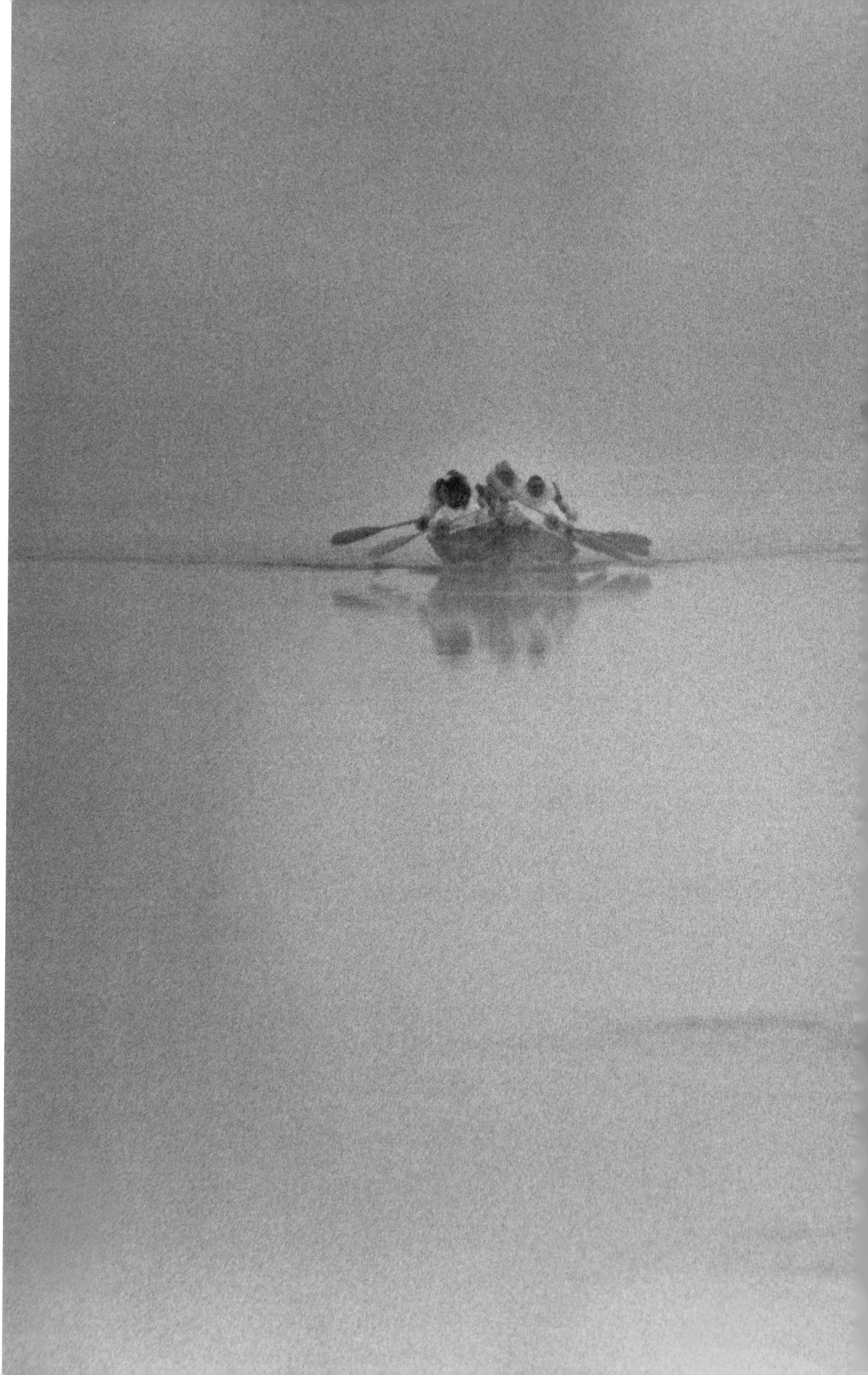

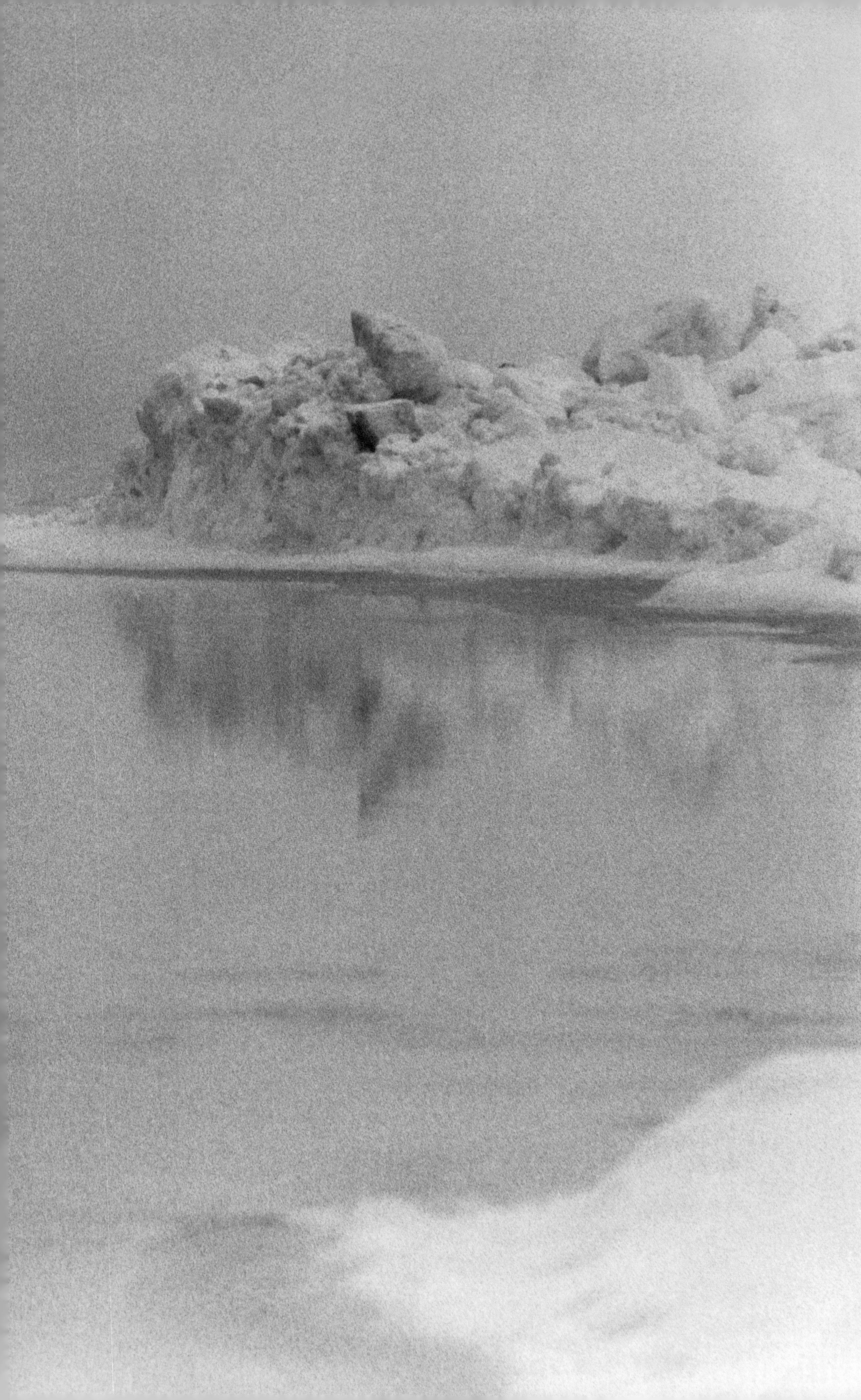

FOTO:
BILL HESS

Im April, wenn es Frühling wird in der Arktis, brechen in den Inuit-Dörfern an der Beringstraße die Waljäger auf und machen sich auf den Weg hinaus ins Eis. So, wie es ihre Väter getan haben, lange bevor die kommerziellen Walschlächter das kalte Meer heimsuchten. Die Jagd auf die »Bowheads« bestimmt den Herzschlag der Inupiat-Kultur. Weit draußen vor der Küste beobachten sie ihre Beute – bis sie den Tieren mit ihren Harpunen den tödlichen Stoß zufügen

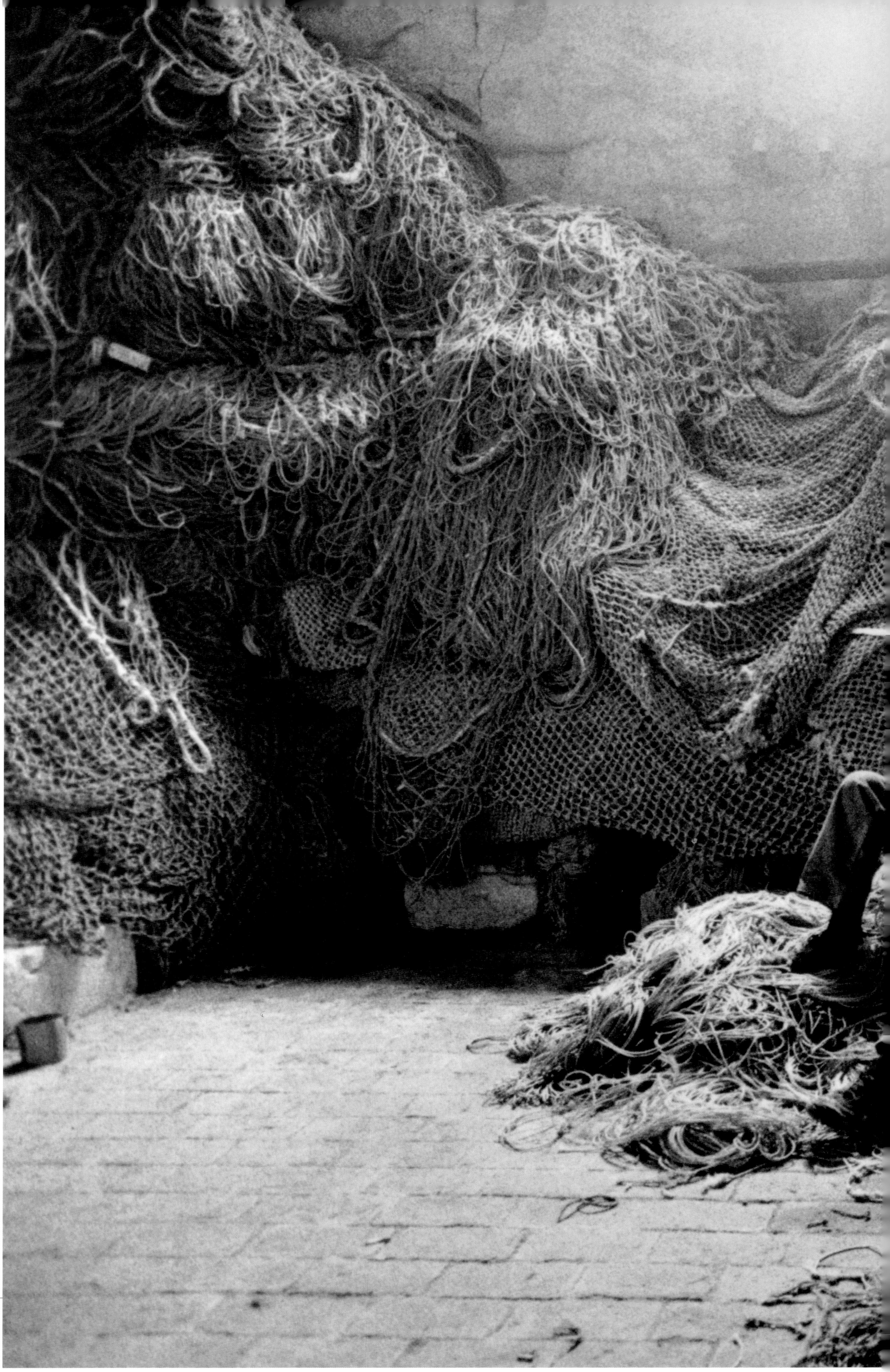

FOTO:
SEBASTIAO SALGADO

Ein Fischer in Trapani auf Sizilien schläft auf den Netzen, die für den Tunfischfang am nächsten Tag bereit liegen. Seit Jahrhunderten legen die Sizilianer im Frühjahr vor der Küste ihre Netze aus, in denen sie die Tunfische auf ihrem Weg vom Atlantik zum Laichen im Mittelmeer einkesseln. Schwimmen genügend Tiere in der so genannten Todeszone, beginnt die »Mattanza«: Dann ziehen die Männer die Fische aus dem Wasser und stechen sie mit hakenbewehrten Stangen ab

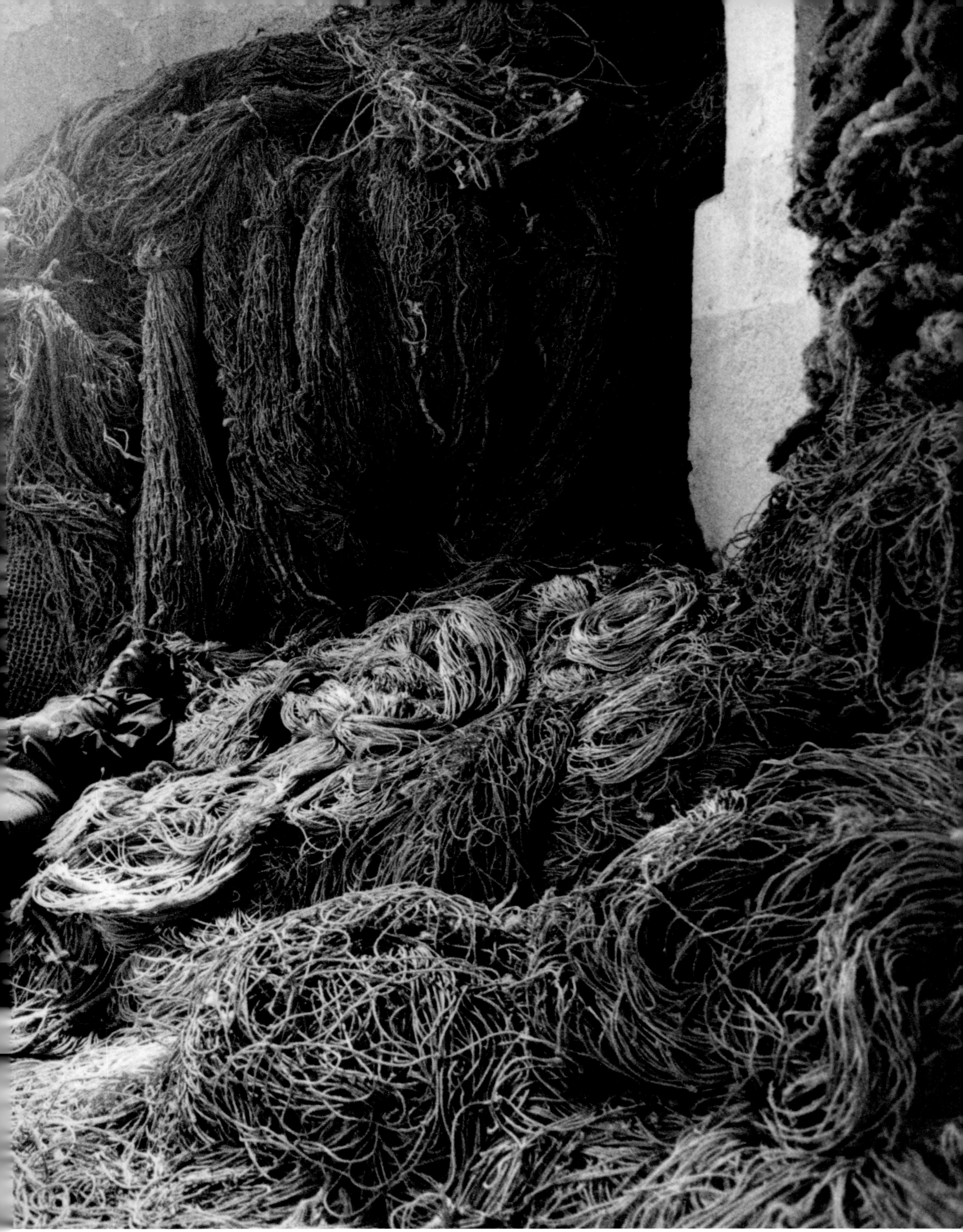

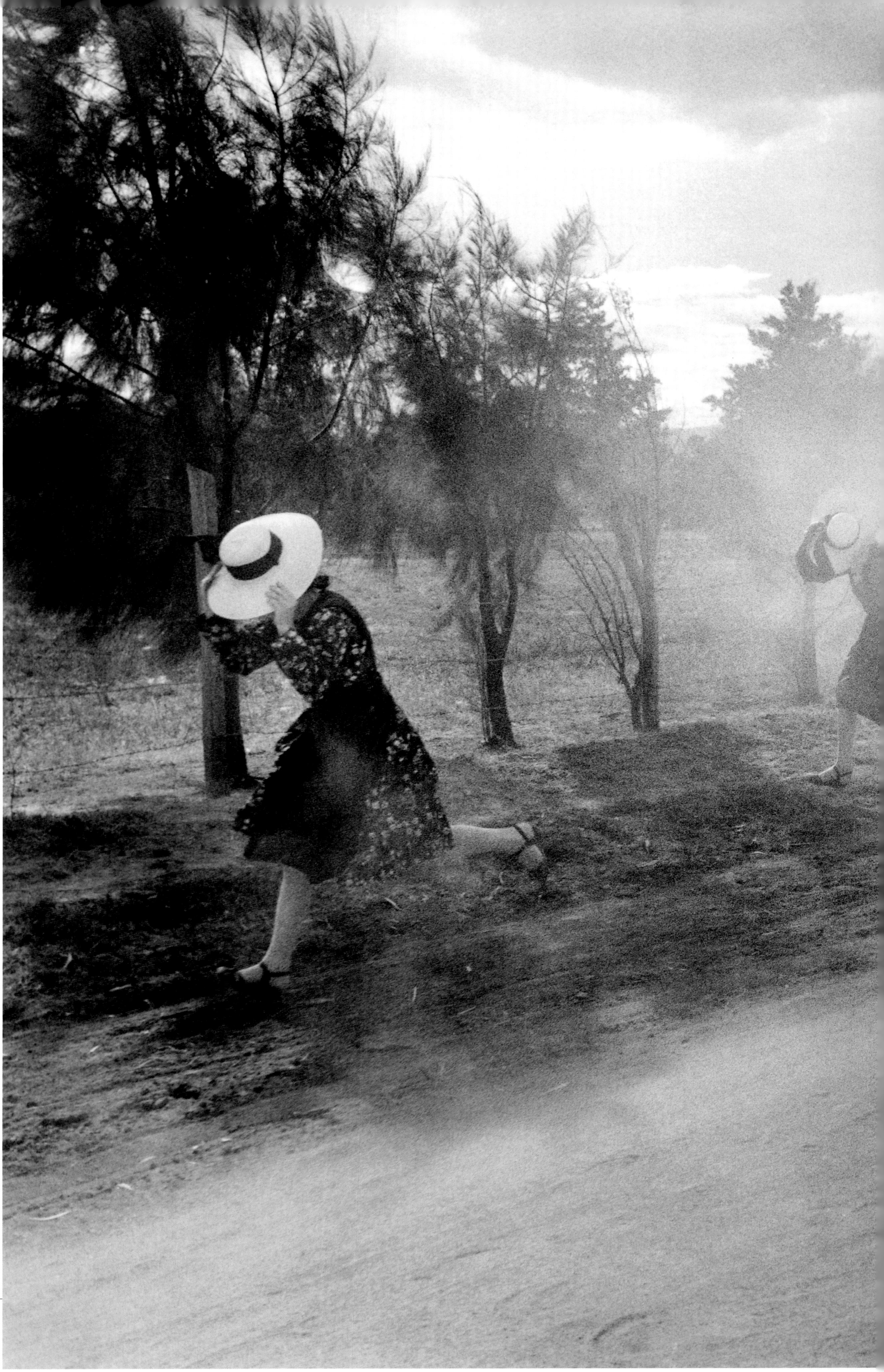

Foto:
LARRY TOWELL

Eine Bö wirbelt den mexikanischen Wüstenstaub von Chihuahua auf und treibt eine Gruppe von Mennoniten-Mädchen auf dem Sonntagsspaziergang auseinander. Sie tragen kein Make-up und keinen Schmuck; lediglich an Festtagen ziehen sie einmal ihre gemusterten Trachten an und setzen bänderverzierte Hüte auf. Die strenge Kleiderordnung der radikalen Glaubensgemeinschaft dient nur einem Gebot: die Keuschheit zu bewahren

GEO *2/96*

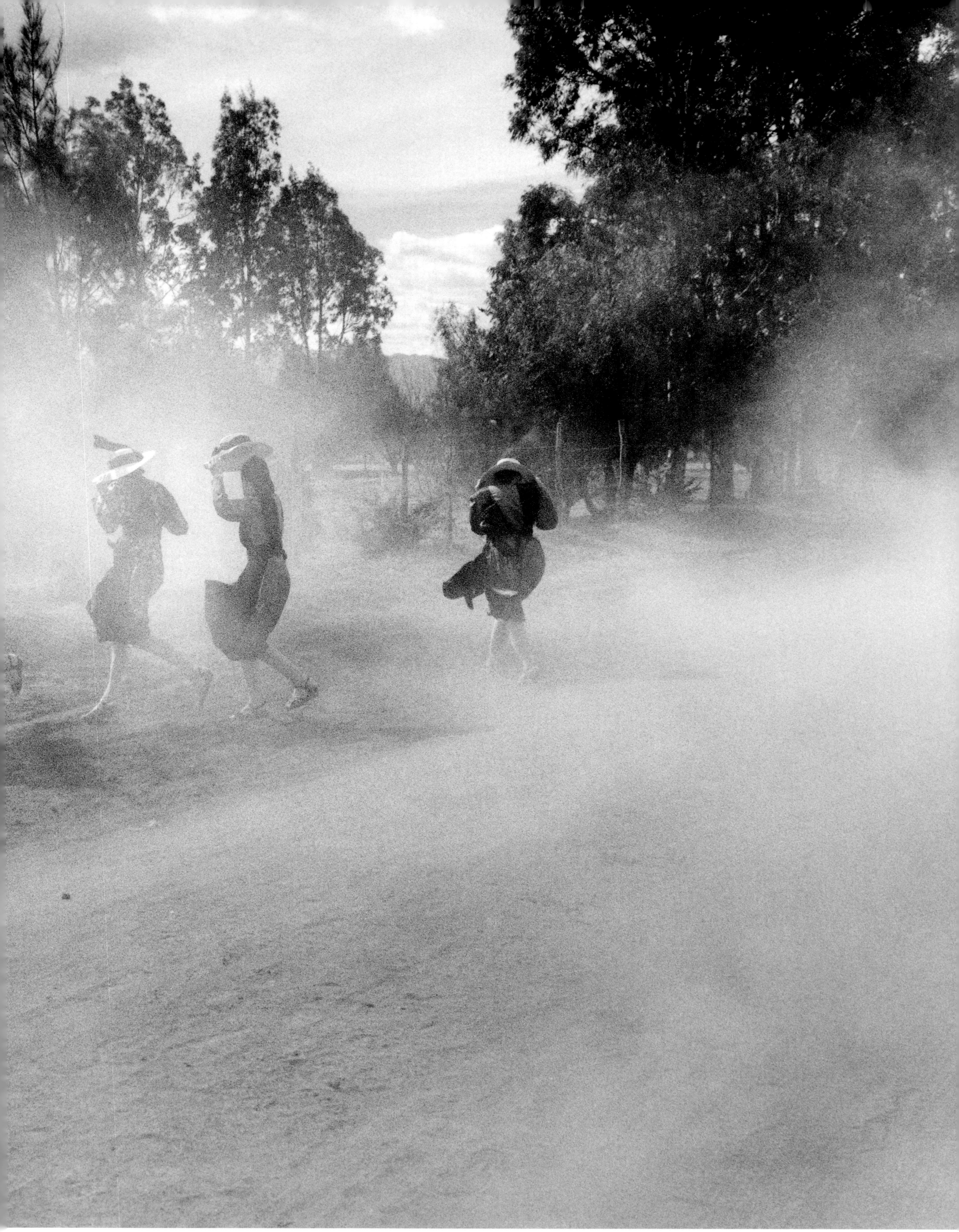

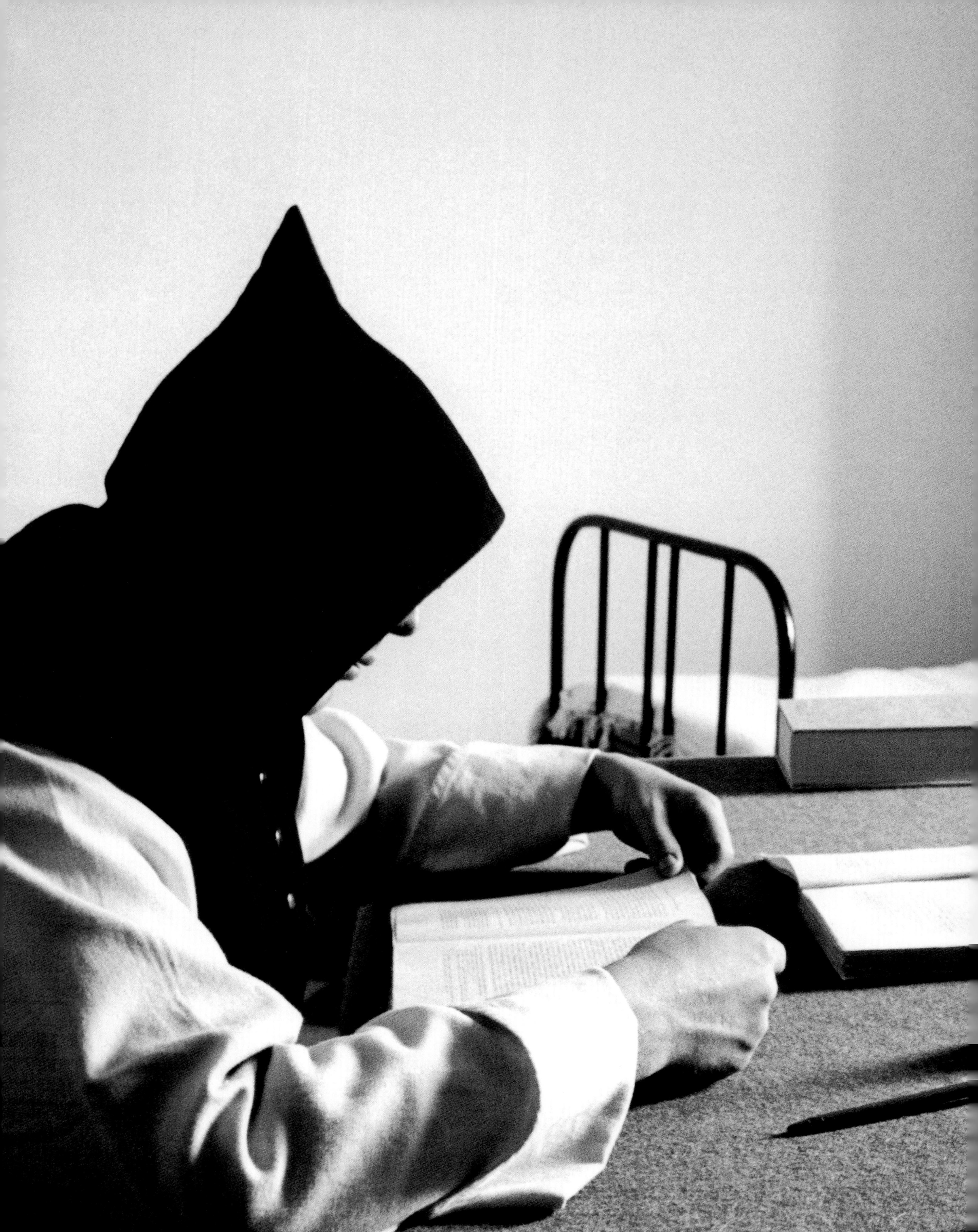

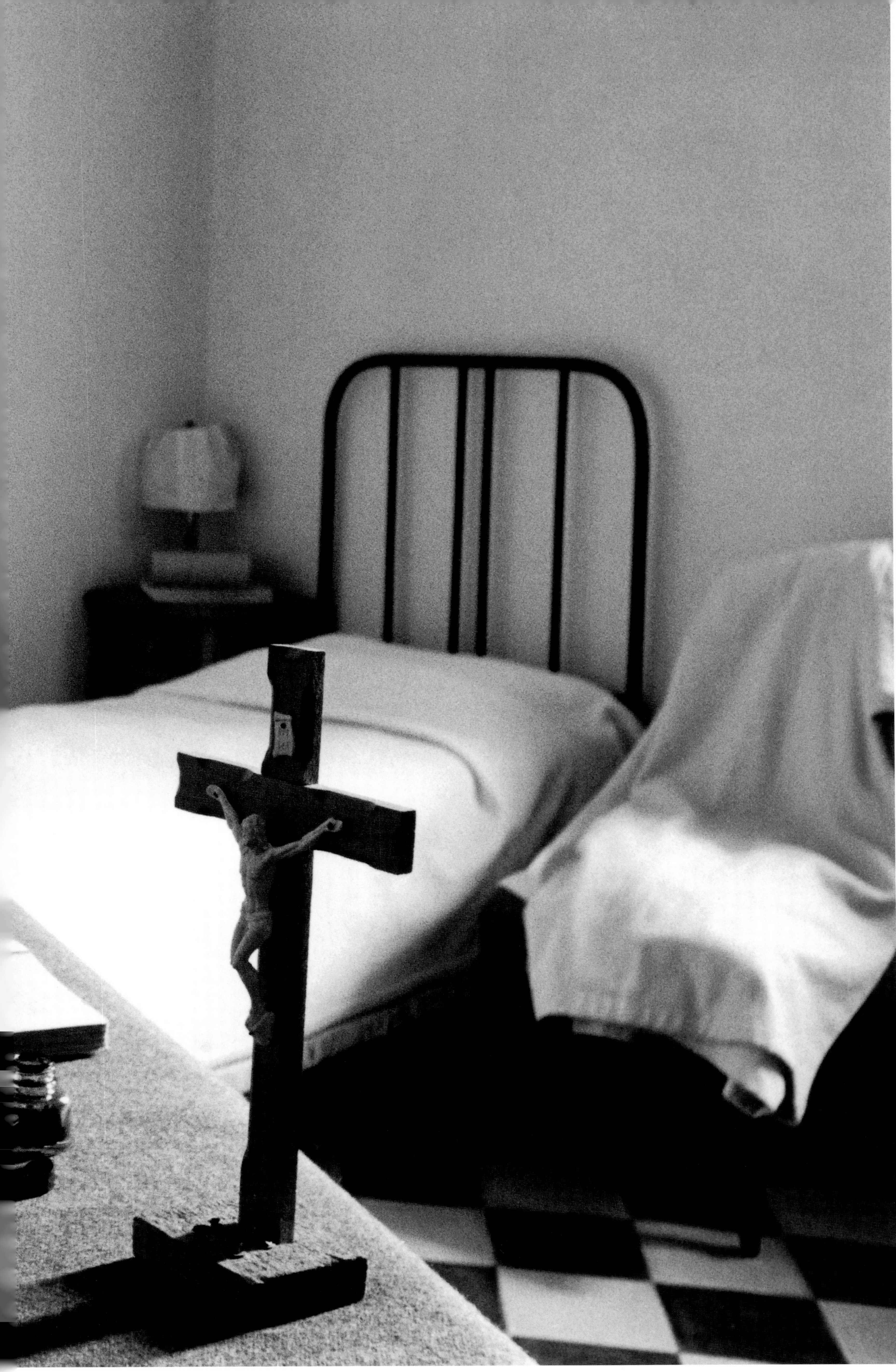

FOTO:
DAVID LEES

Singen, beten, schweigen, arbeiten: Seit rund 900 Jahren hat sich das Leben der Zisterzienser-Mönche kaum verändert. Einst wurde der Orden gegründet, um die schleichende Verweltlichung des Mönchstums zu bekämpfen. Aus Kirchen und Klöstern verbannten die Zisterzienser Bilder und Skulpturen – nichts sollte sie von der Meditation ablenken. Noch heute studieren die Mönche im italienischen Kloster Casamari täglich die Bibel – inzwischen jedoch in verputzten Kammern und bei elektrischem Licht

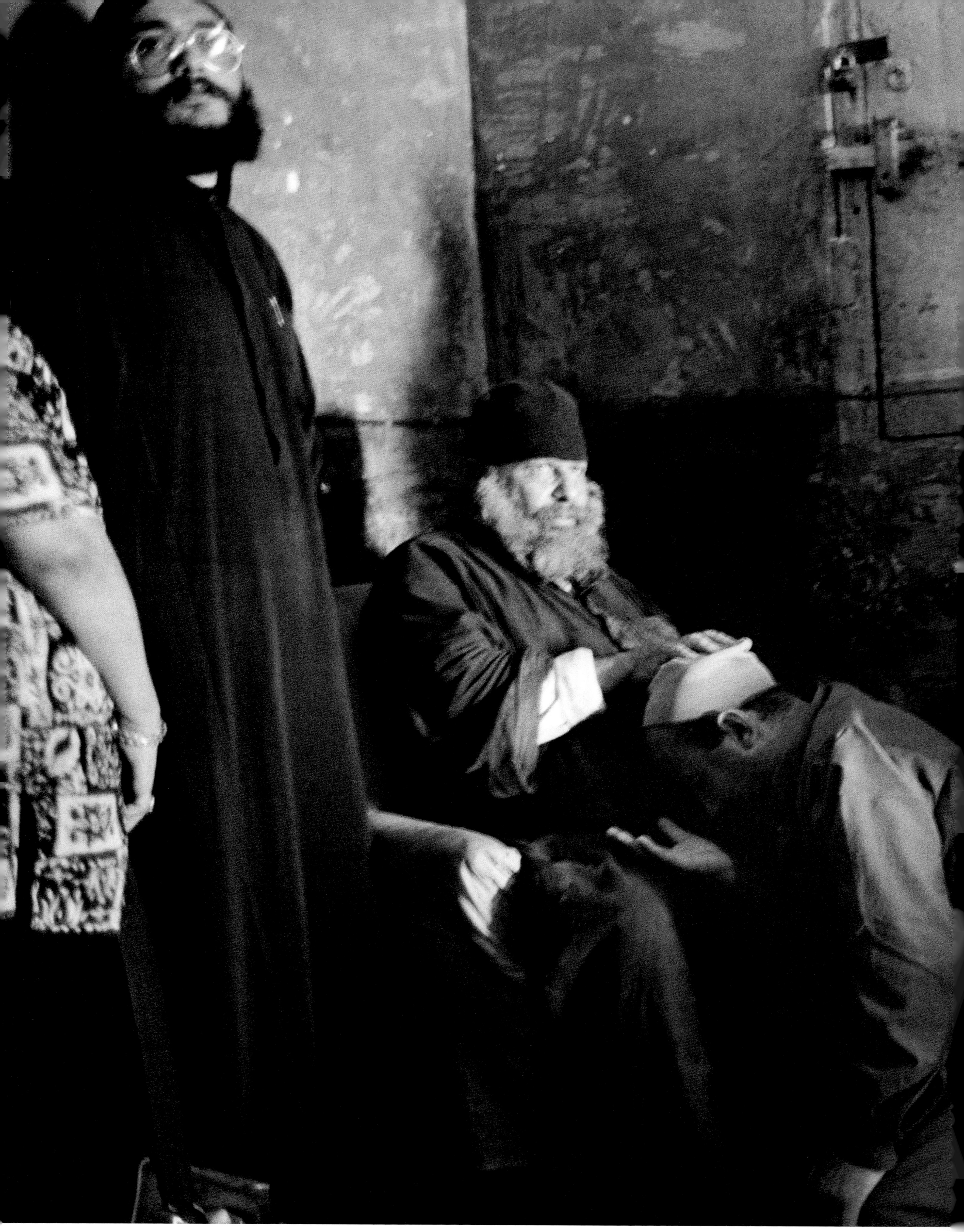

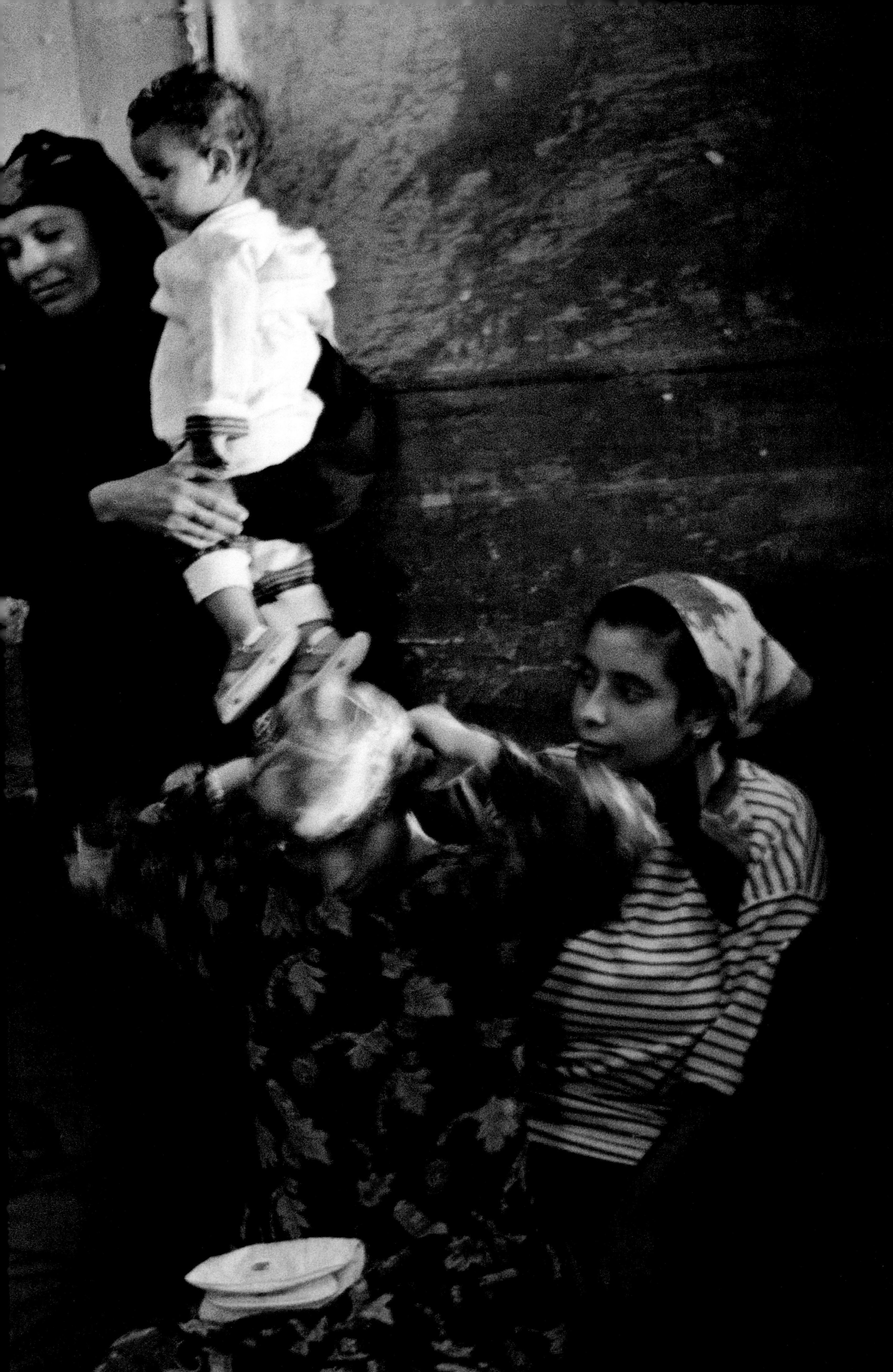

Foto:
ABBAS

Im Kloster des heiligen Paulus in Ägypten empfängt ein koptischer Mönch Gläubige, um sie zu segnen. Rund sieben Millionen Ägypter bekennen sich zu dieser Religion, etwa ein Zehntel der Bevölkerung. Seit fast 1400 Jahren leben die Christen mit der muslimischen Mehrheit zusammen – und werden von ihr diskriminiert. So bekleiden Kopten keine hochrangigen Posten in Politik und großen Universitäten. Auch ihre Kirchen dürfen sie nicht einfach bauen: Erst muss der Staatspräsident persönlich zustimmen

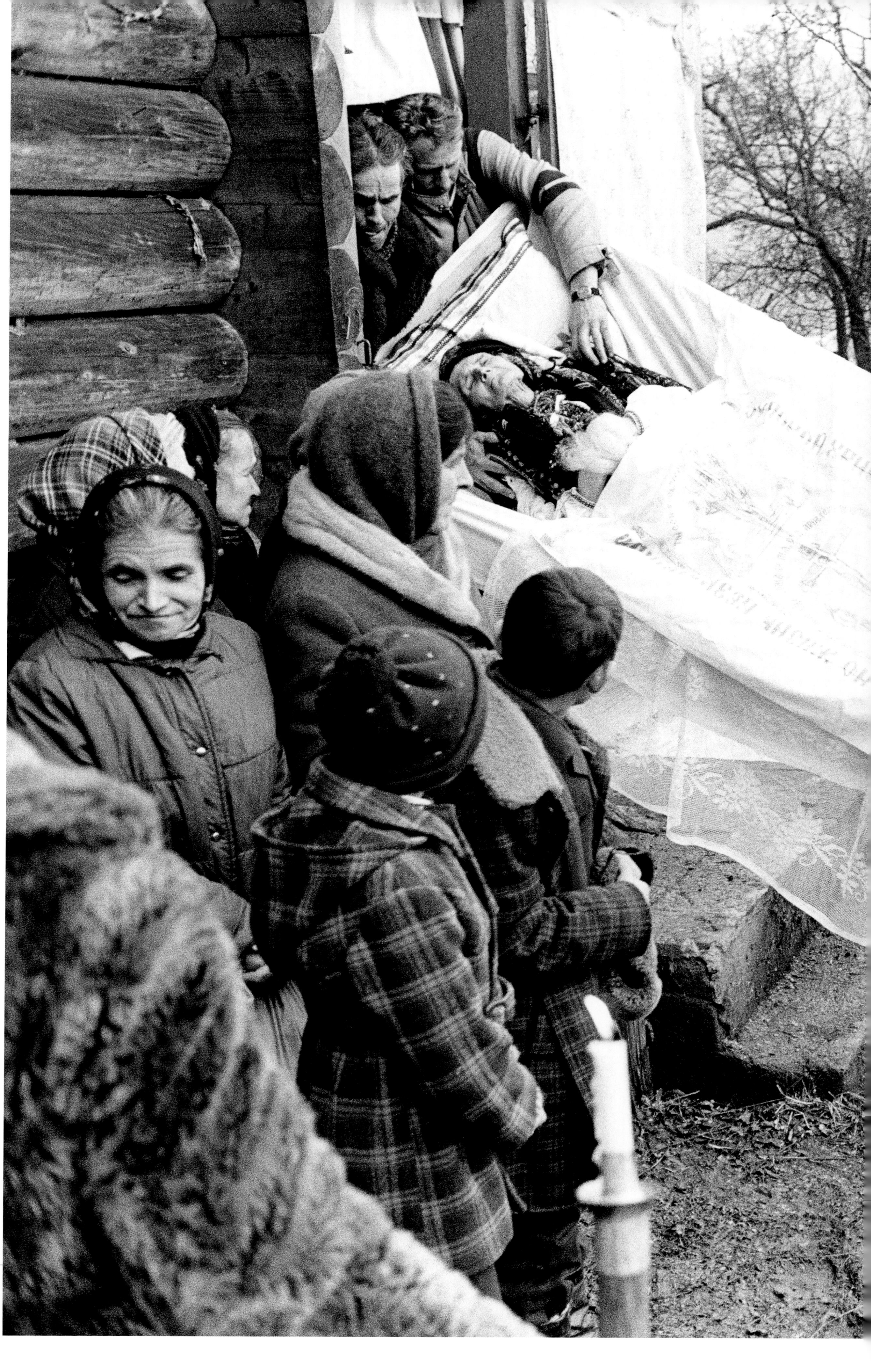

FOTO:
LIDA & MISO SUCHY

Im Festkleid auf die letzte Reise: Drei Tage hat die Totenwache gedauert, jetzt verlässt Anna Tscharuk zum letzten Mal ihr Haus. Für die Träger ein anstrengendes Manöver, denn der zu groß geratene Sarg passt nur schräg durch die Tür. Viele Huzulen, ein Bergvolk in den ukrainischen Karpaten, bewahren jahrzehntelang ihr Hochzeitskleid auf, um es, wie Anna Tscharuk, bei der eigenen Beerdigung am Leib haben zu können

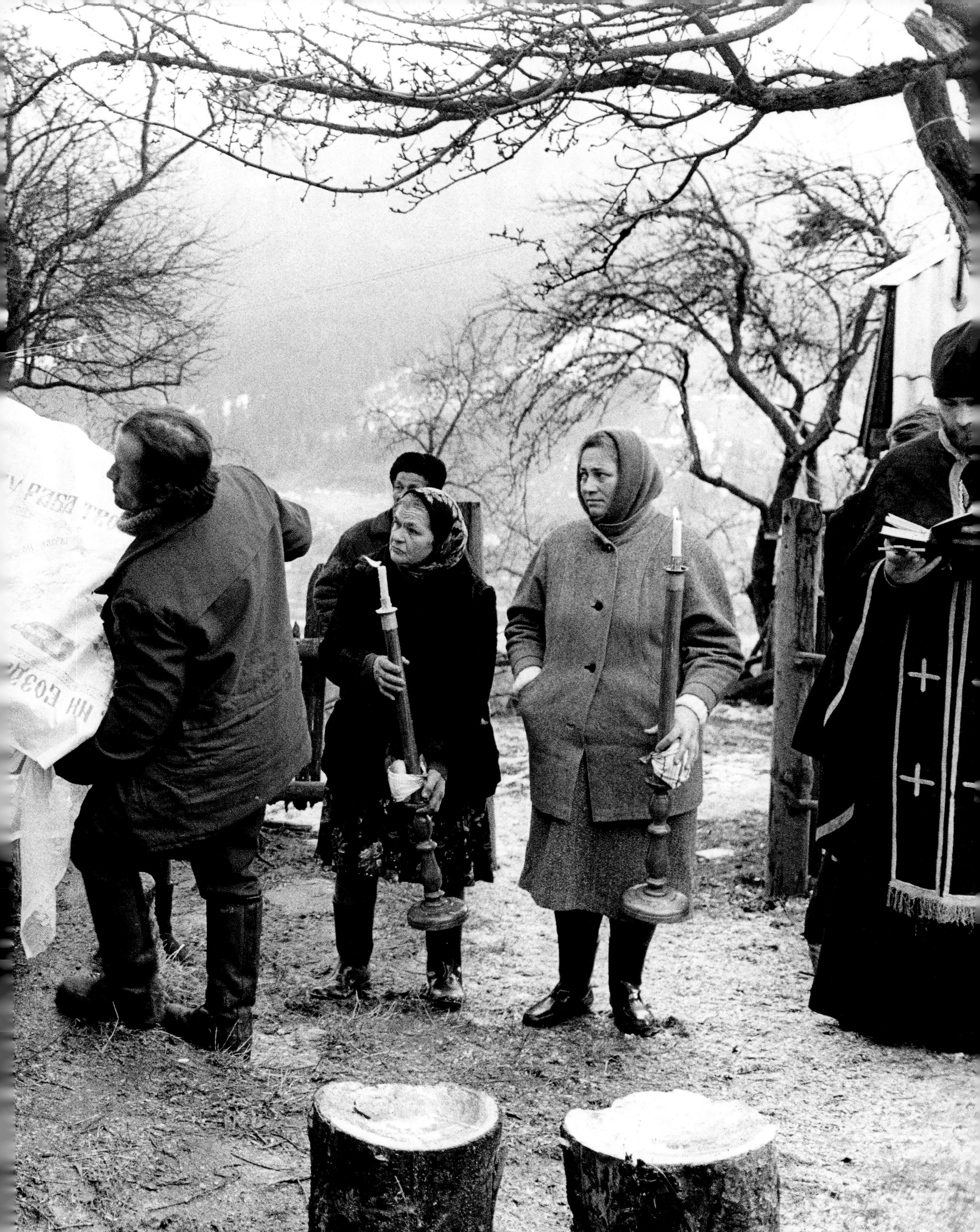

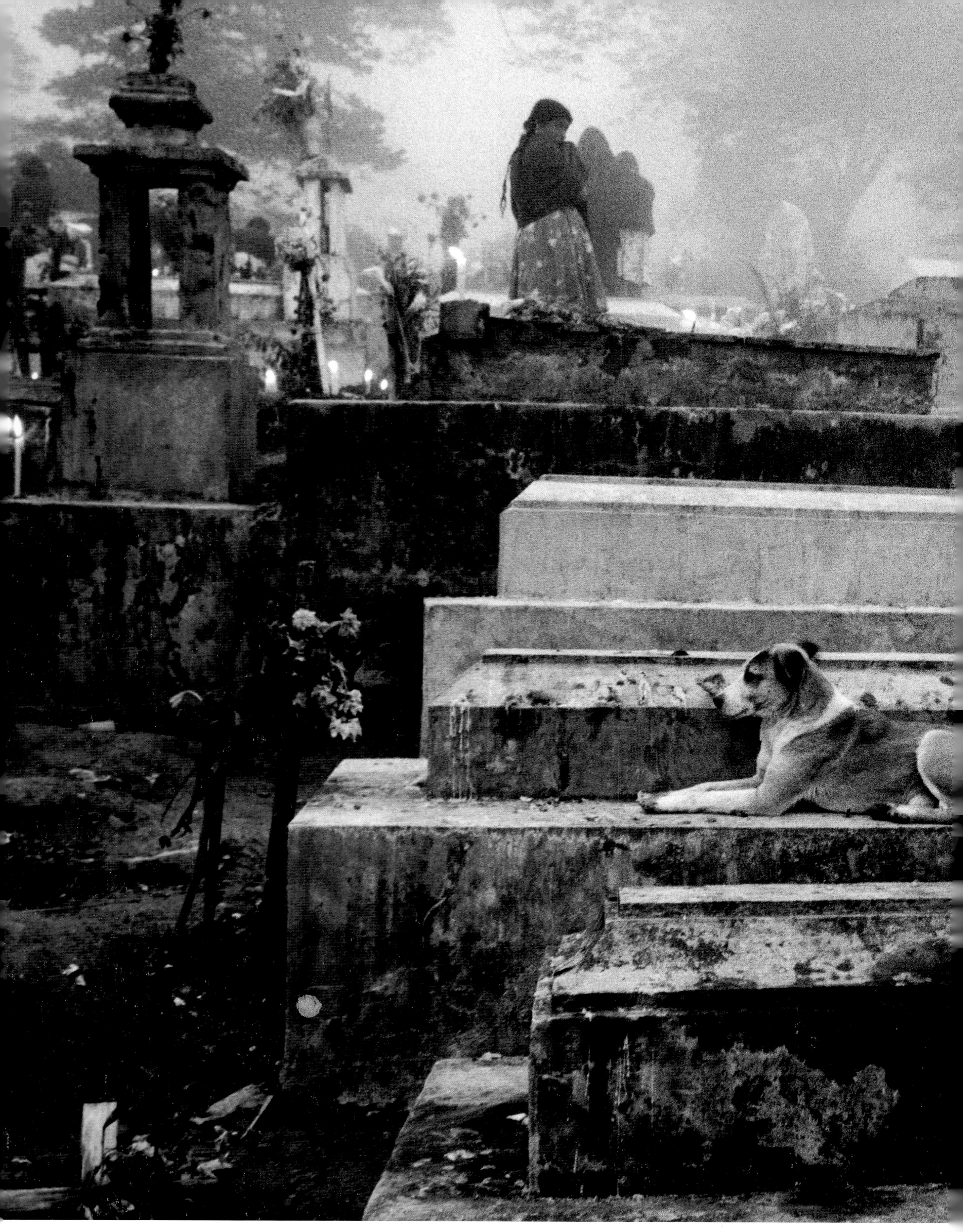

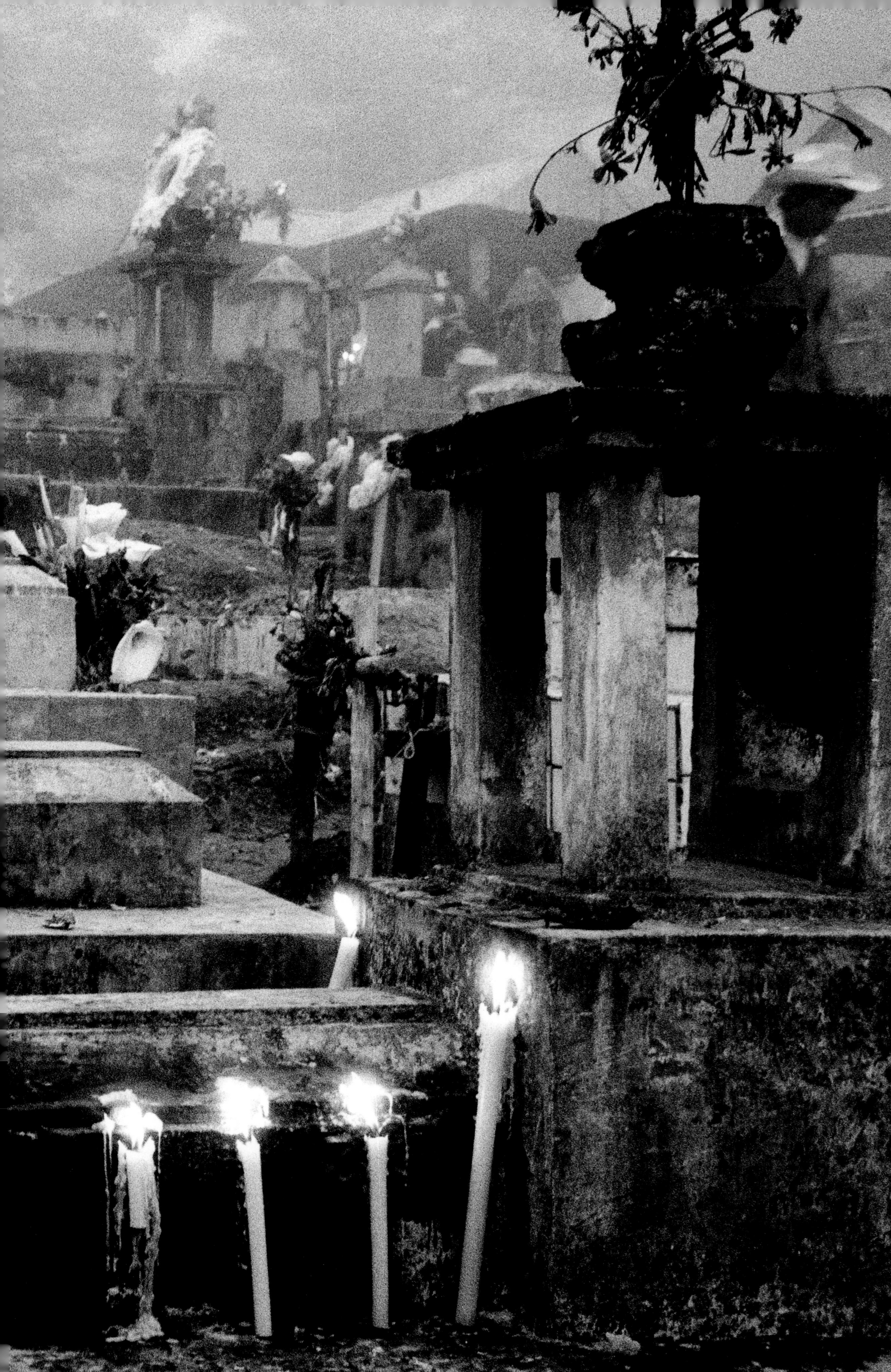

Foto:
SEBASTIAO SALGADO
Einmal im Jahr kehren die Verstorbenen drei Tage lang in die Welt der Lebenden zurück – so besagt es ein alter mexikanischer Mythos. Dann, vom 31. Oktober bis zum 2. November, feiert das Land die »Fiesta de los muertos«, das Fest der Toten. Überall stellen die Angehörigen dann wie auf dem Dorffriedhof von Huautla de Jimenez Kerzen auf die Gräber; und auch in den Häusern ist man auf den Besuch der Ahnen vorbereitet: Auf Gabentischen liegen die einst liebsten Speisen, Getränke und Kleider der Verstorbenen

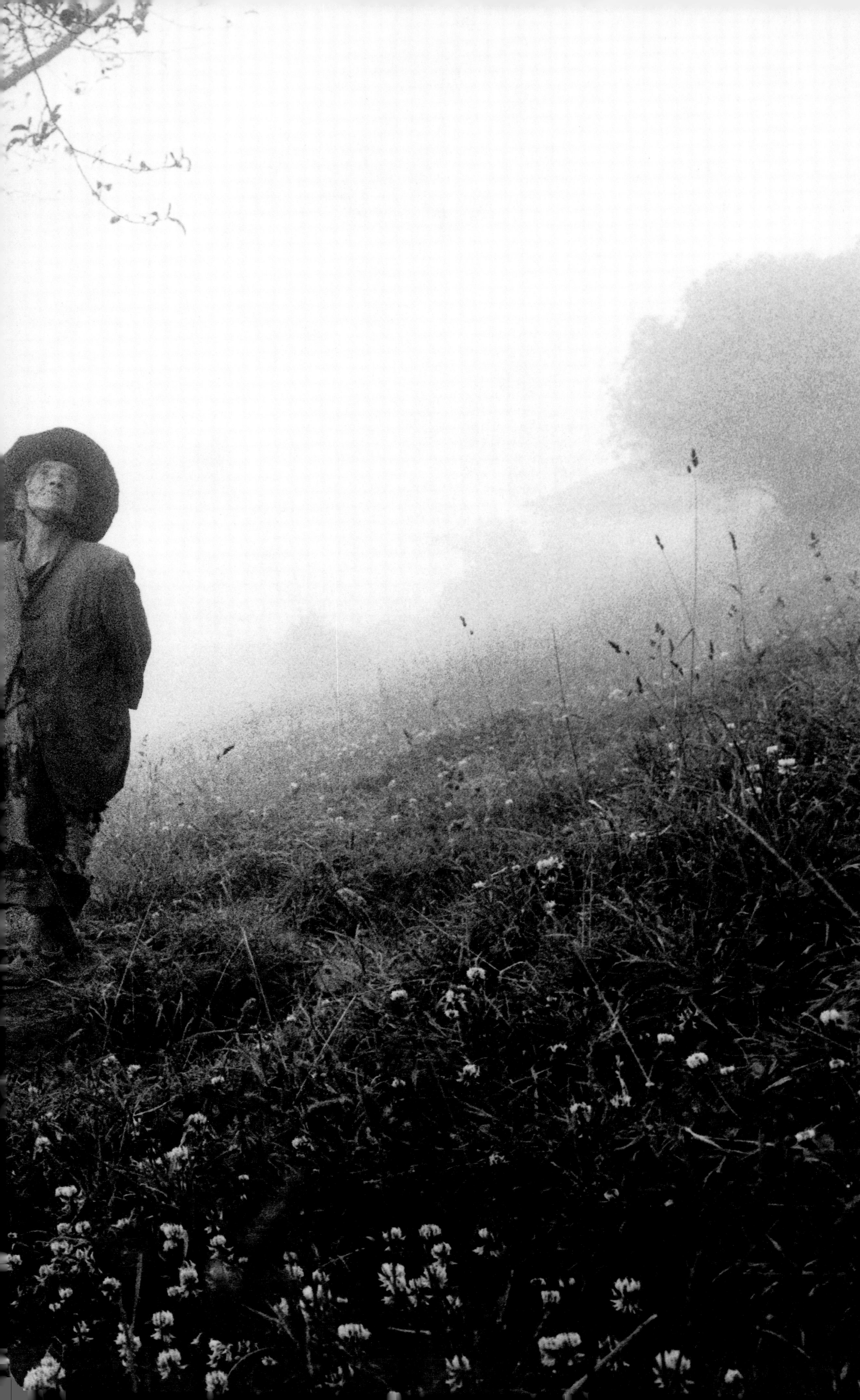

Foto:
BARBARA BRÄNDLI

Vom Glück der Einsamkeit: Versonnen streift Maria Eugenia durch den Páramo, einen kargen Landstrich in der venezolanischen Hochebene. Stundenlang unterhält sie sich hier mit Tieren und Bäumen, denen sie auf der Suche nach Brennholz begegnet. Von den Menschen im Tal hat sie sich zurückgezogen. Doch die Frauen in den Dörfern haben die Einsiedlerin nicht vergessen: Täglich blicken sie zum Haus der alten Frau hinauf. Solange sie dort Rauch von der Feuerstelle aufsteigen sehen, müssen sie sich nicht sorgen

GEO 3/92

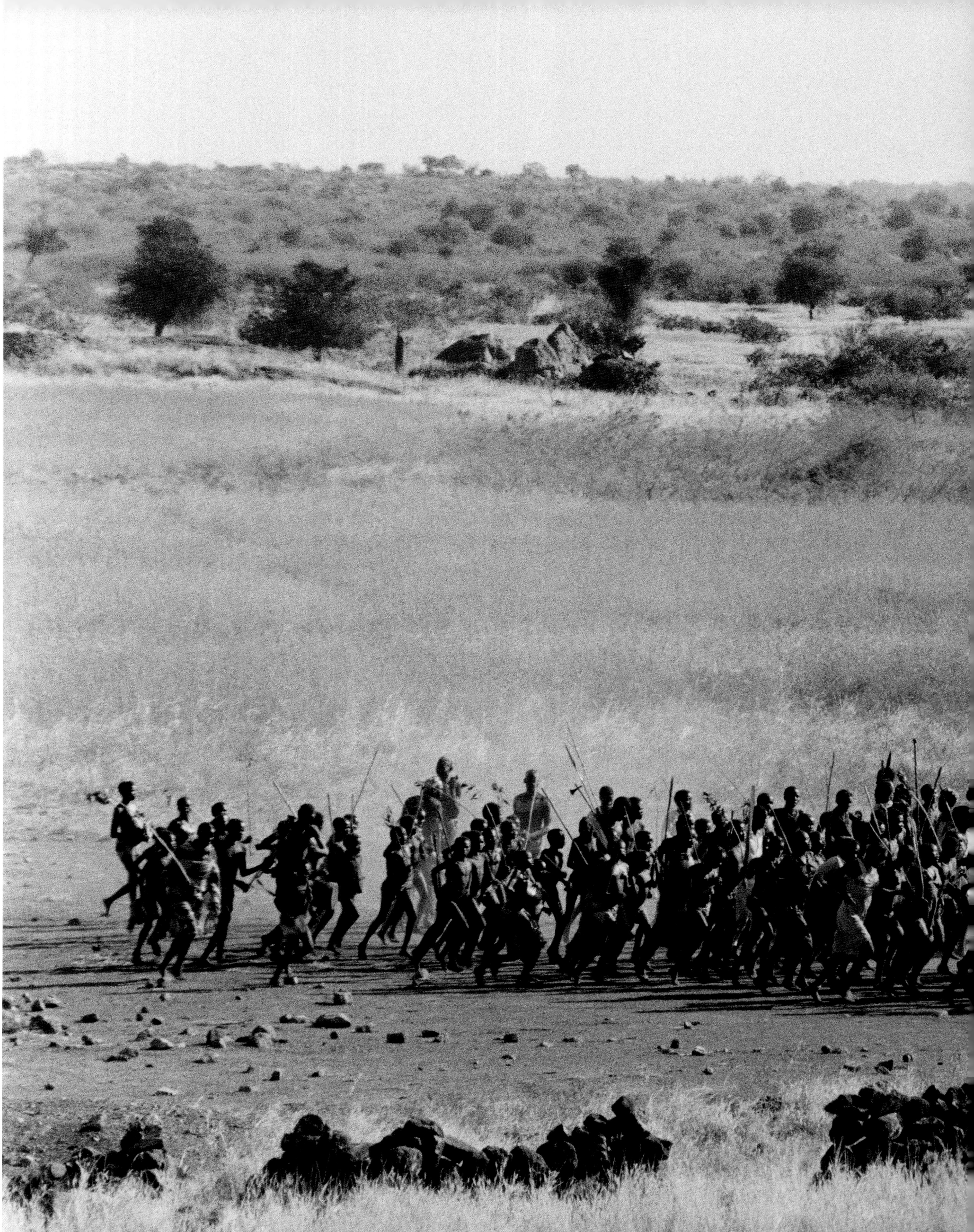

FOTO: DAVID STEWART-SMITH

Singend durchquert ein ganzes Dorf vom Volk der Nuba im Laufschritt die sudanesische Savanne. Vier Stunden sind die Menschen bis zur Ortschaft Shatt Safia unterwegs. Dort gilt es, bei einem Wettstreit die eigenen Ringer anzufeuern. Für die körperbewussten Nuba ist diese Art des Kampfes mehr als ein Sport: Es ist die althergebrachte Weise der Männer, sich mit Kraft, Geschick und Schnelligkeit Ehre und Respekt zu erwerben

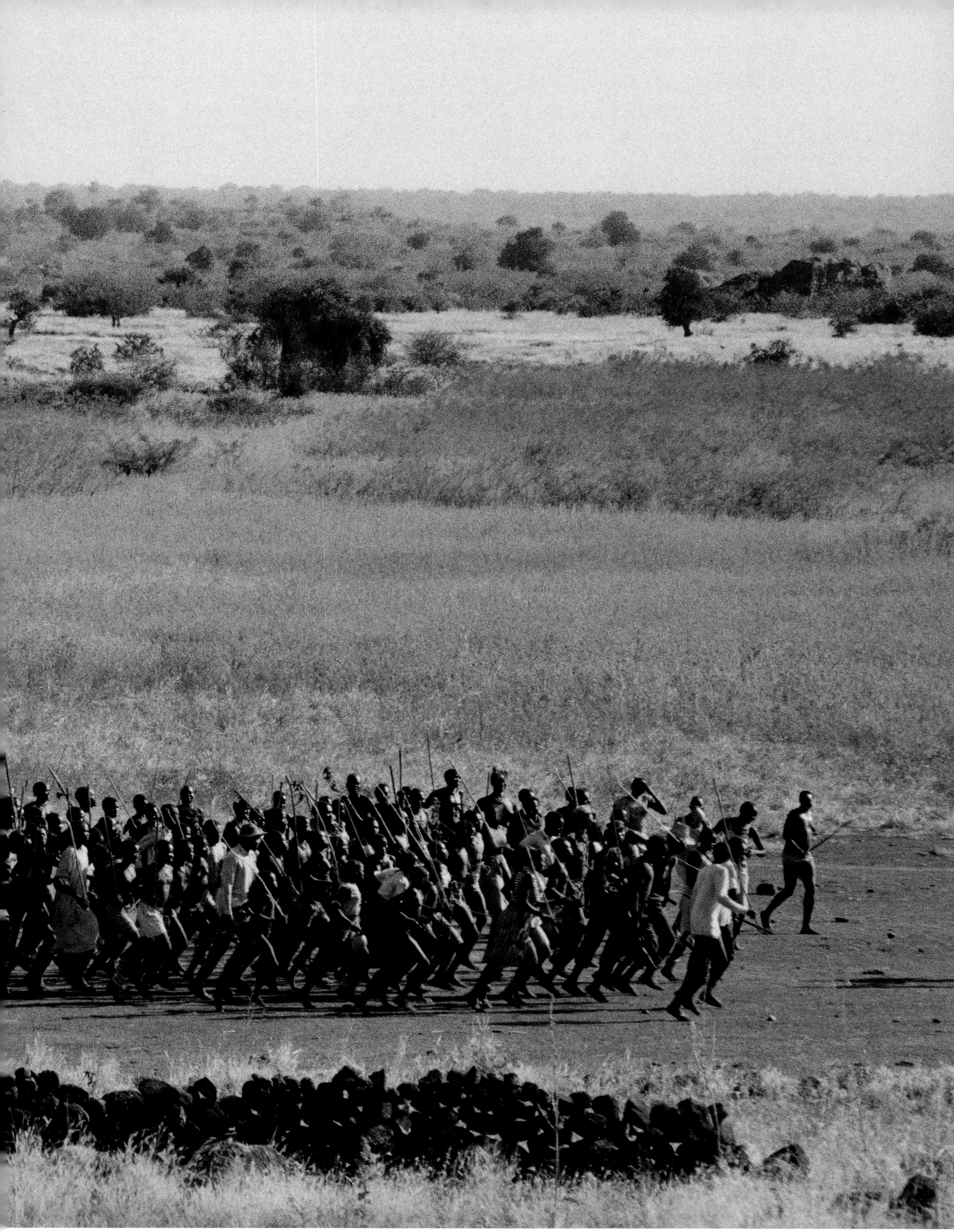

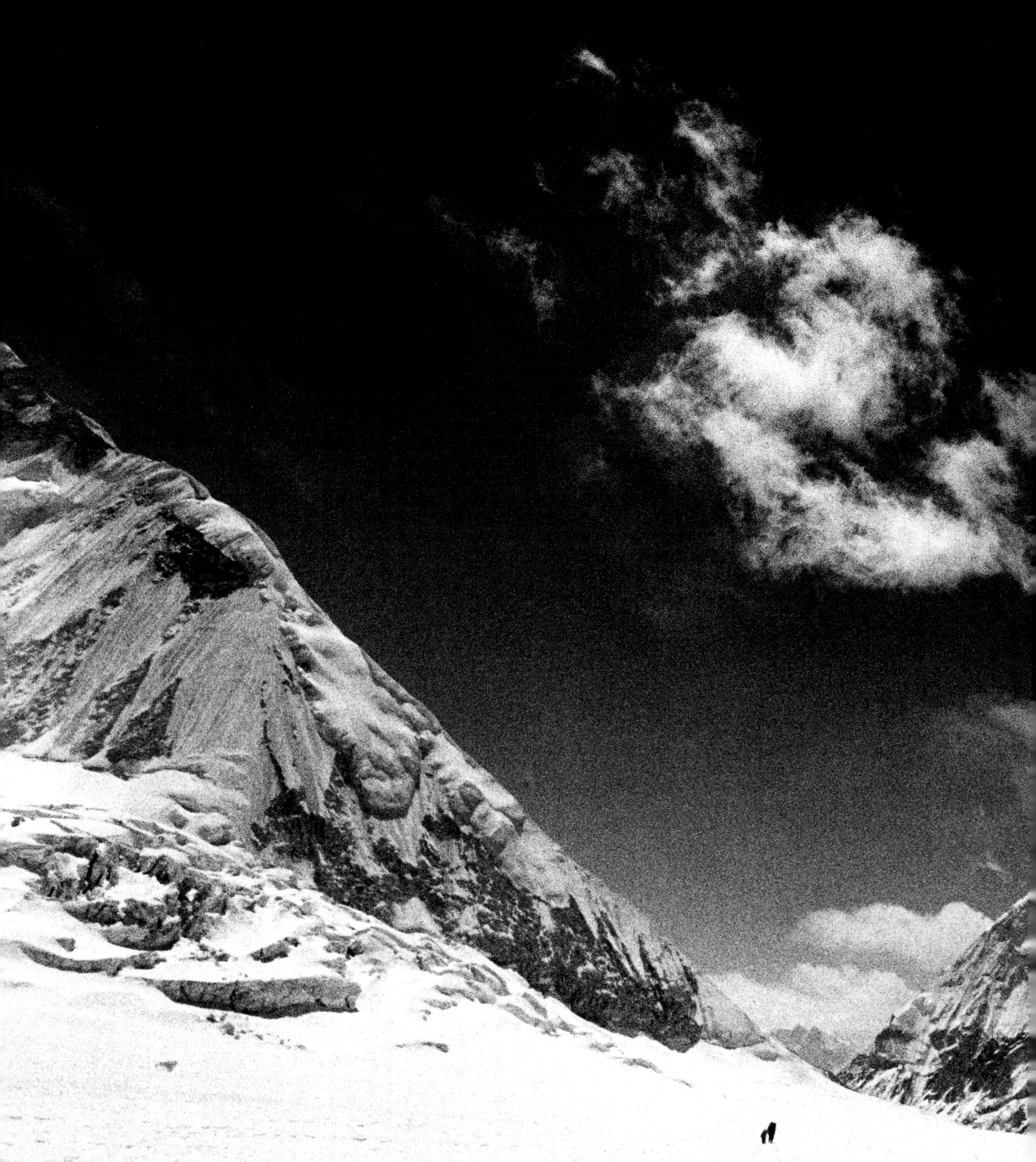

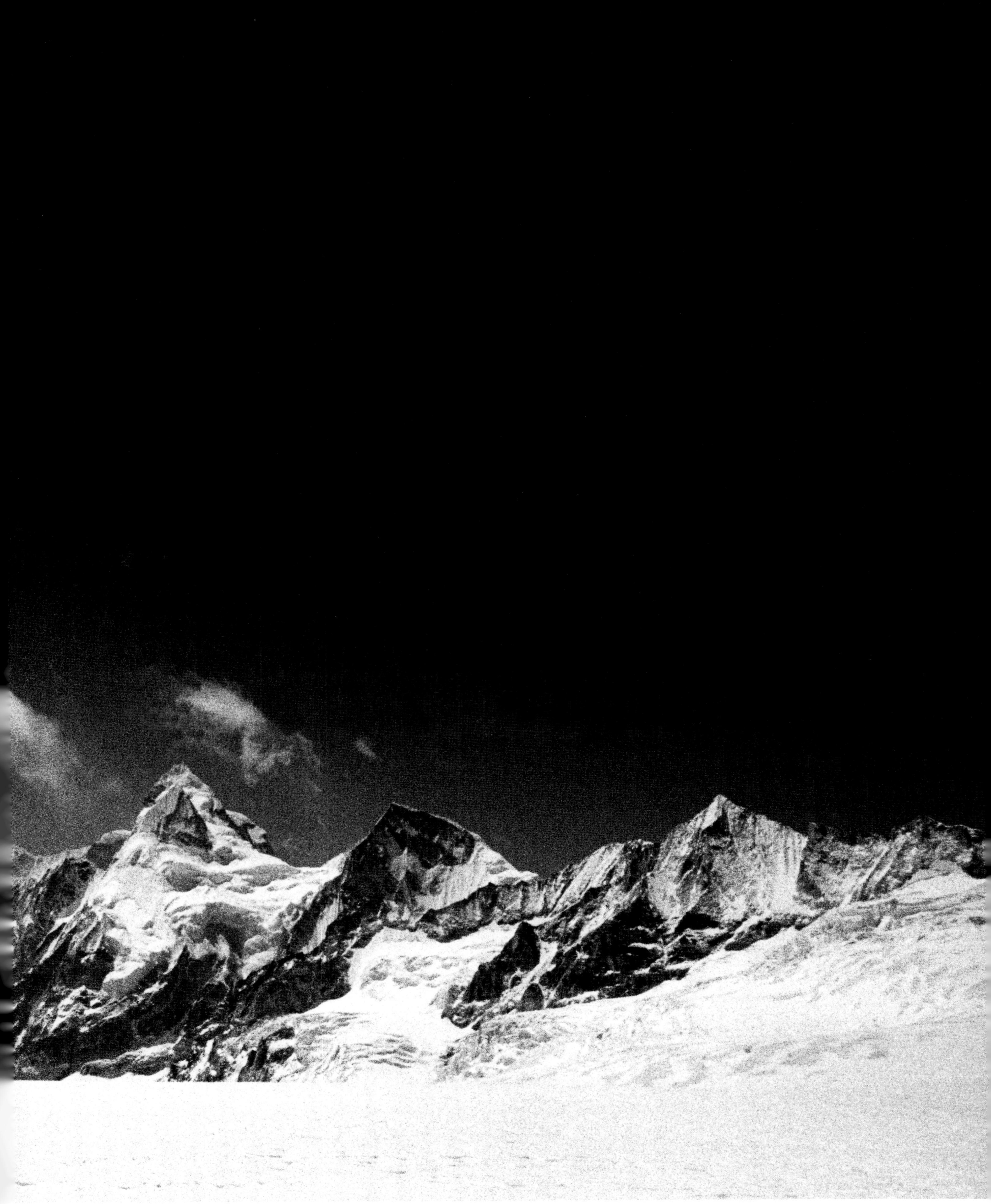

Foto: MANUEL BAUER

GEO 5/96

Verloren wirkend wandern zwei Menschen über die eisigen Höhen des Himalaya: Ein Vater wagt mit seiner sechsjährigen Tochter die Flucht aus dem von China besetzten Tibet. Bis zu zwölf Stunden kämpfen sie sich täglich bei minus 30 Grad über den 5716 Meter hohen Nangpa-La Pass. Nach 22 Tagen werden sie das nordindische Dharamsala, den Sitz der tibetischen Exilregierung und des Dalai Lama, erreichen. Rund 1500 Kinder fliehen jedes Jahr über die Berge, weil ihre Eltern für sie in Tibet keine Zukunft sehen

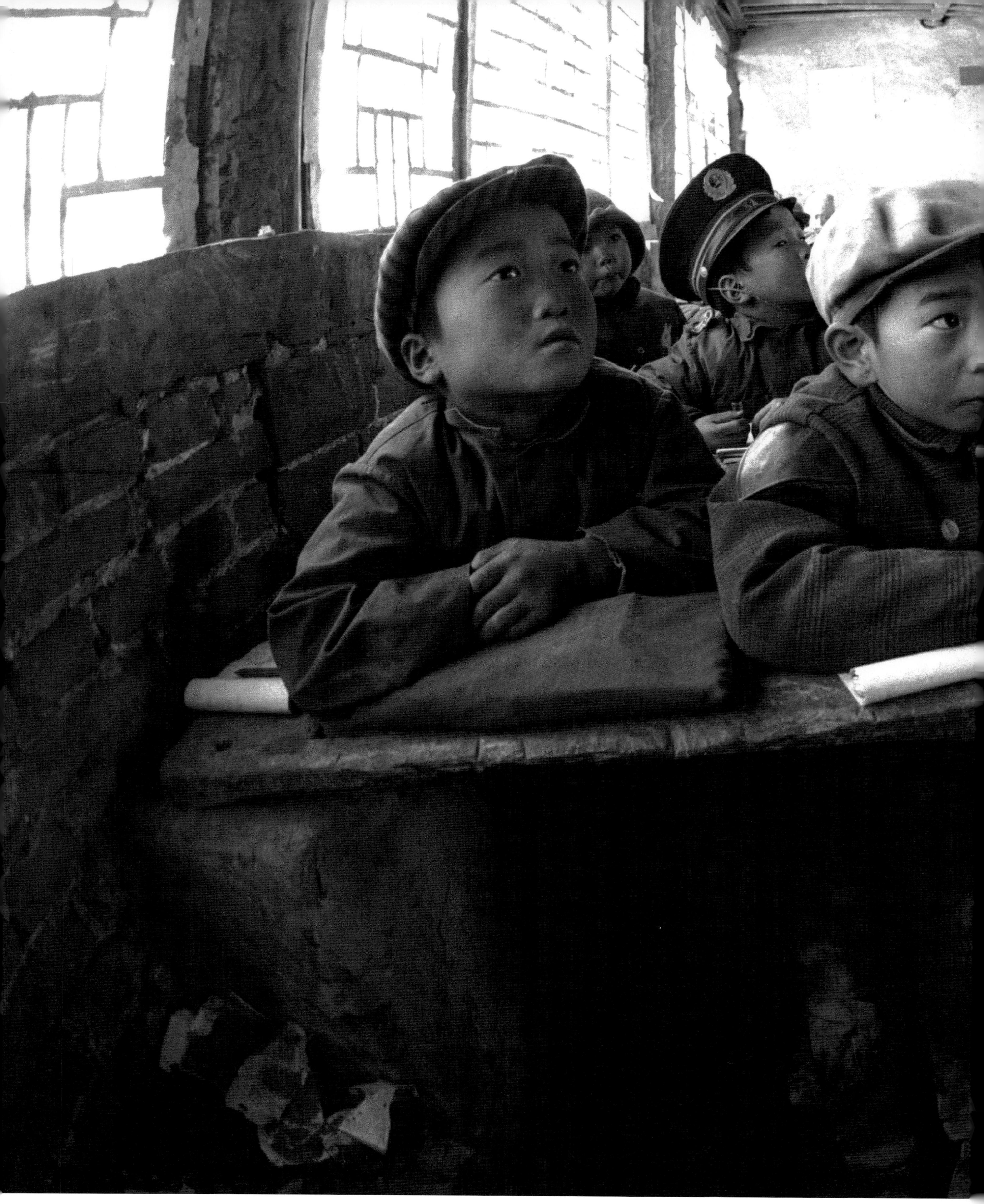

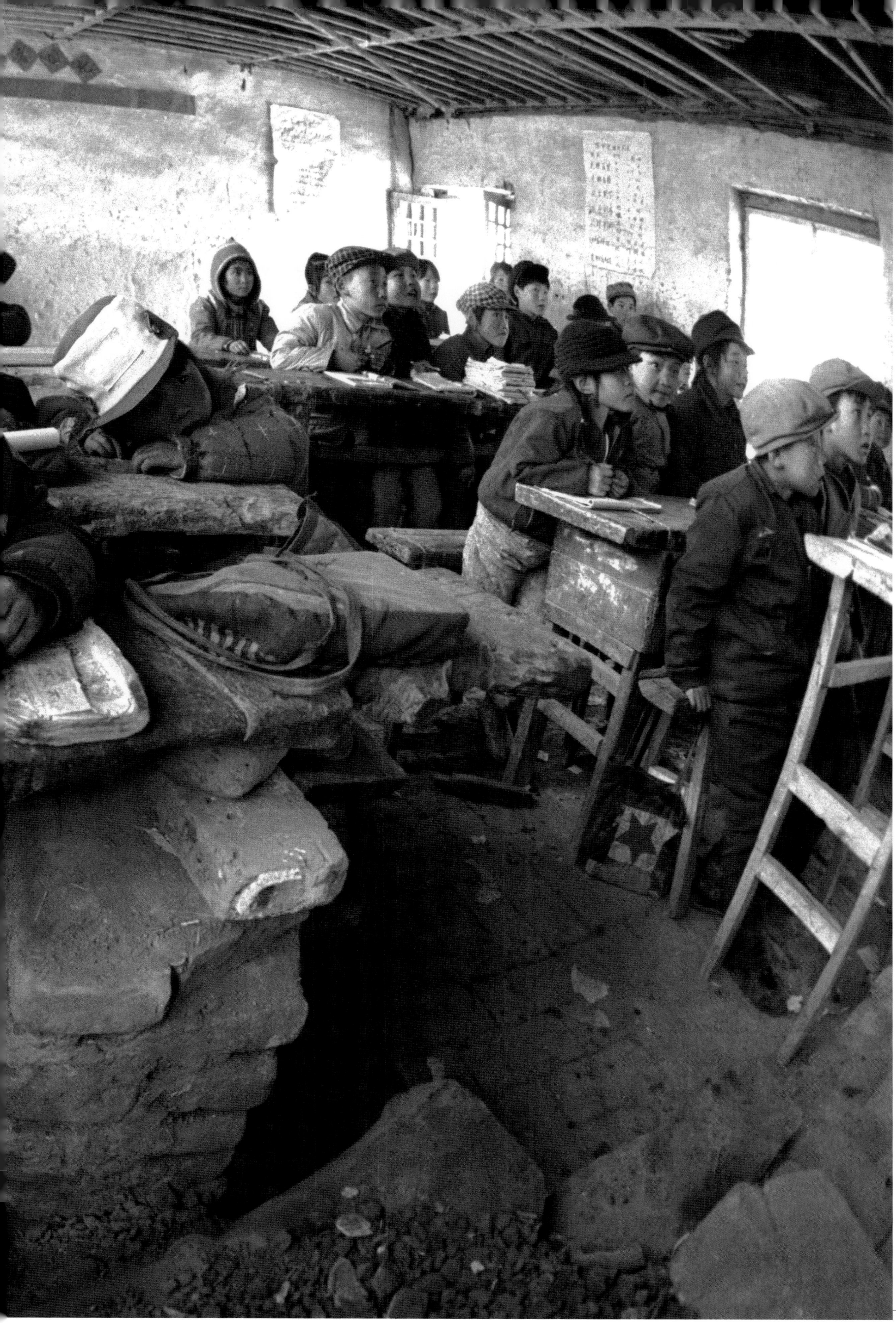

FOTO:
XIE HAILONG

Lernen ist für diese Kinder in einer chinesischen Dorfschule das Schönste – für Millionen anderer Chinesen bleibt es ein Traum. Weil ihre Eltern die umgerechnet 90 Euro im Jahr für das Schul- und Essensgeld nicht aufbringen können, lernt vor allem der Nachwuchs in vielen Bergdörfern nie zu lesen und zu schreiben. Im sozialistischen China sind rund 200 Millionen Menschen Analphabeten. Und nicht alle Schüler, die mit der Schule beginnen, können die neun Jahre Schulpflicht erfüllen: Vier Millionen brechen jedes Jahr vorzeitig ab

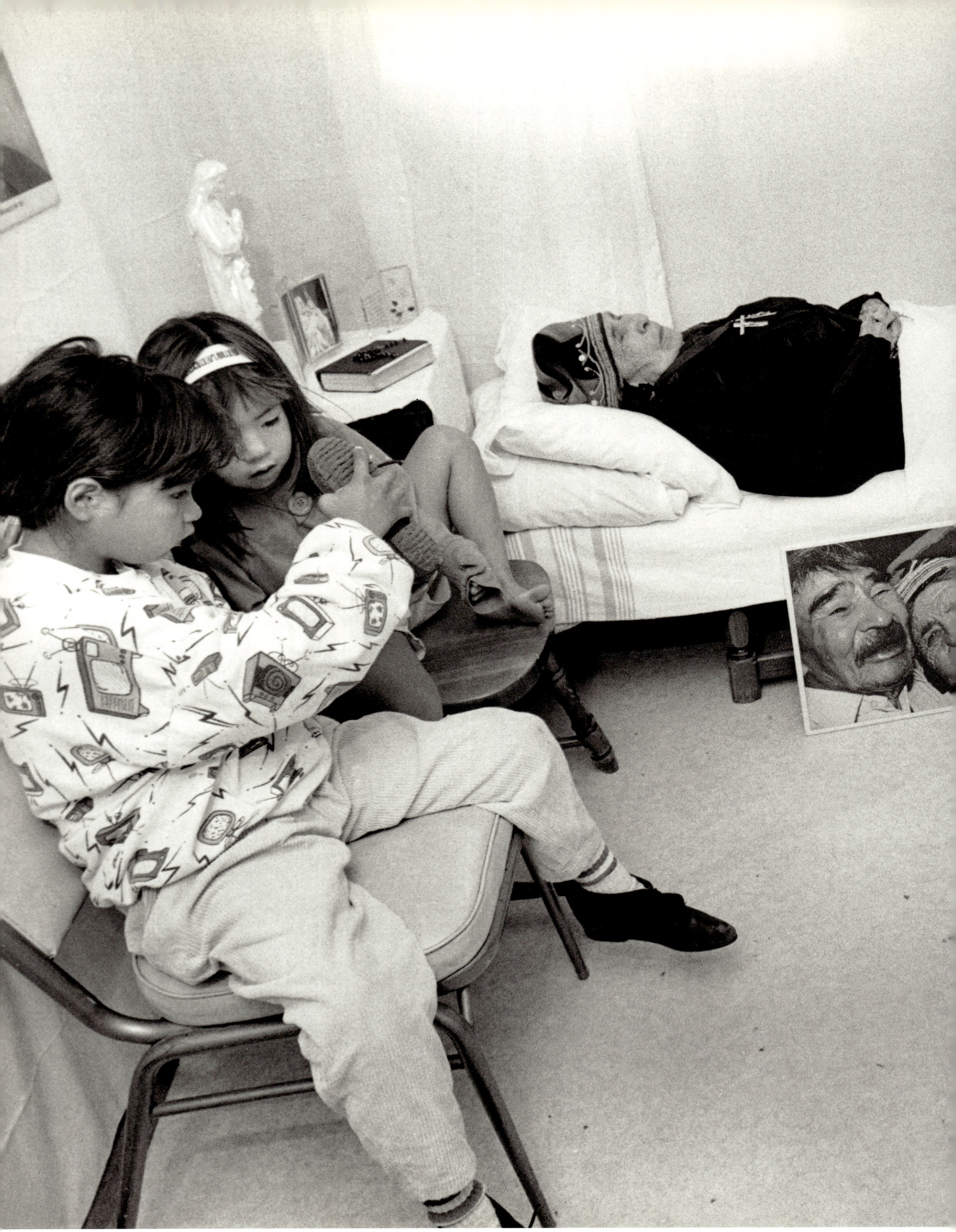

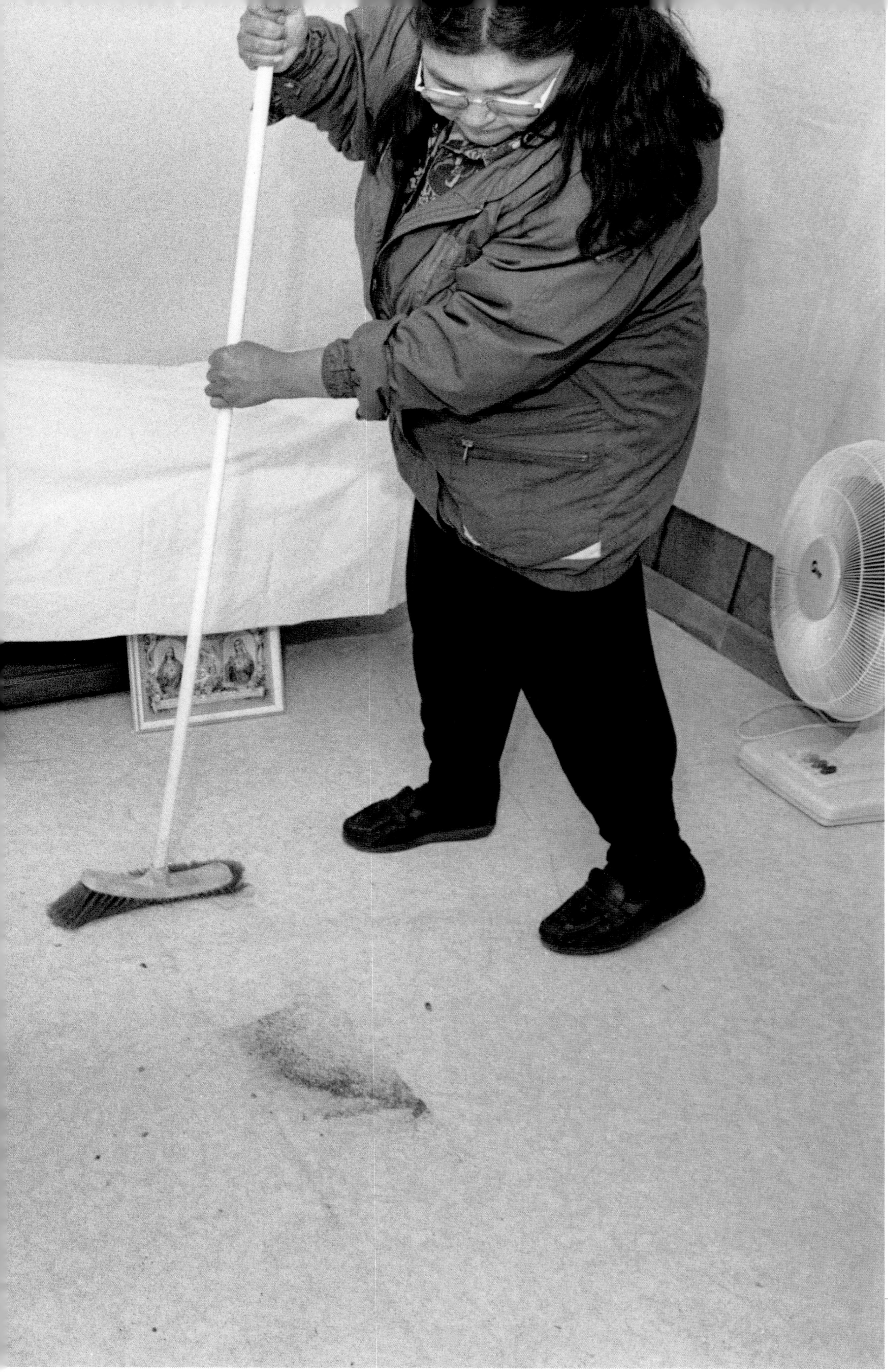

FOTO:
PETER SIBBALD

Tag und Nacht wachen die Innu bei ihren Sterbenden – manchmal sogar monatelang. Die Kosmologie dieses kanadischen Urvolks besagt, dass die Seelen der Verstorbenen deren Körper verlassen, um ewig unter den Lebenden auf der Erde zu wandern. Doch der alte Glaubenskanon wird den 16 000 Innu auf der Labrador-Halbinsel und im Osten der Provinz Quebec immer fremder; in der Welt der Weißen droht ihre Kultur unterzugehen. Viele Innu flüchten in die Sucht: Die Erwachsenen trinken Alkohol, die Kinder schnüffeln Benzin

ALLTAG

„Dornen und Disteln soll er dir tragen, und sollst Kraut auf dem Feld essen, bis dass du wieder zu Erde werdest, davon du gekommen bist.“ 1. Moses, 4

4

GRAU IST DIE FARBE des Alltags. Zäh und ermüdend die stete Wiederkehr des Immergleichen, die aus dem Morgen eine Nachbildung des Heute macht. Alltag, das sind die täglichen Verrichtungen, die keiner Erklärung bedürfen, Verrichtungen, die eben getan werden müssen. Alltag, das ist das Mittelmaß und sind die Mühen der Ebene. Das Leben macht sich grundsätzlich schuldig, gewöhnlich zu sein.

Aber Alltag ist auch das Vertraute, Verlässliche. Zum Alltag gehört die Gewissheit der Zugehörigkeit. Und manchmal die Überraschung, dass hinter der Selbstverständlichkeit, hinter der Prosa eine ungewöhnliche Poesie und Schönheit liegen können. Die Größe der Surrealisten bestand auch darin, wie Archäologen all das Wunderbare im Trivialen freigelegt zu haben. „Ich liebte die Malerei der Geisteskranken“, schrieb schon Arthur Rimbaud, „den Zierrat auf Gesimsen und Türen, Tapisserien von Gauklern und Marktschreiern, Firmenschilder, die Ausmalkunst des Volkes, die Literatur von vorgestern, Kirchenlatein, erotische Bücher mit fehlerhafter Orthographie, Romane unserer Urgroßmütter, Feenmärchen, kleine Kinderbücher, alte Opern, alberne Abzählreime, banale Liedchen.“

Der Alltag ist verpönt und zugleich ein Flohmarkt der Erinnerung. Immer in Gefahr, sozialromantisch verkitscht zu werden, als „Kleine-Leute-Elend“ belächelt zu werden. Oder eben einfach nur in Vergessenheit zu geraten. Die Geschichtsschreibung behandelt den Alltag stiefmütterlich; in ihren Annalen konserviert sie gewöhnlich nur, was außergewöhnlich war: Kriege, Umbrüche, Revolutionen, Katastrophen, große Taten, die Namen der Helden, die Kultur der Eliten. Das tägliche Einerlei, das kleine Glück, das wunschlose Unglück sind ihr selten eine Randnotiz wert.

So ist schwer nur zu bergen, was selten für wert befunden wurde, festgehalten zu werden: Das Leben der Mehrheit, ein Leben, das zwischen allen Extremen verläuft, aufgehoben in Millionen von privaten Rückbesinnungen, ansonsten als ein Eintrag im Geburten- und Sterberegister, in überlieferten Bräuchen und Erzählungen, in Gerichtsakten. Oft, vor allem dort, wo es keine Schriftsprache gibt oder es sie über Jahrhunderte nicht gegeben hat, bleibt nicht einmal das.

Der ursprüngliche Ort des Alltags, der Acker, wird in vielen Ländern heute noch genauso bearbeitet wie vor hundert und mehr Jahren: mit dem schweren Handpflug, der Hacke, einem Ochsen oder einem Pferd. Die Arbeit auf dem Feld ist, wo sie nicht delegiert werden kann an einen hochgerüsteten Maschinenpark, Mühsal geblieben. Mühsal, die oft nicht mehr Gewinn in sich trägt als die Sicherung des Überlebens. Die keine Multi-Optionen in sich birgt, abhängig bleibt von der Unberechenbarkeit des Wetters, von der Fruchtbarkeit des Bodens, von den körperlichen Kräften. Vom Familienverbund.

Das Mal der Feldarbeit ist die Schwiele an der Hand. Die gegerbte Haut. Für die Mehrheit der Weltbevölkerung noch immer. Und unser Zeichen? Vielleicht der am Computer gebeugte Rücken. Im Büro erworben, dem Königreich des Alltags und Gefängnis zugleich. Die Hoffnung auf eine vollkommene Entkoppelung von privatem Wohlergehen und Arbeit mögen wir teilen mit den Armen auf diesem Planeten – und damit, für immer, eine pure Illusion. Auch wenn uns Freizeitindustrie und Event-Kultur für Stunden oder Wochen darüber hinwegtäuschen können, dass die meiste Zeit in unserem Leben Alltag ist. Grund zur Klage? Den Alltag vermisst, wer ihn verliert.

FOTO: SEBASTIAO SALGADO | Wie Ameisen wirken die Goldgräber, die an Leitern die Wände einer Mine in der brasilianischen Serra Pelada hinaufklettern. 60mal am Tag schleppt ein Garimpeiro seinen bis zu 60 Kilogramm schweren, mit Erde gefüllten Sack nach oben. Jeder Aufstieg ist verbunden mit der Hoffnung auf Reichtum – die sich bis zum Ende der Mine 1998 nur für ganz wenige erfüllt

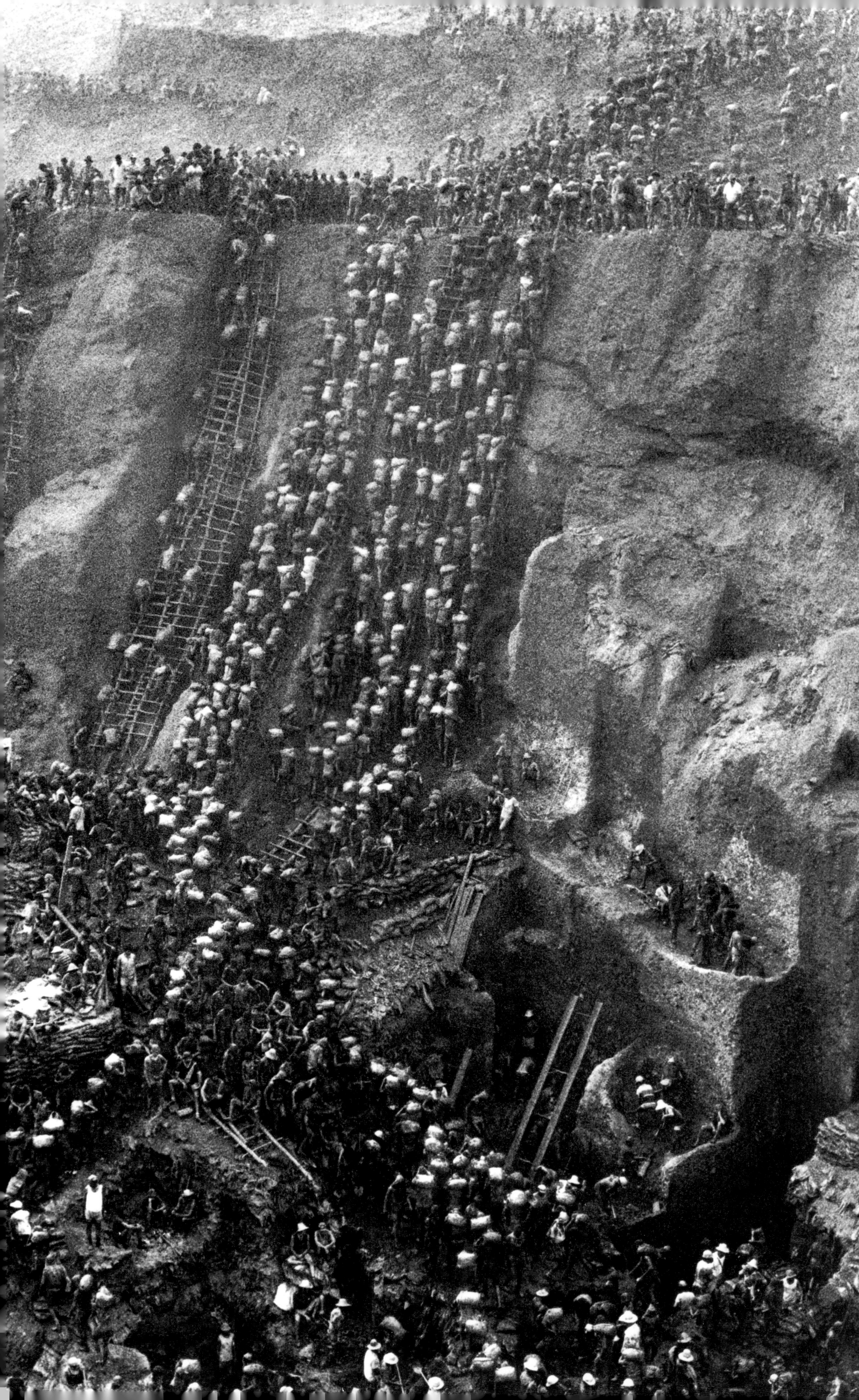

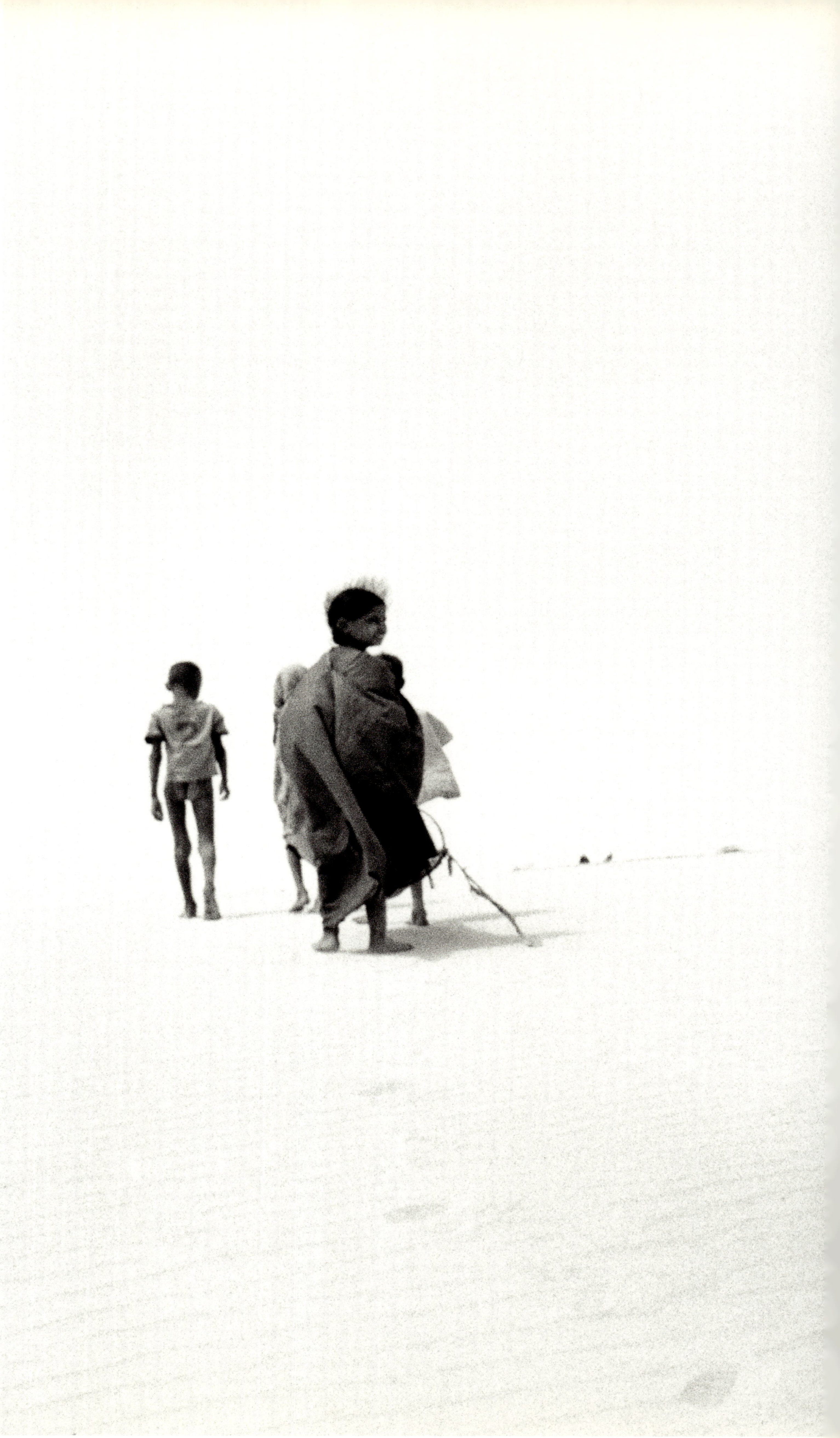

Foto:
SEBASTIAO SALGADO

Ausgezehrt von Hunger und Durst wandert eine Familie durch einen ausgetrockneten See in Mali. Seit Monaten ist der Regen ausgeblieben, das Vieh verkauft oder geschlachtet, die Vorräte sind verbraucht – zwischen 1984 und 1985 trifft dieses Schicksal rund 220 Millionen Menschen in der Sahelzone. Wer die Kraft hat, entflieht dem Tod und der Trockenheit. Doch für viele gibt es keine Hoffnung: Mehr als 600 000 Menschen sterben an den Folgen der Dürre

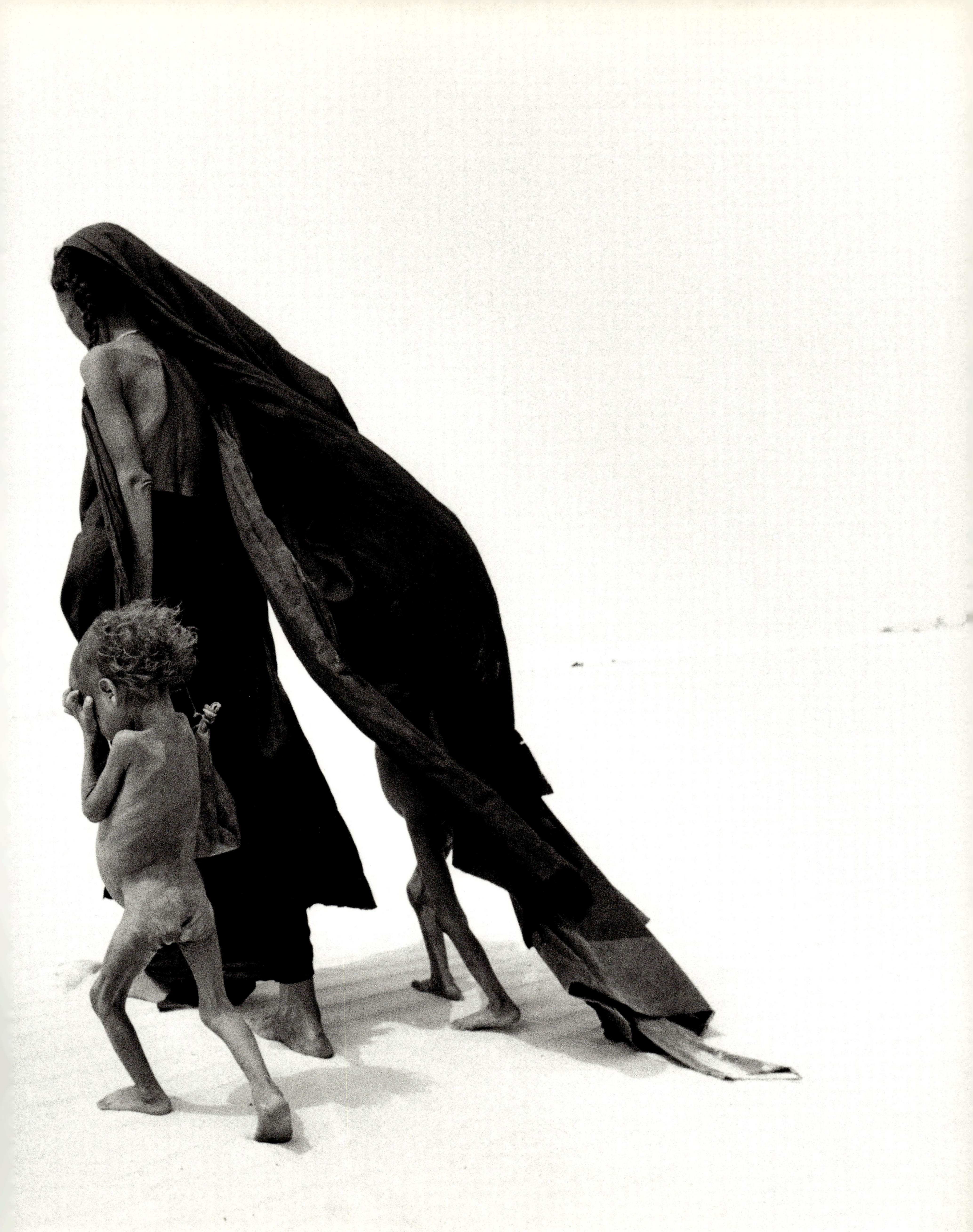

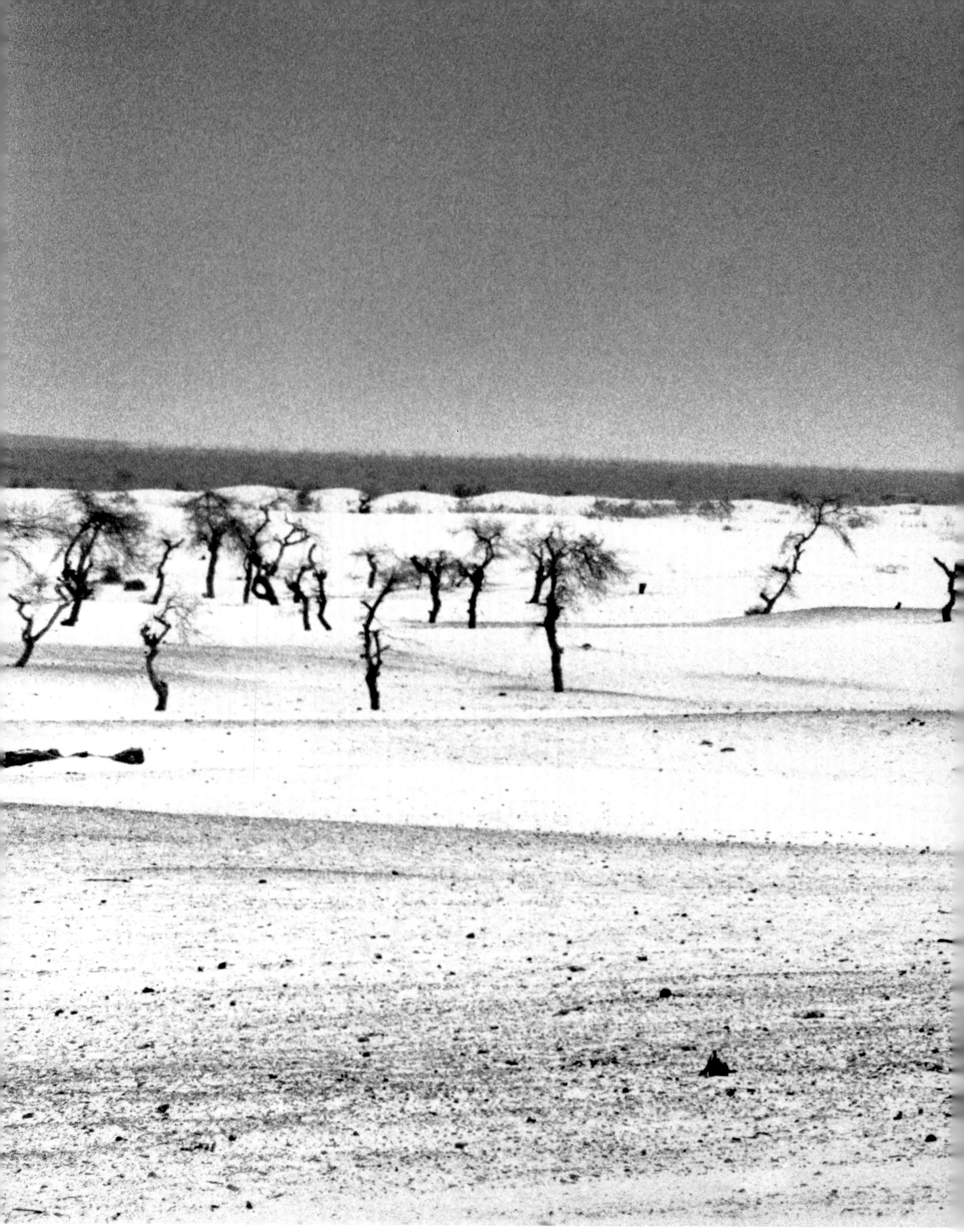

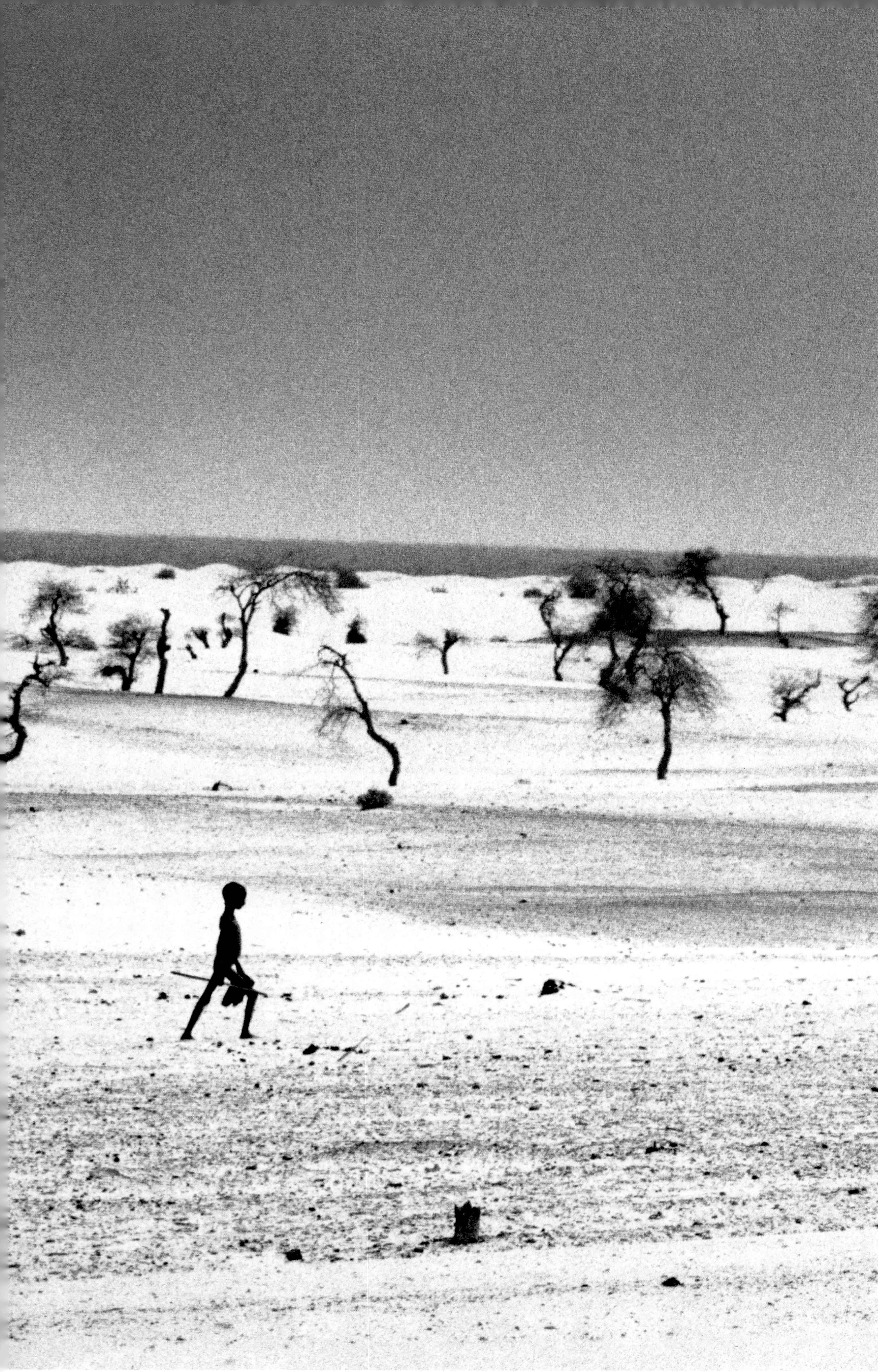

Foto:
SEBASTIAO SALGADO

Einst gaben die Menschen dem Gebiet südlich der Sahara den Namen Sahel, nach dem arabischen Wort für Ufer. 1984 rettet sich niemand mehr aus der Wüste an dieses Gestade – der Sahel ist die Wüste. Oft fällt bis zu neun Monate lang kein Regen. Doch die zunehmend katastrophalen Lebensbedingungen für die verbliebenen Menschen sind nicht nur eine Folge der Dürre: Zu große Viehherden haben das Gebiet überweidet, zu tiefe Brunnen die Bäume austrocknen lassen

GEO *10/86*

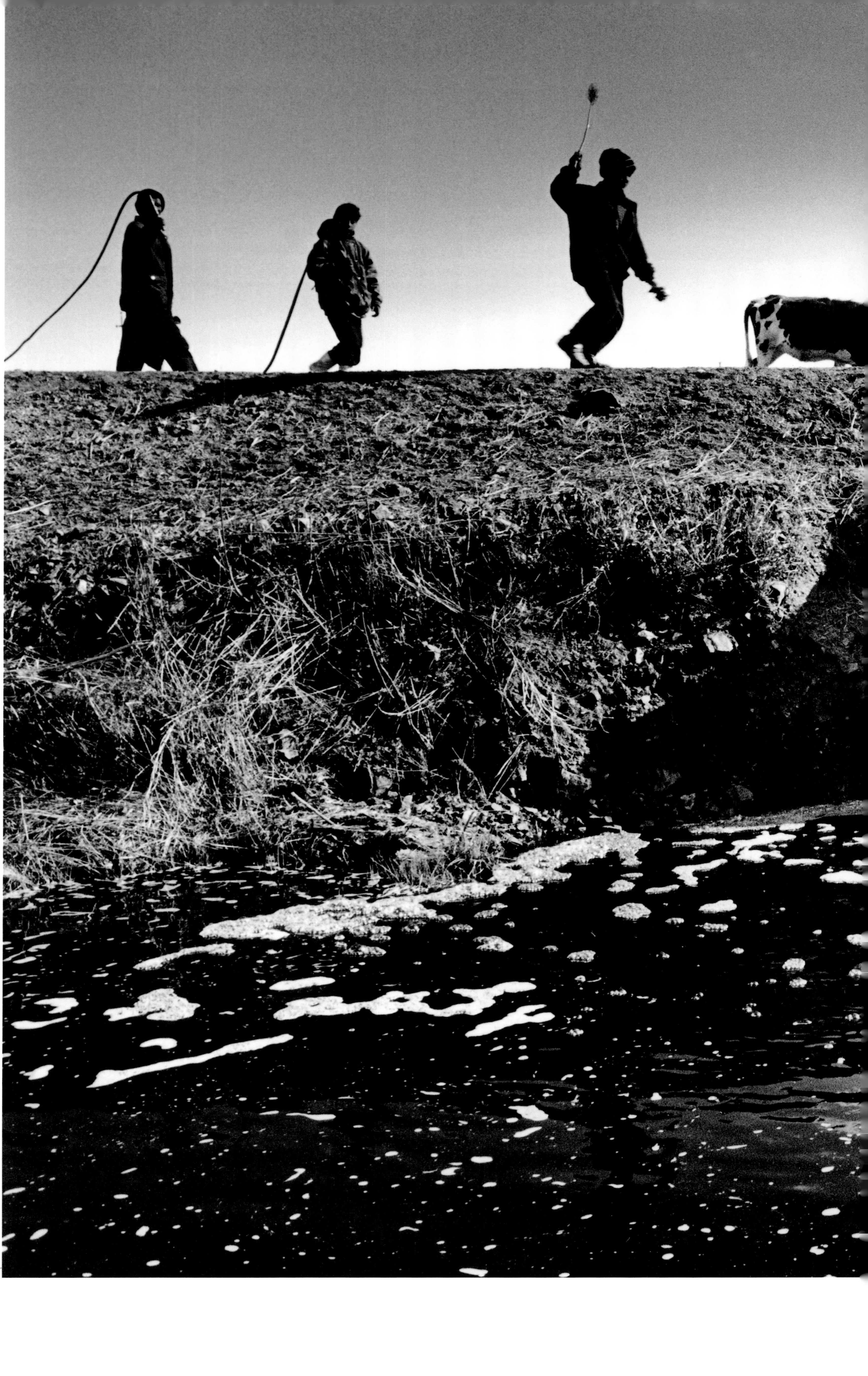

FOTO:
NICOLAI FUGLSIG

In der Tetscha, einem Fluss im Süd-Ural, landete nach 1949 jahrelang der radioaktive Müll eines Atomkombinats. Seither liegt der Fluch nuklearer Verseuchung über dem Dorf Musljumowo. Die 2500 Bewohner erfuhren lange nichts über die Gefahren. Und immer noch pflanzen sie Kartoffeln in verseuchte Böden und treiben die Rinder auf kontaminierte Weiden. Alt wird hier kaum jemand: Die meisten Bewohner sterben im Alter von 50 oder 60 Jahren. Früher gab es einen Friedhof – heute sind es sieben

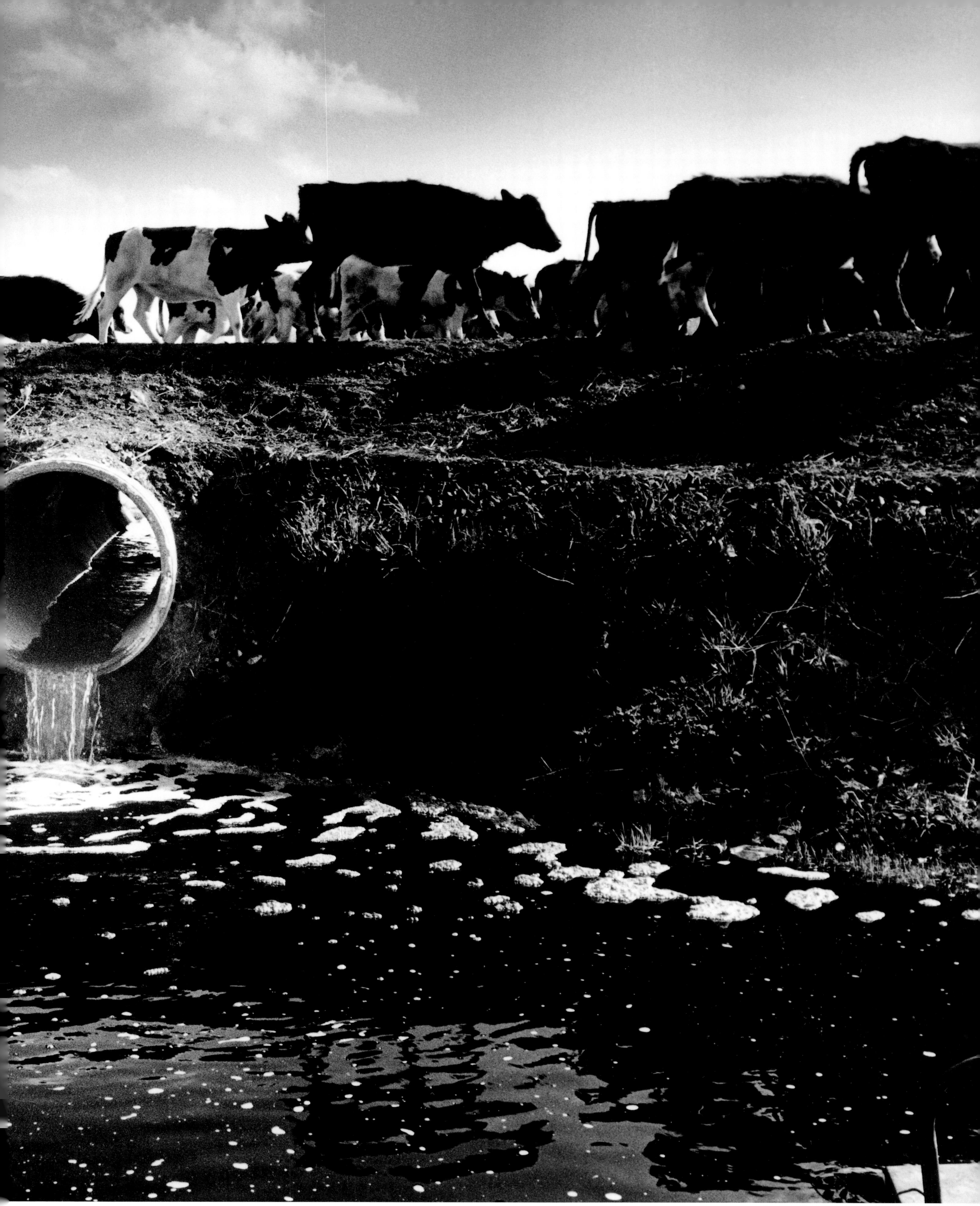

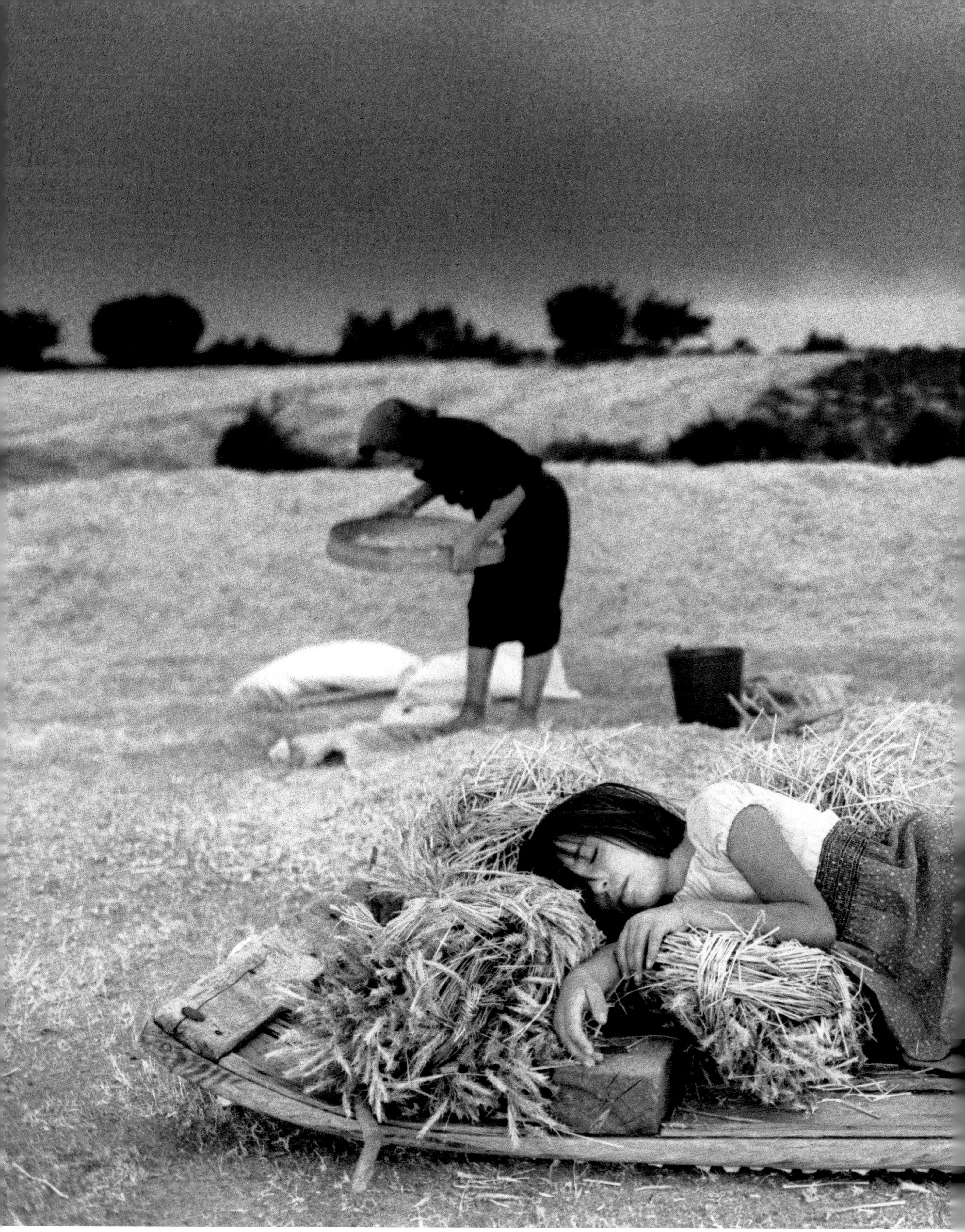

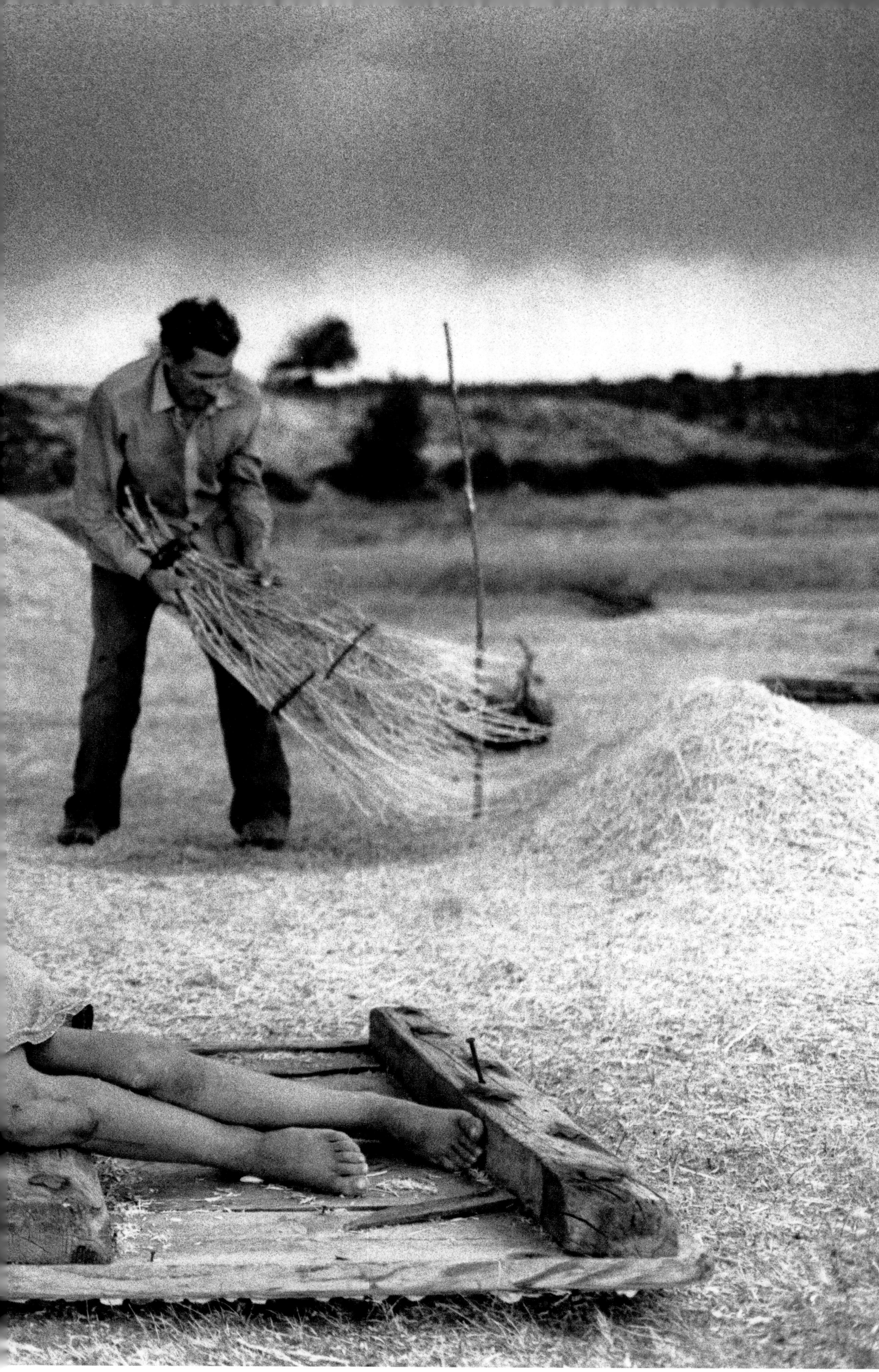

Foto:
CRISTINA GARCIA RODERO

Escober, Kastilien, ein stürmischer Tag im September: Mann und Frau dreschen »garbanzos«, Kichererbsen, auf ihrem Acker, ihre kleine Tochter träumt vor sich hin. Sie hat noch ältere Schwestern. Aber die leben irgendwo in der Stadt, in einer anderen Welt, in einer anderen Zeit. In Kastilien scheint sie an vielen Orten in der Provinz stehen geblieben zu sein. Wie ihre Vorfahren bestellen die Bauern hier noch ihre Felder: in einfacher, harter Handarbeit, ohne moderne Maschinen

GEO 9/90

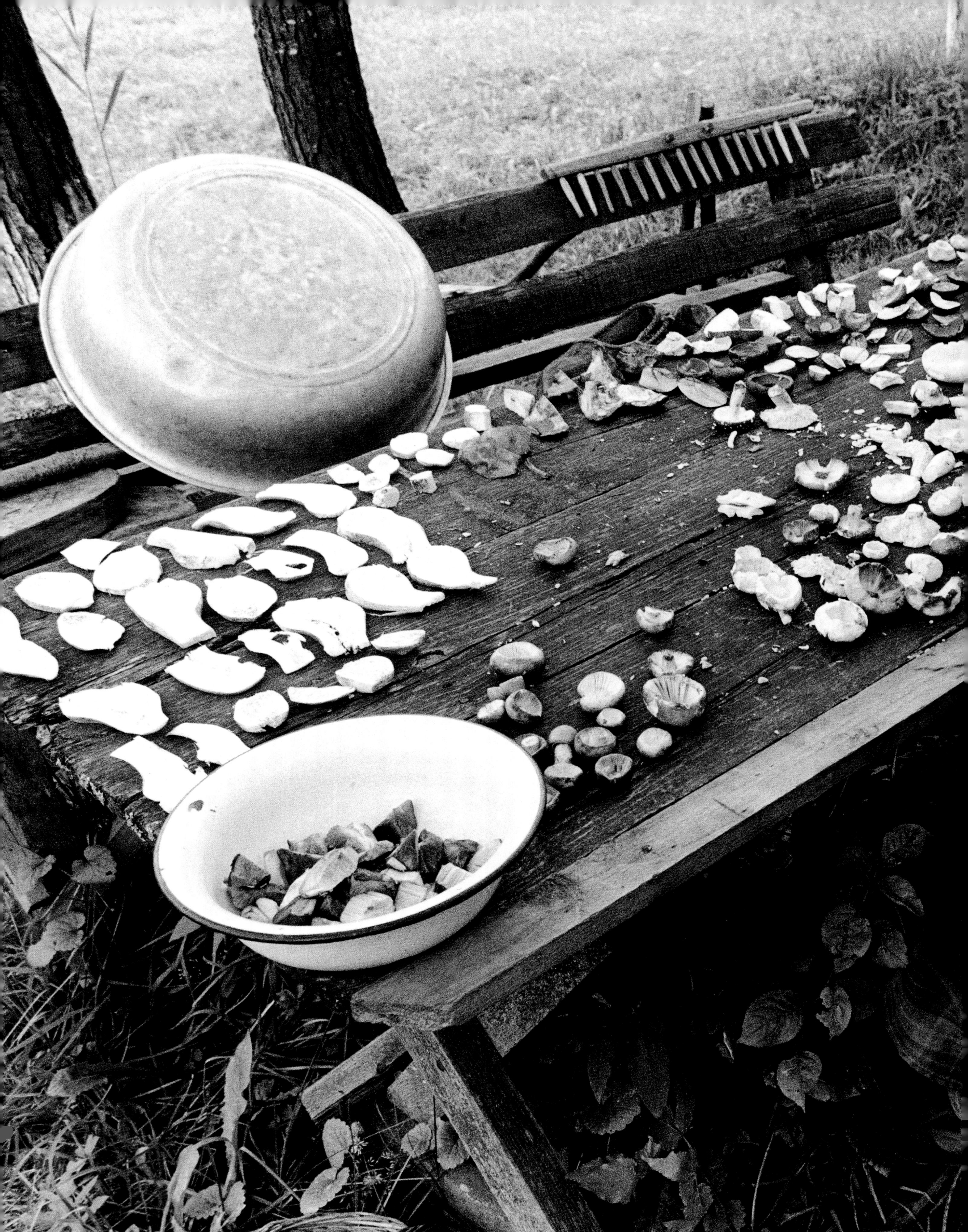

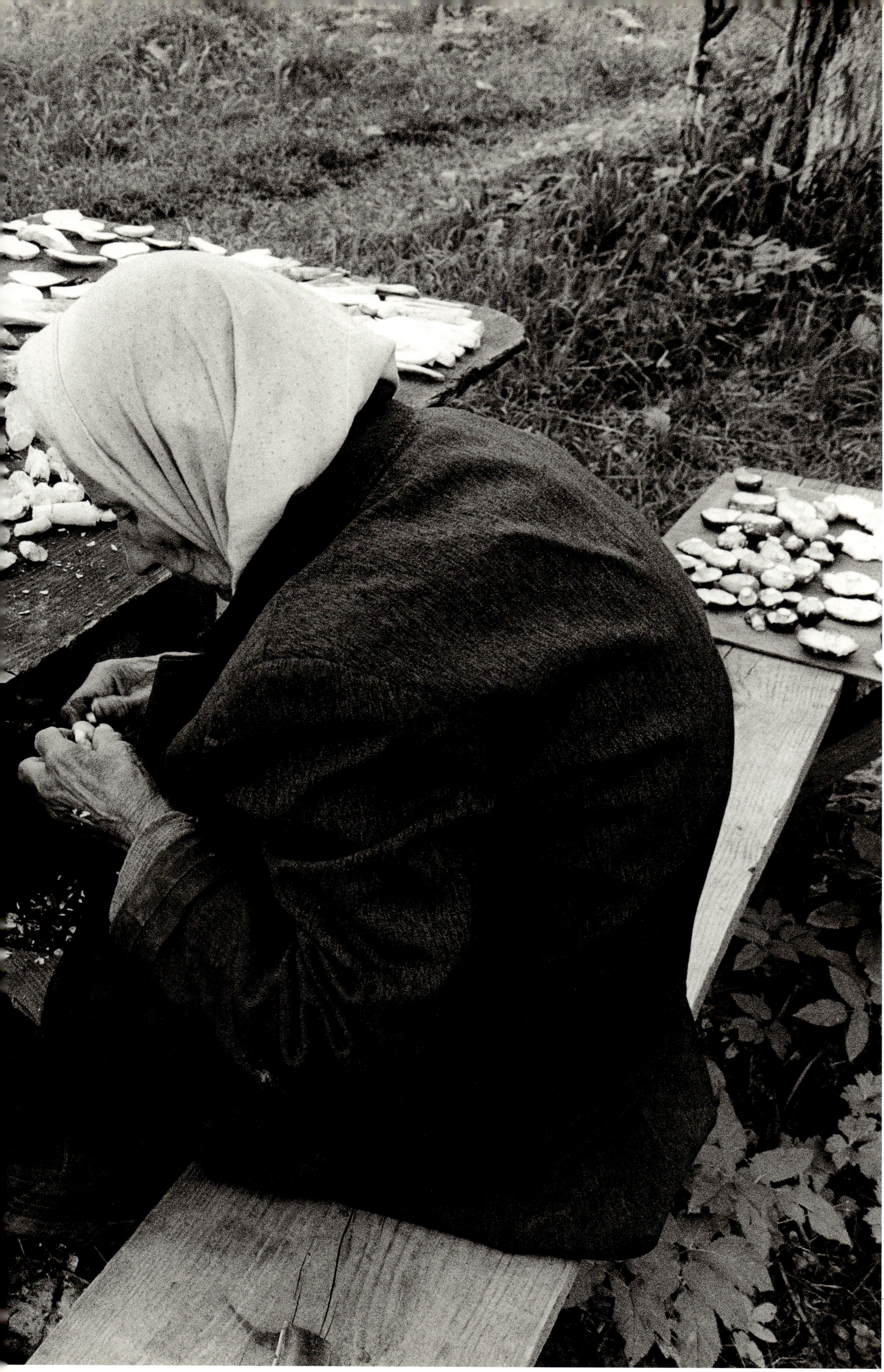

Foto:
LIDA & MISO SUCHY

In der Abgeschiedenheit der ukrainischen Karpaten liegt das Dorf Kriworiwnja. Hier sind die Huzulen zu Hause, Angehörige eines Volkes, das sich seit Jahrhunderten seine Kultur bewahrt hat. Ihr Leben in den Bergen ist hart: Nur wer im Sommer vorsorgt, übersteht den rauen Winter. Die Jungen arbeiten auf den Feldern, die Alten sammeln Pilze im Wald. Eine Bäuerin putzt und schneidet ihre Ernte. Einen Teil davon wird sie auf dem Markt verkaufen

GEO 7/99

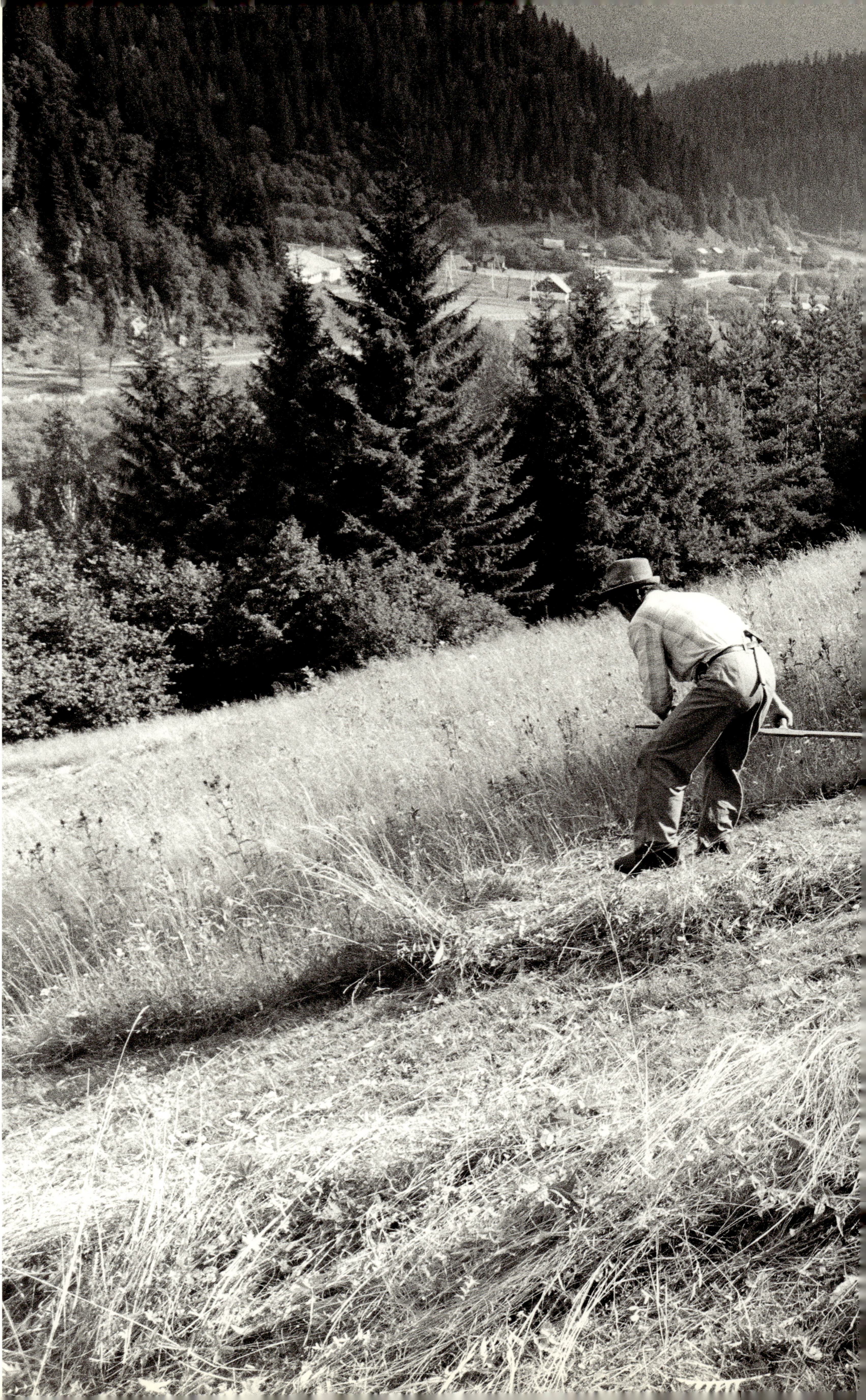

Foto:
LIDA & MISO SUCHY

Die ganze Familie hilft, wenn im ukrainischen Karpatendorf Kriworiwnja die Heuernte eingebracht werden muss. Seit dem Untergang der Sowjetunion sind die hier lebenden Huzulen auf Selbstversorgung angewiesen. Die meisten haben ihre Arbeit verloren, viele Läden sind geschlossen worden, und Geld sehen die Menschen hier manchmal monatelang nicht

GEO 7/99

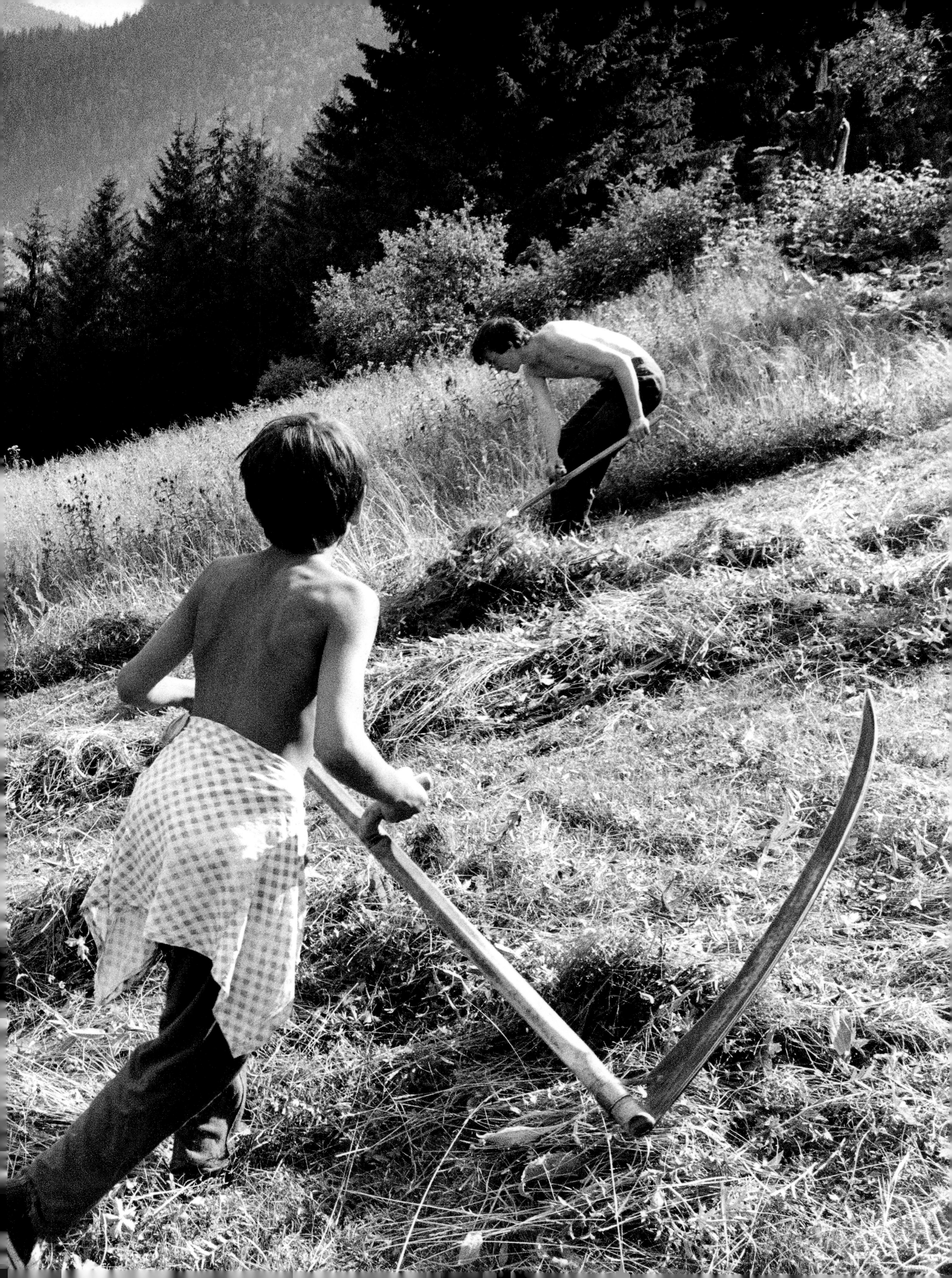

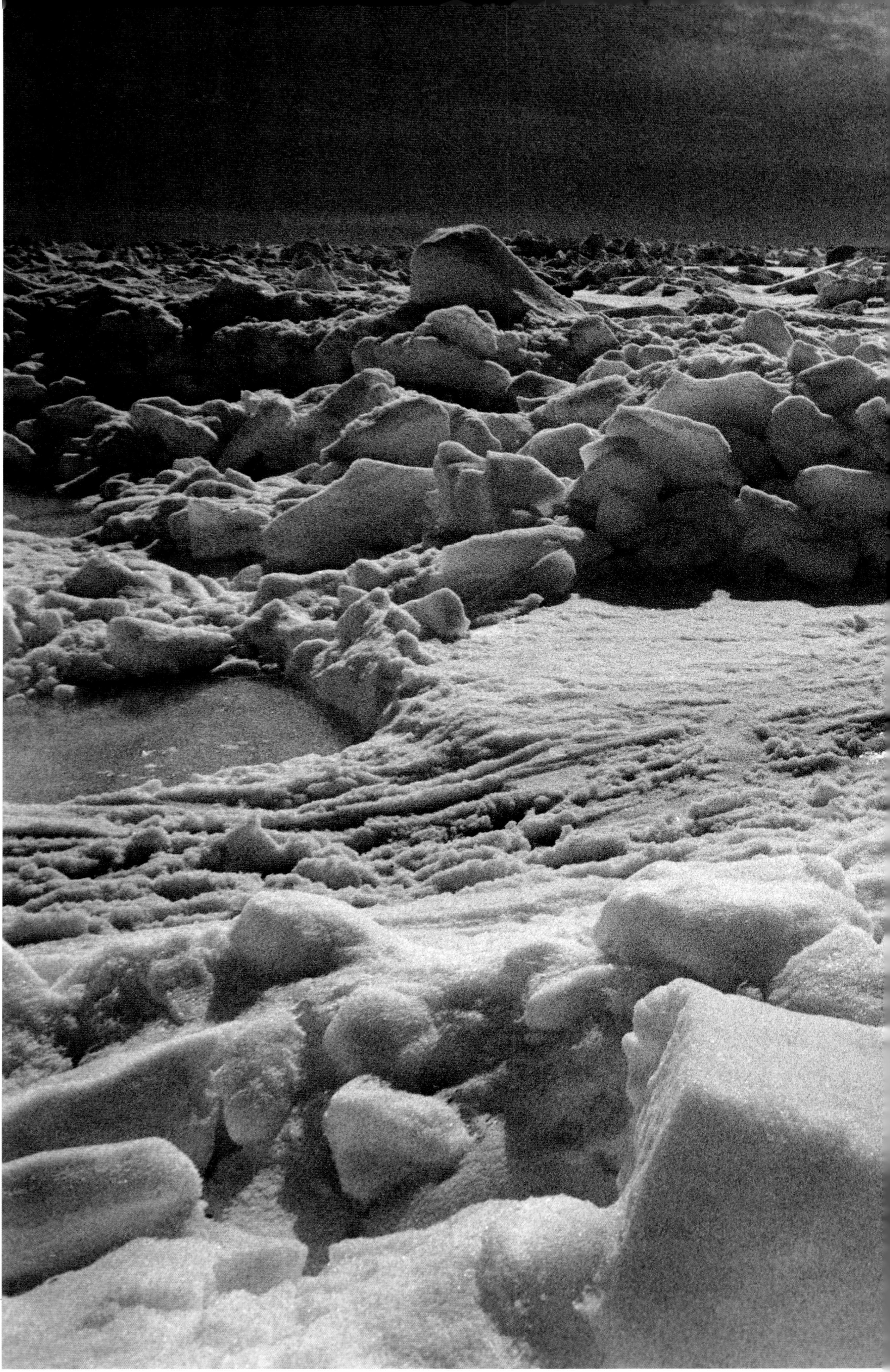

Foto:
BILL HESS

Walfang-Zeit in der Arktis: Nach ihrem Jagderfolg bahnen sich Inupiat-Männer mit ihrem schwer beladenen Schlitten mühevoll einen Weg nach Hause. Dort werden sie das Fleisch des Wals der Tradition gemäß gerecht verteilen: an alle, die beim Fangen und Schlachten mitgeholfen haben, an die Gäste und auch an die Alten und Kranken. Denn großzügig wie der Wal soll auch der Mensch sein. Nur dann, so glauben die Menschen in Alaska, werden die Tiere zur Jagd im nächsten Jahr wiederkommen

GEO Special *Alaska*

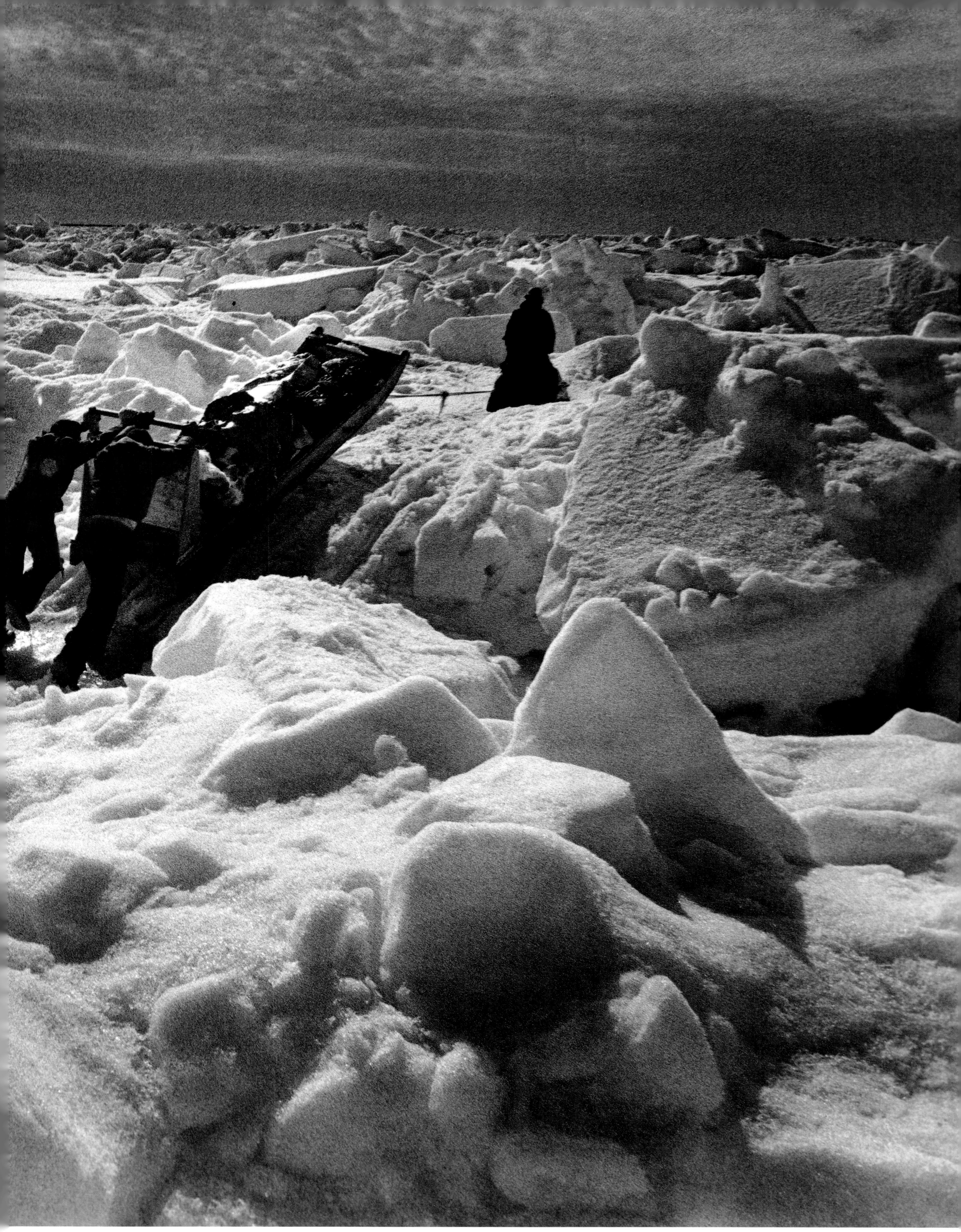

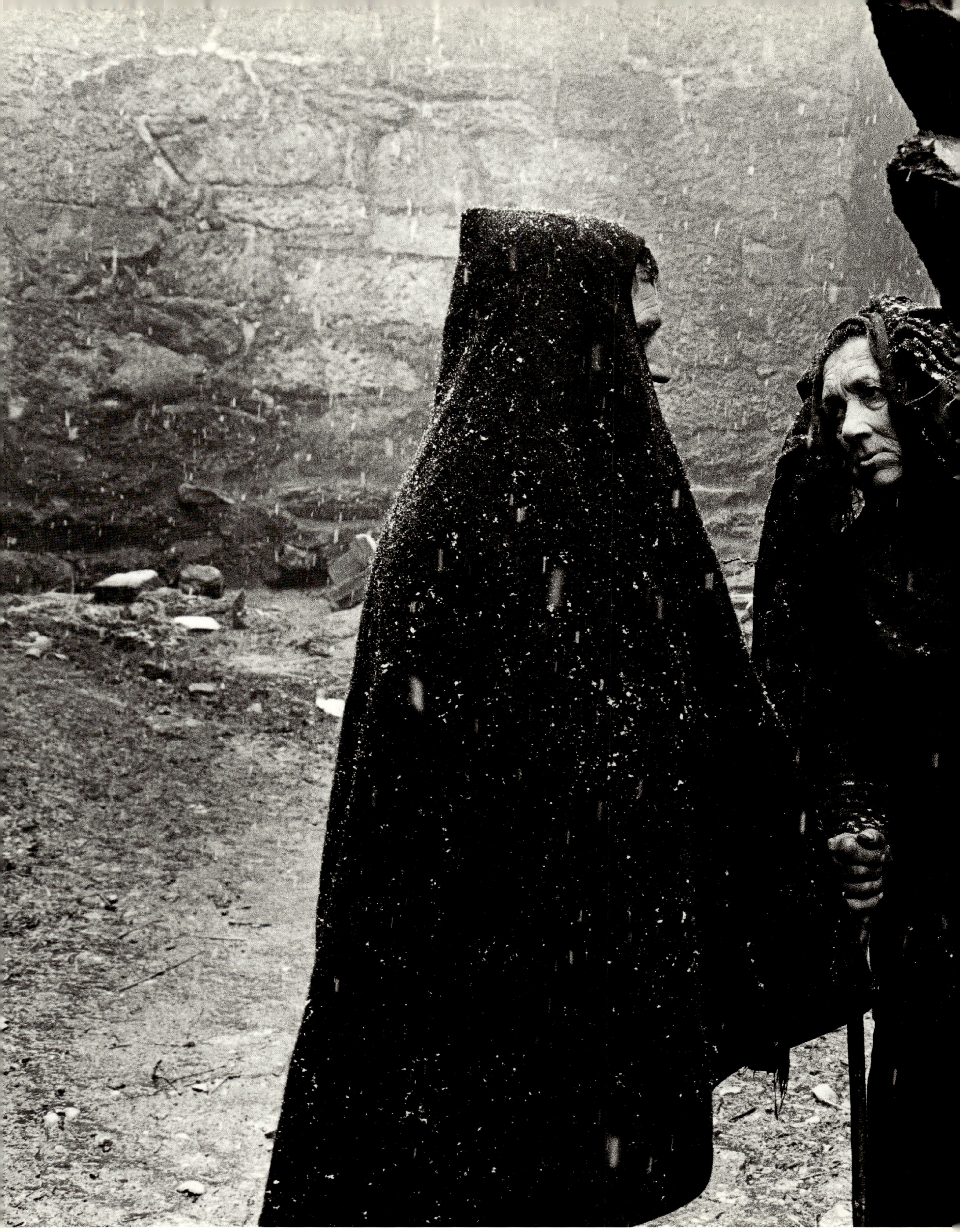

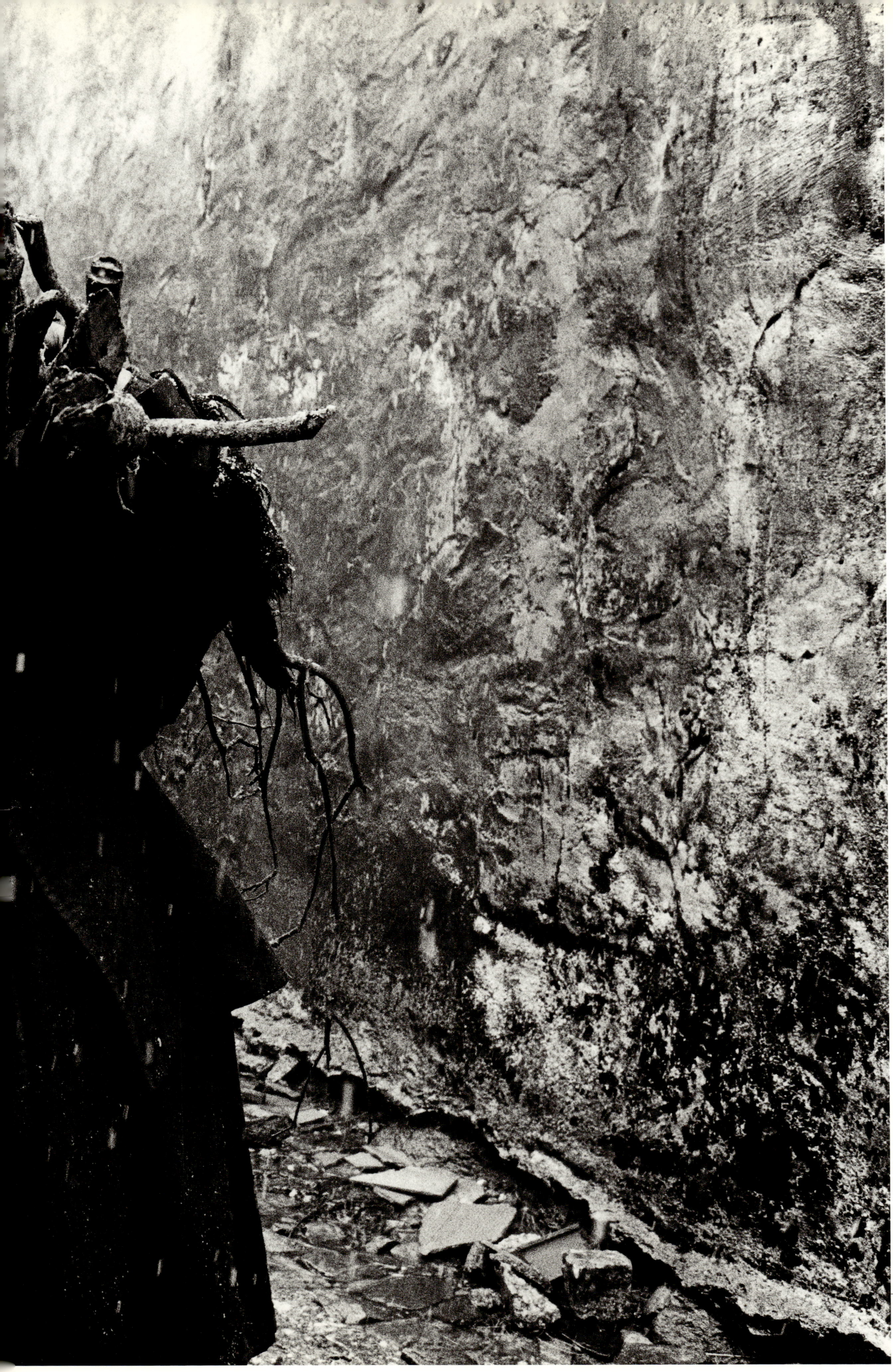

Foto:
GEORGES DUSSAUD

Trás-os-Montes, »jenseits der Berge«, heißt eine vergessene Provinz im Nordosten Portugals. Die Gegend ist unwirtlich, an drei Seiten umschlossen von Gebirgsketten und an der vierten mit dem Rücken zur Grenze nach Spanien gelegen. Die Bewohner kennen hier nur zwei Jahreszeiten: »Neun Monate Winter und drei Monate Hölle.« Im Sommer lähmt die unerträgliche Hitze jedes Leben, in der kalten Jahreszeit regnet es dagegen oft monatelang ohne Unterlass

GEO Special *Portugal*

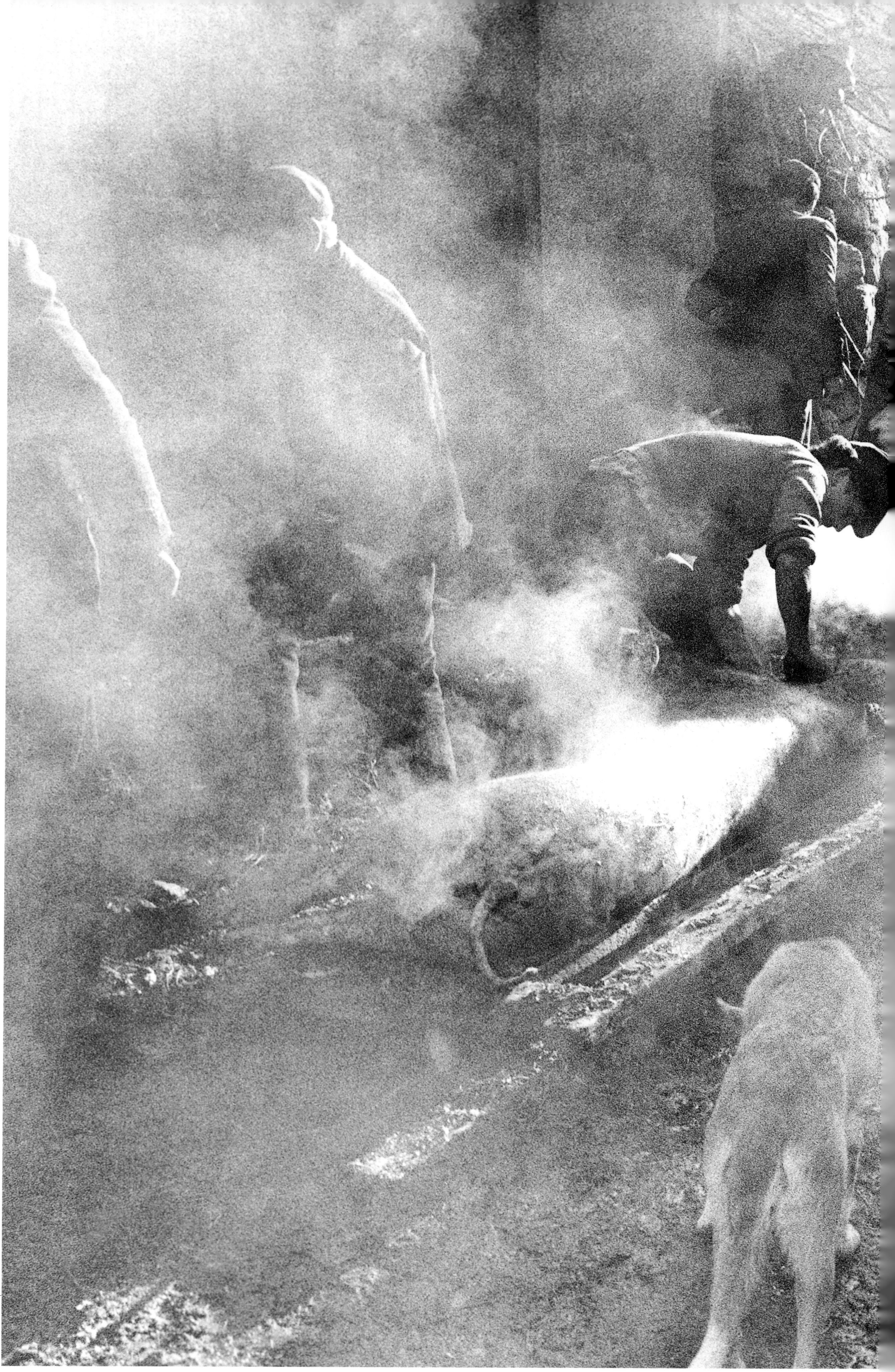

Foto:
GEORGES DUSSAUD

Wenn der Winternebel in den Dörfern von Trás-os-Montes steht, schlachten die Männer die Schweine. Viel hat sich hier nicht verändert in den vergangenen Jahrhunderten: Noch lange nicht hat der Traktor den Ochsenkarren verdrängt, noch immer wärmt die meisten Menschen ein Holzfeuer statt einer Heizung. Und auch der Drang zu gehen ist geblieben: Seit Generationen ist die Auswanderungsquote in dieser kargen Welt doppelt so hoch wie im portugiesischen Landesdurchschnitt

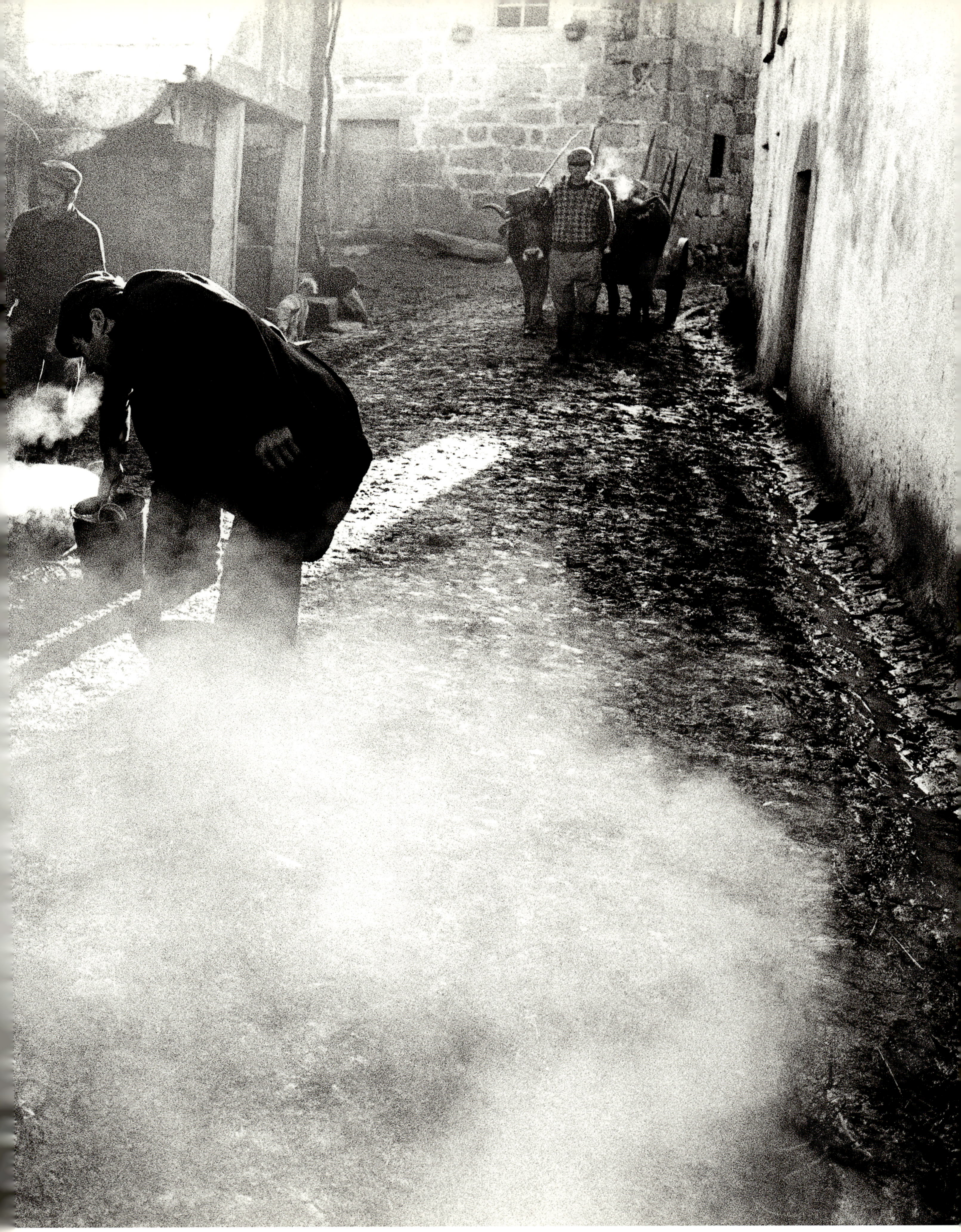

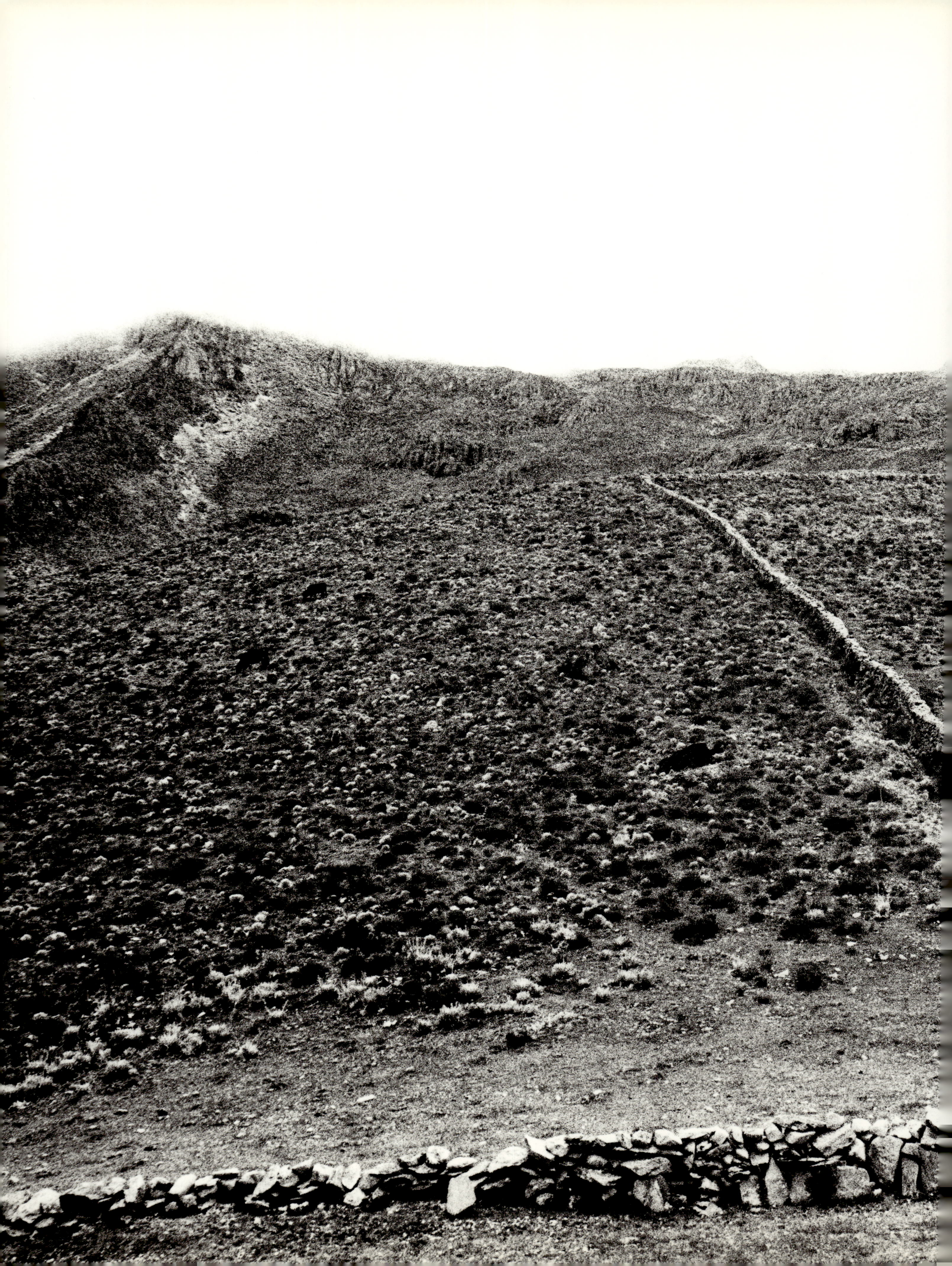

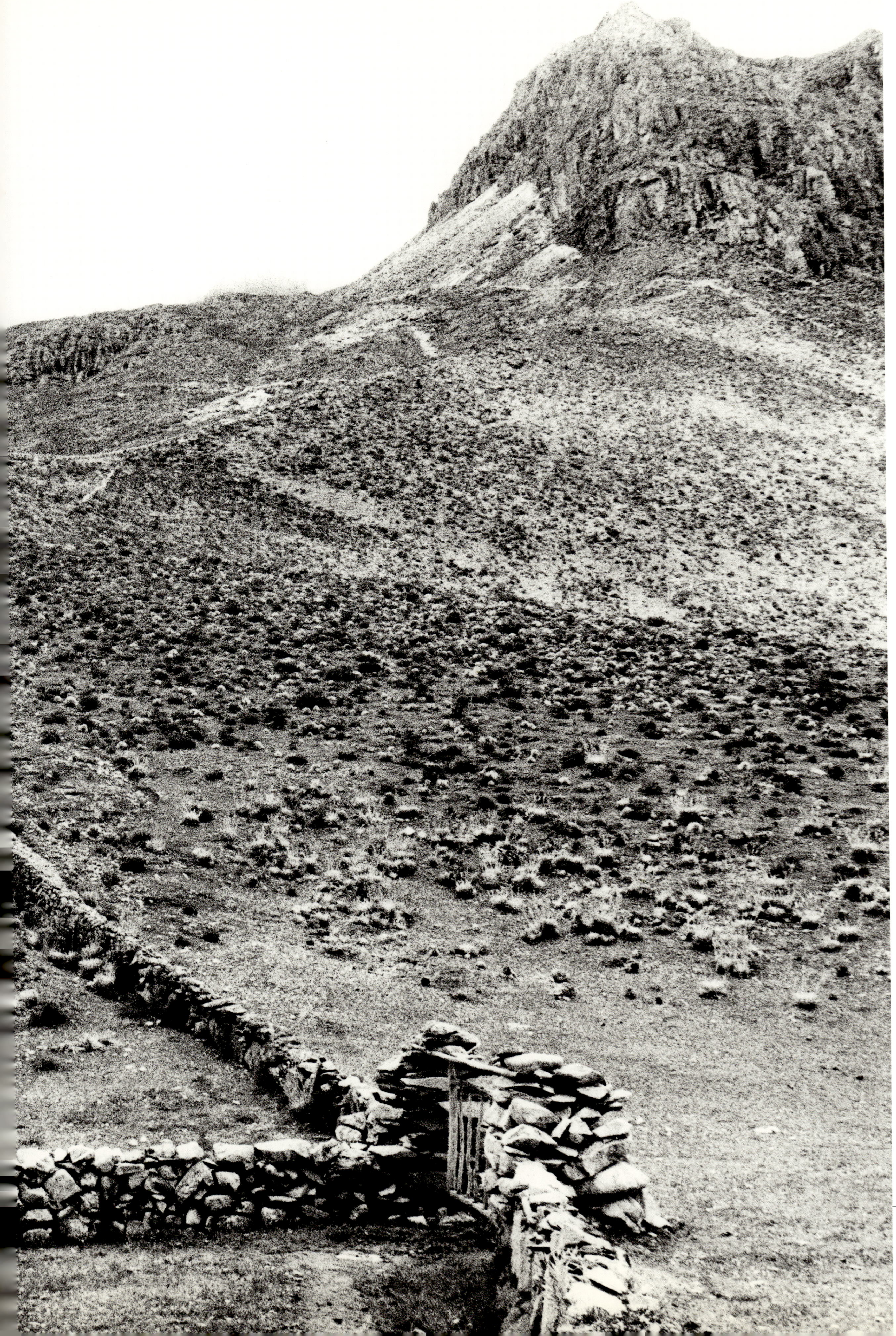

Foto:
BARBARA BRÄNDLI

Der Páramo in den venezolanischen Anden ist eine Landschaft von herber, wilder Schönheit. Nachfahren präkolumbianischer Indianer bestellen hier, zwischen der Waldgrenze und dem ewigen Schnee, die kargen Böden. Uralte Mauern trennen die Landstücke der Bauern

GEO 3/92

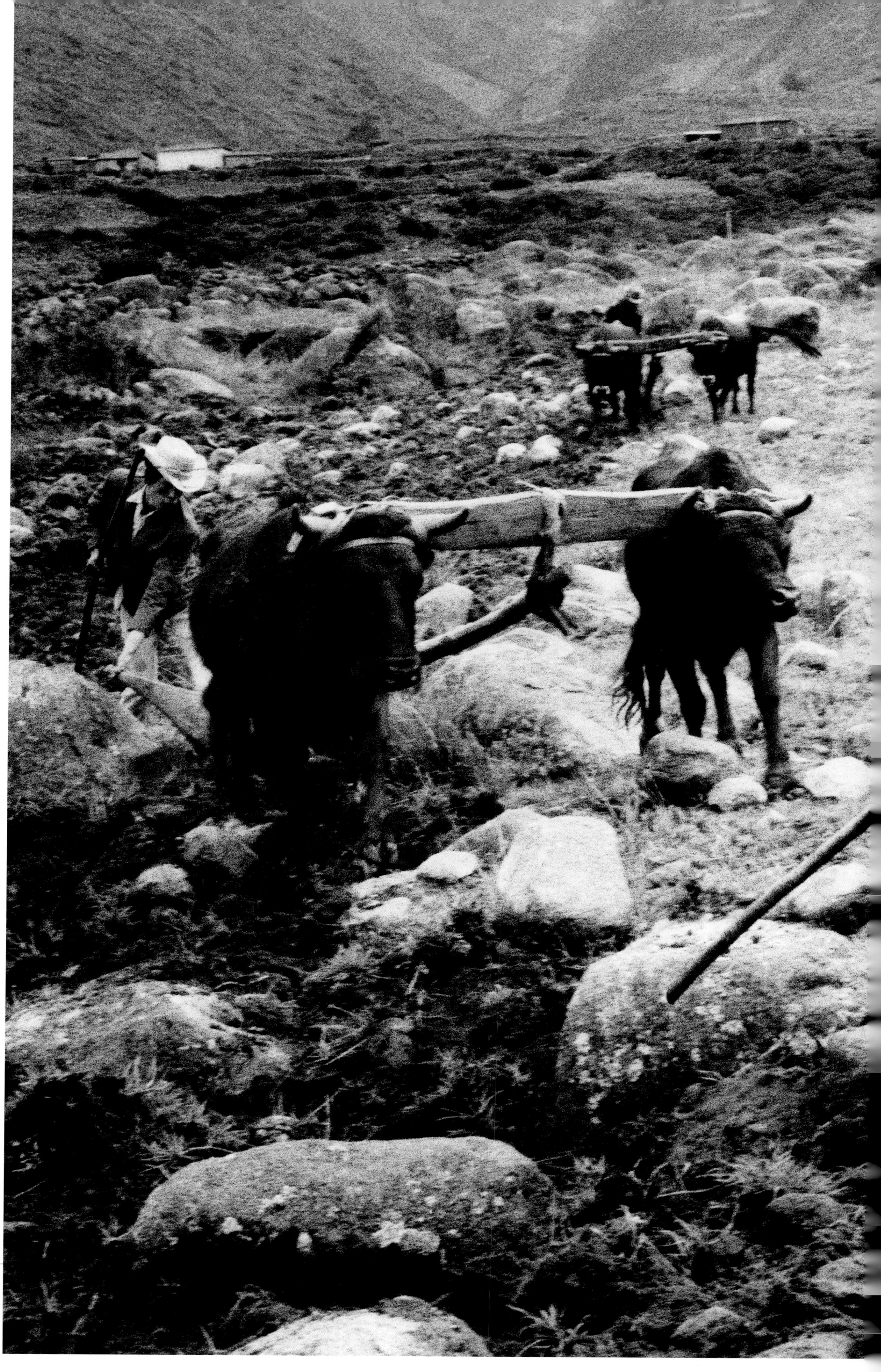

Foto:
BARBARA BRÄNDLI

Mit Ochsengespannen und Holzpflügen bearbeiten die Bauern im venezolanischen Parámo ihre Felder. Auf den Äckern werden vornehmlich Kartoffeln angebaut – viel mehr wächst nicht auf den Terrassen, die bis weit über 3000 Meter Höhe hinauf reichen. Überall liegen dort auf und in der Erde Steine, die das Pflügen erschweren. Einen Teil davon nutzen die Menschen als Baumaterial für ihre Häuser

GEO 3/92

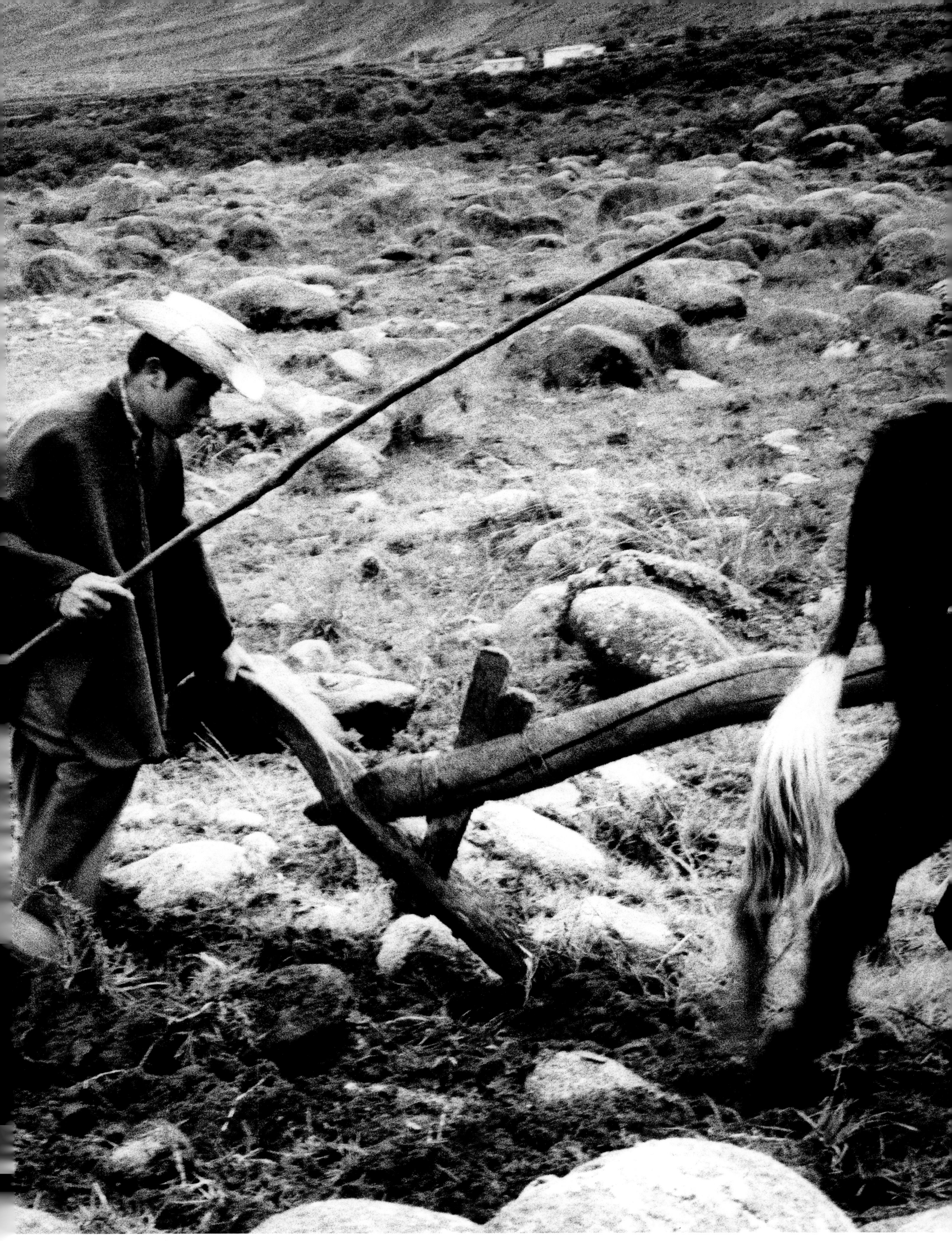

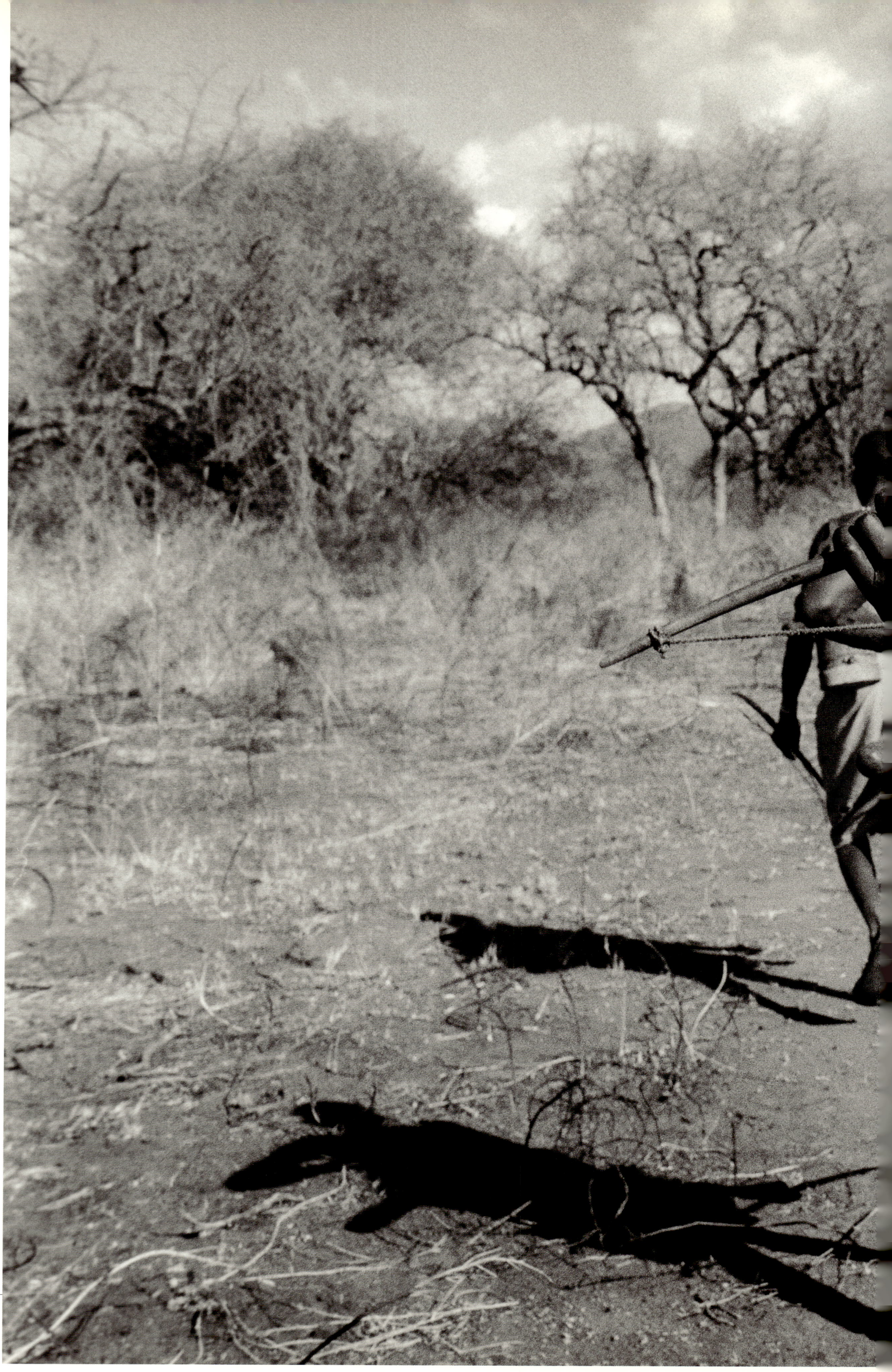

Foto:
STUART FRANKLIN

Jeden Tag ziehen Jäger vom Stamm der Dorobo aufs Geratewohl durch die tansanische Steppe. Selten sind die Männer erfolgreich: Mancher erlegt nur alle paar Wochen ein Tier. Der Naturschutz hat den Lebensraum der Dorobo stark beschnitten. 1970 wurde der Tarangire-Nationalpark geschaffen, auch um das Wild vor Jagd zu schützen. Seitdem bleibt dem einst weit über das ostafrikanische Hochland verstreut lebenden Volk nur noch ein kleines Gebiet im Süden der Massai-Steppe

GEO 5/00

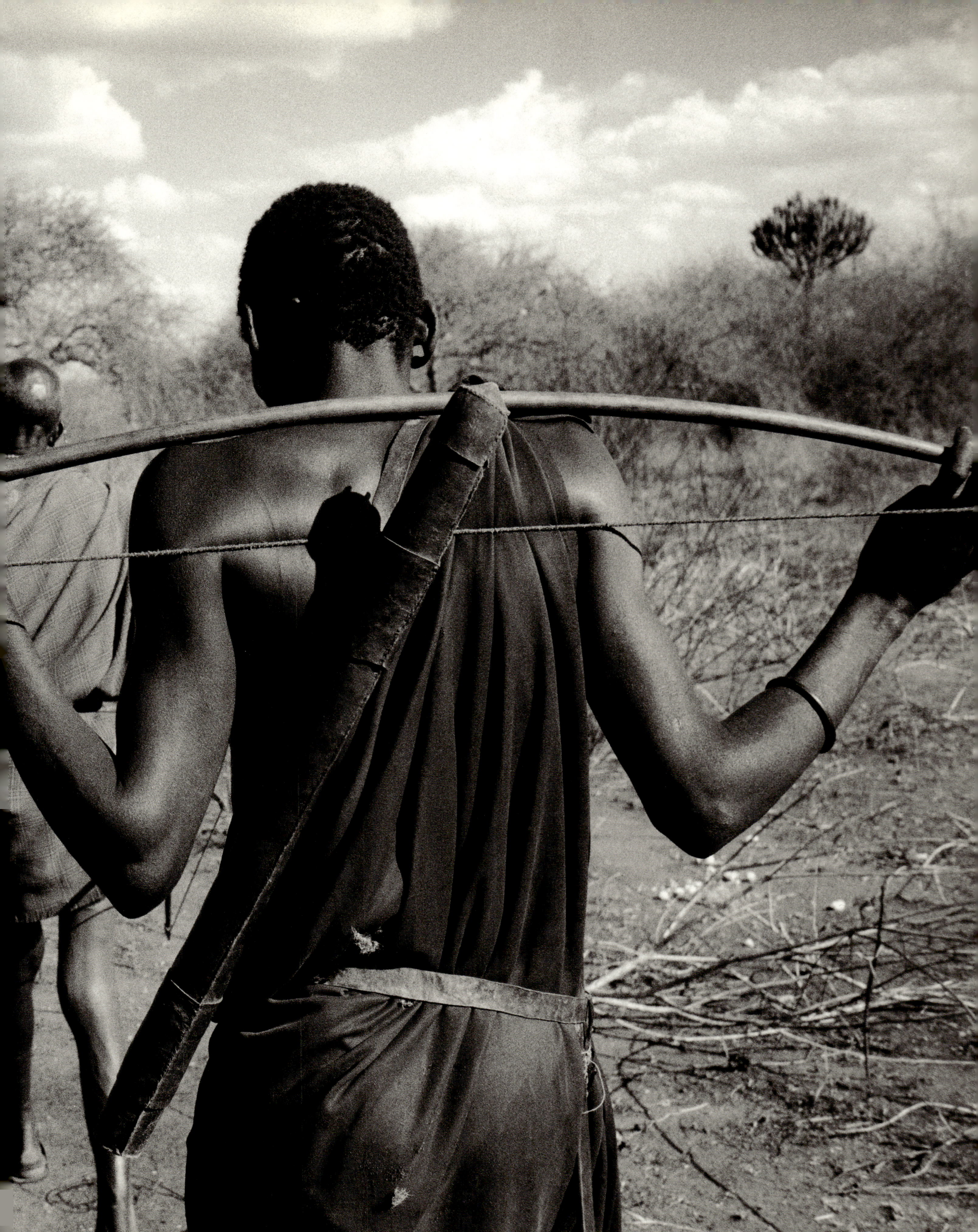

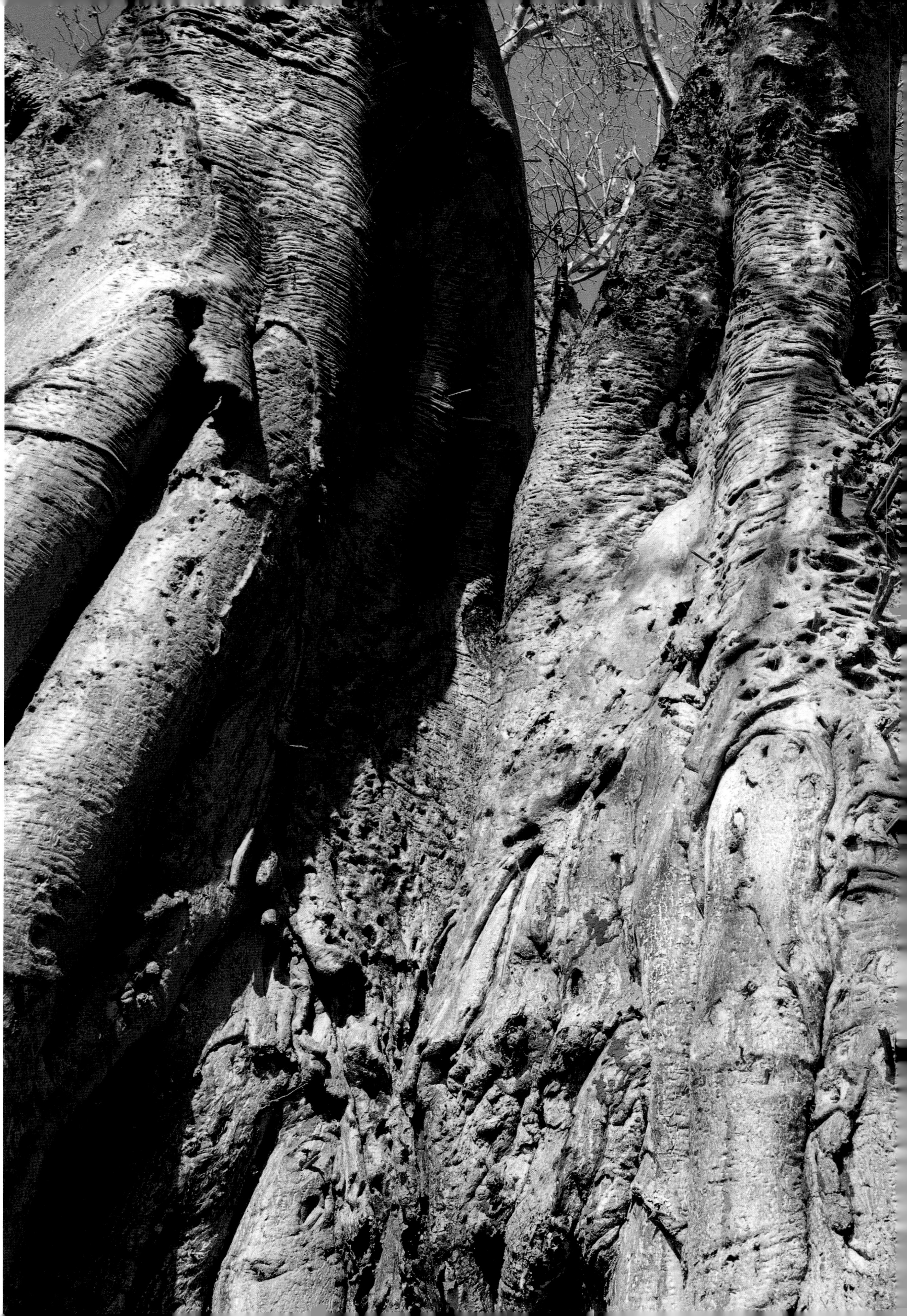

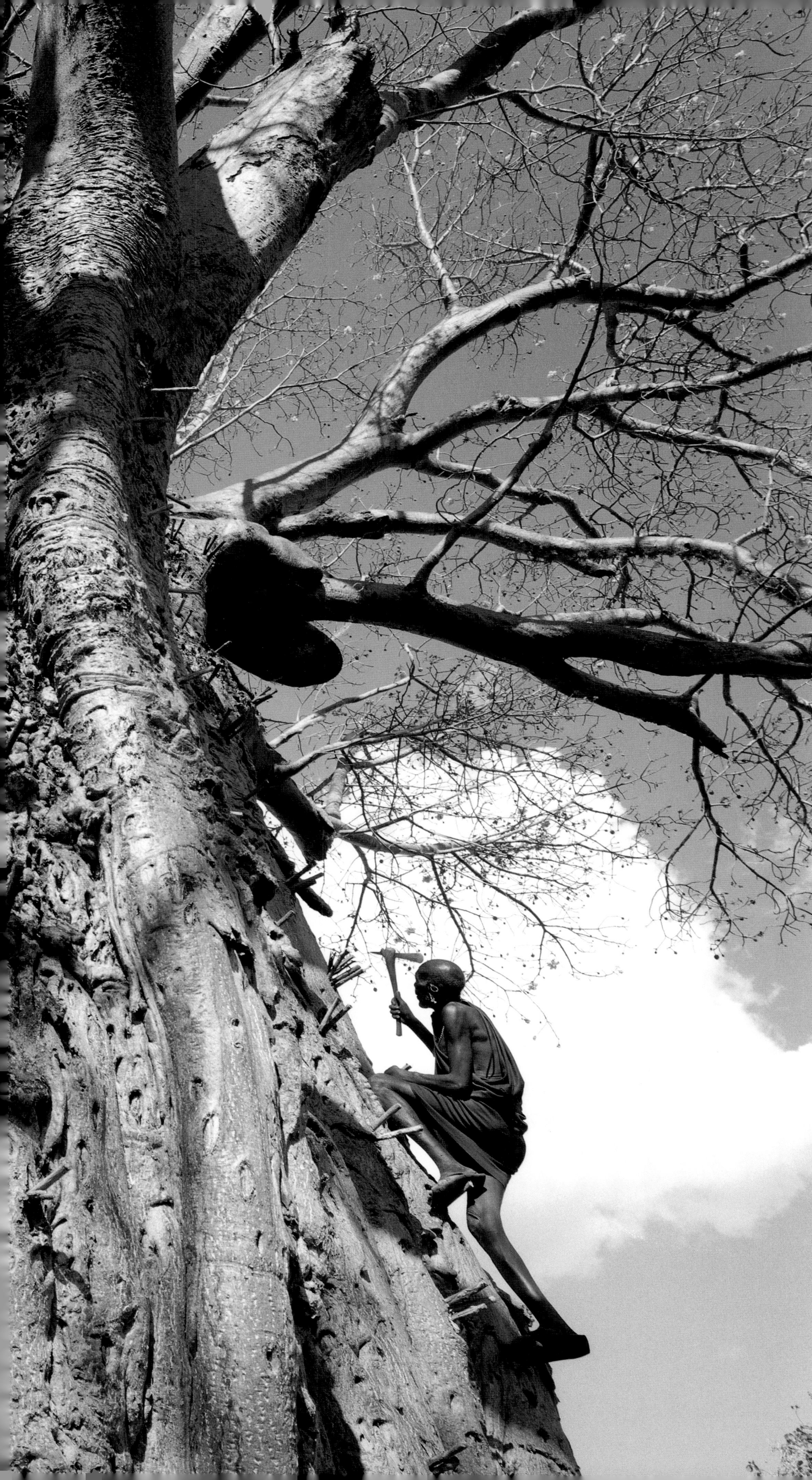

FOTO:
STUART FRANKLIN

Der mühsame Weg zur süßen Beute: In der Massai-Steppe Tansanias schlägt ein Dorobo-Mann Holzpflöcke in den Stamm eines Baobab-Baums. Über diese »Treppe« gelangt er zu dem Bienenstock in der Krone. Mit einem glimmenden Grasbüschel räuchert er dort den Insektenbau aus und nimmt dabei auch Stiche in Kauf. Wenn die letzten Bienen betäubt zu Boden gefallen sind, ist der Weg zum Schatz in der Baumhöhle frei: zu Honigwaben und eiweißreichen Larven

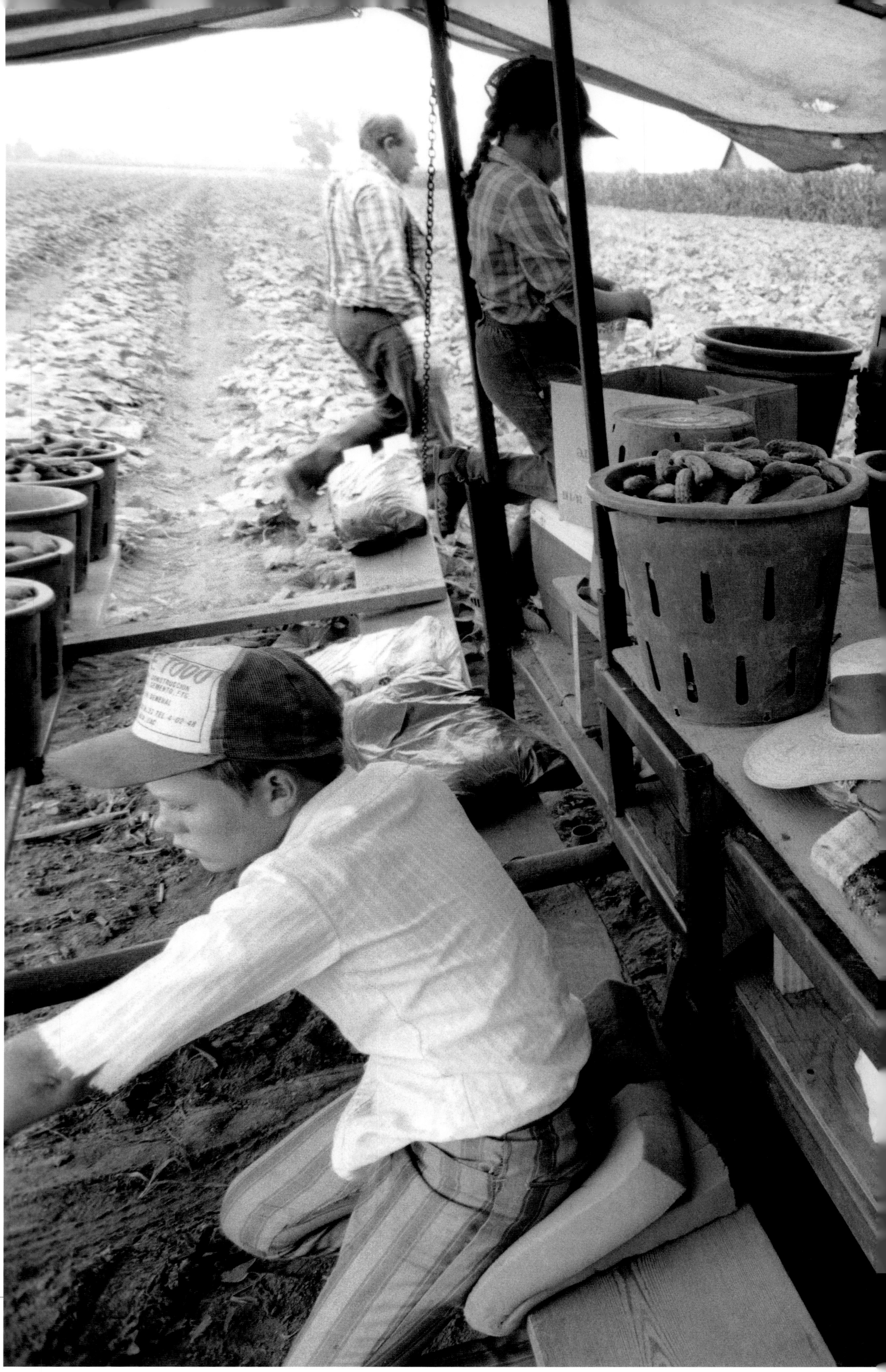

Foto:
LARRY TOWELL

Eigentlich haben die ultrareligiösen Mennoniten die mexikanische Wüste von Chihuahua als Ort erwählt, um Gottes Reich – fernab vom verruchten Stadtalltag – zu errichten. Doch weil das karge Land sie dort nicht ernährt, pilgern sie regelmäßig als Saisonarbeiter auf kanadische Äcker. 4000 Meilen hin und zurück. Zu Hause fühlen sie sich nirgendwo

GEO *2/96*

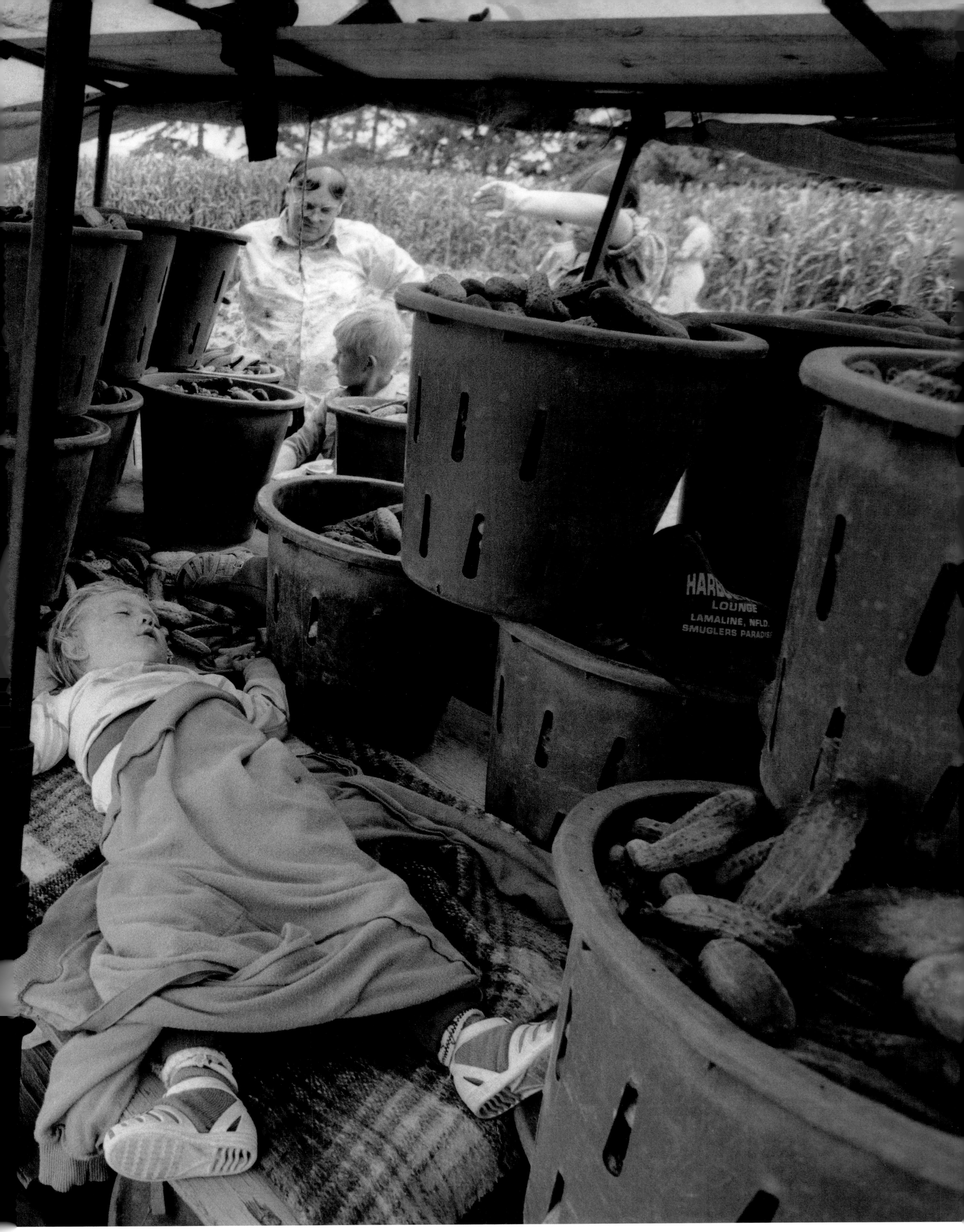
LOUNGE
LAMALINE, NFLD.

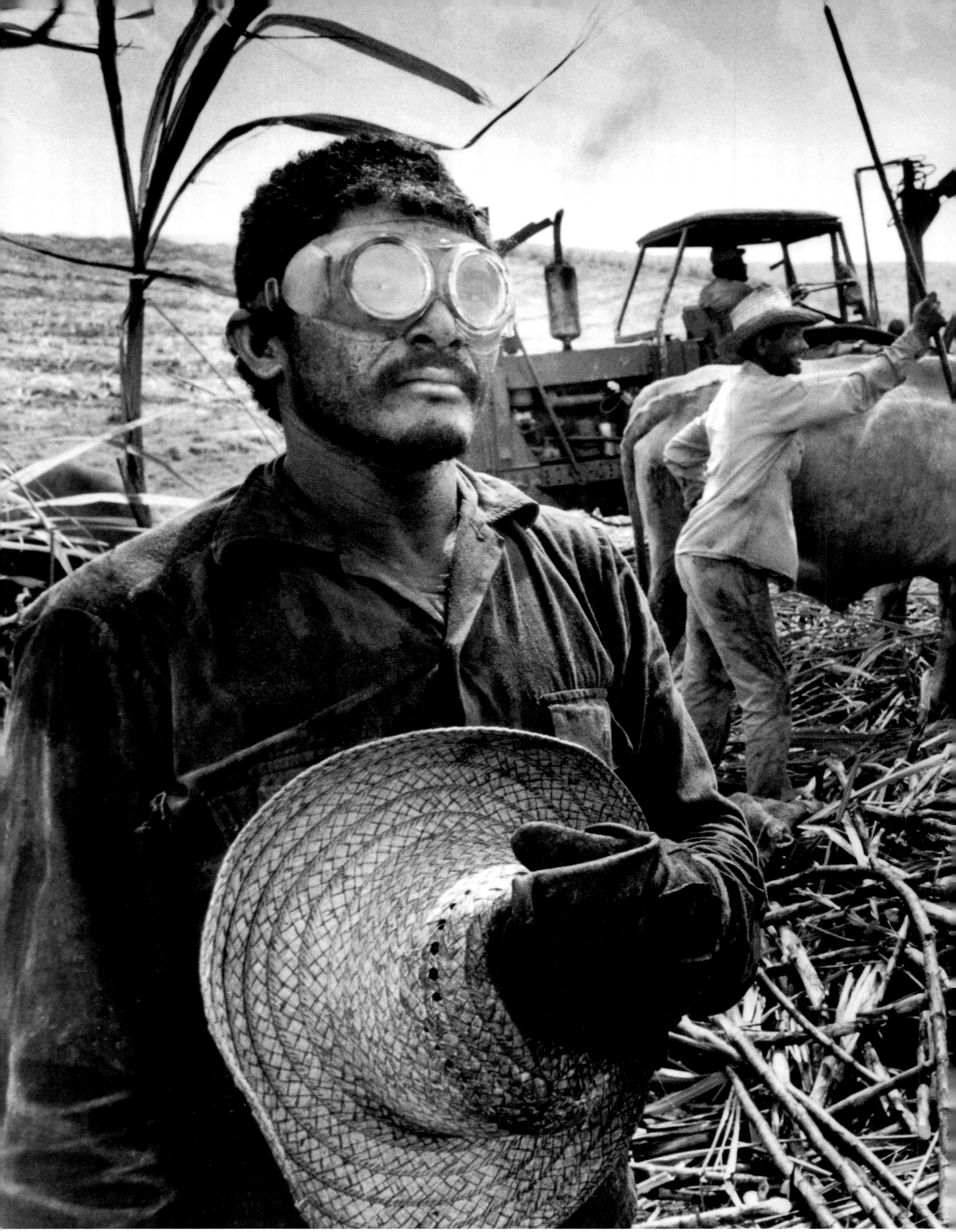

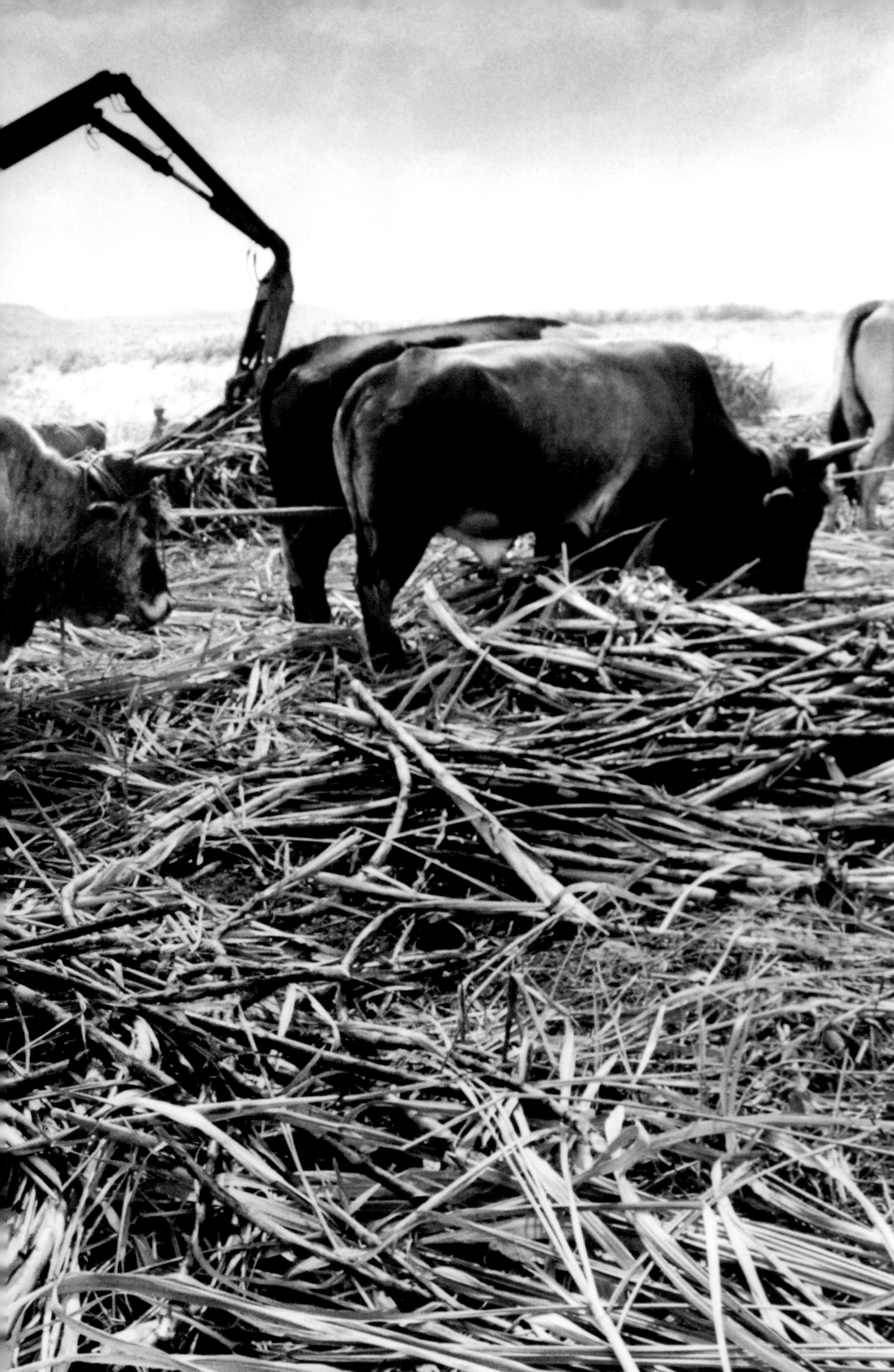

FOTO:
SEBASTIAO SALGADO

Wenn im Dezember auf Kuba die Zafra, die große Zuckerrohrernte, beginnt, rücken Millionen Arbeiter mit ihren Macheten auf die Felder aus. Drei Monate lang fällen sie dann jeden Tag rund neun Stunden lang in drückender Hitze die süßen Stangen, die dem Land seit Generationen das Überleben sichern. Umgerechnet rund 50 Euro im Monat verdienen die »Macheteros« – mehr als ein Gehirnchirurg. Dennoch reicht es nur zum Nötigsten: Für eine Flasche Speiseöl, zum Beispiel, müssen die Männer zwei Tage lang arbeiten

GEO 5/90

GEWALTEN

„Ich war dabei, als man einen Schwachen zum Ofen schleppte und ihn zwang, das heiße Eisen zu küssen …, ich war von kurzem Glück erfüllt, dass ich zu den Starken gehören durfte, obgleich ich wusste, dass ich zu den Schwachen gehörte.“ Peter Weiss

Der Teufel ist im Ruhestand. Entlassen aus der Verantwortung, das Böse in die Welt getragen zu haben. Das Schwarzbuch der Grausamkeiten schreibt der Mensch ohne seine Hilfe fort. Schlägt und quält und foltert seinesgleichen. Was ist es, das in uns hurt, lügt, stiehlt und mordet? Kein Gen befreit den Mörder von der Schuld, allenfalls Unzurechenbarkeit. Keine archaische Erbschaft aus grauer Vorzeit zwingt den Menschen, barbarisch zu handeln. Keine noch so trostlose Lebensgeschichte vermag restlos zu erklären, warum einer zum Killer oder Folterer wird. Weil Testosteron den Mann zwar aggressiver als die Frau macht, aber nicht jeden Mann zum prügelnden Ungeheuer. Weil nicht jeder, der in der Kindheit misshandelt wurde, die Gewalt an seine eigenen Kinder weitergibt. Und nicht jeder, der blutrünstige Trash-Videos ansieht, sie zur Blaupause für den eigenen Amoklauf macht.

Der Mensch ist für sich selbst ein Risikofall. Das ist die Nachtseite der Freiheit. Der Freiheit, wählen zu können, ein Bewusstsein zu haben, sich alles vorstellen zu können und zu allem fähig zu sein. Friedfertigkeit ist Selbstbeschneidung, Unterordnung unter eine Idee, die höher steht als der Einzelne, die zehn Gebote oder Menschenrechte es tun. Friedfertigkeit verlangt Rücksichtnahme,

5

Triebunterdrückung; verlangt, Gesetze und Umgangsformen für verbindlich zu erklären. Und das Gewaltmonopol dem Staat zu überlassen, auf Rache und Selbstjustiz zu verzichten. Um den Preis, die eigene Freiheit einzuschränken. Je unerbittlicher der Staat Gewalt verfolgt, um seine Bürger zu schützen, desto mehr beschneidet er den Spielraum des Einzelnen.

Der Preis der „zero tolerance“ für ein bisschen Sicherheit ist hoch. Friedfertigkeit ist beengend, langweilig, alltäglich. Gewalt dagegen ist das ungezügelte Ausleben von Fantasien, ist der Ausbruch aus der Langeweile. Das Gesetz lockt zu seiner Übertretung seit dem biblischen Sündenfall. Gewalt ist die dramatischste Gesetzesübertretung, ist Selbsterhöhung und Anmaßung, ein unmittelbares Erlebnis, das Rechtfertigung nur als moralisches Alibi braucht. Den „gerechten“ Krieg erklärt jeder Feldherr. Die Männer des Reserve-Polizeibataillons 101, „ganz normale Männer“, töteten zigtausend Menschen in Polen und Russland, obwohl ihr Major ihnen angeboten hatte, sie von der grässlichen Metzelei zu entbinden. Der Befehlsnotstand ist die große Lüge der organisierten Gewalt. Auch der Skinhead braucht keine in sich schlüssige Ideologie, um noch einmal nachzutreten, wenn das Opfer bereits leblos am Boden liegt. Es ist der elementare Moment der Freiheit, der absoluten Willkür, der die Gewalt so verführerisch macht. Und das kurze Glück der Feigen, zu den Starken gehören zu dürfen.

Während der Täter über sich hinauswächst, seine Allmacht erfährt, zerbricht das Opfer. Es wird zur wehrlosen Kreatur, zum zerschundenen Körper, beherrscht von Angst und Schmerz. Gedemütigt, entehrt, ohnmächtig. Wenn es überlebt, wird es nicht mehr der Mensch sein, der es einmal war. „Wer der Folter erliegt“, schreibt Jean Améry, „kann nicht mehr heimisch werden in der Welt.“

Erst die „Omertà“, das Gesetz des Schweigens, macht die Mafia, macht fast jedes Verbrechen so effektiv. Das angstvolle Schweigen der Opfer, all derer, die fürchten, das nächste Ziel zu werden. Das verschwörerische Schweigen der Mittäter. Das voyeuristische Schweigen des Publikums aus heimlicher Wollust oder stummer Zustimmung. Das Schweigen ist der mächtigste Komplize aller Gewalt.

Und das Wegsehen. Auch dort, wo Gewalt nicht blutig ist. „Nur“ Freiheitsberaubung. „Nur“ strukturell. „Nur“ eine Familienaffäre. „Nur“ Verfolgung. „Nur“ die Verweigerung von Lebenschancen.

Foto: LETIZIA BATTAGLIA
GEO 09/92

Zuversichtlich grüßen Gefangene aus einem Fenster des Ucciardone-Gefängnis von Palermo. Das »Grand-Hotel«, wie es die Bewohner der sizilianischen Stadt auch nennen, ist auf Jahre hinaus »ausgebucht« – vor allem von Mitgliedern der Mafia, die dort seit Jahren eine bevorzugte Behandlung genießen

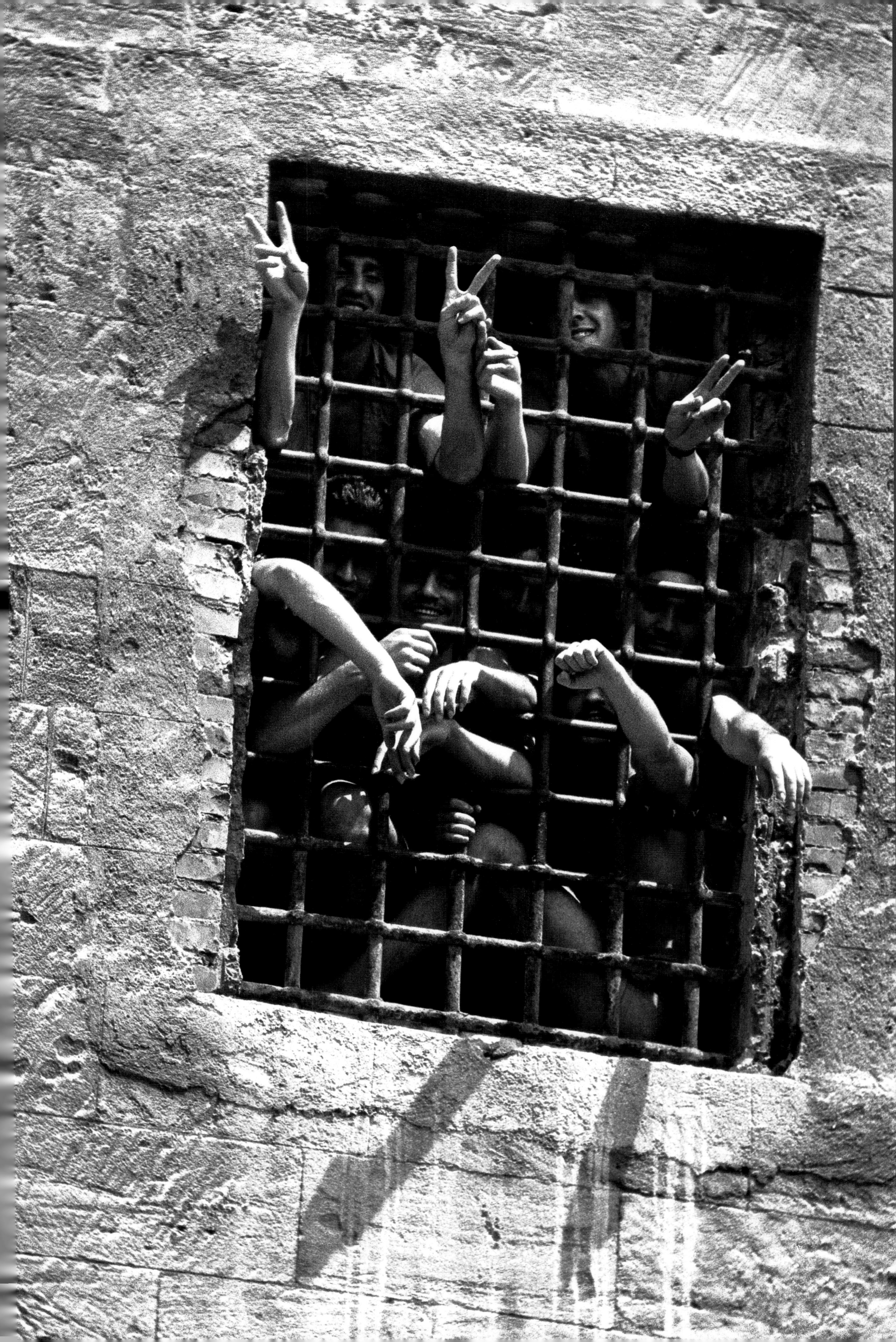

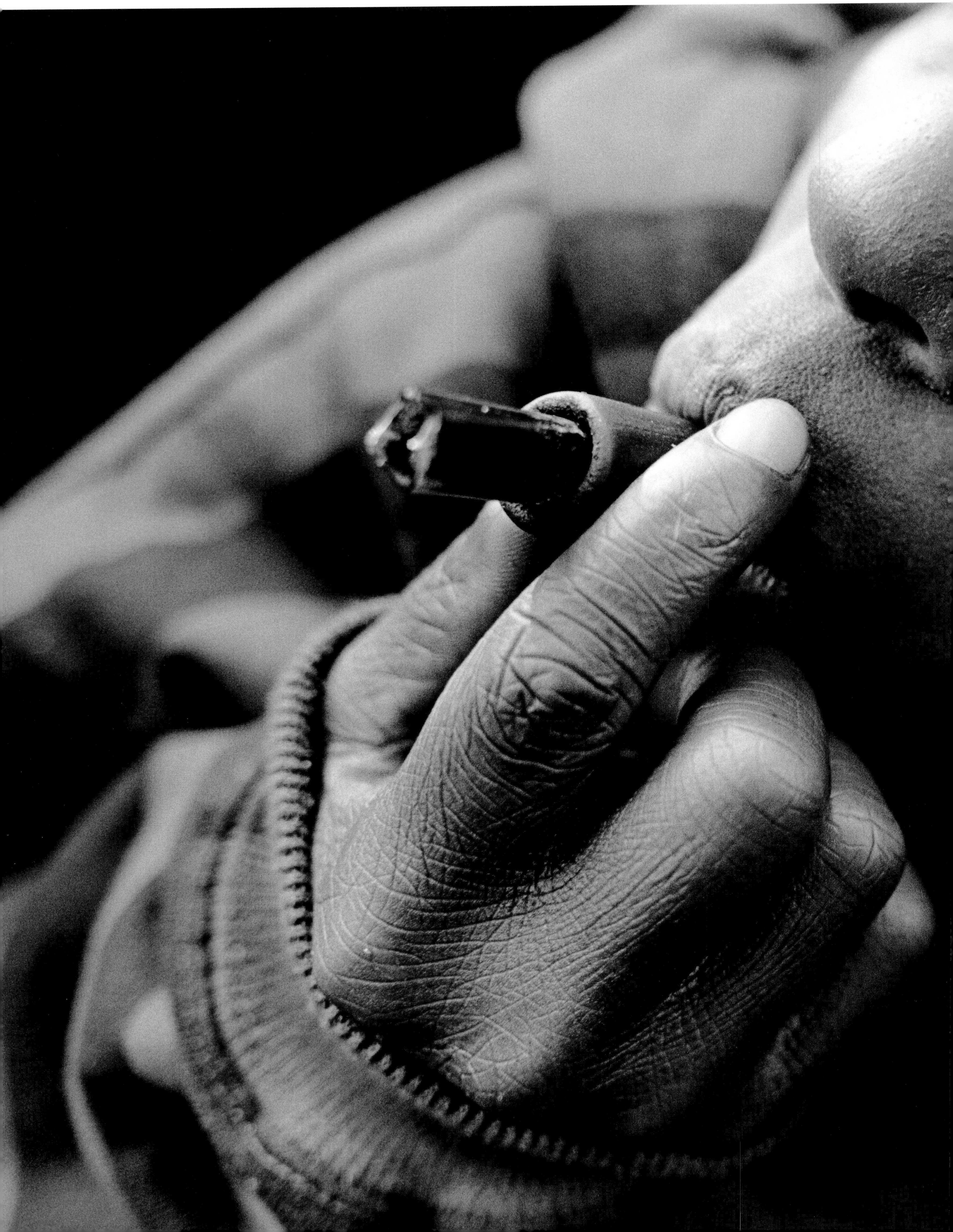

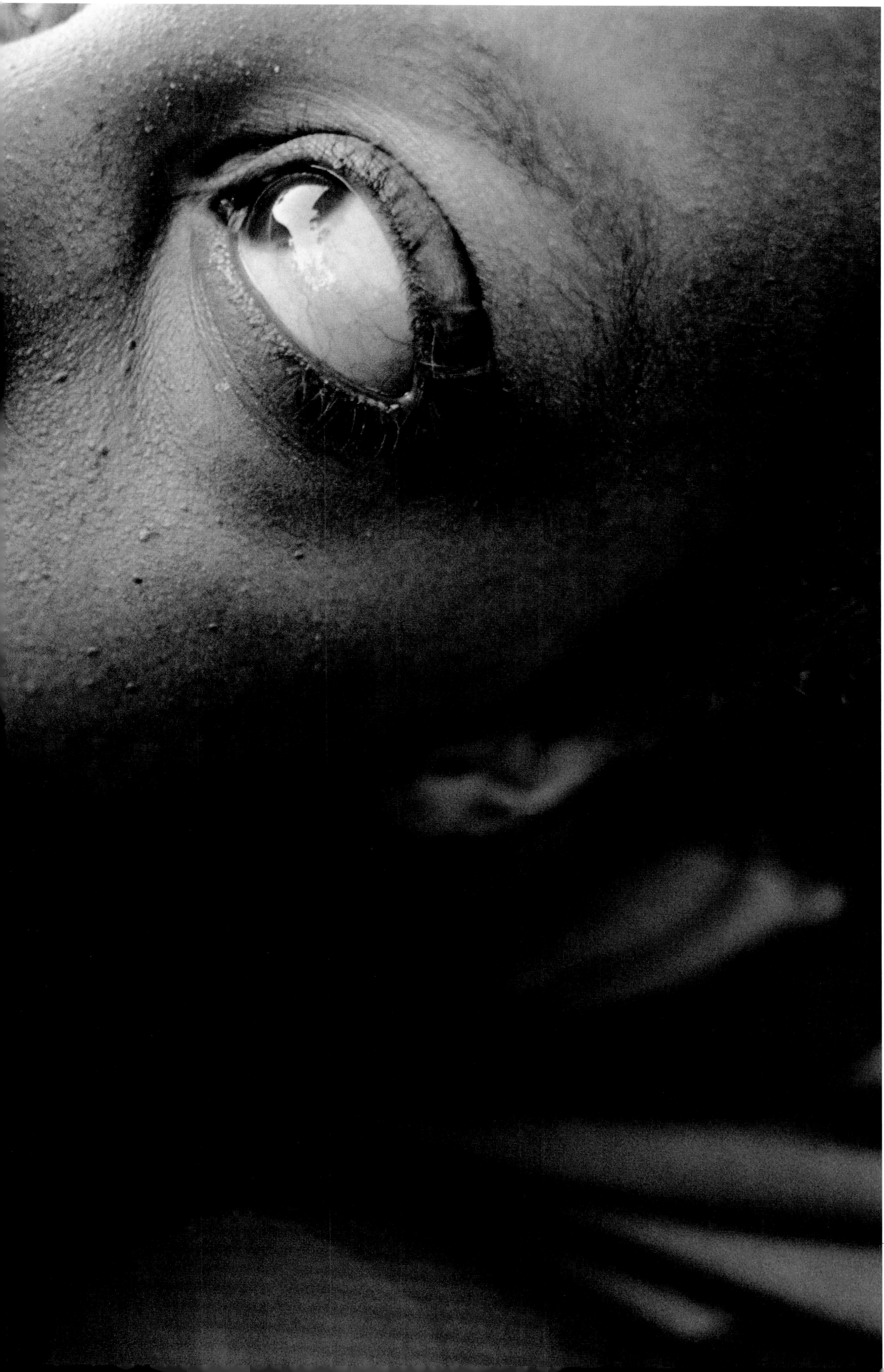

FOTO:
EUGENE RICHARDS

Erlösung für zehn kurze Minuten: Entrückt zieht eine Abhängige in New York an ihrer Crack-Pfeife. Mitte der achtziger Jahre brachte das kolumbianische Drogenkartell den Stoff in die USA; wie eine Epidemie verbreitete sich darauf die Crack-Sucht in den Städten. Die Droge, eine Mischung aus aufgekochtem Kokain, Backpulver und Wasser, wirkt extrem schnell und stark. Doch der Kick währt nur kurz, dann folgen Paranoia, Depressionen – und häufig der Tod. Jeder fünfte Süchtige stirbt an den Folgen des Konsums

GEO Special *New York*

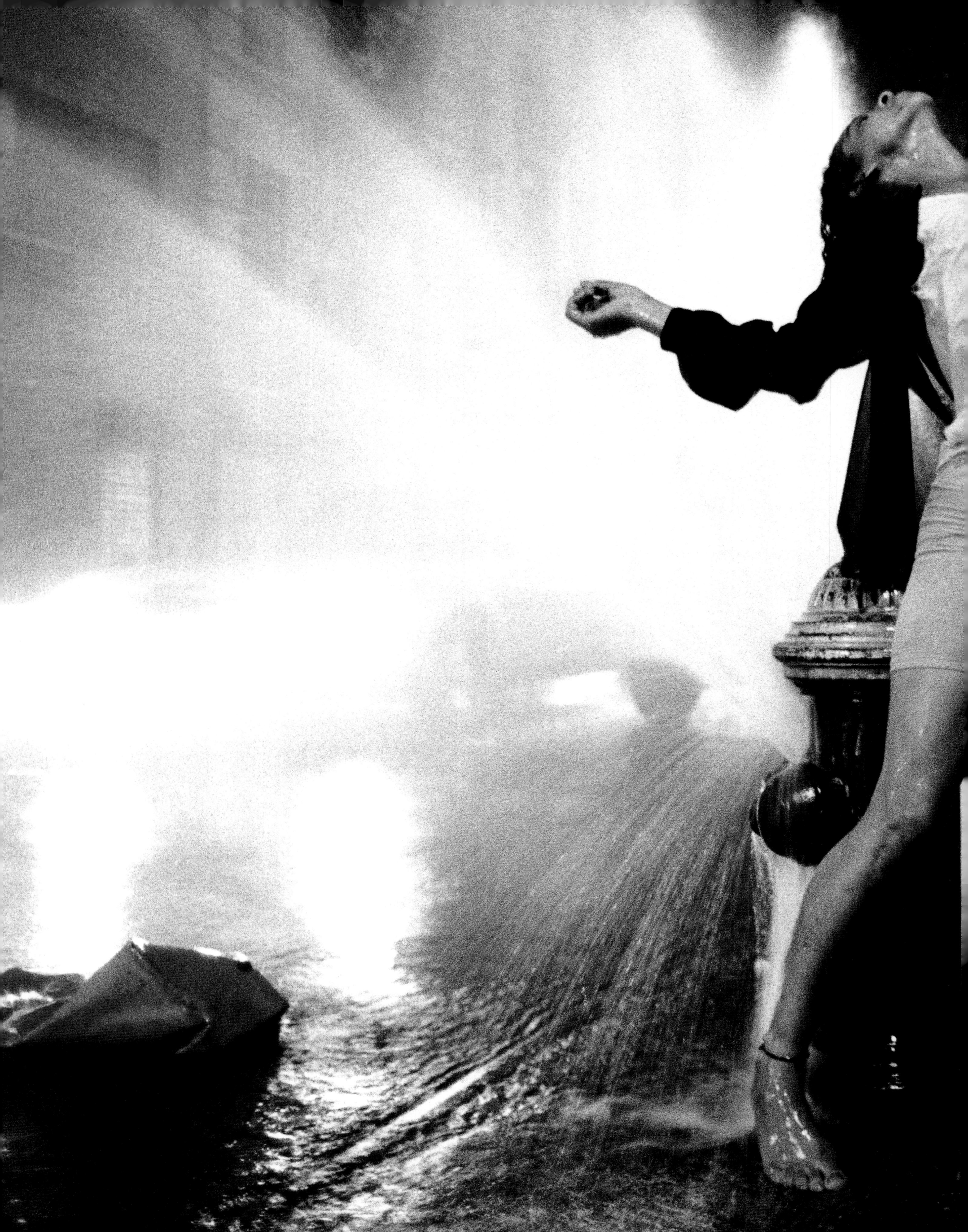

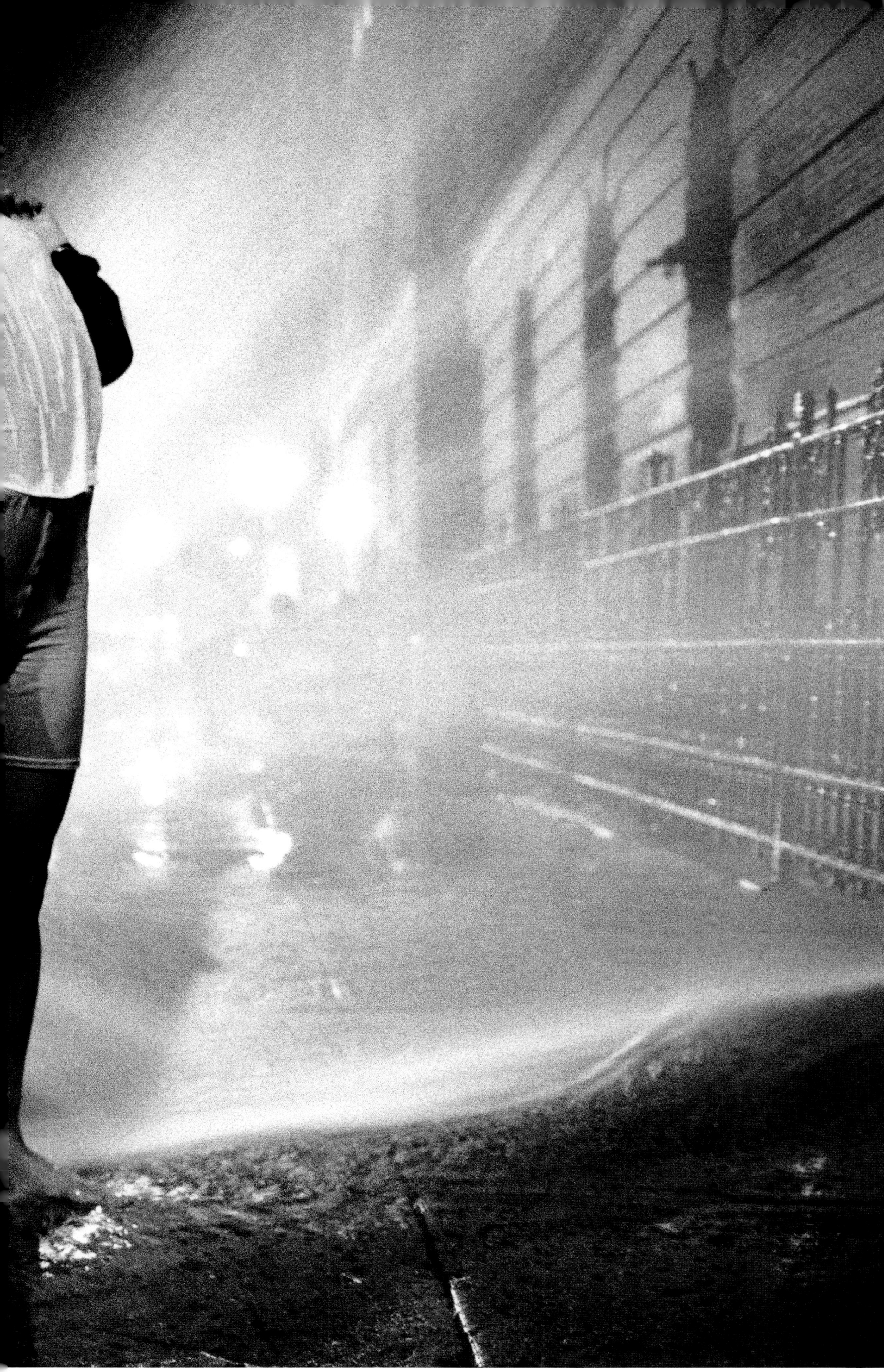

FOTO:
SCOTT THODE

Sommer in New York: Eine junge Frau genießt das kalte Wasser, das aus einem Hydranten auf ihren Körper spritzt. Sie ist obdachlos, aidskrank und heroinsüchtig – und dennoch voller Lebenslust. Rund 980 000 Menschen hängen in den USA an der Nadel. Medizinische Programme gibt es für die wenigsten, viele landen im Gefängnis. Der harte Kurs blieb bislang erfolglos: Seit 1990 hat die Zahl der Heroinsüchtigen um rund 60 Prozent zugenommen

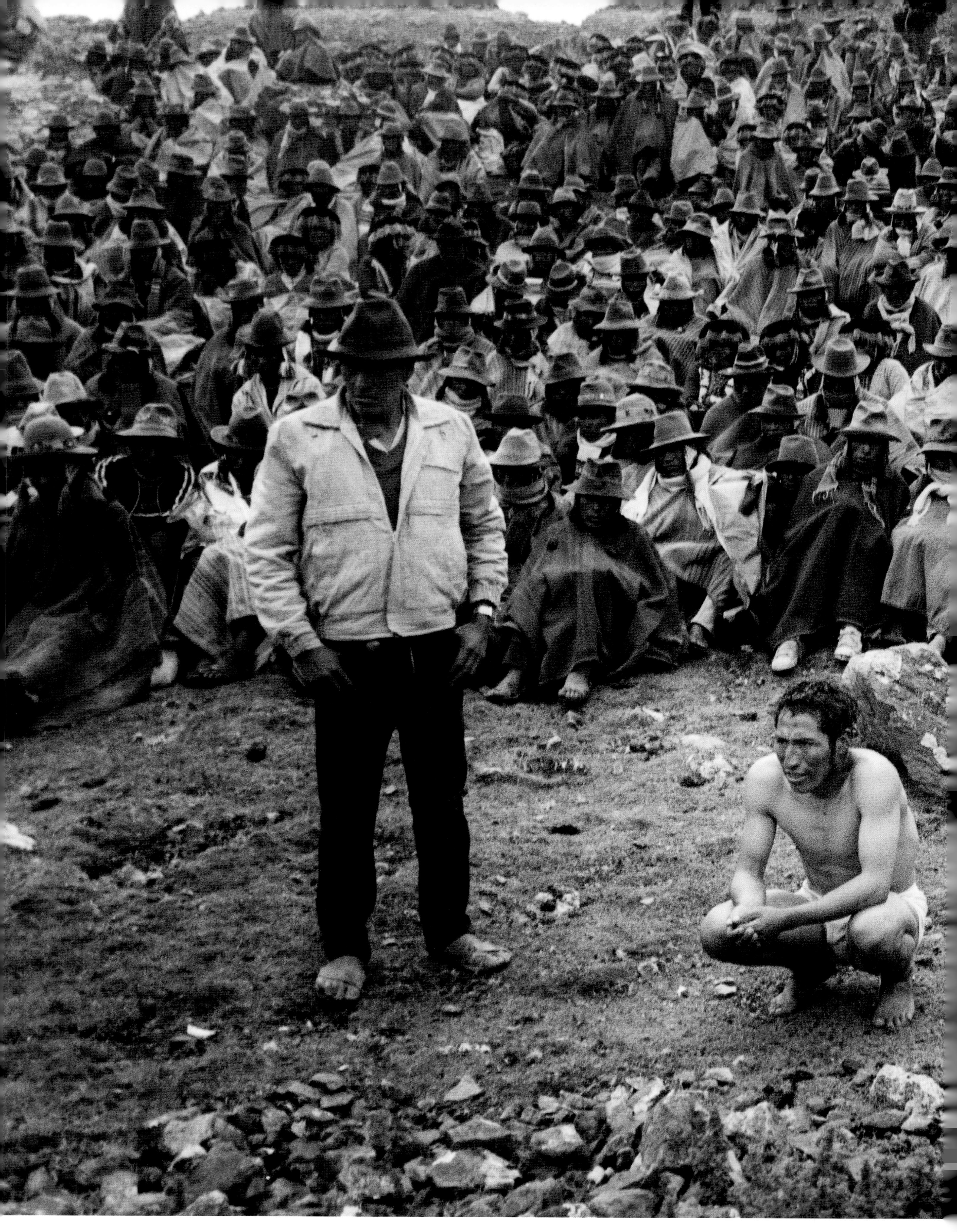

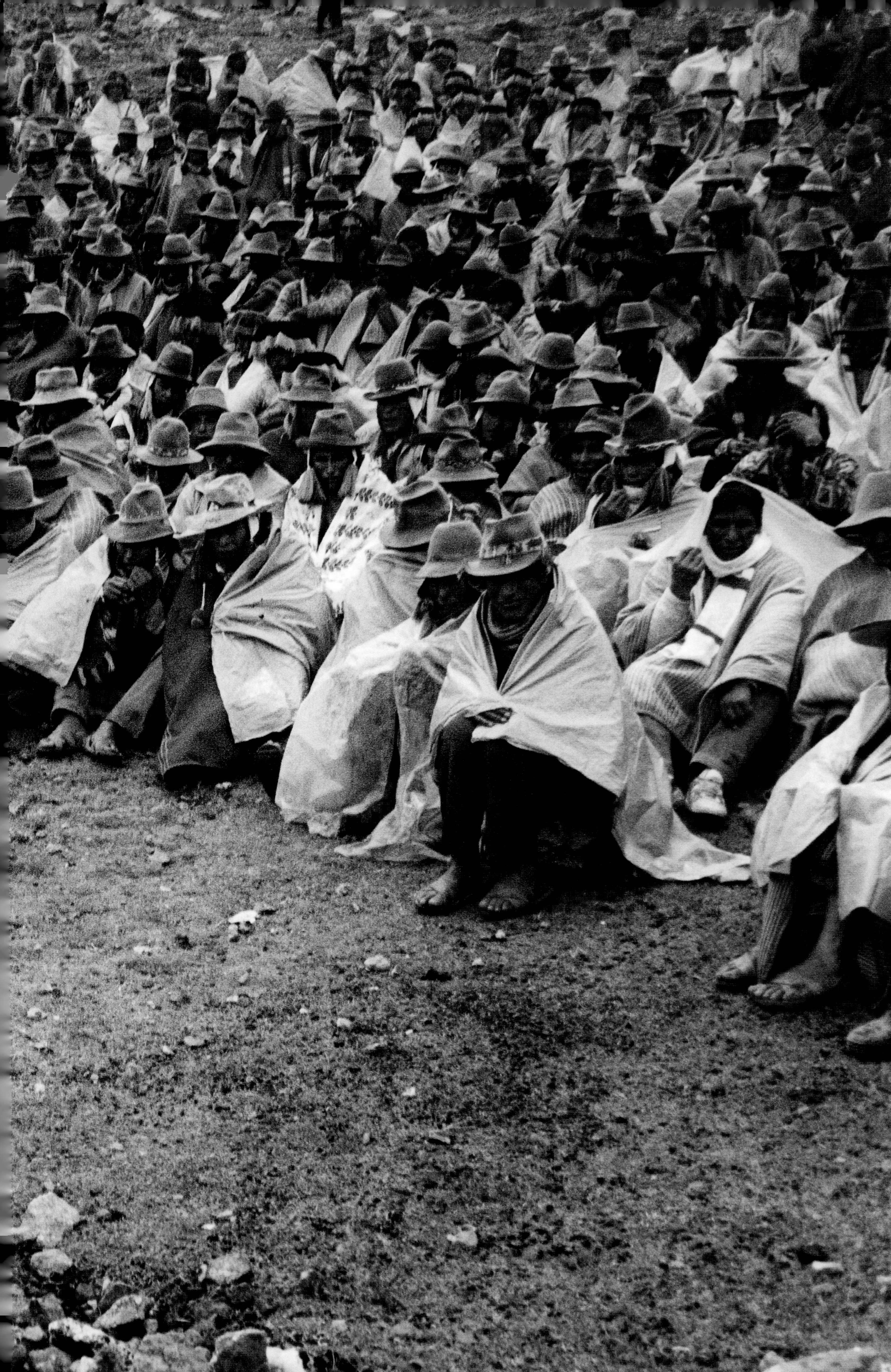

FOTO:
TORIBIO MENDOZA

Wer im Anden-Distrikt Ocongate Gerechtigkeit will, muss sich selber helfen: Der Staat hat sich aus dem Gebiet im peruanischen Hochland weitgehend zurückgezogen, und so haben die Bauern eine Bürgermiliz gegründet. Sie richten über Viehdiebe und Gewalttäter wie diesen Mann, der seine Frau verprügelt hat. Wird ein Täter ertappt, ereilt ihn die Strafe auf der Stelle: Prügel oder eine »Bootsreise«, ein Bad im eisigen Wasser. Und manchmal auch der Tod, im Namen des Volkes

GEO 11/95

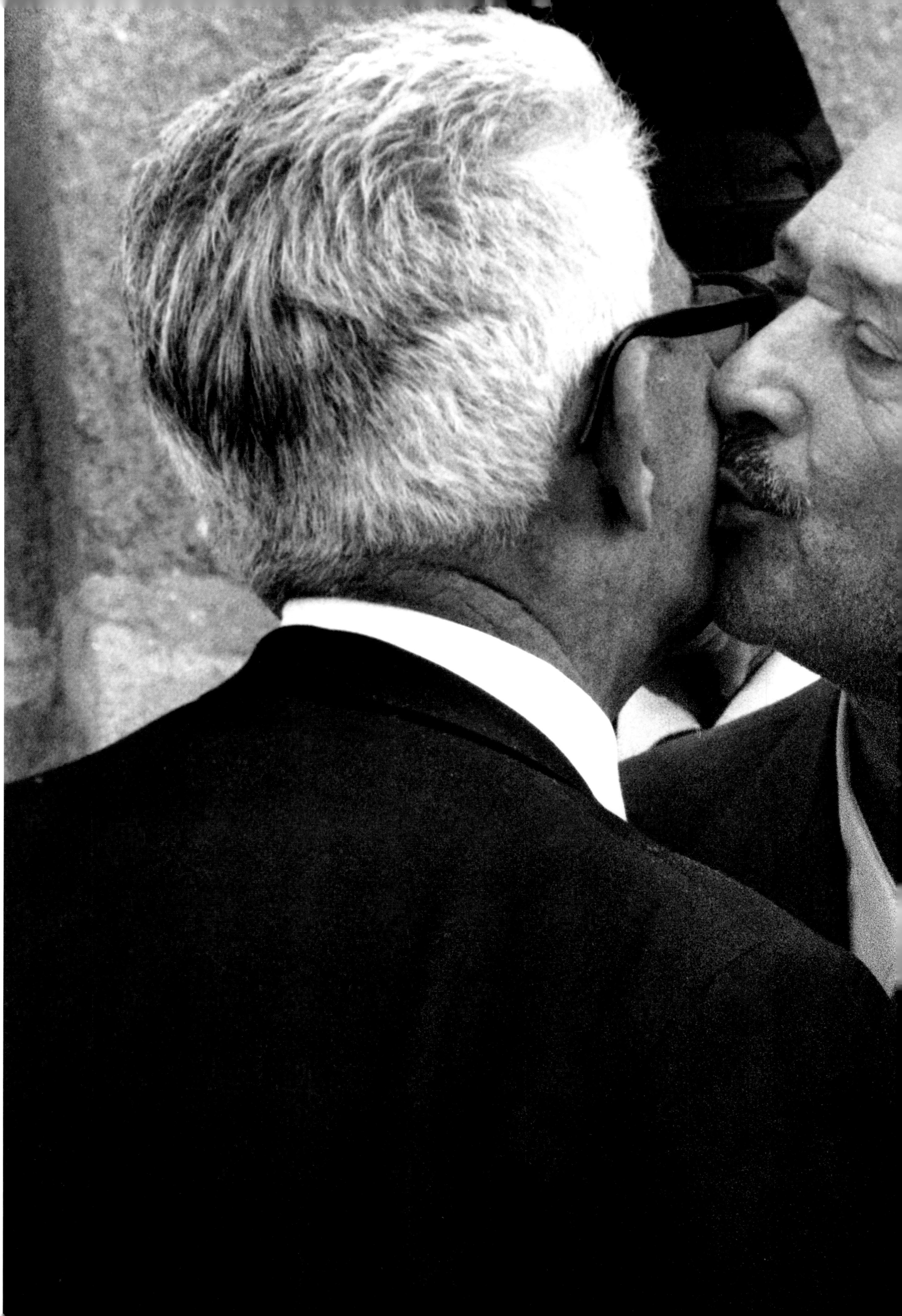

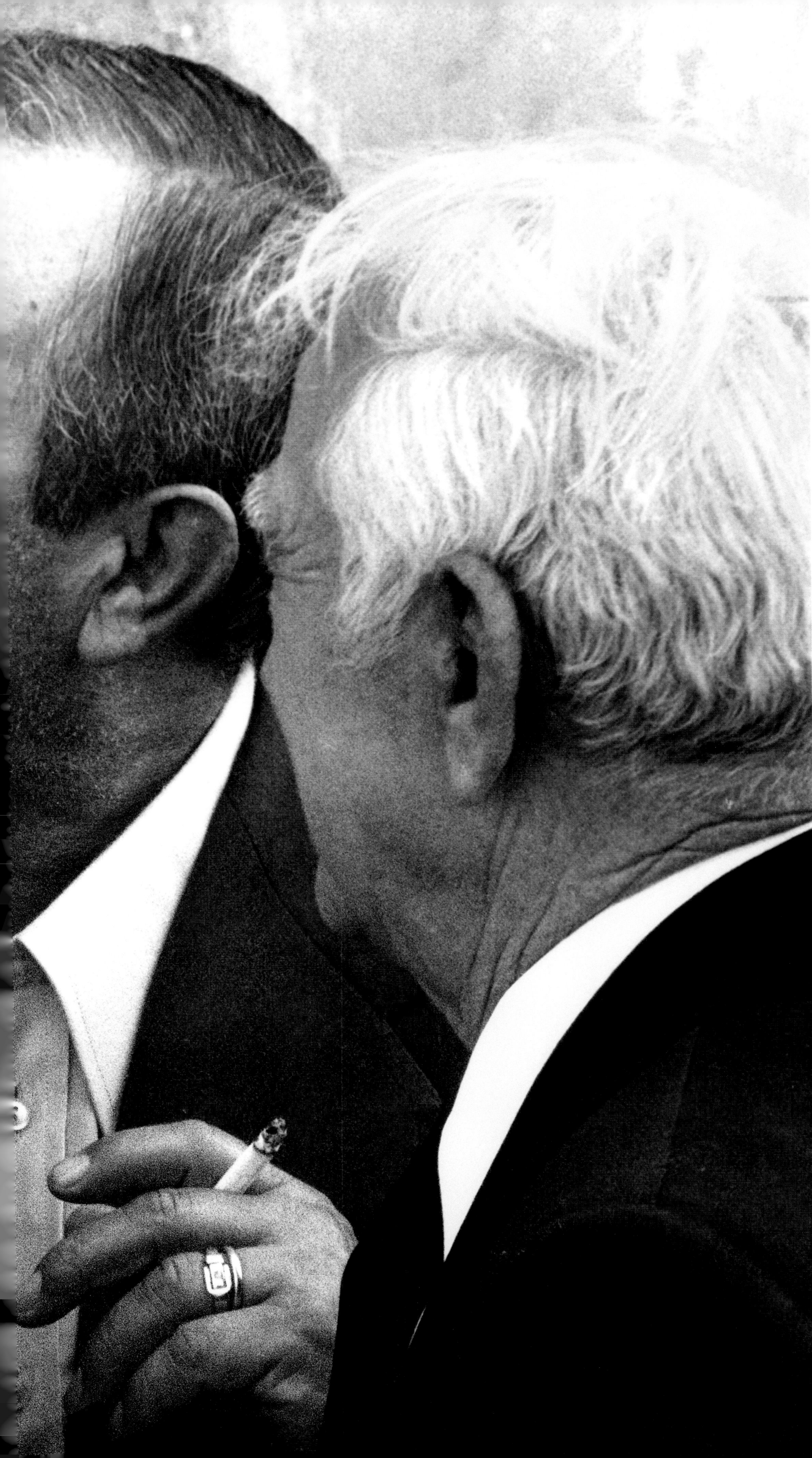

Foto:
FRANCO ZECCHIN

Ein Mann küsst einen Mann. Vielleicht nur ein harmloser Gruß. Vielleicht aber das Zeichen, dass der Empfänger zum Tode verurteilt ist. Der »Bacio di morte« gehört zum Terror-Code jener Clans, die seit Generationen Sizilien als ihren Besitz betrachten. Ursprünglich beschützte die Mafia zu Feudalzeiten die Güter auswärtiger Herren. »Schutz« bietet sie ihren »Kunden« heute noch – vor ihren eigenen Verbrechern. Zahlen müssen alle: Wer sich fügt, gibt Geld; wer sich widersetzt, sein Leben

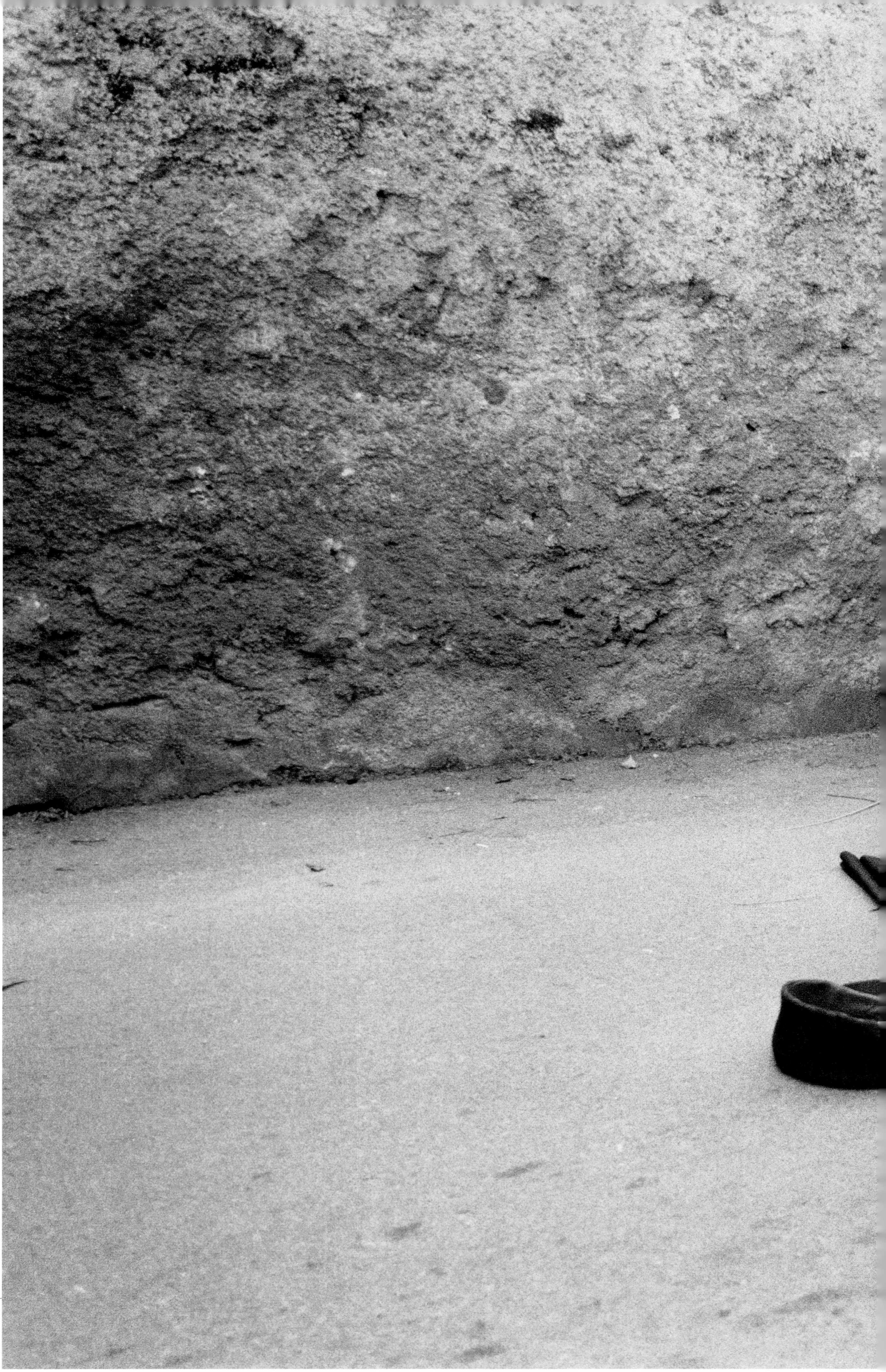

Foto:
FRANCO ZECCHIN

In einer Straße von Palermo trauert eine Familie um einen getöteten Mafia-Gegner. La Piovra, der Krake, nennen Italiener die kriminelle Organisation. Seine Arme greifen nach jedem, der zu widerstehen wagt. 1990 richteten Mafia-Killer in der Stadt 350 Menschen hin. Zehn Jahre später waren es »nur« ein gutes Dutzend. Doch die Mafia ist trotz Aufsehen erregender Erfolge von Politik und Justiz nicht tot: Sie ist nur leiser geworden. Denn Todesdrohungen sind einträglicher als Morde

GEO *9/92*

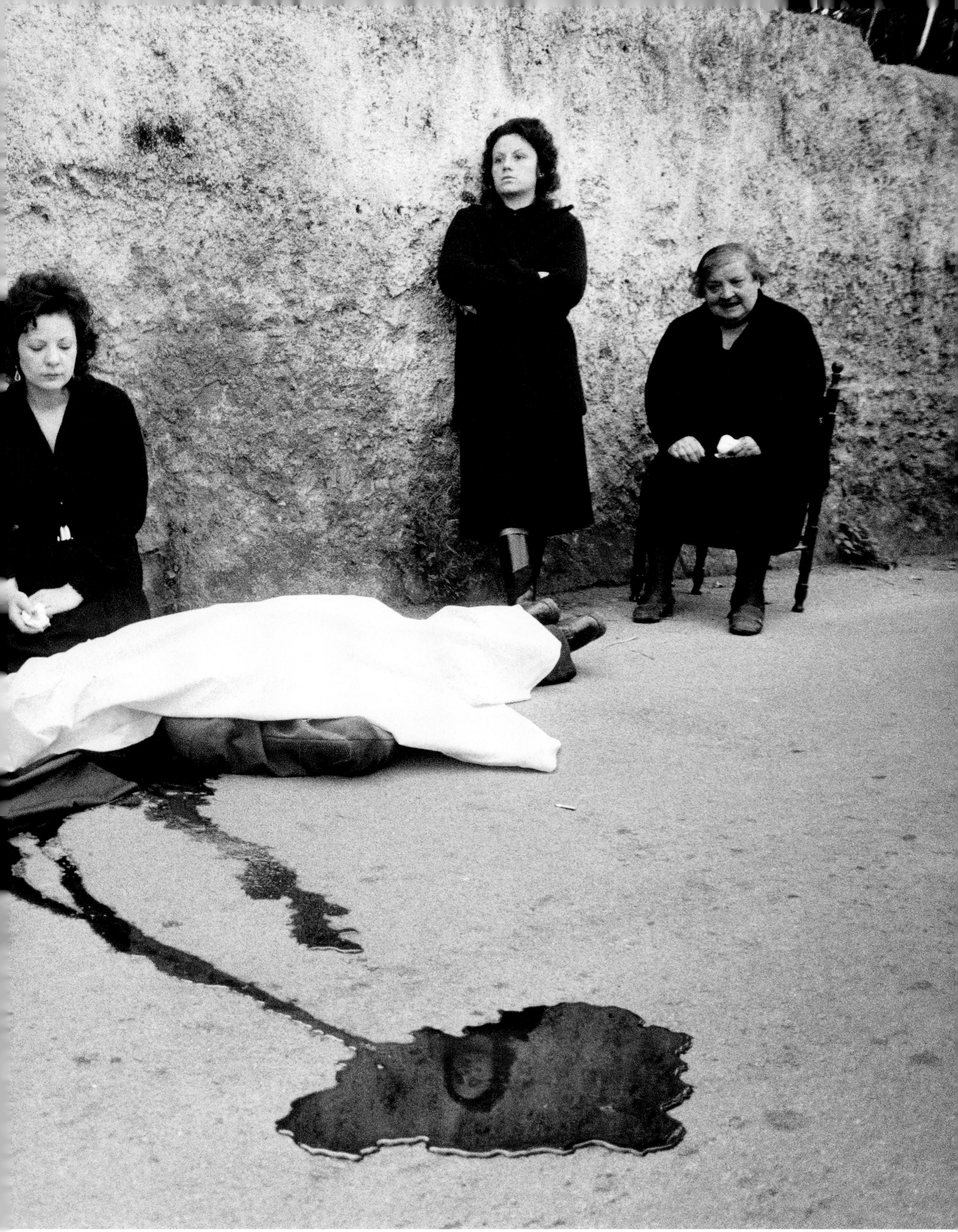

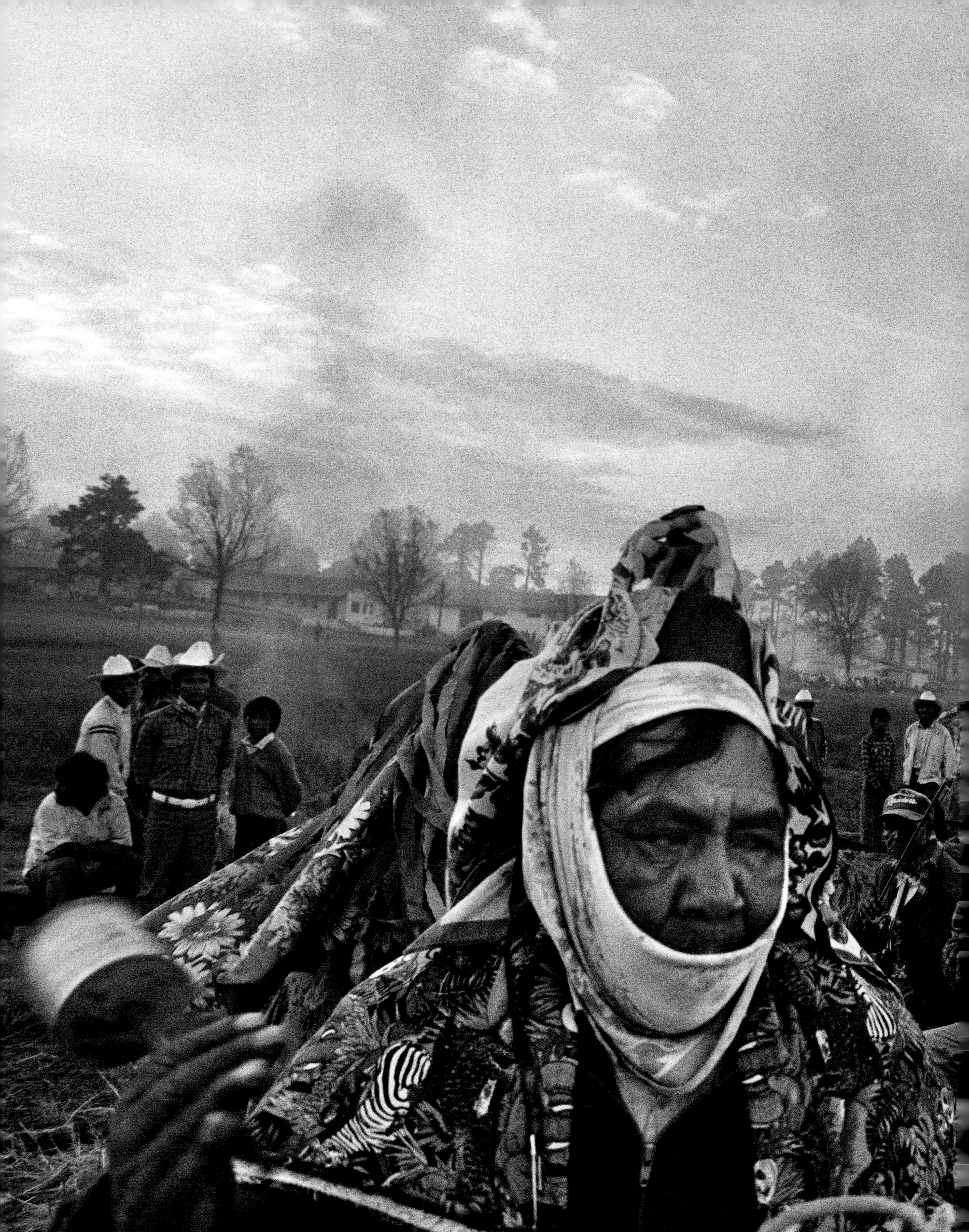

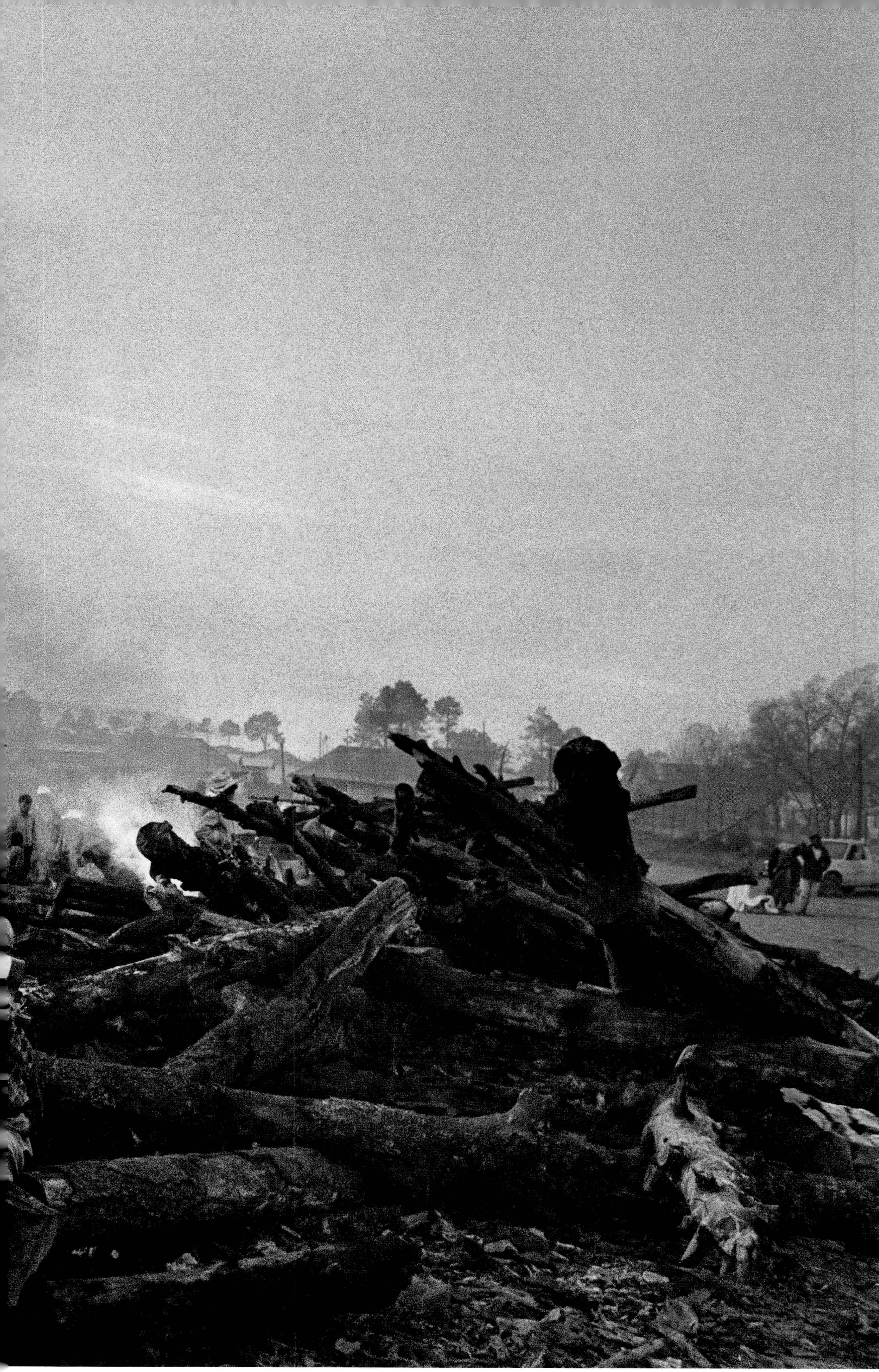

Foto:
ANTONIN KRATOCHVIL

Zum Yúmari, dem Erntedankfest, versammeln sich die Indianer vom Volk der Tarahumara in der mexikanischen Gebirgsstadt Guachochi. Der Ort ist eine Hochburg der mächtigen Rauschgifthändler, der »Narcotraficantes«. Sie zwingen die Indianer, auf den kahl geschlagenen Flächen der Sierra Madre Occidental Marihuana anzubauen und Schlafmohn, aus dem Heroin hergestellt wird. Zur »Belohnung« werden die Bauern von der Drogenmafia nicht vertrieben; und manchmal bekommen sie auch etwas Alkohol oder Mais

GEO 3/96

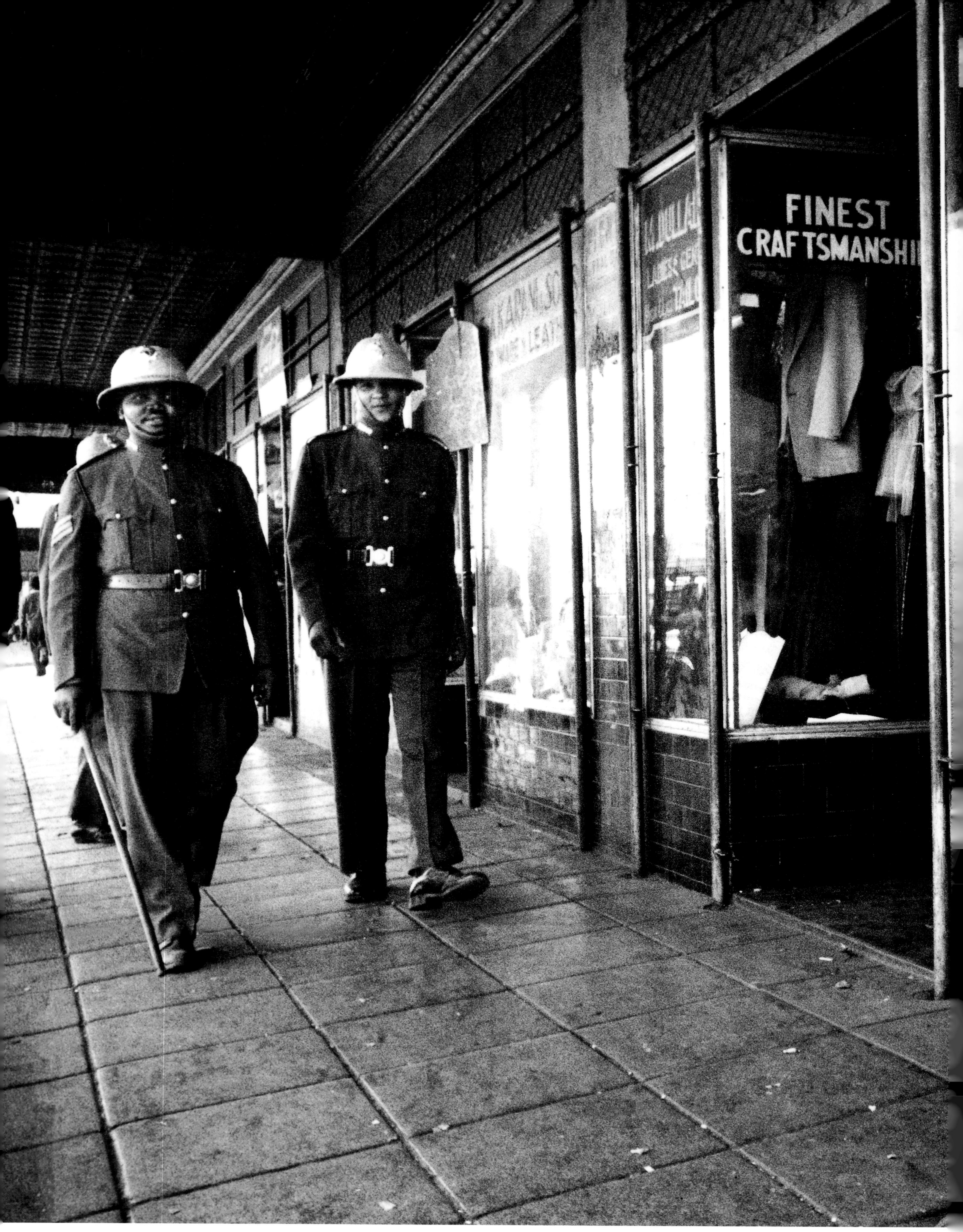
FINEST
CRAFTSMANSHI

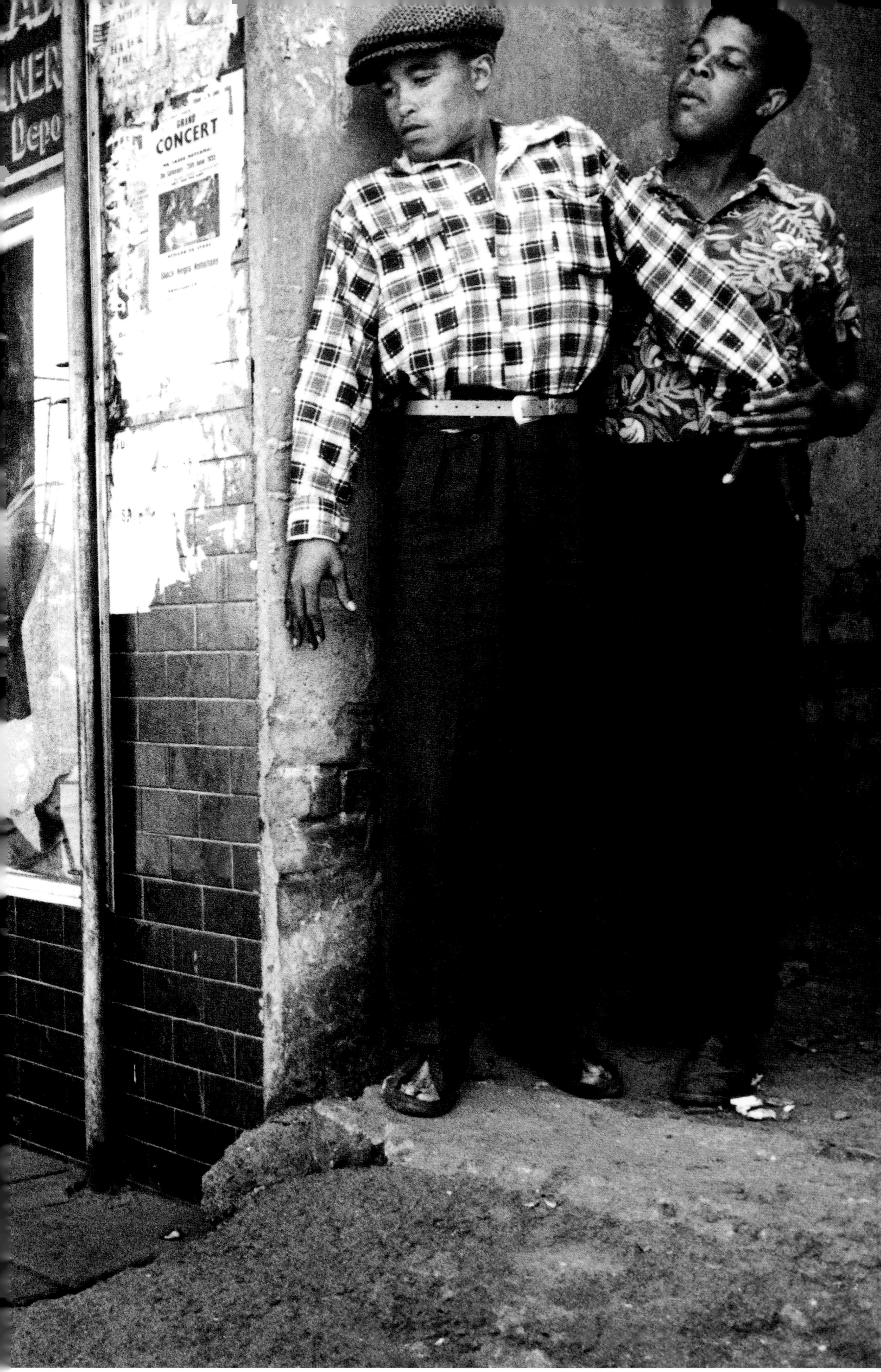

Foto:
JÜRGEN SCHADEBERG

Wie Straftäter verstecken sich zwei Schwarze vor einer Polizeistreife in Johannesburg. Die Männer sind weder Mörder noch Taschendiebe: Sie haben nur keine gültigen Pässe, die ihnen den Aufenthalt in der Stadt der Weißen erlauben – doch das genügt im Südafrika der fünfziger Jahre, um ins Gefängnis geworfen zu werden. Mit dem Pass-System schränkte das Apartheidregime die Bewegungsfreiheit der Bevölkerungsmehrheit erheblich ein: Es erniedrigte sie zu Gästen im eigenen Land

GEO *5/91*

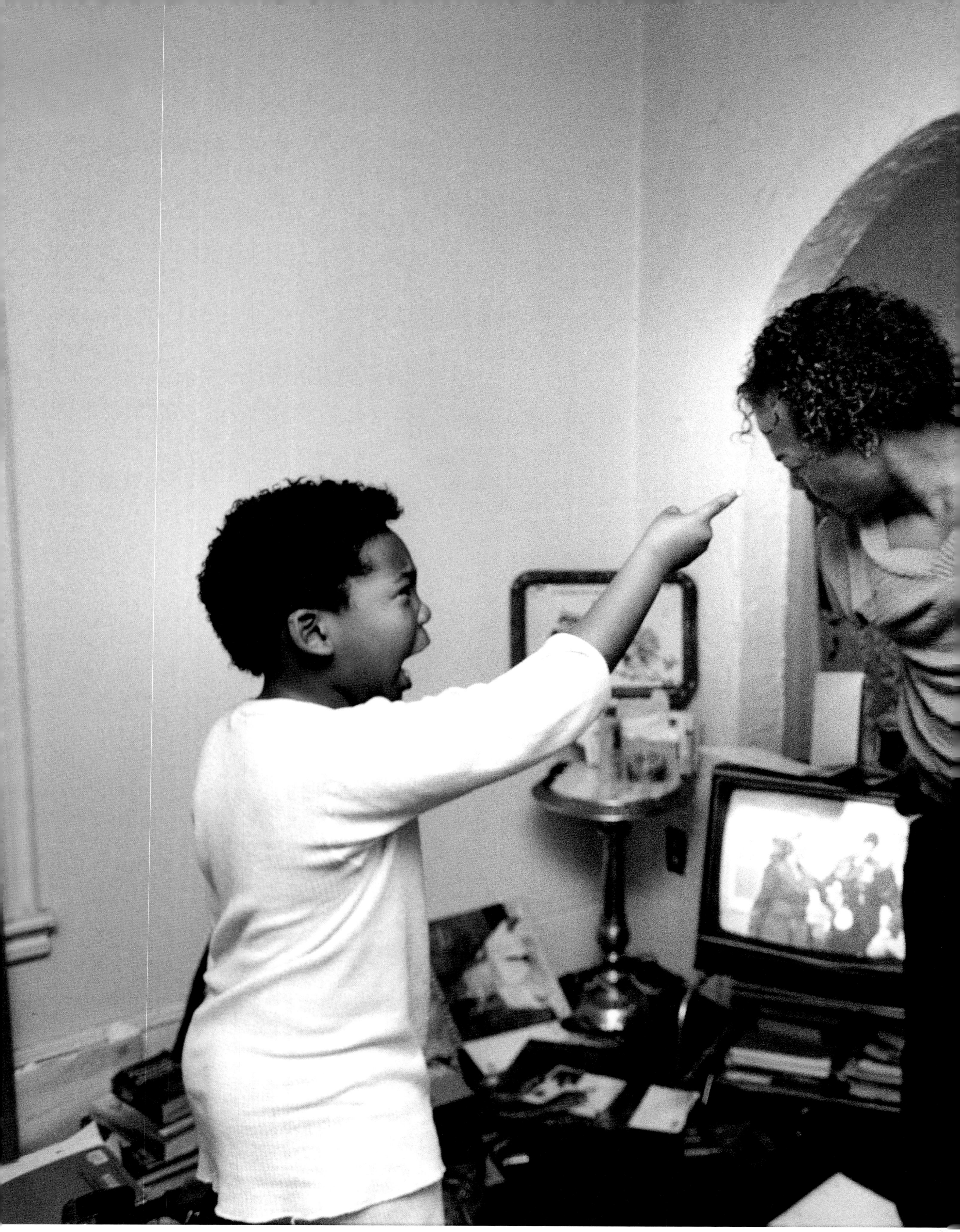

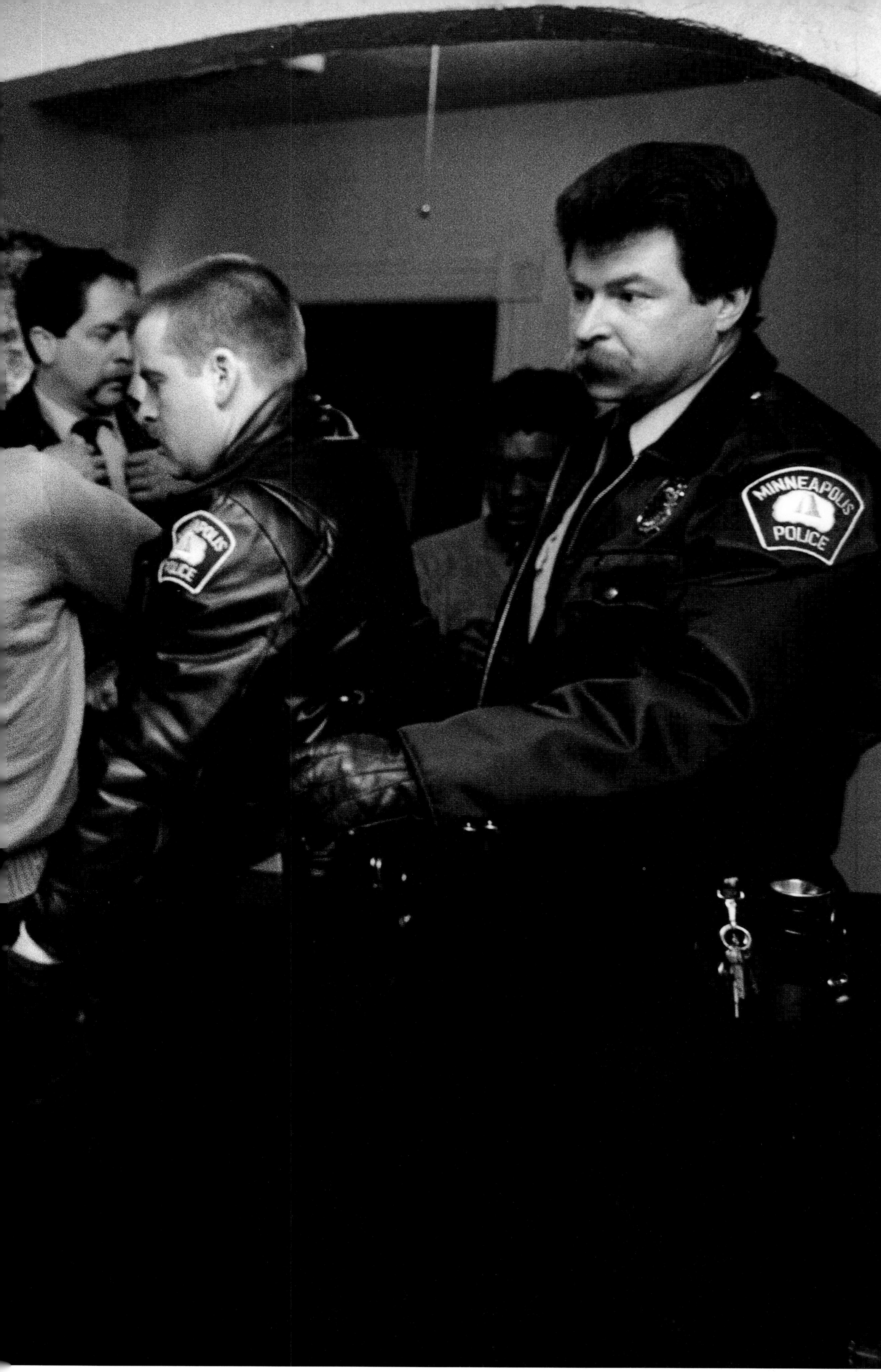

Foto:
DONNA FERRATO

»Ich hasse dich dafür, dass du meine Mutter geschlagen hast, und ich hoffe, du kommst nie wieder zurück.« Ein Junge in Minneapolis verurteilt seinen gewalttätigen Vater, der von Polizisten verhaftet wird. Jedes Jahr werden in den USA rund 840 000 Frauen und 150 000 Männer nach Schätzungen des Justizministeriums von ihren Partnern geschlagen oder vergewaltigt. Viele Fälle solcher Gewalt in den Familien bleiben der Polizei verborgen: Denn nur die Hälfte der Opfer zeigt die Täter an

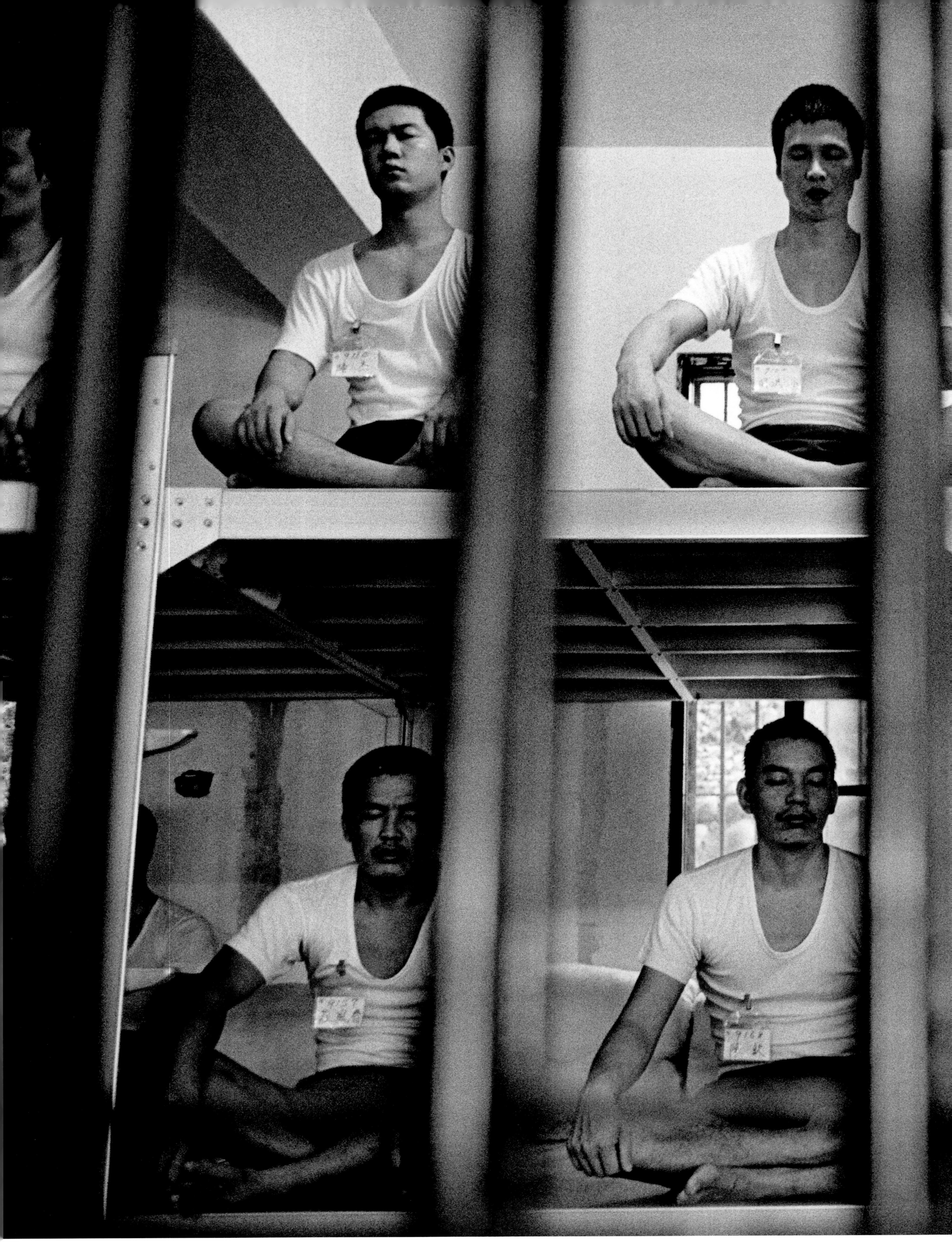

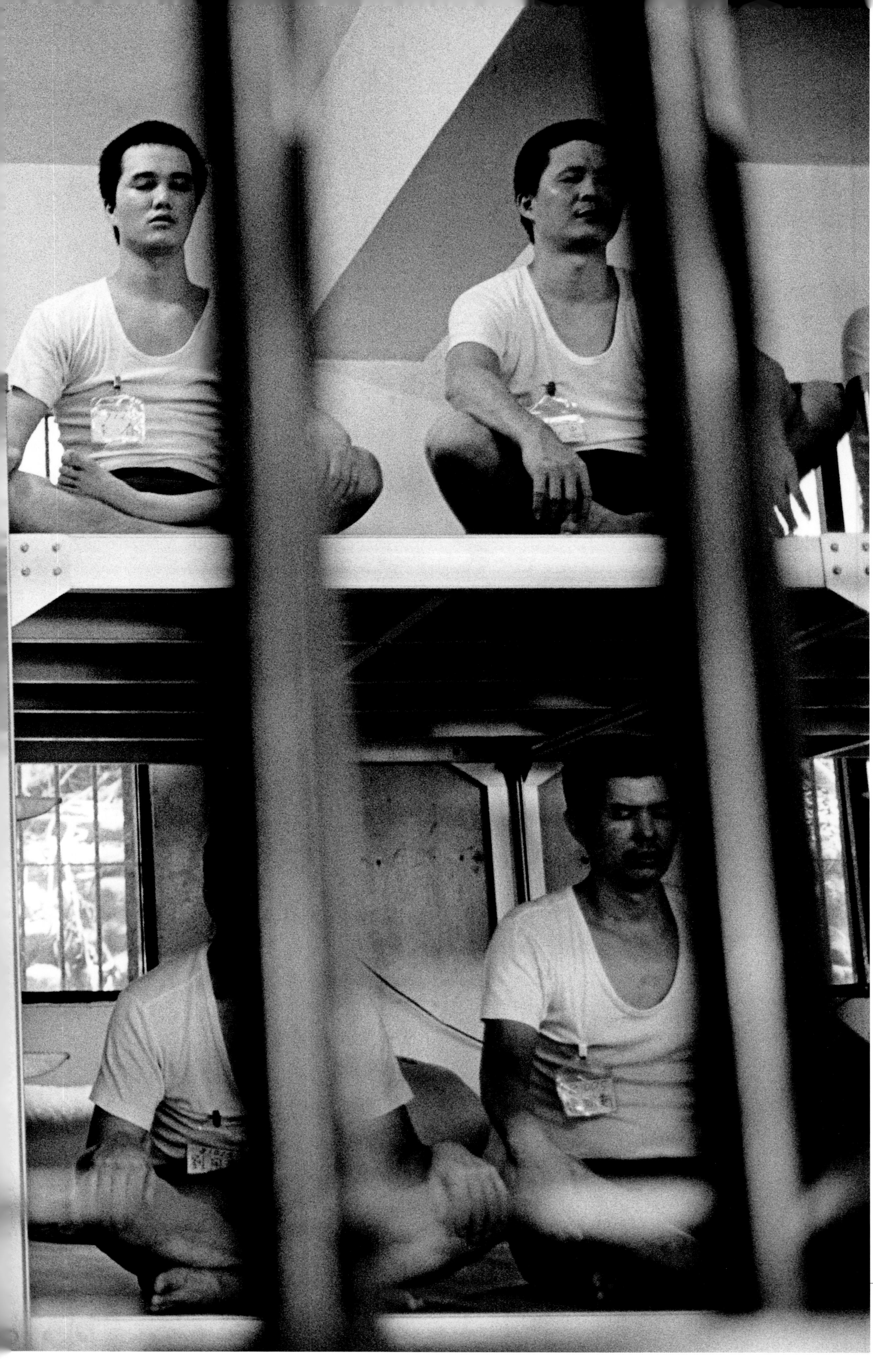

FOTO:
CHIEN-CHI CHANG

Früher wurden Flüchtlinge aus der Volksrepublik China in Taiwan wie Helden empfangen; die Regierung ließ sie gern auch mal in Gold aufwiegen. Heute ist der Grenzübertritt illegal: Viele der rund 1500 Menschen, die pro Jahr die Meerenge zwischen beiden Ländern überqueren, landen in Abschiebehaft, wie hier in Hsinchu. Der dicht bevölkerte Inselstaat – 621 Menschen drängen sich auf einem Quadratkilometer – soll nicht zum Einwandererland werden

GEO 5/01

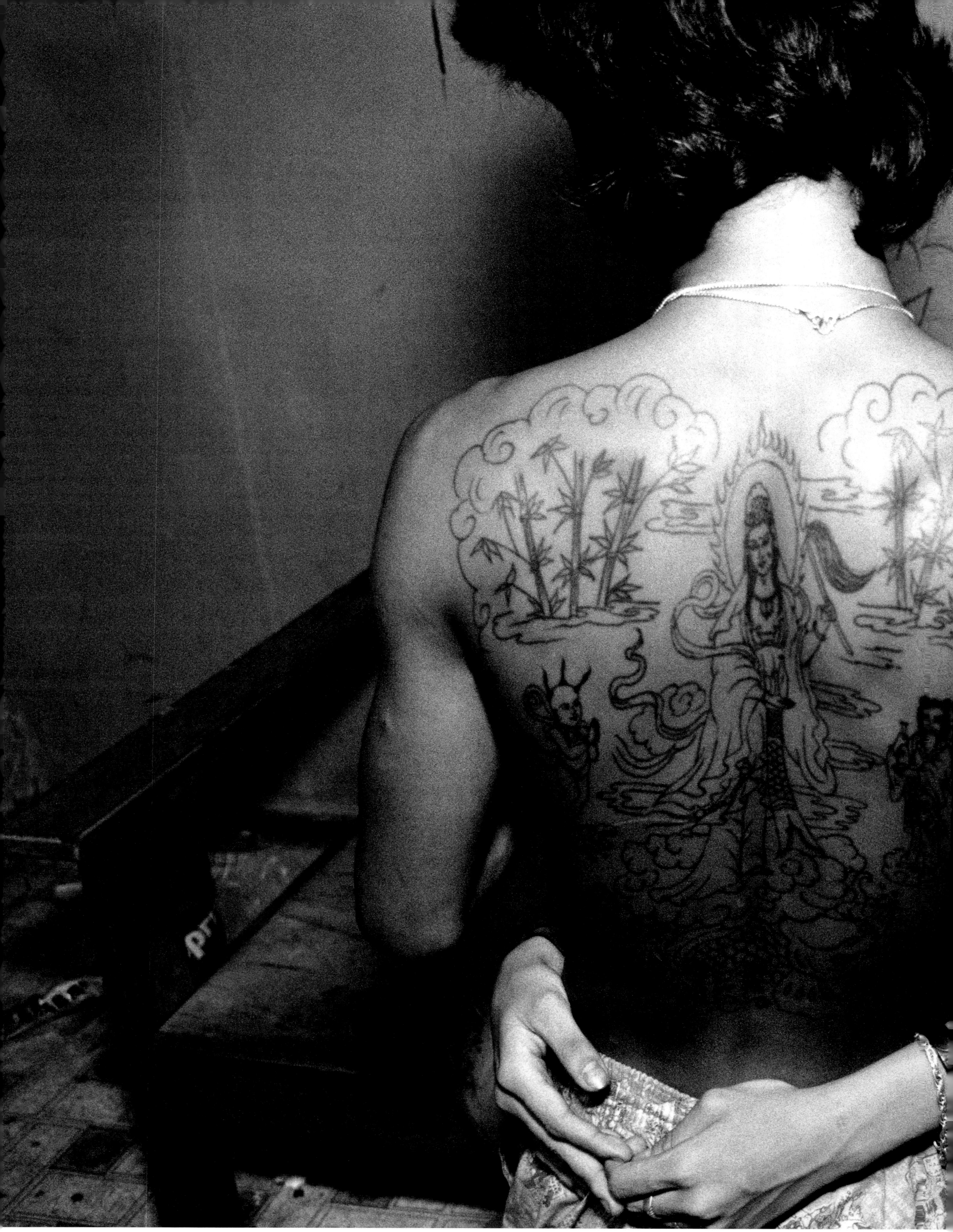

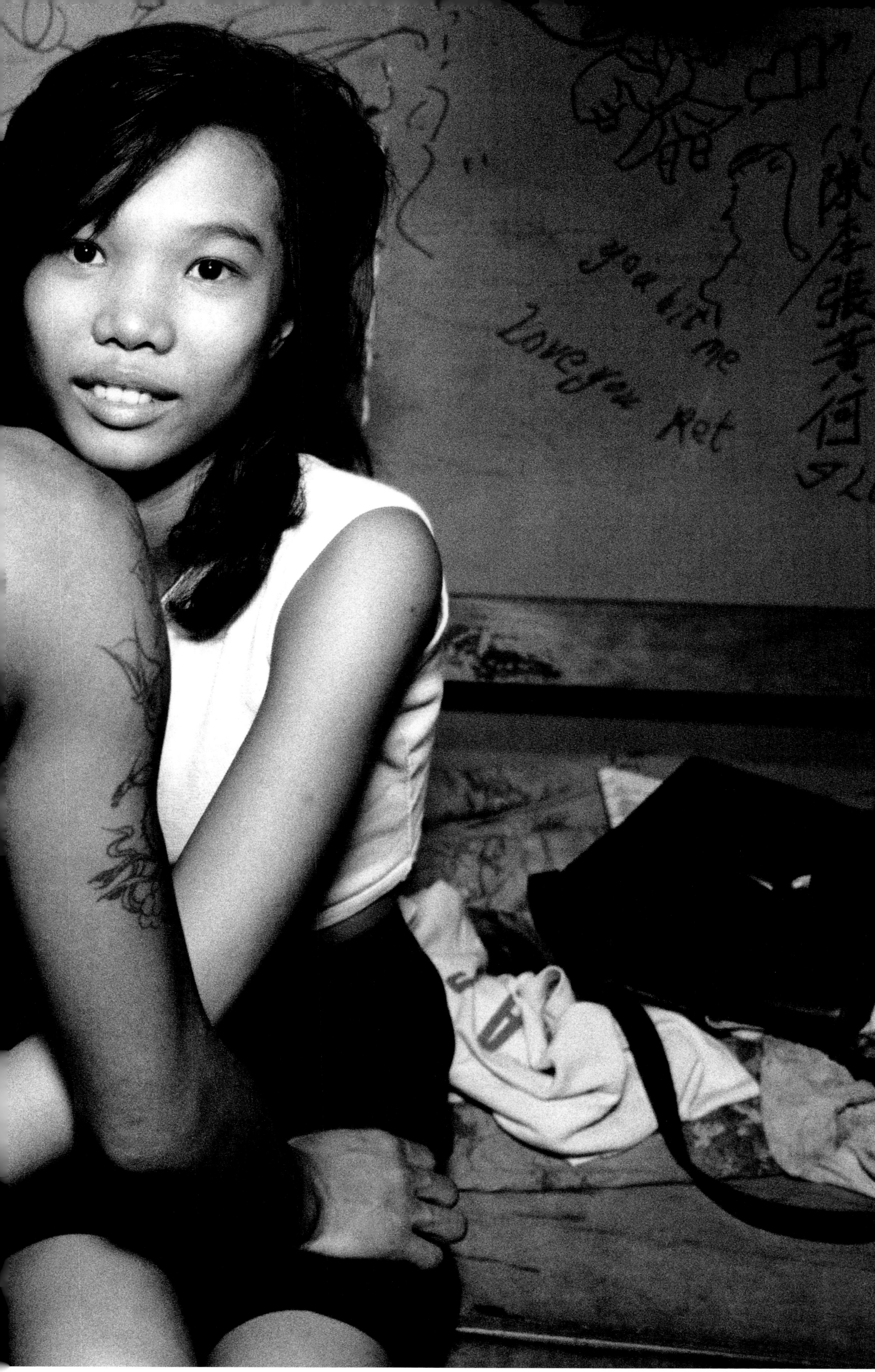

FOTO:
PATRICK ZACHMANN

Die Briten haben 1997 Hongkong verlassen, doch die Triaden sind geblieben: Auch unter den neuen Machthabern kontrollieren die kriminellen Geheimbünde der tätowierten »Brüder« Drogenhandel und Prostitution; sie schieben Waffen und entführen Menschen. Rund 50 »Schwarze Gesellschaften« mit vielen Tausend Mitgliedern beherrschen die Stadt. Und sie fangen früh an: Schon elfjährige Schüler schmuggeln Heroin. Ein Transport bringt bis zu 250 Euro – mehr als mancher Familienvater in einer Woche verdient

GEO 2/89

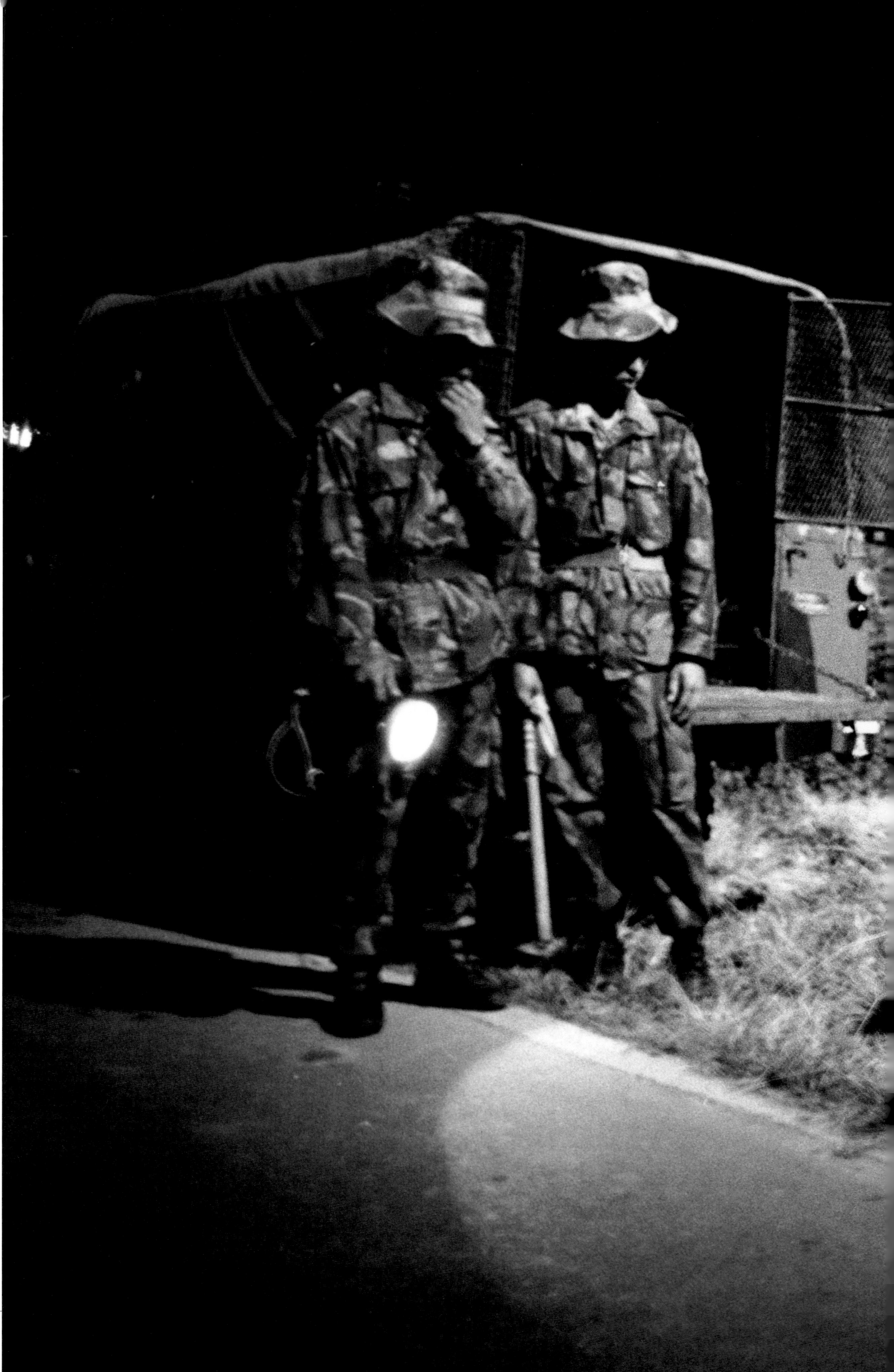

FOTO:
PATRICK ZACHMANN

Während der britischen Herrschaft in Hongkong versuchten täglich 100 Chinesen die Grenze zur Kronkolonie zu überwinden, hinter der Freiheit und Geld lockten. Duchschnittlich jeder vierte Flüchtling wurde von Patrouillen abgefangen. Dem Rest gelang die Einreise, die oft mit einer Karriere in der Unterwelt endete. Auch heute werden jährlich 8000 illegale Grenzgänger verhaftet, die – angezogen von den liberaleren Gesetzen und dem Wohlstand in der Sonderzone – die Flucht wagen

GEO 2/89

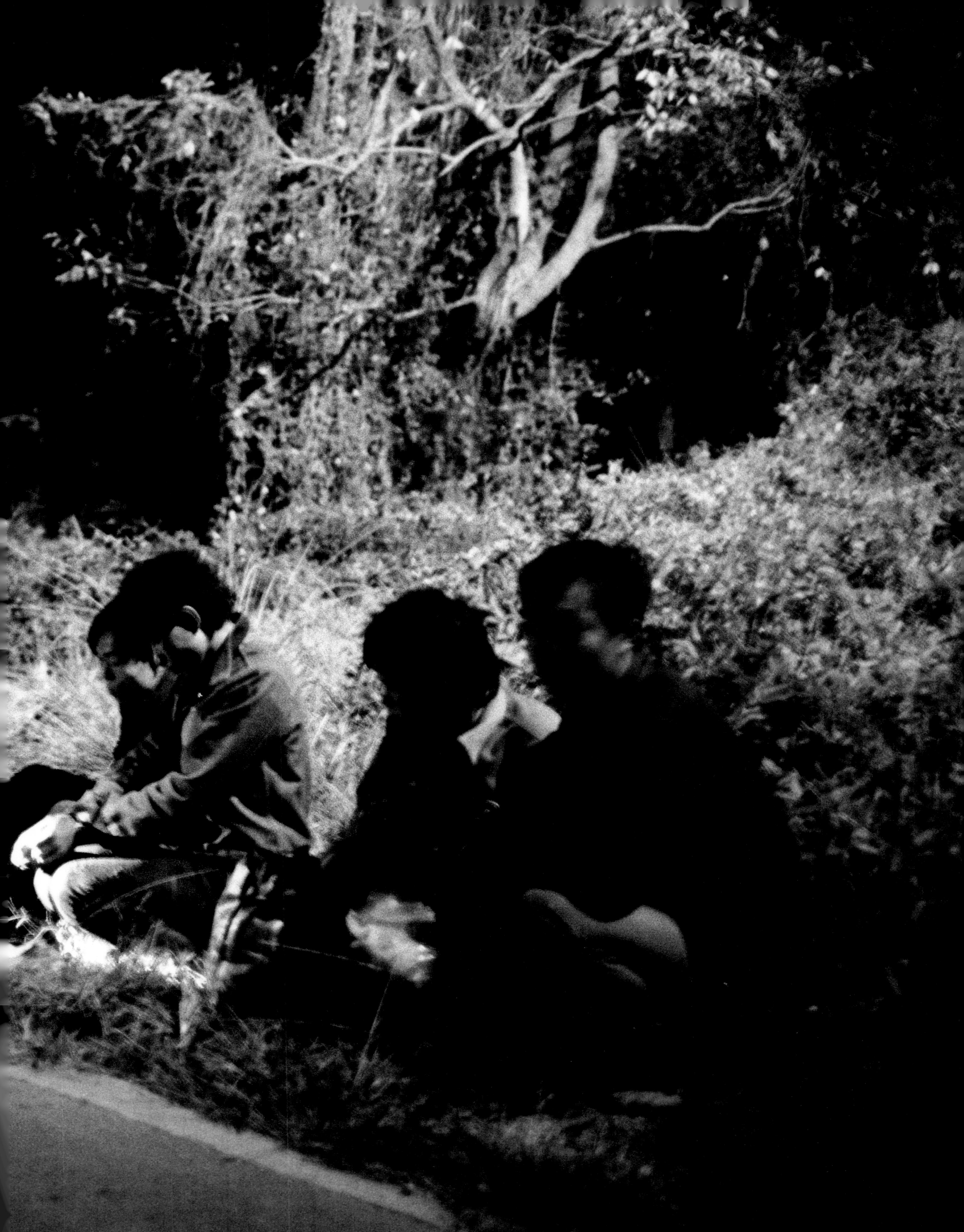

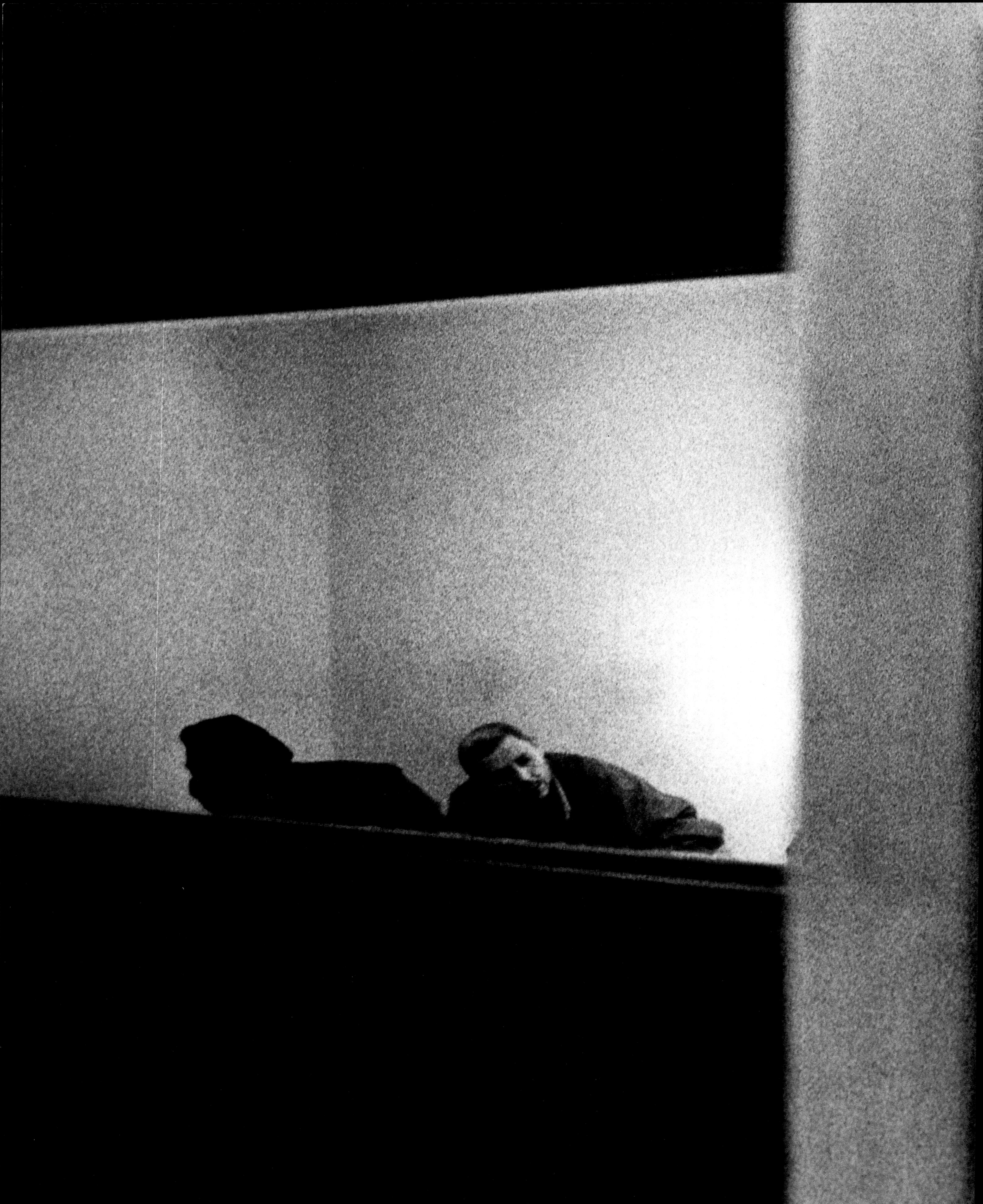

Foto: LARRY TOWELL

GEO Special *New York*

In mehreren Lagen hängen Steckbriefe in einem New Yorker Polizeirevier übereinander. Doch der Schein einer Verbrechensschwemme in der Stadt trügt: Durch eine kompromisslose Politik des früheren Bürgermeisters Rudolph Giuliani ist aus der Hochburg der Räuber und Mörder einer der sichersten Orte der USA geworden. So fiel allein die Zahl der Morde zwischen 1991 und 1998 von 2154 auf 631. Der harte Kurs Giulianis hat auch seltsame Blüten getrieben: Wer zum Beispiel in der U-Bahn zwei Plätze belegt, zahlt 50 Dollar Strafe

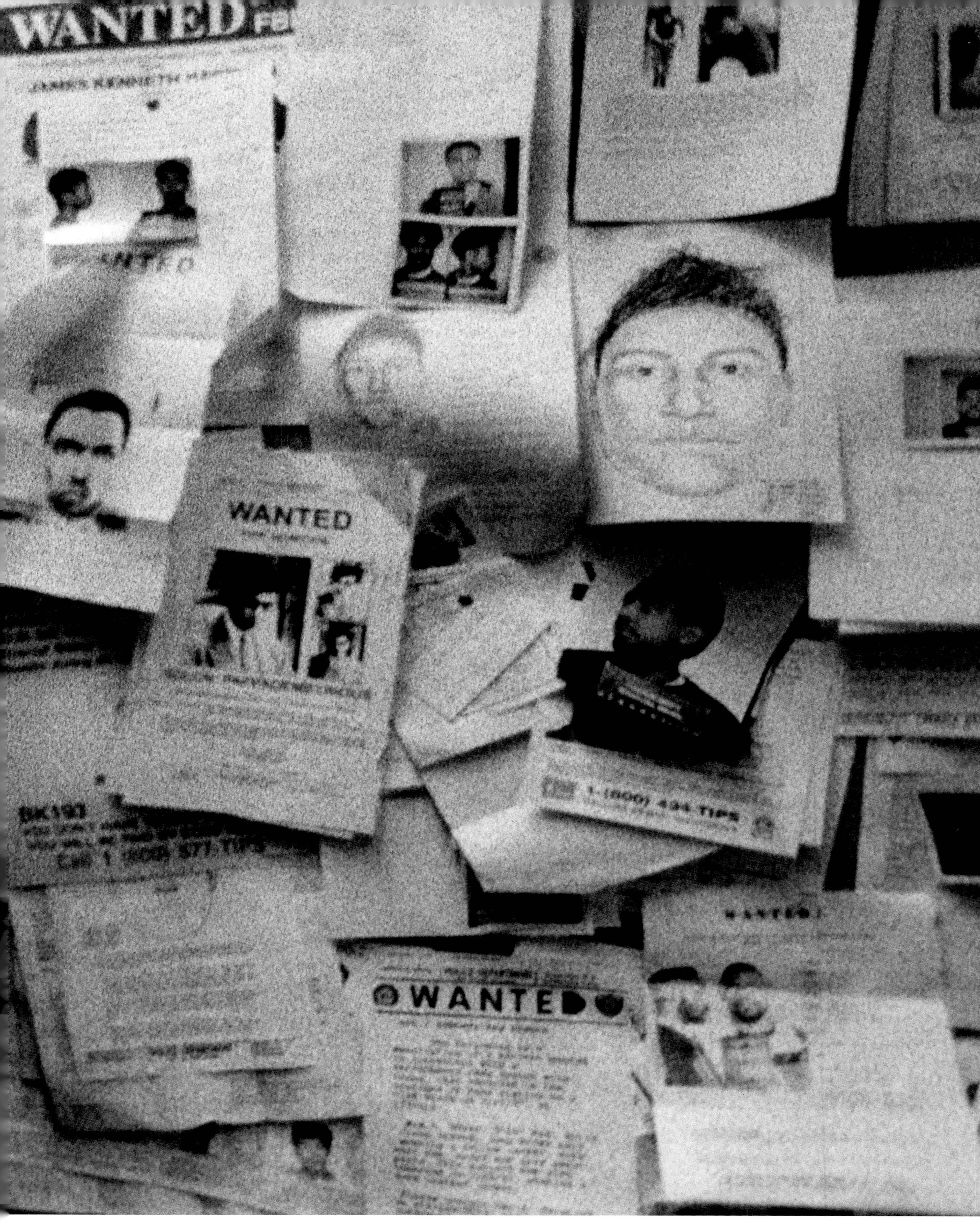
WANTED
WANTED
1-(800) 494-TIPS
WANTED

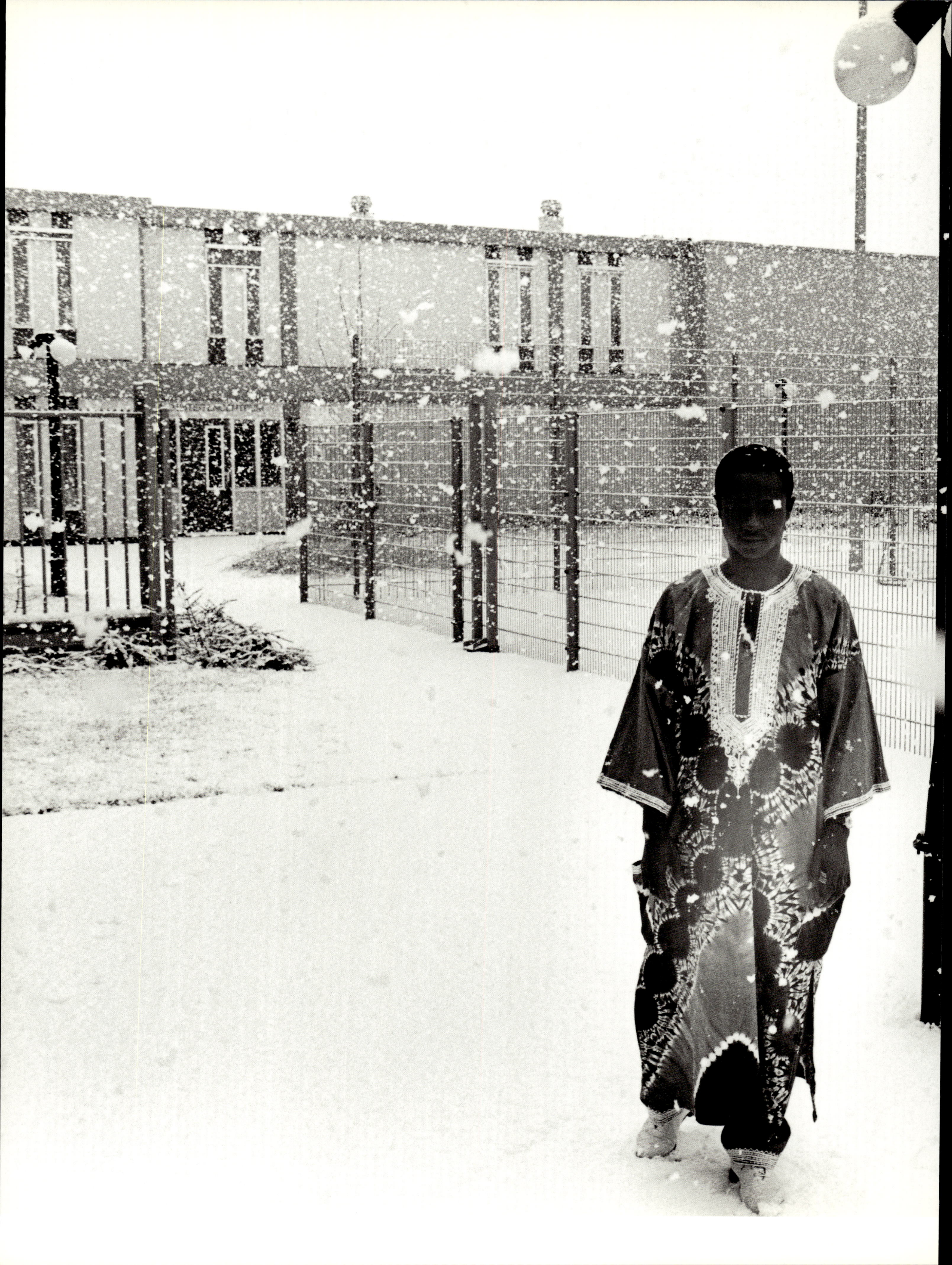

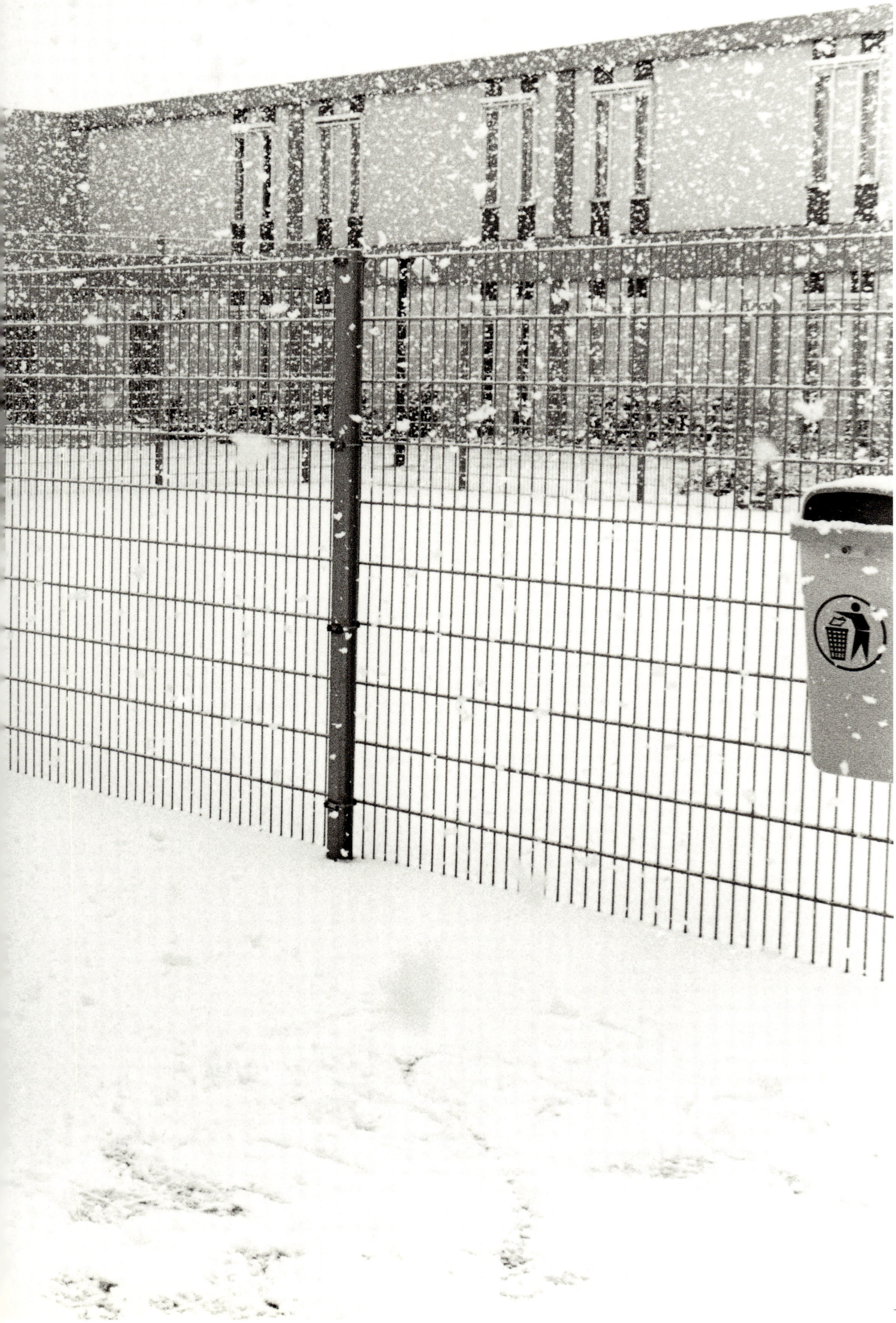

Foto:
AD VAN DENDEREN
Zum ersten Mal in seinem Leben sieht und fühlt dieser Flüchtling aus Afrika Schnee. Er ist ein Niemand, ein Mann ohne Identität – zumindest für die Behörden in Holland, die ihn ohne Papiere aufgegriffen haben. Seitdem lebt er im so genannten Grenshospitium, einem eigens für illegale Einwanderer gebauten Gefängnis in Amsterdam. Wenn ihm keine afrikanische Botschaft Ersatzpapiere ausstellt, wird der Mann entlassen – und sich dann wohl irgendwo in Europa durchzuschlagen versuchen

REQUIEM

„Solange der Krieg für gottlos gehalten wird, behält er seinen Reiz, erst wenn man ihn als gemein ansieht, wird er seine Popularität verlieren.“ Oscar Wilde

'S IST KRIEG! 'S IST KRIEG! Kein Tag, an dem nicht gestorben wird. Nicht gemordet, geplündert, gefoltert, vertrieben, vergewaltigt. Aus Machthunger, aus Mordlust, aus Beutegier, aus Verachtung und, manchmal, aus Verzweiflung. Irgendwo in der Welt. Ruanda, Tschetschenien, Sierra Leone oder Algerien sind nur einige in einer langen Reihe von Schlachtplätzen, auf denen der Krieg sein neues Antlitz zeigt: als Bürgerkrieg, Glaubenskrieg, „ethnische Säuberung“, Banden-, Rebellen- oder Drogenkrieg, als Terrorismus. Der Krieg braucht keine Staaten mehr, er wird nicht mehr erklärt, die Kombattanten sind keine Armeen mehr, sondern Söldner, Kriminelle, Todesschwadrone, Paramilitärs, Warlords, Fanatiker. Kriege ohne Fronten und ohne Ziel. Ihr Krieg trägt seinen Sinn in sich selbst. Er soll kein Ende haben, denn sie leben vom Krieg, davon, dass andere sterben.

Diese Konflikte unterscheiden nicht zwischen Kriegshandlung und Kriegsverbrechen. Nur zwischen Glauben, Herkunft und Status. Terror, Einschüchterung und Mord, selbst Massaker und Exzesse haben System. Eine innere Logik, die gnadenlos ist. Der Katholik in Belfast kann seiner Konfession so wenig entkommen, wie es die Muslime in Srebrenica konnten. Der Schwarze in der Apartheid seiner Hautfarbe nicht, der Intellektuelle in Algerien seiner Bildung nicht. Der Tutsi kann nichts dafür, dass er Tutsi ist. Ein Albaner nichts dafür, dass er im Kosovo geboren wurde. Und dennoch wird die Gesellschaft der Toten mit jedem Tag größer.

6

Manchmal bleiben Bilder. Von Ermordeten und Entkommenen. Gerettet aus den namens- und gesichtslosen Kolonnen der Opferstatistik: 10000 Tote im Kosovo, 26000 in Bosnien-Herzegowina, 3000 beim Anschlag vom 11. September in New York, 5000 getötete Zivilisten bei der Bombardierung afghanischer Städte und Dörfer. Zwei Millionen Kinder, die weltweit zwischen 1988 und 1998 im Krieg starben. Manchmal bleiben Fotografien, die einen Moment der Stille gegen das ununterbrochene Rauschen der Fernsehbilder setzen. Gegen die grünflackernden Bombennächte in Kabul, die die Überlegenheit der alten Großmächte in diesem neuen Krieg suggerieren sollen. Gegen ihre hoch potenten Waffenschauen, die einen Krieg ohne Opfer versprechen. Gegen die selbstherrliche Inszenierung der neuen Warlords. Gegen die Propaganda auf jeder Seite, die das Leid der Getöteten, Verkrüppelten, der Flüchtlinge und Obdachlosen nur dann zeigt, wenn es ihr nutzt. Die Fotografie setzt der Abstumpfung durch die Tagesschau-, Krimi- und Hollywood-Toten ein beharrliches „Dennoch“ entgegen.

Viele dieser Bilder sind unter Lebensgefahr entstanden. Viele Fotografen zwischen den Fronten gestorben. Manche sind aus Abenteuerlust in den Krieg gezogen, manchmal aus Voyeurismus und zur kommerziellen Leichenfledderei. Andere aber, wie James Nachtwey, Don McCullin, Gilles Peress und viele mehr, um Zeugen und Ankläger zu sein. Um Beweise dafür zu sammeln, was Menschen Menschen antun können. Kameras töten nicht. Sie machen nicht wieder lebendig. Aber manchmal vermögen Bilder zu berühren. Das berühmte Foto eines nackten, vor Schmerz schreienden Mädchens hat unsere Vorstellung vom Vietnam-Krieg wahrscheinlich nachhaltiger geprägt, als es Fernsehbilder und Artikel vermochten. Fotografien sind „stille Bilder“, weil sie dem Betrachter den Kommentar nicht abnehmen. Ihre Botschaft kann dennoch ohrenbetäubend sein. Es ist Krieg! Es ist leider Krieg! Und Frieden nicht in Sicht.

FOTO: ABBAS | GEO 1/96

Alltag im afghanischen Bürgerkrieg: Im Schatten von Panzerketten haben Mutter und Kind Schutz gesucht. Denn wo der tonnenschwere Koloss gefahren ist, können keine Minen sein. Auch heute noch lauert in Afghanistans Erde der Tod: Sechs bis zehn Millionen Landminen liegen dort – das Vermächtnis von mehr als 20 Jahren Krieg an laufend wechselnden Fronten

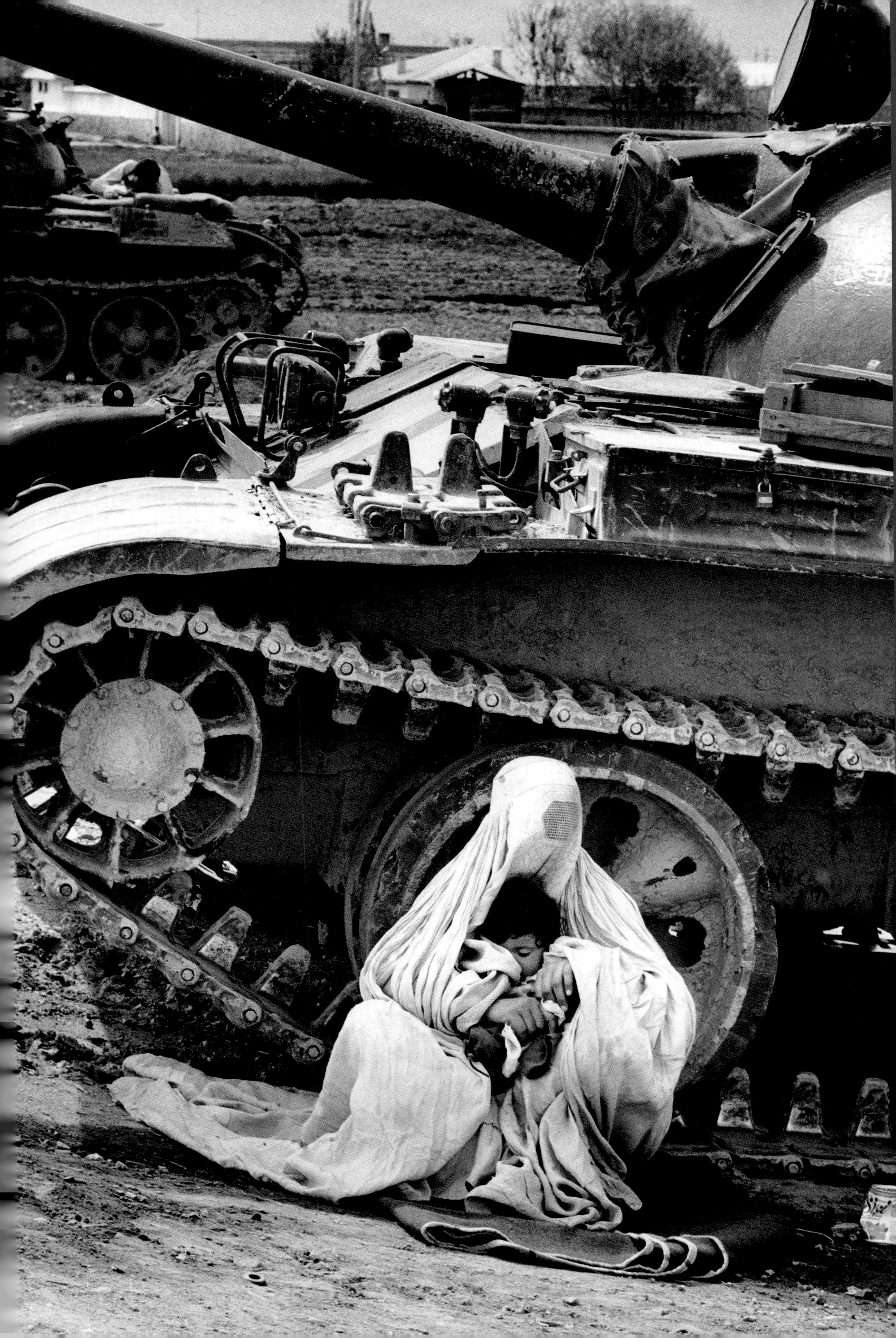

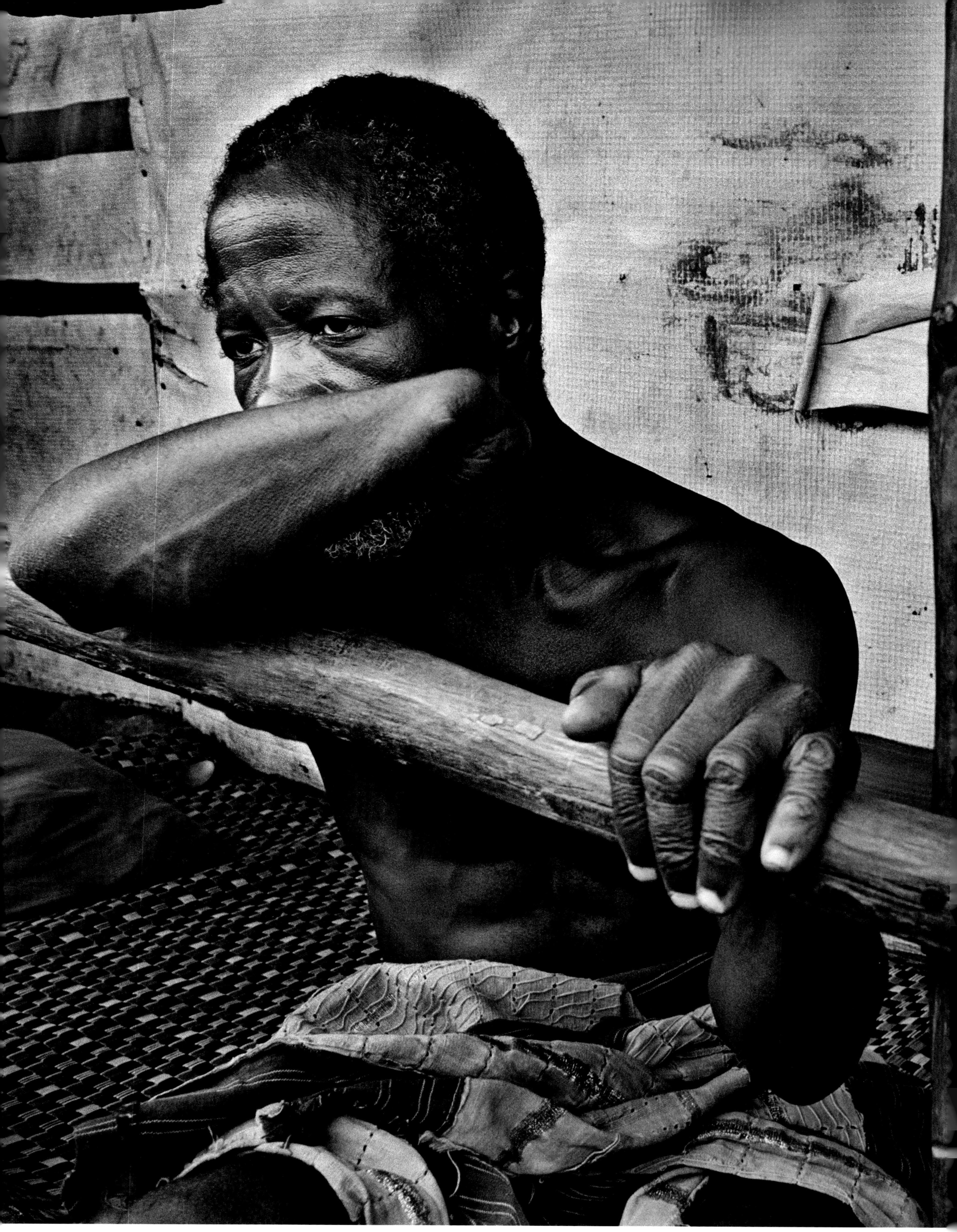

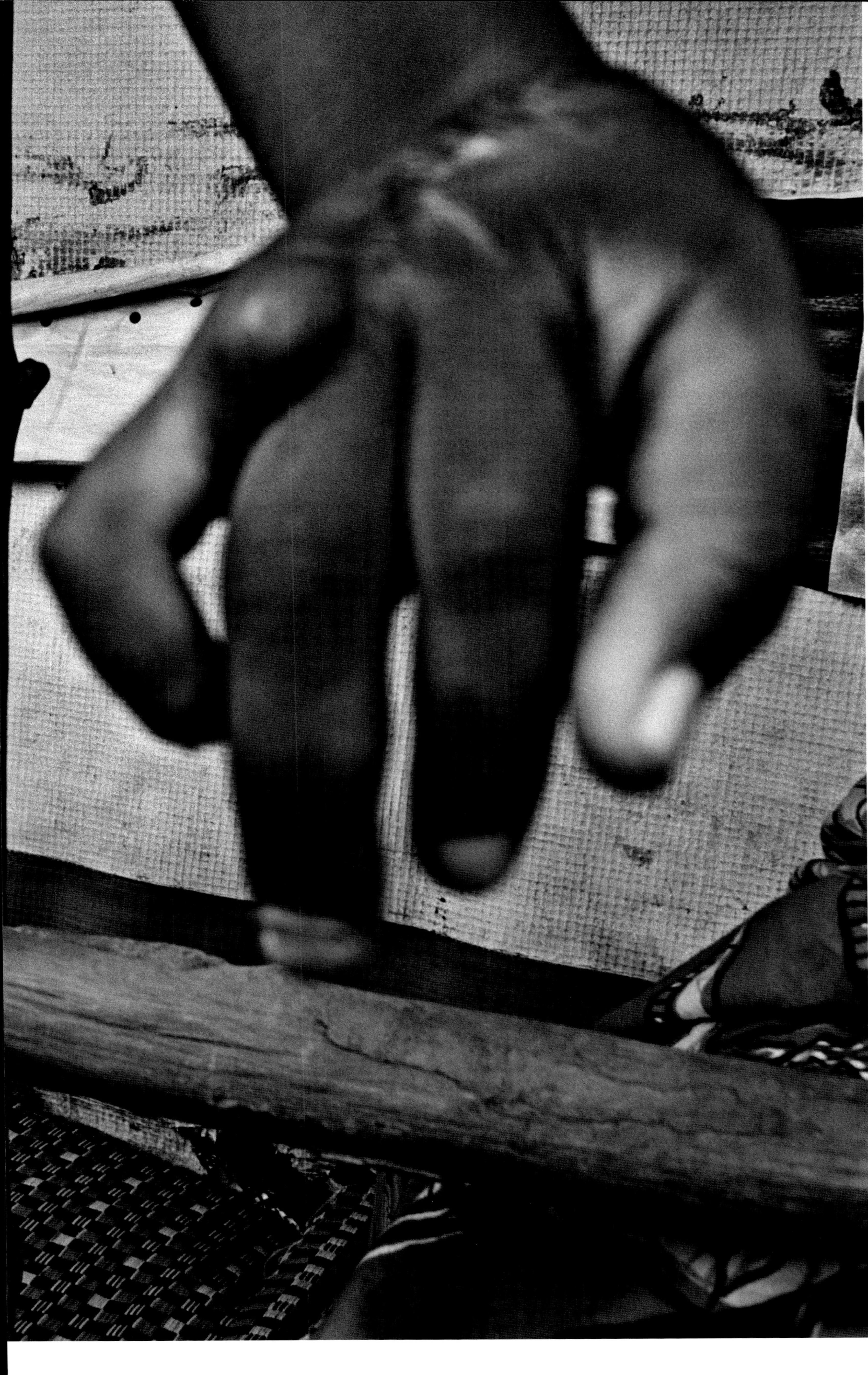

FOTO:
JAN DAGØ

Von 1991 bis 2001 wütete in Sierra Leone ein – von Liberia gesteuerter – Bürgerkrieg. Mit Hilfe marodierender Banden versuchte die liberianische Regierung, die Kontrolle über die Diamantenminen im Norden und Osten des Nachbarlandes zu erringen. Willfährig erfüllten die Totschläger ihren Auftrag und gingen besonders grausam gegen Tausende Zivilisten vor: Mit Macheten verstümmelten sie ihre Opfer. Wer Glück hatte, dem blieb eine Hand – doch meist schlugen die Täter zweimal zu

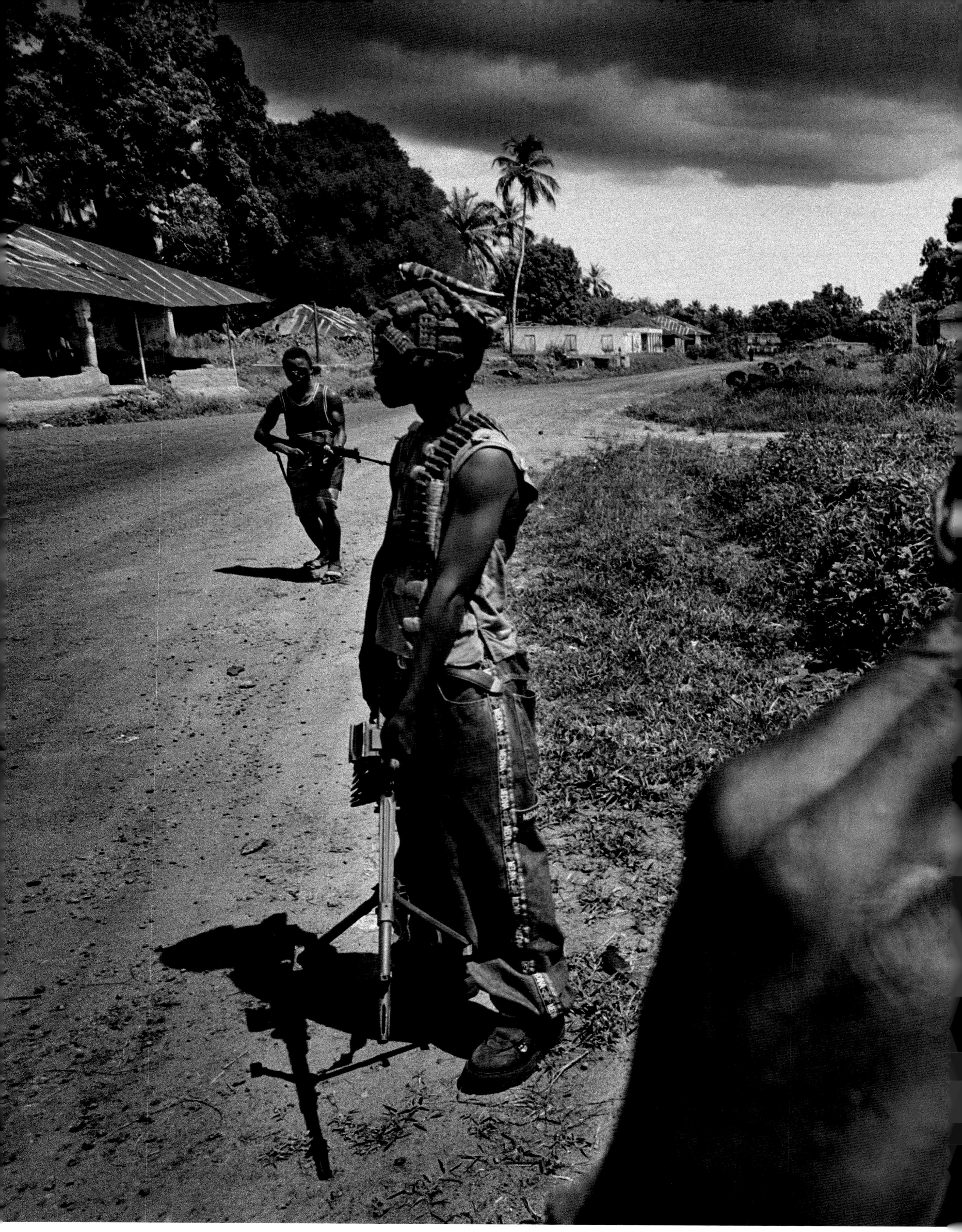

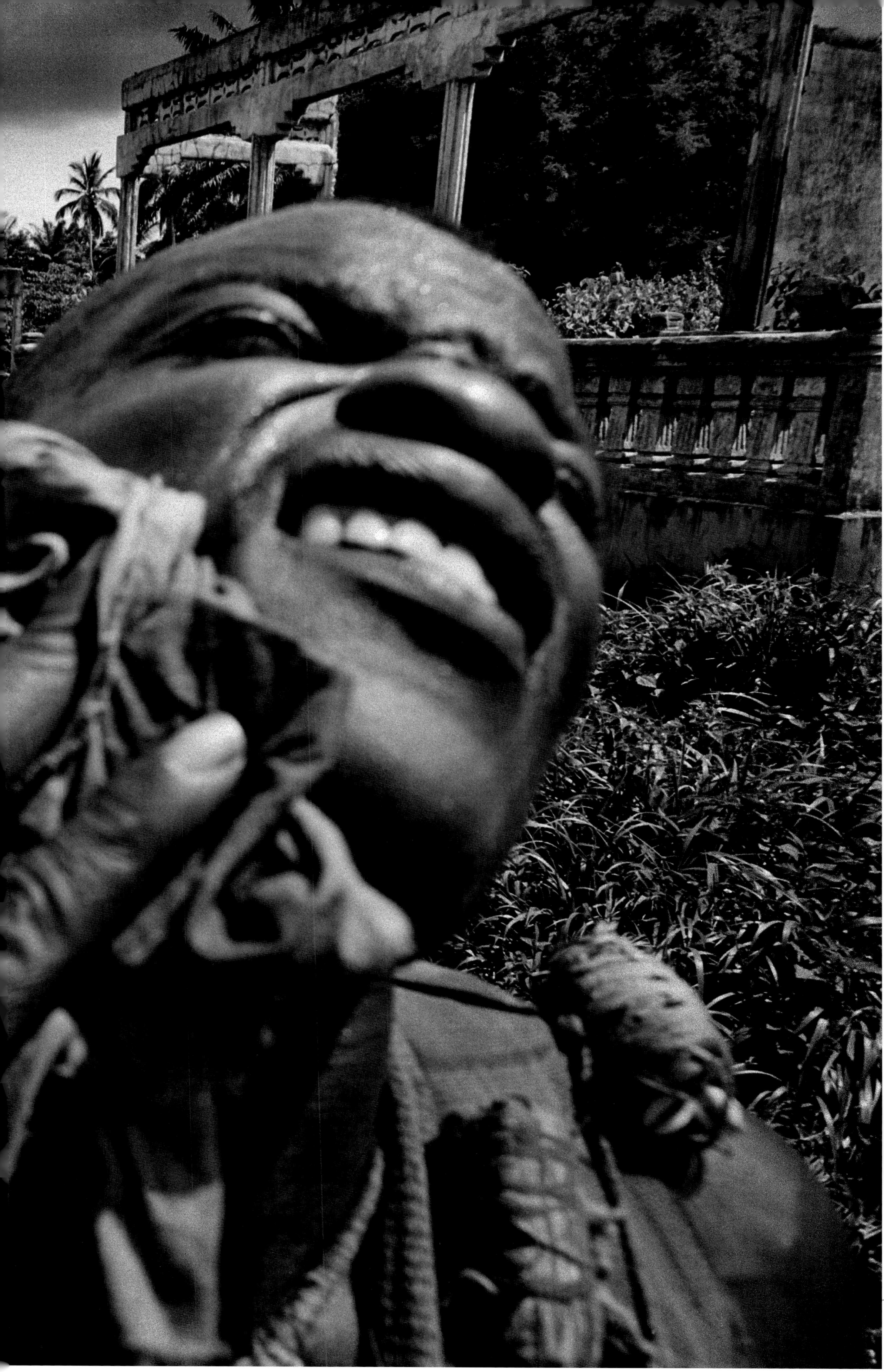

FOTO:
JAN DAGØ

Warten auf den Feind: 80 Kilometer von Sierra Leones Hauptstadt Freetown entfernt bereiten sich regierungstreue Soldaten in einem zerstörten Dorf hinter der Front auf den Kampf vor. Noch vor dem eigentlichen Gefecht müssen die Männer der Bürgerwehr kämpfen: gegen die sengende Hitze und ihre Angst. Mit Zuckerrohrschnaps trinken sie sich Mut an; kleine Päckchen, als Talismane auf Hemden und Mützen genäht, sollen sie vor tödlichen Kugeln der Gegner beschützen

GEO 6/01

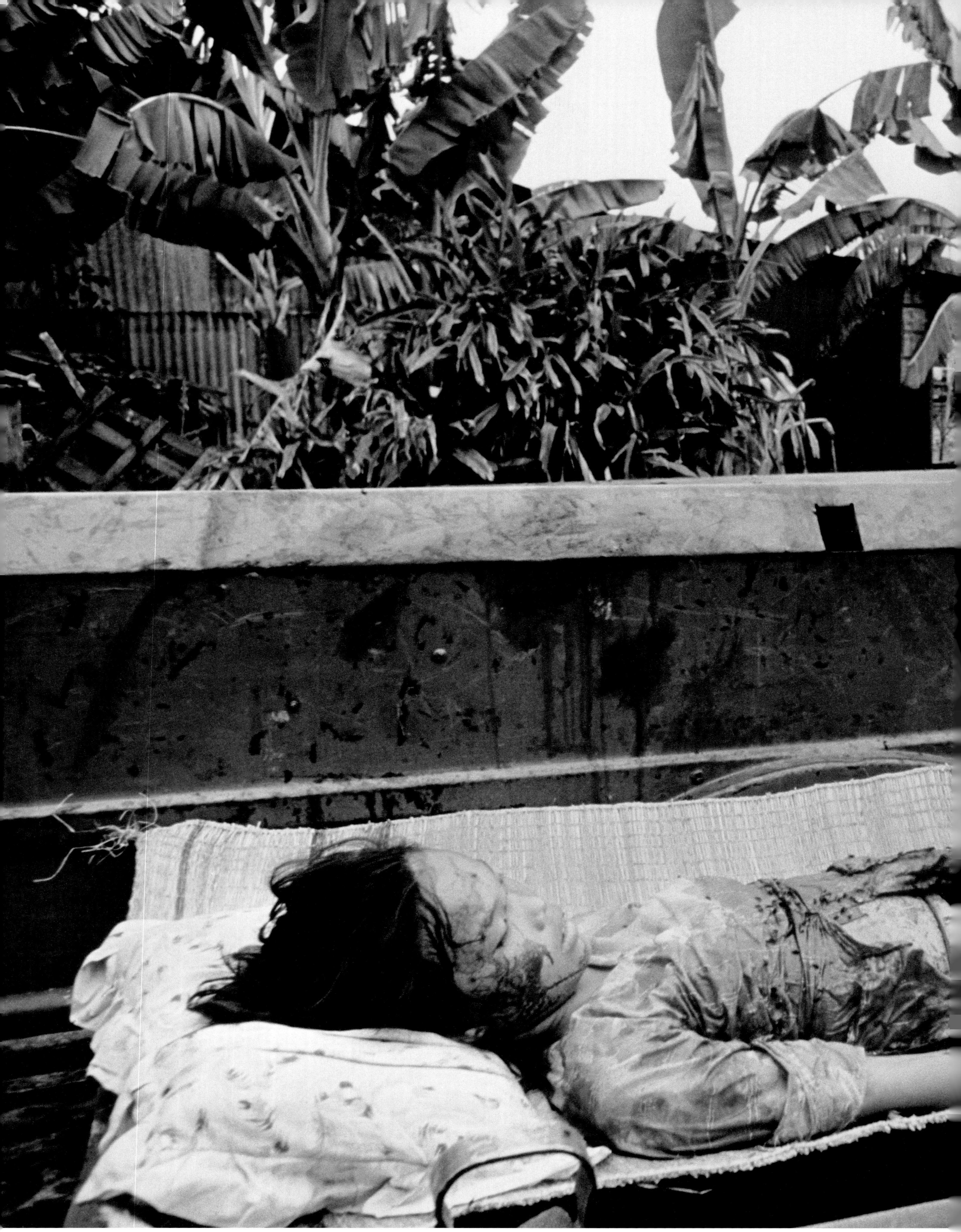

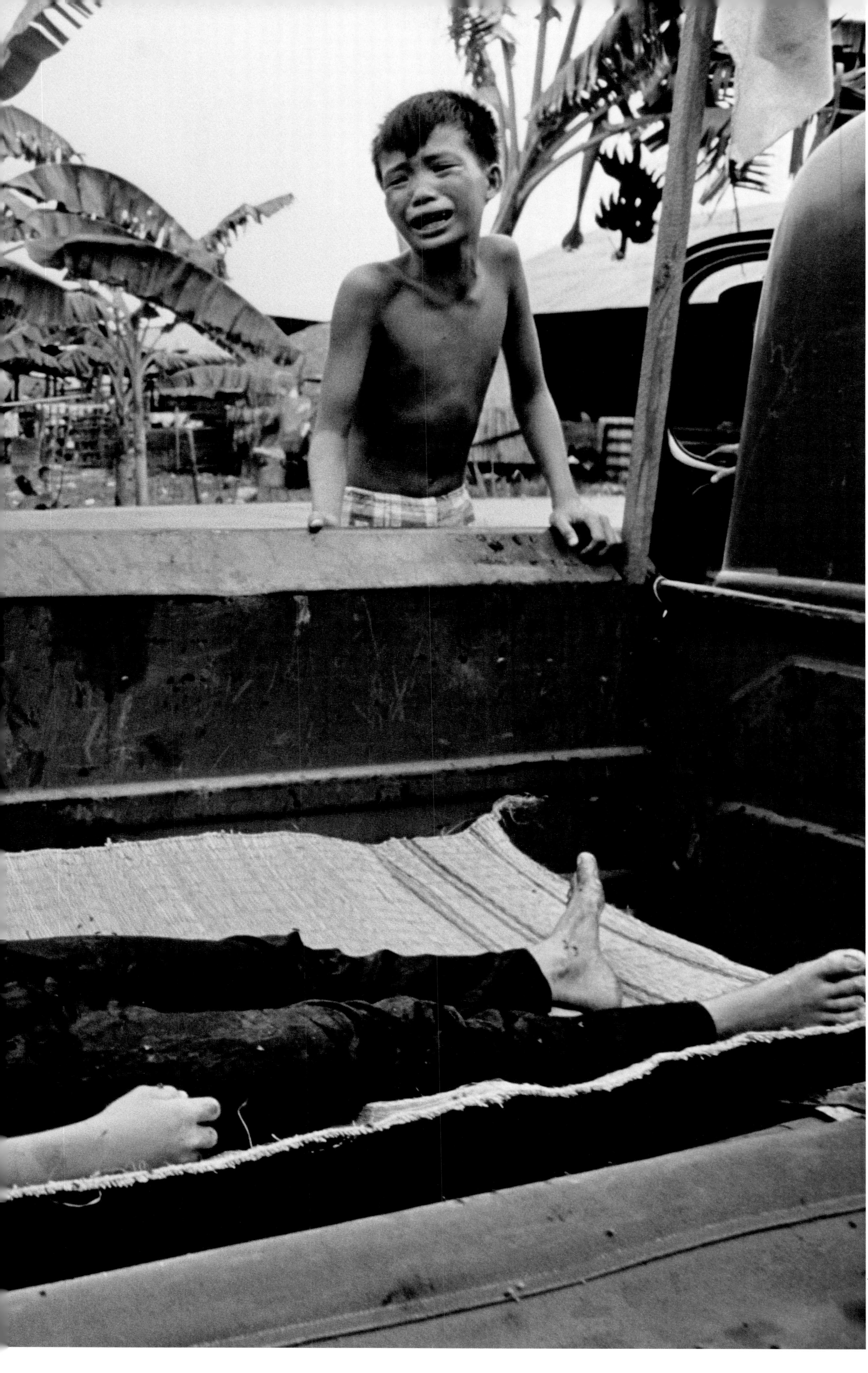

FOTO:
PHILIP JONES GRIFFITHS

Ein vietnamesischer Junge trauert in Saigon um seine tote Schwester, die in einem Feuerwehrwagen liegt. US-Soldaten haben sie aus einem Hubschrauber heraus erschossen. 1975, sieben Jahre nach dem Tod des Mädchens, ist der Vietnam-Krieg vorbei. Die Bilanz ist vor allem in der Zivilbevölkerung verheerend: Zwei Millionen Zivilisten sind in dem Konflikt umgekommen, zwei Millionen wurden verstümmelt; und weitere zwei Millionen leiden unter den Folgen von Chemie-Einsätzen wie dem Entlaubungsmittel »Agent Orange«

GEO 6/91

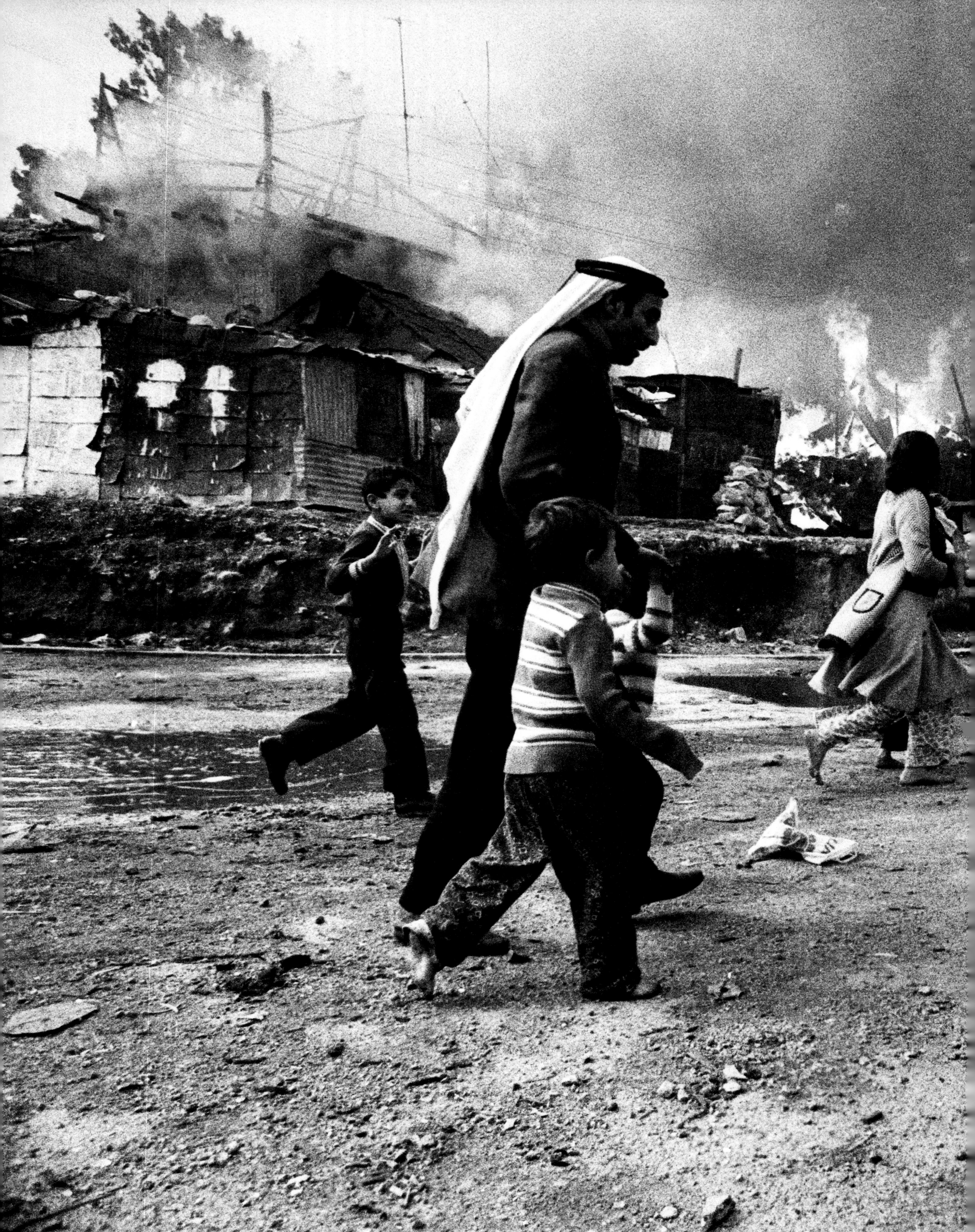

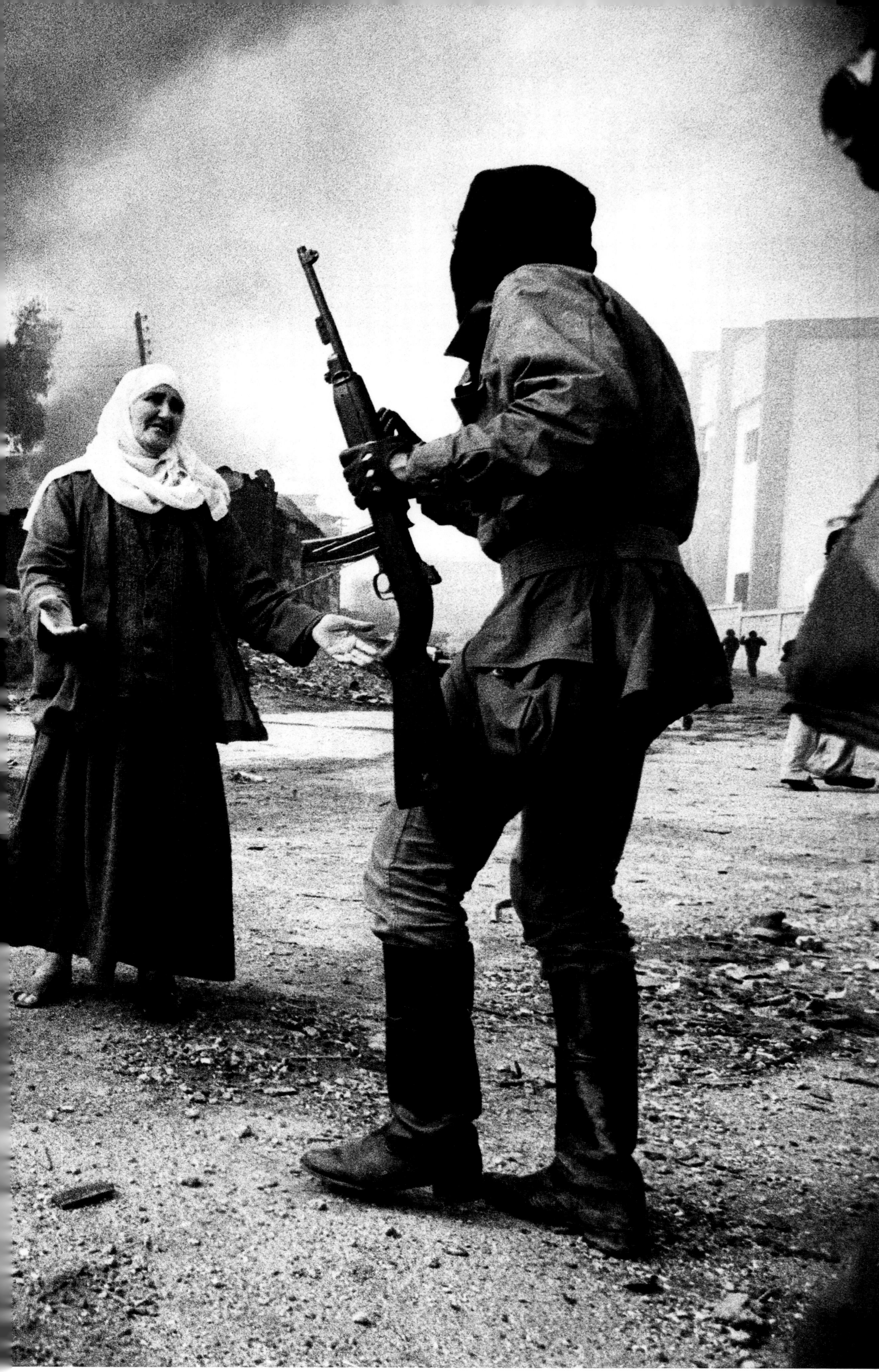

FOTO:
FRANÇOISE DE MULDER
Krieg bringt nicht nur Tod und Hunger über die Menschen, er nimmt ihnen auch die Heimat: Beschwörend bittet eine Palästinenserin in Beirut einen christlichen Falangisten, ihr Volk nicht wieder aus dem Libanon zu vertreiben. 15 Jahre lang kämpften im kleinsten Land des Nahen Ostens linke Muslime gegen die Dominanz der Christen. Rund 800 000 Menschen mussten deswegen bis zum Ende des Bürgerkriegs 1990 ihr Zuhause verlassen und sich ins Ausland retten

GEO *6/91*

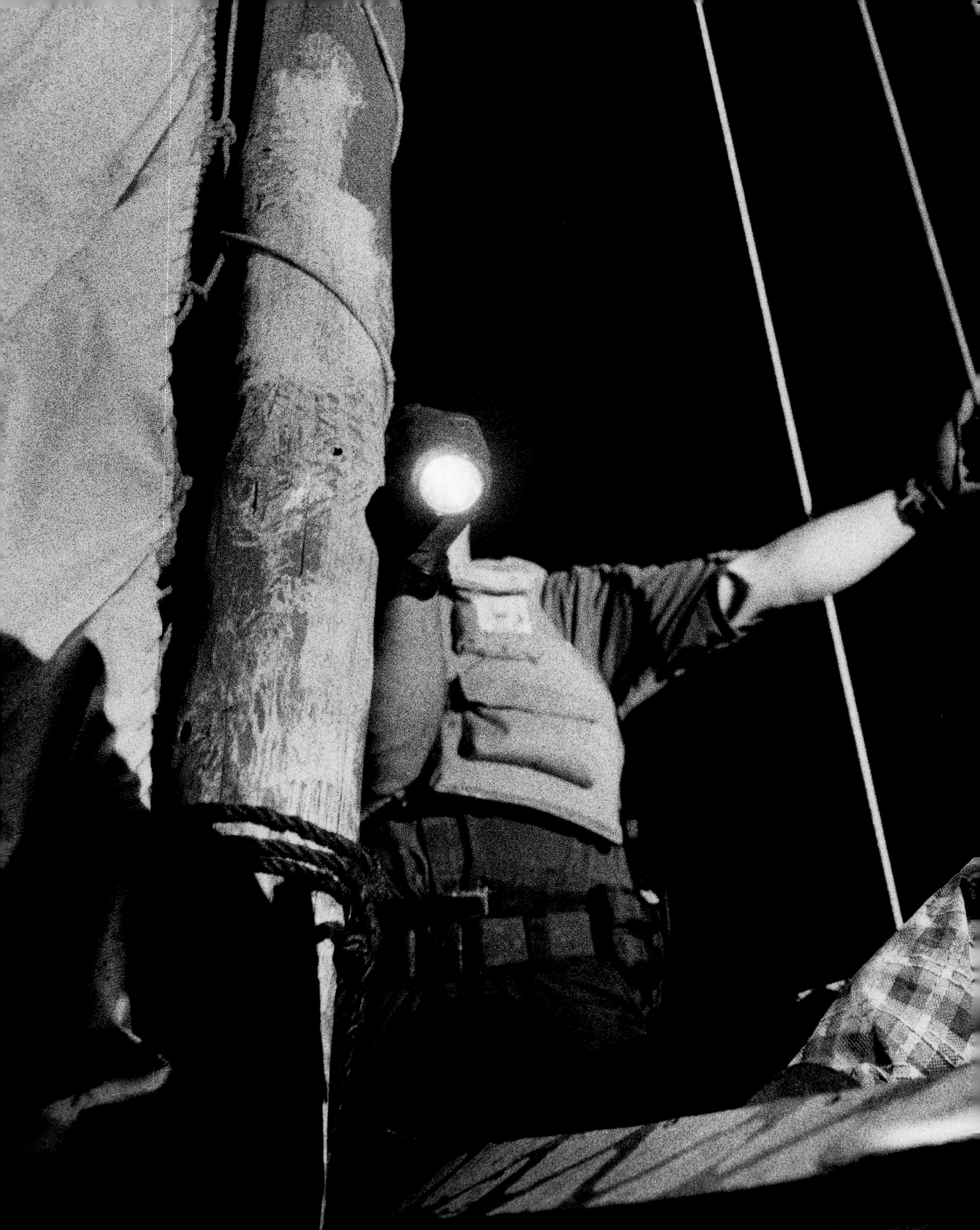

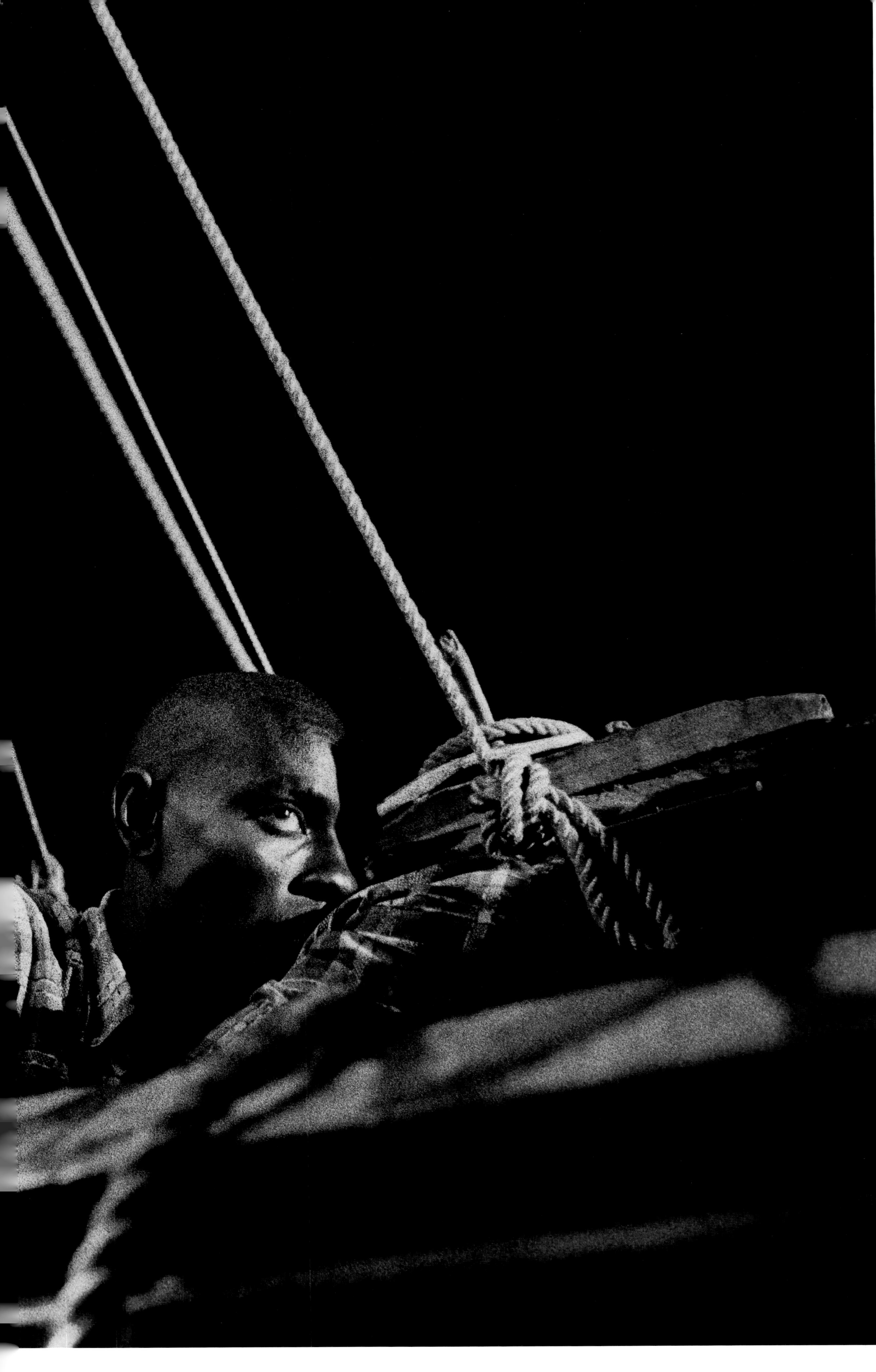

FOTO:
CHRIS ANDERSON

Angst und Resignation zeigen sich im Scheinwerferlicht im Gesicht eines Haitianers an Bord eines Flüchtlingsschiffs. Sein Traum vom Leben in den USA ist aus, die US-Küstenwache hat die 44 Männer auf dem sieben Meter langen Kahn aus alten Brettern und rostigen Nägeln aufgebracht. Zwei Drittel der sieben Millionen Haitianer möchten weg aus ihrem Land, in dem die Milizen regieren. Doch die Flucht über die See ist gefährlich: Oft verhungern, verdursten oder ersticken die Flüchtlinge in den überfüllten Booten

GEO *12/00*

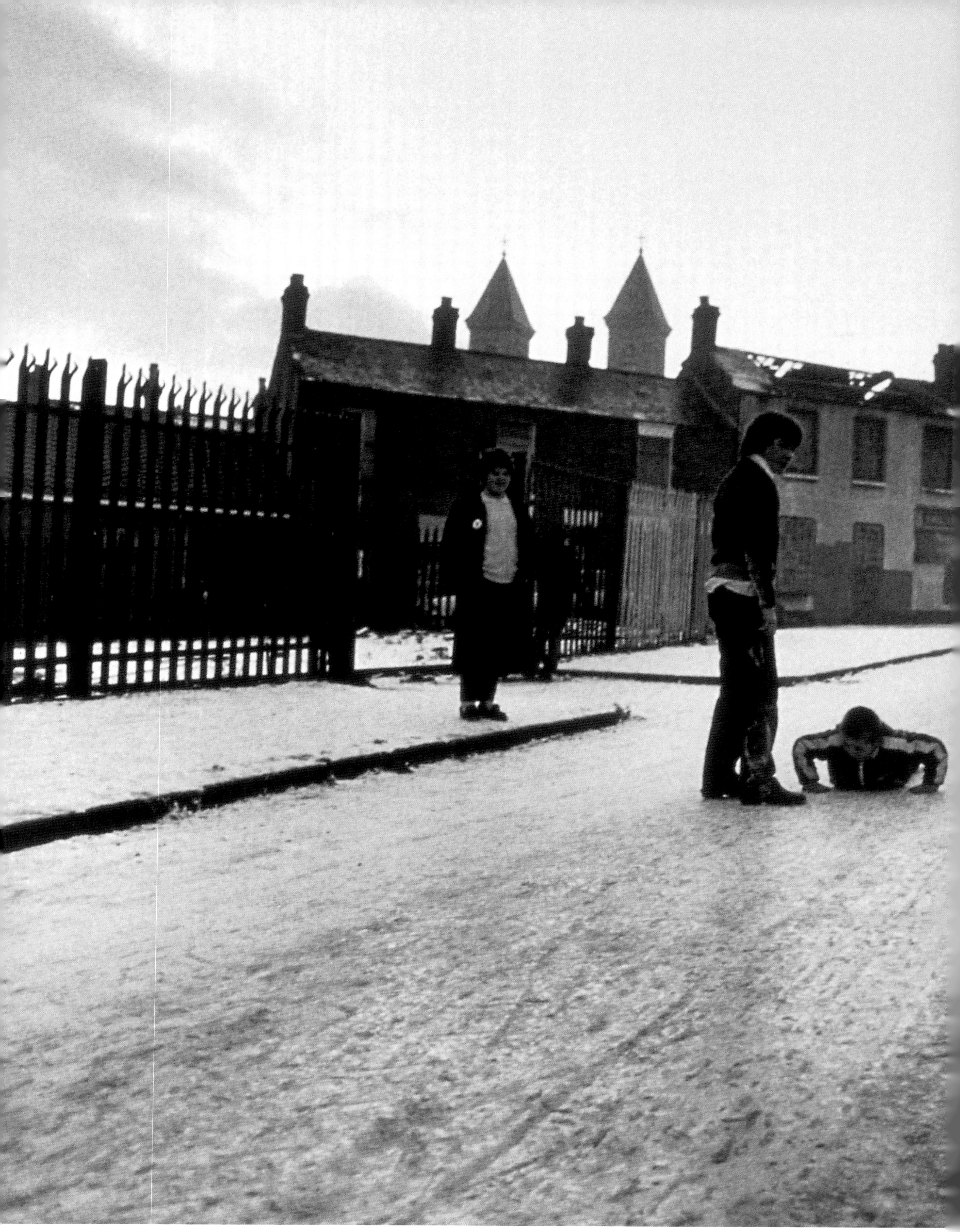

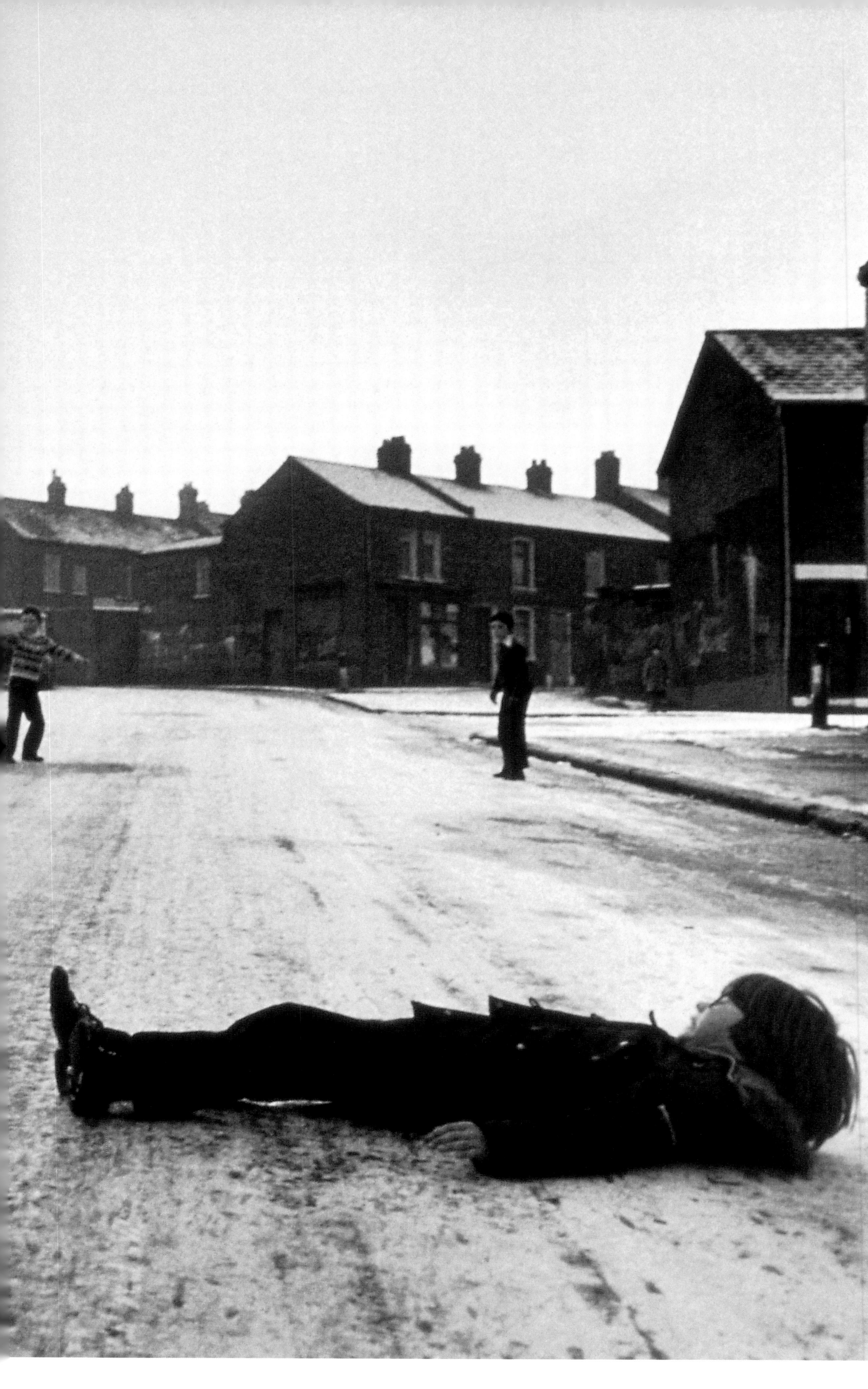

Foto:
GILLES PERESS

Die Spielszene im Belfaster Stadtteil Ardoyne trügt. Wer hier aufwächst, lernt früh, mit dem Hass der verfeindeten irischen Katholiken und britischen Protestanten zu leben. Immer wieder kommt es zu Straßenschlachten; katholische Mädchen müssen unter Polizeischutz zur Schule gehen. Daran hat auch die 1994 eingeleitete Entspannung im Nordirland-Konflikt nichts geändert: Denn solange sich die 1000 Protestanten des Viertels von den 7000 katholischen Bewohnern unterdrückt fühlen, wird es in Ardoyne keine Ruhe geben

GEO 7/91

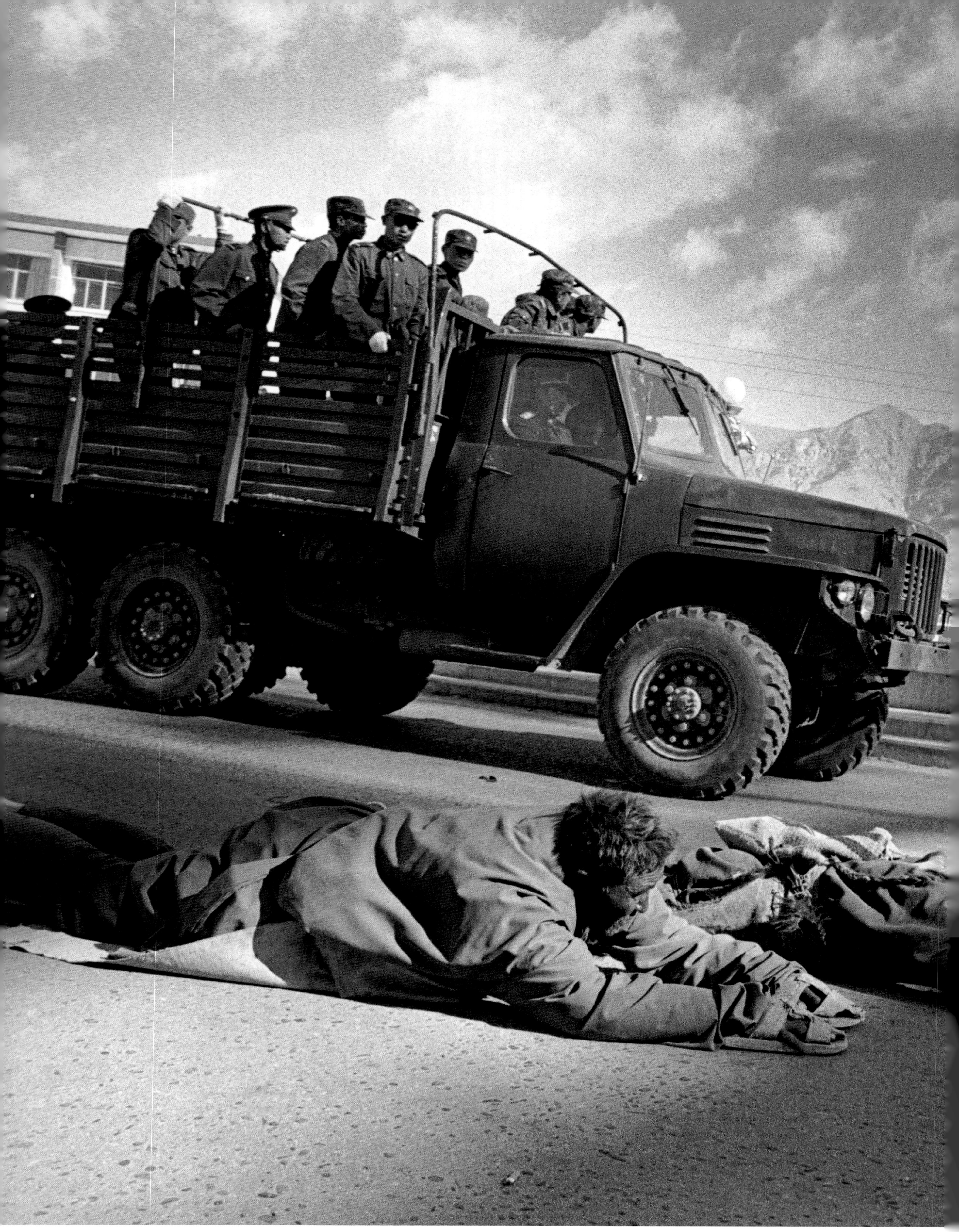

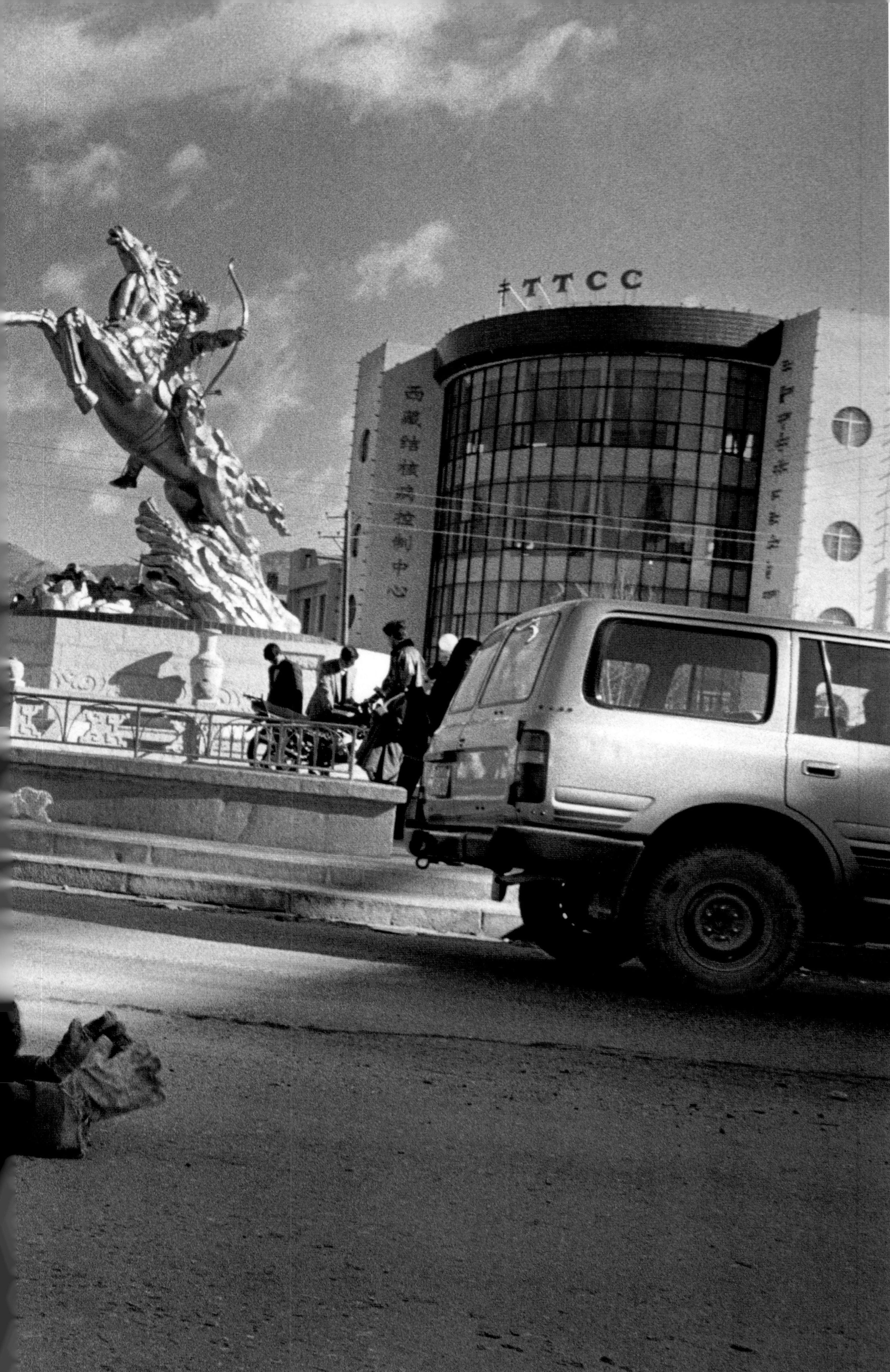

FOTO:
MANUEL BAUER

Unter den Blicken chinesischer Soldaten nähern sich tibetische Pilger auf rituelle Weise dem Dschokhang-Tempel im Zentrum von Lhasa. Seit dem Einmarsch 1951 versuchen die Chinesen, die Kultur Tibets zu vernichten – vergeblich. Trotz der Zerstörung nahezu aller Klöster und des zeitweiligen Verbots der Muttersprache haben sich die Tibeter ihre Identität bewahrt. Doch das wird immer schwieriger: Unter den Besatzern sind sie zur Minderheit geworden, in Lhasa stellen sie nur noch ein Viertel der Einwohner

GEO 5/96

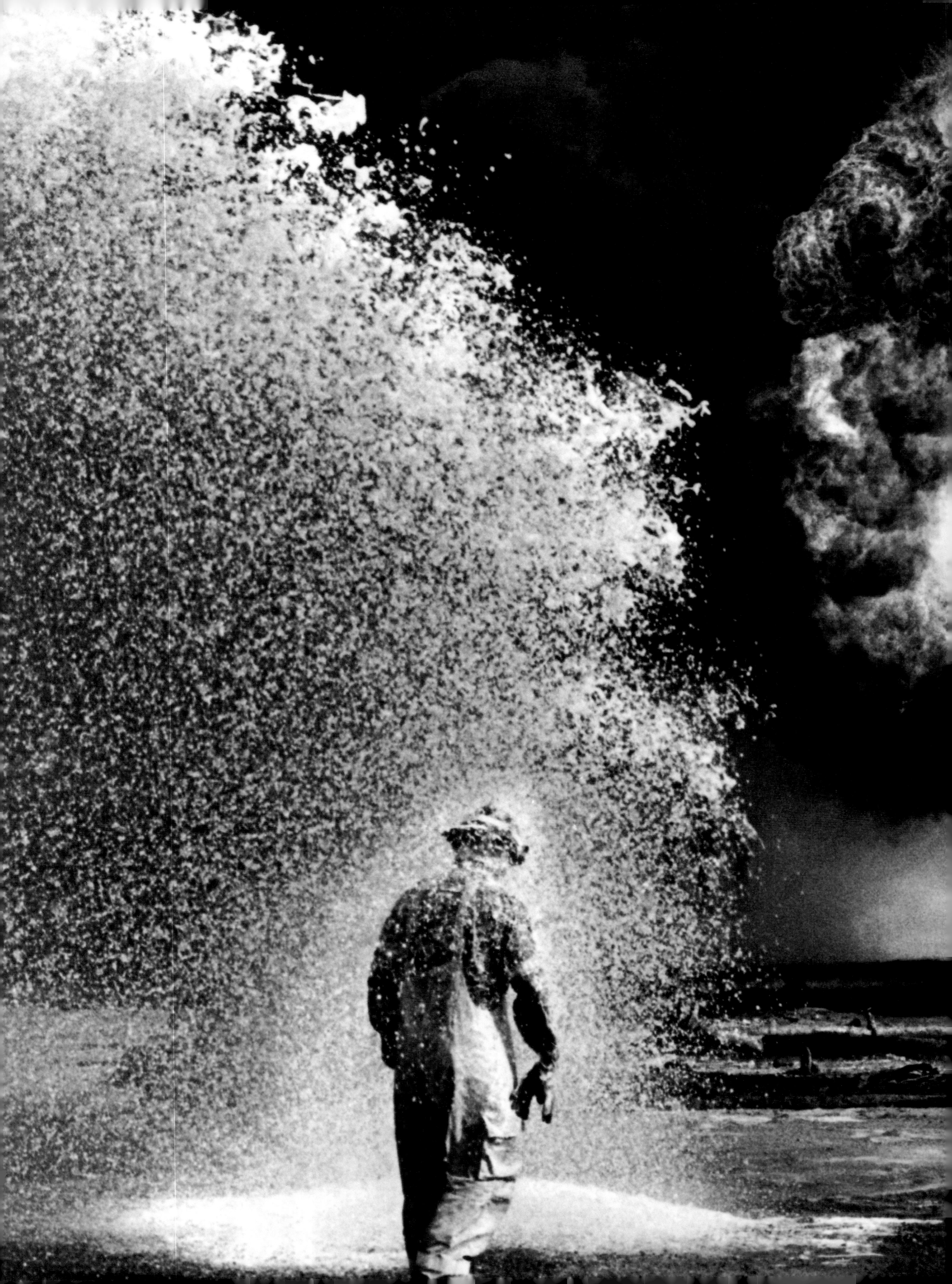

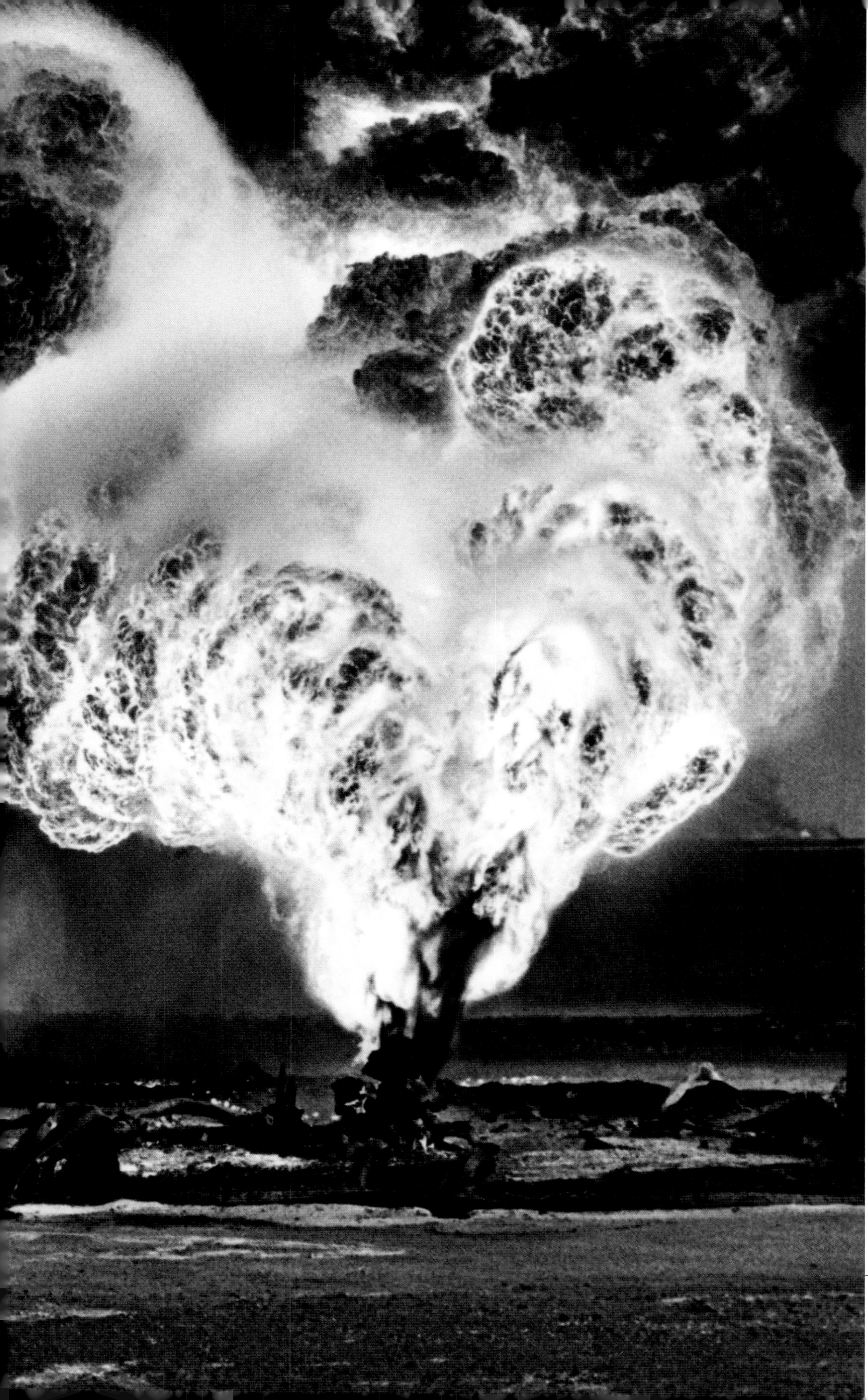

FOTO:
SEBASTIAO SALGADO

Als er den Krieg um Kuwait längst verloren hatte, setzte der irakische Diktator Saddam Hussein seine letzte Waffe ein: Auf dem Rückzug zündeten seine Soldaten im Februar 1991 in dem Scheichtum 659 Ölquellen an. Ein Dreivierteljahr lang löschten US-Feuerwehrmänner, durch chemische Berieselung vor der Hitze geschützt, die Brände. Als am 6. November das letzte Feuer erlosch, waren täglich mehr als zehn Milliarden Liter Öl ausgeströmt und rund 320 Millionen Liter in Rauch aufgegangen

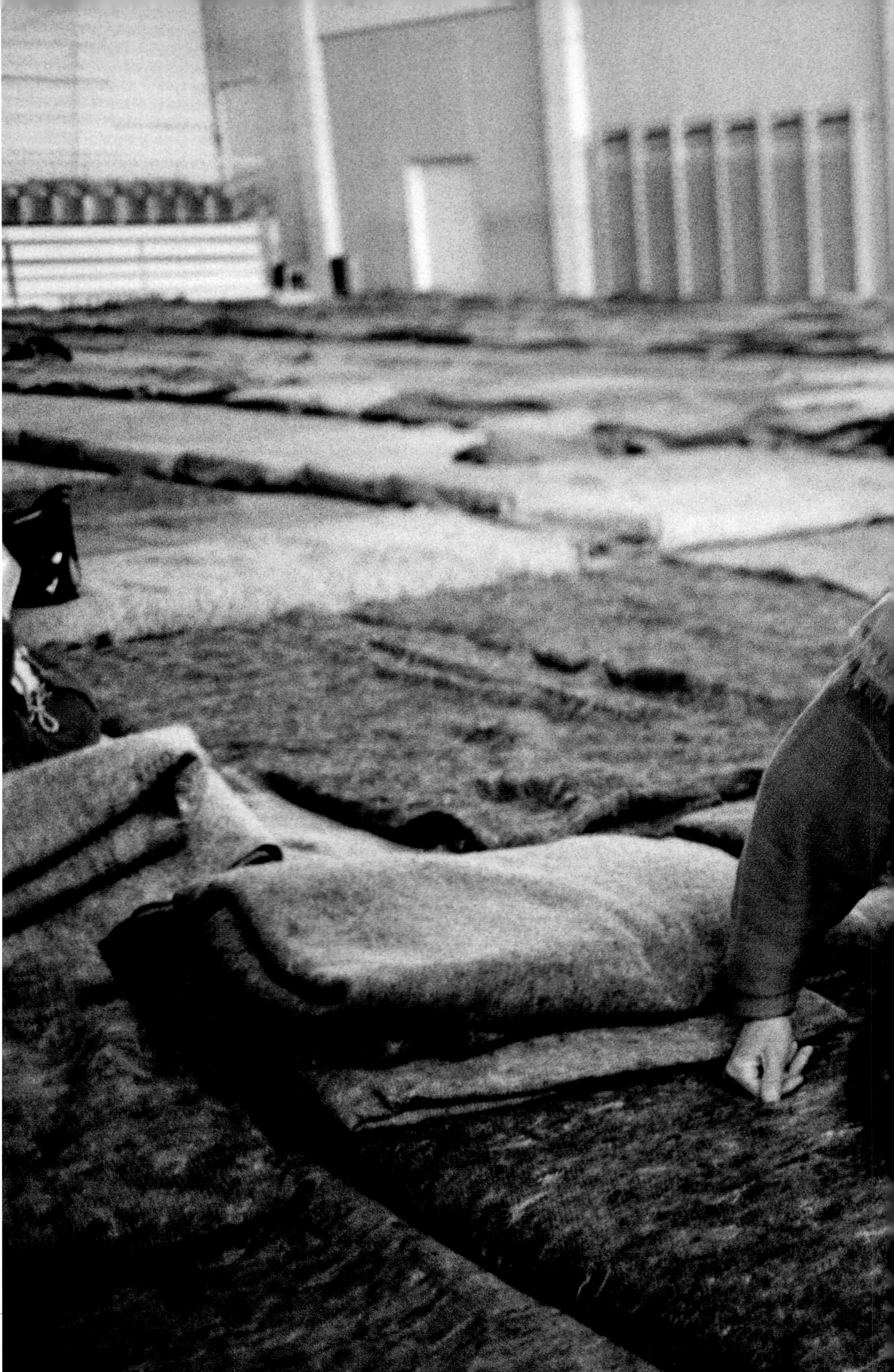

FOTOS BIS SEITE 195:
GILLES PERESS

Zu Beginn der neunziger Jahre haben die Menschen in Europa nach fast einem halben Jahrhundert in Frieden beinahe vergessen, was Krieg bedeutet. Doch als sich 1991/1992 mehrere Teilrepubliken vom Vielvölkerstaat Jugoslawien gegen den Willen der herrschenden Serben abspalten, kehrt der Schrecken der Gewalt auf den Kontinent zurück. Am härtesten trifft es Bosnien-Herzegowina, wo Muslime, Serben und Kroaten um die Macht kämpfen. Vier Jahre lang, bis zur Unabhängigkeit des Landes 1995, wird zwischen Bihać und Banja Luka geschossen, gemordet, vertrieben, geraubt. Der Krieg nimmt 250 000 Menschen das Leben, 2,2 Millionen Flüchtlingen die Heimat und bringt nur eines: Unglück. Die Fotos auf den folgenden Seiten dokumentieren ein Leid, das keiner weiteren beschreibenden Worte bedarf

GEO 1/95

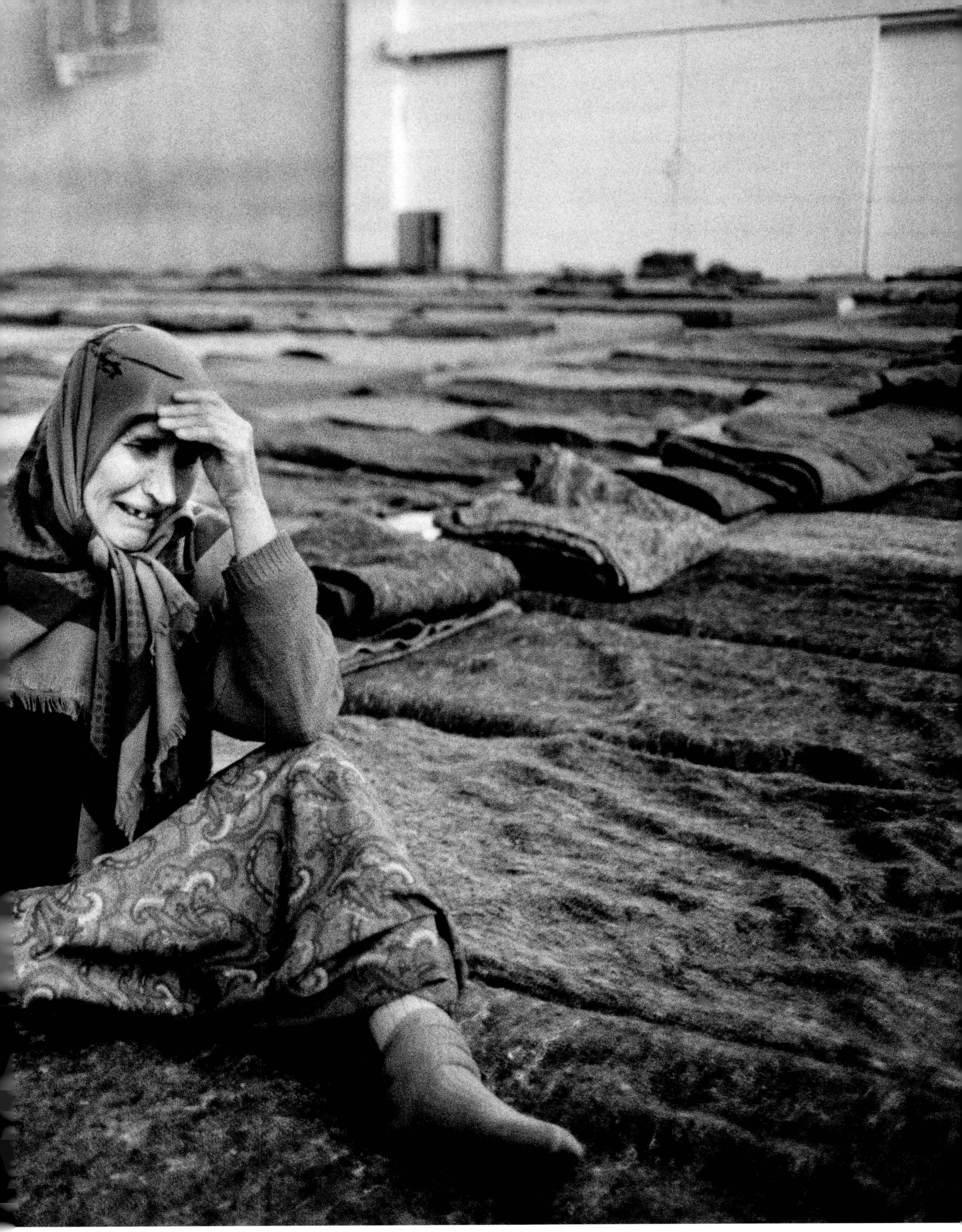

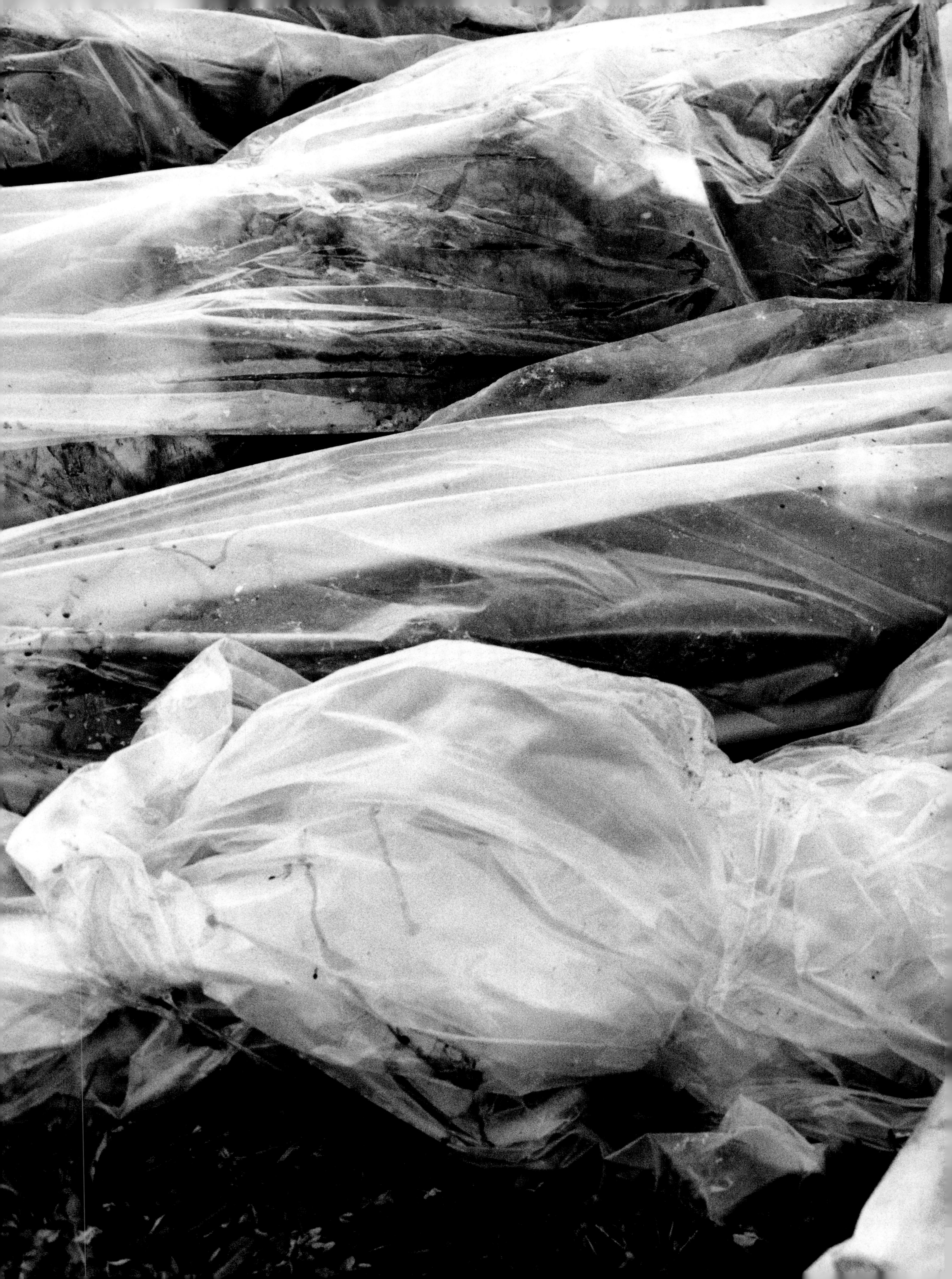

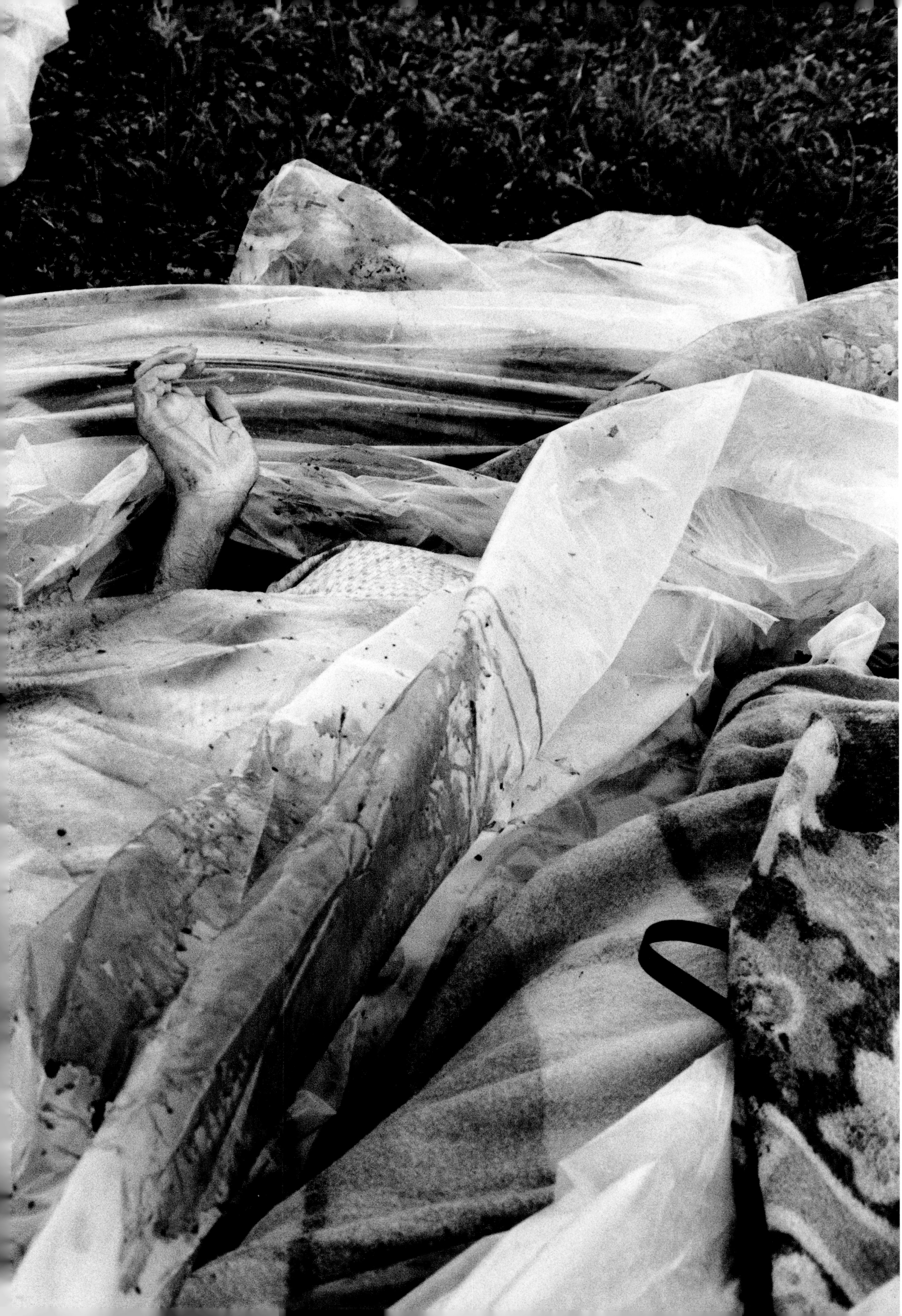

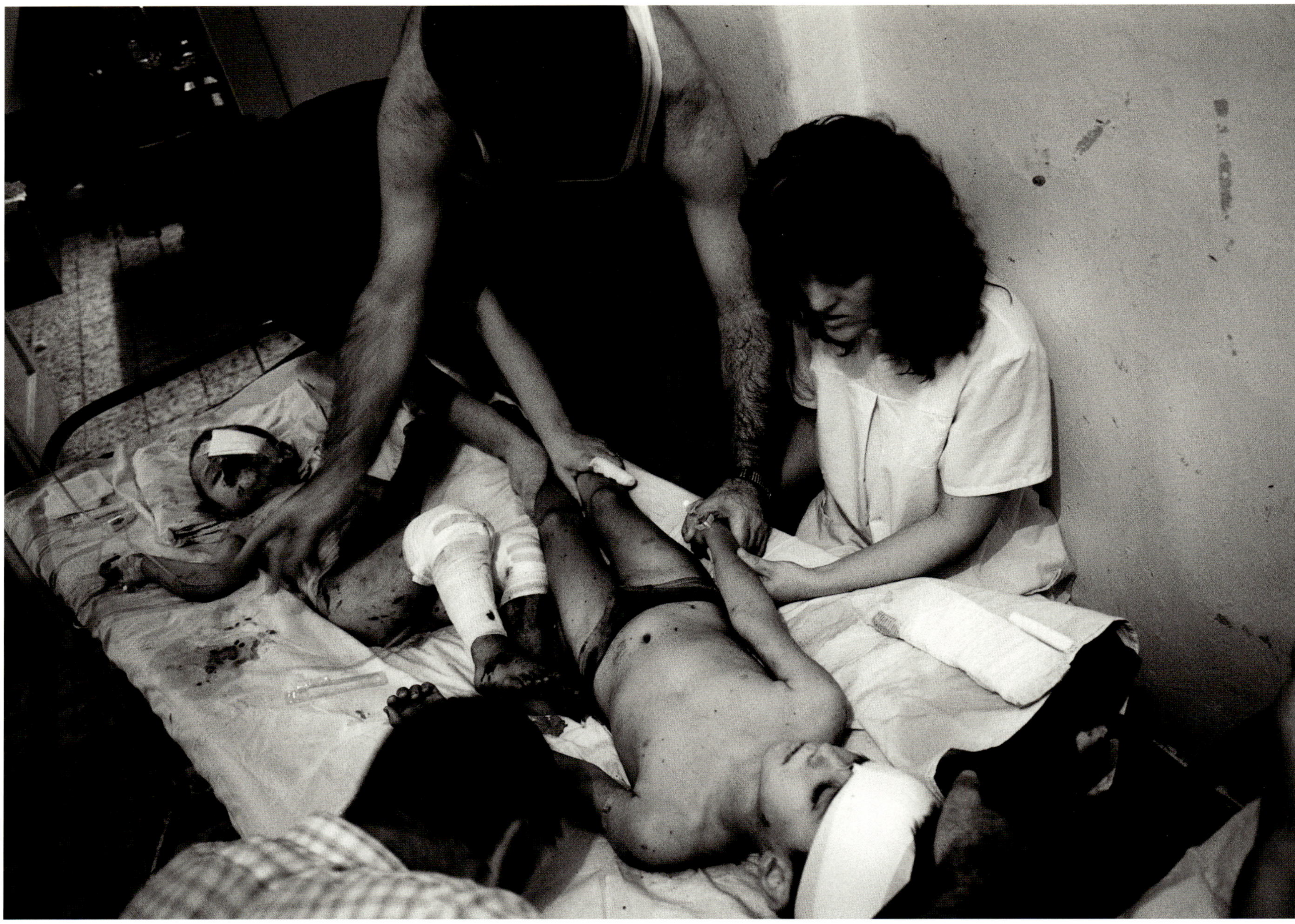

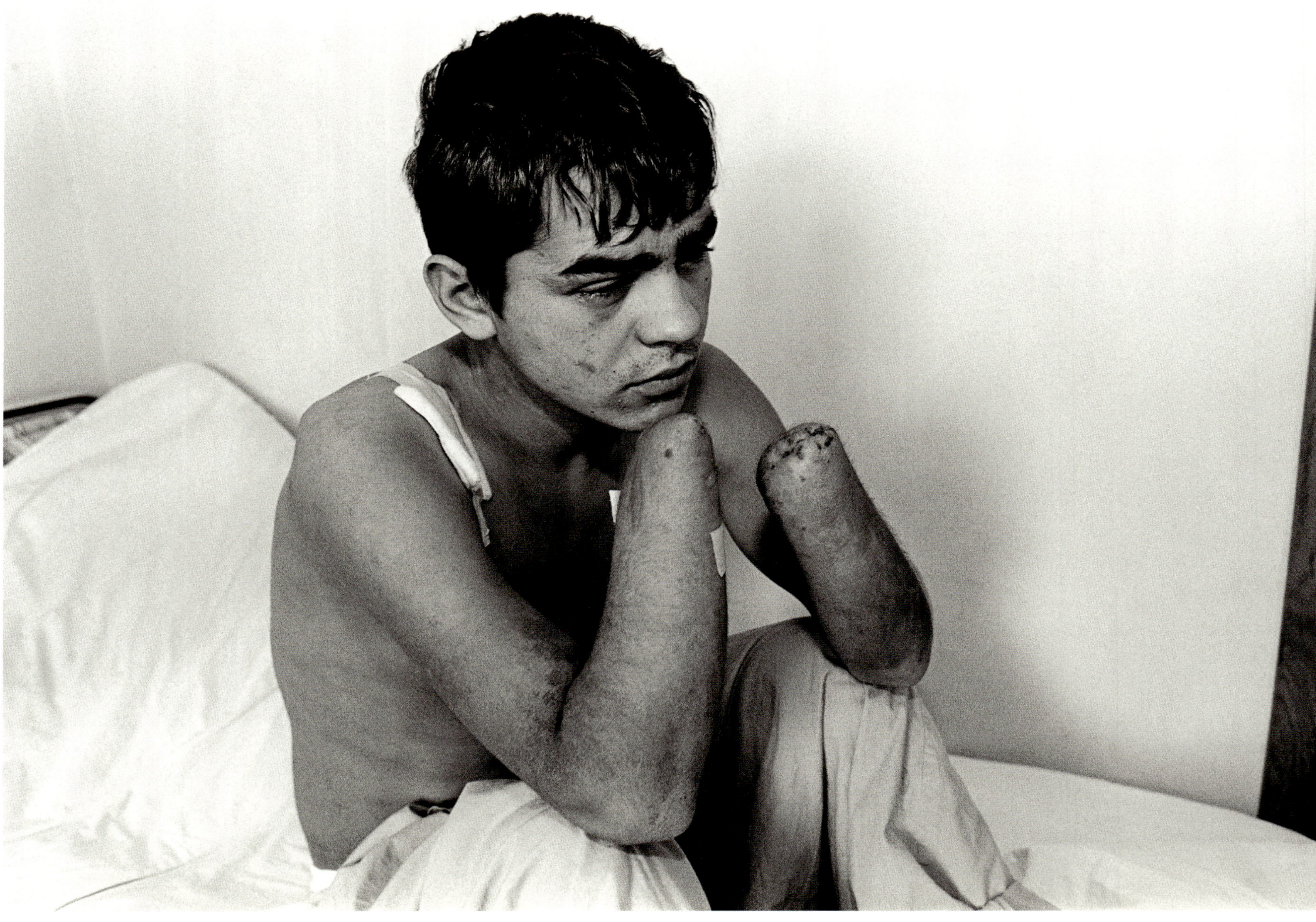

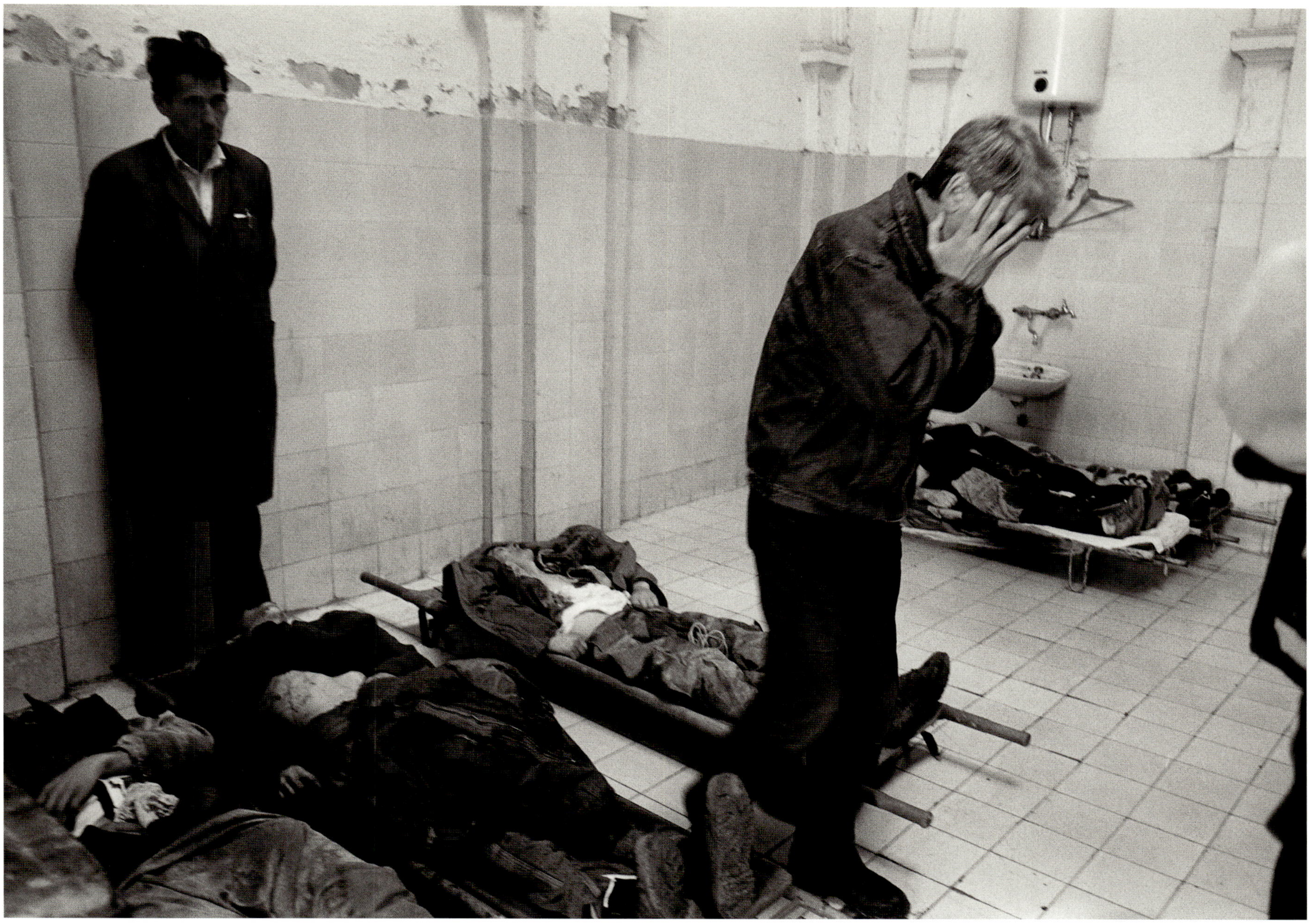

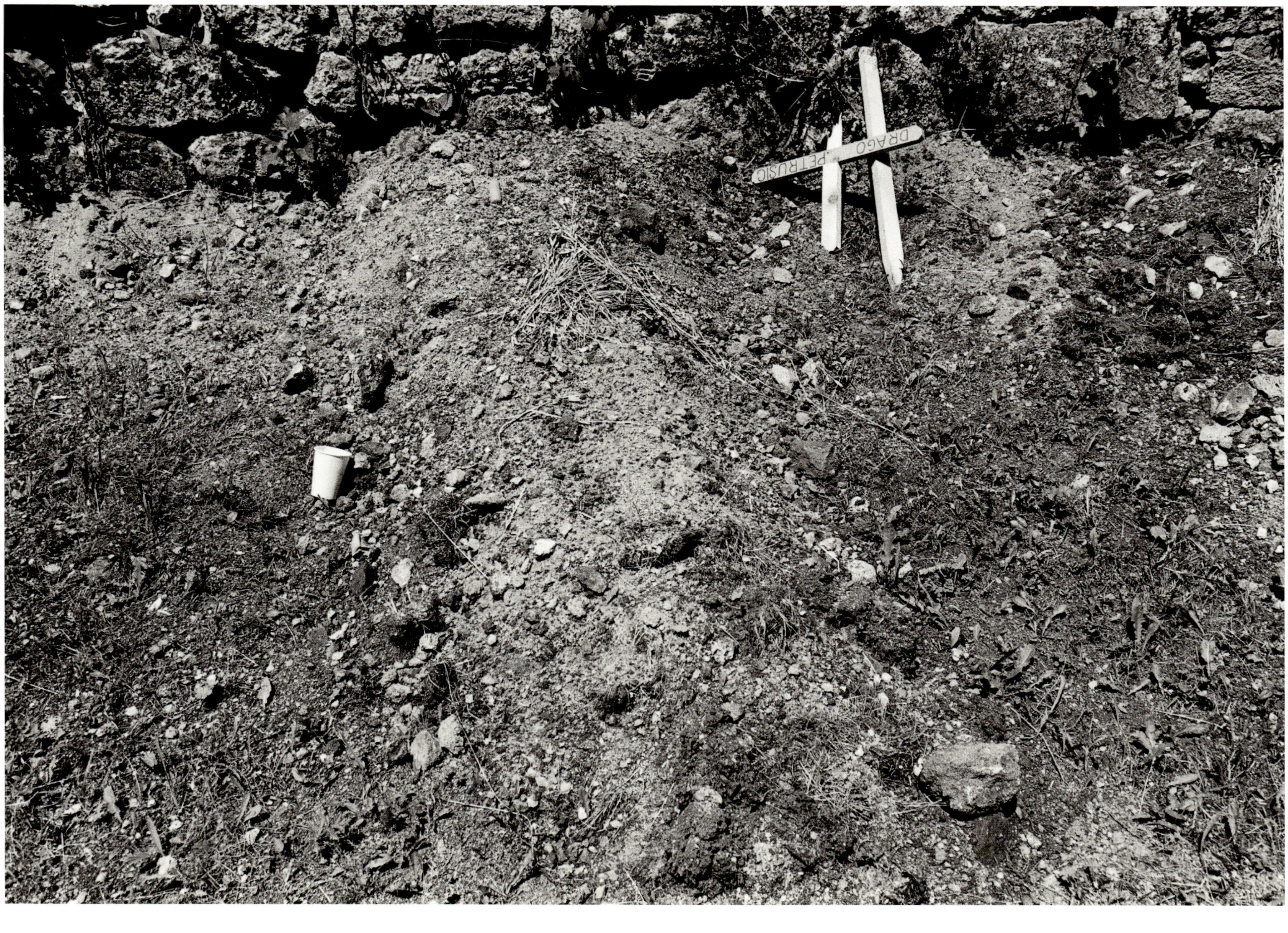
DRAGO
PETRUSIC

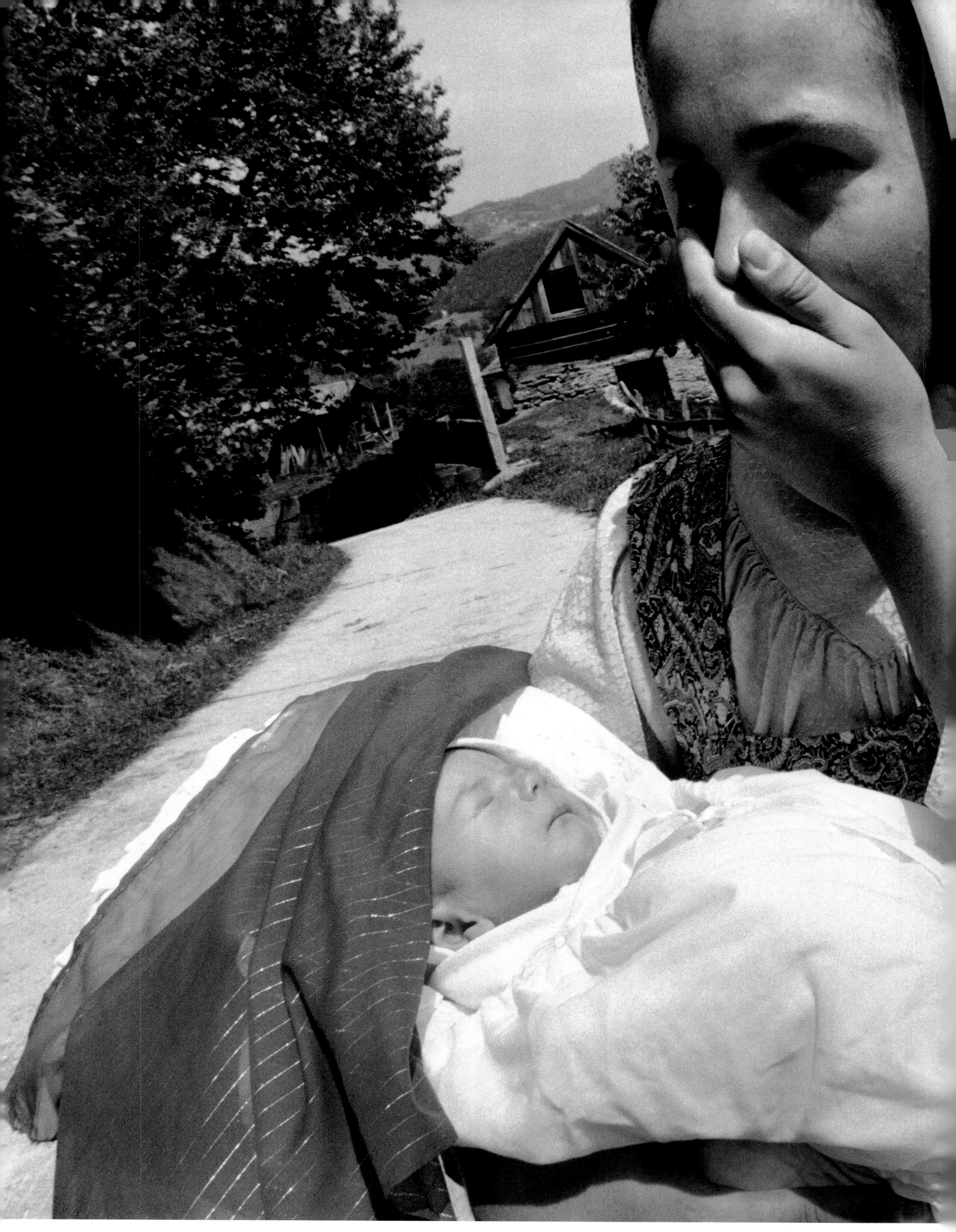

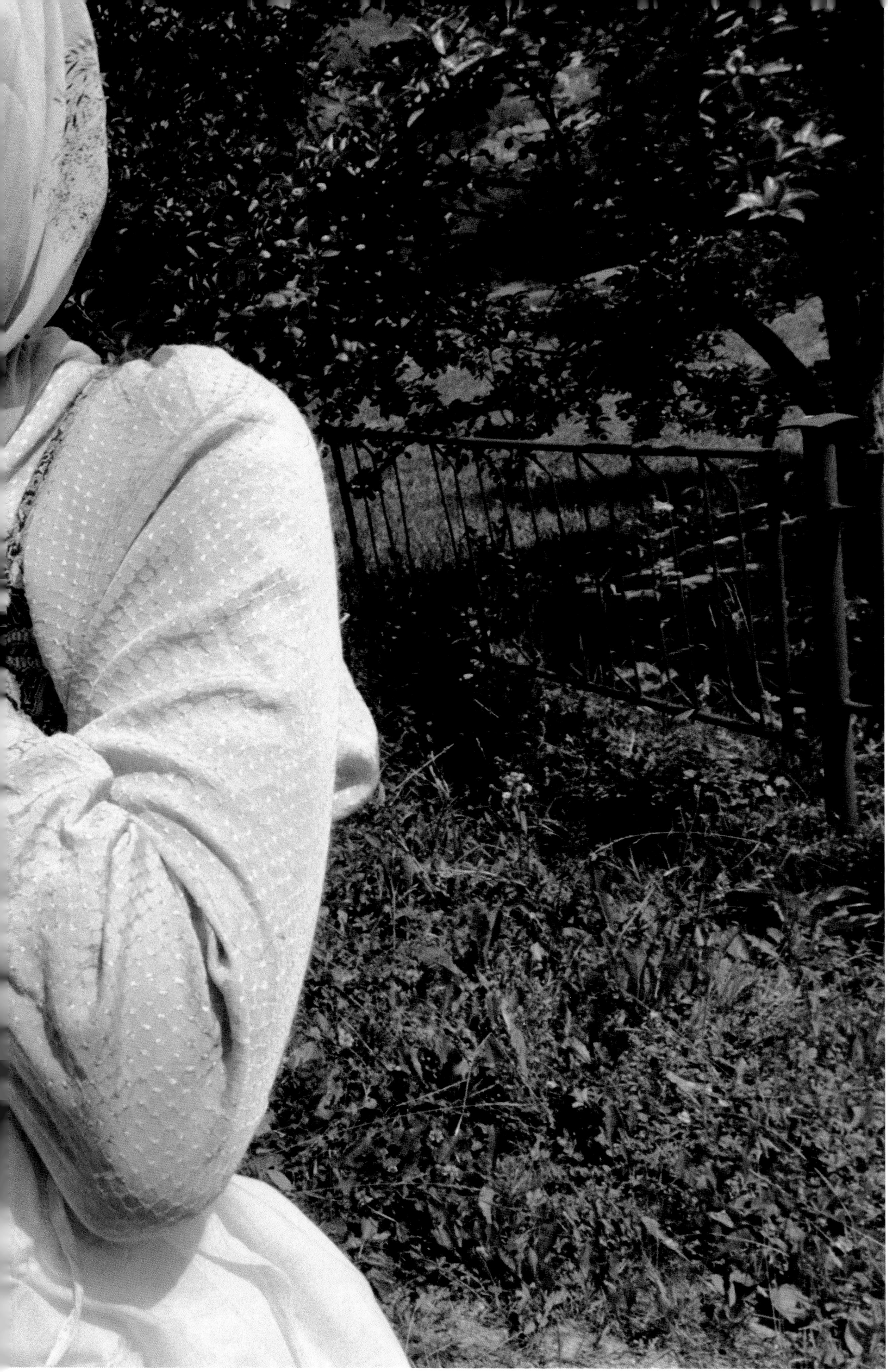

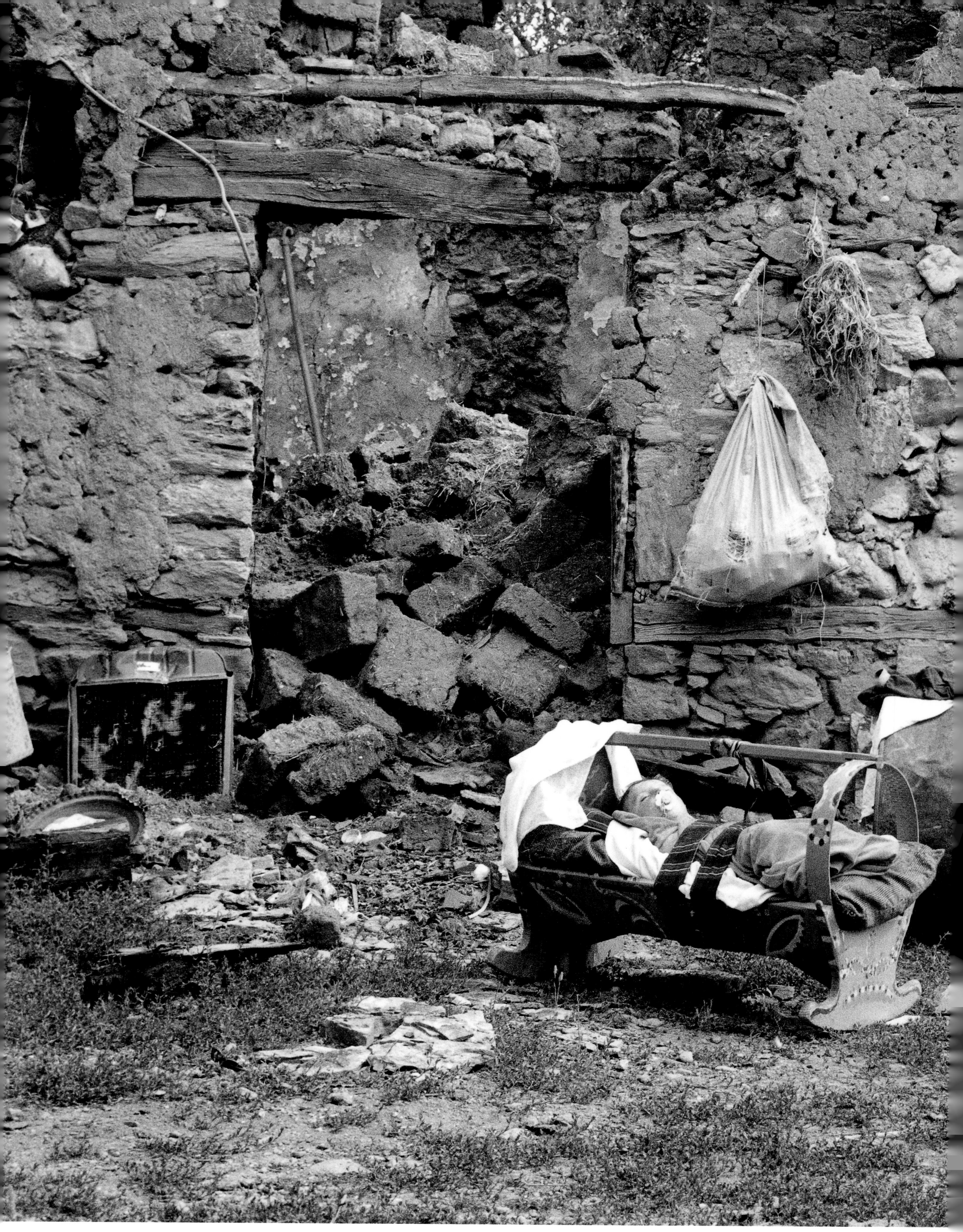

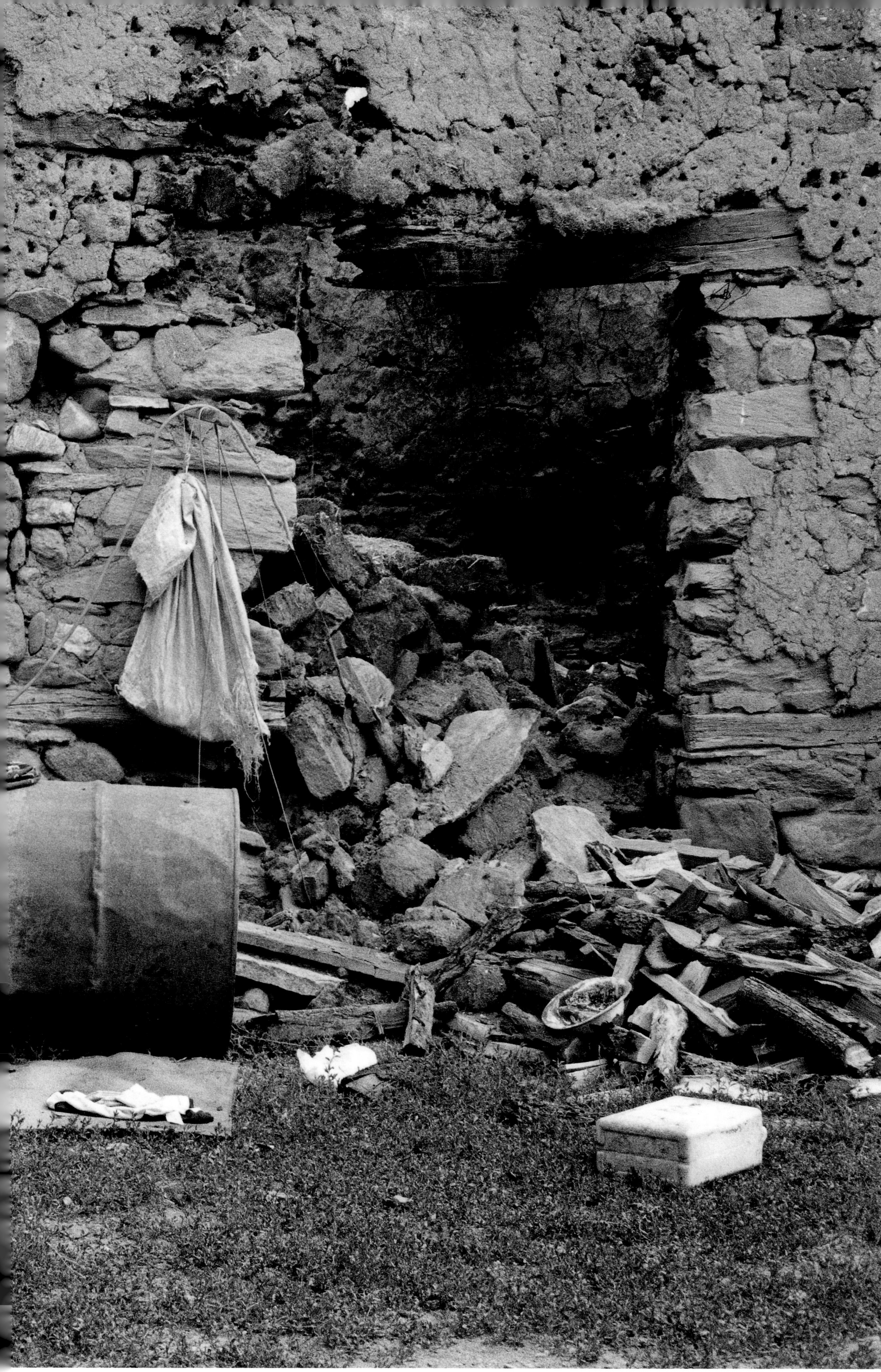

Foto:
CHRISTOPHE CALAIS

Friedlich schläft ein albanischer Junge vor den Resten seines Elternhauses in Rečane im Kosovo. Die Wiege, ein Rosenstrauch hinter der Ruine und eine im Garten vergrabene Flasche Wein ist alles, was der Familie nach der Rückkehr aus dem Flüchtlingslager in Mazedonien geblieben ist. Ein Schicksal wie das vieler Tausend Kosovo-Albaner. Dennoch kommen die meisten Menschen zuversichtlich in ihre zerstörten Städte und Dörfer zurück – denn nun sind es wieder ihre Städte und Dörfer

GEO 8/99

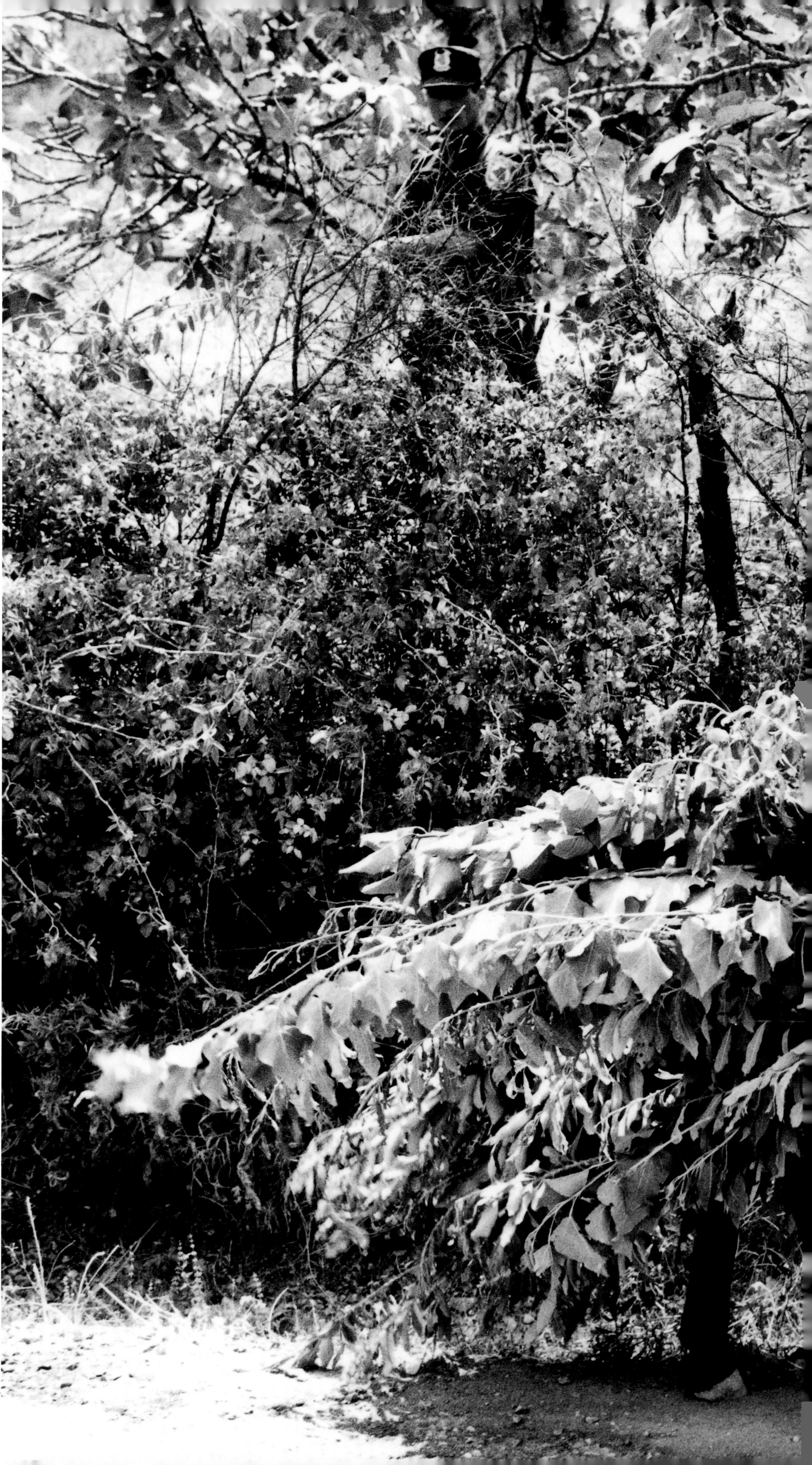

Foto:
MICHAEL VON GRAFFENRIED

Seit Algeriens Regierung 1992 die Partei der radikalen Islamisten verboten hat, terrorisieren fanatische Untergrundkämpfer das Land. Nach einer Amnestie im Jahr 2000 ergaben sich zwar 6000 Freischärler, doch in den Bergen der Kabylei führen die übrig gebliebenen Glaubenskrieger ihren Kampf für den Gottesstaat fort. Zur Geldbeschaffung erpressen Wegelagerer auf den Überlandstraßen »islamische Steuern«. Viel zu selten beschützen dort versteckte Armeeposten Autofahrer und Reiter

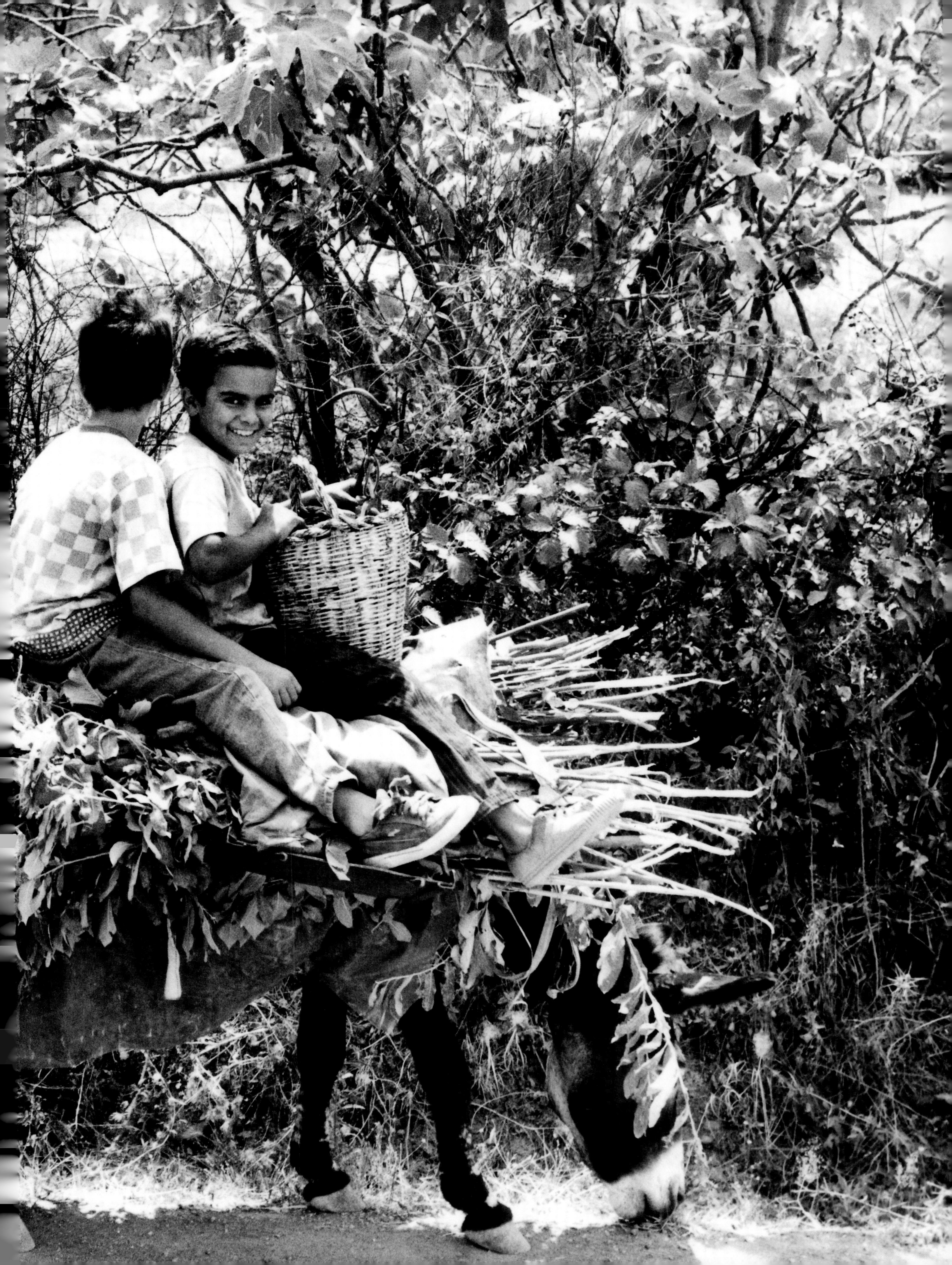

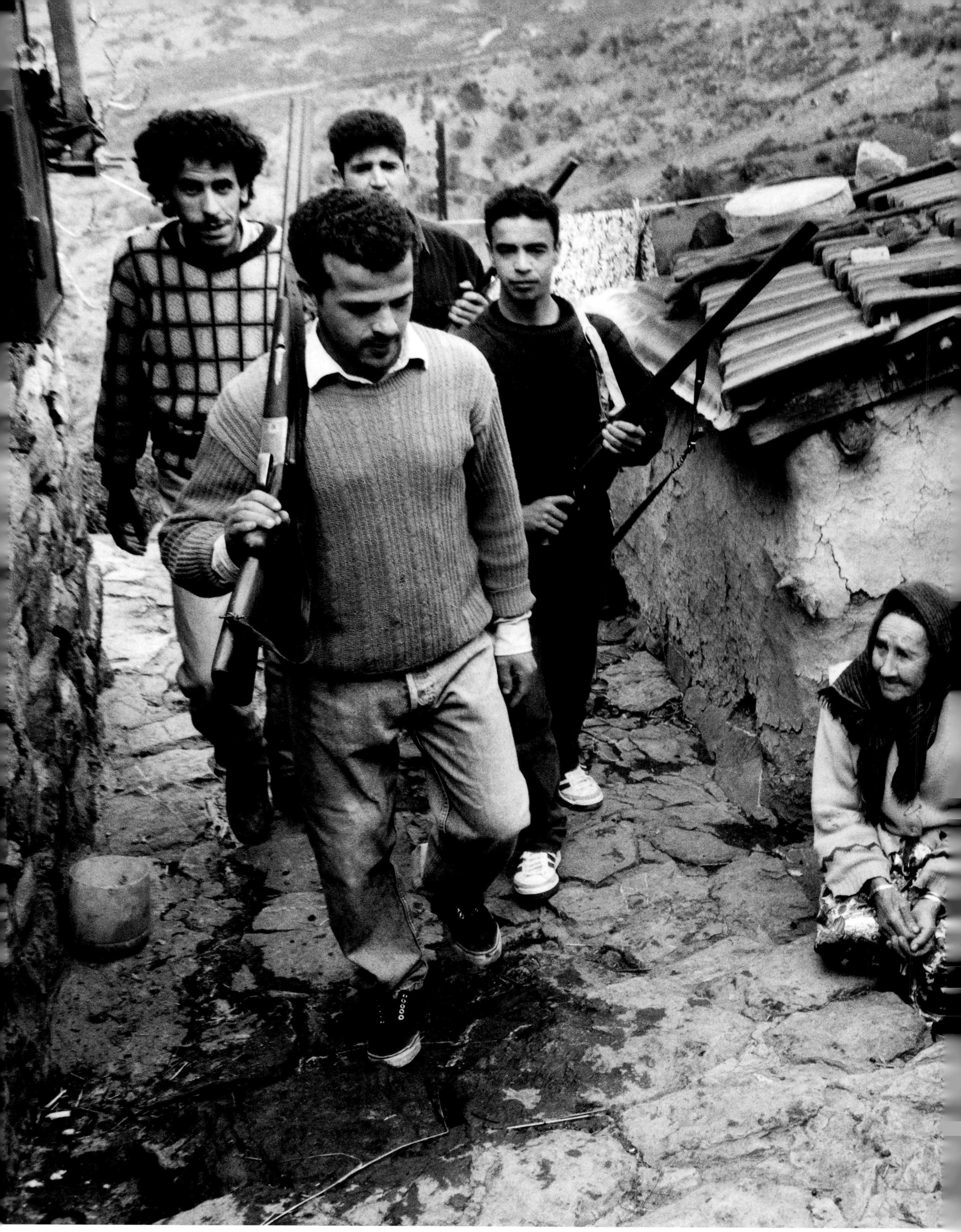

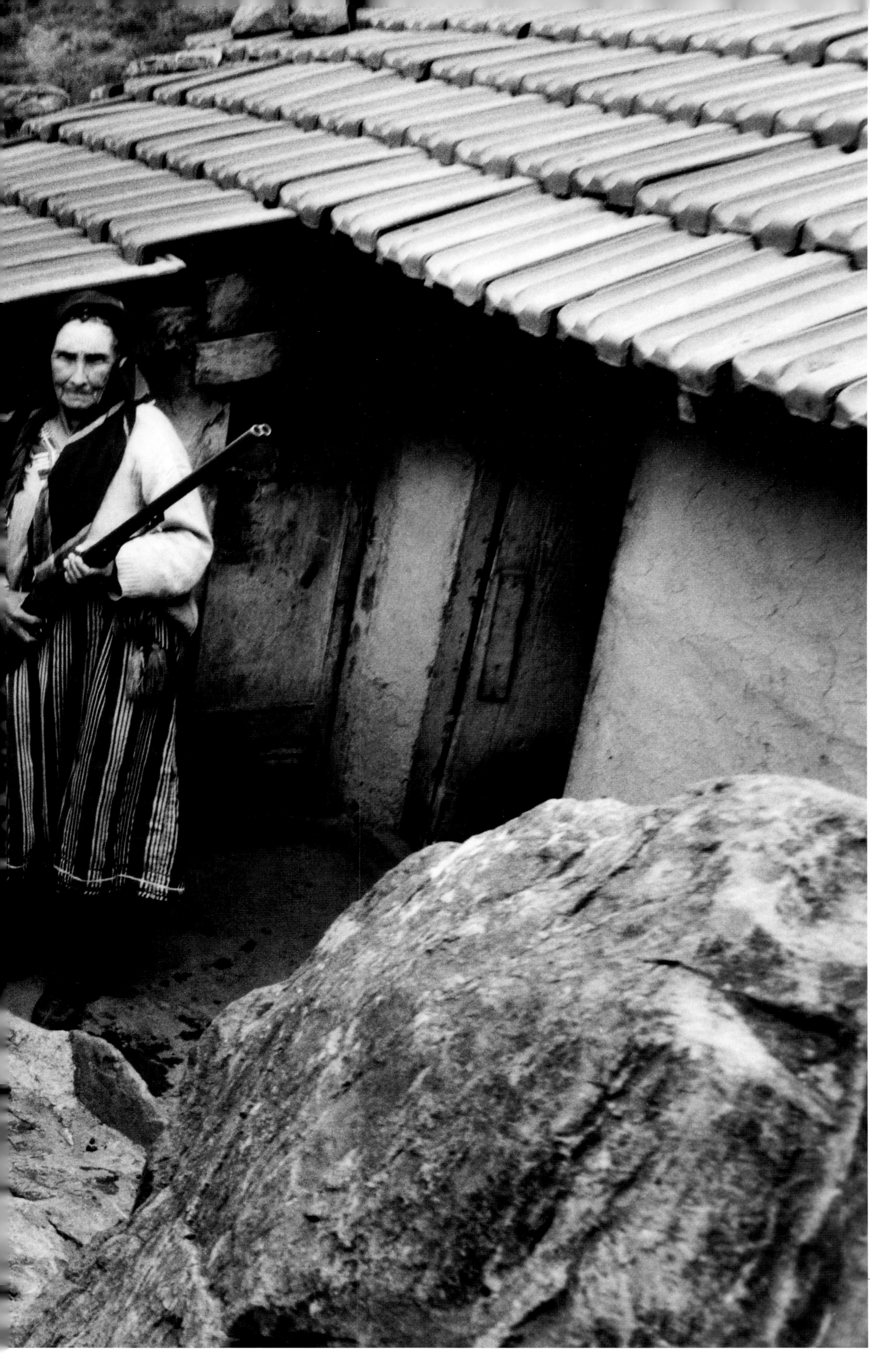

Foto:
MICHAEL VON GRAFFENRIED

Eine Frau schießt nicht, eine Frau geht nicht auf die Jagd. So war es eigentlich Sitte im Berberdorf Igoudjdal im Nordosten der Kabylei. Doch als die Bewohner ihre Miliz zum Schutz vor den Islamisten aufstellten, weil die Staatsmacht sie im Stich ließ, griffen auch die Frauen zu den Waffen. Nicht mehr die Tradition zählte, sondern das Überleben

GEO 11/00

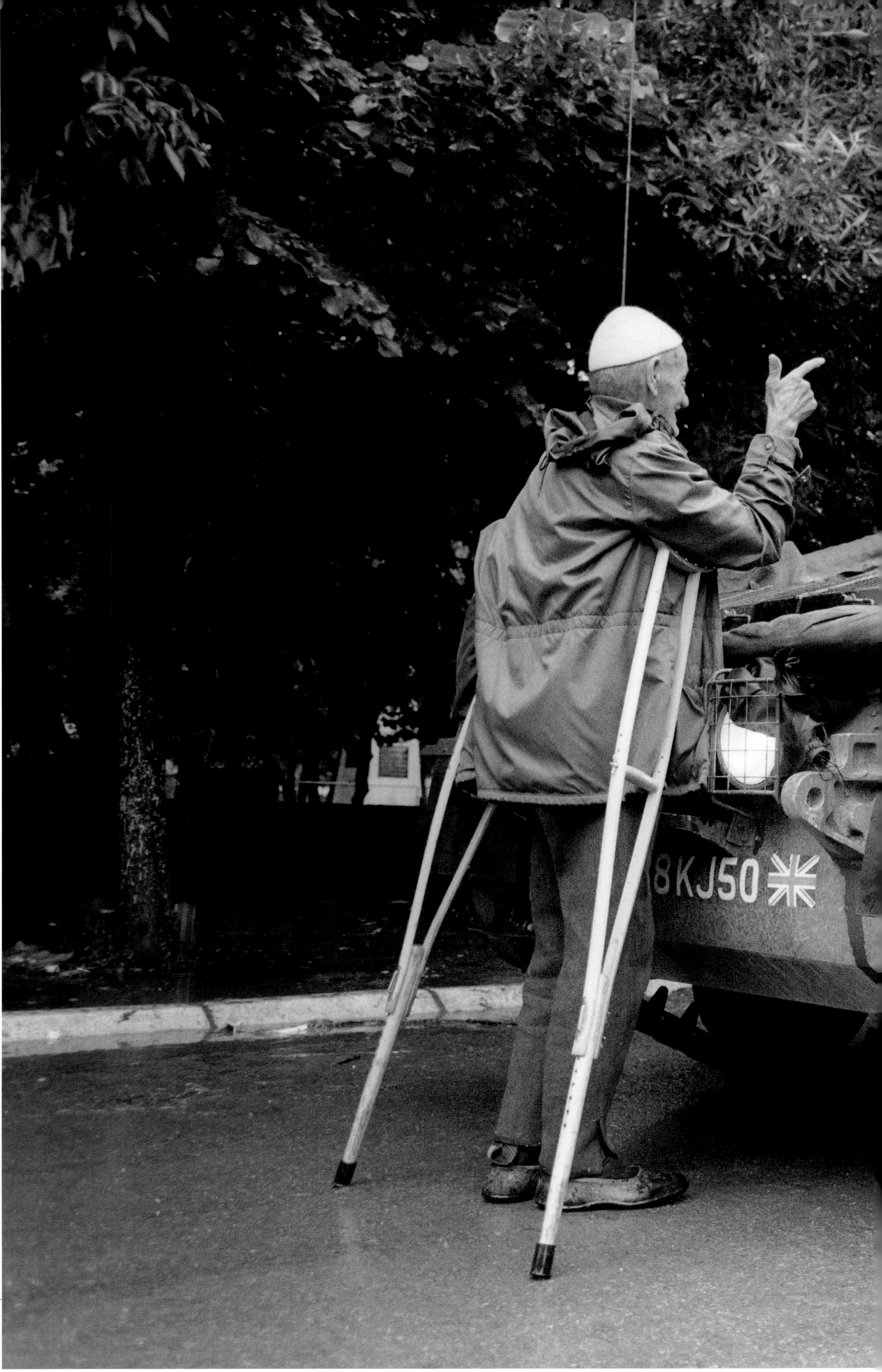

Foto:
TOM STODDART

Kosovo, Juni 1999: Dankbar begrüßt ein alter albanischer Mann in der Stadt Podujevo die Besatzung eines britischen Panzers. 78 Tage lang haben zuvor Nato-Flugzeuge Ziele in Jugoslawien bombardiert, um die Vertreibung der Kosovo-Albaner durch die Serben zu stoppen. Als Staatspräsident Slobodan Milošević aufgibt, rollen am 12. Juni die ersten Nato-Truppen in die kosovarischen Städte ein und werden von der albanischen Bevölkerung als Befreier gefeiert

GEO *8/99*

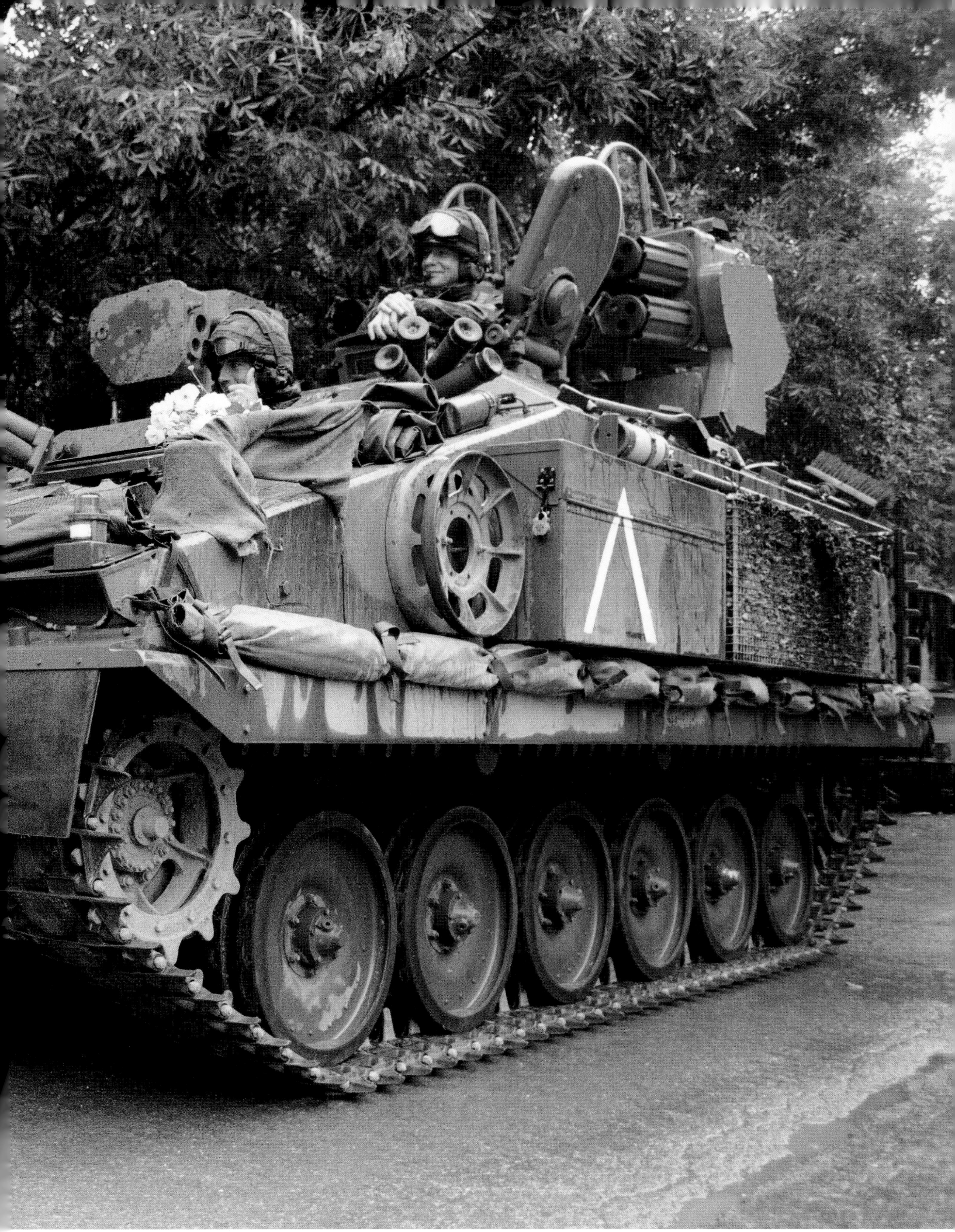

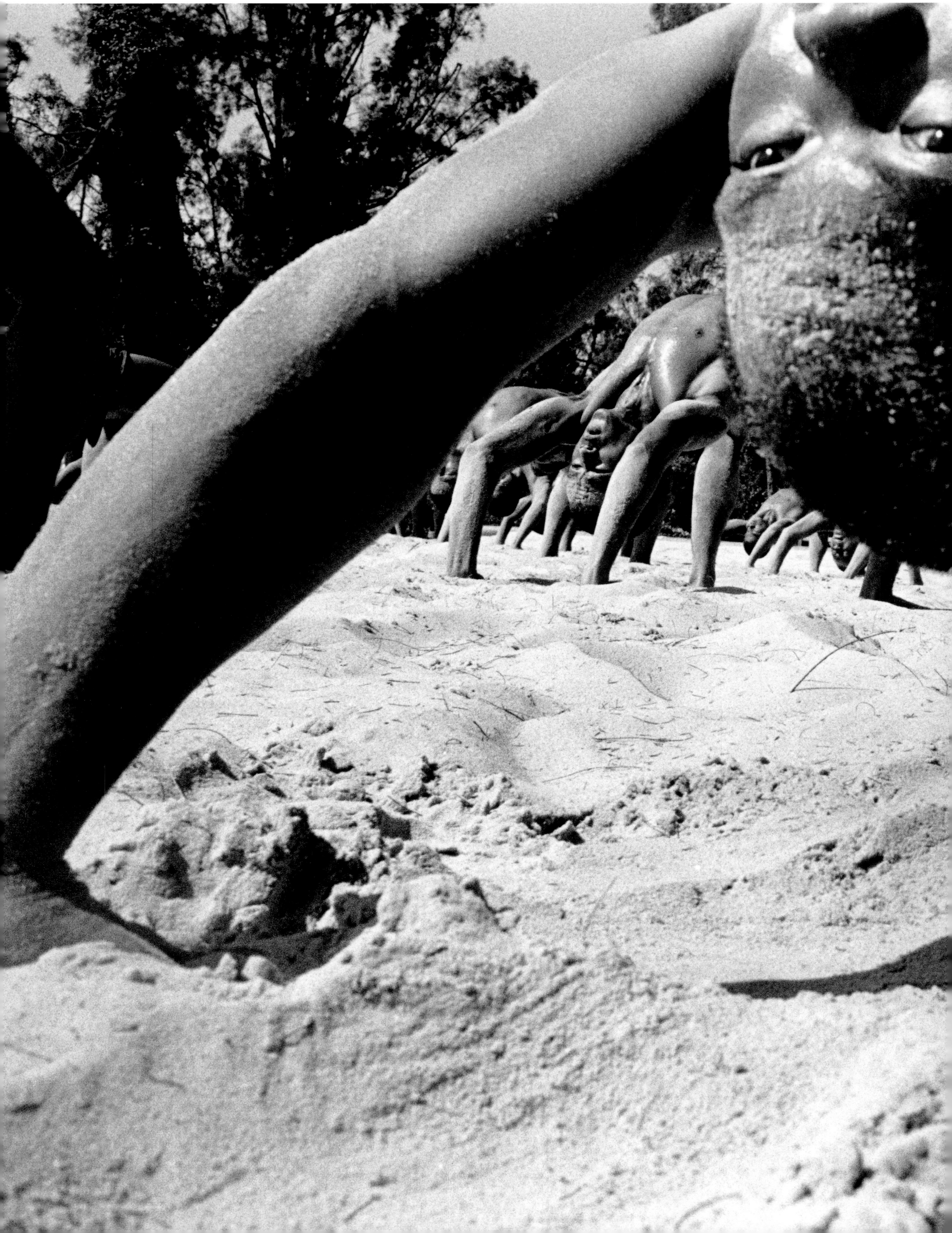

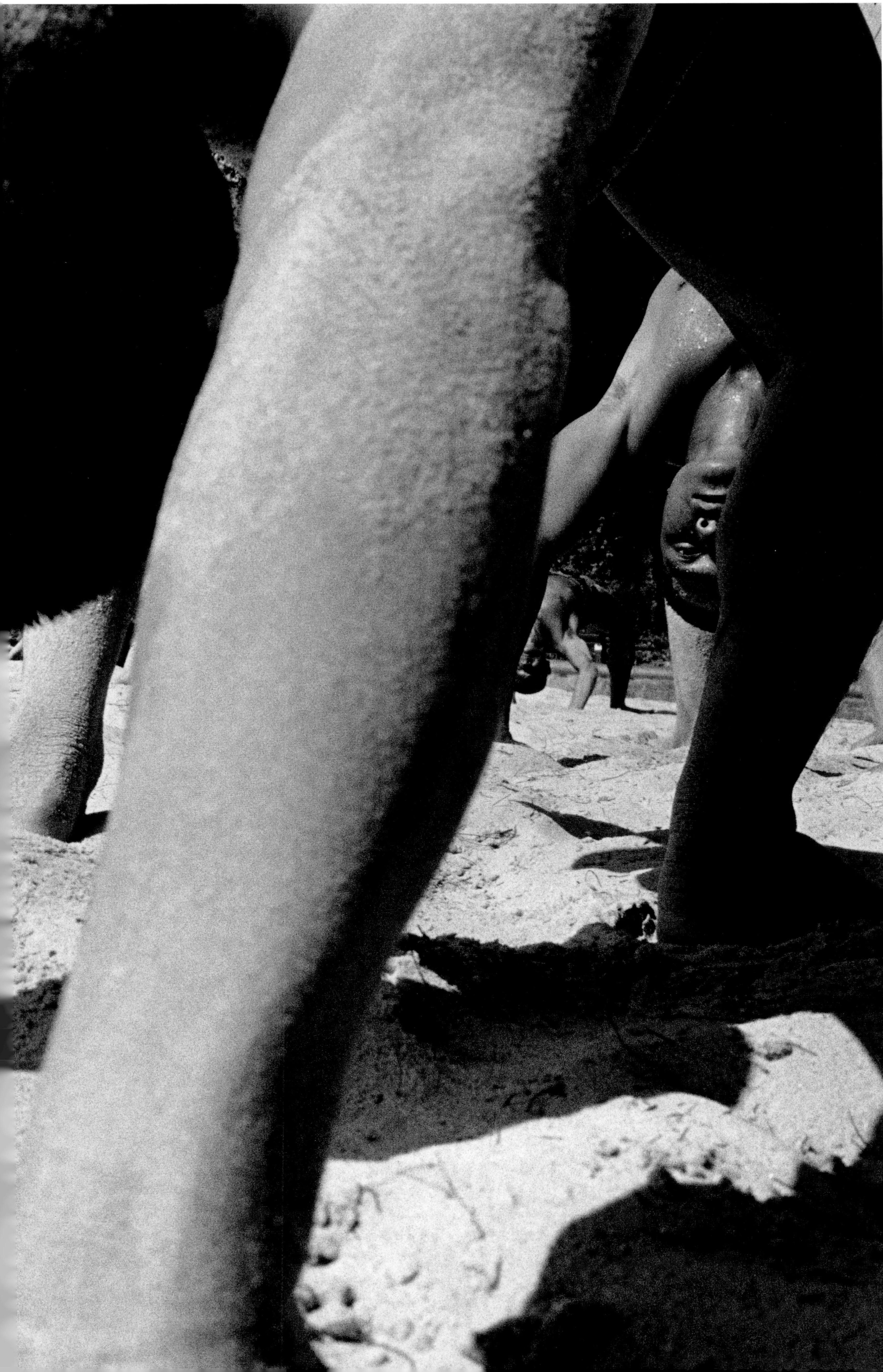

FOTO:
CHIEN-CHI CHANG

Am Strand von Kinmen trainieren taiwanesische Kampfschwimmer für den Ernstfall: den Krieg gegen die Volksrepublik China. Bis heute beansprucht die »große Schwester« die abtrünnige Inselprovinz, auf der der Kuomintang-Führer Tschiang Kaischek 1949 »Nationalchina« gründete. Die Muskelspiele der Soldaten sind angesichts des Kräfteverhältnisses der Staaten jedoch nur ein symbolischer Akt: Bei einem Angriff hätten die 400 000 taiwanesischen Kämpfer gegen die 2,5 Millionen Mann Rotchinas keine Chance

GEO 5/01

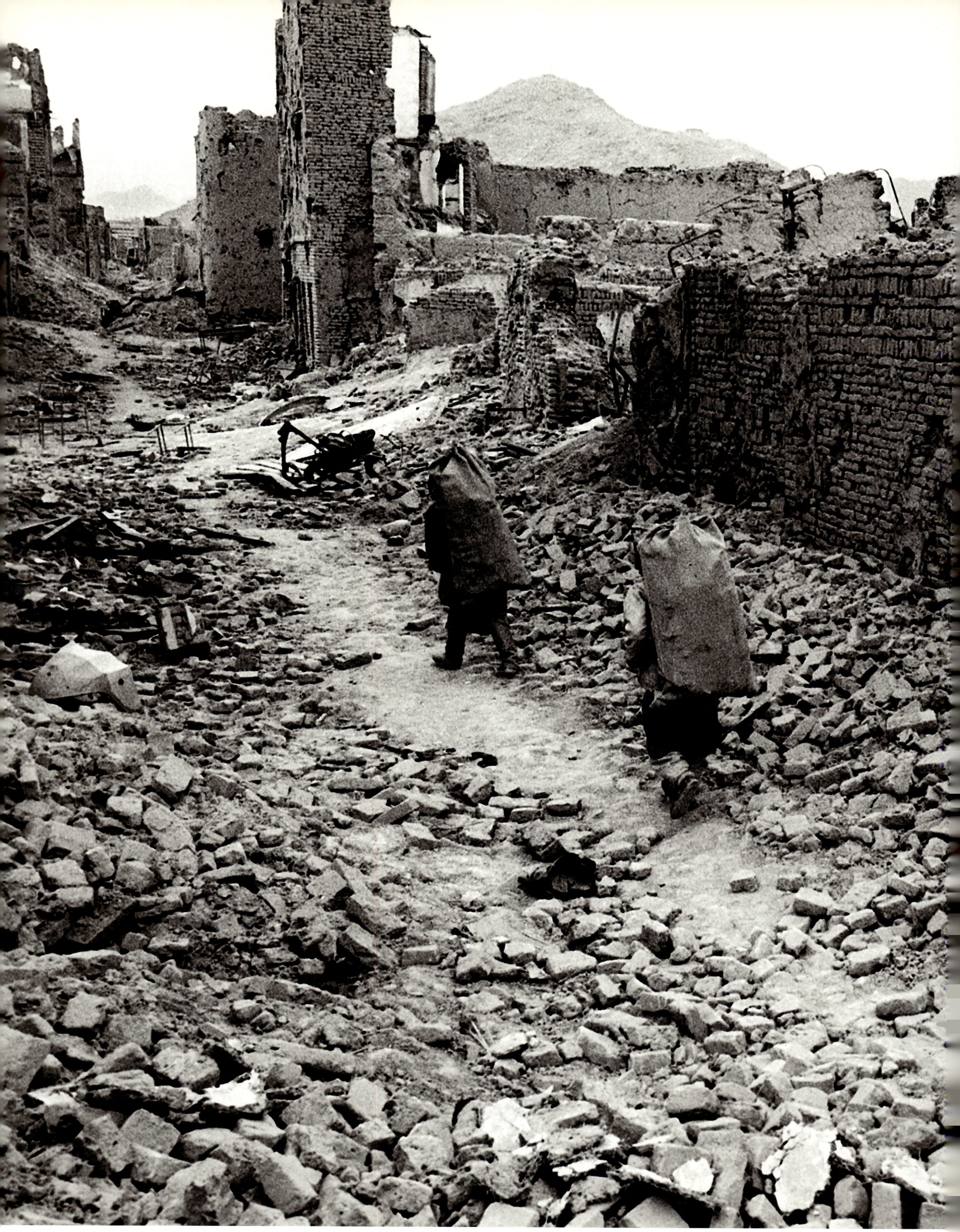

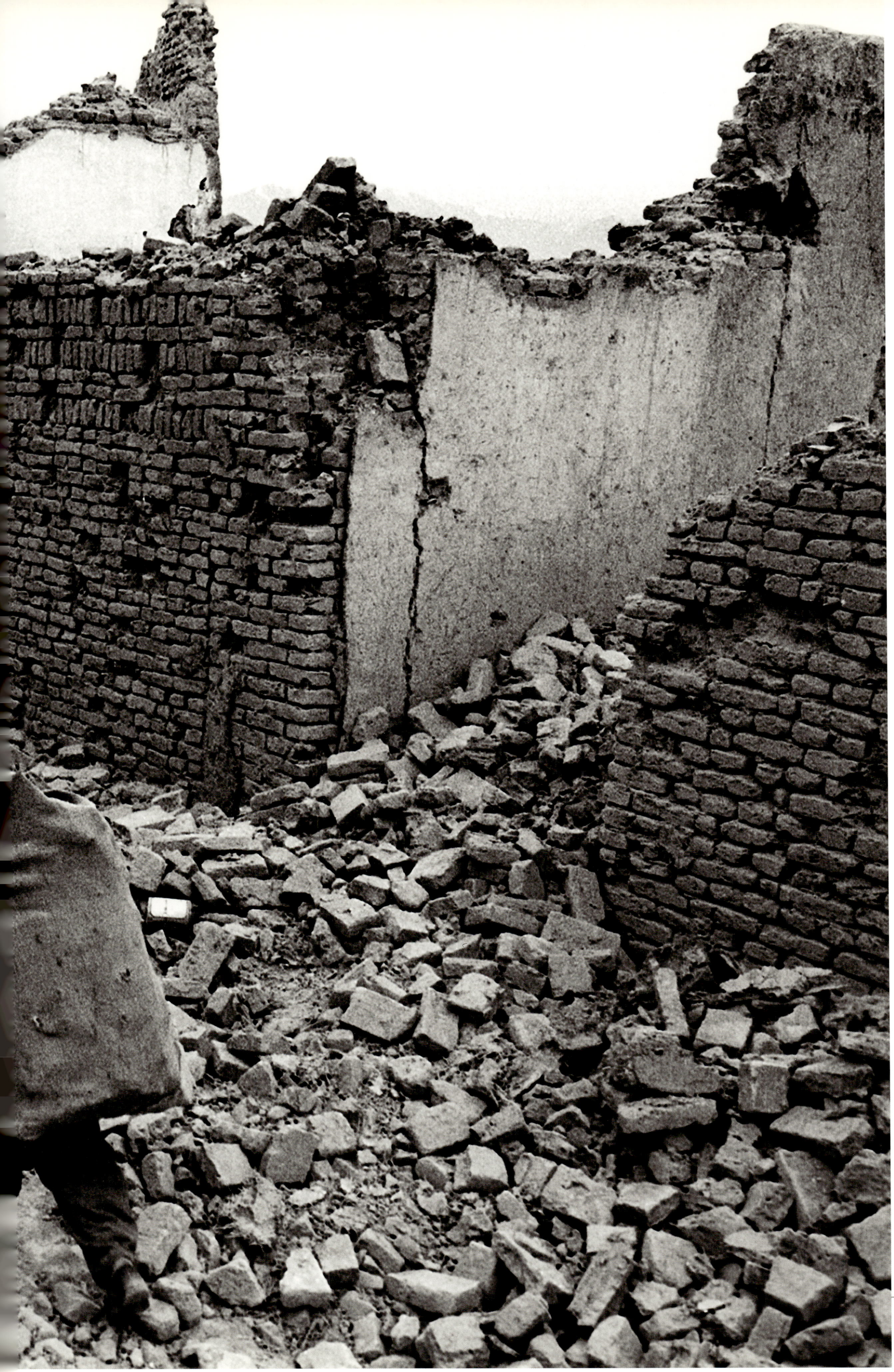

Foto:
LAURENT VAN DER STOCKT

Horden von Kindern ziehen mit Leinensäcken beladen durch die zerstörte afghanische Hauptstadt Kabul. In den kaputten Häusern suchen sie nach Brennholz. Eine gefährliche und ermüdende Arbeit, denn die Trümmer sind vermint, der Heimweg ist endlos. Doch wer im Winter bei Temperaturen bis minus 25 Grad nicht frieren will, muss sammeln

GEO 1/97

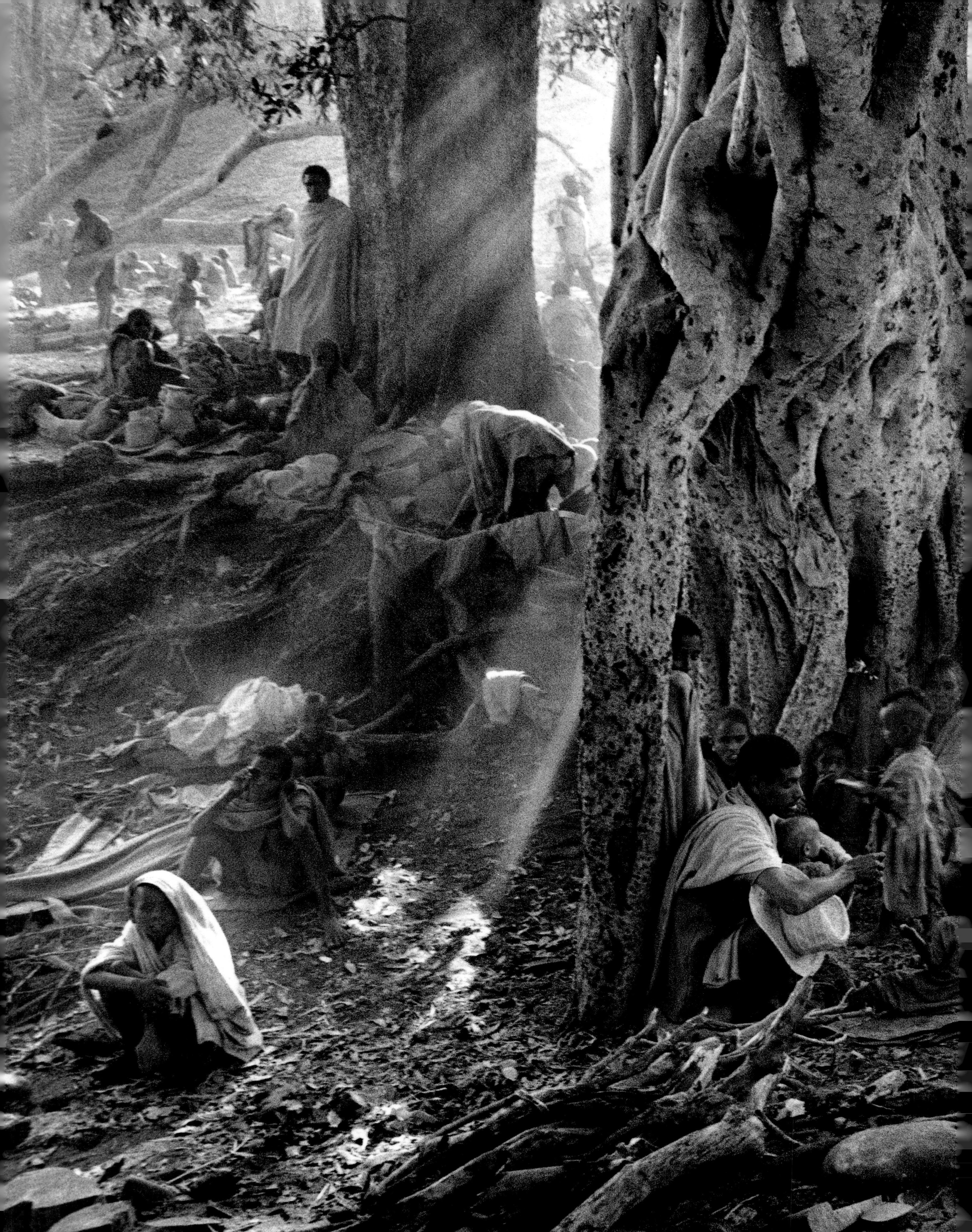

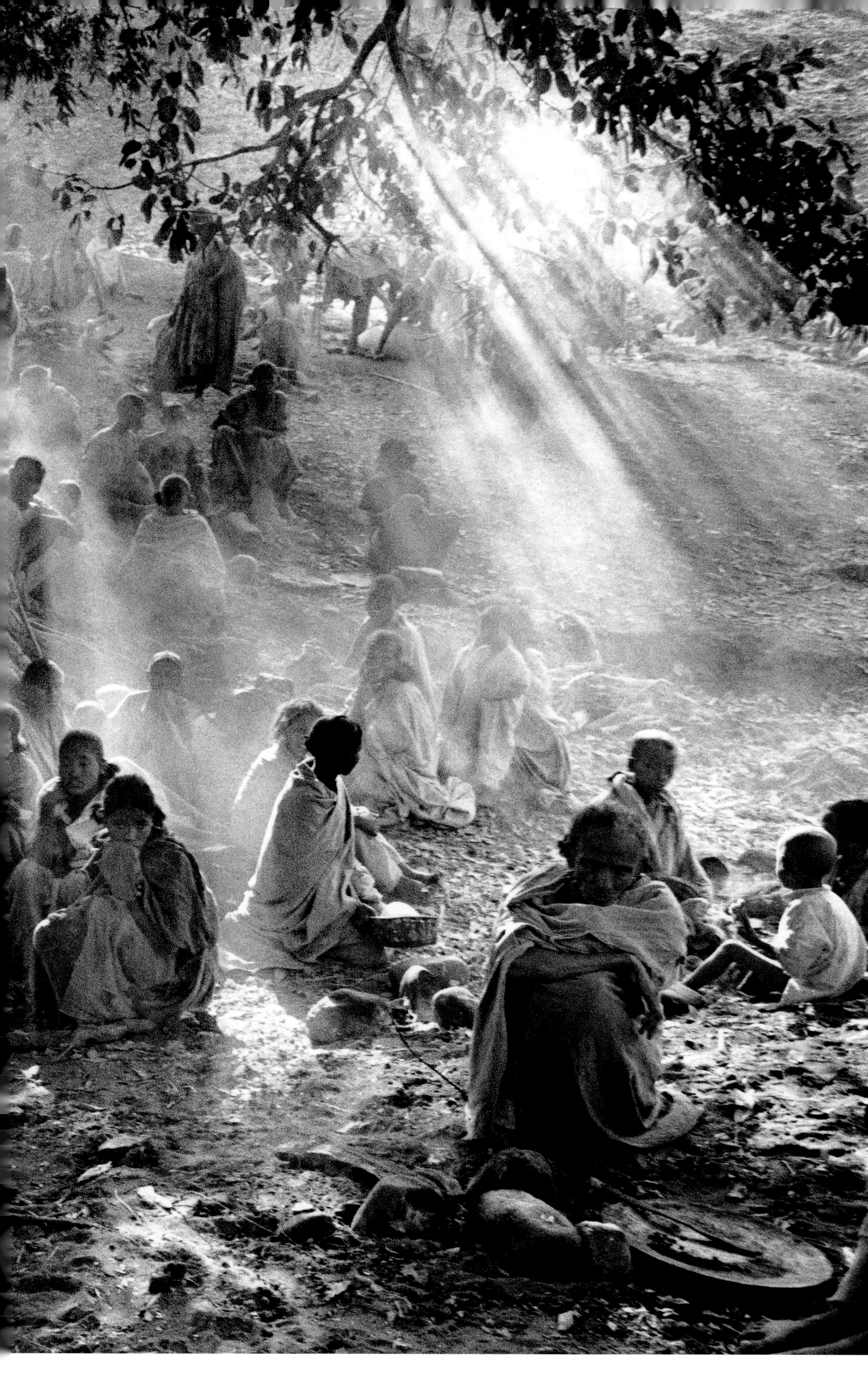

Foto:
SEBASTIAO SALGADO

Vertrieben von Hunger und Bürgerkrieg suchen Flüchtlinge in Eritrea Mitte der achtziger Jahre unter Bäumen vor äthiopischen Kampfflugzeugen Schutz. Viele von ihnen haben den Frieden noch nie erlebt, denn seit 1962 kämpfen die Bewohner der Provinz um ihre Unabhängigkeit von Äthiopien. Der Krieg macht die Eritreer zu einem Volk von Rastlosen: Rund eine Million Menschen, etwa ein Drittel der Bevölkerung, verlassen ihre Heimat. Erst 1991 endet der Konflikt; 1993 wird Eritrea ein souveräner Staat

GEO Special *Arabien*

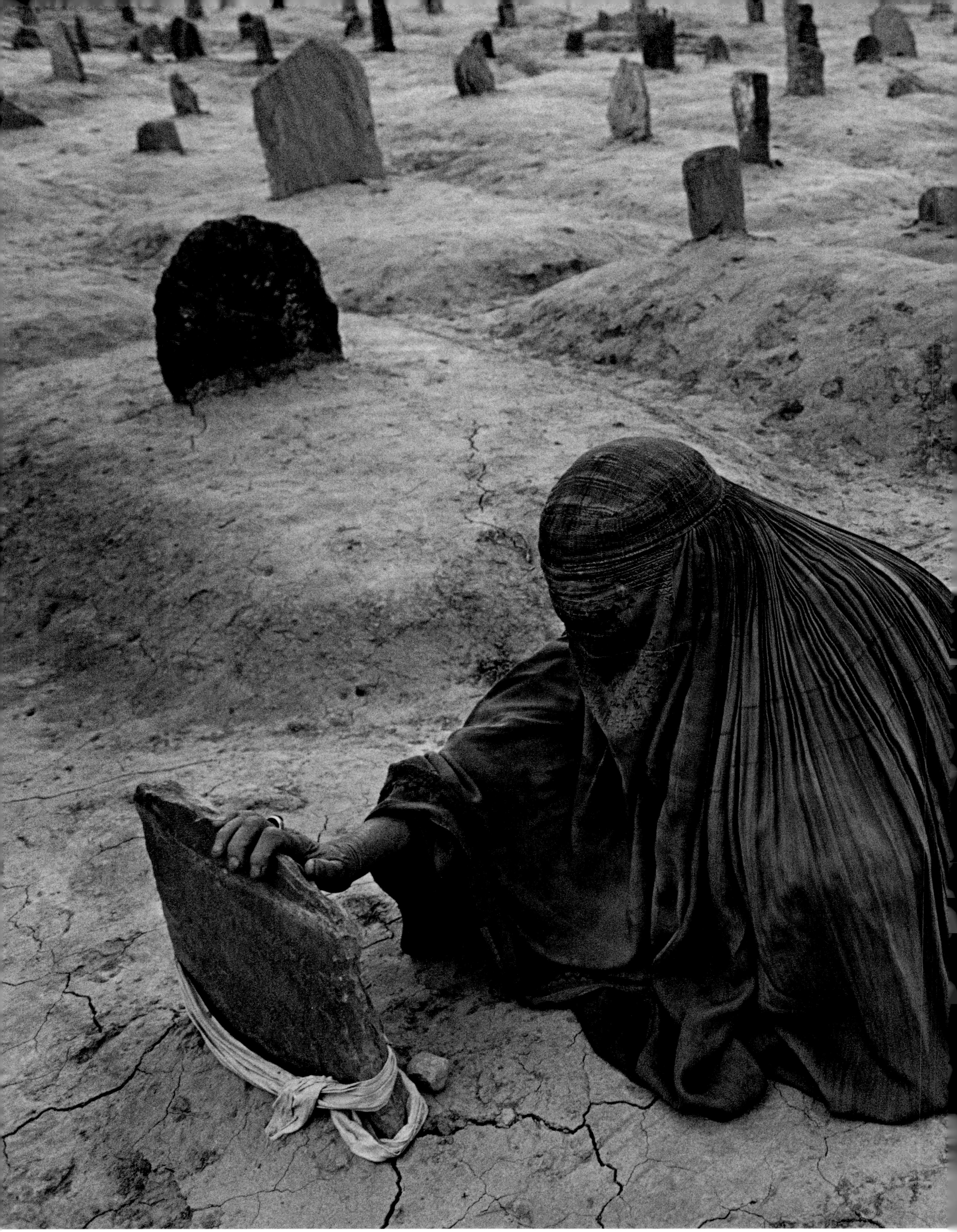

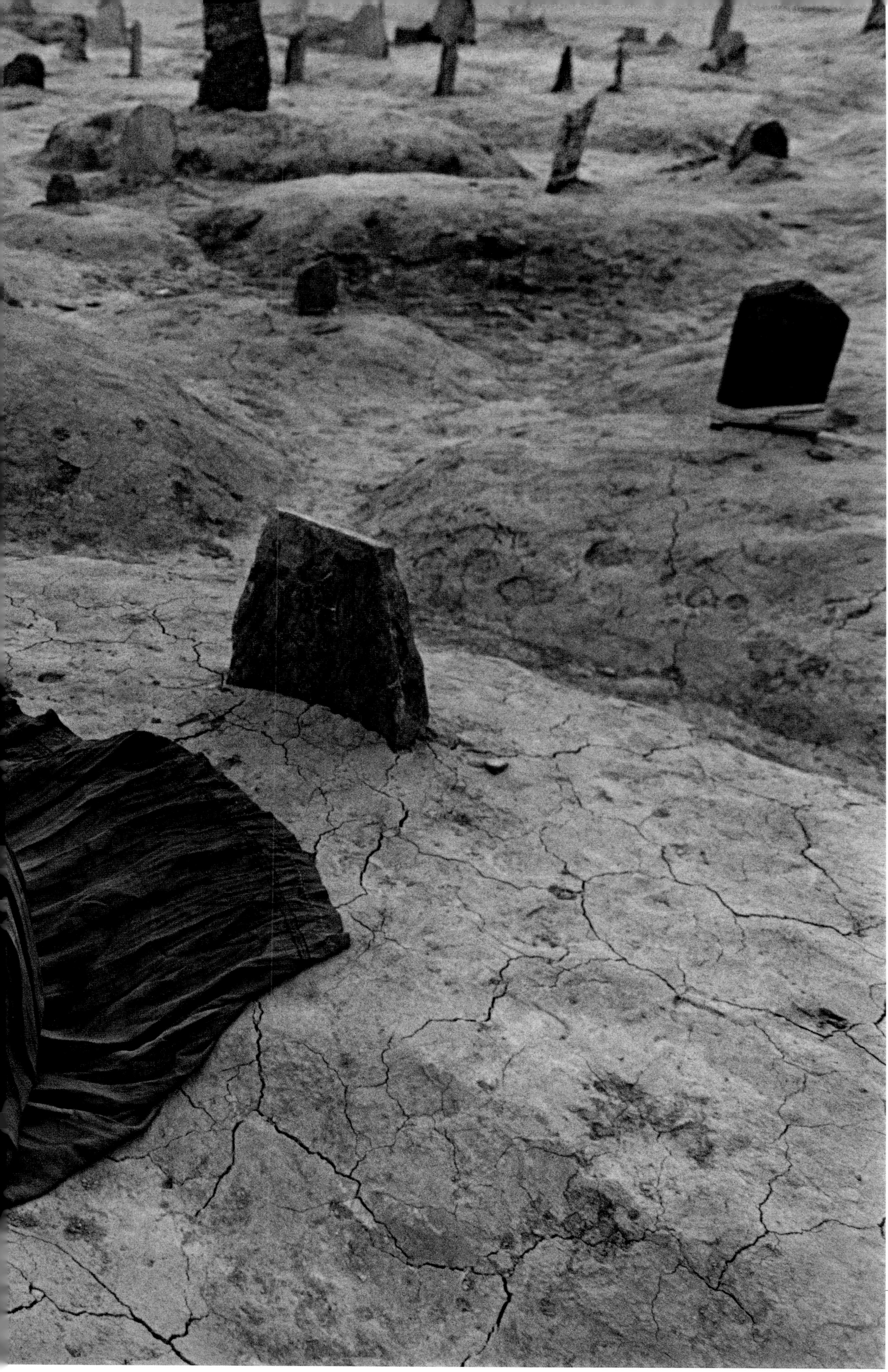

Foto:
JAMES NACHTWEY

Auf den Friedhöfen von Afghanistan trauern Frauen um ihre Väter, Söhne und Brüder, die im Bürgerkrieg der Nordallianz gegen die fundamentalistischen Taliban gefallen sind. Rund sechs Jahre lang streiten die einstigen Verbündeten um die Vormacht im Land, nachdem sie zusammen die sowjetischen Besatzer vertrieben haben. Die Taliban erobern 30 der 32 Provinzen und errichten eine islamistische Schreckensherrschaft – bis sie im November 2001 von Truppen der USA und der Nordallianz vertrieben werden

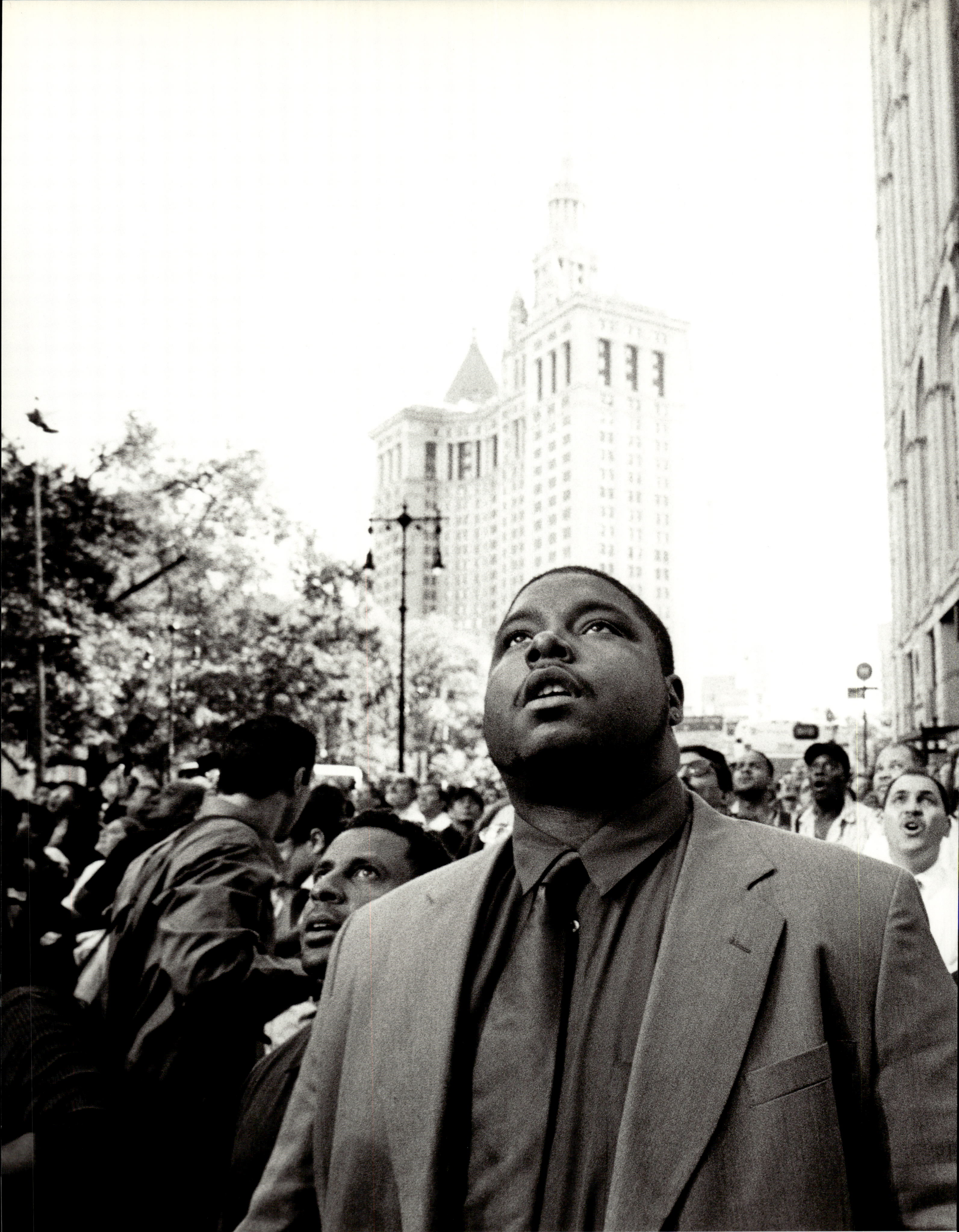

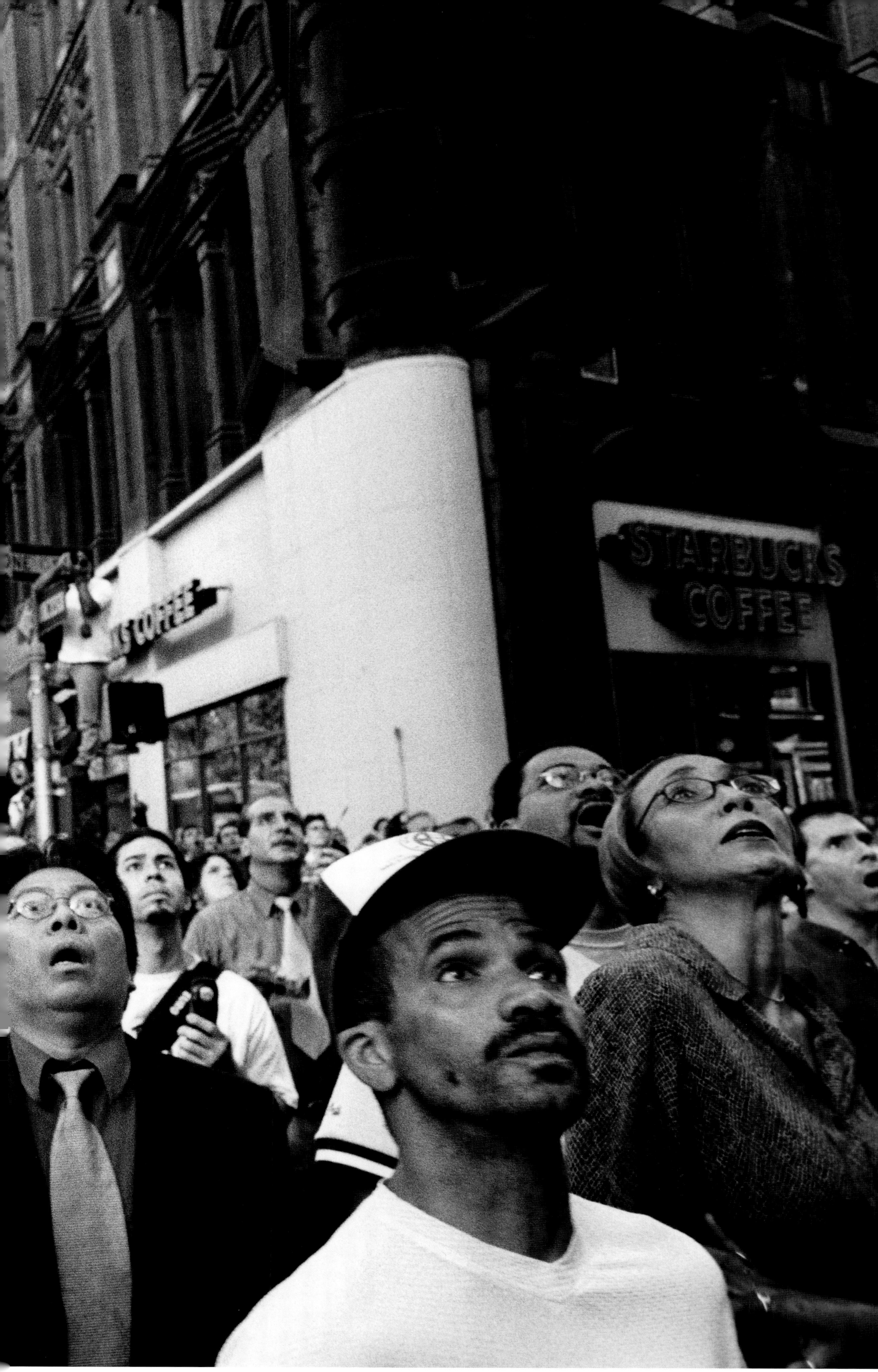

Foto:
PATRICK WITTY

Der 11. September 2001: Fassungslos sehen New Yorker, wie einer der beiden Türme des World Trade Centers zusammenbricht. Zwei Flugzeuge bringen das Bauwerk zum Einsturz, zwei weitere stürzen über dem Verteidigungsministerium in Washington und über einem Wald in Pennsylvania ab. Gesteuert werden sie von islamistischen Terroristen – aus Hass auf den Westen. 4289 Menschen kommen bei den Anschlägen um. Von nun an lebt die Welt in einer schrecklichen Gewissheit: dass sie der Terror jederzeit und überall treffen kann

BLECHNAPF

„Manche freilich müssen drunten sterben, wo die schweren Ruder der Schiffe streifen, andre wohnen bei dem Steuer droben, kennen Vogelflug und die Länder der Sterne."
Hugo von Hofmannsthal

7

TRÖSTLICHE ORTE SIND weit, weit weg von Afrika. Tröstliche Orte sind unsere Wohlstandsinseln, in denen das Elend außer Sichtweite ist. Der afrikanische Kontinent aber erscheint heute kaum weniger bedroht und bedrohlich als zur Zeit der Wende ins 20. Jahrhundert, als der Protagonist von Joseph Conrads legendärer Erzählung ins „Herz der Finsternis" aufbricht. Was er dort findet, ist unbezwingbare Wildnis, ist Krankheit und ist die schamlose Gier, die entfesselte Brutalität und Menschenverachtung des Kolonialherren Kurtz. „Das Grauen! Das Grauen!", das der vom Blut berauschte Kurtz in seiner Todesstunde beschwört.

Das Grauen hat Afrika bis heute nicht verlassen, es hat nur sein Gesicht verändert. Auf koloniale Ausbeutung sind Kriege, Anarchie, Korruption und Hunger gefolgt. Als das Alte ging, wurde das Neue nicht geboren. Von den 25 ärmsten Ländern der Welt liegen 22 auf dem „Schwarzen Kontinent". Kein anderer Erdteil wird so häufig von Naturkatastrophen heimgesucht. In manchen Ländern Afrikas ist jeder vierte Erwachsene mit HIV infiziert. Afrika ist das Armenhaus, die Vorhölle der Welt.

Wem gehört die Welt? Die Verheißung der Globalisierung, den Wohlstand aller zu mehren, hat sich noch bei weitem nicht erfüllt. Eher hat sie die Entmachtung der nationalen, politischen Gesellschaften vorangetrieben: Zu den weltweit größten wirtschaftlichen Einheiten zählen heute 52 Konzerne – aber nur noch 48 Staaten. Zwar gelingt es einigen Ländern – in Ostasien, Nordafrika und dem Mittleren Osten –, sich aus der Armutsklammer zu befreien, manchen in großen Schritten, anderen in Zeitlupe. Aber ganze Regionen vor allem in Afrika bewegen sich rückwärts. Während ein Teil der Menschheit dafür Geld ausgibt, nicht dick zu werden, wissen die am anderen Ende nicht, wann sie wieder eine Mahlzeit bekommen. Fast ein Fünftel der Erdbevölkerung lebt unterhalb der Armutsgrenze, mit weniger als einem Dollar Verdienst pro Tag. Mehr als 30 000 Kinder sterben, während der Uhrzeiger 24 Stunden bewältigt.

Armut bedeutet nicht nur, an Hunger zu leiden. Armut bedeutet Ohnmacht und Schutzlosigkeit. Bedeutet, Krankheiten keine Widerstandskraft mehr entgegensetzen zu können, in Hütten zu leben, die weder bei Erdbeben noch Überschwemmungen retten. Bedeutet, Umweltgiften ausgesetzt zu sein und häufiger als andere von staatlicher Willkür betroffen zu sein. Arme werden an die Ränder der Städte gedrängt, in die Slums und Abstiegs-Ghettos. Die im Dunkeln sieht man nicht. Armut ist Demütigung und Erniedrigung.

Armut macht reich. Das weltweite Schlepperwesen gilt mittlerweile als einträglicher als der internationale Drogenhandel. Abertausende machen sich unter Lebensgefahr auf den Weg, ihrem miserablen Schicksal zu entkommen, auf kleinen Schiffen, über grüne Grenzen, in Containern und Frachträumen. Auf den Weg in eine verheißungsvollere Welt, in unsere. Nach Expertenschätzungen sind 40 Prozent der Erdoberfläche von Wüstenbildung bedroht, was sie annehmen lässt, dass in den kommenden Jahren 100 Millionen Menschen wegen sinkender Bodenerträge ihre Heimat werden verlassen müssen. „Wasserstress" ist das Wort für den Verlust an Frischwasser-Reserven, für ein „Angebot" von unter 1700 Kubikmeter Wasser pro Kopf und Jahr. 1995 litten „nur" 40 Prozent der Weltbevölkerung daran, schon 2025 wird es voraussichtlich jeden zweiten Menschen treffen. Ob dort, wo sie ankommen, unerwünscht oder stigmatisiert: Die Armen werden fliehen. Es sei denn, nicht sie werden bekämpft. Sondern ihre Armut wird bekämpft. Auch ihre Armut an Bildungschancen, an Schulen, an Wissen.

FOTO: XIE HAILONG
GEO Special *China 1994*

Notdürftig wärmen Kinder in einer chinesischen Dorfschule ihre Finger an einem Backsteinofen. Weil Fensterscheiben in dem Gebäude fehlen, müssen die Lehrer im Winter bei Temperaturen bis zu minus 20 Grad alle Dreiviertelstunde den Unterricht für eine Aufwärmpause unterbrechen. Immerhin werden diese Kinder nicht zu den weltweit rund eine Milliarde Analphabeten gehören

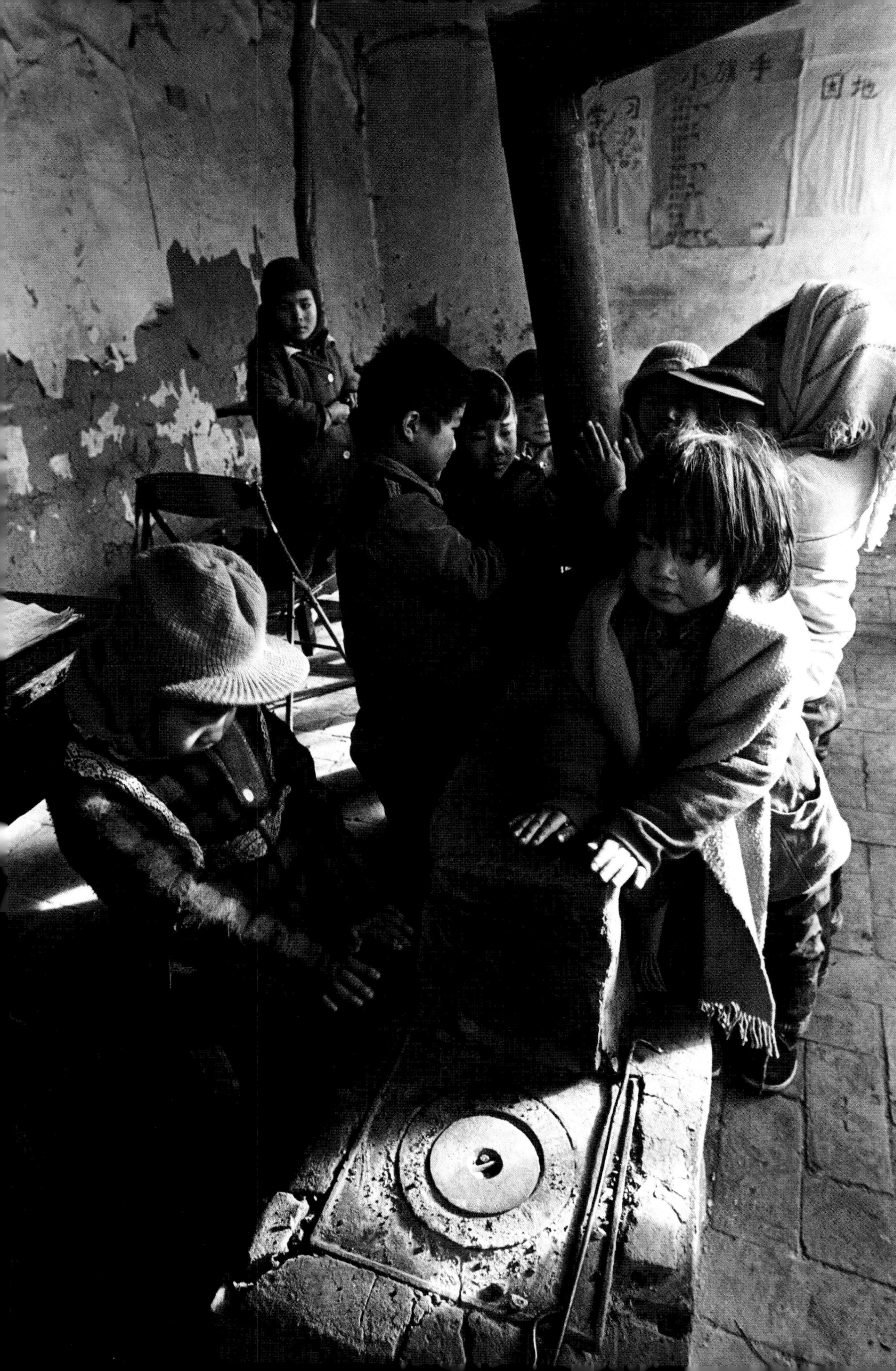
学习
园地

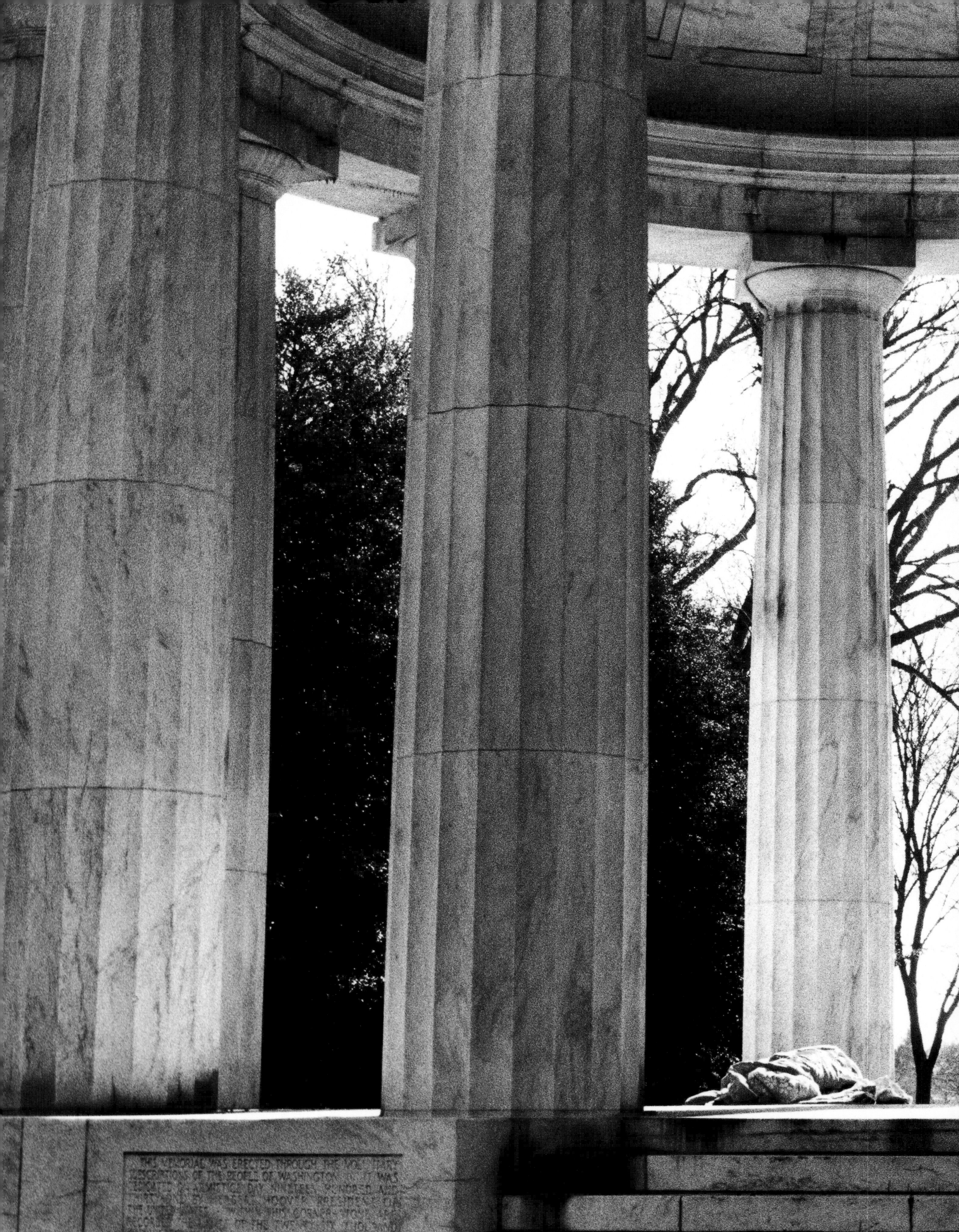

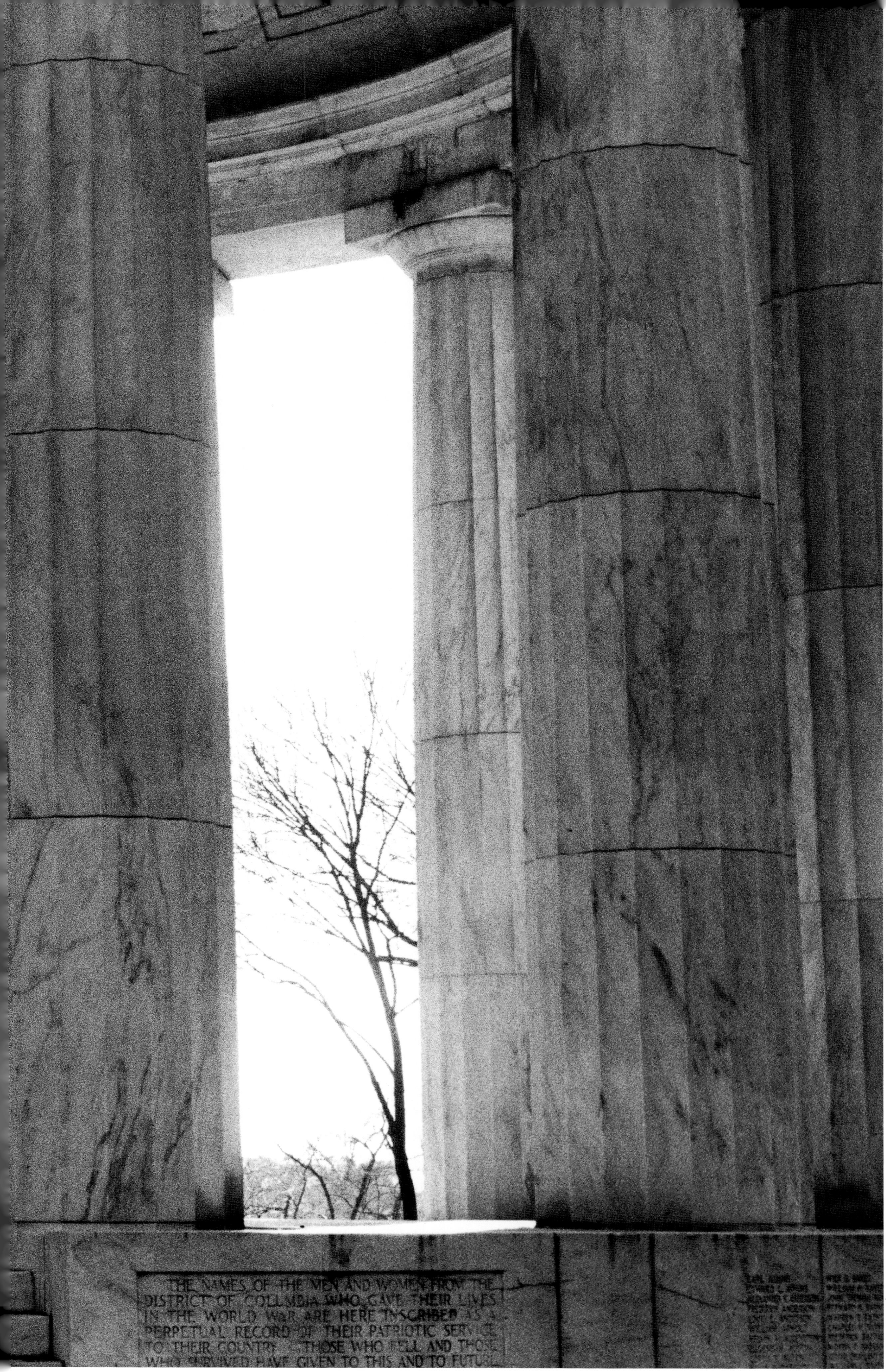

FOTO:
FRANK FOURNIER

Wenn der amerikanische Präsident das Elend in seinem Land entdecken wollte, müsste er nicht weit gehen: Wenige hundert Meter vom Weißen Haus entfernt schläft ein Obdachloser in einem Kriegerdenkmal. Das einst so reiche Washington ist nahezu pleite: Der Stadt fehlen die Steuern der fortgezogenen Wohlhabenden. Von 706 000 auf rund 570 000 ist die Einwohnerzahl in den vergangenen 25 Jahren gesunken. 15 Prozent der Verbliebenen leben unter der Armutsgrenze, mehr als 15 000 Bürger haben kein Dach über dem Kopf

GEO *10/96*

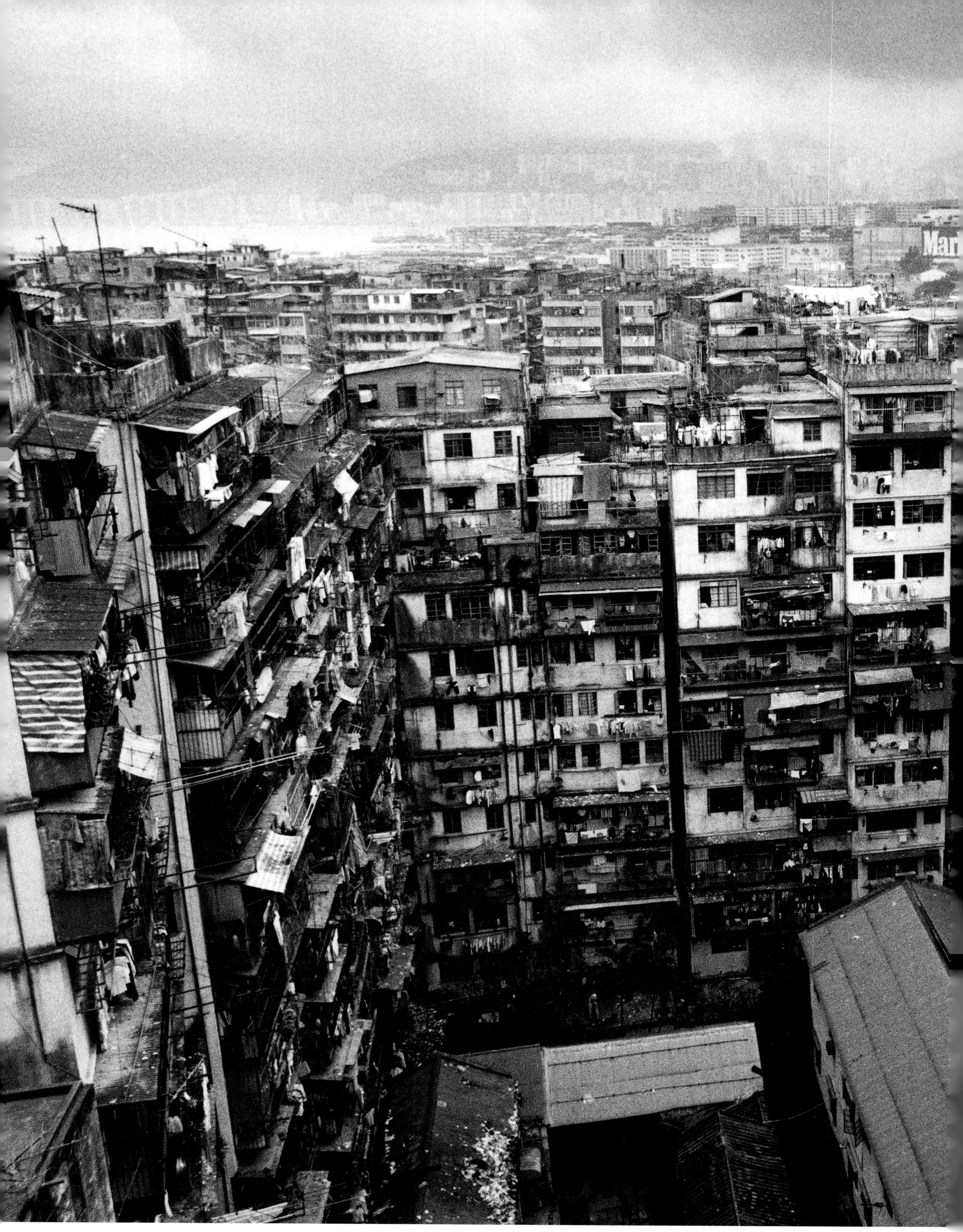

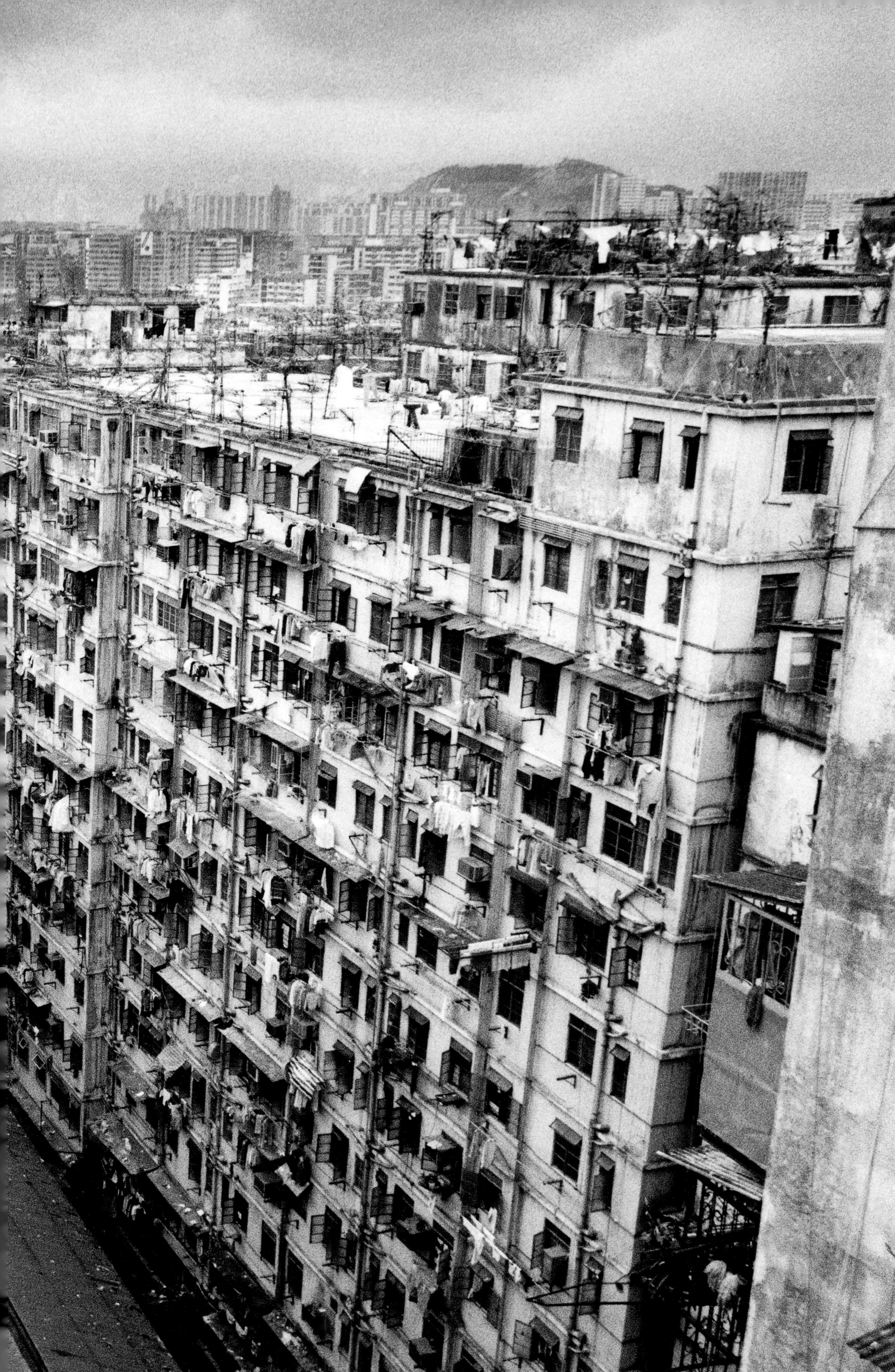

Foto:
PATRICK ZACHMANN

33 000 Menschen hausten einst in den 500 Wohnboxen von Kowloon Walled City, Hongkongs Häuserblock des Schreckens. Aber nicht nur der qualvollen Enge verdankte das 2,7 Hektar große Quartier seinen miserablen Ruf: Zu Zeiten der britischen Kronkolonie unterstand es als chinesische Exklave offiziell der Regierung in Peking; doch in Wirklichkeit herrschten in der »Stadt der Dunkelheit« bis zu ihrem Abriss 1994 jahrzehntelang Drogendealer, Zuhälter und andere organisierte Kriminelle

GEO *2/89*

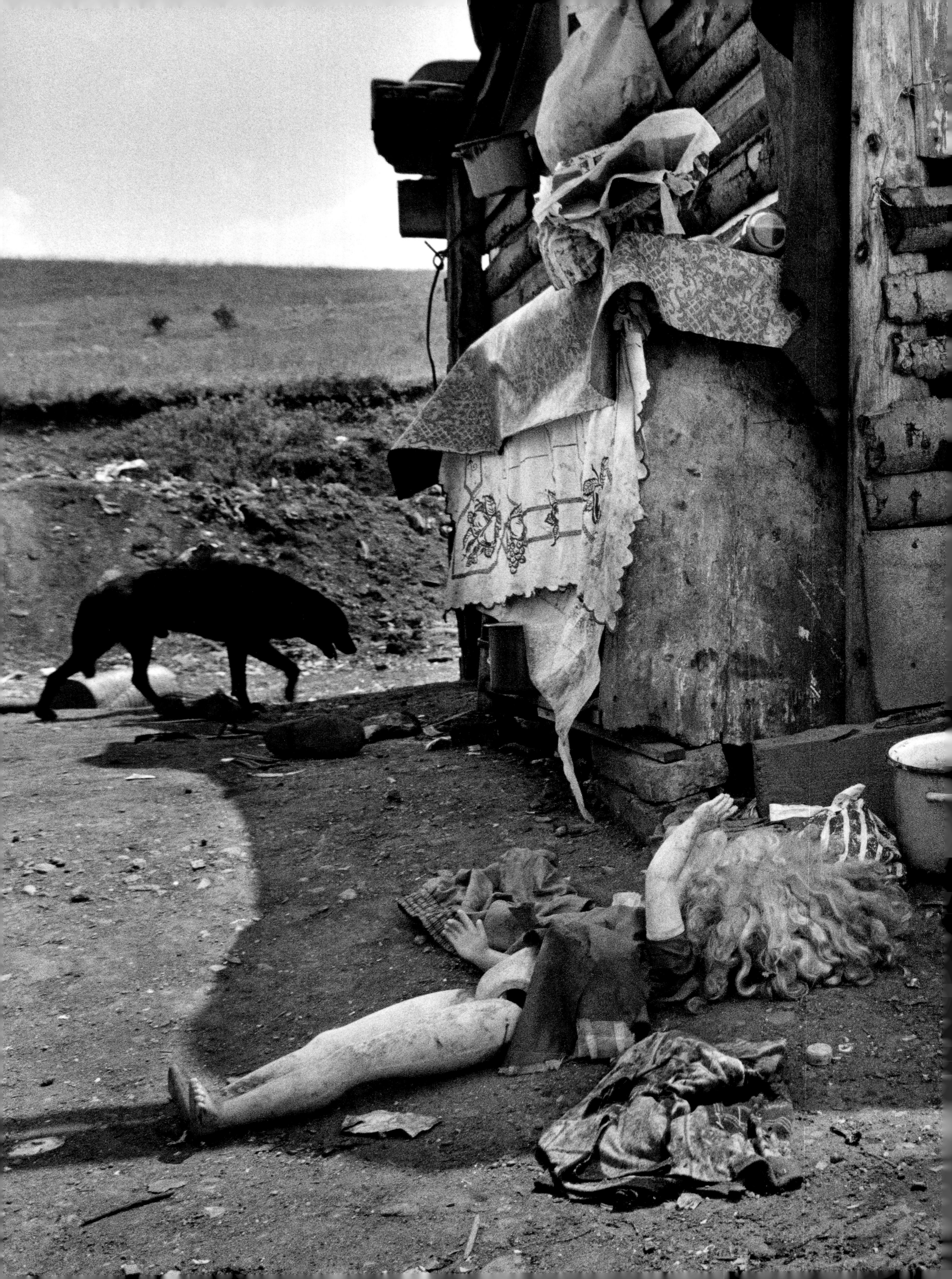

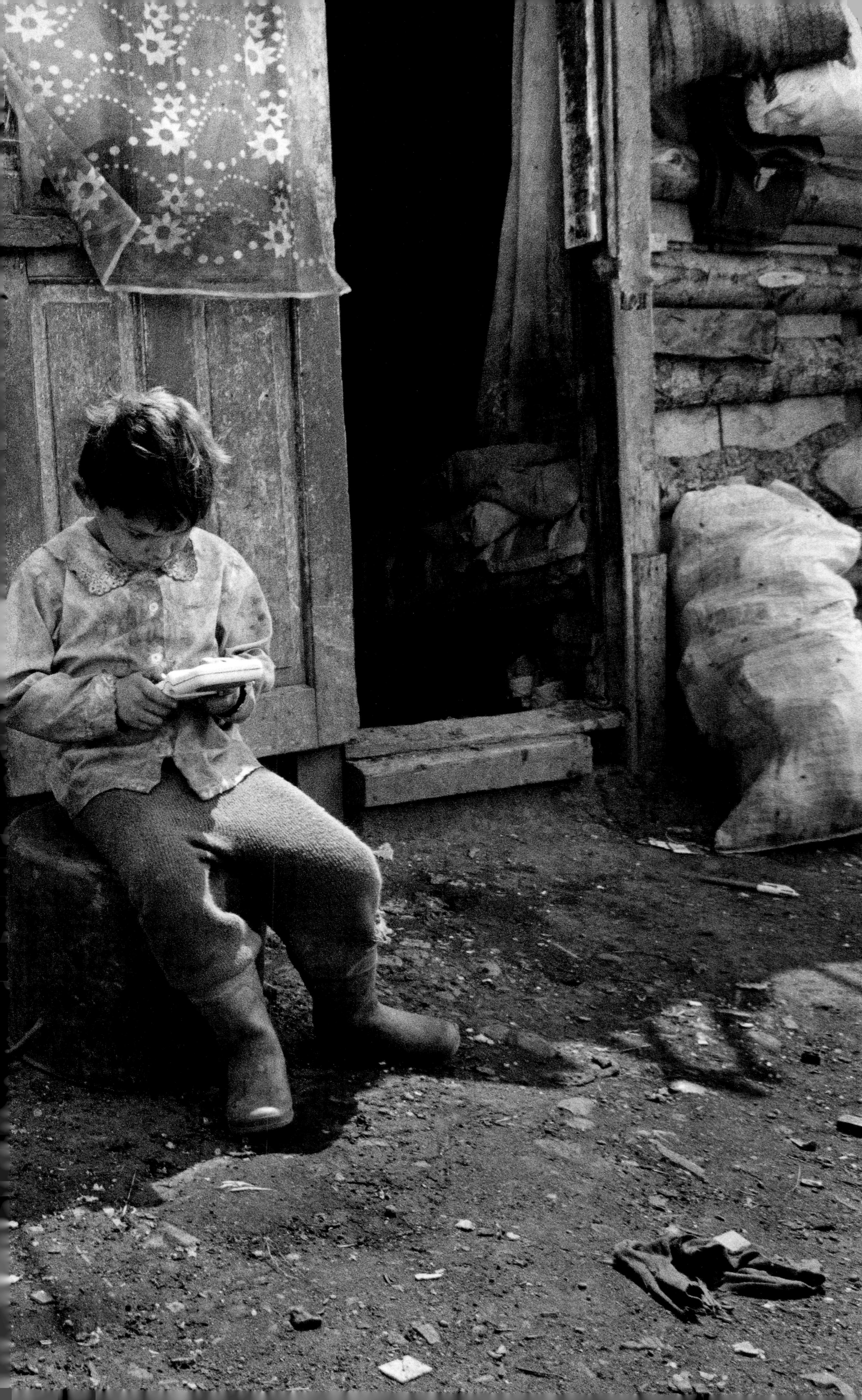

Foto:
JORDIS SCHLÖSSER

Leben auf der Kippe: Ein Roma-Junge spielt auf der Mülldeponie von Klausenburg in Rumänien mit Sachen, die er zwischen verfaultem Essen, Scherben und alten Medikamenten gefunden hat. Rund 400 Roma leben dort zwischen räudigen Hunden und Heerscharen von Ratten in Bretterverschlägen. Bis 1990, dem Ende des Ceausescu-Regimes, arbeiteten die meisten von ihnen auf Kolchosen. Heute müssen sie Tag und Nacht Nahrung, Kleidung und Wertstoffe aus dem Dreck der Stadt klauben, um zu überleben

GEO 11/99

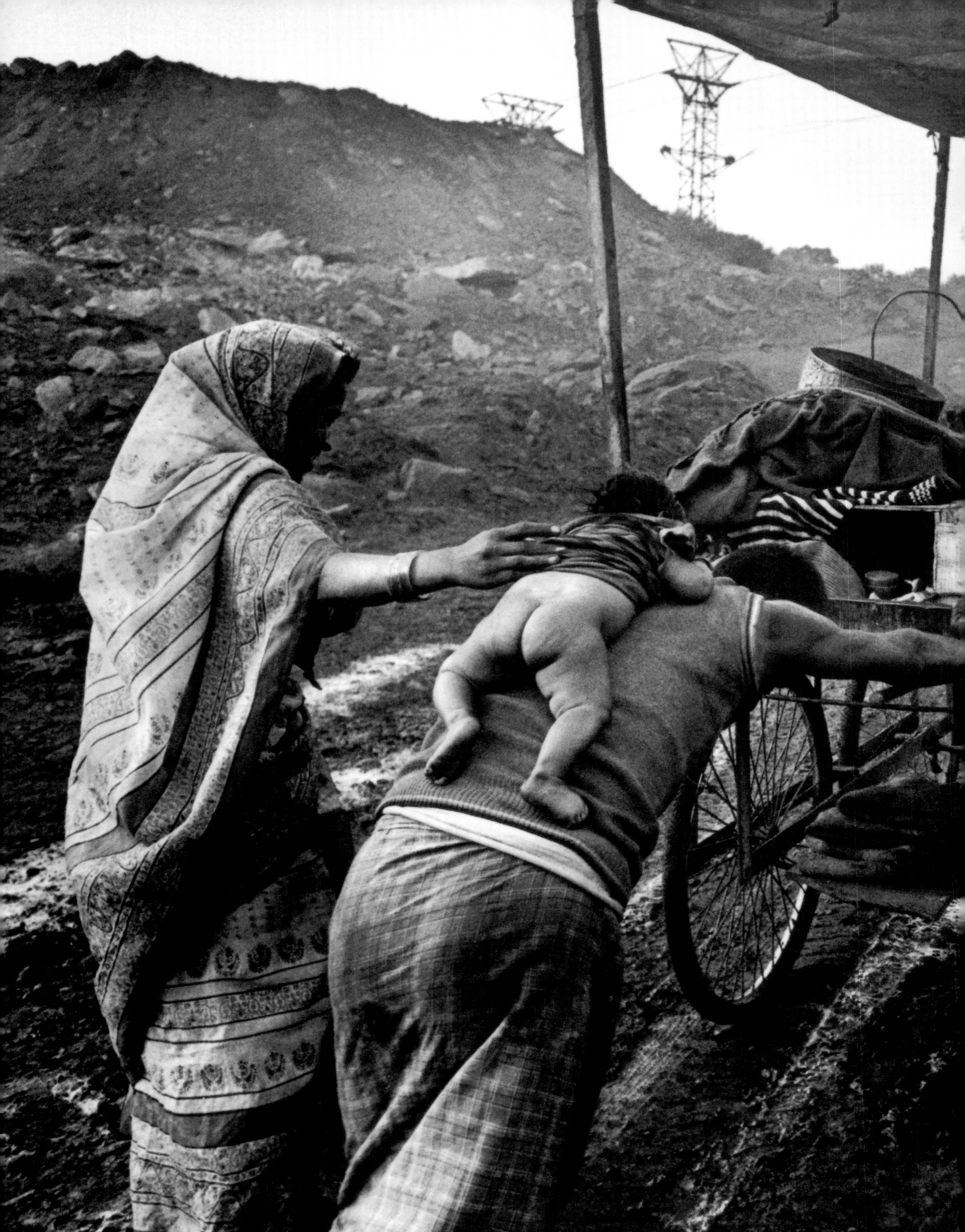

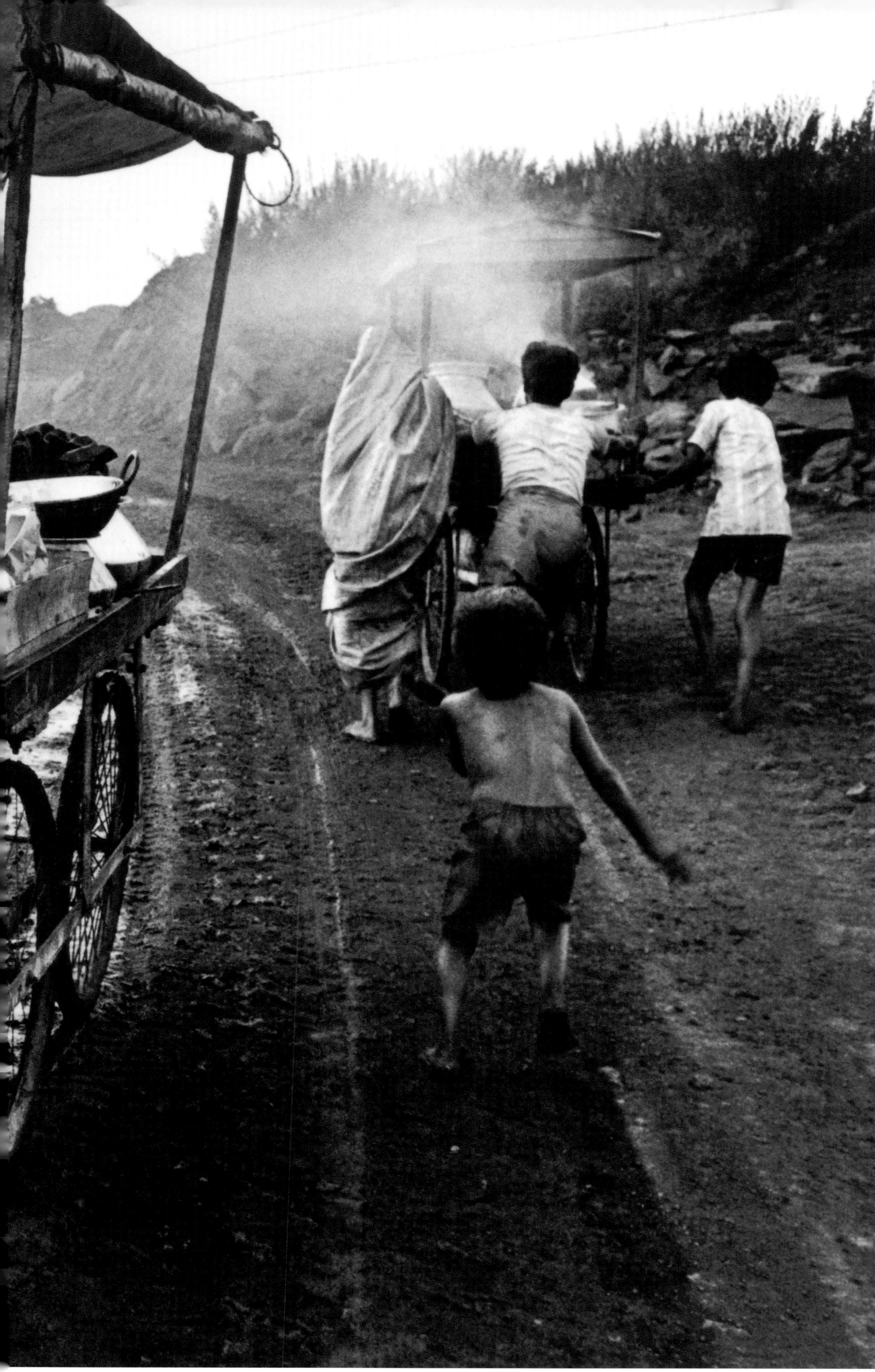

Foto:
SEBASTIAO SALGADO

Im indischen Bundesstaat Jharkhand schiebt eine Familie am Ende eines langen Arbeitstages vor den Minen von Dhanbad ihren Küchenkarren nach Hause. Sie lebt – wenn auch nur indirekt – wie ein Großteil der rund 1,3 Millionen Bewohner der Region von der Kohle, die hier unter der Erde liegt. Die Bedingungen unter Tage sind hart: Ständig brechen in den Gruben Feuer aus; und fast täglich steigt das Wasser darin bedrohlich, wenn wieder einmal der Strom für die Pumpen ausgefallen ist

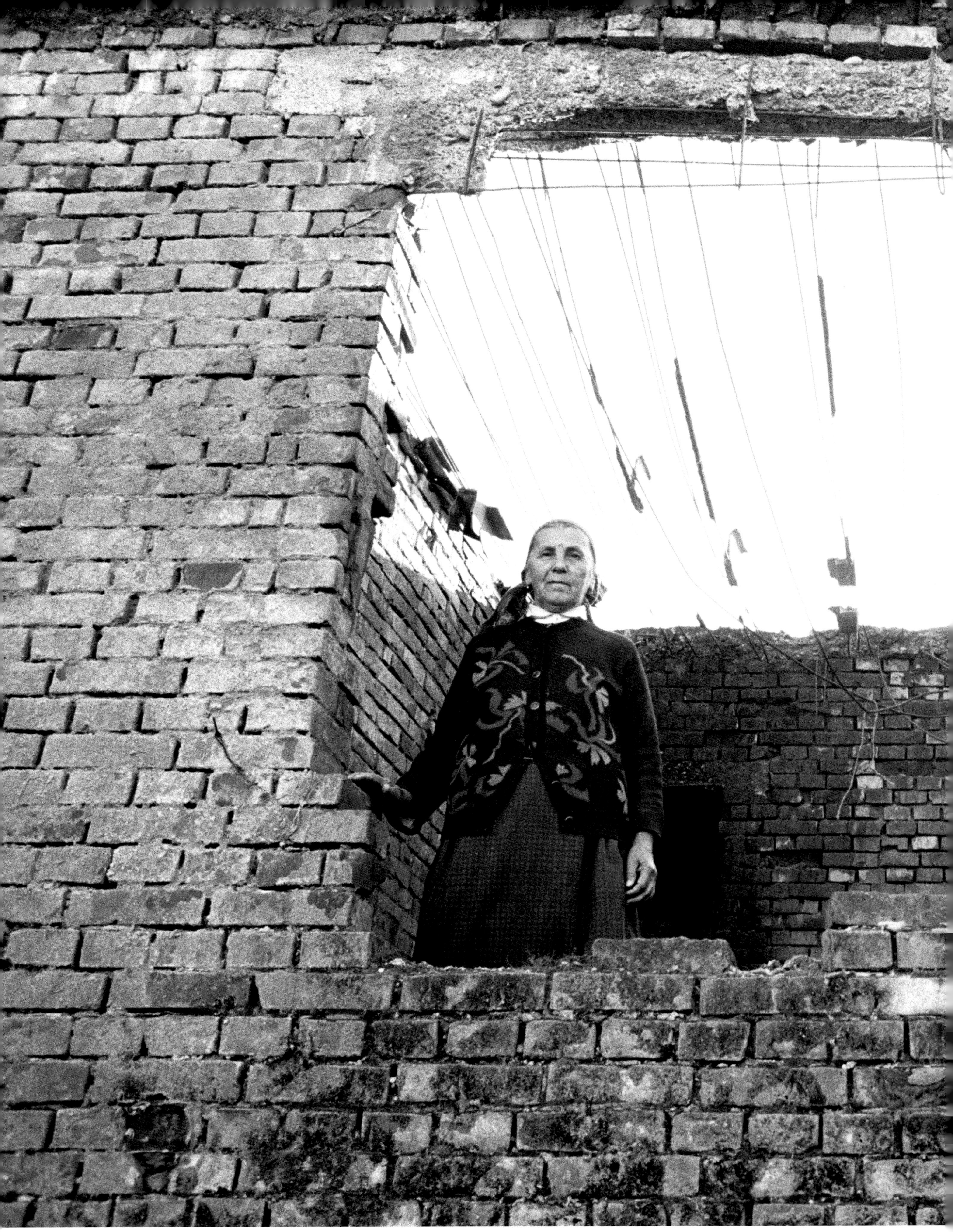

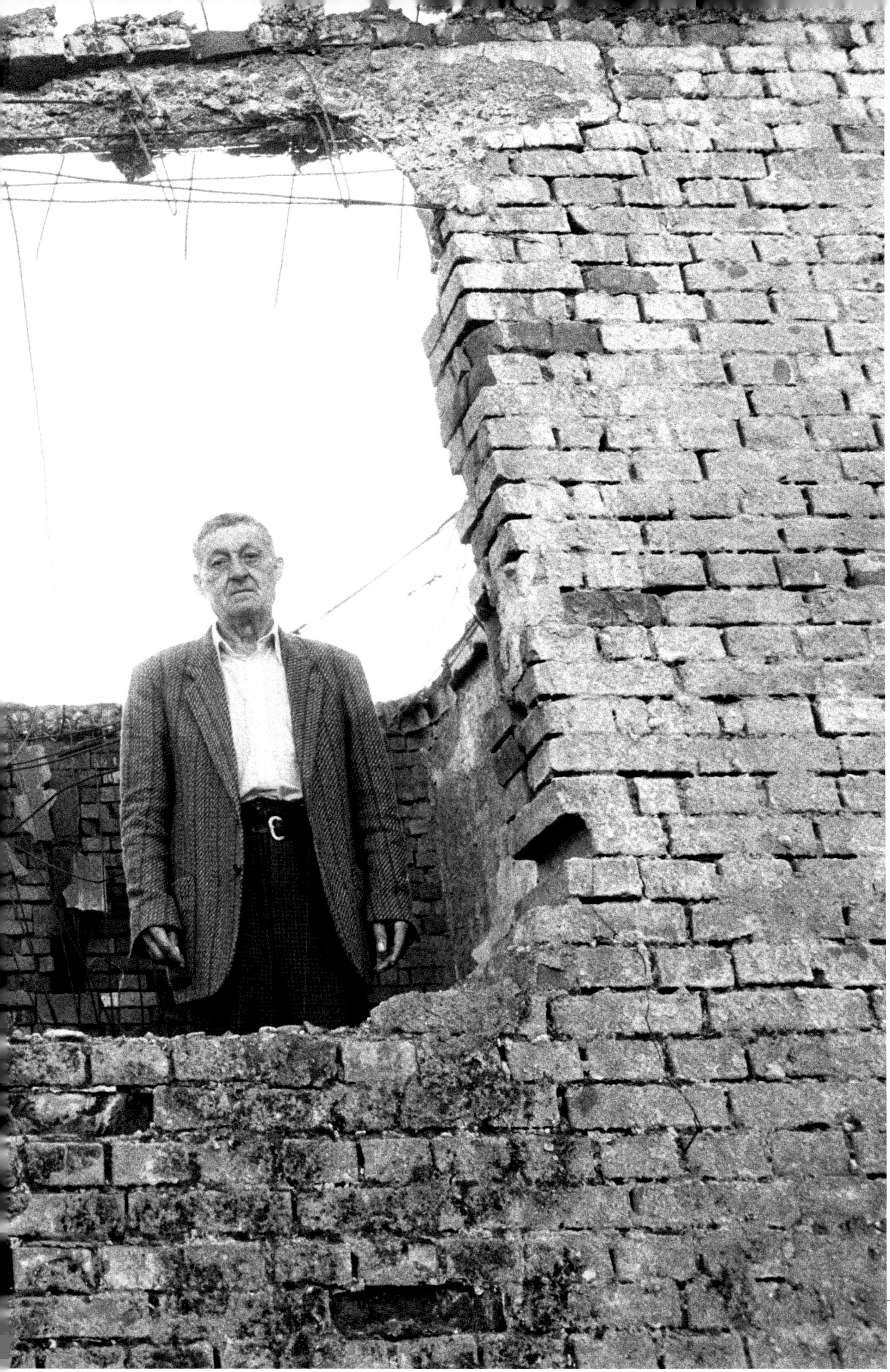

Foto:
PAOLO PELLEGRIN

Ausgebrannte Mauern und die Erinnerung an die Zeit vor dem jugoslawischen Bürgerkrieg ist alles, was den Bewohnern des bosnischen Dorfes Pećnik von ihrem Zuhause geblieben ist. 1992 hatten serbische Soldaten die ausnahmslos kroatische Bevölkerung des Ortes vertrieben und ihre Häuser zerstört. Acht Jahre später kehrten die Ersten zurück. Dort schlafen sie nun in Ruinen und Wohncontainern; und in den Resten der Kirche predigt der Pfarrer: »Du sollst nicht begehren deines Nächsten Haus!«

GEO 2/02

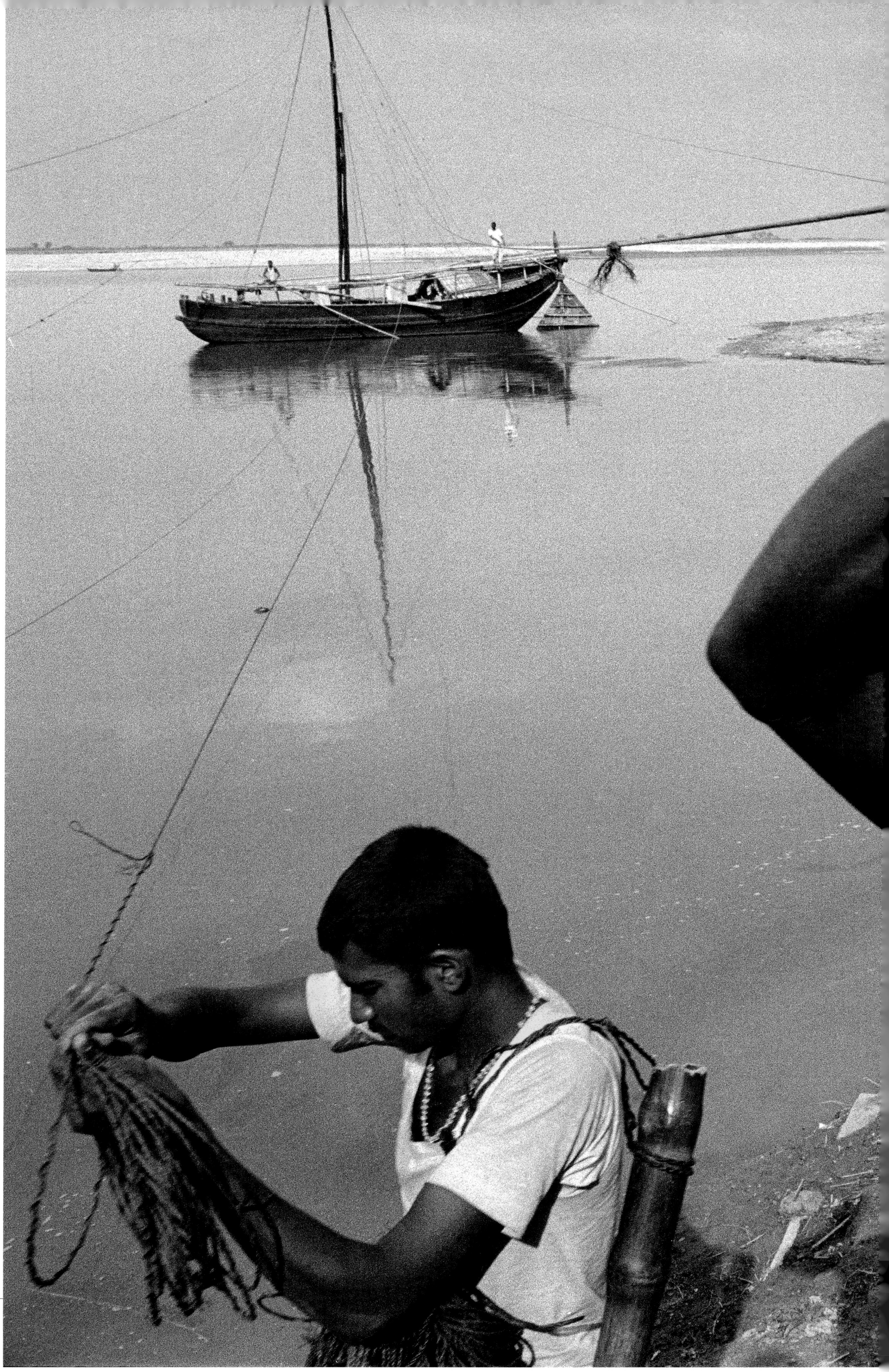

Foto:
JAMES NACHTWEY

Weil die Tradition stärker ist als alle Gesetze, müssen rund 250 Millionen Inder als »Unberührbare« leben – verachtet von den Angehörigen der Hindu-Kasten. Ihr Leben lang müssen sie niederste Arbeiten verrichten: Fäkalieneimer leeren, Kähne schleppen oder Gräber schaufeln. Kasten-Mitgliedern ist der Kontakt zu den Aussätzigen verboten, denn sie könnten sich dabei verunreinigen. Die Wäsche der Sauberen dürfen die Unberührbaren allerdings berühren – wenn sie schmutzig ist

GEO 5/94

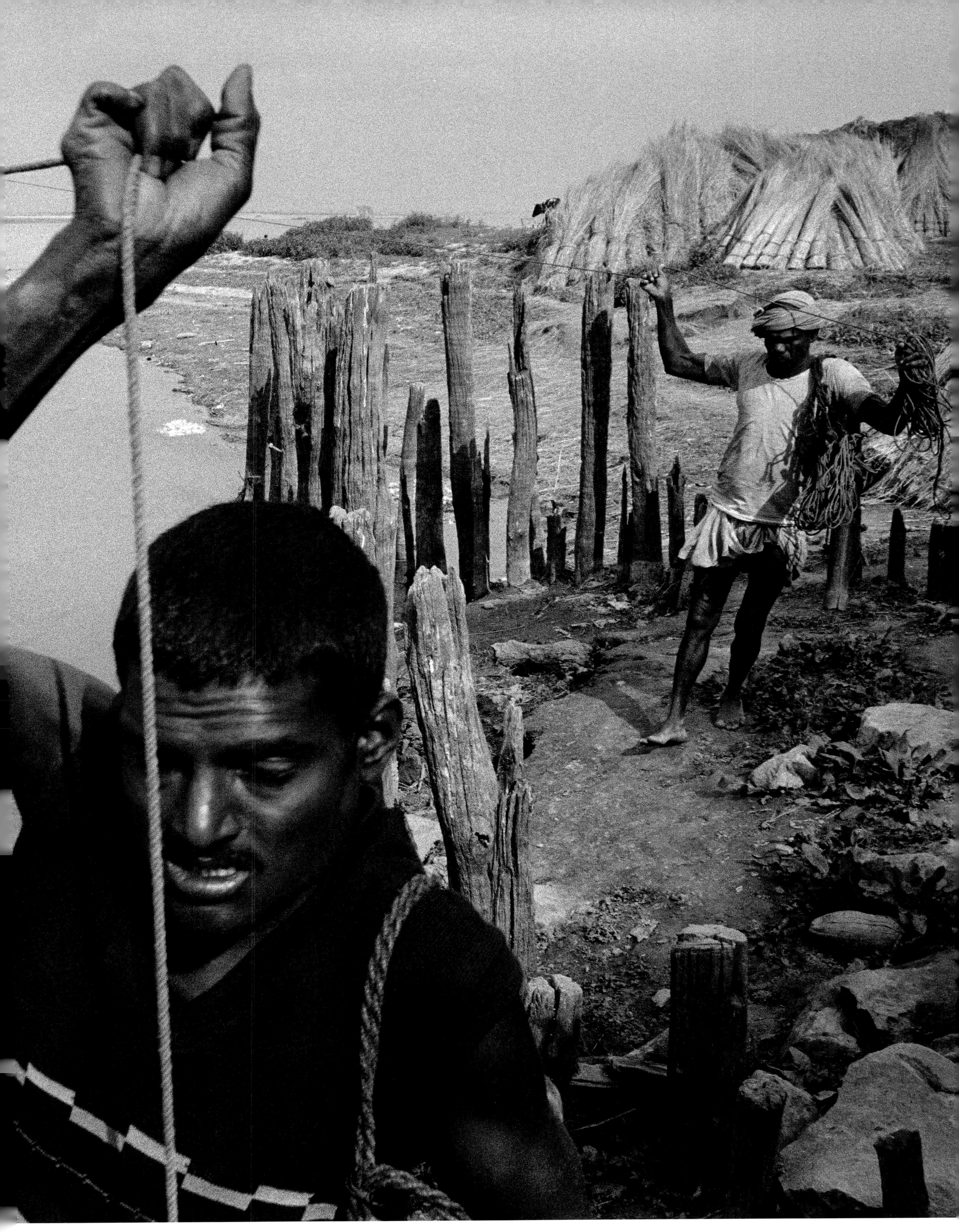

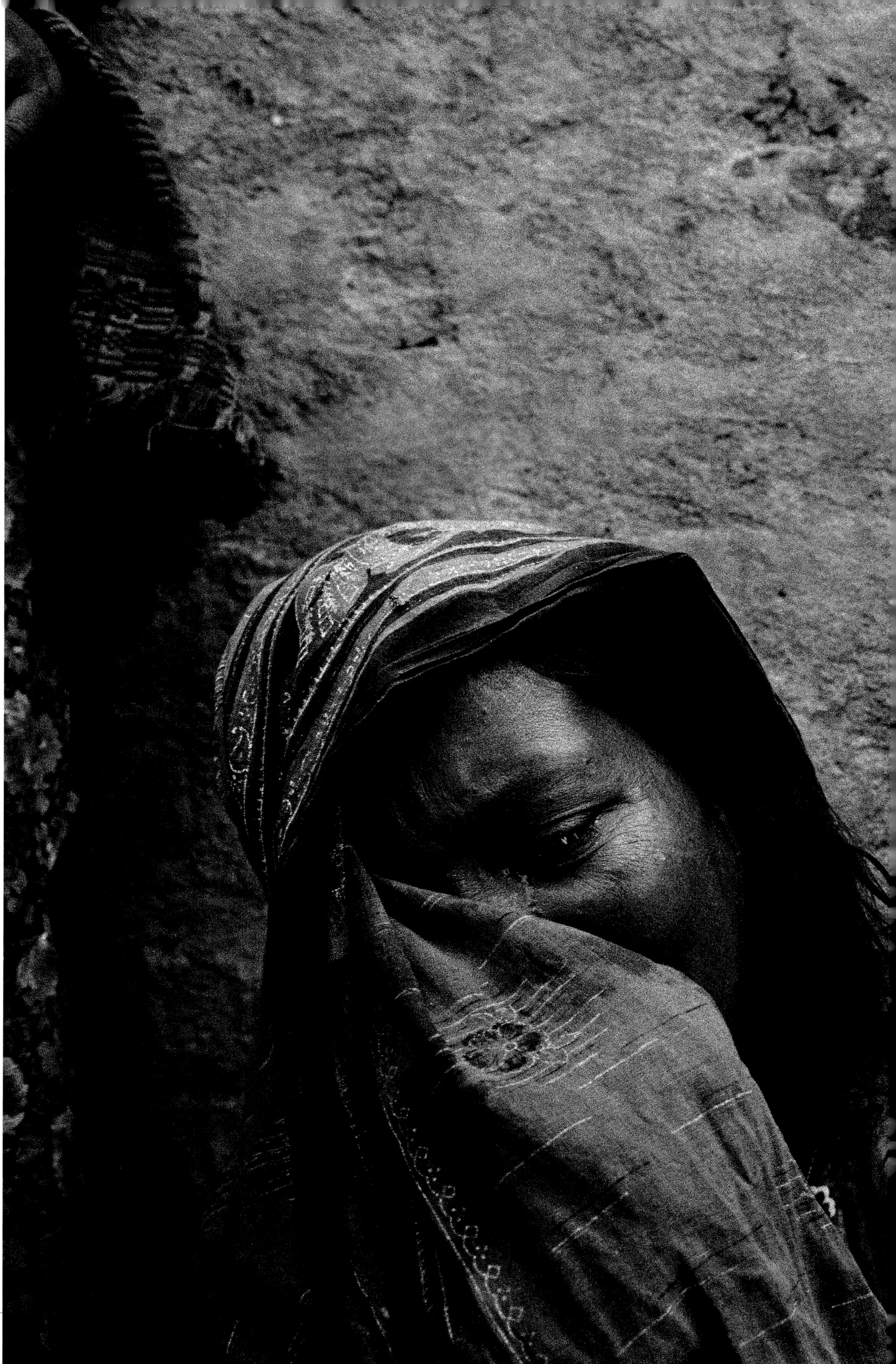

Foto:
JAMES NACHTWEY

Von Geburt an müssen die Unberührbaren mit der indischen Form der Apartheid leben. Um das Unrecht abzuschaffen und den Ausgestoßenen eine Chance zu geben, hat der Staat per Gesetz 22,5 Prozent seiner 18 Millionen öffentlichen Jobs den »Dalits«, den Unterdrückten, reserviert. Doch die Vorschriften aus Delhi zählen auf dem Lande nichts. Und so werden wohl auch diese Kinder im Dorf Nighwan im Bundesstaat Bihar noch in Jahrzehnten wie ihre Eltern Ratten fangen und essen müssen

GEO 5/94

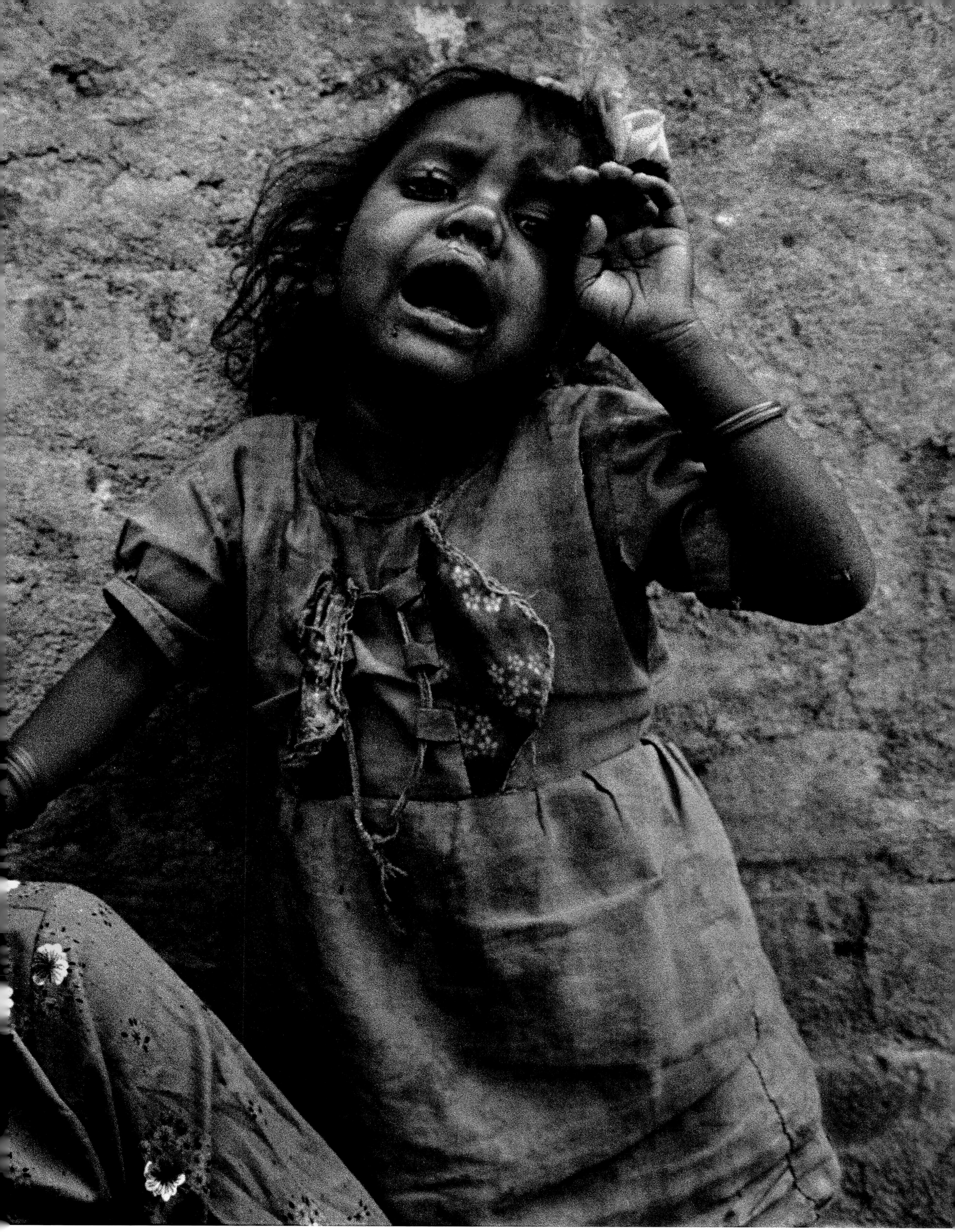

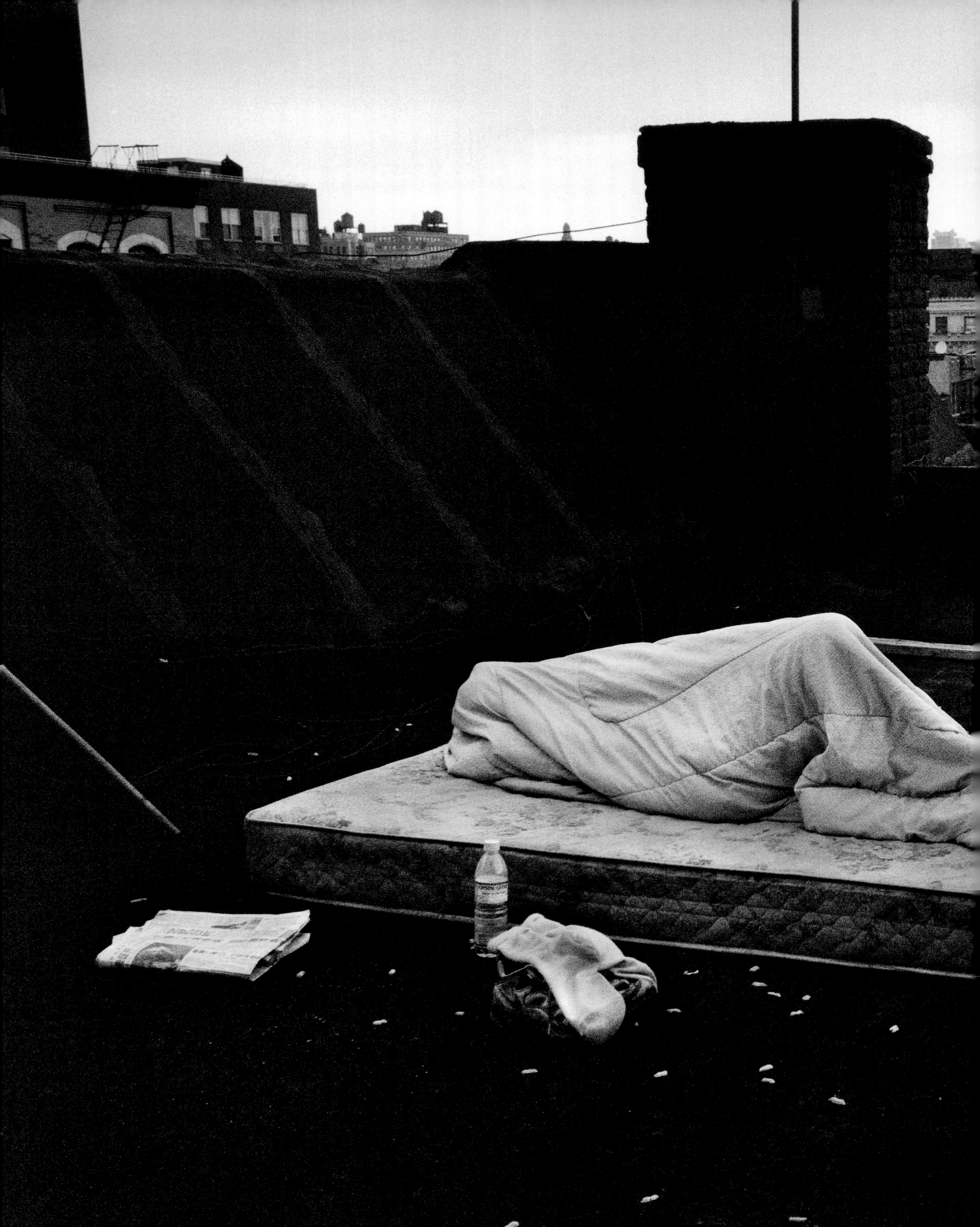

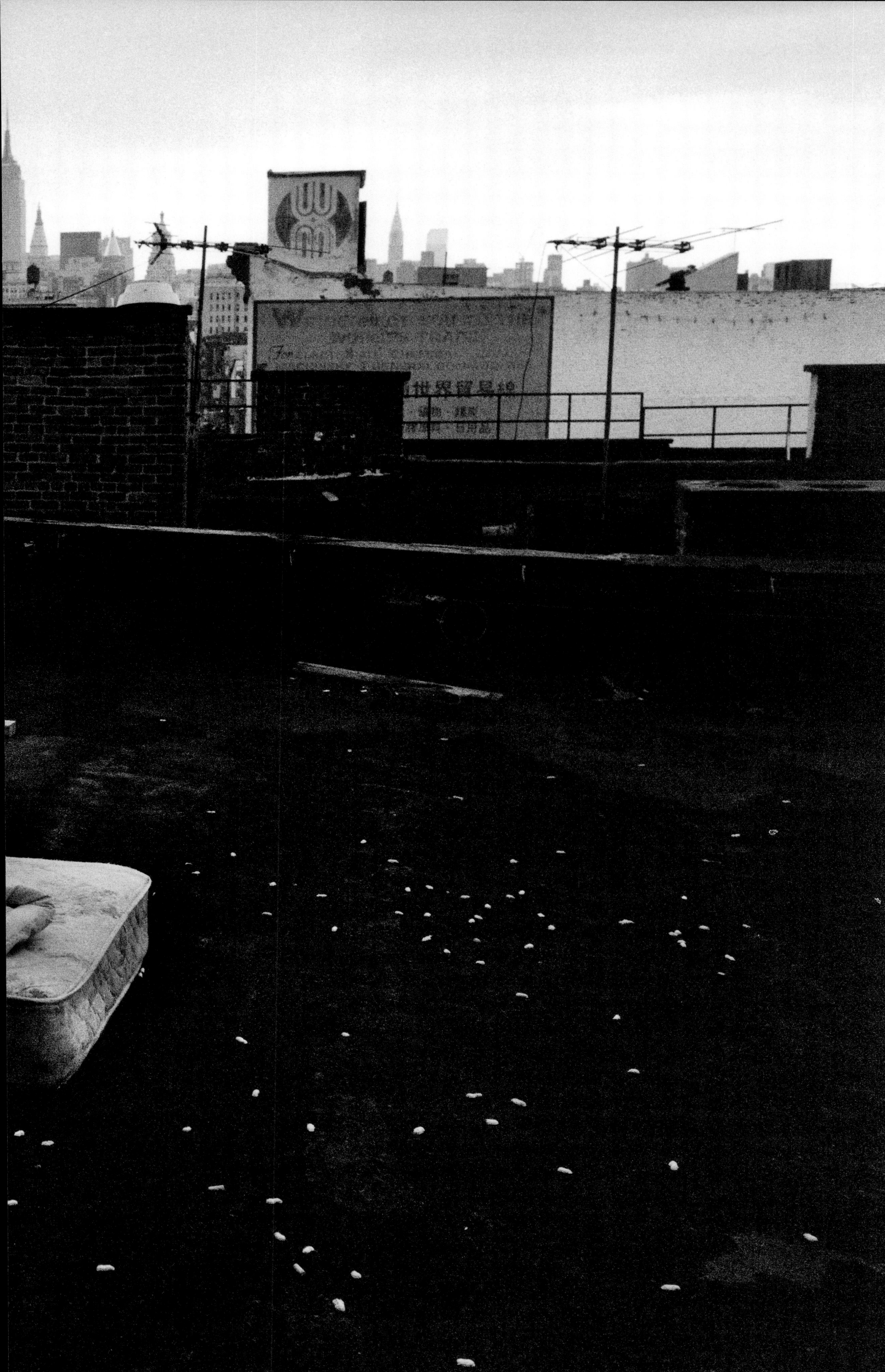

FOTO:
CHIEN-CHI CHANG

Tausende illegale chinesische Einwanderer leben mitten in Manhattan – und doch weit weg von Amerika: Sie hausen in Verschlägen ohne Fenster, arbeiten 80 und mehr Stunden die Woche, haben weder Papiere noch Rechte – und ständig Angst, entdeckt zu werden. Wenn im Juli und August die Temperaturen in der Stadt auf über 30 Grad steigen, werden feuchte Hitze und Gestank in den engen Massenquartieren unerträglich. Dann flüchten manche Bewohner zum Schlafen auf das Dach

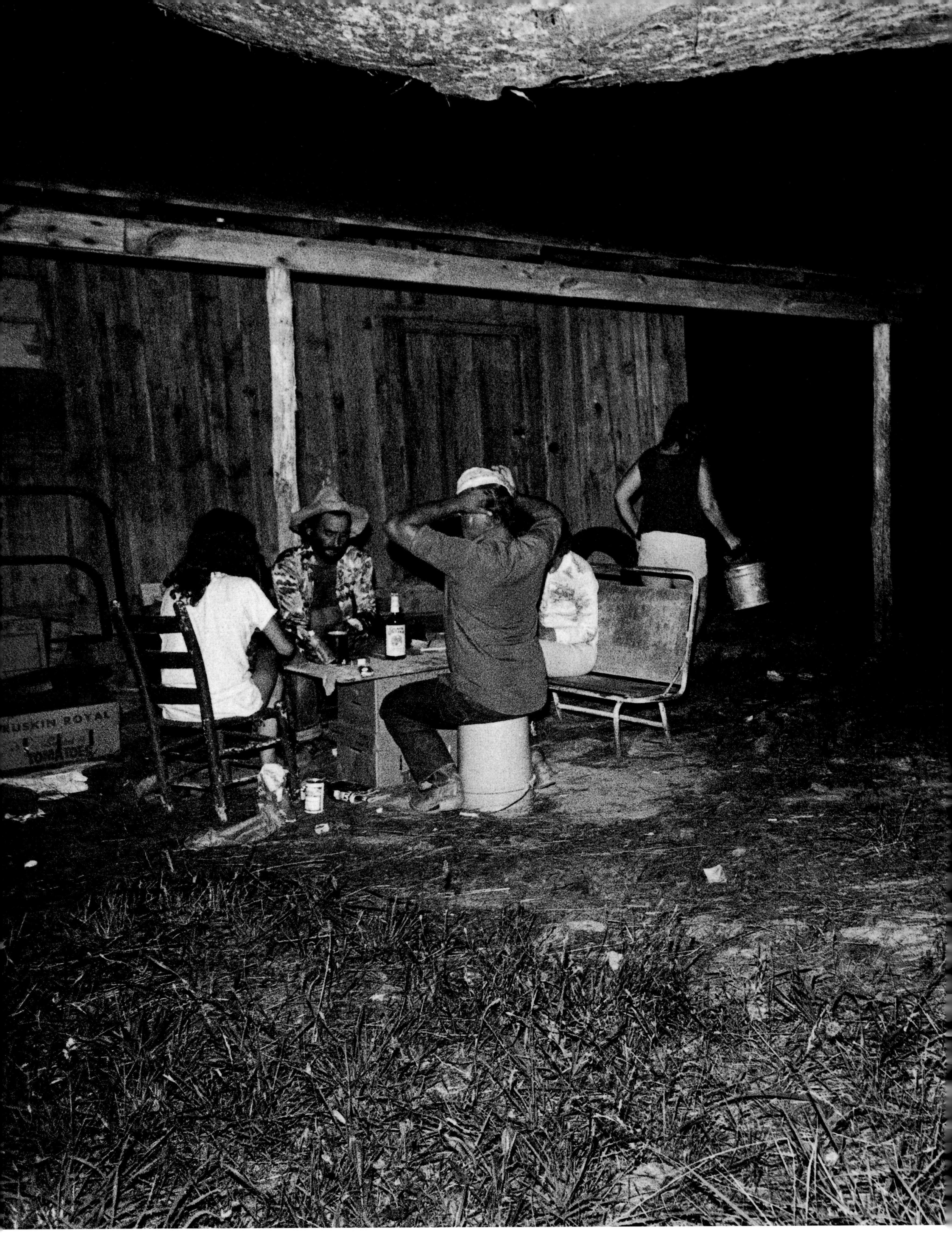
RUSKIN ROYAL
TOMATOES

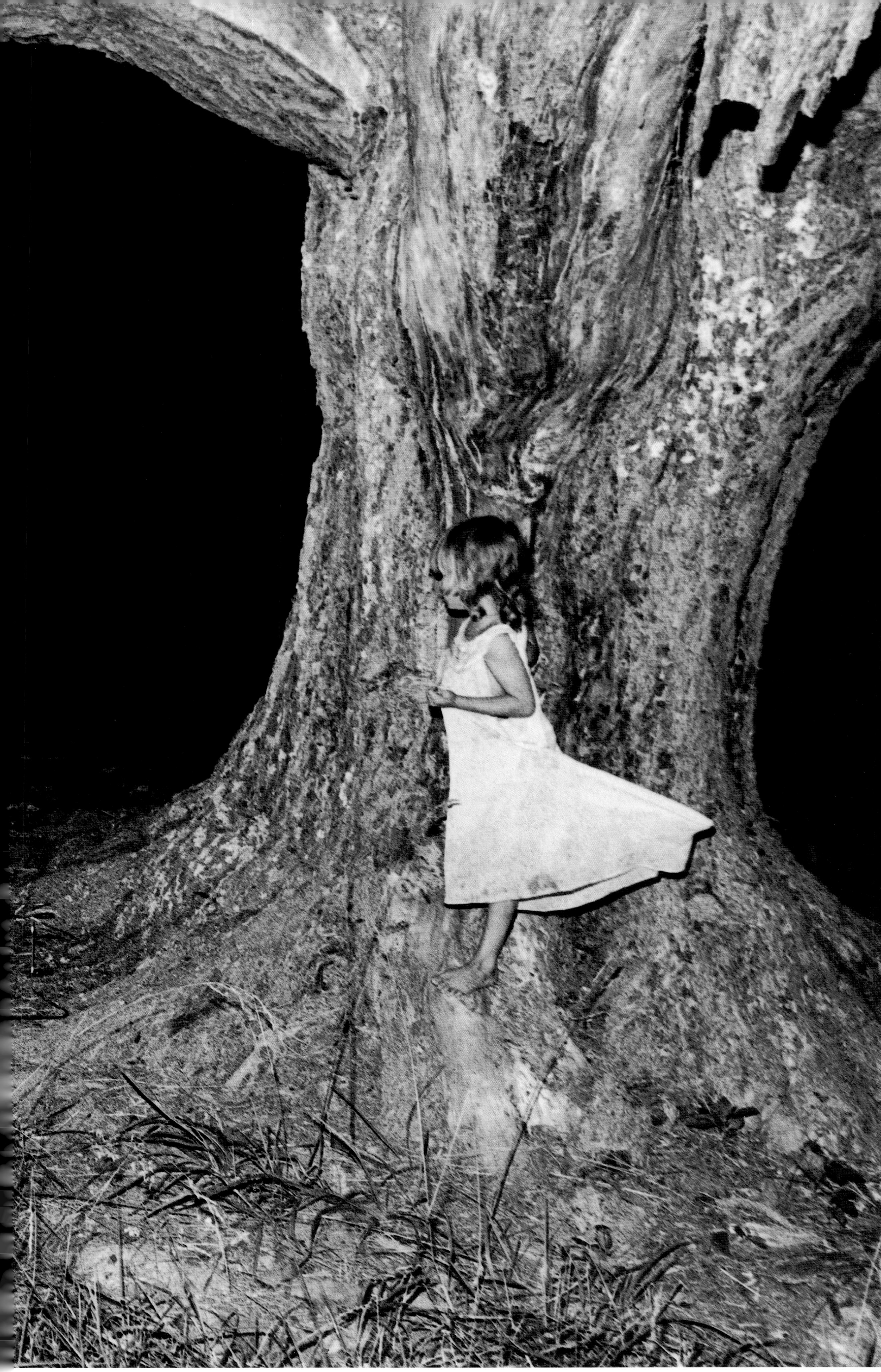

FOTO:
HERMAN LEROY EMMET

North Carolina, 1981: Luther Henry Tindal (2. von links) lebt mit seiner Familie als »fruit tramp« auf Amerikas Straßen und Feldern. Die Wanderarbeiter pflücken Kirschen in Michigan, Erdbeeren in Ohio und Orangen in Florida. Entgolten wird ihnen das mit Hungerlöhnen, Verachtung und manchmal sogar Verfolgung. Meist gehen die Tindals nach der anstrengenden Arbeit früh ins Bett. Doch wenn Freunde zu Besuch sind, pokern sie die halbe Nacht und lassen die Wodkaflasche kreisen, bis sie leer ist

GEO 7/92

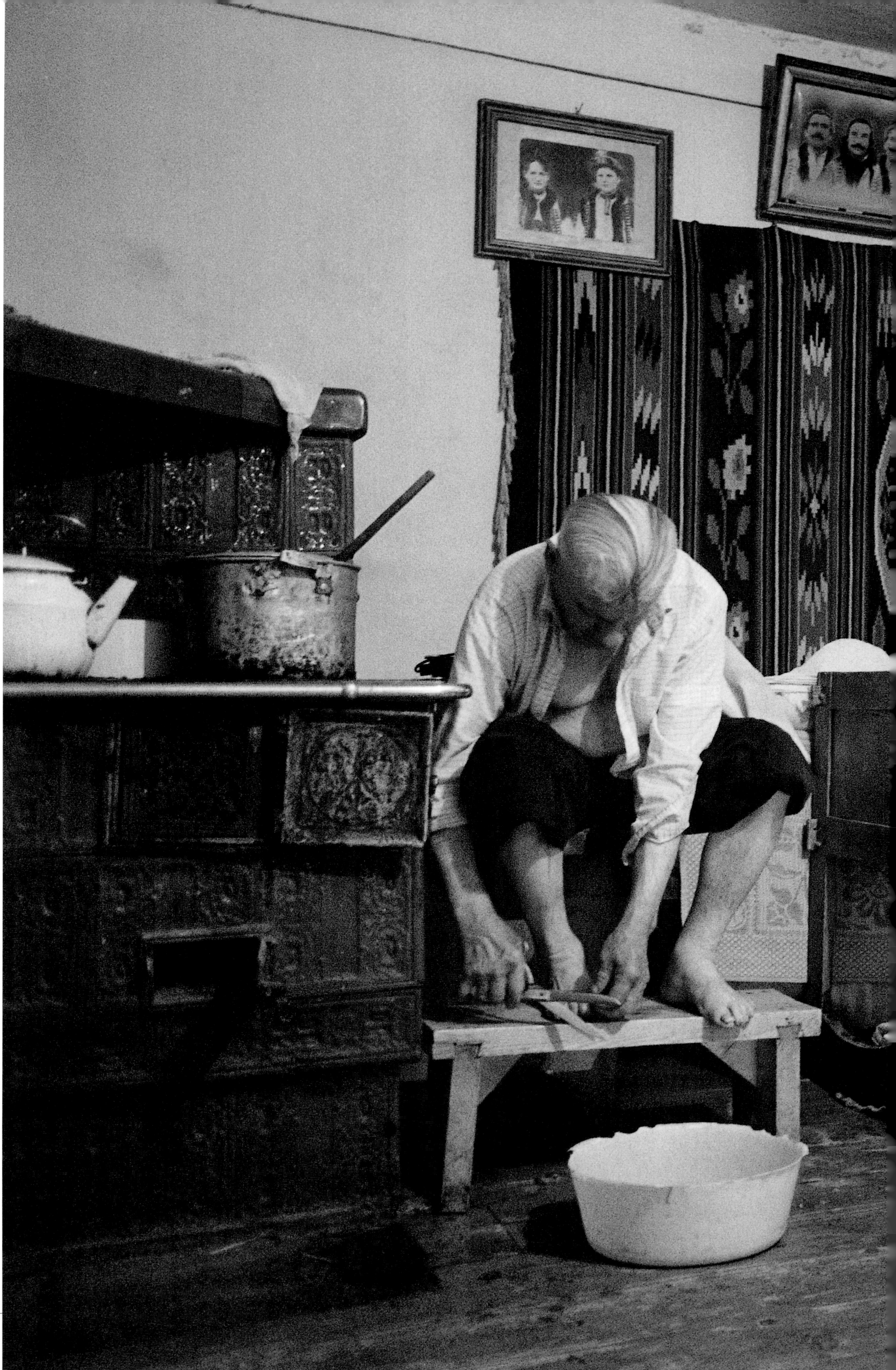

Foto:
LIDA & MISO SUCHY

Einst war Kriworiwnja ein reiches Dorf der Huzulen in den ukrainischen Karpaten: Um 1900 schmückten die Häuser noch kostbare Perserteppiche und Pistolen aus den Türken-Kriegen. Heute gehört ein alter Fernseher dort schon zu den wertvollsten Einrichtungsstücken. Viele Huzulen haben ihre Stellen in den Fabriken und Kolchosen verloren und erwirtschaften auf ihren Feldern gerade genug zum Leben. Sonntags jedoch ruht die Arbeit: Dann findet auch Wassyl Potjak endlich Zeit für seine Pediküre

GEO 7/99

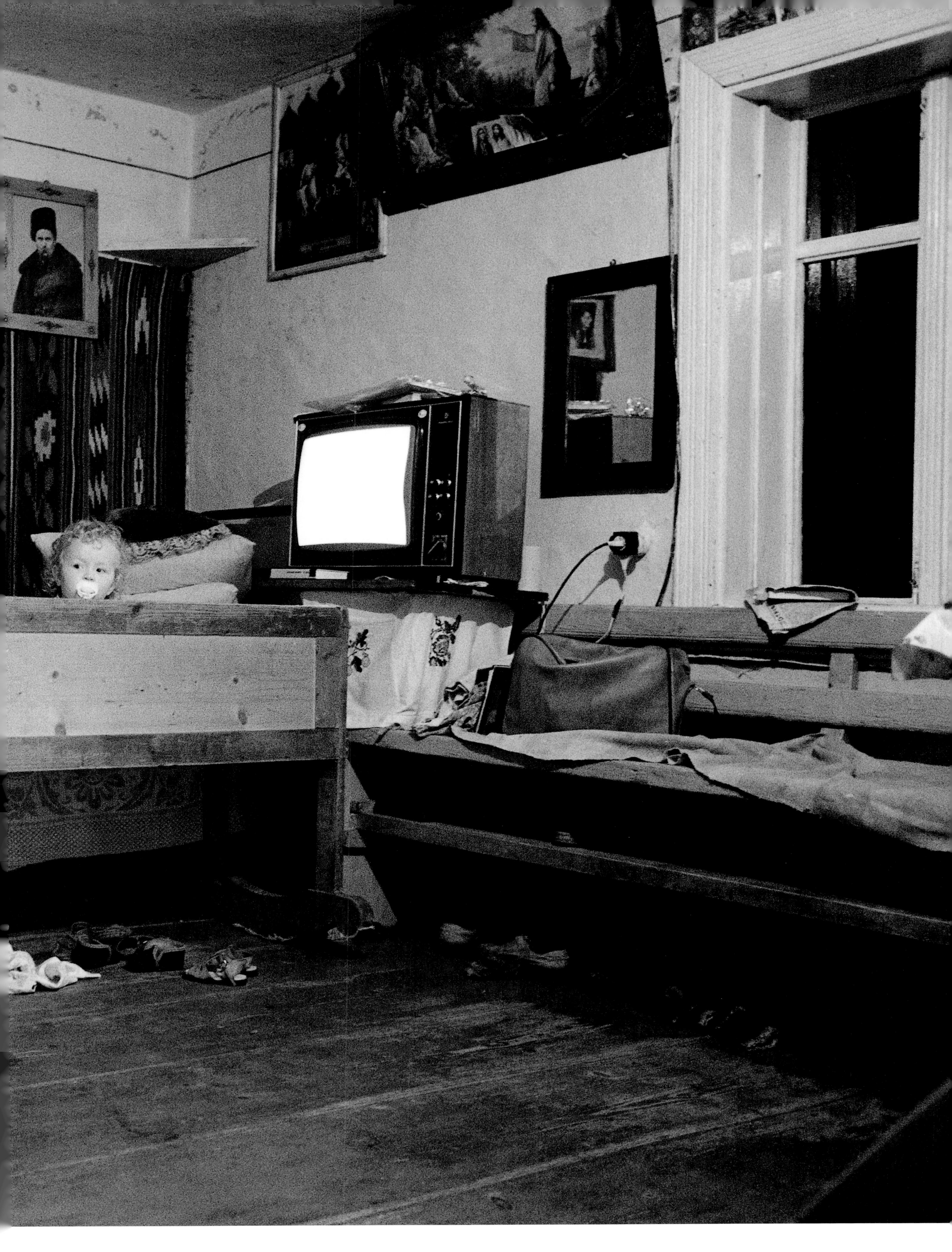

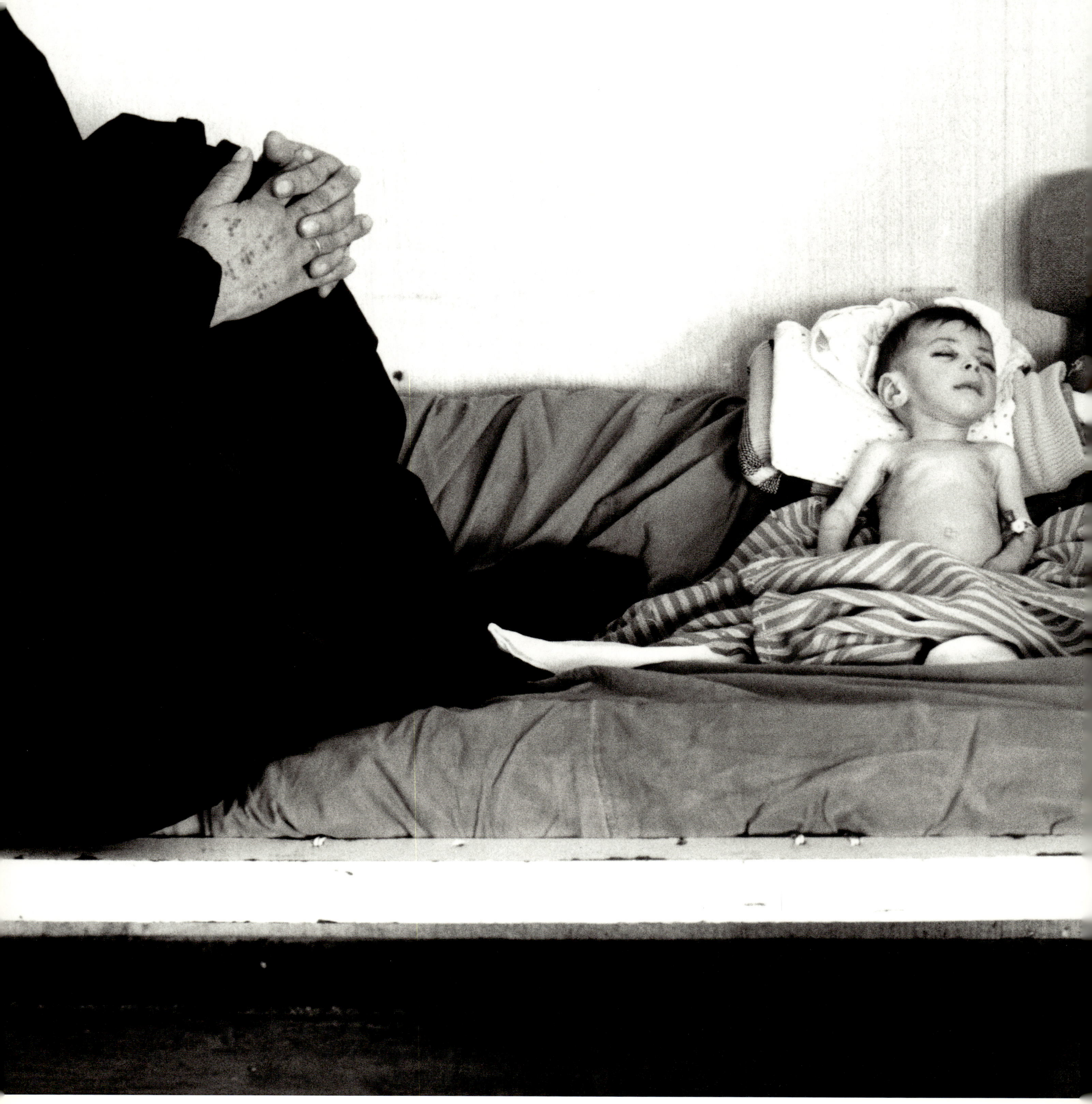

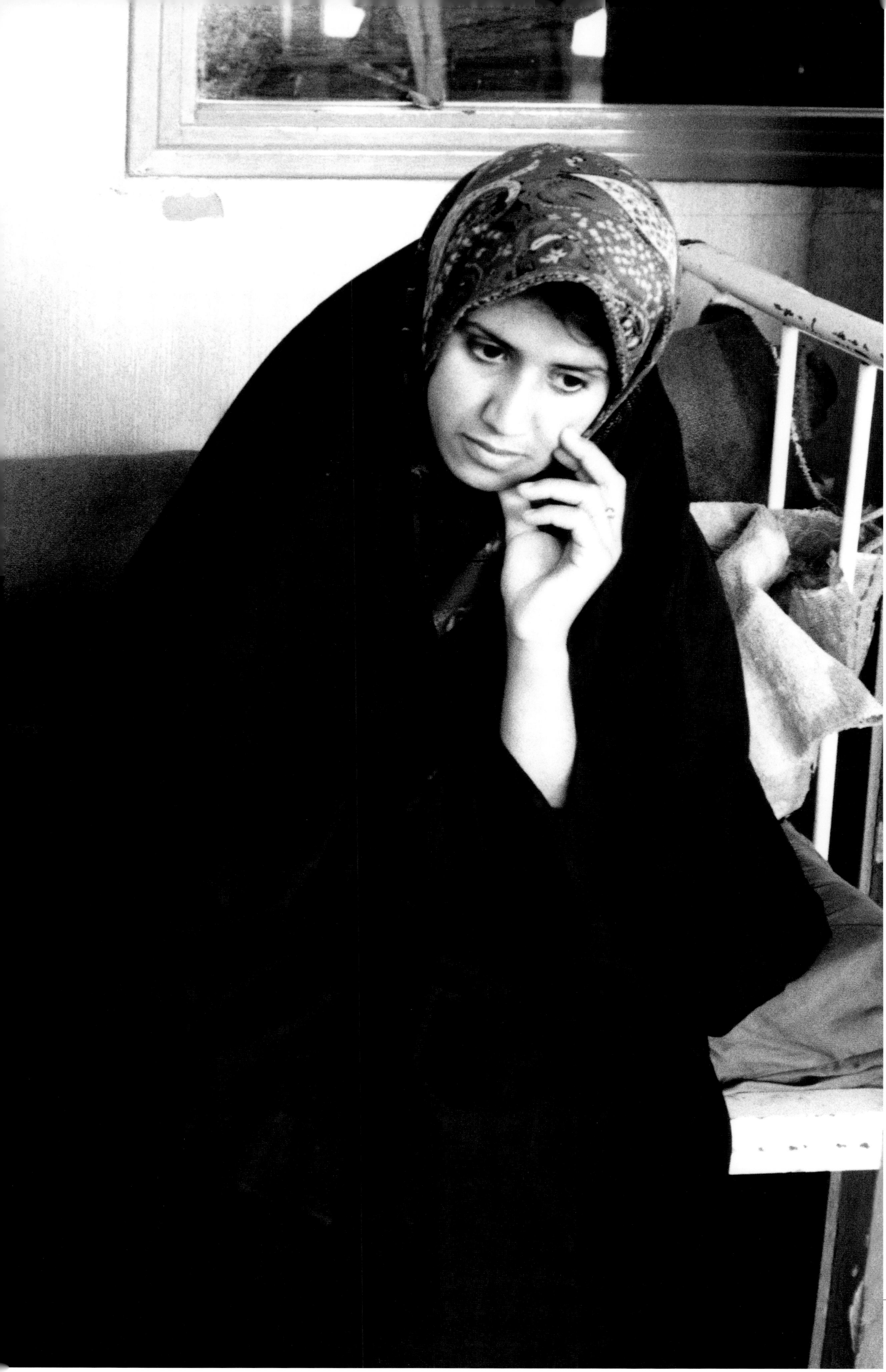

Foto:
HIEN LAM DUC

Sorgenvoll wacht eine Mutter im Kerbala-Hospital von Bagdad am Bett ihres kranken Sohnes. Wie viele andere irakische Kinder leidet der Junge unter den Folgen des Golfkriegs: Seit die Vereinten Nationen 1991 ein Handelsembargo über das Land verhängt haben, fehlen Nahrung und Medikamente. Die Konsequenzen treffen vor allem die Schuldlosen: 30 Prozent der Kinder sind unterernährt; jeden Monat sterben 5000 Kinder unter fünf Jahren an Infektionskrankheiten wie Diphtherie und Durchfall

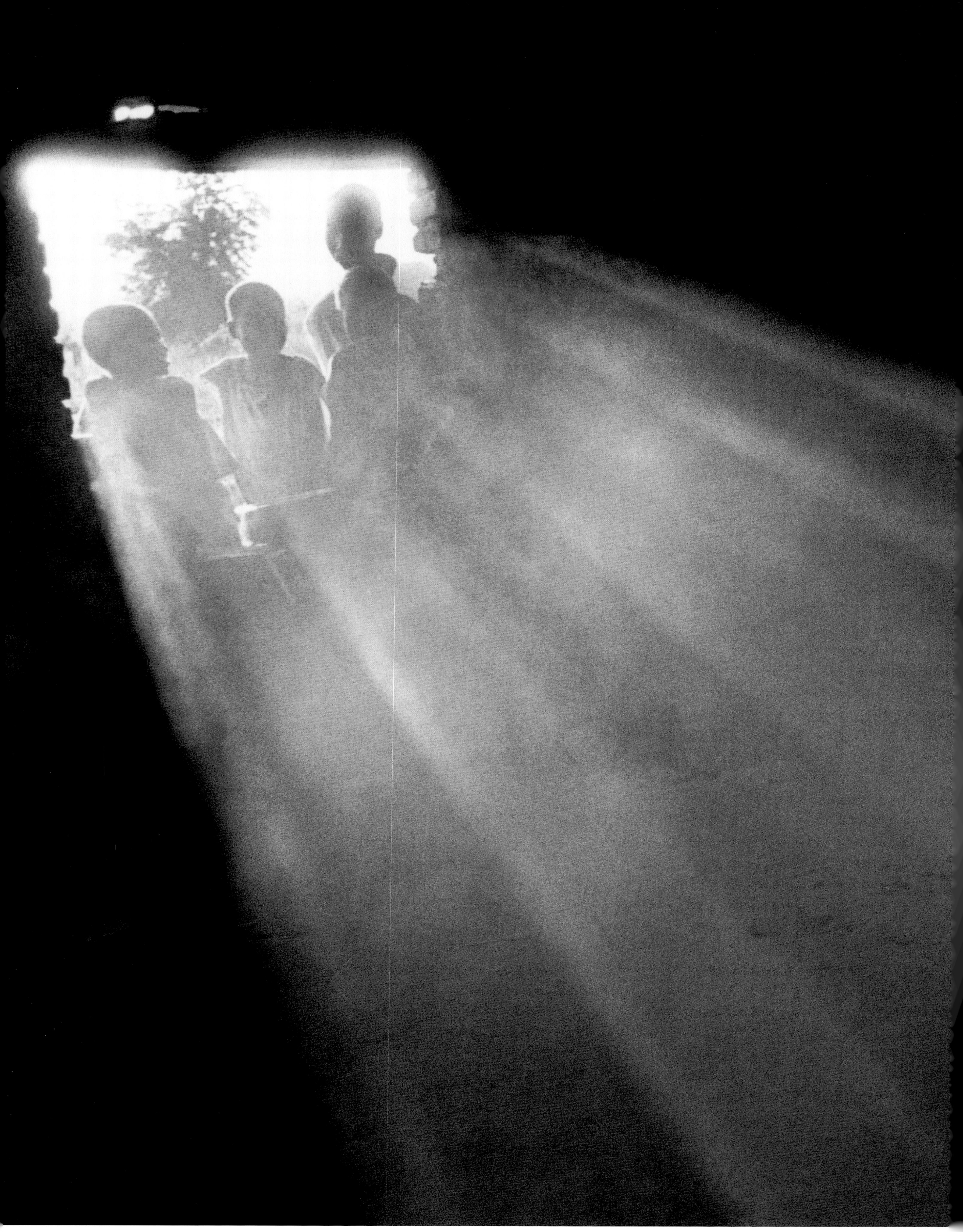

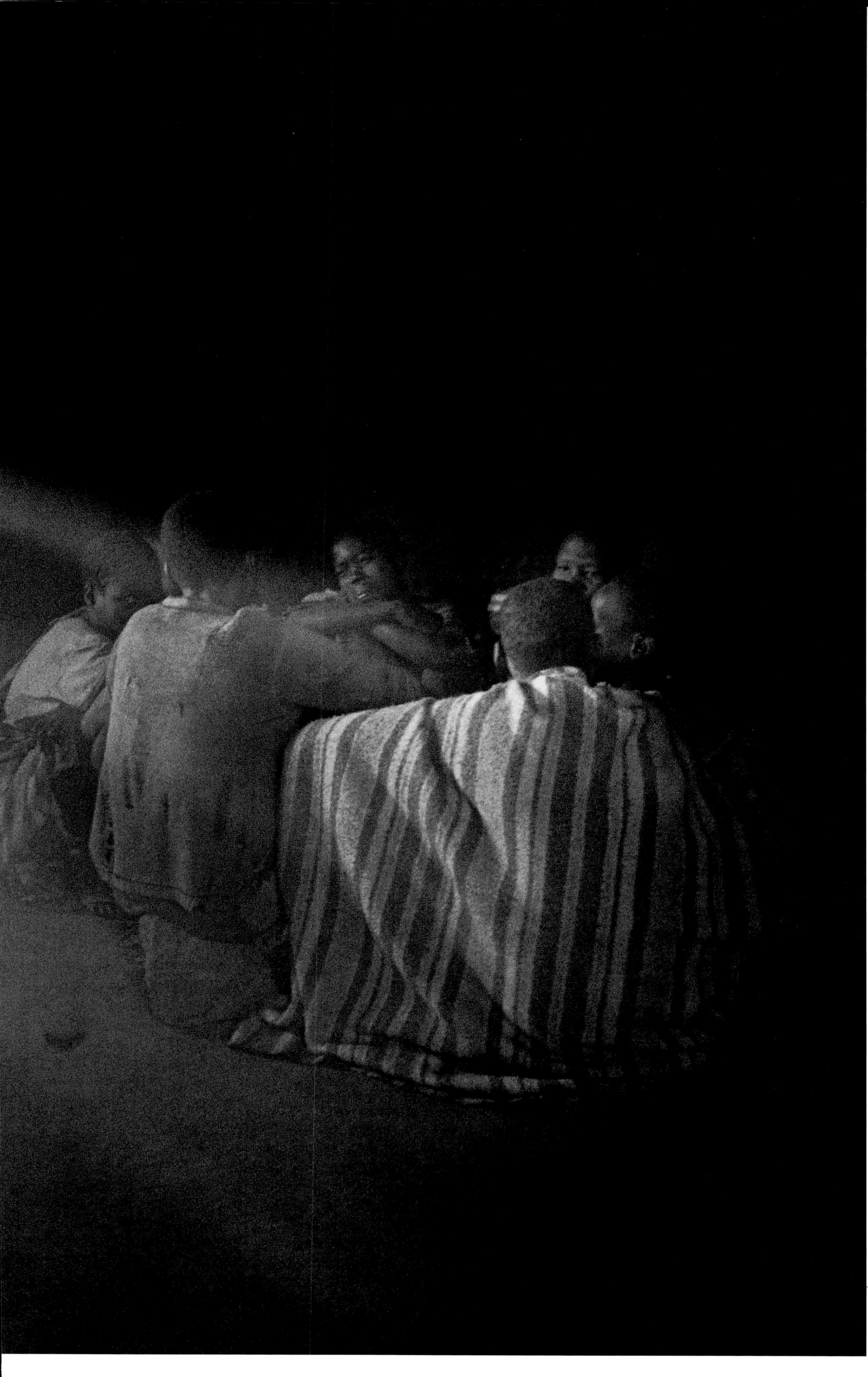

FOTO:
SEBSTIAO SALGADO

Atempause auf der Flucht vor dem Bürgerkrieg: Sudanesische Jungen verstecken sich auf dem Weg zur kenyanischen Grenze in den Ruinen einer Missionsstation. Ständig müssen sie fürchten, von den Seelenfängern der Regierungsarmee und der Rebellen rekrutiert zu werden. Seit 1983 toben die Kämpfe zwischen der islamischen Regierung in Khartum und der christlichen Guerilla im Süden des Sudans. Rund zwei Millionen Menschen wurden seither getötet, fünf Millionen Sudanesen vertrieben

RÜCKPROJEKTIONEN

„Ich folgte dem Ruf einer romantischen und perfekten Vergangenheit, die mich mehr interessierte als die unnatürliche und unruhige Gegenwart." Francis Frith

DIE WELT IST im Aufbruch. Im Umbruch. Die Gesellschaft des 19. Jahrhunderts macht sich auf den Weg ins Unbekannte. Expeditionen stoßen in entfernteste Regionen vor, den kolonialistischen Machthunger zu stillen. Aber auch, um die Welt mit enzyklopädischem Blick zu erfassen. 1830 sind halb Afrika und das gesamte Innere Australiens Terra incognita für die Europäer. Die Nordwestpassage ist nicht gefunden, kein Mensch hat bisher die Pole erreicht, die höchsten Berge erklommen. Die Welt, ein wundersames Rätsel, das es zu entschlüsseln gilt, ein Abenteuerspielplatz für Wagemutige.

Ein Jahrmarkt der Sensationen, die erstmals auch mit der Kamera festgehalten, die erstmals auch einem staunenden Publikum der Daheimgebliebenen vorgeführt werden können. Noch ganz neu ist das Verfahren. 1826 ist Nicéphore Niepce die erste Fotografie geglückt. Noch unendlich beschwerlich ist es, mit der Kamera das Antlitz der Welt zu bannen. Dunkelkammer und Chemikalien müssen mit auf die Reise. Das Gepäck des französischen Fotografen Moulin, das er für eine mehrmonatige Reise durch Algerien benötigt, ist 3000 Kilogramm schwer. Doch der Aufwand lohnt sich. Die Fotografie wird unverzichtbares Medium der Dokumentation. Und die Kamera Projektionsmaschine für Sehnsüchte.

8

Den Forschern, Ethnologen, Botanikern, Geologen und Abenteurern folgen bald Touristen, Bildungsreisende, reiche Exzentriker, von ihren exotischen Träumen immer weiter über Südeuropa hinaus verführt. Nach Indien, Japan, China wird gereist. Vor allem aber in den Nahen Osten. Das Abendland wird orientsüchtig. Schwärmt von Pyramiden, Bauchtanz und Haremsdamen. Die Fotografie wird zur großen Verführerin, die Sehnsucht zur Seh-Sucht.

Sehnsuchtsbilder sind die frühen Fotografien noch für den heutigen Betrachter, aber auch melancholische Abschiedsbilder. Von Menschen, mit deren Wechsel ins Nirwana manchmal auch eine gesamte Kultur gestorben ist. Als Martin Gusinde im März 1923 zum letzten Mal Aufnahmen auf Feuerland macht, leben von den einst dort siedelnden 8000 Indianern noch 60. Der Fotograf ist Augenzeuge des Untergangs, seine Fotografien sind ein Vermächtnis.

Andere Aufnahmen begegnen uns als Rätselbilder. Befremdend durch die pittoresken Menschen-Tableaus, durch die wie eingefroren wirkende Mimik der Abgebildeten, die wegen der langen Belichtungszeiten in völliger Unbeweglichkeit verharren mussten.

Und da sind Bilder, aus denen eine fast kindliche Neugier der Fotografen, ein unersättlicher Hunger nach Wissen spricht. Das große Staunen angesichts einer unendlichen Fülle unbekannter Völker, archäologischer Schätze, nie zuvor gesehener Naturschauspiele. Es ist eine Zeit, die den Abenteurern und Entdeckern gehört, ihren Triumphen, Strapazen. Und ihren enttäuschten Hoffnungen, den großen Niederlagen, wie der des britischen Polarforschers Sir Ernest Shackleton, dessen Schiff „Endurance" auf dem Weg durch die Antarktis zwischen den gewaltigen Eismassen zerbirst. Nur zwei Tagesreisen vom Ziel entfernt.

Die Wildnis kommt heute mit dem Fernsehen ins Haus. Die weißen Flecken sind von der Landkarte getilgt. Jeder Erdteil ist in ein paar Stunden zu erreichen. Und den Abenteurern bleibt nur die Wiederholung. Ihre Zeit ist vorüber. Aber nicht die der Wunder. Noch immer entdecken Forscher neue Pflanzen und Tierarten, Unterwasserwelten und ferne Planeten. Und staunen aufs Neue.

FOTO: HERBERT PONTING

Schneeweiße Flecken auf der Karte: Zu den frühesten Entdeckungszielen der Londoner Royal Geographic Society zählten die Eiswüsten an den Polen – wie hier die Gletscher der Antarktis im Jahre 1911. Doch im Kampf Mensch gegen Natur siegte zunächst oft das Packeis. Ab 50 Grad südlicher Breite, sagten die Walfänger, gibt es keinen Gott

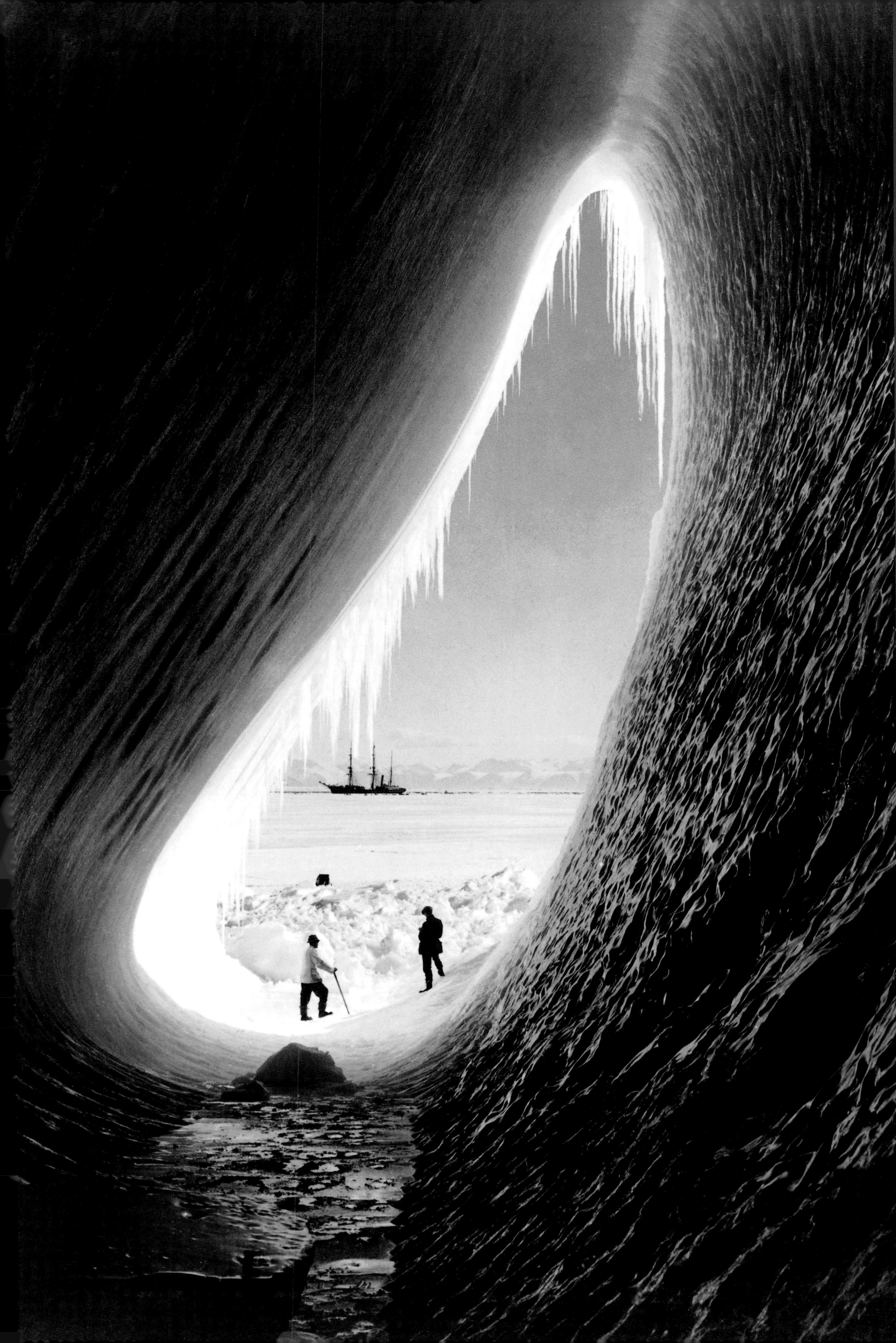

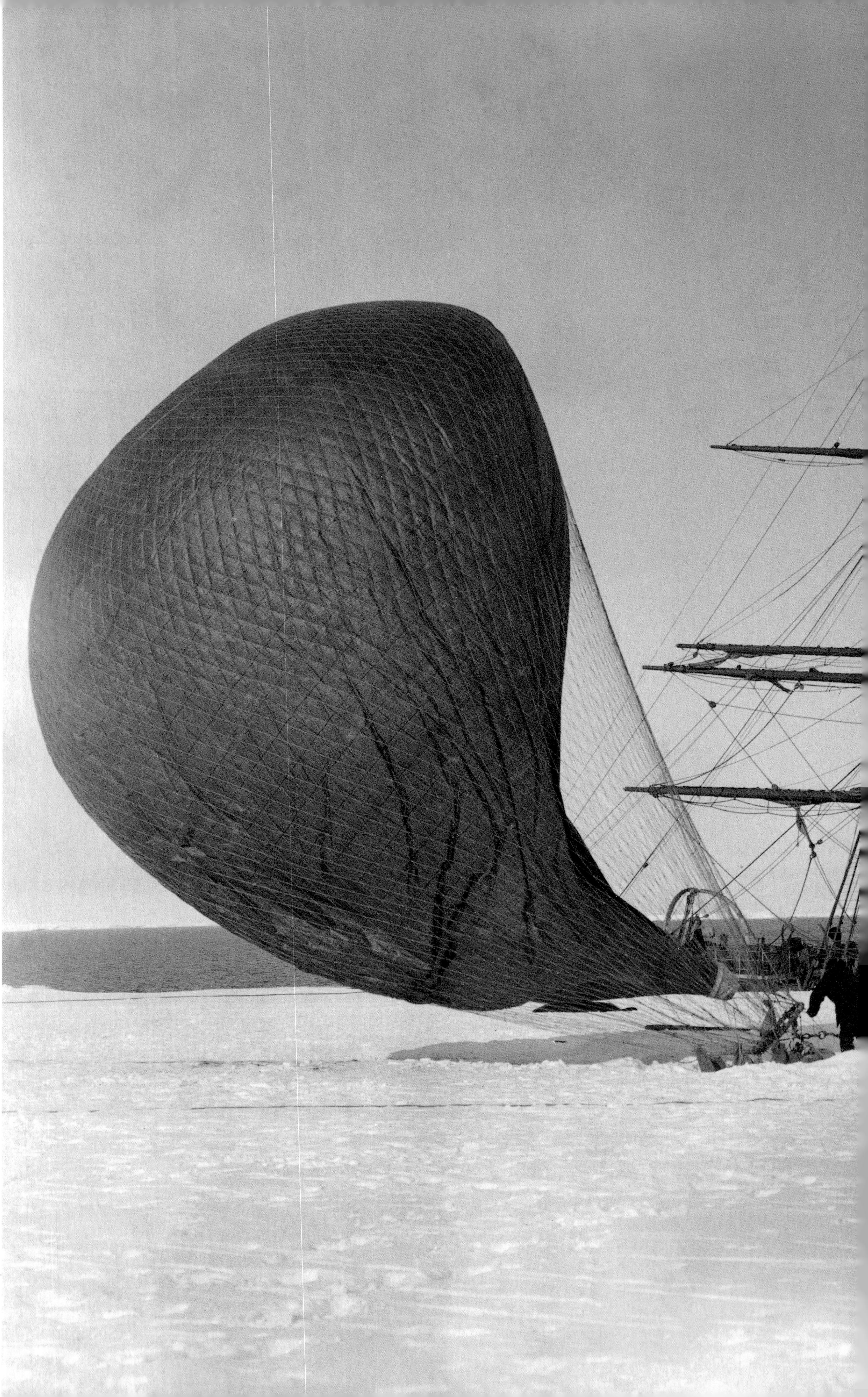

Foto:
FOTOGRAF UNBEKANNT

Der erste Heißluftballon, der über der Antarktis schwebt, trägt den Namen Eva. Aus seinem Korb schießt der Entdecker Robert Scott bei seinem misslungenen Vorstoß zum Südpol im Jahre 1902 erste Luftbilder. Zehn Jahre später erreicht er den Pol tatsächlich – und findet dort die Zelte seines Rivalen Roald Amundsen. Deprimiert treten die fünf Briten den Rückmarsch an, ihre Motorschlitten eingefroren, die Ponys tot. Nach zehn Wochen Fußmarsch und 18 Kilometer vor dem Proviantdepot legen sich die letzten drei Männer zum Sterben hin

GEO *04/98*

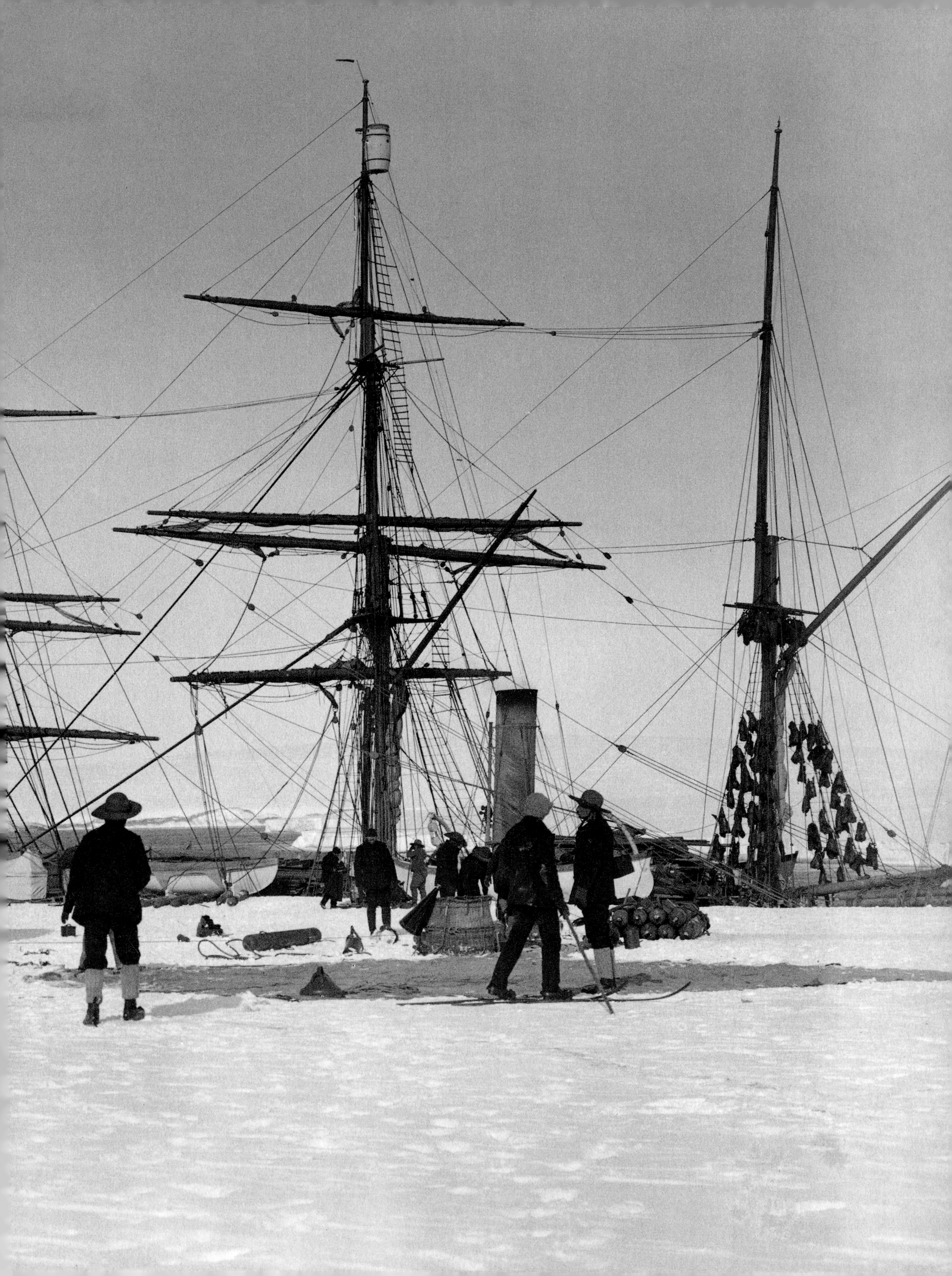

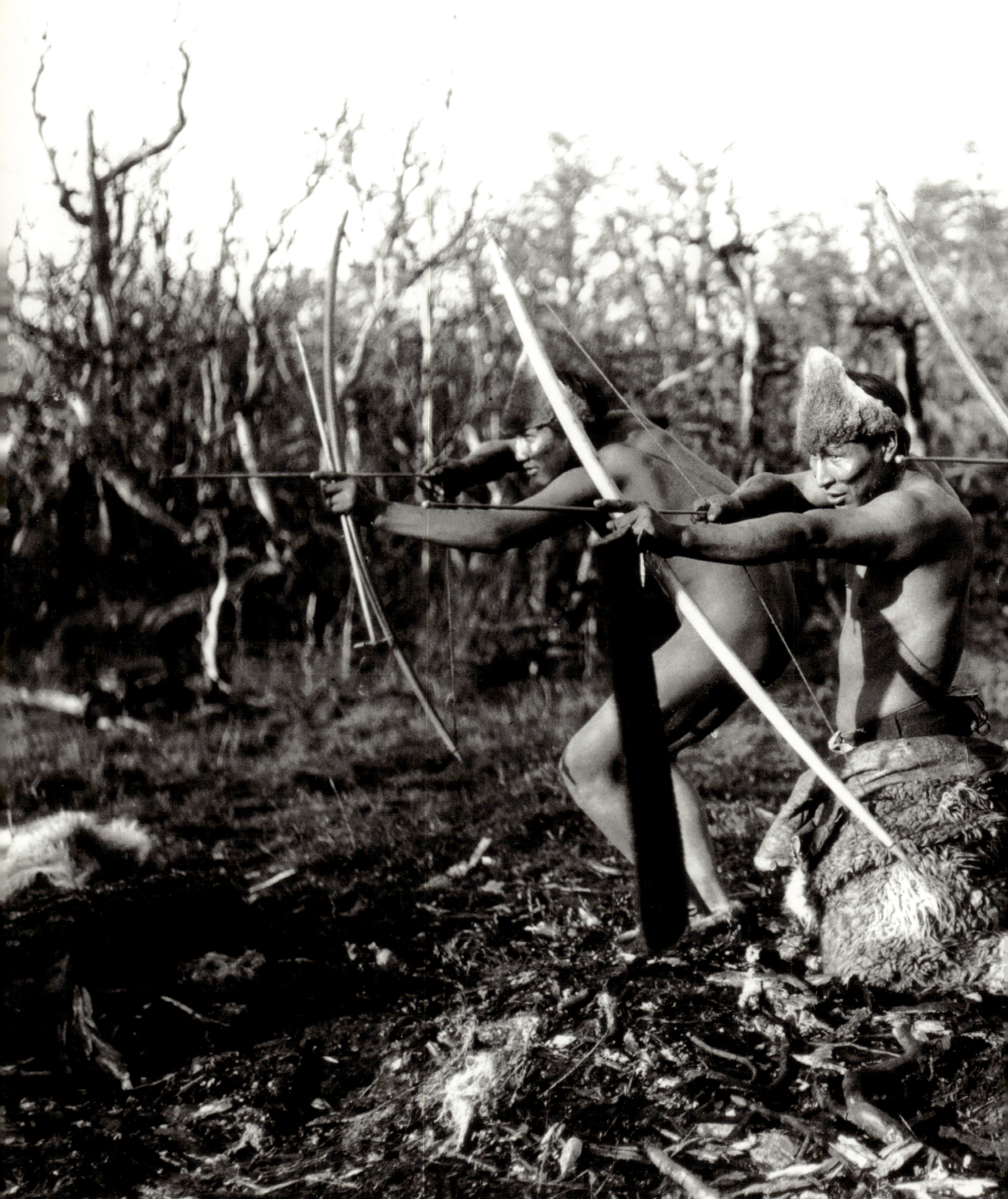

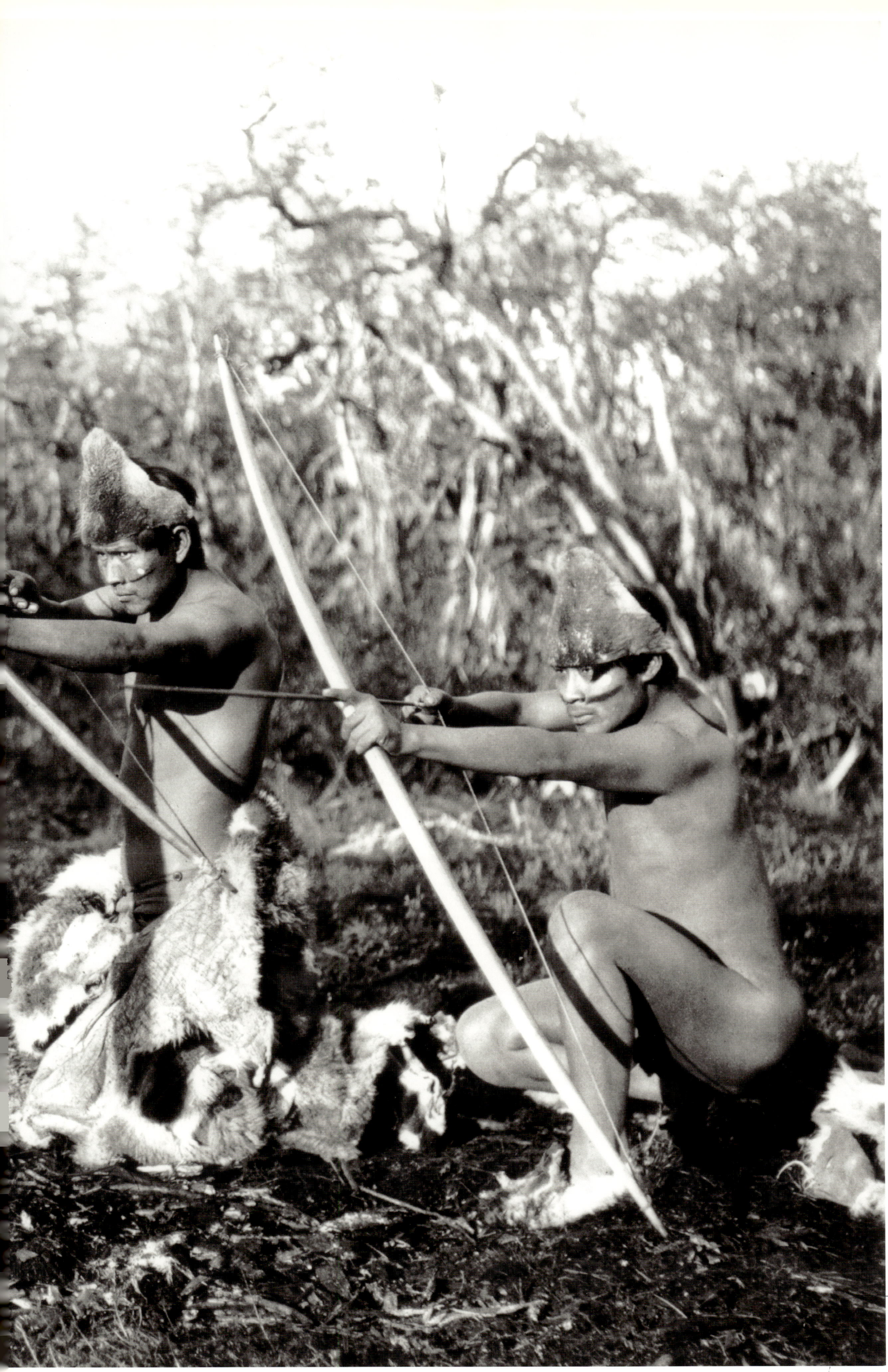

FOTO:
MARTIN GUSINDE

Vom Jäger zum Gejagten: Jahrhundertelang trotzten die Yamana-Indianer den eisigen Stürmen auf der Insel Feuerland, erlegten Guanakos auf 100 Meter mit Pfeil und Bogen und erschufen eine einzigartige Kultur. Bis um 1885 weiße Goldsucher ein Pfund Sterling für die Ohren eines ermordeten Indianers aussetzten. Der Deutsche Ethnologe Martin Gusinde konnte den Untergang der Yamana 40 Jahre später nicht mehr verhindern – aber seine Fotos erinnern noch heute an die Opfer des letzten Genozids auf amerikanischem Boden

GEO *03/95*

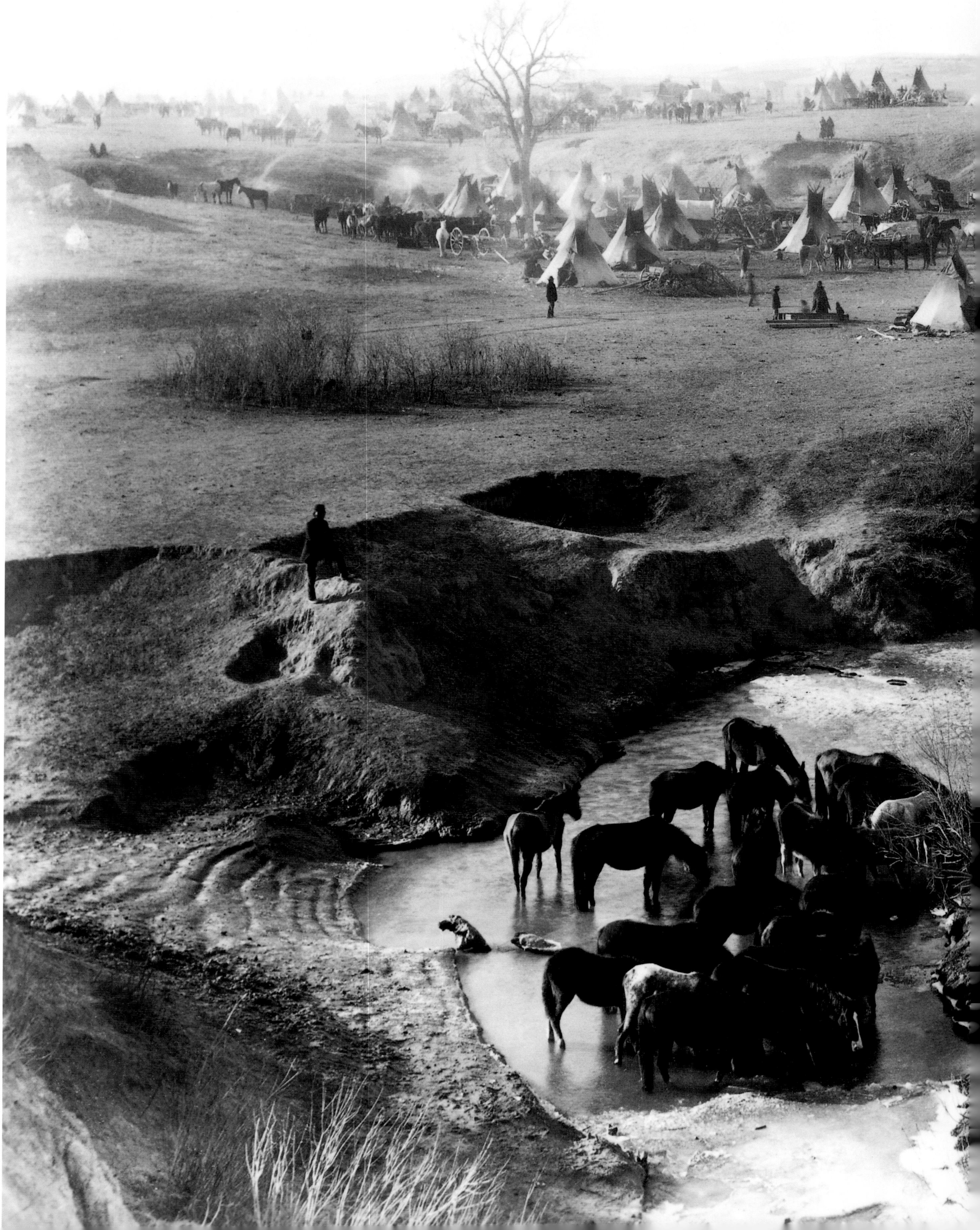

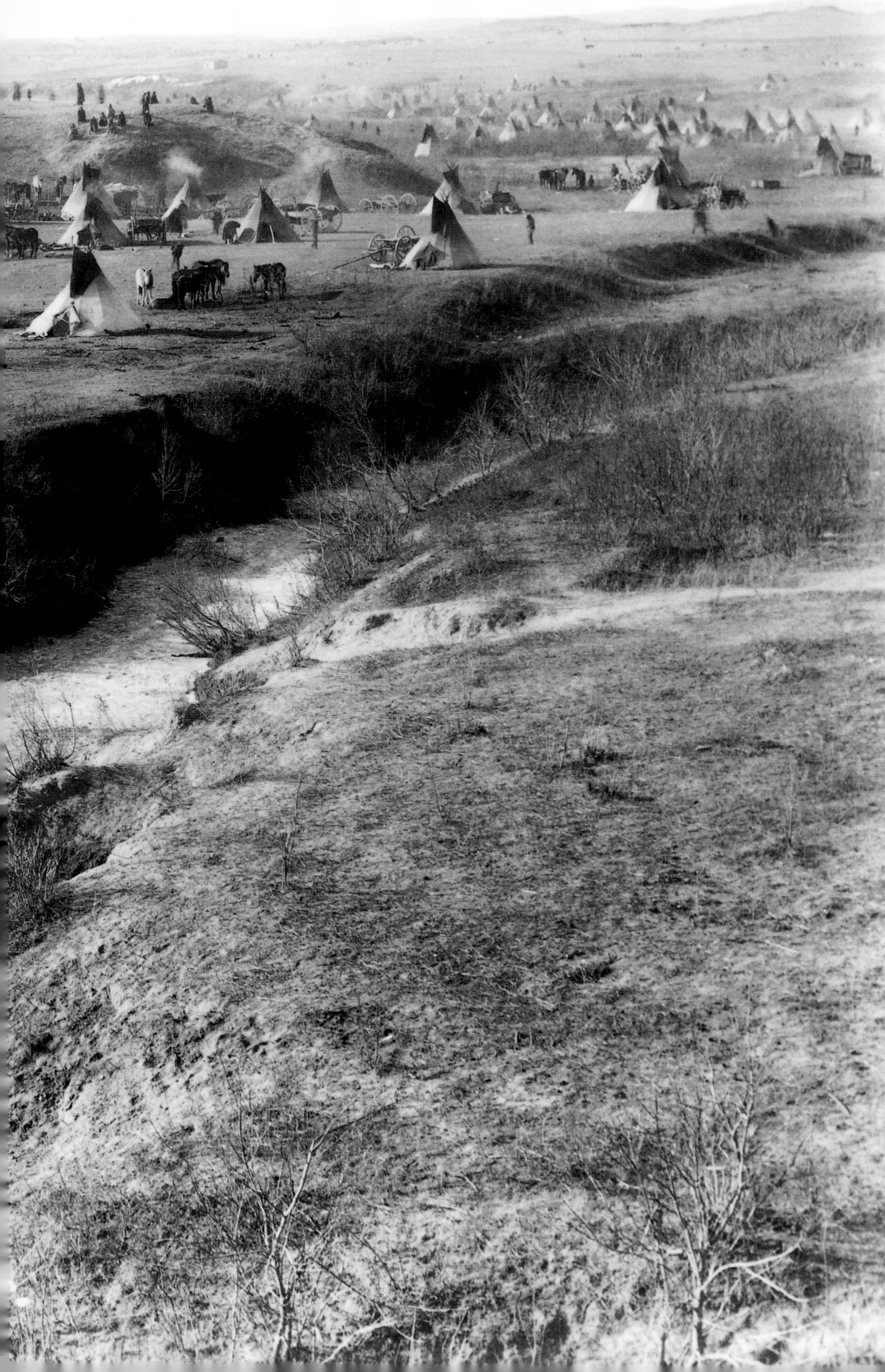

FOTO: C. H. GRABILL

Als »Ring des Volkes« stellten die Indianer der Großen Ebene ihre Tipis auf. Wenn die Nomaden hinter den Bisons herzogen, errichteten ihre Frauen die Zeltdörfer meist an Flussläufen, wie hier die Brulé-Lakota am Wounded Knee in South Dakota. Doch nicht alle Indianerstämme Nordamerikas lebten in Zelten: Im Nordosten des Kontinents bauten sie Wigwams aus Holzstangen und Rinde, und im Süden errichteten sie Pueblos aus gemauerten Lehmziegeln

Foto: MARTIN GUSINDE

GEO *03/95*

»Elende Geschöpfe mit hässlichen Gesichtern« nannte Charles Darwin die Yamana-Indianer von Feuerland. Sein Urteil prägte das Bild der Europäer von dem Volk an der Südspitze Amerikas – bis 1919 der Ethnologe Martin Gusinde die Anmut der Schnee-Indianer dokumentierte. Die Frau auf seinem Foto entspreche dem Schönheitsideal der Yamana: die Brauen gezupft, die Haare gekämmt – mit dem Kieferknochen eines Delfins

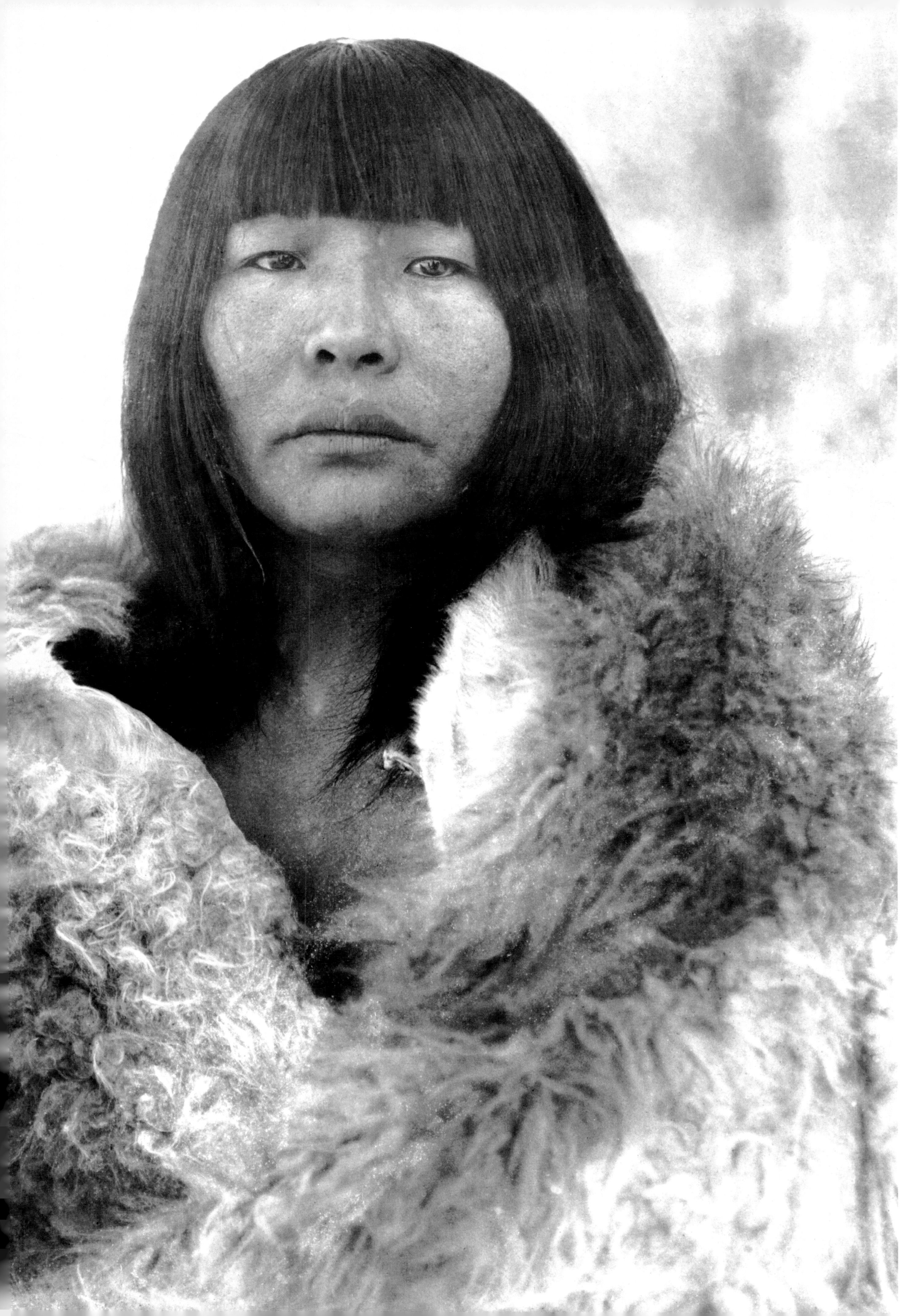

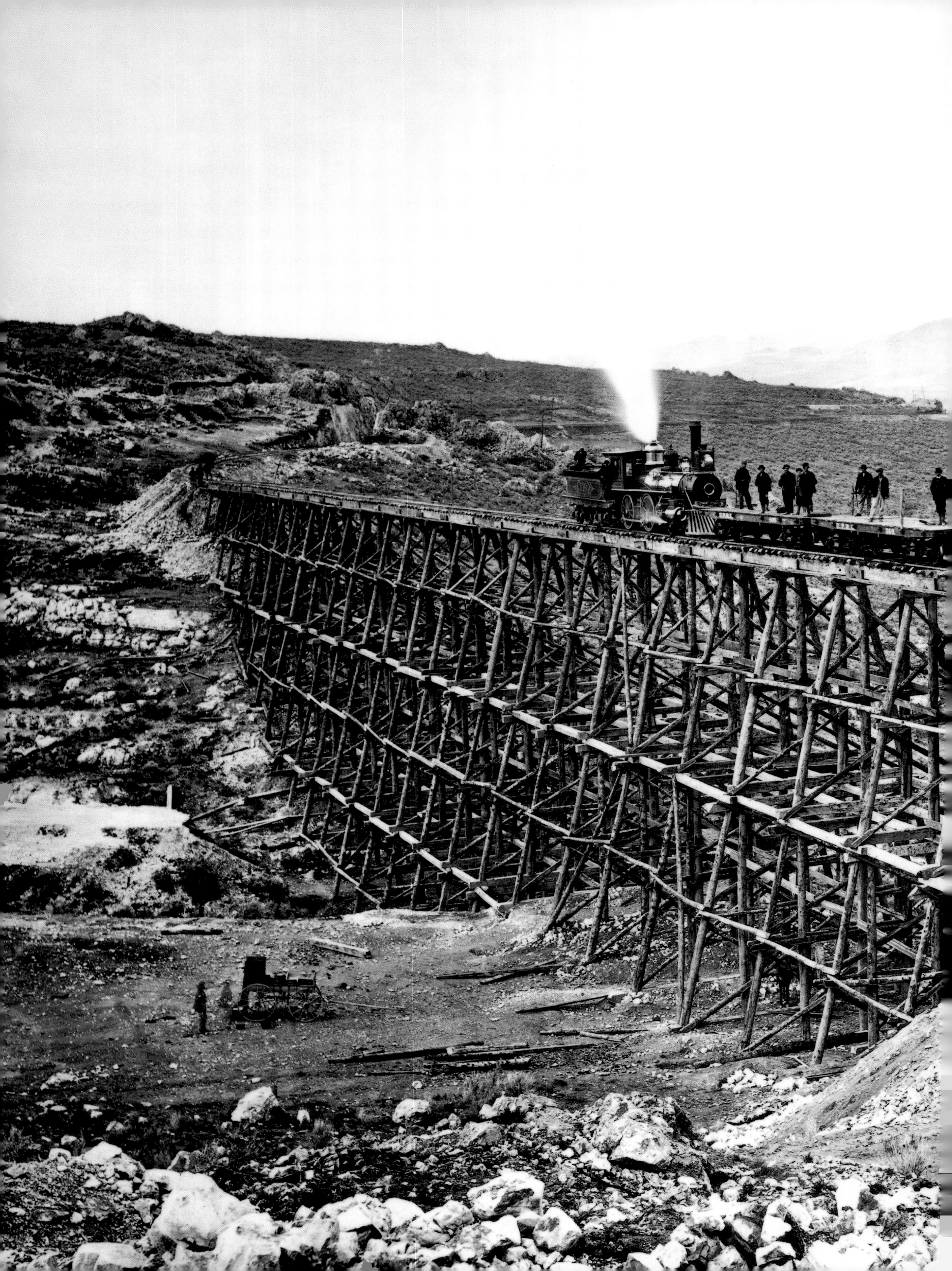

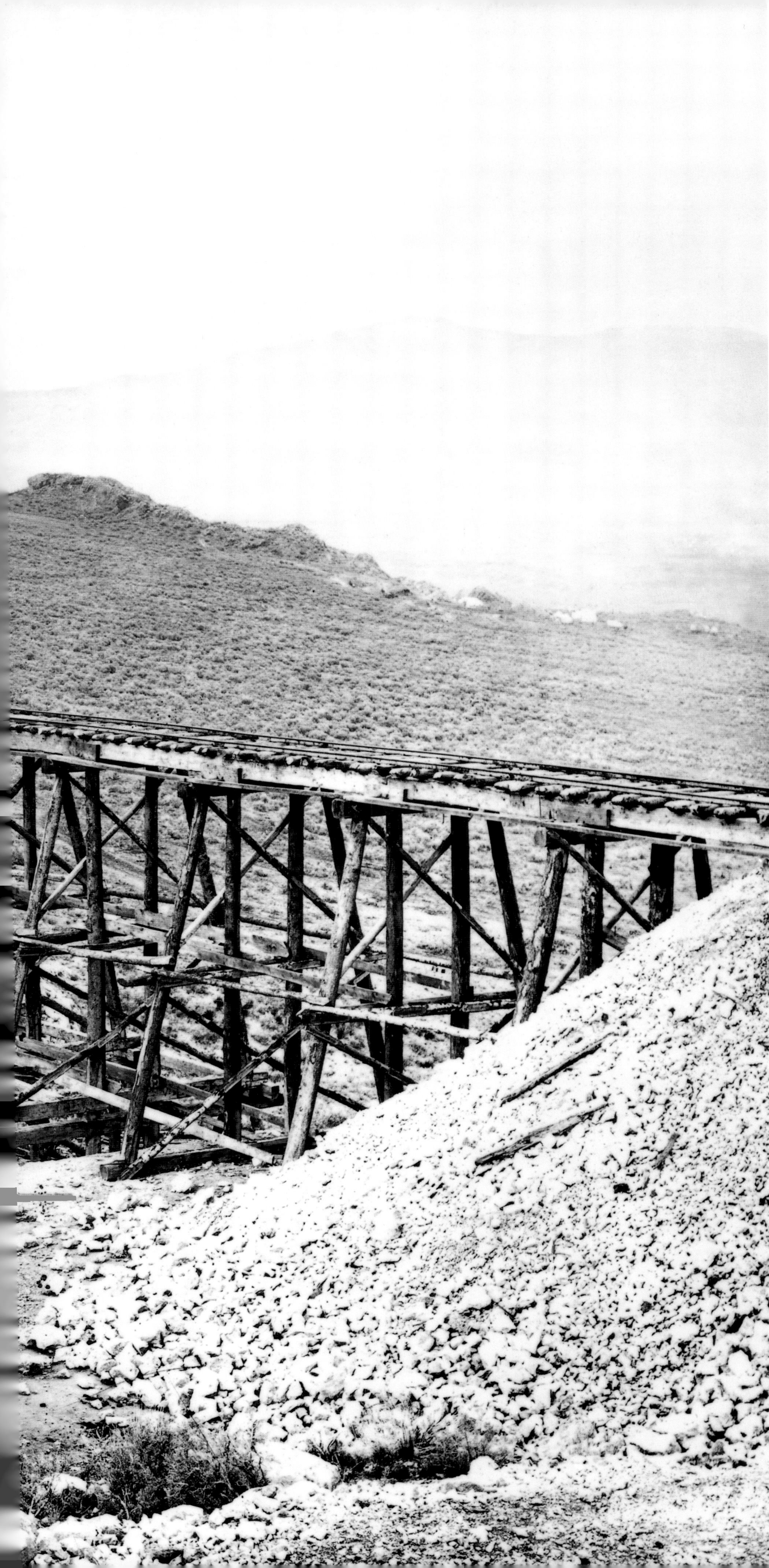

FOTO:
ANDREW RUSSEL

Unter Dampf in unerschlossene Weiten: Anno 1863 beginnt der Bau von Eisenbahntrassen in den amerikanischen Westen – begleitet vom gewaltigen Landraub der Kolonisten. Oft erreicht der Dampfzug bislang entlegene Gebiete noch vor den nachrückenden Siedlern. Als dieses Foto 1869 in Utah entsteht, ist die Verbindung von Ost- und Westküste geschafft. 20 Jahre später durchziehen bereits 262 000 Kilometer Schienennetz das Land – eiserne Einfallsstraßen für die Inbesitznahme des gesamten Kontinents durch die Weißen

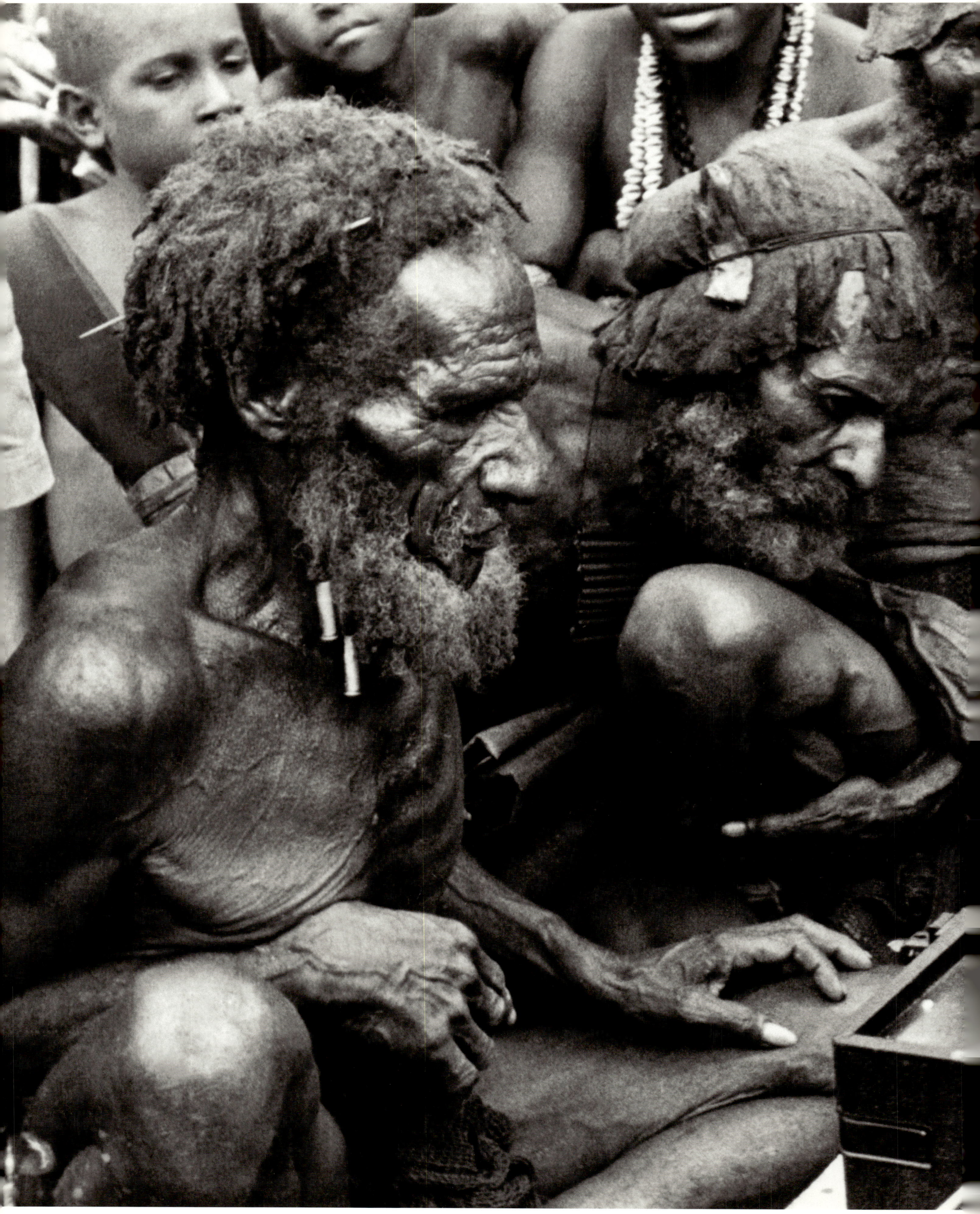

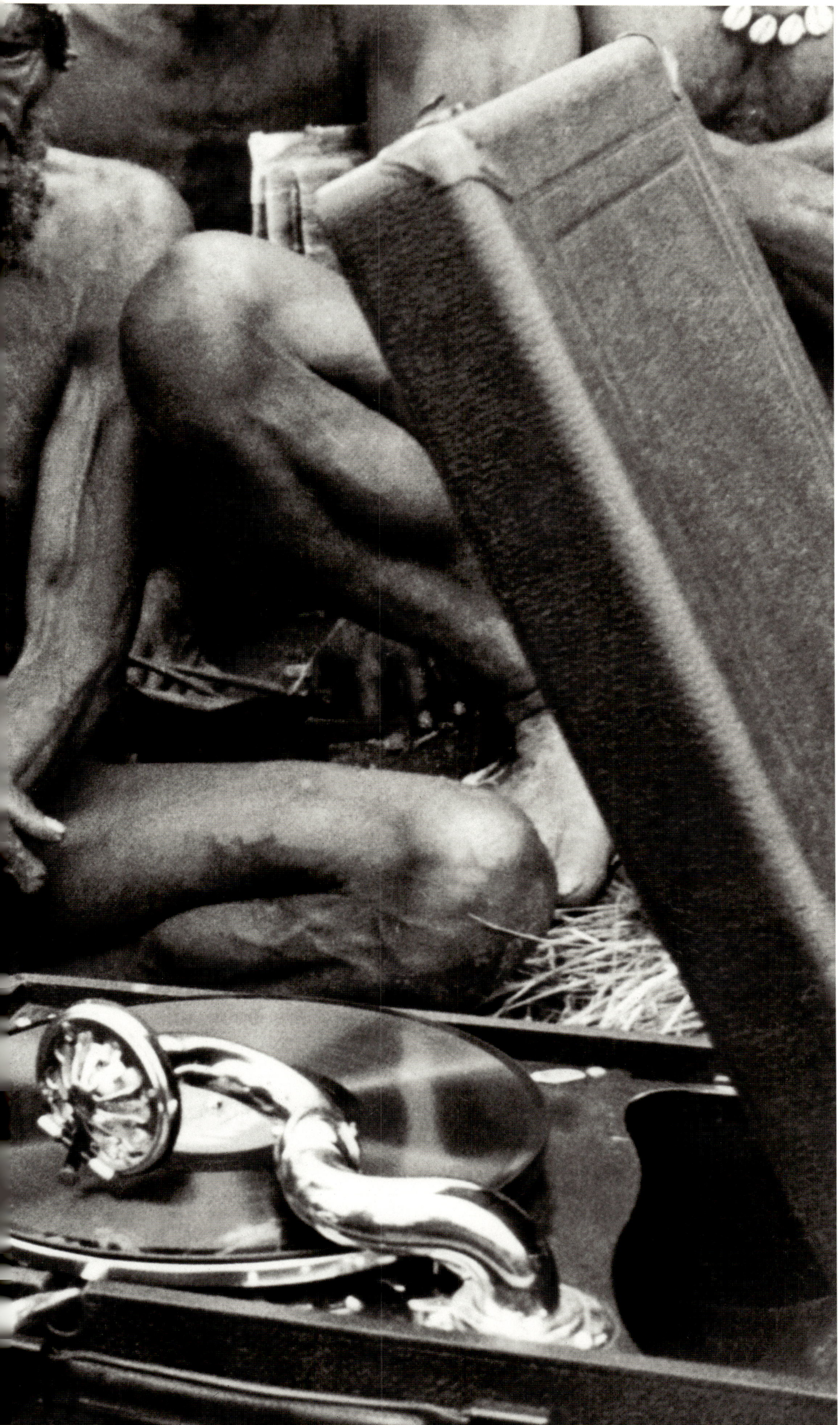

FOTO:
M. LEAHY

Verblüffte Papua um 1930 vor einem klingenden Kasten aus England: Wenn Forschungsreisende auf Naturvölker trafen, herrschte Spieltrieb auf beiden Seiten. Häufig ließen die Europäer die Ureinwohner eine Zeit lang mit Werkzeugen und Geräten allein – und beobachteten belustigt, was dann geschah. Doch auch die Wissenschaftler selbst gaben oft ein ungewollt komisches Bild – wenn sie zum Beispiel im gebügelten Tropenanzug pünktlich ihren Fünf-Uhr-Tee nahmen oder steif einen Besuch im Maya-Tempel protokollierten

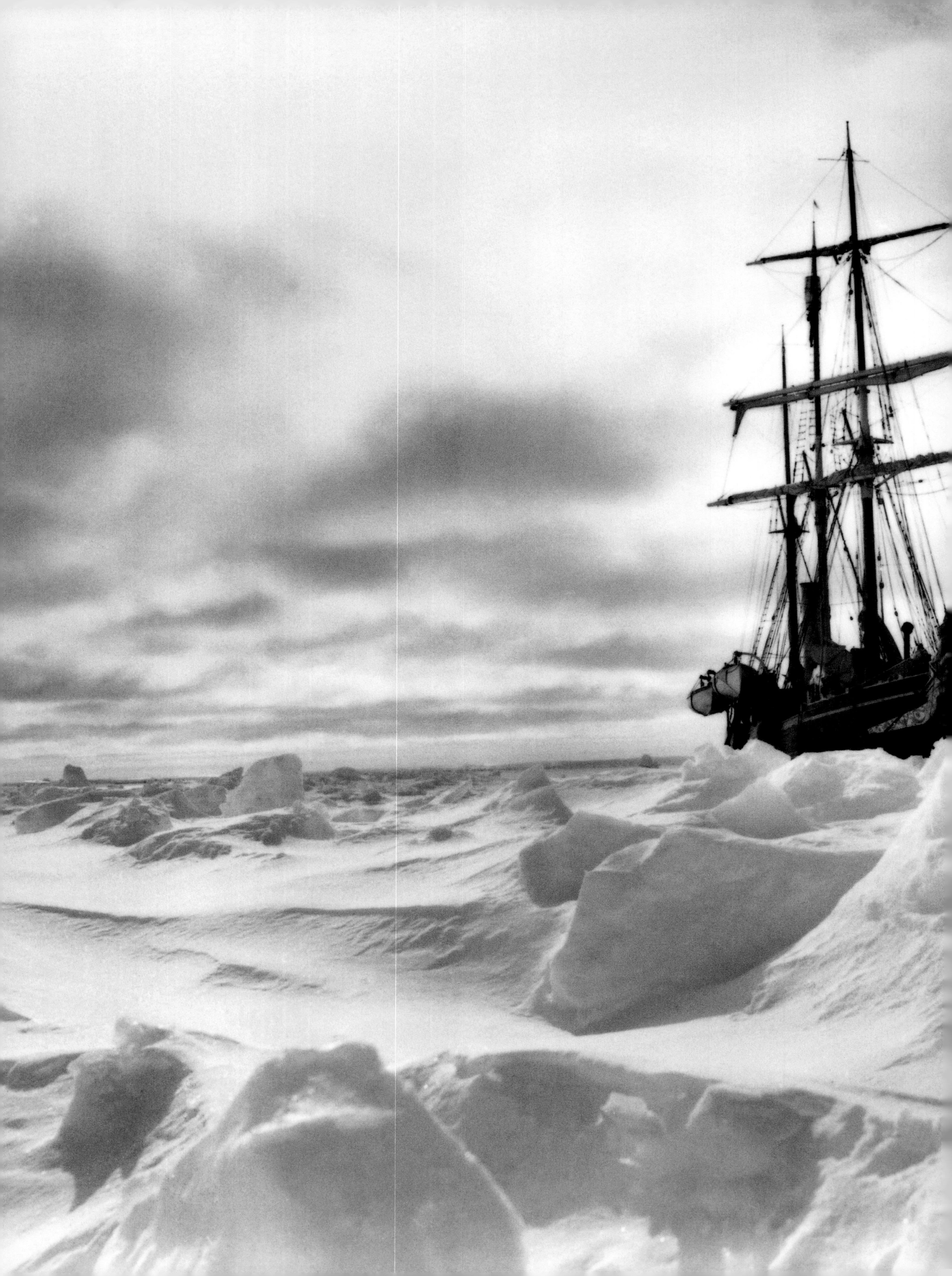

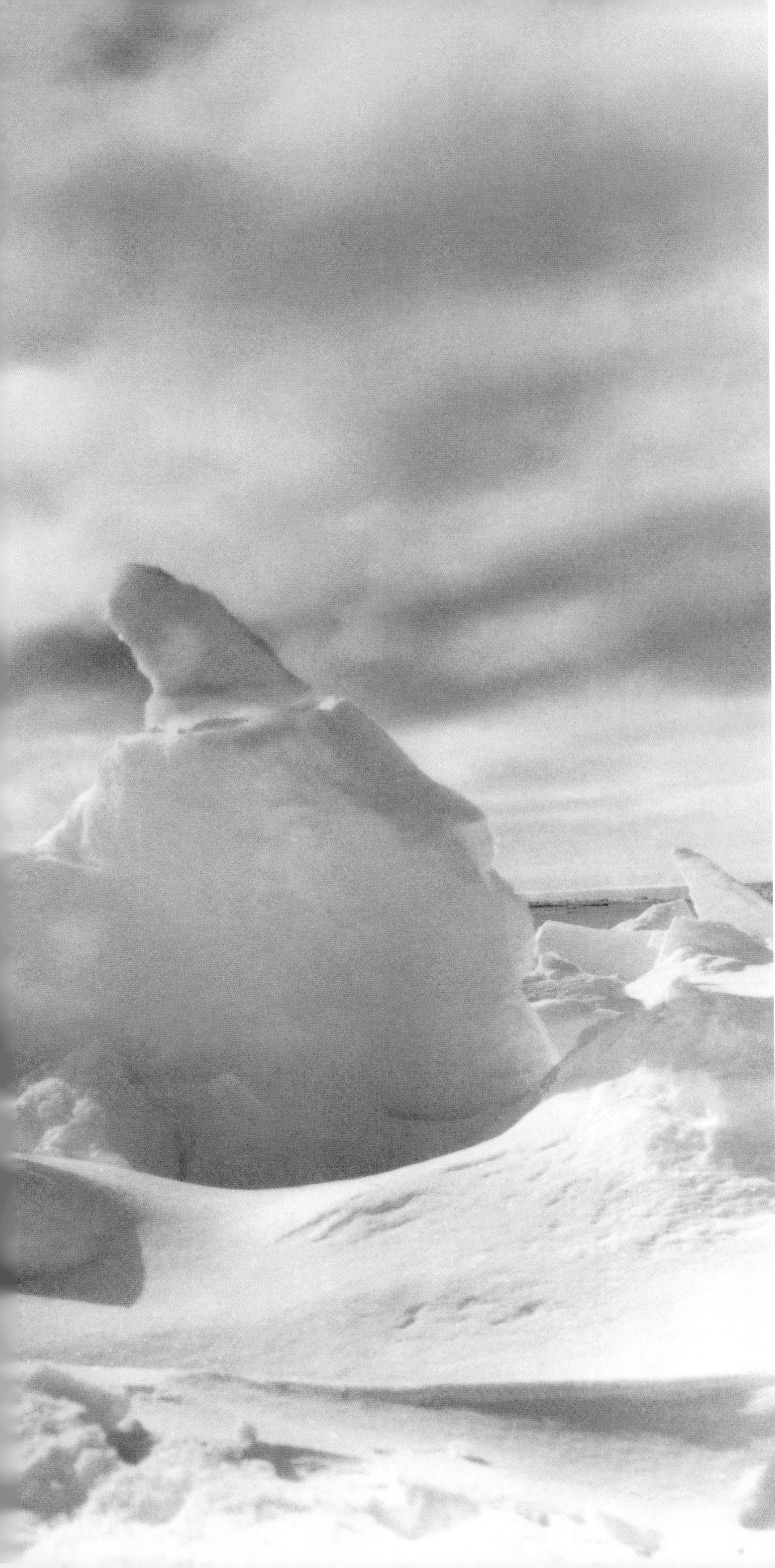

Foto:
FRANK HURLEY

Die Eisfalle schnappt am 19. Januar 1915 zu: Nach 20 000 Kilometern Seereise steckt die »Endurance« des britischen Entdeckers Ernest Shackleton im Packeis fest. Quer über die Antarktis hat er den Union Jack tragen wollen. Stattdessen kämpft er mit seiner Mannschaft nun ums Überleben. Ein Mahlstrom von Schollen zerquetscht den Dreimaster, dessen Name zu Deutsch »Ausdauer« bedeutet. Die muss nun die Besatzung beweisen: Erst im August 1916 kann Shackleton mit einem Beiboot Hilfe holen – und alle seine Männer befreien

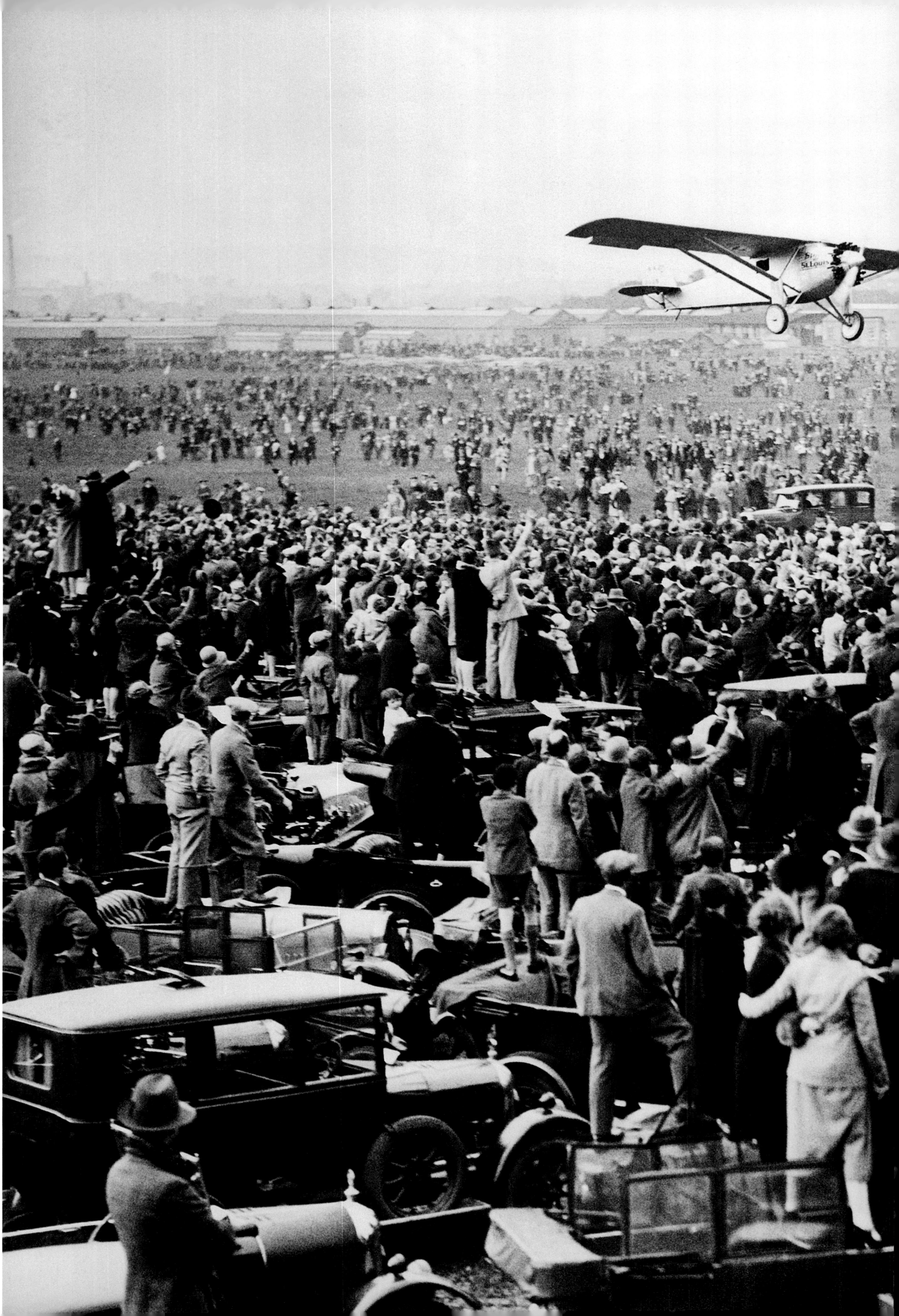

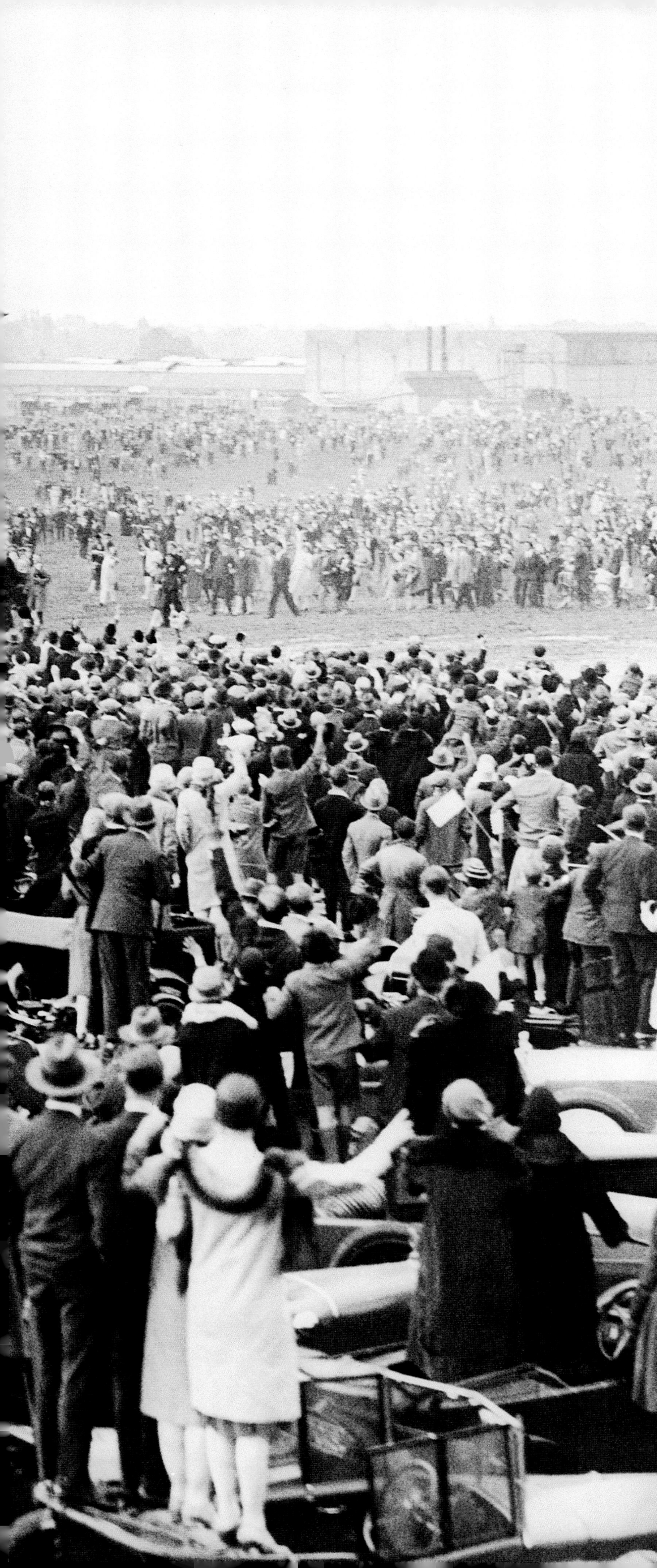

FOTO:
FOTOGRAF UNBEKANNT

Der erste Medienstar des 20. Jahrhunderts: Charles Lindbergh startet am 20. Mai 1927 in New York als einfacher Postflieger und landet gut 33 Stunden später in Paris – als Volksheld. Der Atlantikflieger wird zum meistfotografierten Mann auf Erden. Ein gefeierter Staatsgast in aller Welt, wie hier in London. Doch aus dem Idol wird bald eine tragische Figur: bemitleidet nach der Ermordung seines Sohnes, verachtet wegen seiner Sympathie für die Nazis. Als er 1974 auf Hawaii stirbt, begleiten 15 Menschen seinen Sarg

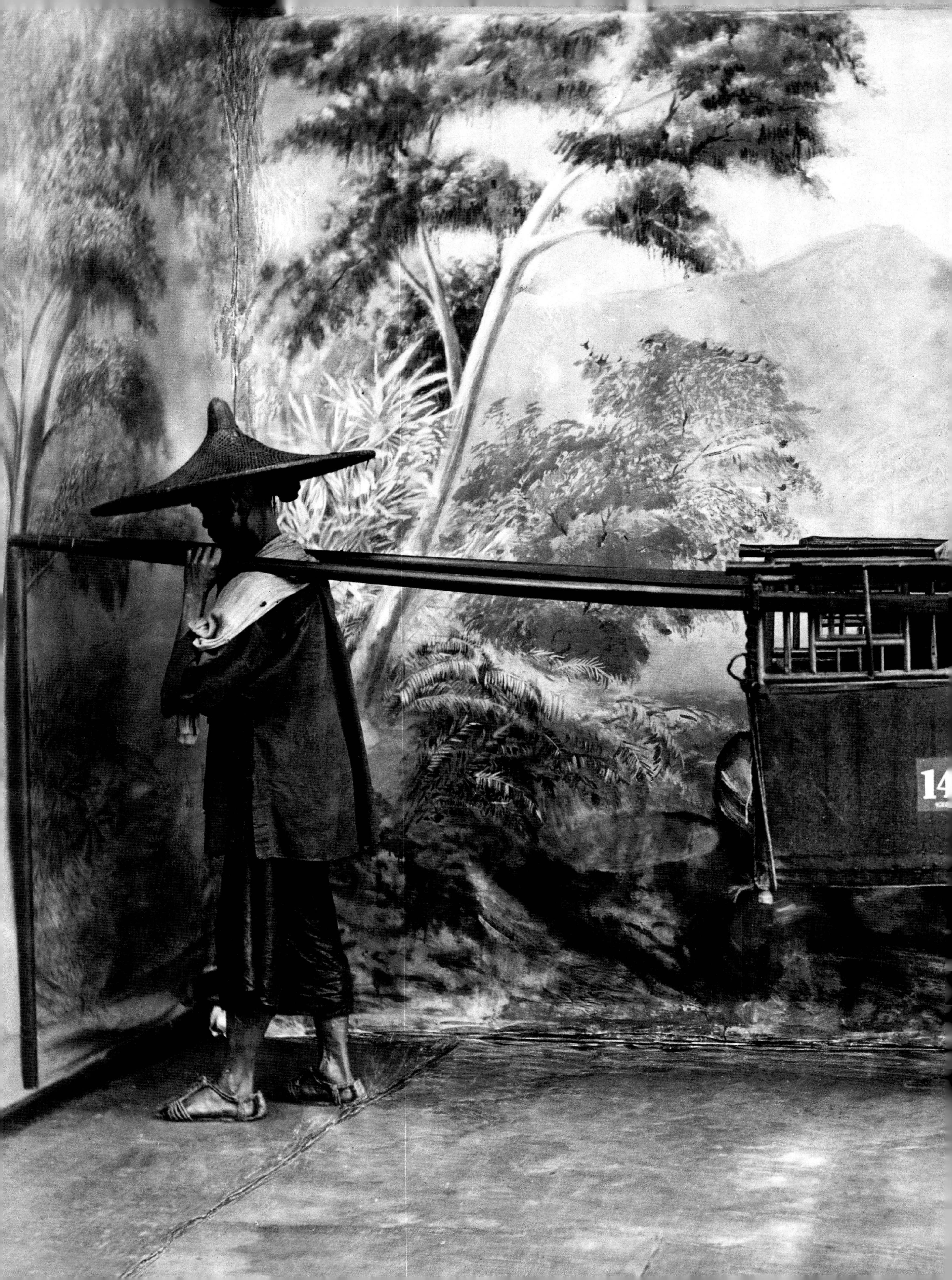
14

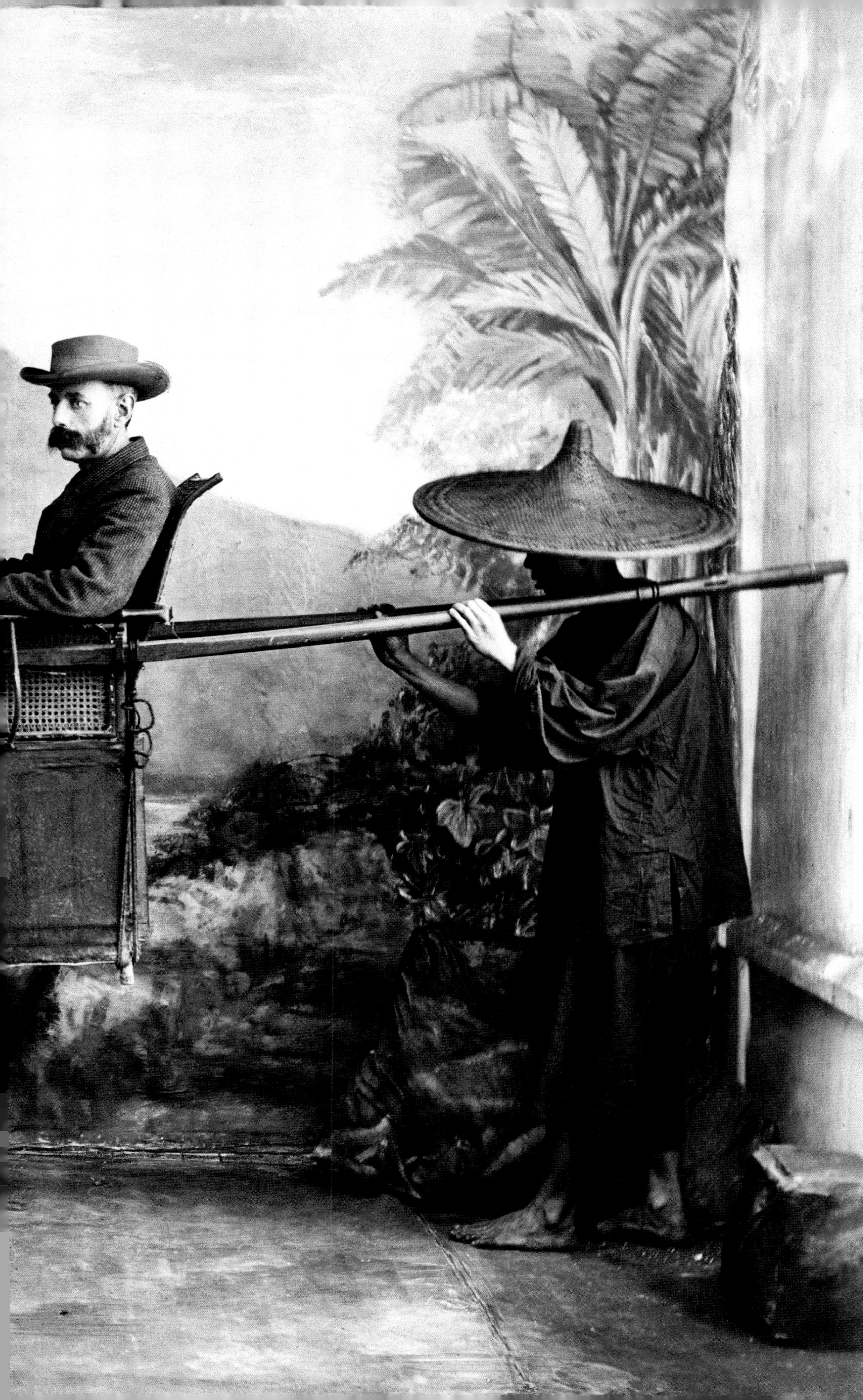

Foto:
FOTOGRAF UNBEKANNT

Seit ihren Anfängen kam die Fotografie der Sucht aller Reisenden entgegen, die Daheimgebliebenen an ihren Abenteuern teilhaben zu lassen. Als es noch keine Autofokuskameras gab, mussten sich die Fern-Fahrer dafür vor Ort ins Studio begeben – wie dieser Tourist, der sich 1885 irgendwo in Asien mit Sänfte und Kulis ablichten ließ. Die Beweiskraft solcher Bilder war freilich begrenzt. Theoretisch hätten ja auch die Träger weit gereist sein können – zu einer asiatischen Kulisse in einem deutschen Provinzstudio

GEO *10/89*

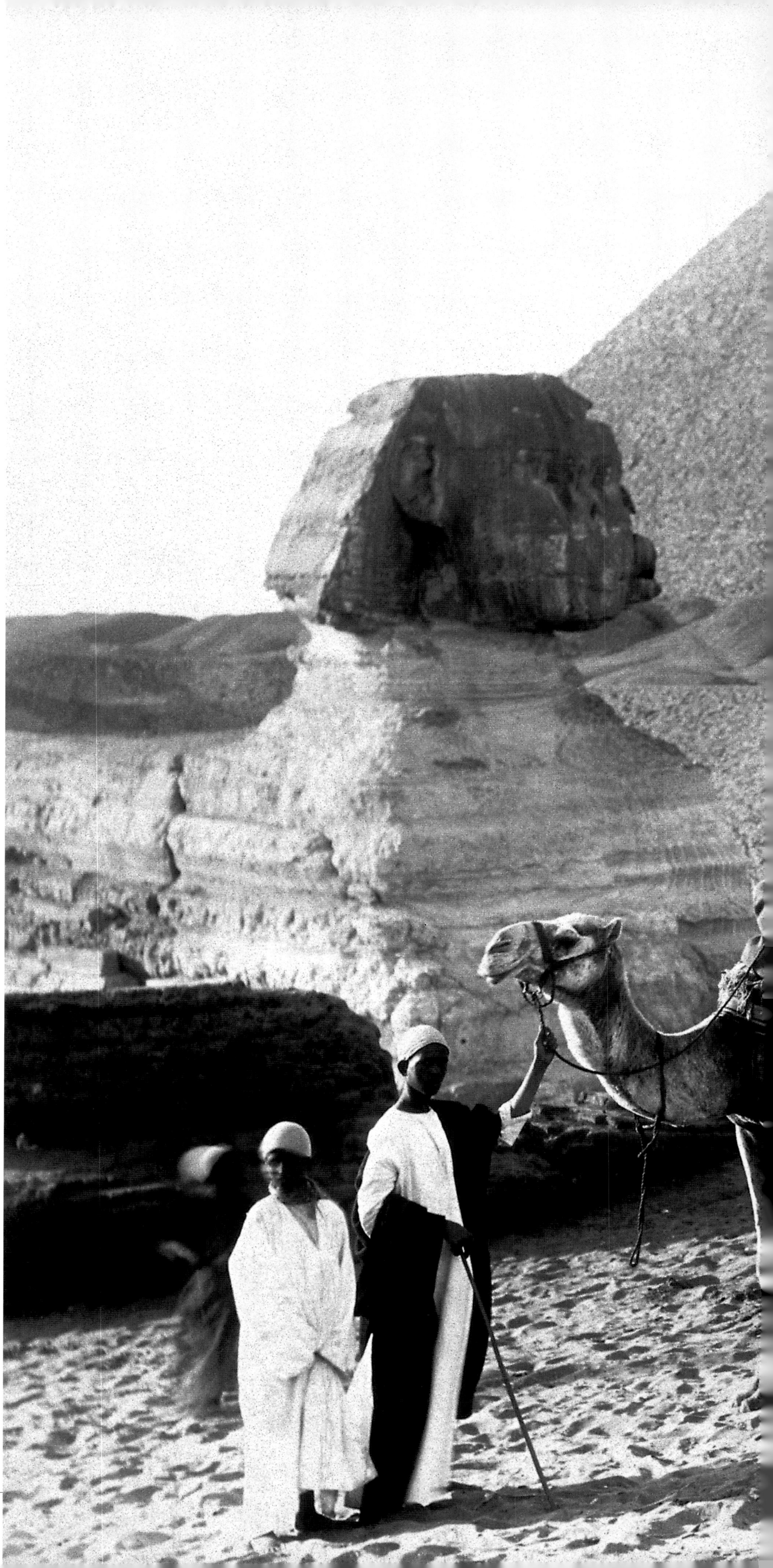

FOTO:
FOTOGRAF
UNBEKANNT

Wie ein Lauffeuer verbreitet sich in Europa die Kunde von Ägyptens kolossalen Tempeln und Pyramiden, nachdem Napoleon 1798 mit einer staunenden Armee in das lange vergessene Land am Nil einmarschiert ist. Das Abendland wird orientsüchtig. Hieroglyphen tauchen in den Werken europäischer Künstler auf, Lehrstühle für Ägyptologie entstehen. Und von Schwindsucht geplagte Großbürger verbinden das exotische Ambiente mit dem heilsamen Klima – und nehmen zusätzlich zu ihrer alten Krankheit eine zweite, aufregendere in Kauf: das Ägypten-Fieber

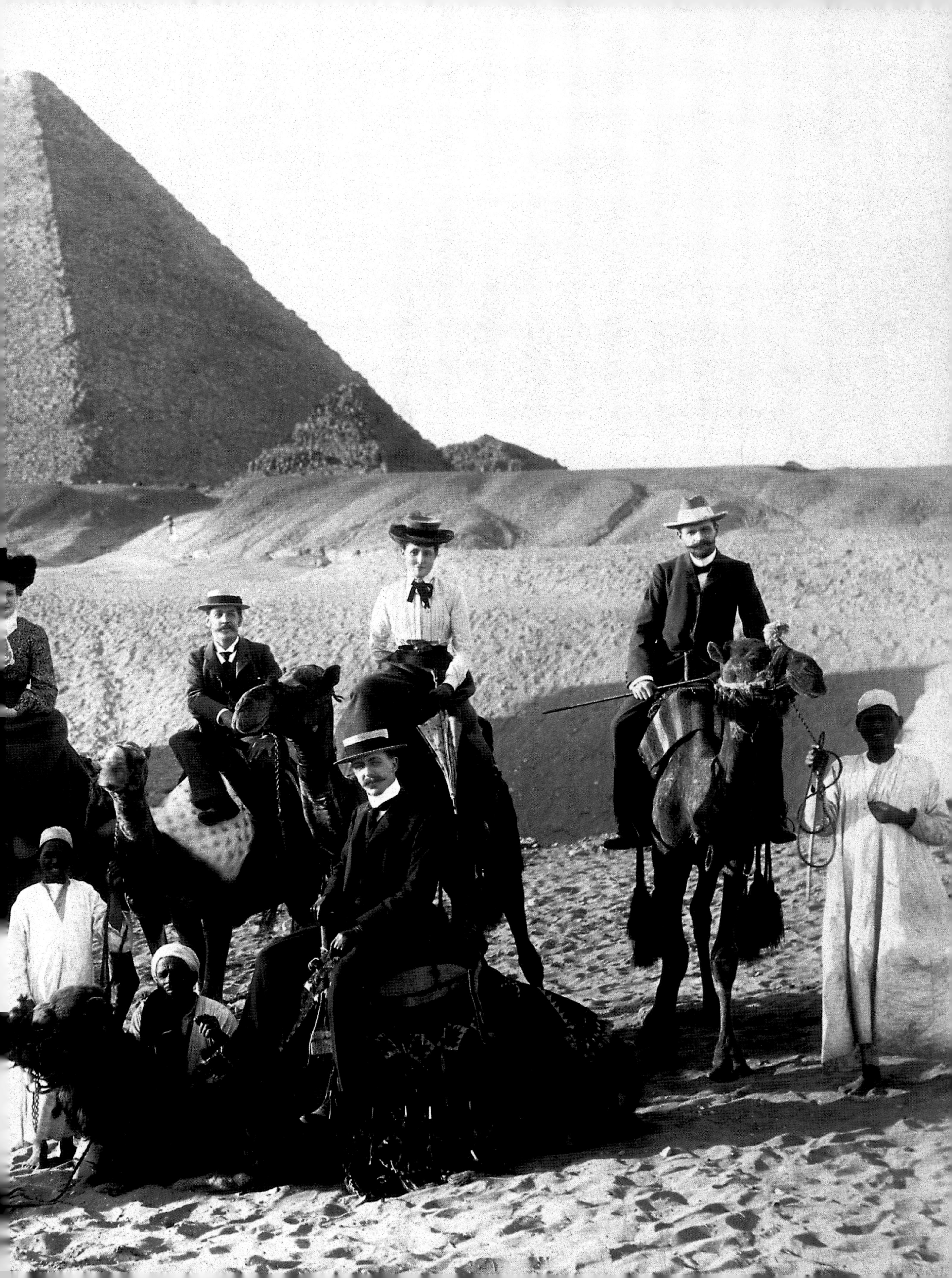

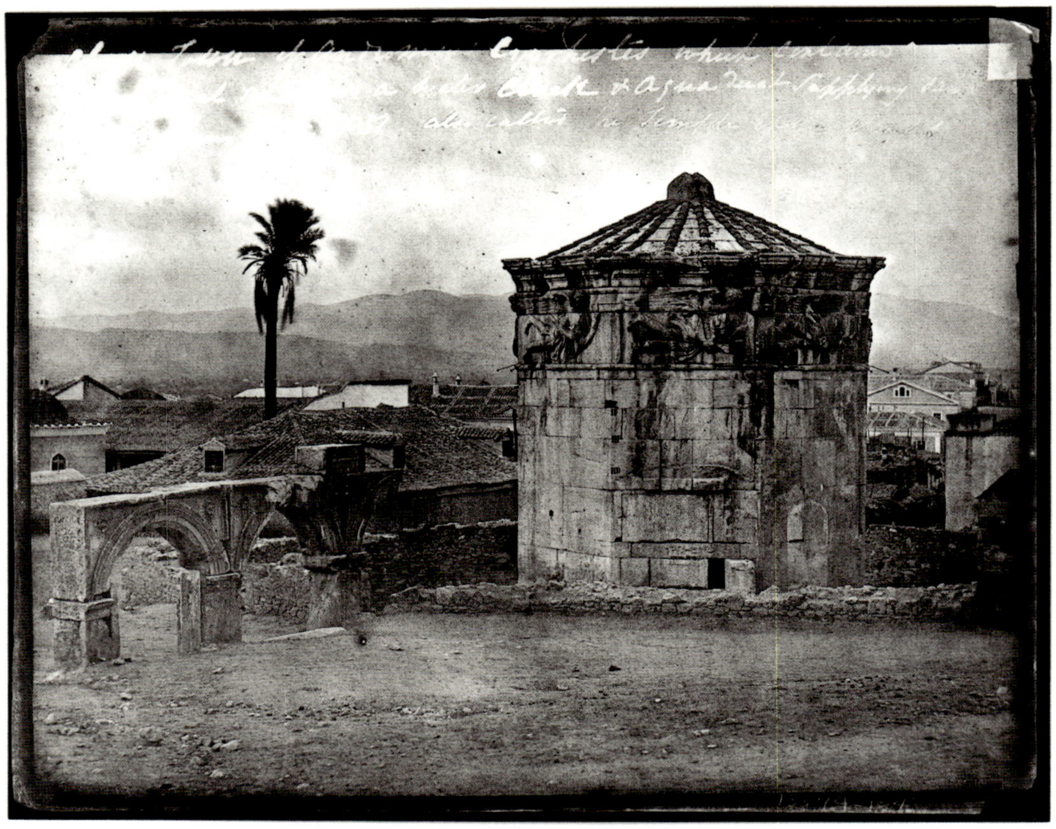
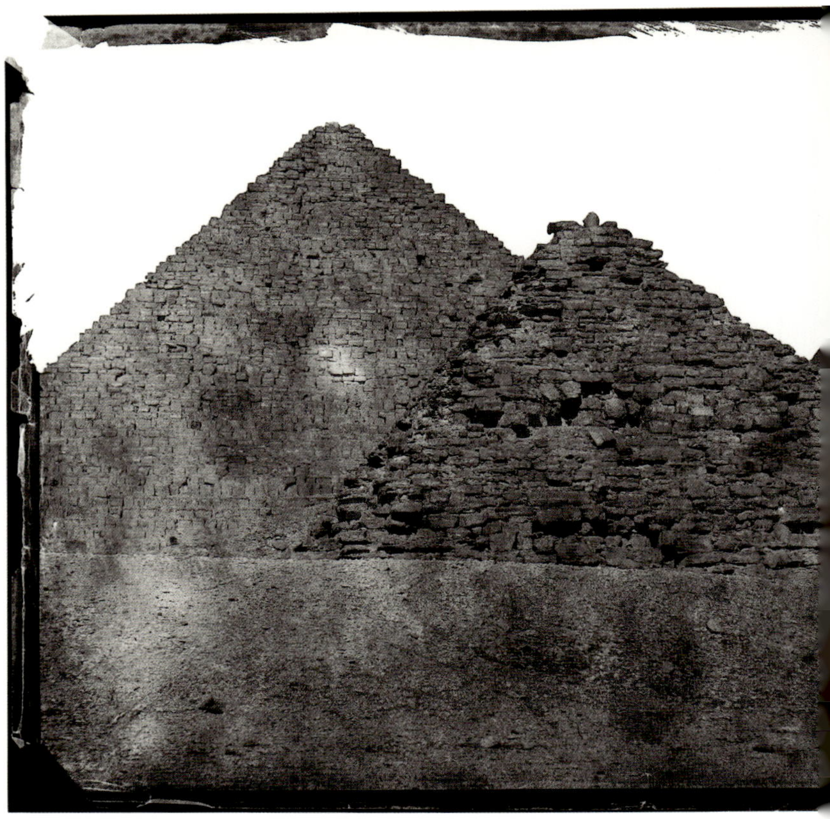
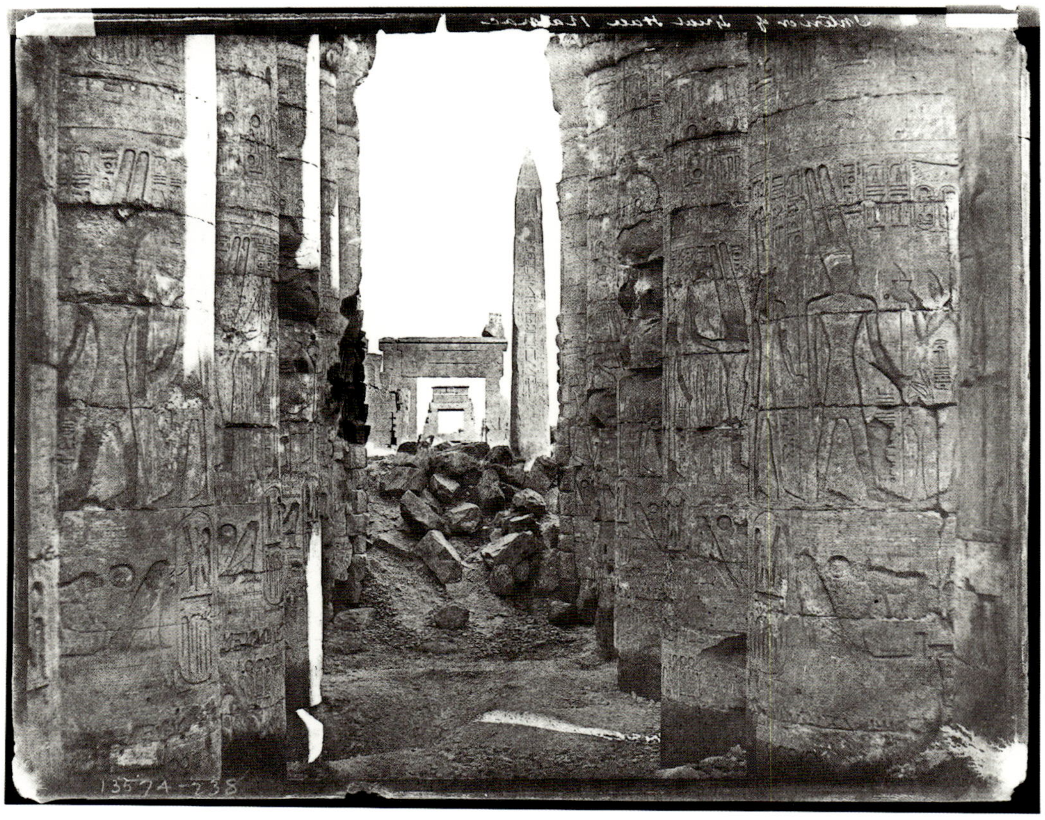
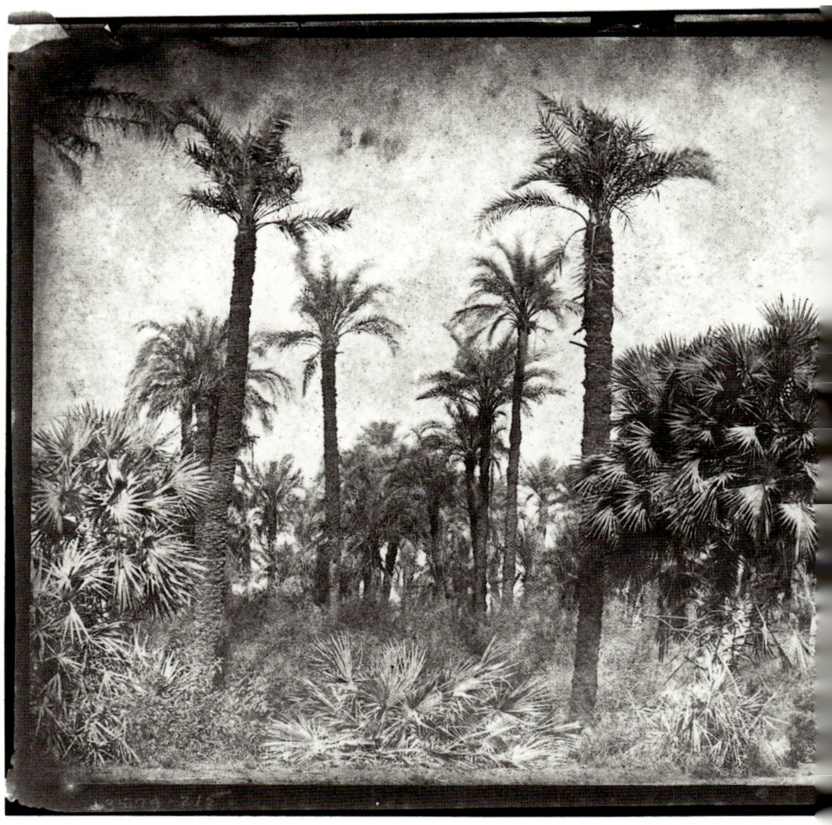
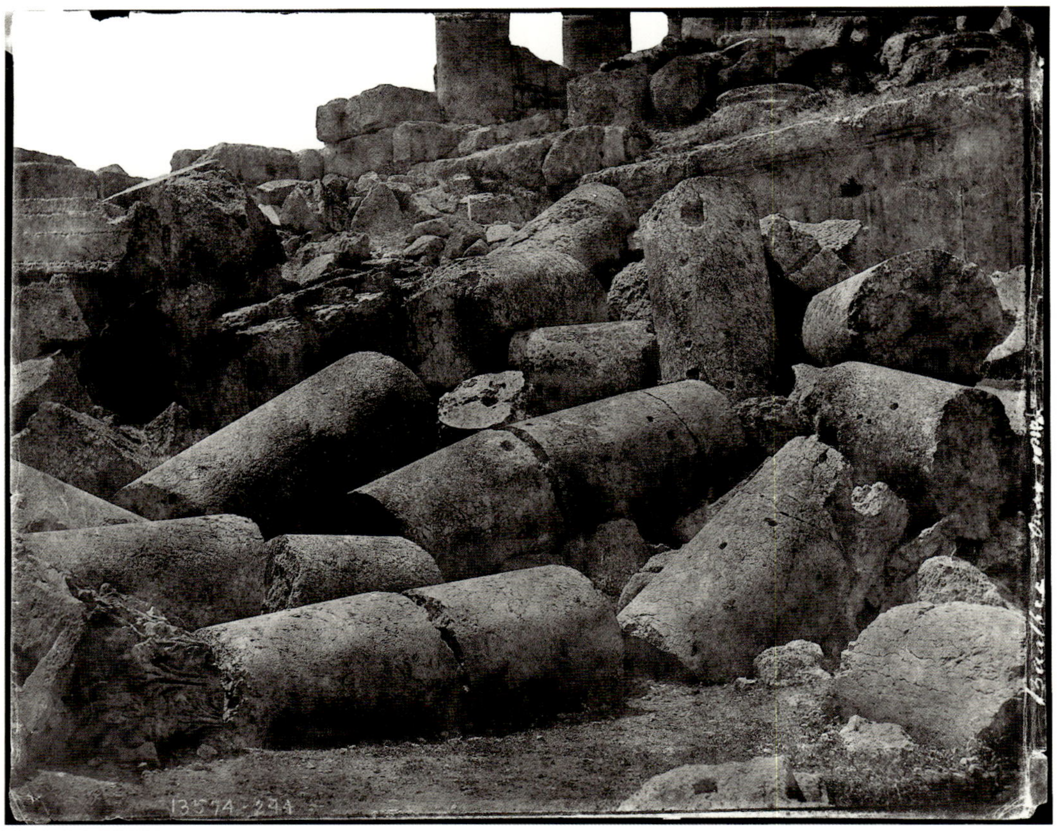
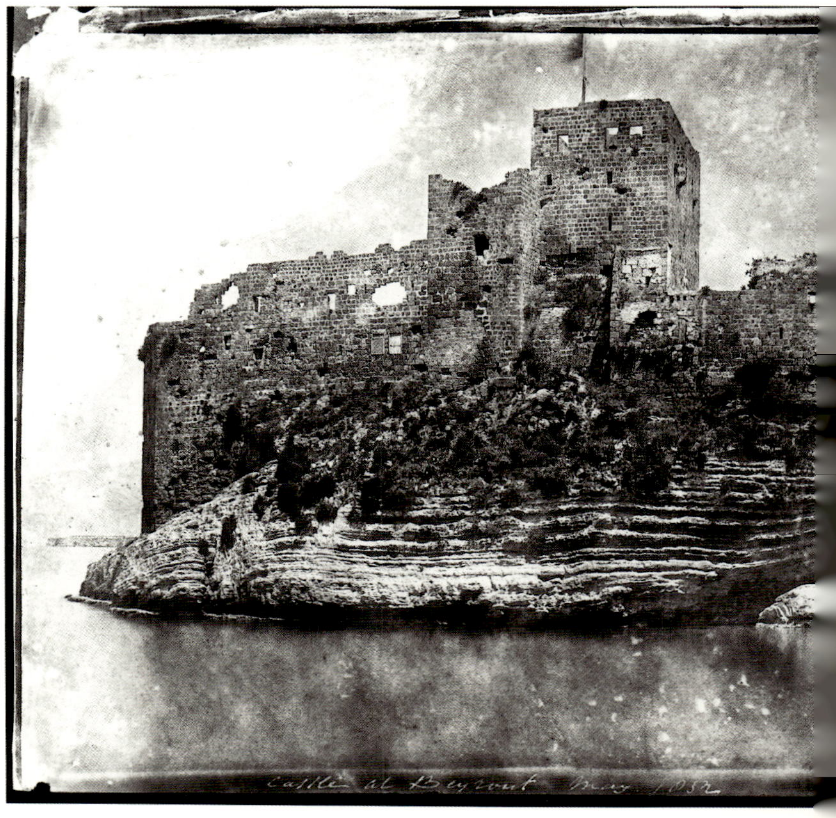

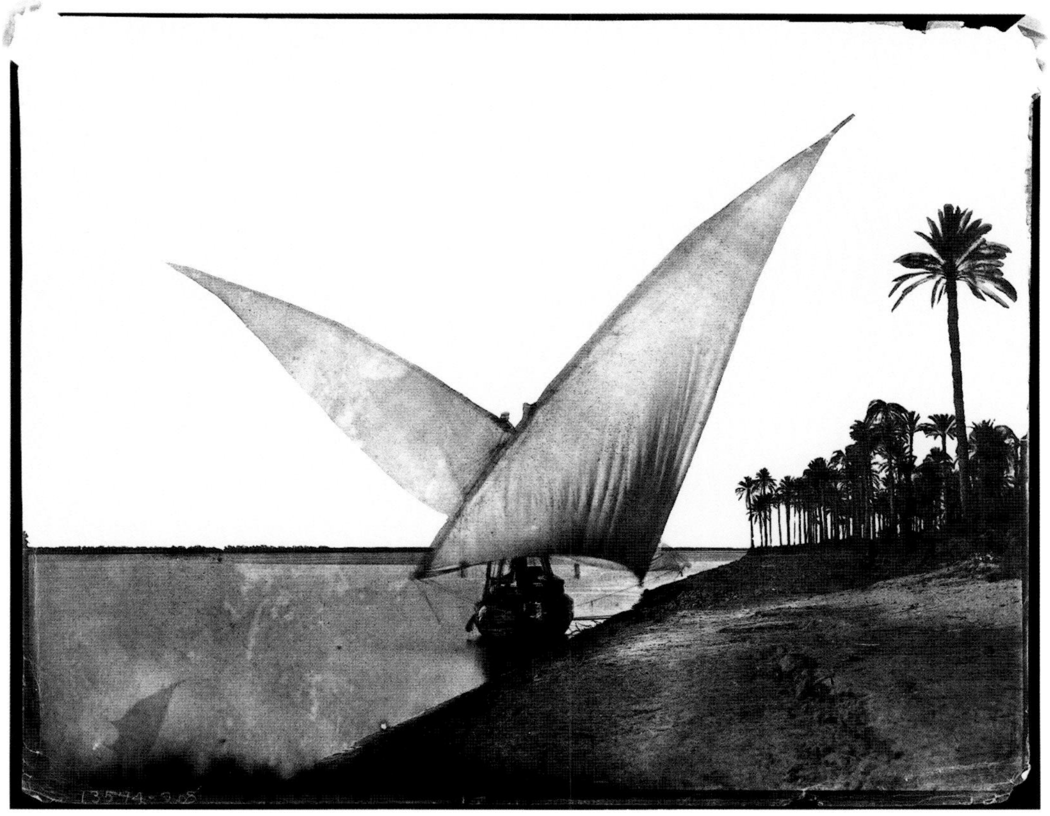

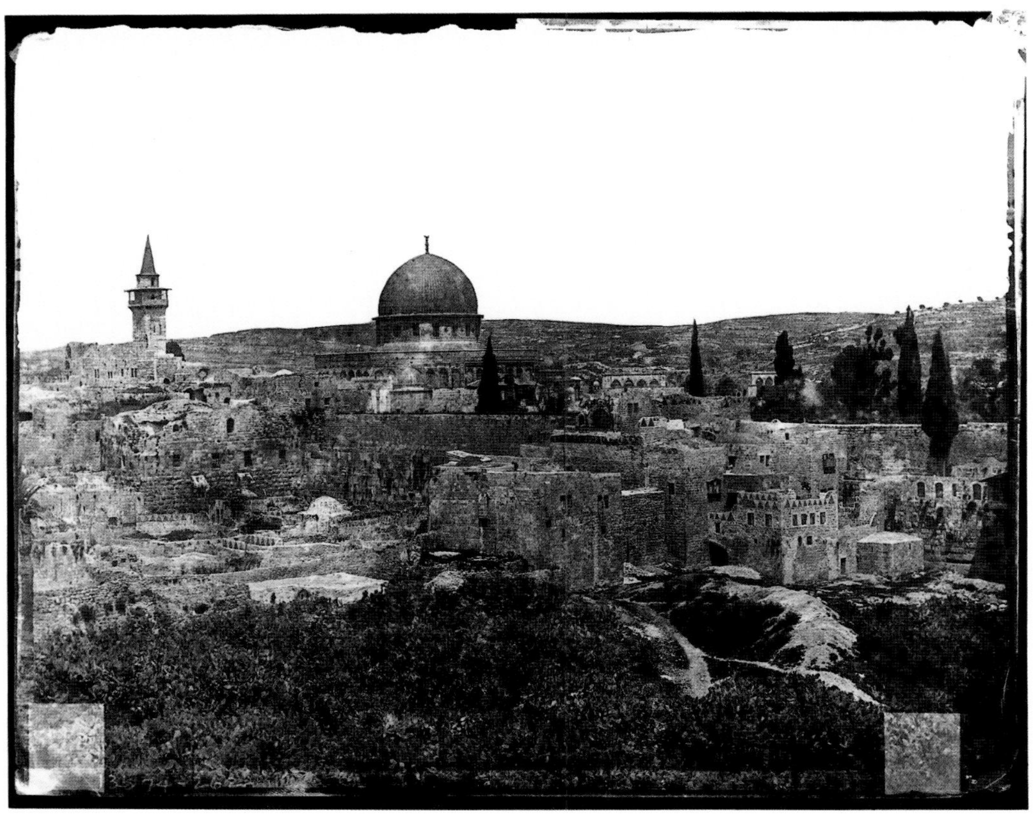

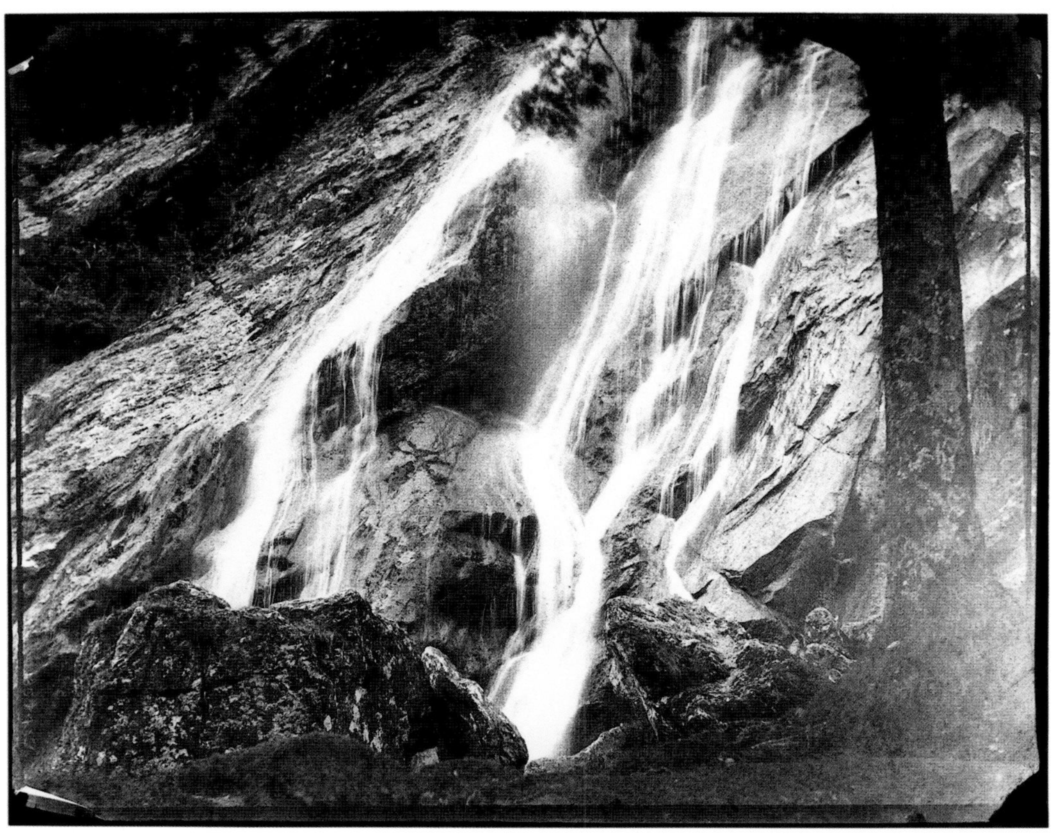

FOTOS:
JOHN SHAW SMITH

Zu den größten Künstlern der jungen Reisefotografie zählt der Ire John Shaw Smith. Mit Frau, Kind und Kameras bereist er um 1850 die Länder am östlichen Mittelmeer, dokumentiert (von links nach rechts) den »Turm der Winde« in Athen, die Pyramiden von Gizeh, Segelboote auf dem Nil, die Ruinen von Karnak, den ägyptischen Busch, Jerusalem, die Ruinen von Baalbek, das Kastell in Beirut – und auch mal einen Bach in der Schweiz. Zu Lebzeiten des Iren bleiben seine Werke völlig unbekannt: Sie verschwinden im Familienalbum

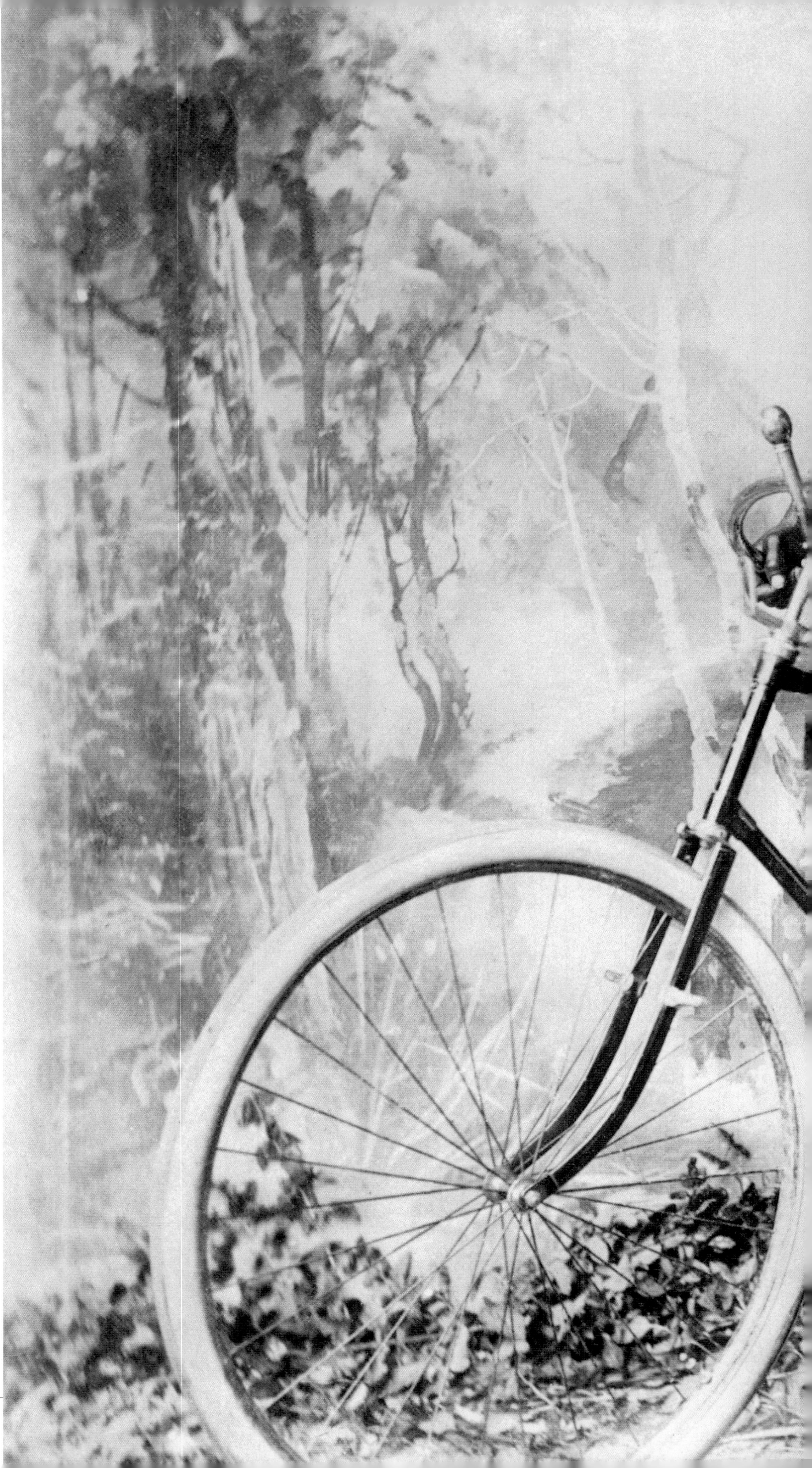

FOTO:
JOHN WILLIAM LINDT

»Lady Cyclist« hat der Fotograf dieses Bild aus dem Jahre 1890 schlicht betitelt: Radfahrerin. Vielleicht hat er sich nichts dabei gedacht, als er im Australien des 19. Jahrhunderts diese Ureinwohnerin halbnackt aufs Fahrrad bat, sie gerade so porträtierte, als radle sie täglich durch den Busch, den Regenschirm stets griffbereit am Lenker. Heute erzählt uns dieses Bild nicht mehr viel über die Aborigines, aber um so mehr über den Fotografen – und die Überheblichkeit der weißen Kolonialisten

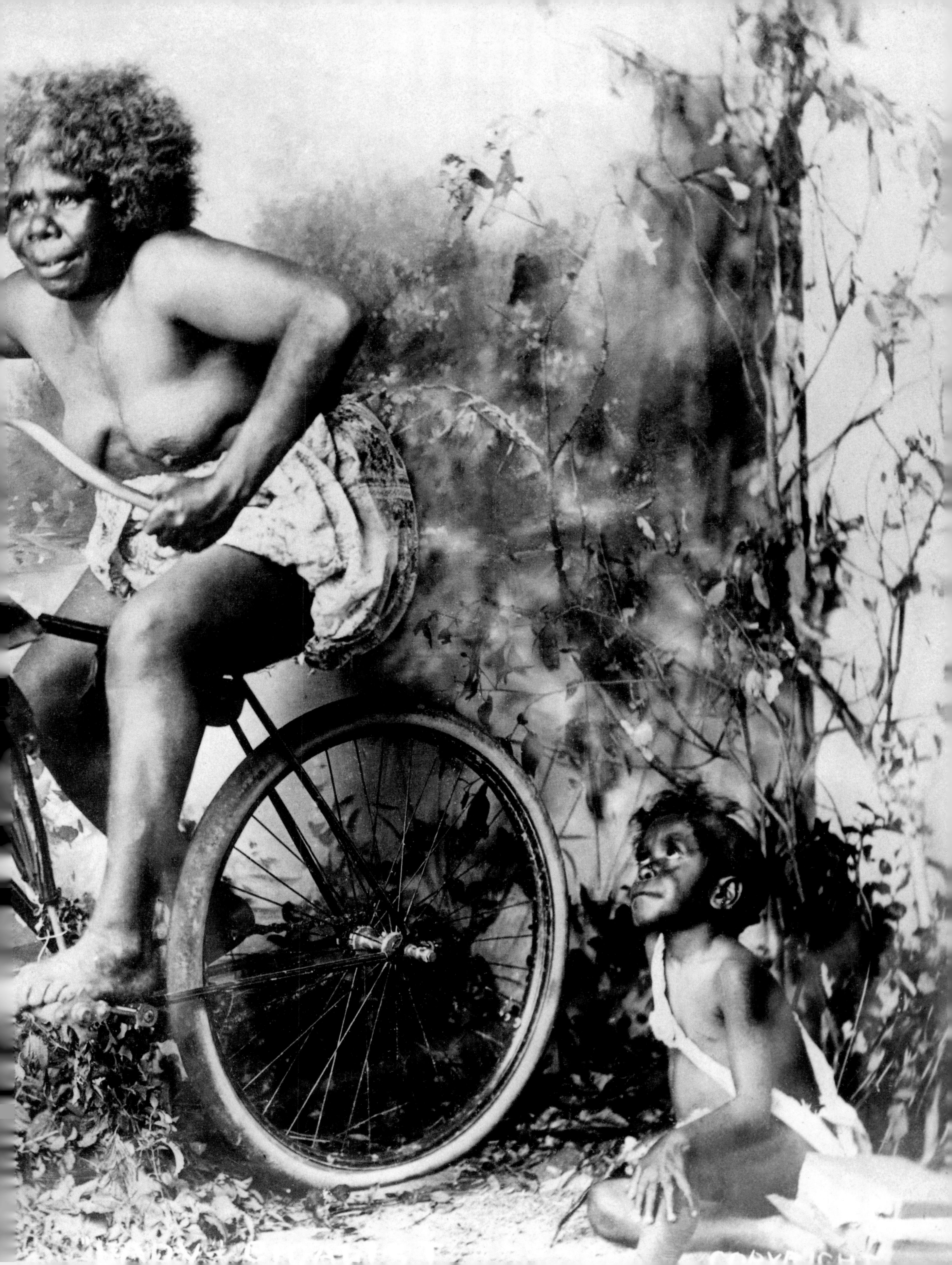

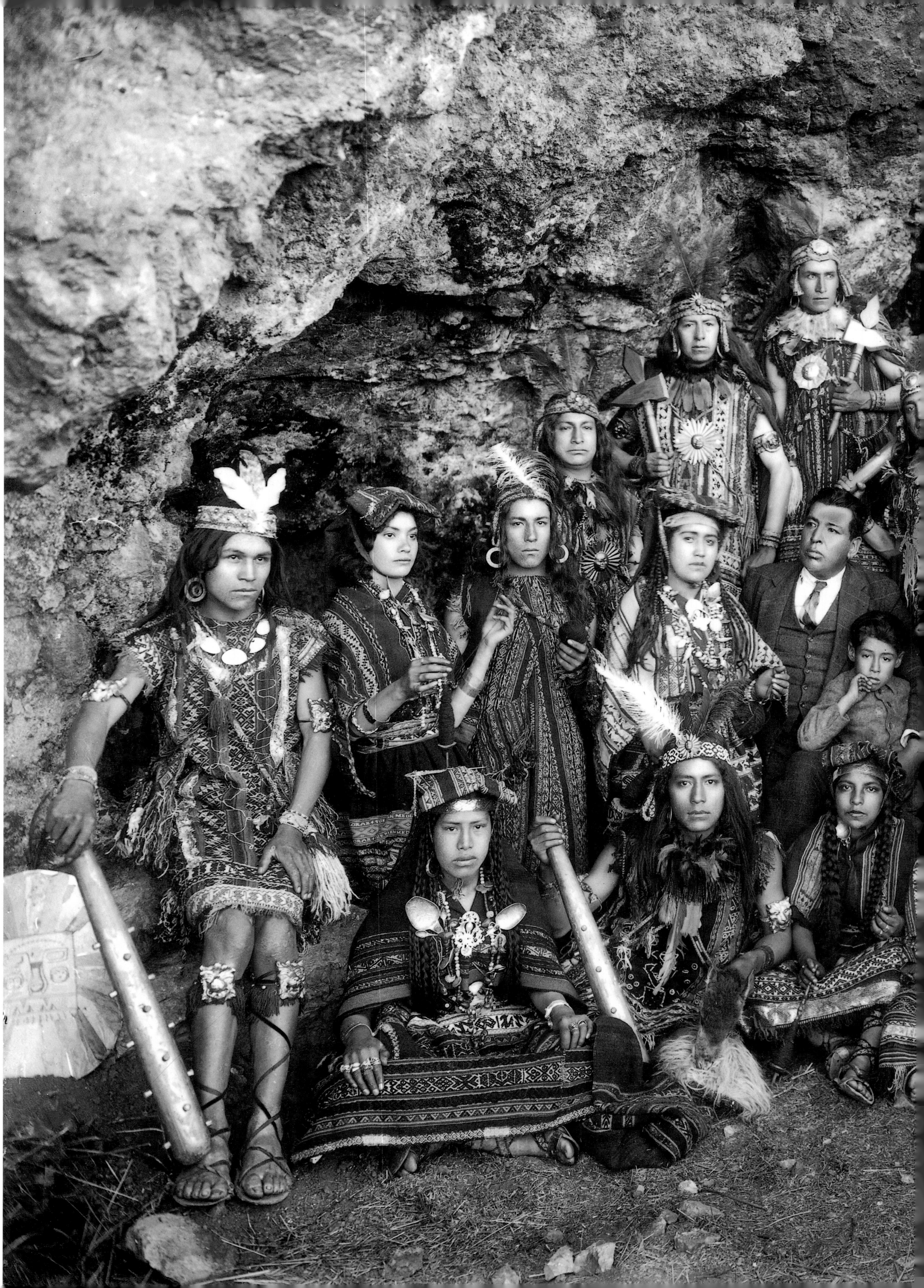

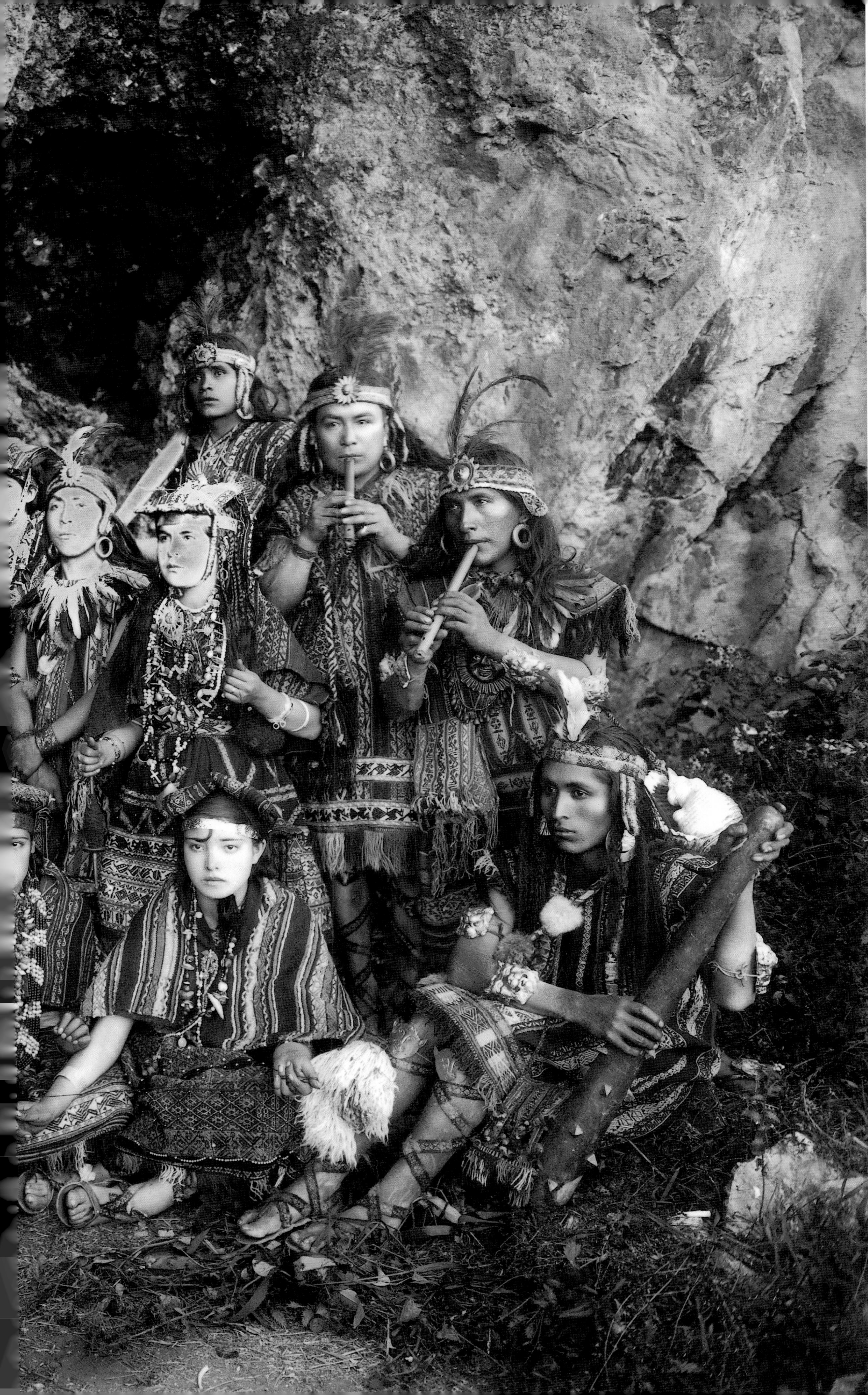

Foto:
MARTIN CHAMBI

Inka sein für einen Abend: Die Bürgerkinder der alten Inka-Hauptstadt Cuzco in Peru feiern ihre Sehnsucht nach präkolumbischer Größe in üppigen Theaterdramen – ein typisches Motiv für den Fotografen Martín Chambi. In 30 000 Bildern porträtiert er von 1923 bis 1950 die Menschen dieser Stadt, in der sich die Zeiten kreuzen: Zwischen den Ruinen der alten Kapitale brüten noch die Schläfrigkeit und Armut des kolonialen Provinzdorfes – während die Eisenbahn und der Textilhandel längst schon die Moderne ins Anden-Hochland tragen

GEO *06/95*

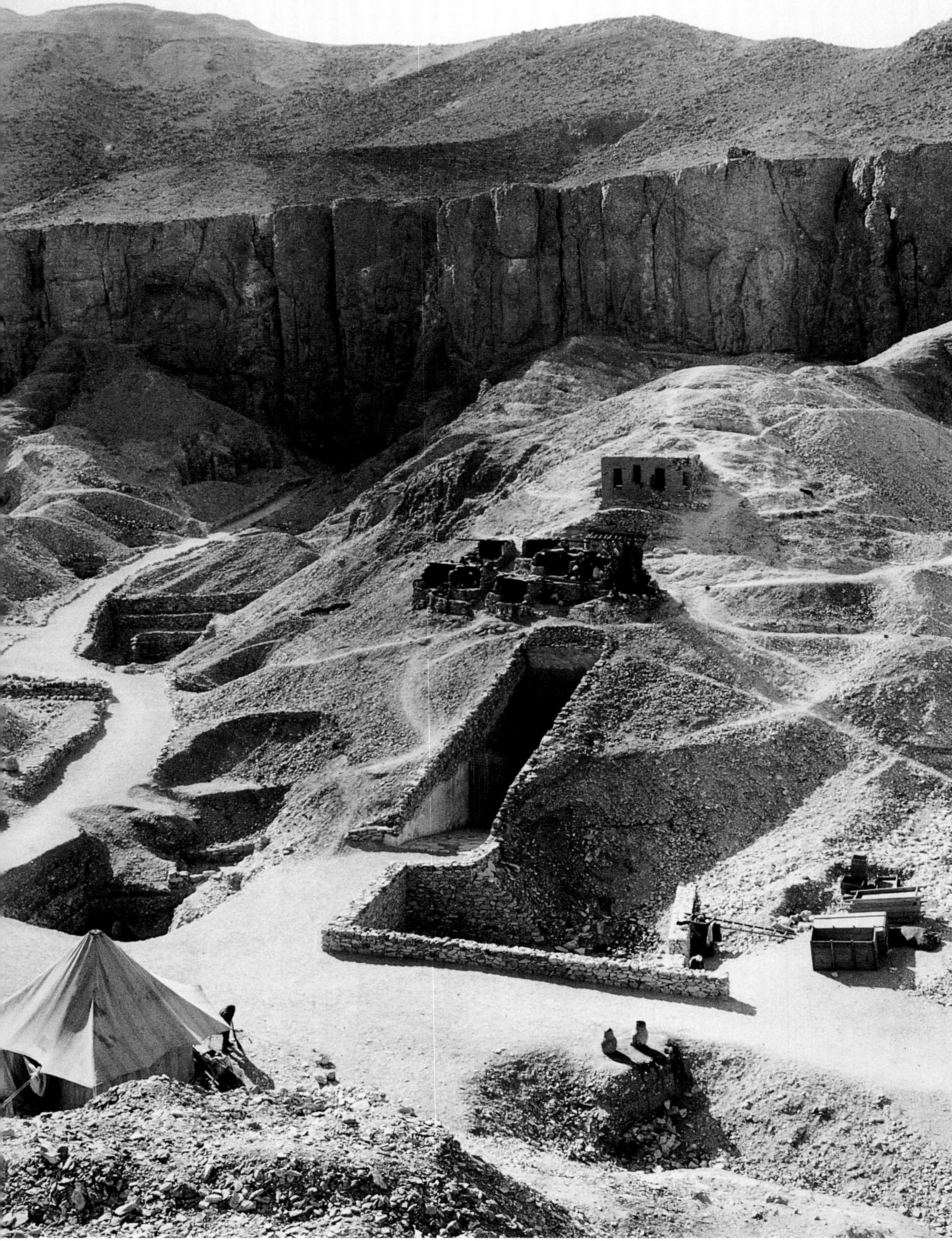

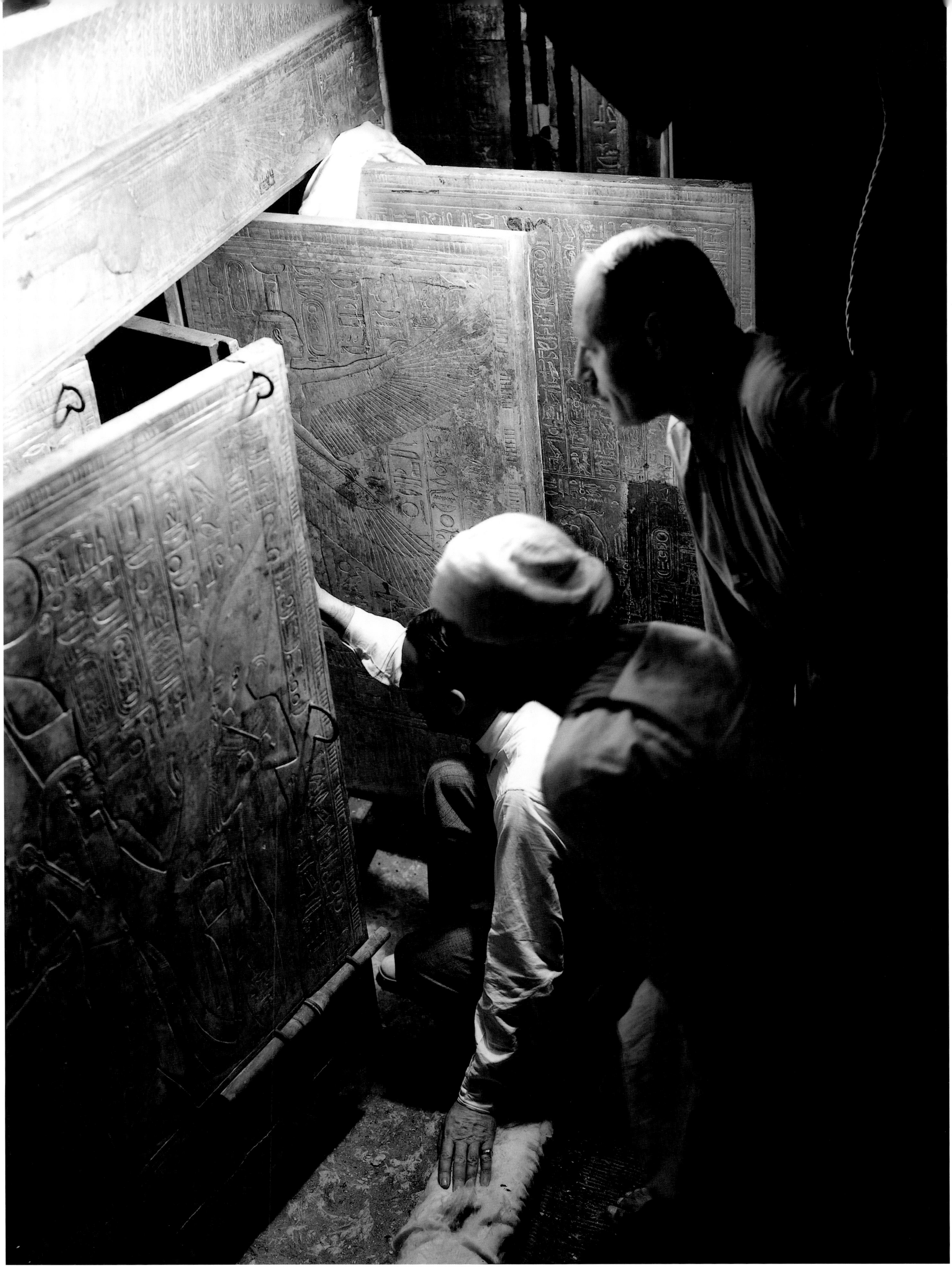

Fotos: HARRY BURTON

Einer Mondlandschaft gleicht das Tal der Könige 1922. In drei Jahrtausenden haben Forscher und Grabräuber hier jedes Sandkorn gesiebt. Und doch entdeckt Howard Carter (kniend) nach sechsjähriger Suche ein Grab, dessen Existenz Fachleute längst bestreiten: das des Tutanchamun. Der Fotograf Harry Burton macht den Fund unsterblich: Er zeigt nicht nur den Totenschatz – sondern auch die Spannung beim Öffnen des Schreins

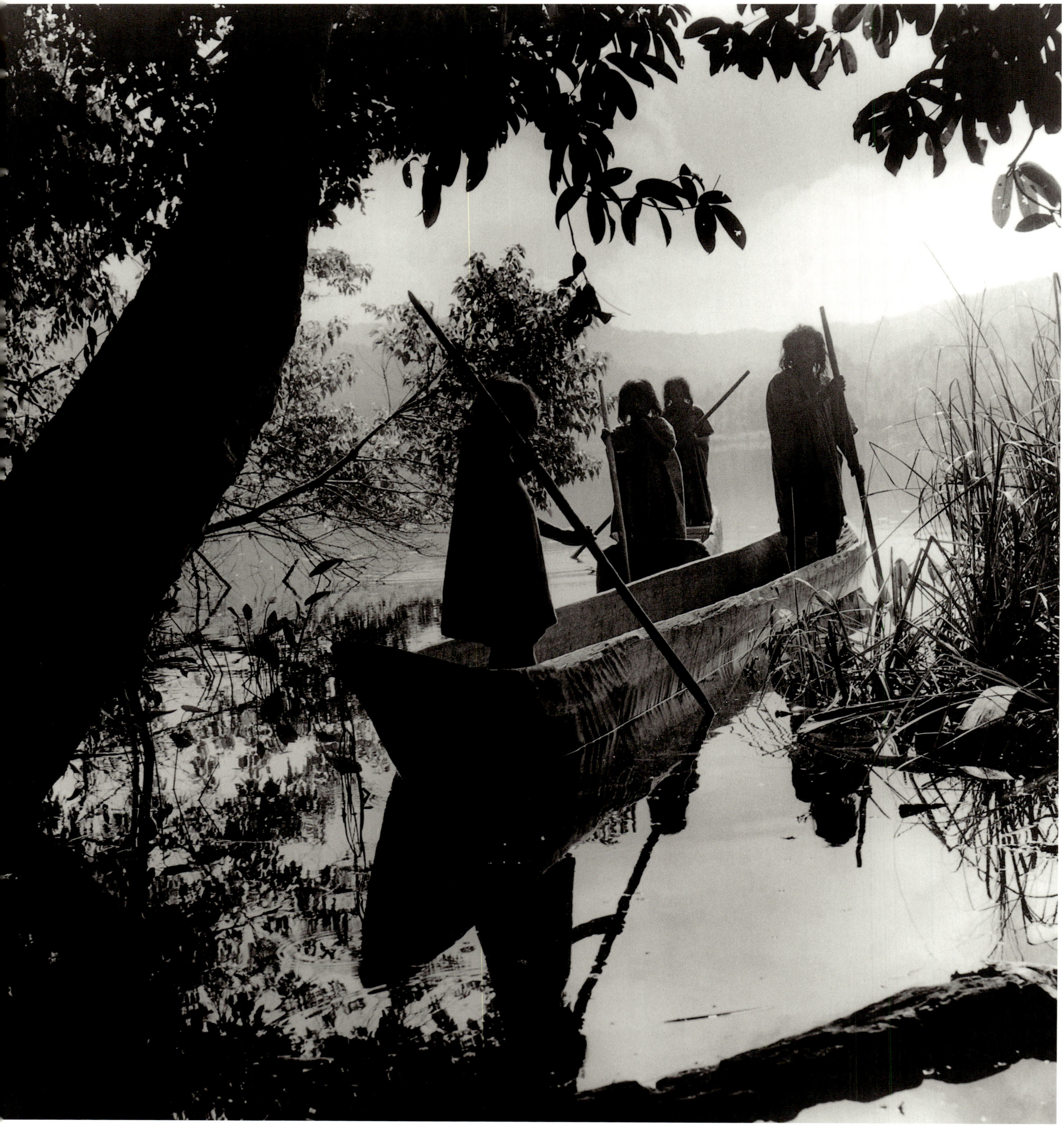

FOTOS: GERTRUDE DUBY BLOM

»K'ax« nennen die Lakandonen-Indianer in Südmexiko ihren Wald. Dasselbe Wort benutzen sie für Welt. Doch Wald und Welt haben sich verändert für die 600 Stammesangehörigen. 80 Prozent der Mahagoni-Bäume sind abgeholzt. T-Shirts haben die weiße Tracht der Waldmenschen verdrängt. Nur noch selten besuchen sie die überwucherten Götterhäuser, um Rauchopfer darzubringen. Stattdessen verkaufen sie in den Städten Shate-Blätter an die Amerikaner – die, so die Legende, machen daraus grünen Farbstoff für die Dollarnoten

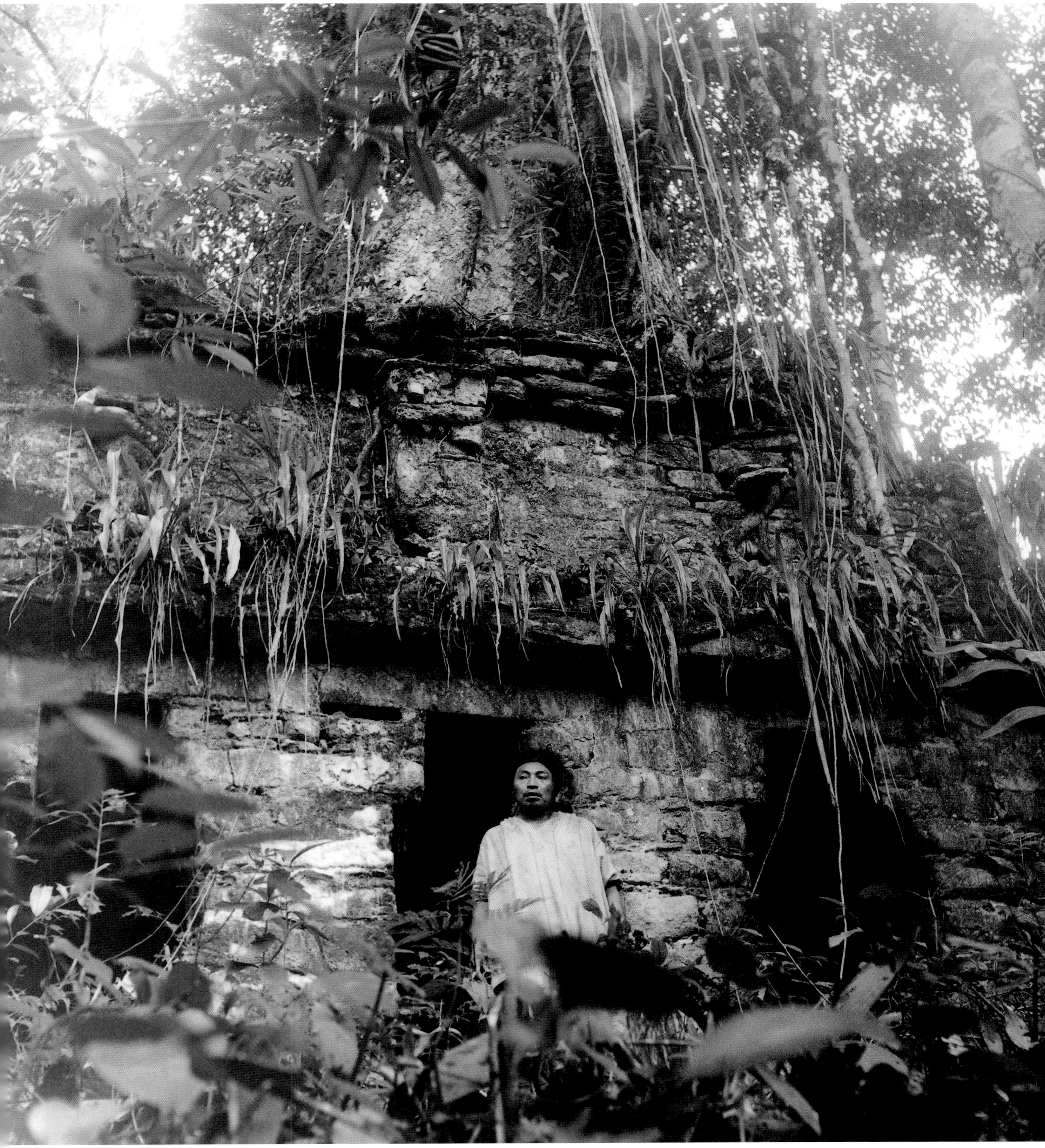

FOTO:
HUGO BREHME

Mexiko im Bürgerkriegsjahr 1913: Auf ihrem Zug nach Norden nimmt die Rebellenarmee von Pancho Villa die Stadt Torreón. Gleichzeitig kämpfen im Süden des Landes die Bauern unter Emiliano Zapata für Land, Freiheit und Gerechtigkeit. Ihre Ziele erreichen die charismatischen Revolutionäre nicht – doch im Herzen vieler kleiner Leute gelten sie bis heute als Vorkämpfer für die Rechte der Armen. Der Preis für ihren Einsatz ist hoch: In den Schlachten zwischen 1910 und 1920 sterben mehr als eine Million Mexikaner

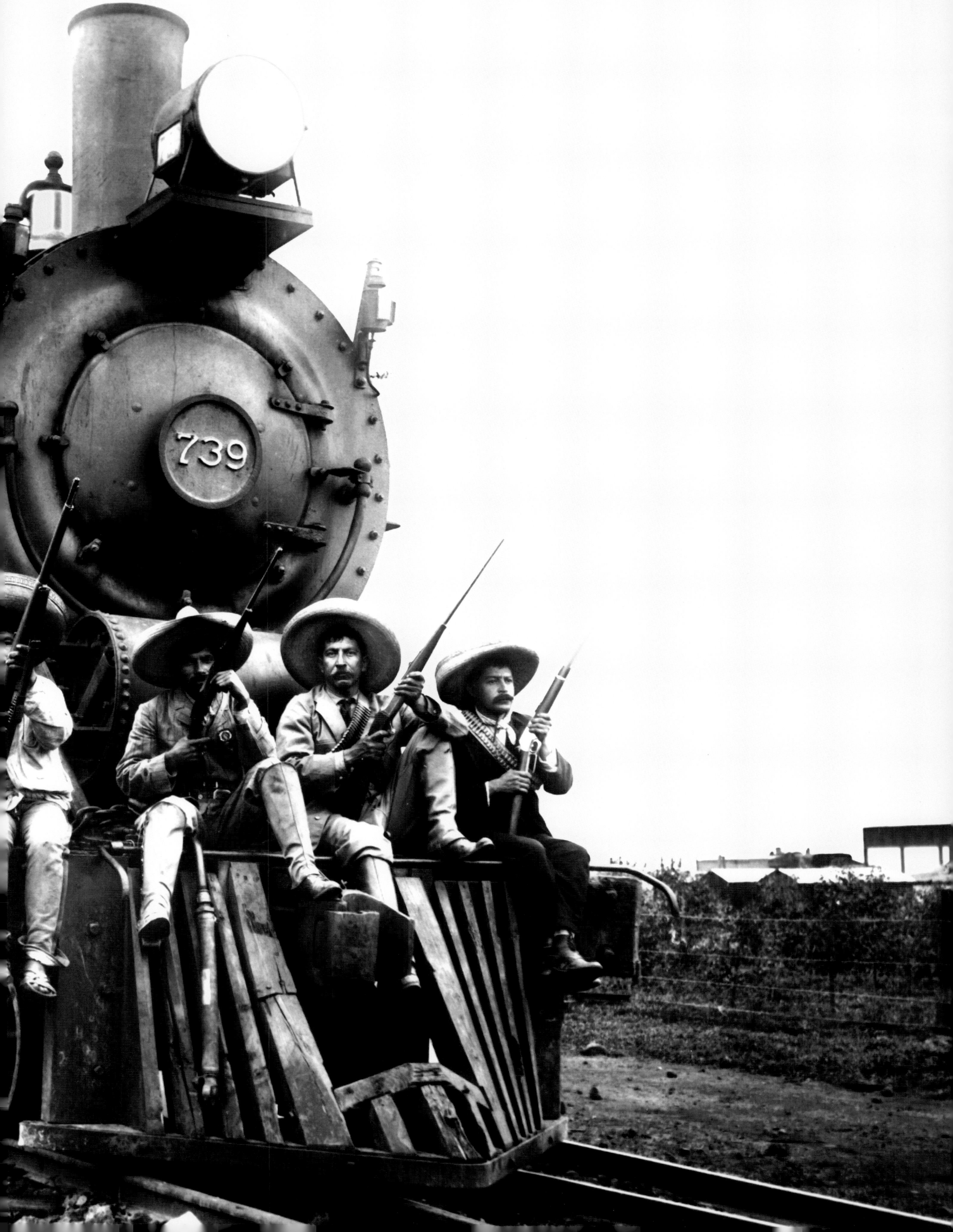
739

DÜSTERNIS UND LEUCHTEN

„‚Das hab ich getan', sagt mein Gedächtnis. ‚Das soll ich getan haben', sagt mein Stolz und bleibt Sieger." Friedrich Nietzsche

9

KEIN KRIEG MEHR. Und noch kein Frieden. Millionen sind unterwegs. Auf der Flucht, auf dem Weg nach Hause, auf der Suche nach einer Bleibe und etwas zu essen. Vertriebene, Ausgebombte, Evakuierte, KZ-Häftlinge in ihren gestreiften Uniformen, Zwangsarbeiter, zurückkehrende Soldaten und Kriegsgefangene ziehen über die Landstraßen und irren durch die Ruinenlandschaften der Großstädte. Der Niederlage sind Apathie und Kriegsmüdigkeit gefolgt, die Mühsal des Überlebens verdrängt die Bilder von ausgemergelten Toten und schattenhaften Existenzen in den Konzentrationslagern.

Dresden gegen Buchenwald und Bergen-Belsen, Heimatvertriebene gegen ermordete Juden: Das Gefühl der Schuld, der Kompromittierung und Verantwortung, der ideologische Schutt sind schneller beiseite geräumt als die Trümmer der Bombennächte. Schon bald nach Kriegsende, stellt Hannah Arendt bei einer Reise durch Deutschland fest, sei es unmöglich geworden, auch nur einen einzigen Nationalsozialisten zu finden. Nach den Nürnberger Prozessen, der Internierung und Verhaftung Hunderttausender, verschleißt sich auch die Entnazifizierung in den Mühlen der Bürokratie, in einer Flut von Bagatellfällen – zugunsten derer, die nur zu willig dem Nationalsozialismus gedient und seine verbrecherische Politik forciert haben. Spruchkammern werden zu „Mitläuferfabriken". Gruppendruck, „Kameradenhilfe", Solidarität, kollektive Abwehr und Verleugnung schweißen zusammen. Die Bereitschaft zur Amnestie wächst mit dem Bedarf an Beamten, Ärzten, Juristen und Wirtschaftsfachleuten.

Und der Kalte Krieg macht aus ehemaligen Feinden schließlich willkommene Verbündete. Nicht nur „Mitläufer", auch „Belastete" dürfen nach Ablauf einiger Jahre hoffen, mit ihrer Vergangenheit nicht mehr konfrontiert zu werden. Kein Richter, der Terrorurteile vollstreckt hat, wird von seinen Standesgenossen jemals verurteilt werden. Im Jahr 1951 kann auch das Gros der ehemaligen Gestapo-Beamten in den öffentlichen Dienst zurückkehren.

Politische Enthaltsamkeit wird mit dem Aufstieg ins Konsumparadies attraktiv. Mit der Währungsreform beginnt eine einzigartige Prosperitätsperiode. Fresswelle, Sexwelle, „Sissi", Schlager und Santorin: Aus Kellerkindern werden Wunderkinder. Es gibt ein Fräuleinwunder und das „Wunder von Bern", Deutschland wird Fußballweltmeister.

Die Deutschen werden mobil, Wörthersee und Capri locken. 1953 sterben schon ebenso viele Menschen im Straßenverkehr, wie deutsche Soldaten einst im Polenfeldzug starben. Und die Deutschen lieben ihre Heimat, die Förster, das Wohnzimmer und den Fernsehapparat. 65 Arztfilme, die bis 1959 gedreht werden, restaurieren das Bild des edlen Halbgottes in Weiß. Von „Medizin ohne Menschlichkeit" ist keine Rede mehr. Nach 1947 wird kein „Euthanasie"-Arzt mehr wegen Mordes verurteilt. Erst mit dem Ende des stillen, schweigsamen Jahrzehnts wird die verleugnete und verdrängte Vergangenheit mit Wucht in die Gegenwart brechen. Mit dem Eichmann- und dem Auschwitzprozess. Und schließlich mit der Studentenbewegung, die auch als Abrechnung mit den Vätern beginnt. Da aber sind viele der Täter längst abgetaucht, haben sich auf der „Rattenlinie" nach Südamerika abgesetzt, sind gestorben, vermeintlich oder tatsächlich nicht mehr verhandlungsfähig. Oder ihre Taten sind verjährt.

Jedem Anfang wohnt ein Zauber inne. „So viel Anfang war nie", schreibt der Kulturhistoriker Hermann Glaser. „Viel Anfang war nie."

FOTO: WOLF STRACHE

Eine »Reise in die Vergangenheit« verspricht das Gloria-Kino am Kurfürstendamm im November 1942. Für die Berliner muss das klingen wie ein letzter Ausweg. Für die Zukunft befürchten sie Schreckliches: weitere Bombenangriffe wie die, vor denen diese Mutter sich mit einer Gasmaske schützen will. Die Hälfte der 4,4 Millionen Berliner harrt aus bis zum Schluss – sie grüßen sich zwischen den Trümmern mit: »Bleib übrig!«

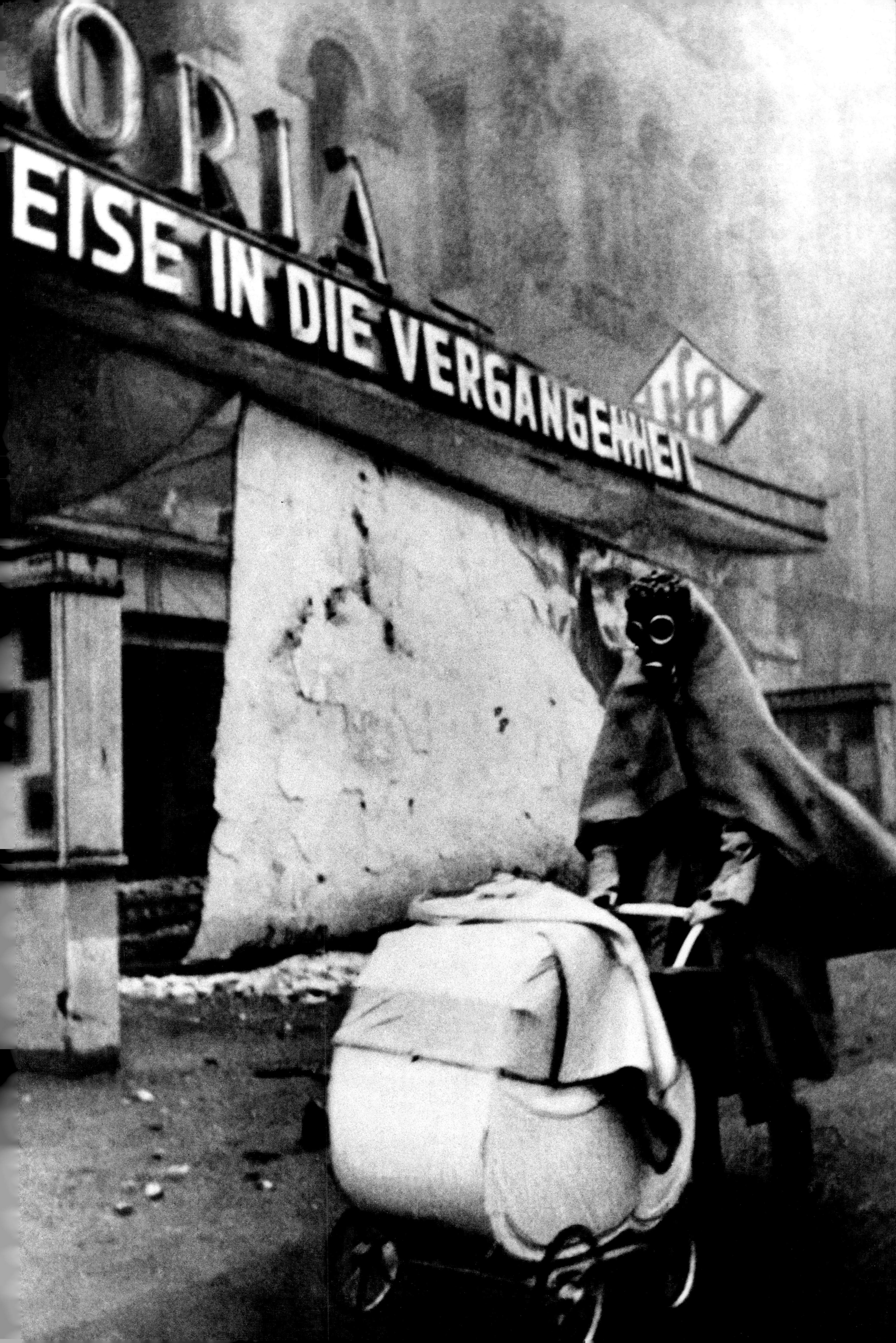
ORIA
EISE IN DIE VERGANGENHEIT

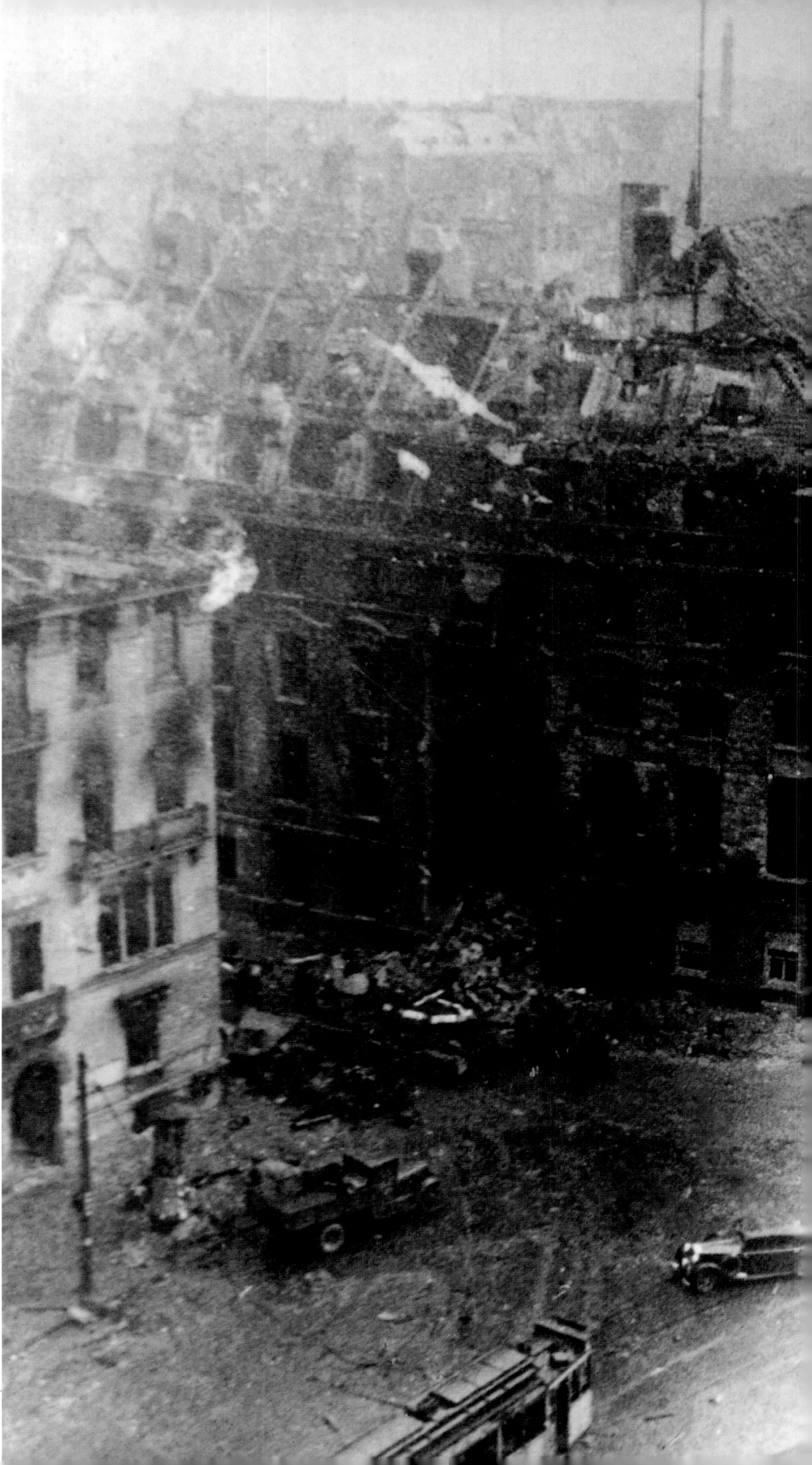

Foto:
JEWGENI CHALDEJ

Am 30. April 1945 hissen die Soldaten Meliton Kantarjia und Michail Jegorow die Sowjetfahne auf dem Reichstag. Das berühmte Foto wird zwei Tage später nachgestellt. Die Russen stürmen das Gebiet zwischen Ost-West-Achse und Spree – und Hitler lässt Benzin für die Verbrennung seiner Leiche im Garten der Reichskanzlei bereitstellen. Der Krieg geht zu Ende. Später wird die DDR die beiden sowjetischen Bannerträger zu Berliner Ehrenbürgern machen – eine Auszeichnung, die ihnen der Senat der wiedervereinigten Stadt 1992 aberkennt

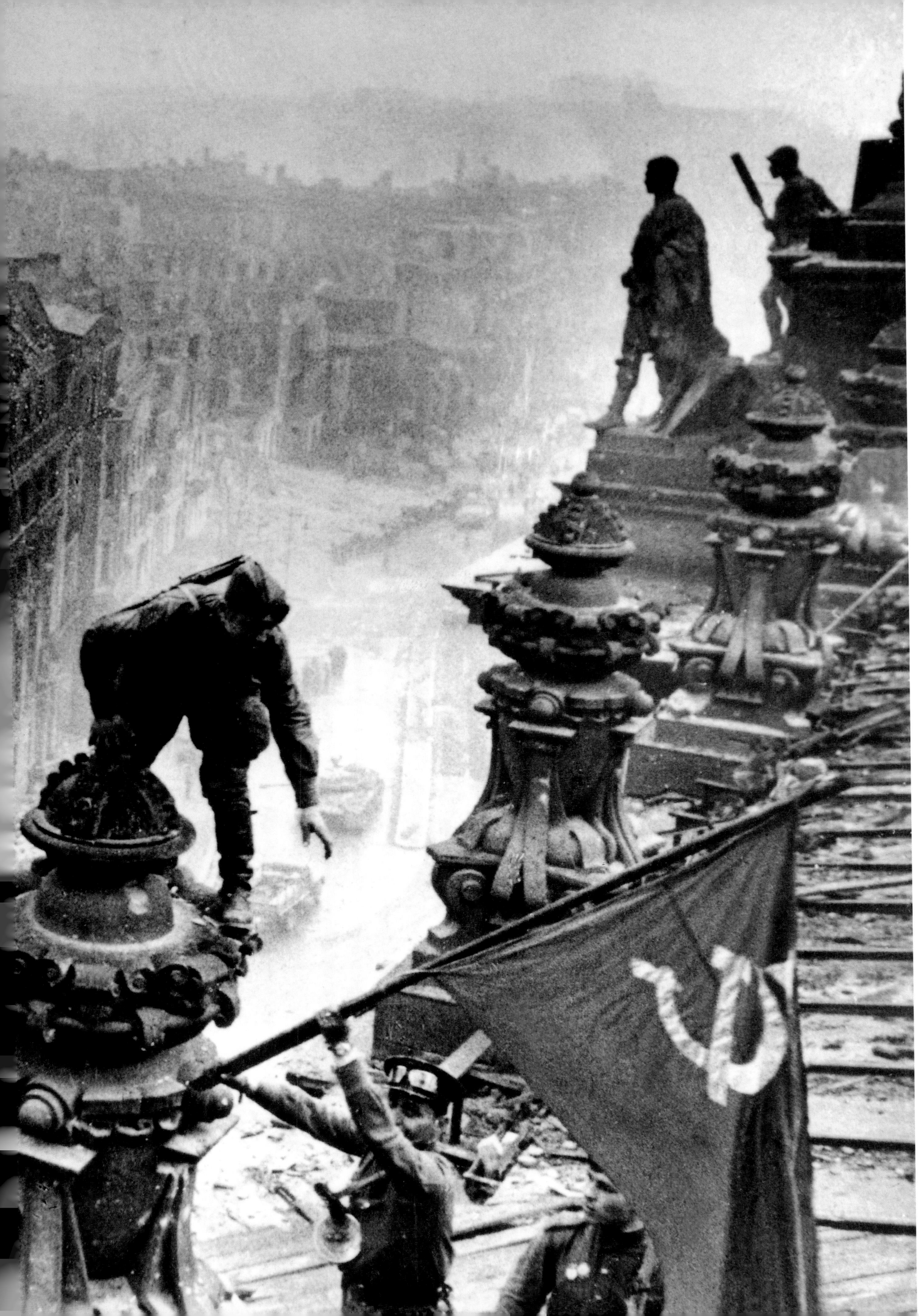

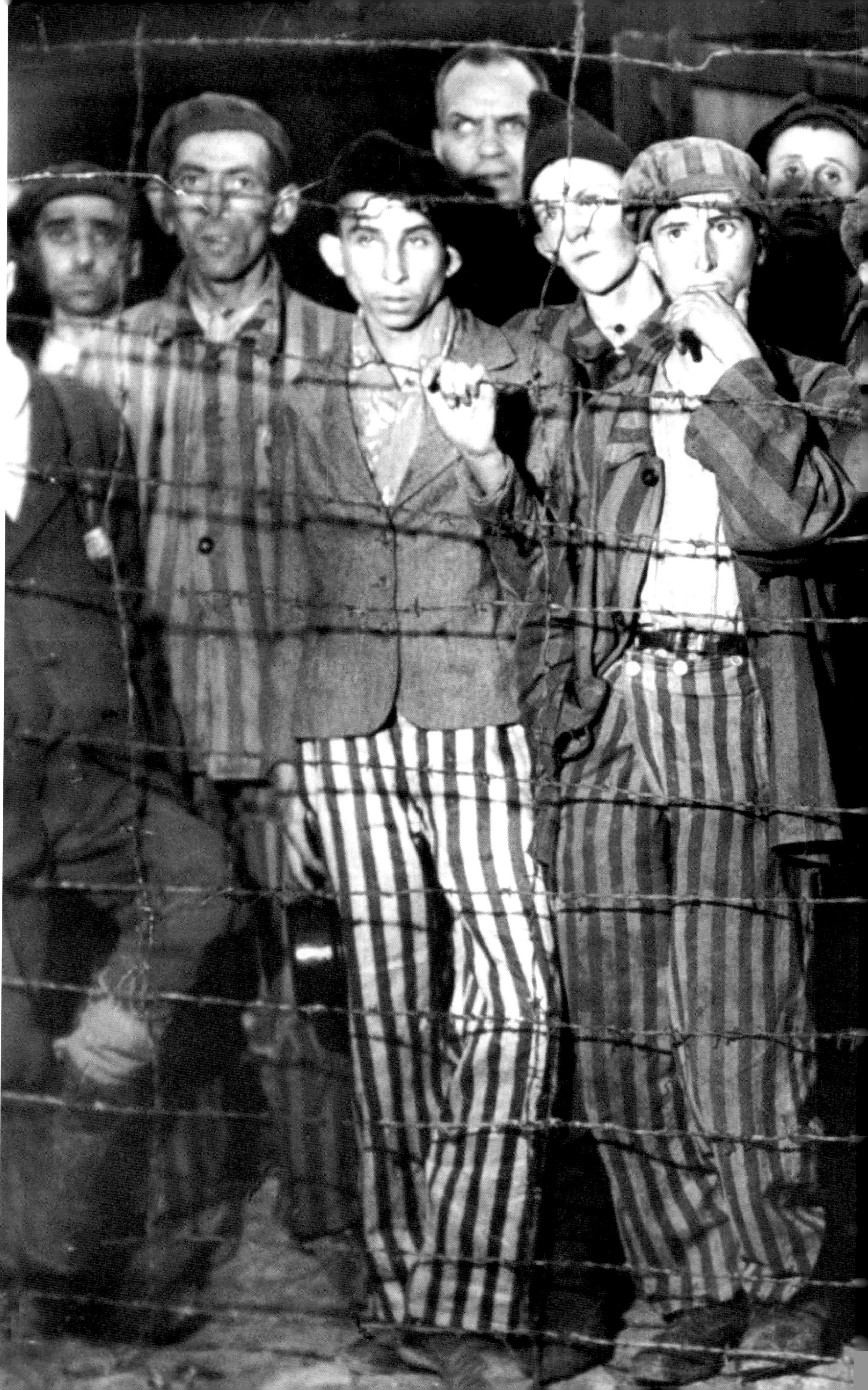

Foto:
MARGARET BOURKE-WHITE

Von den Pyrenäen bis zum Ural, vom Polarkreis bis nach Sizilien dehnen die Nazis nach 1933 ihre Schreckensherschaft aus. Von überall verschleppen sie Juden, Homosexuelle, politische Gegner, Behinderte, Sinti und Roma – um sie dann in Lagern zusammenzupferchen, zu erschießen, zu vergasen oder sich zu Tode schuften zu lassen. 25 Millionen Menschen fallen dem Völkermord zum Opfer, darunter mehr als fünf Millionen Juden – jeder dritte in Europa. Diese Häftlinge im KZ Buchenwald überleben: Sie werden am 13. April 1945 von der US-Armee befreit

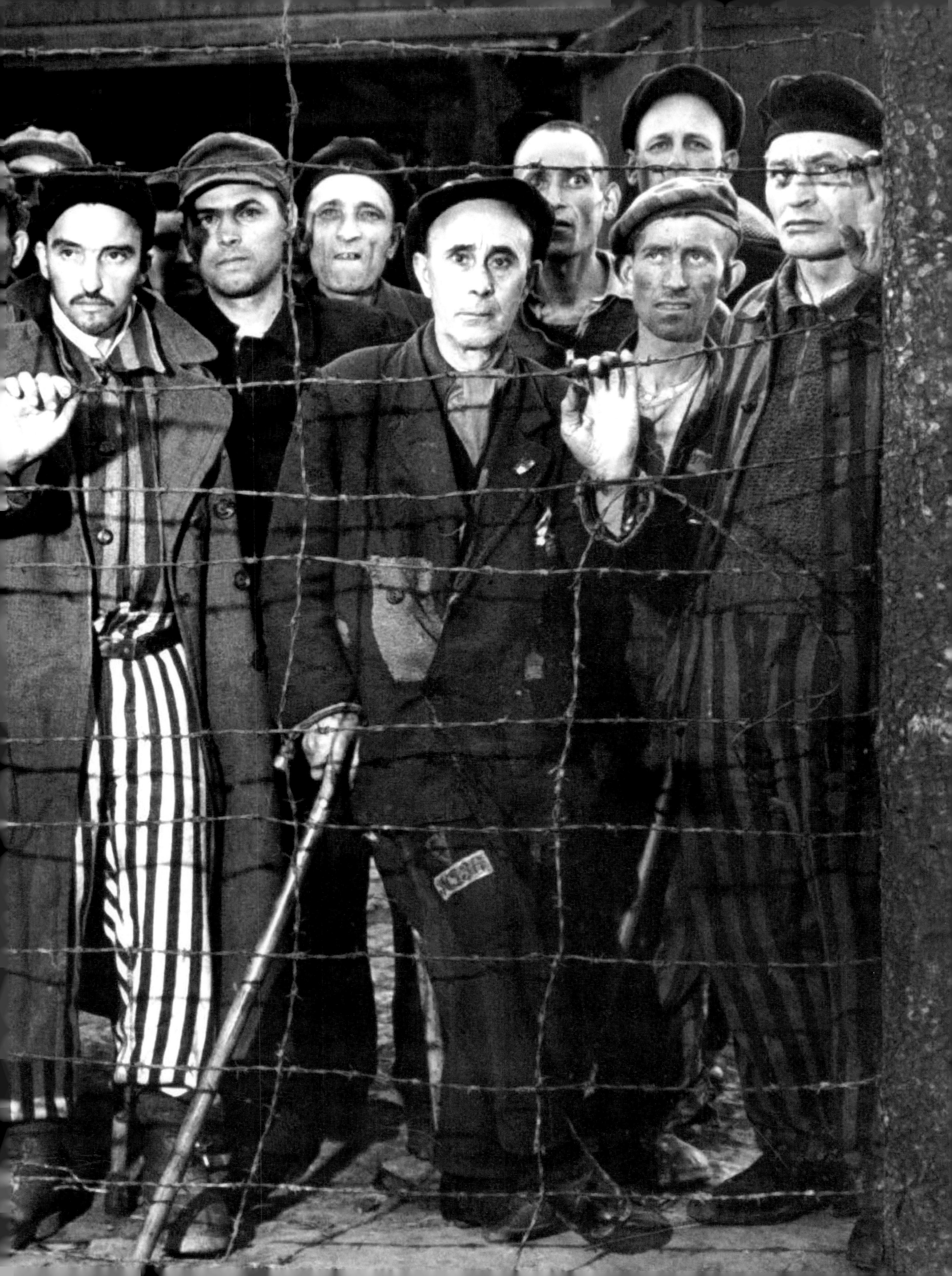

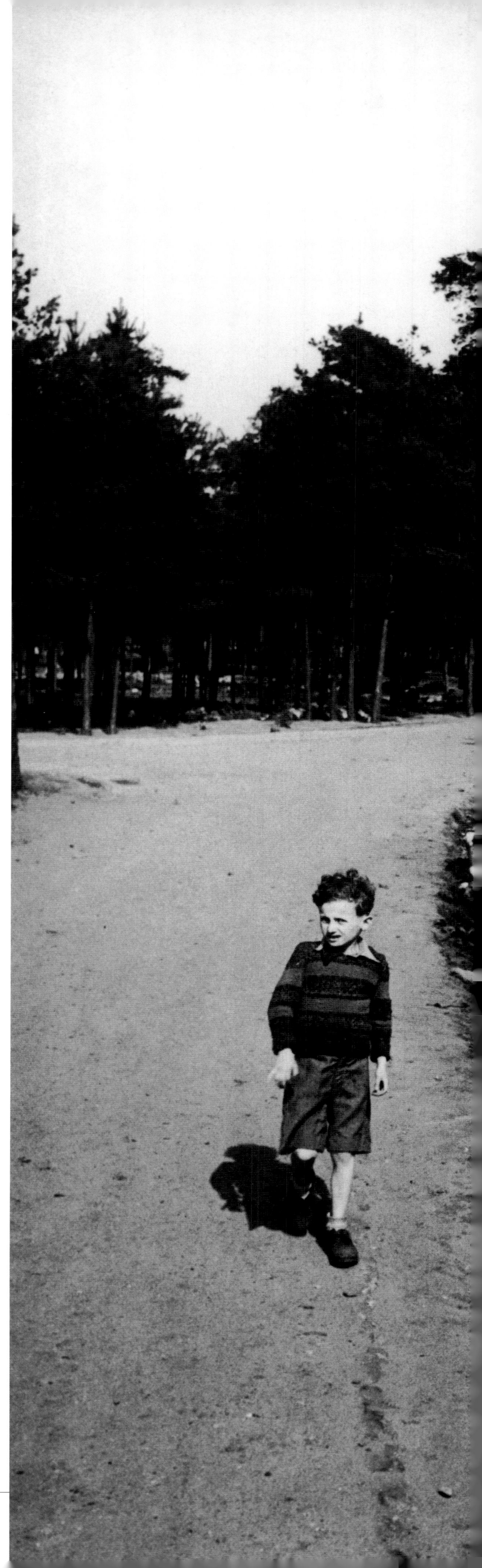

Foto:
GEORGE RODGER

Bergen-Belsen, 1945: Ein jüdischer Junge geht nach der Befreiung des Konzentrationslagers an all jenen vorüber, für die der Vormarsch der Alliierten zu spät kam. Das Lager in der Lüneburger Heide war keine organisierte Todesfabrik wie das in Auschwitz – hier krepierten die Häftlinge langsam an Hunger, Durst und Kälte, wurden von Seuchen dahingerafft, starben im Wahnsinn oder gaben irgendwann schlicht der Erschöpfung nach. 50000 fanden hier den Tod, bis am 15. April britische Panzer in das Lager rollten

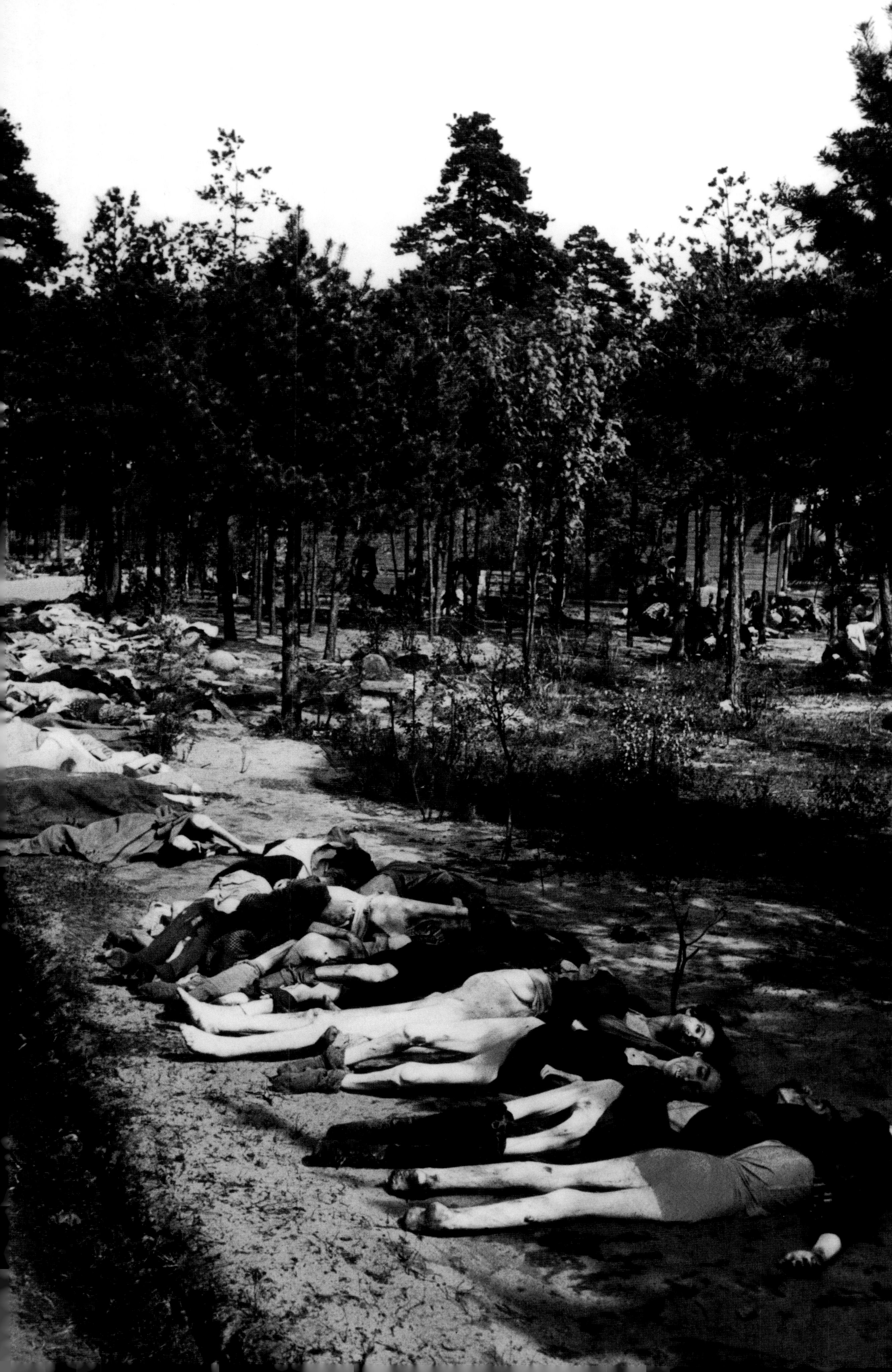

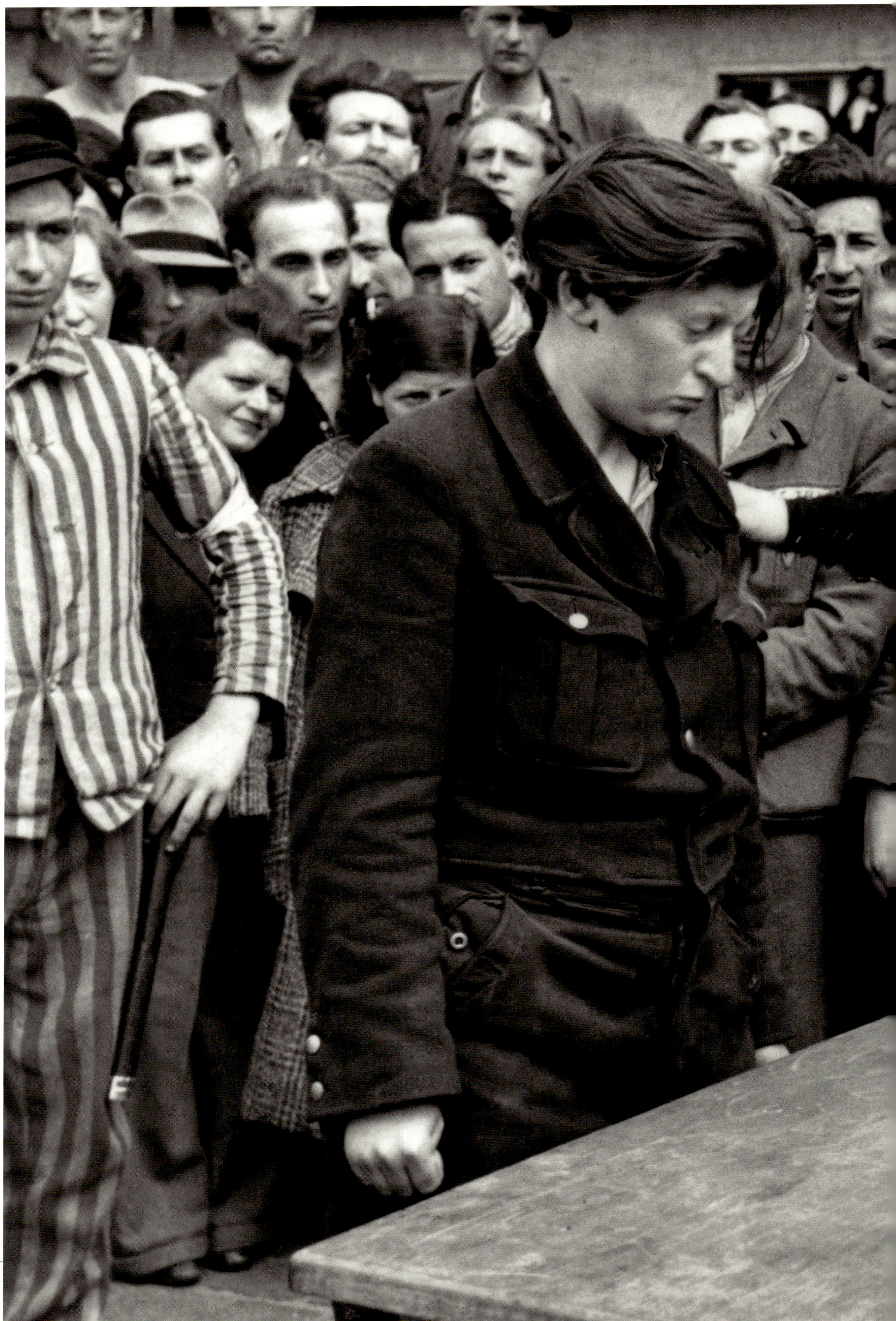

Foto:
HENRI CARTIER-BRESSON

Dessau, April 1945: In einem Flüchtlingslager wird eine mutmaßliche Informantin der Gestapo enttarnt, die sich versteckt gehalten hat. Ob die Frau tatsächlich Verrat geübt hat, ist unbekannt. Doch ihr schuldbewusster Gesichtsausdruck, ihre vor Angst zusammengekrallten Hände und der Zorn ihres Gegenübers sind ein Sinnbild für das Ende eines brutalen Unrechtsregimes: Die Zeit der Abrechnung ist gekommen. Opfer treffen auf Täter. Und die geschundene Gesellschaft steht vor der Frage, wie viel Rache sie sich leisten kann

GEO 05/95

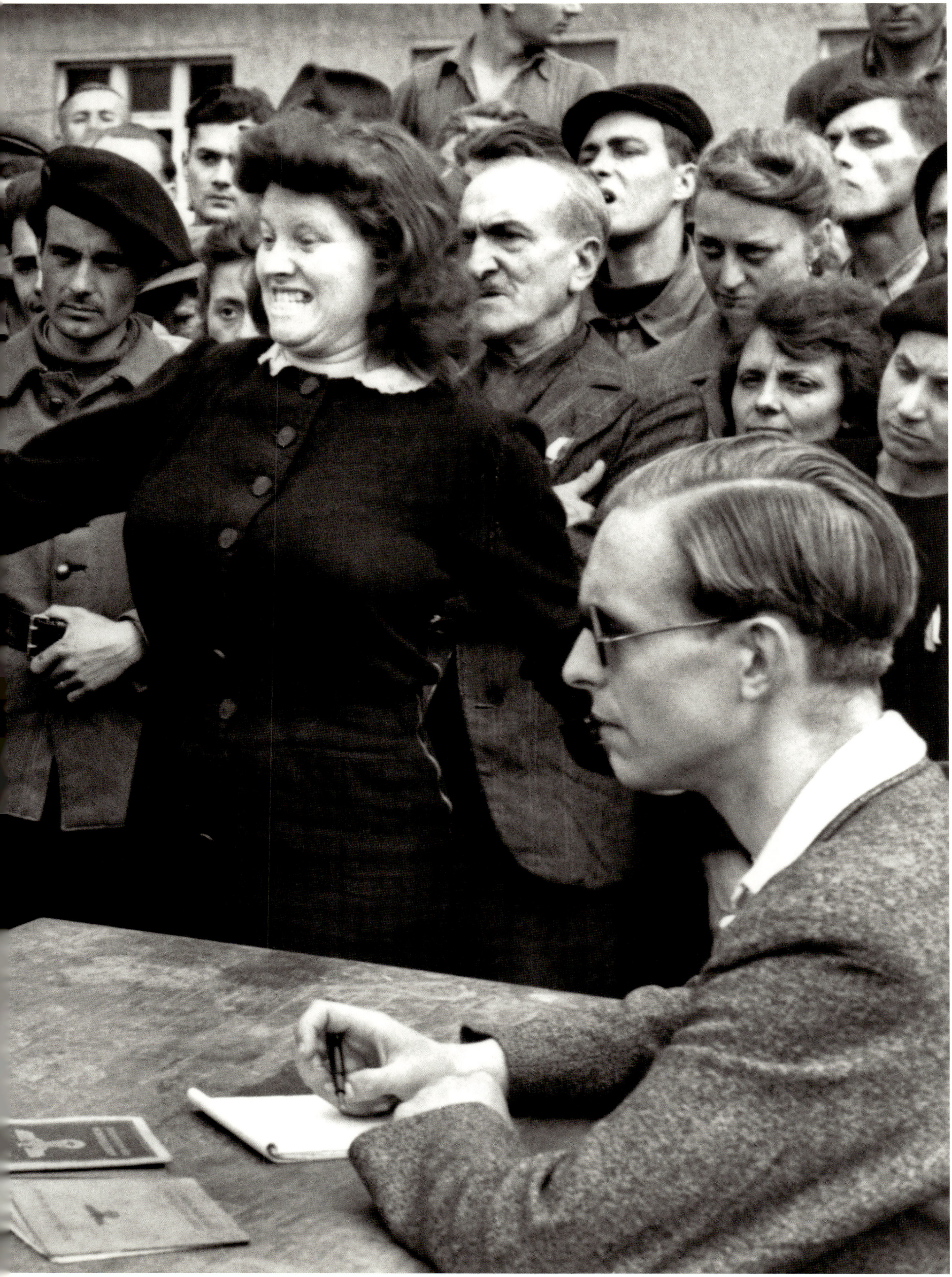

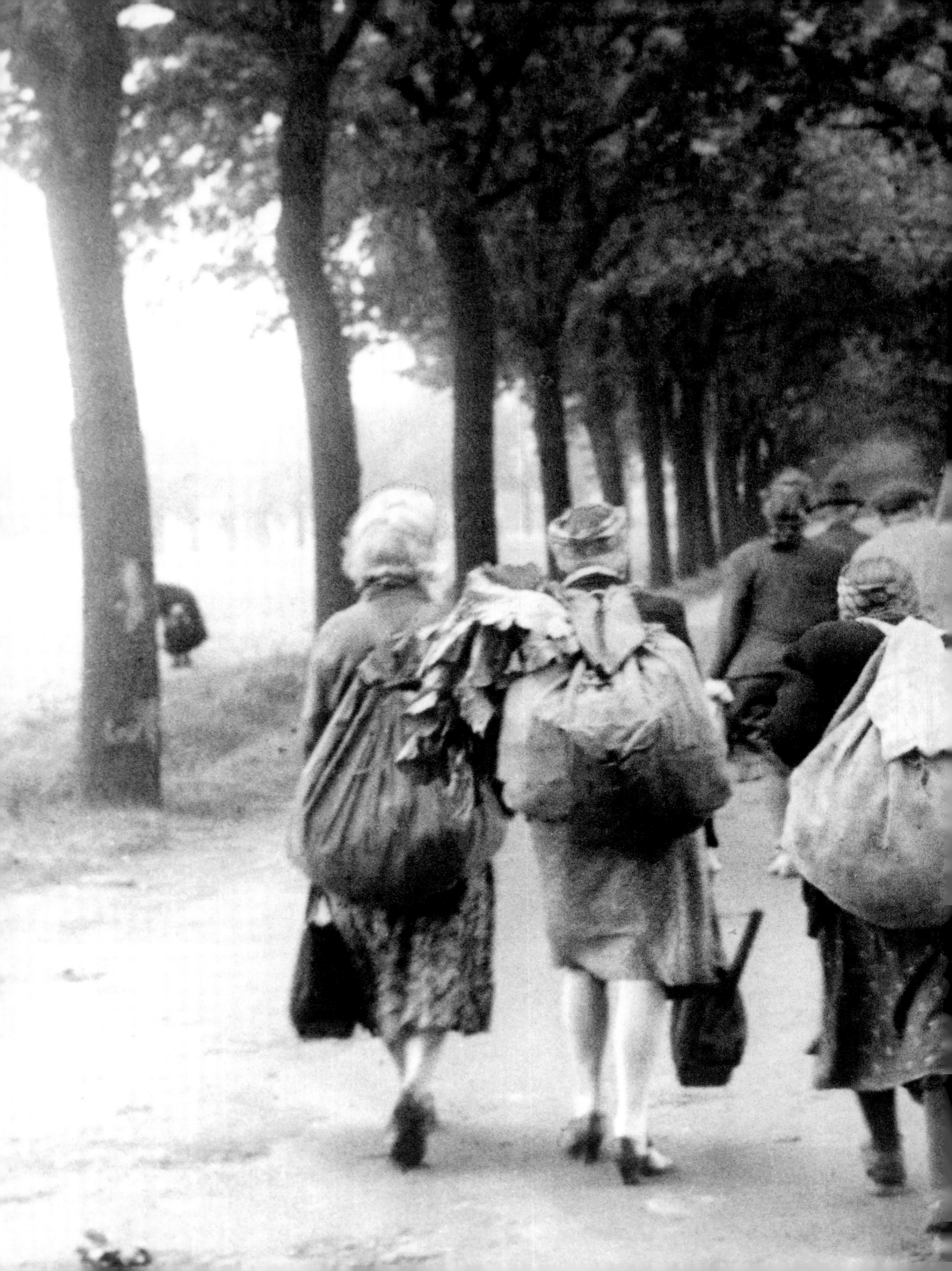

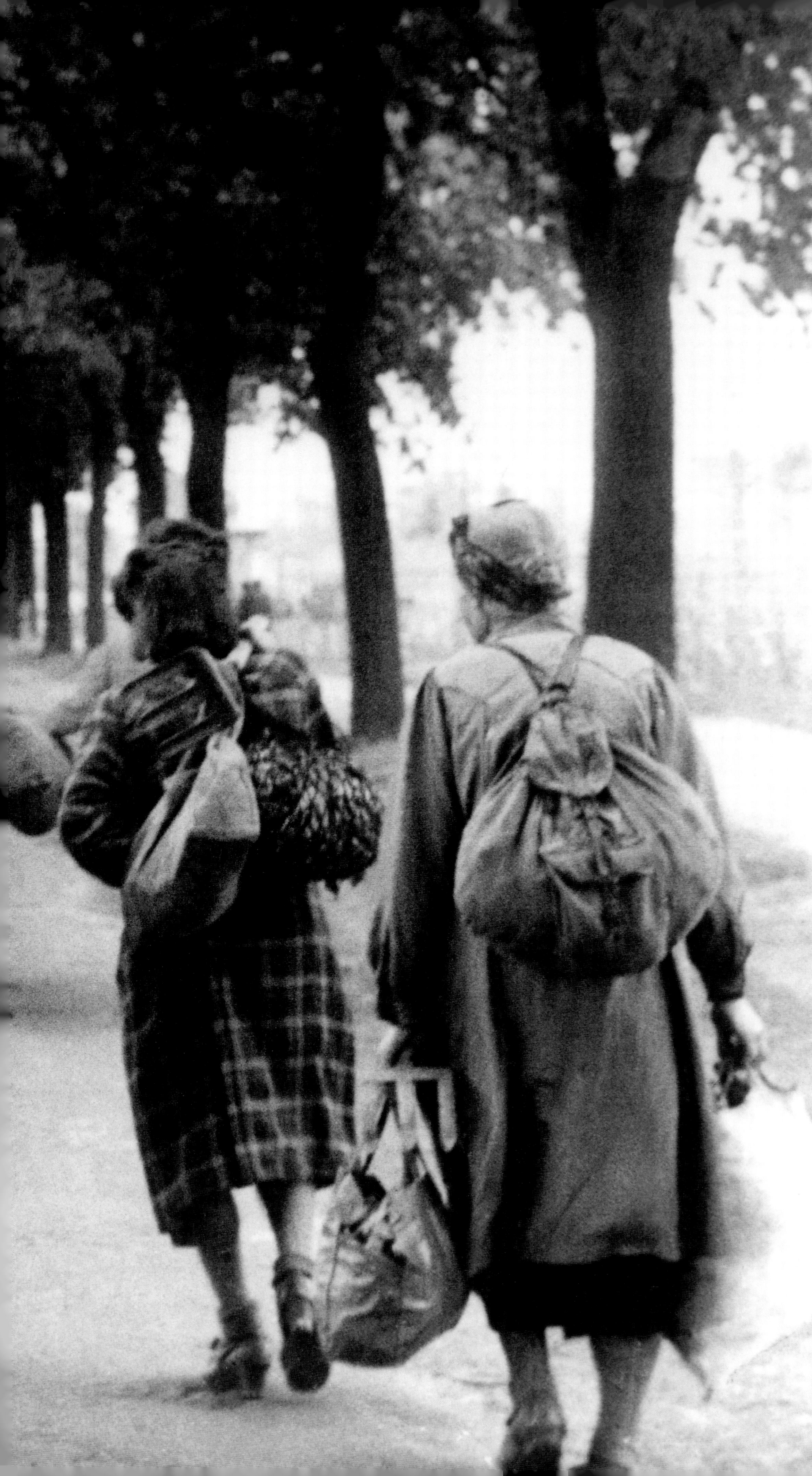

Foto:
FOTOGRAF UNBEKANNT

Nahrungsmangel zwingt viele Berliner nach Kriegsende zu Hamsterfahrten ins Umland, wo sie bei Bauern Obst, Gemüse und Milch eintauschen. Bezahlen können sie oft nur mit dem, was sie über den Krieg gerettet haben – und in den Gehöften des Spreewaldes speist die Landbevölkerung auf einmal mit Silberbesteck oder von feinem Meißener Porzellan. Lange erfreuen können sich die Bauern an den neuen Schätzen häufig nicht: Auch Einbrecher gehen auf Hamsterfahrt und haben die neue Zielgruppe schnell ausgemacht

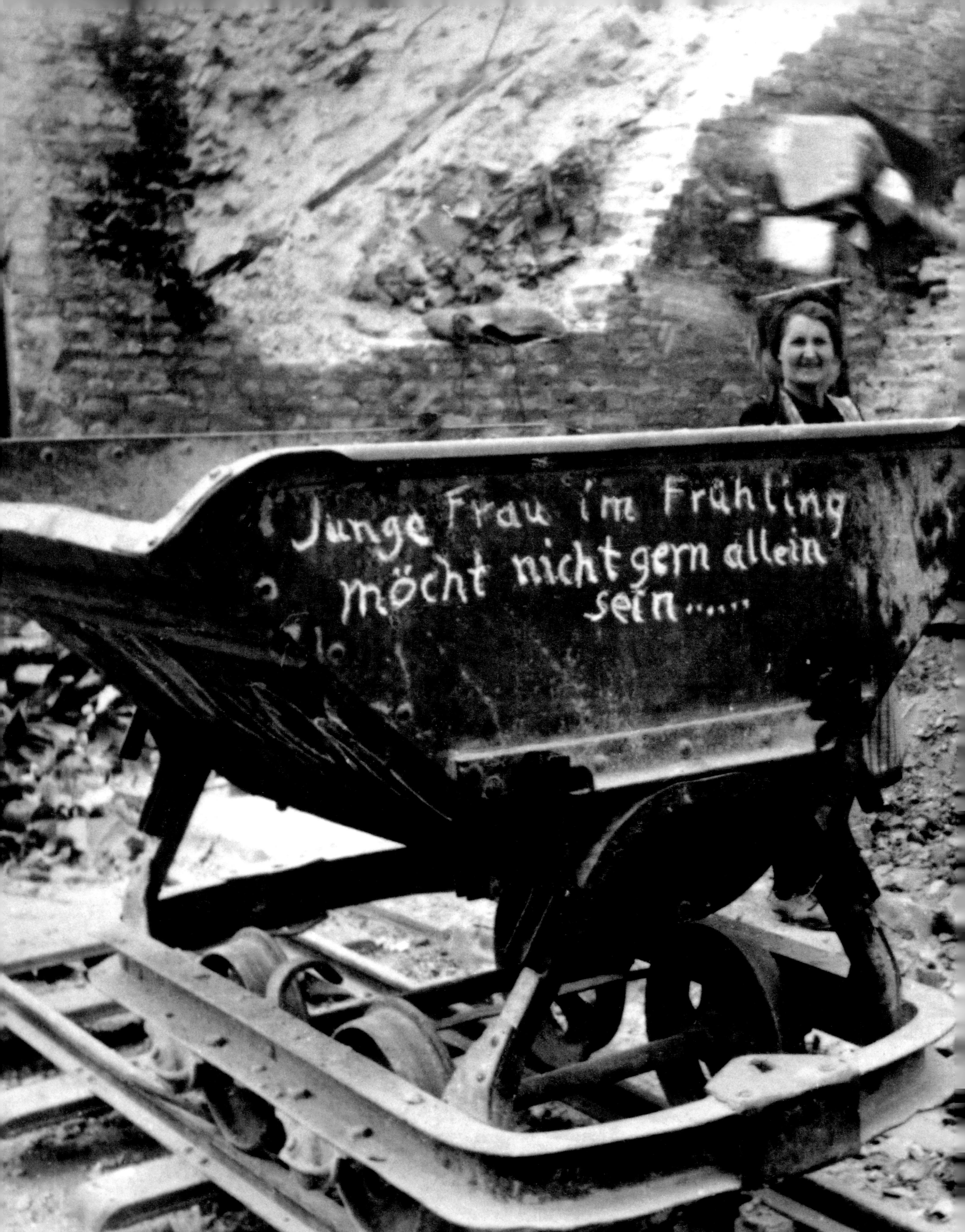
Junge Frau im Frühling
möcht nicht gern allein
sein.....

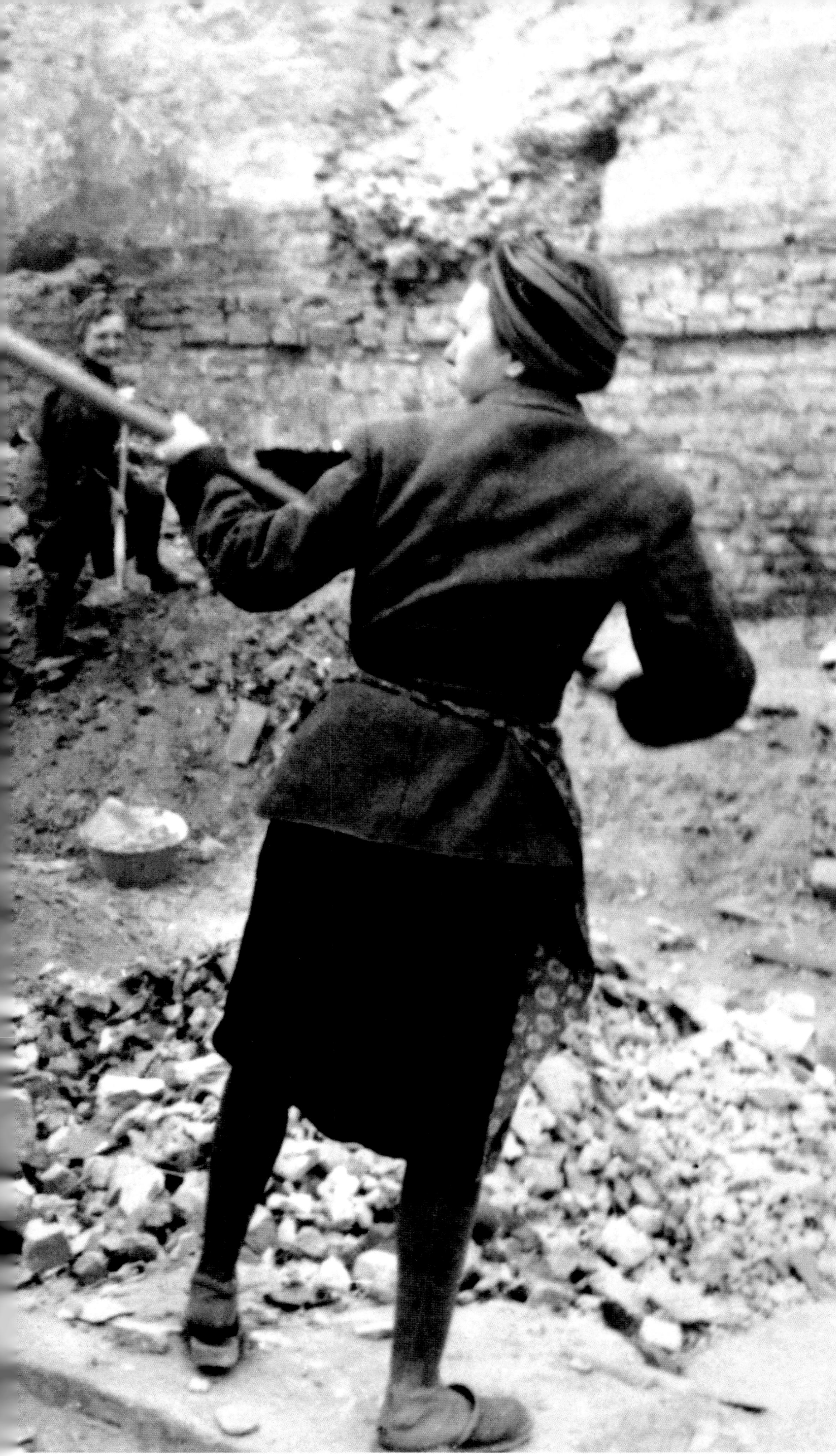

Foto:
FOTOGRAF UNBEKANNT

Schaufel für Schaufel, Ziegel für Ziegel kämpfen sich 50 000 Berlinerinnen drei Jahre lang durch den Häuserschutt in ihrer verwüsteten Stadt. Die »Trümmerfrauen« schaufeln ihn in Loren und tragen ihn in Eimern. In Lastwagen und Straßenbahnen karren sie ihn durch die Mondlandschaft, die einmal Berlin war. Was nicht mehr brauchbar ist, türmen sie zu Bergen auf, die noch heute das Stadtbild prägen – etwa der »Insulaner« (75 Meter) in Schöneberg oder der »Bunkerberg« (78 Meter) in Friedrichshain, der Trümmer des Stadtschlosses enthält

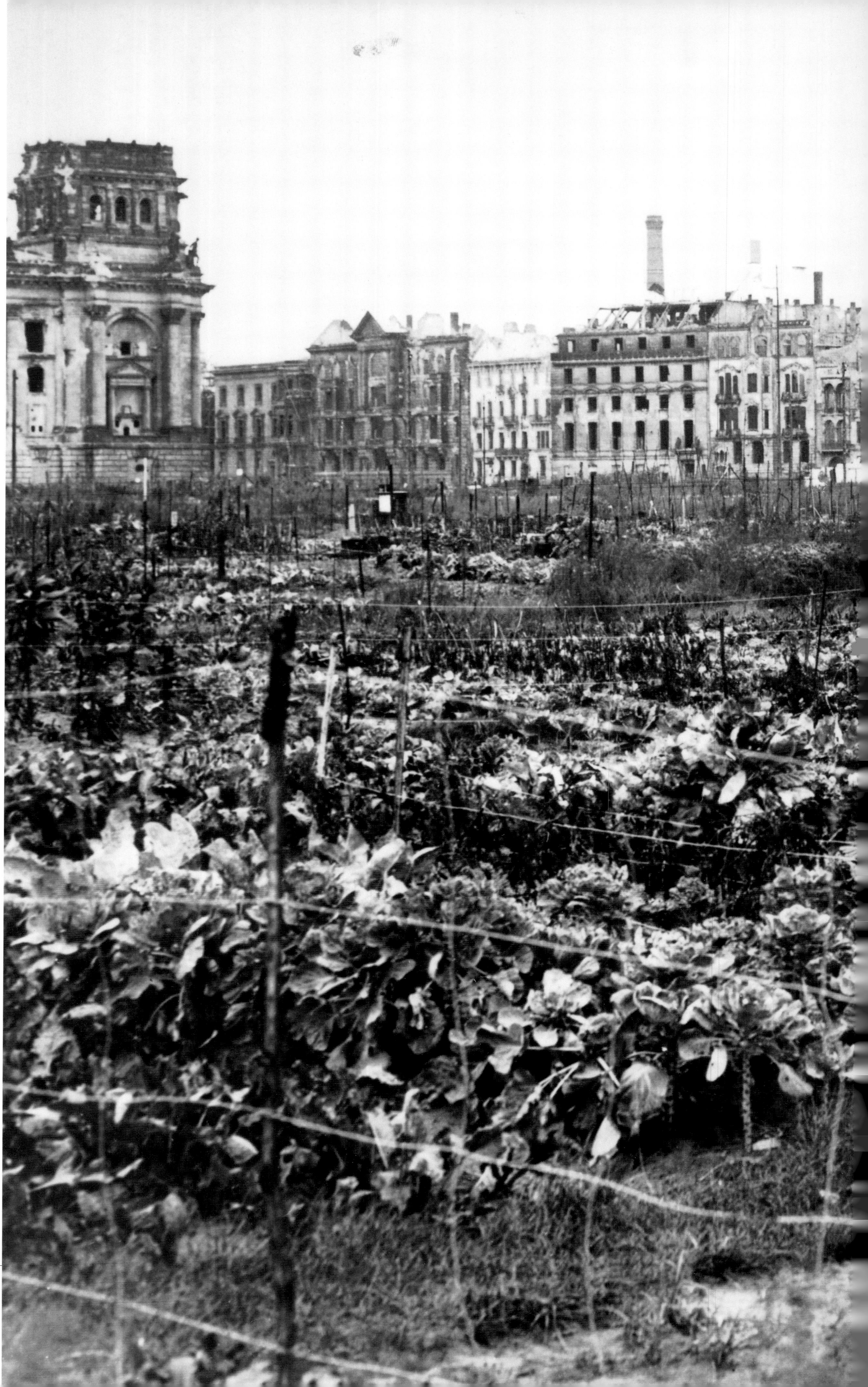

FOTO:
FOTOGRAF UNBEKANNT

Gärten der Not: Kartoffeln und Gemüse bauen die Berliner 1946 im Tierpark vor dem Brandenburger Tor an. Von den 200 000 Bäumen, die in Berlins zentraler Parklandschaft einst die Wege der Spaziergänger beschatteten, bleiben nur etwa 700 unangetastet. Der Rest wird abgeholzt und zu Brennholz zerhackt – ein viel zu schnell verbrennender Ersatz für die begehrten Kohlen, von denen in den kalten Nachkriegswintern kaum welche zu bekommen sind

GEO Special *Berlin*

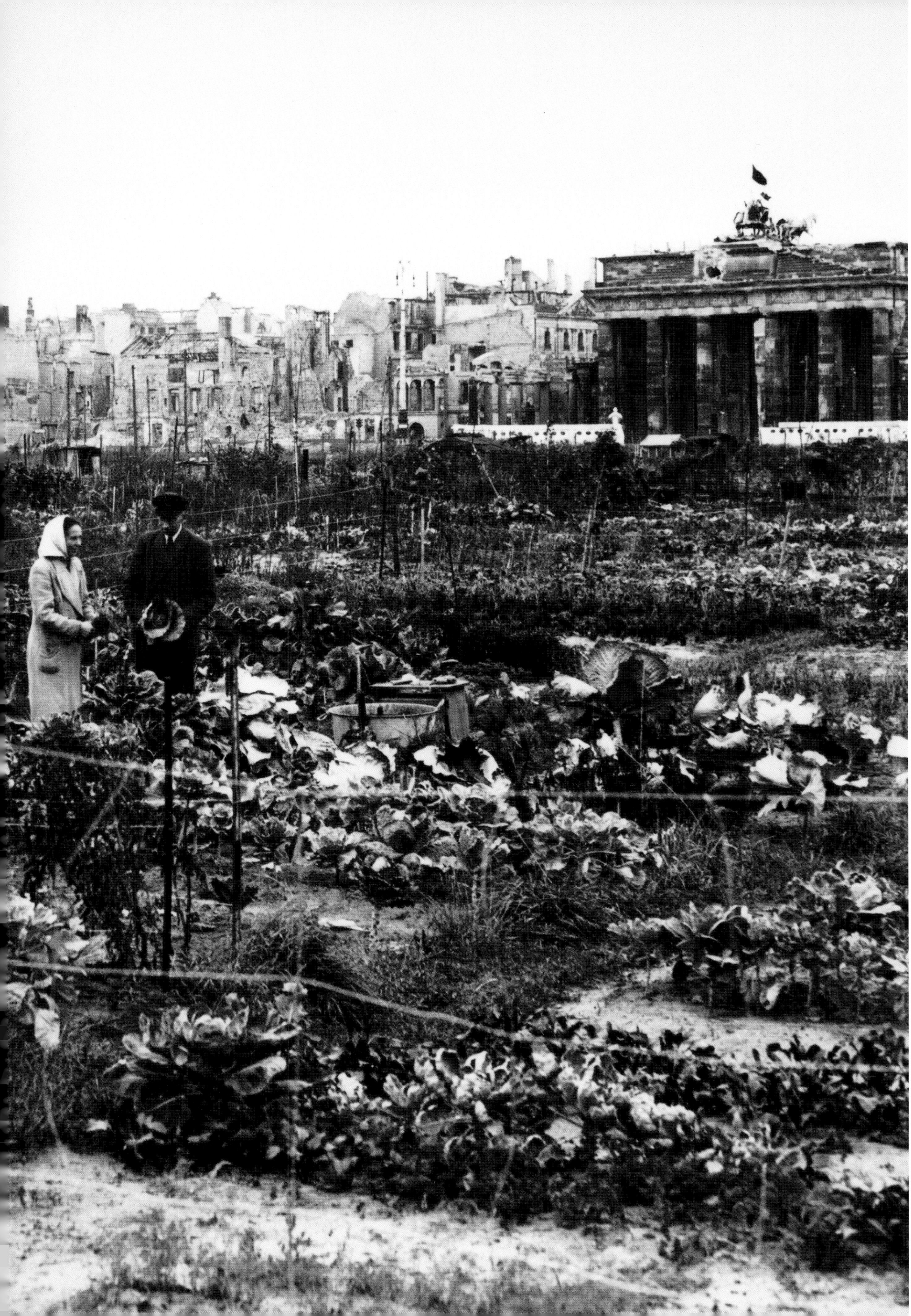

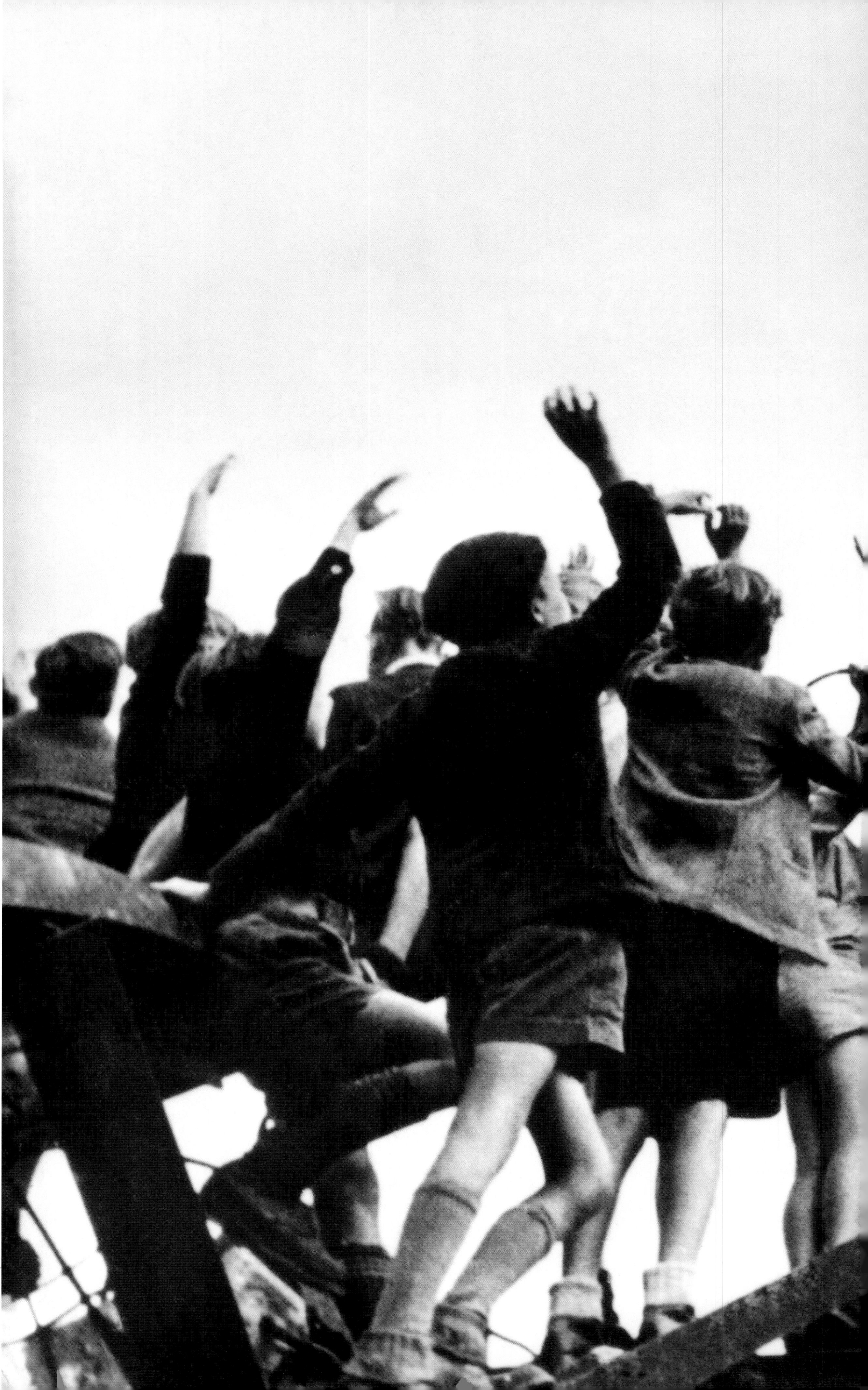

Foto:
FOTOGRAF UNBEKANNT

Wenn die Rosinenbomber mit dem Heck wackeln, wissen die Berliner Kinder Bescheid: Süßigkeiten werden gleich vom Himmel fallen, befestigt an Fallschirmen aus Taschentüchern. Mehl, Eipulver, Gemüsepulver und Kohlen fliegen weiter nach Tempelhof. Elf Monate versorgen die Westmächte West-Berlin aus der Luft – schleusen bis zu 7500 Tonnen Ladung pro Tag in die von den Sowjets blockierte Stadt, eine Landung alle drei Minuten. Im Mai 1949 lenken die Russen ein – und die Deutschen verstehen, dass Briten und Amerikaner nicht mehr ihre Feinde sind

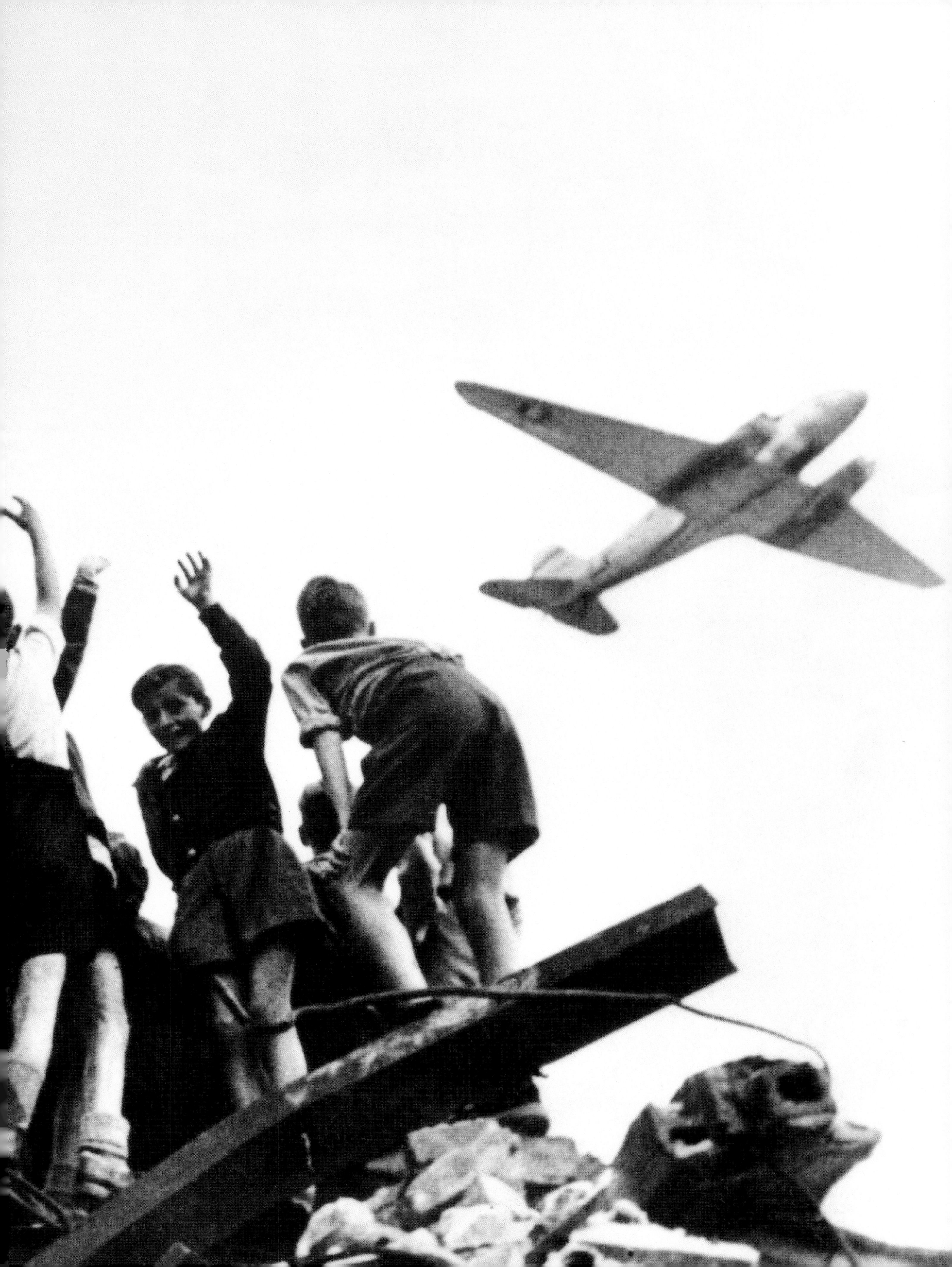

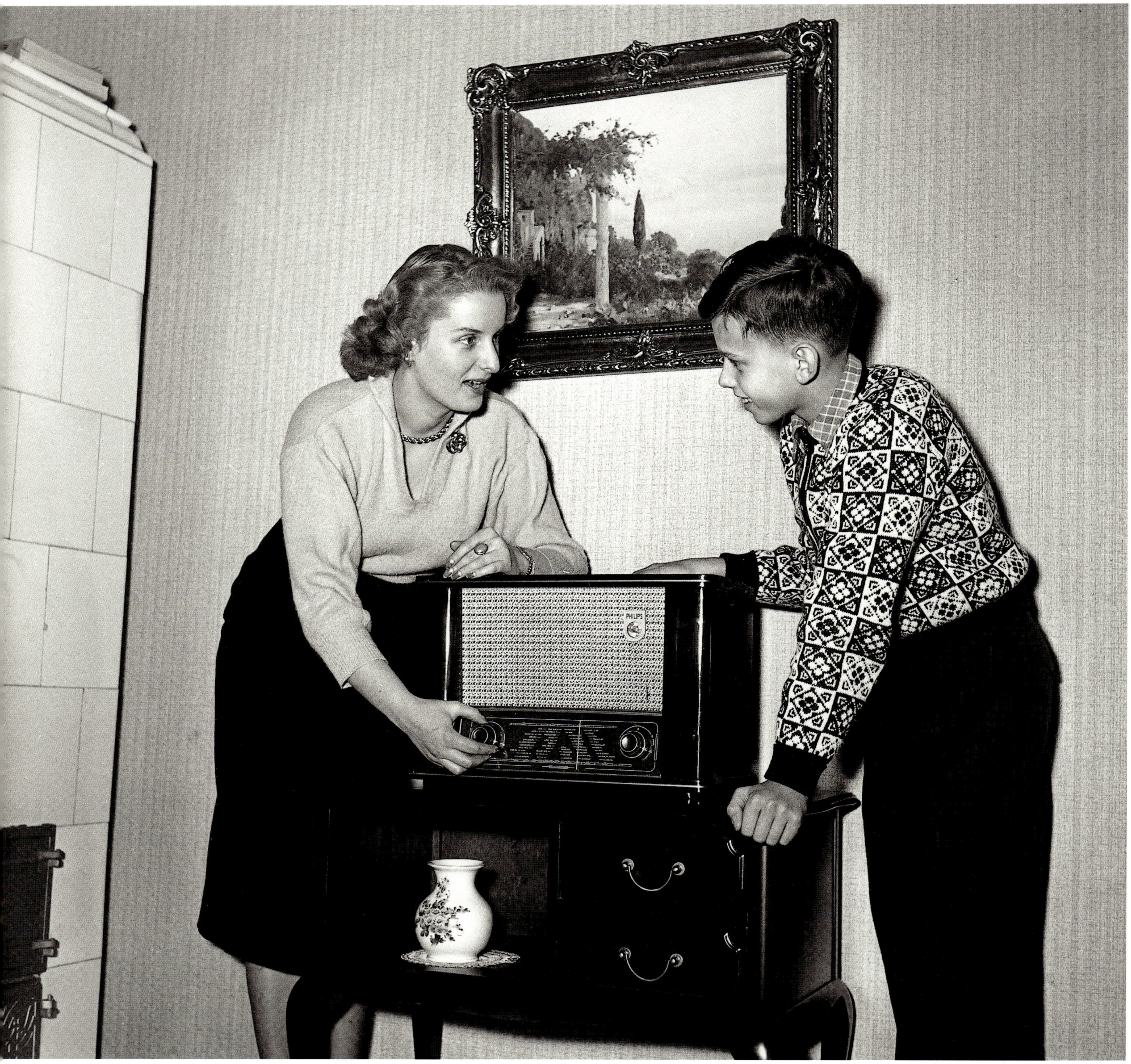

FOTO: FOTOGRAF UNBEKANNT

GEO Special *Metropole Berlin*

Nicht Hörer, sondern Süchtige hat das »Radio im Amerikanischen Sektor«, der RIAS, im Berlin der Nachkriegsjahre. »Studio Bonn«, »Schlager der Woche«, »Club 18« oder die »Stimme der Kritik« geben den Wochen ihren Rhythmus, lassen die Berliner selbst Rendezvous verschieben und versammeln Generationen vor dem Empfänger. Dass RIAS-Sendungen oft auch »Gottesdienste« des American Way of Life sind, nimmt kaum jemand übel – wichtiger ist, dass es in der Quiz-Show »Mach mit« auch mal ein ganzes Pfund Kaffee zu gewinnen gibt

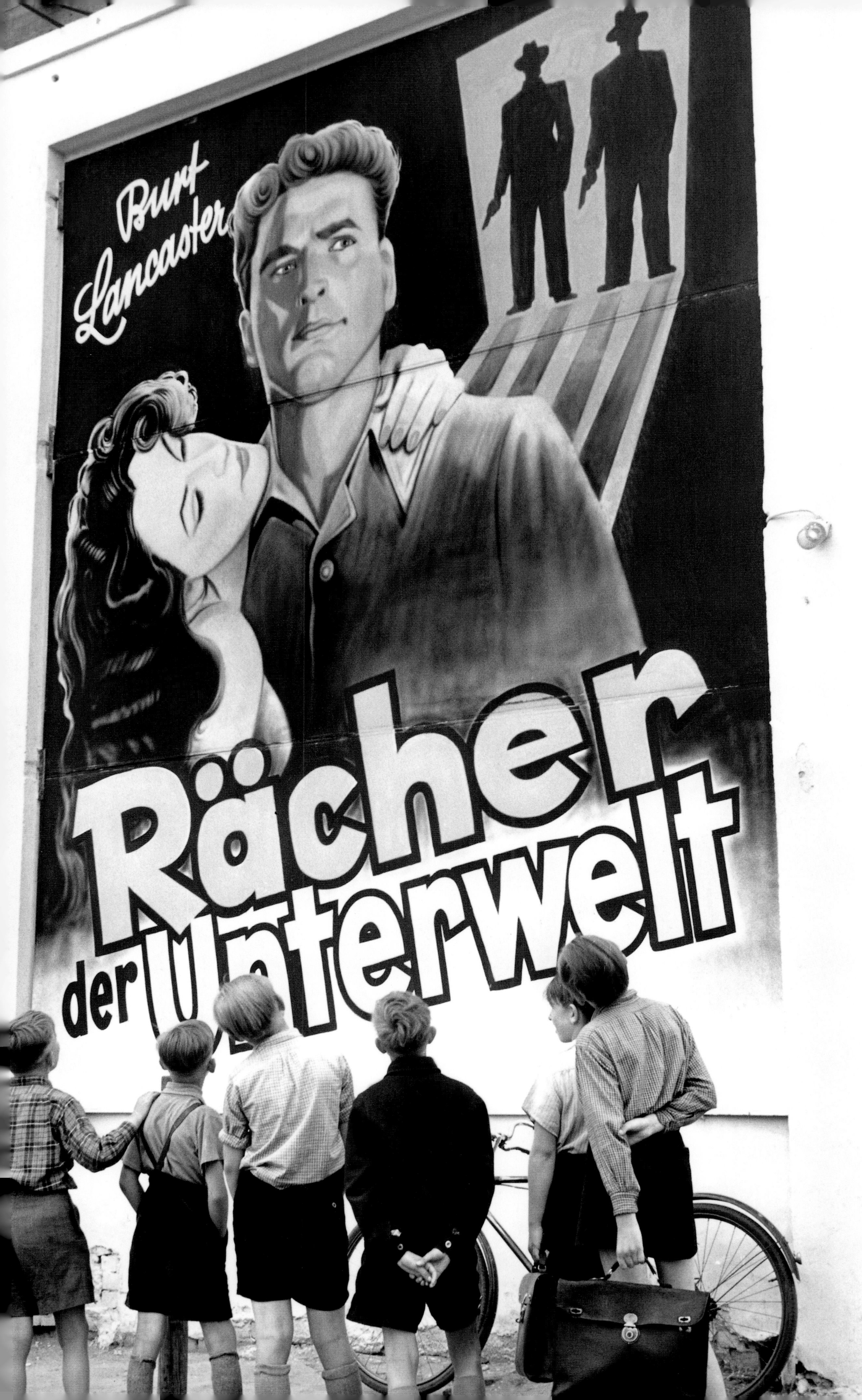

Foto:
KLAUS MEIER-UDE

Alliierte Kulturpolitik: Errol Flynn, Burt Lancaster und Gregory Peck sollen den Sprösslingen des Nazi-Volkes im einzigen Berliner Kino die Werte der freien Welt nahe bringen. Gegen Piraten, Verbrecher und andere Finsterlinge aus der Unterwelt setzen sich die Leinwandhelden durch. Die Botschaft kommt an: Nach jeder Vorstellung wird auf den Hinterhöfen der Kampf Gut gegen Böse aufs Neue ausgefochten – mit Zaunlatten als Schwertern. Und am nächsten Sonntag stehen alle Krieger wieder friedlich in der Kinoschlange

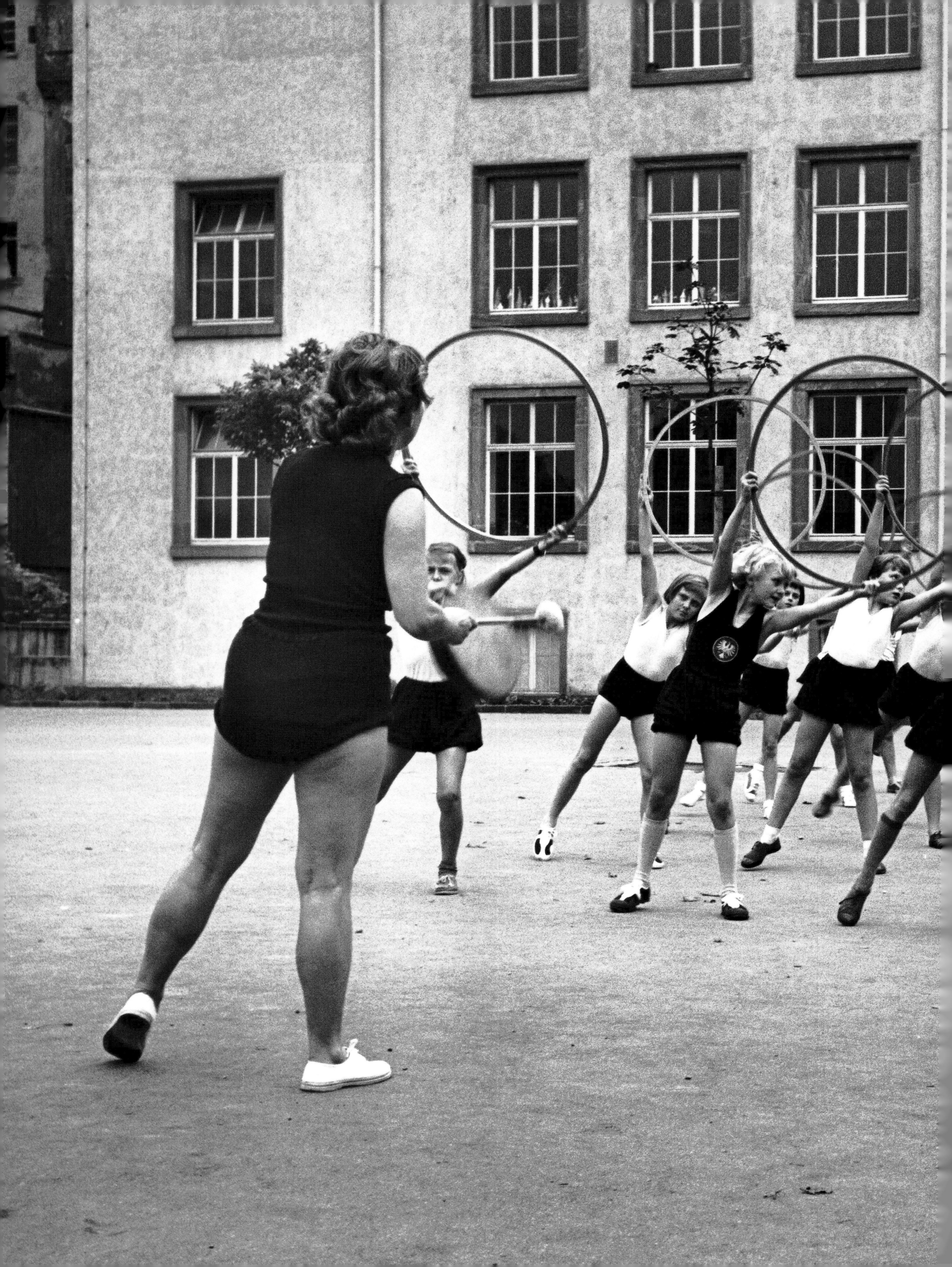

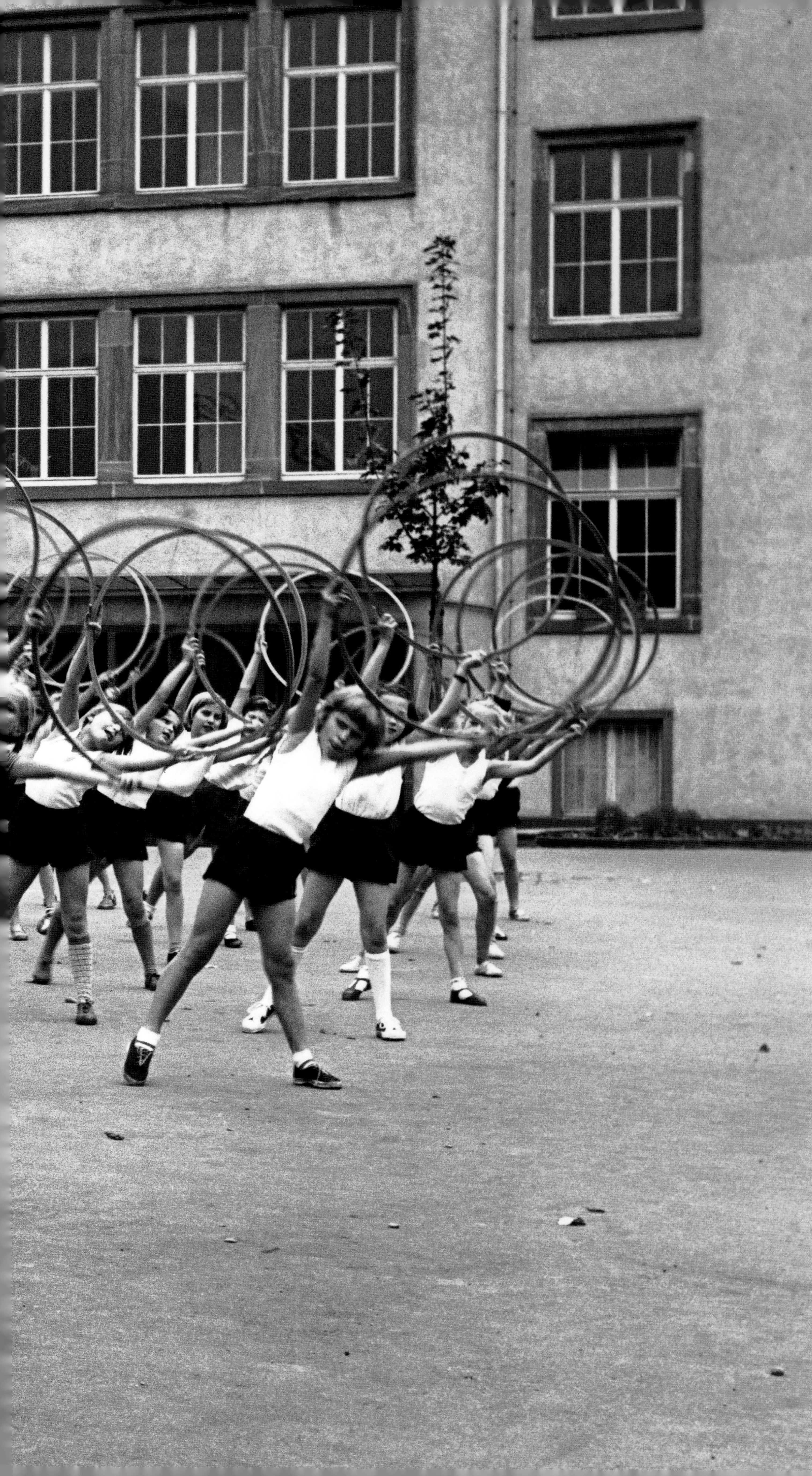

Foto:
KLAUS MEIER-UDE

Der erste Turnverein der Welt wurde 1816 in Hamburg gegründet. Seitdem hat dieser Sport die Deutschen nicht mehr ruhen lassen: Mit Talkum an den Händen hechteten Millionen über lederbezogene Kästen oder wiegten wie hier 1957 in der Frankfurter Liebfrauenschule Reifen im Tamburin-Takt. Gemessen an seinen 70 000 Teilnehmern ist das deutsche Turnfest heute die größte Sportveranstaltung der Welt. Und die 4600 Turnvereine schlagen sich wacker im Kampf der Freizeitangebote – wenn auch mithilfe moderner Leibesübungen wie Aerobic

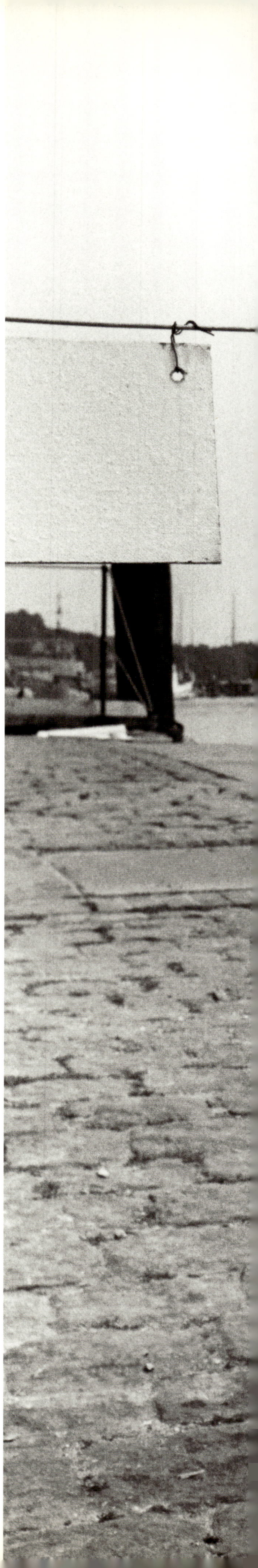

Foto: KLAUS MEIER-UDE

Das Wirtschaftswunder macht's möglich: Kühlschrank, Waschmaschine, Auto – und vor allem: Reisen. 1954 dürfen die Bundesbürger ihre schon recht hart gewordene D-Mark erstmals in Devisen umtauschen. Jetzt ist Fernweh bezahlbar. Die meisten zieht es nach Italien, wo fast immer die Sonne scheint und 1000 Lire 6 Mark 66 wert sind. Bundeskanzler Adenauer führt die Urlaubswelle an: In Cadenabbia am Comer See lässt er sich gern mit Pepita-Hütchen beim Boccia-Spiel fotografieren

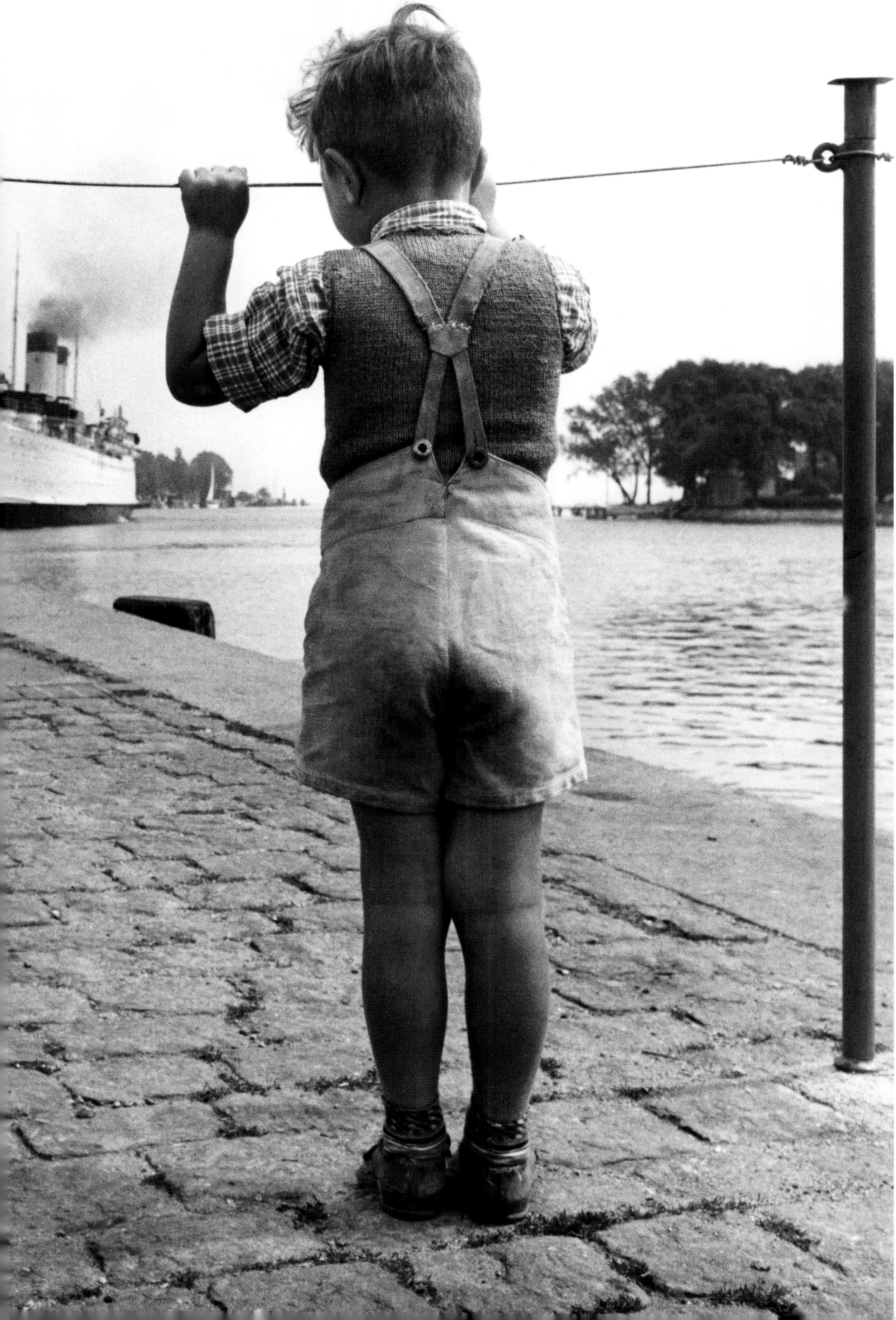

DER IRRITIERTE BLICK

„Kein Bild ist wahr.“ Thomas von Aquin

VIELLEICHT VERMISST der Fotograf als Erstes ein Geräusch. Das leise Klicken des Auslösers. Dann den intimen Moment mit dem Modell, dem Objekt, der Landschaft. Die Faszination des einen rätselhaften Augenblicks. Und wir verlieren, immer mehr, die Gewissheit, ob wir das, was wir sehen, noch begreifen. Ist das noch ein Mensch, zusammengesetzt aus den Gesichtern vieler? Hat das Abbild, das wir betrachten, noch ein Vorbild? Sind diese Bilder noch Fotografie?

Wenig wird unsere Sehgewohnheiten, unsere Vorstellung von Realität so sehr infrage stellen wie die digitale Fotografie. Was bedeutet es, wenn wir nicht mehr unterscheiden können, ob etwas wirklich ist oder vollständig abwesend? Wann wissen wir, ob wir auf die Probe gestellt oder verspottet werden?

Bilder können lügen , seit es die Fotografie gibt. Bilder sind manipuliert, retuschiert und montiert, aus ihrem erzählerischen Zusammenhang gerissen worden. Bilder haben sogar die Vergangenheit mit der Gegenwart in Einklang bringen können – wie in der berüchtigten stalinistischen Chronik, in der auf die parteipolitischen Säuberungen die Eliminierung von Menschen aus dem Foto-Kanon folgte.

10

Und dennoch, selbst in den ästhetischen Experimenten der frühen und großer Teile der gegenwärtigen Kunstfotografie blieb und bleibt die Fotografie bei aller Rätselhaftigkeit welthaltig – ob in den ersten Versuchen mit Unschärfe, ob später in den Collagen und Delirien der Dadaisten und Surrealisten. Fotos als verfremdete Netzhautbilder, die entschlüsselt werden wollen. Denn immer liegt tief unter den Schichten des Experimentes ein Ursprungsbild, ein Negativ, letztes Beweismittel für eine kriminalistische Spurensuche. Noch immer gilt gegen die Digital-Ära der Gestus, den Roland Barthes beschrieb: „Das da, genau das, dies eine ist's!“ Sein Noema der Fotografie: „Es ist so gewesen.“

Die digitale Fotografie dagegen legt offen, dass ihre Bilder die Wirklichkeit nicht brauchen. Ihre Eingriffsmöglichkeiten sind so verfeinert, dass sie nicht mehr nachweisbar sind. Pixel für Pixel vernichtet sie alle Spuren der Manipulation, jedes Wasserzeichen des Wirklichen. Kein Negativ als letzter Beweis ist nötig. Das Bild hat sich des Körpers, der Materialität entledigt, wird zur Kopie, für die es kein Original mehr gibt. Von Demiurgen und Künstlerchirurgen wird der Mensch neu erfunden werden: als androgynes Mischwesen, Chimäre, Mutant, geschichtsloser Klon. So können Gesichter bleiben, die kein Porträt mehr sind. Losgelöst von der Erdenschwere. Innenwelten in halluzinatorischen Bildern nach außen gestülpt. Fantastische Rekonstruktion.

Der Ursprung der Fotografie ist das Licht, der Ursprung des digitalen Bildes ist die Sprache. Deren Bilder sind nicht wahrer und sind nicht erfundener als eine Erzählung. Die Fähigkeit des Sehens reicht nicht aus, um sie zu erfassen. Sie müssen gelesen werden können. „Nicht der Schrift-, sondern der Fotografieunkundige wird“, so heißt es bei Walter Benjamin, „der Analphabet der Zukunft sein.“ Wie Analphabeten könnten wir eines Tages vor den neuen digitalen Bildern stehen. Verstört, erstaunt, beeindruckt. Und immer noch nostalgisch süchtig nach dem Klicken, nach diesem einen Bild, diesem einen Fotografen, diesem einen Moment. Nach einem Hauch von Wiedererkennen.

FOTO: JOHN LOENGARD | Verkehrte Welt: Oft ist die Struktur eines Bildes auf dem Negativ klarer zu erkennen als auf dem Positiv, doch Filme und Platten bleiben gewöhnlich in Archiven verborgen. Der amerikanische Fotograf John Loengard offenbart das Geheimnis der Umkehrung von Licht und Schatten und zeigt die andere Schönheit von Klassikern wie »Danseuse burlesque« von André Kertész

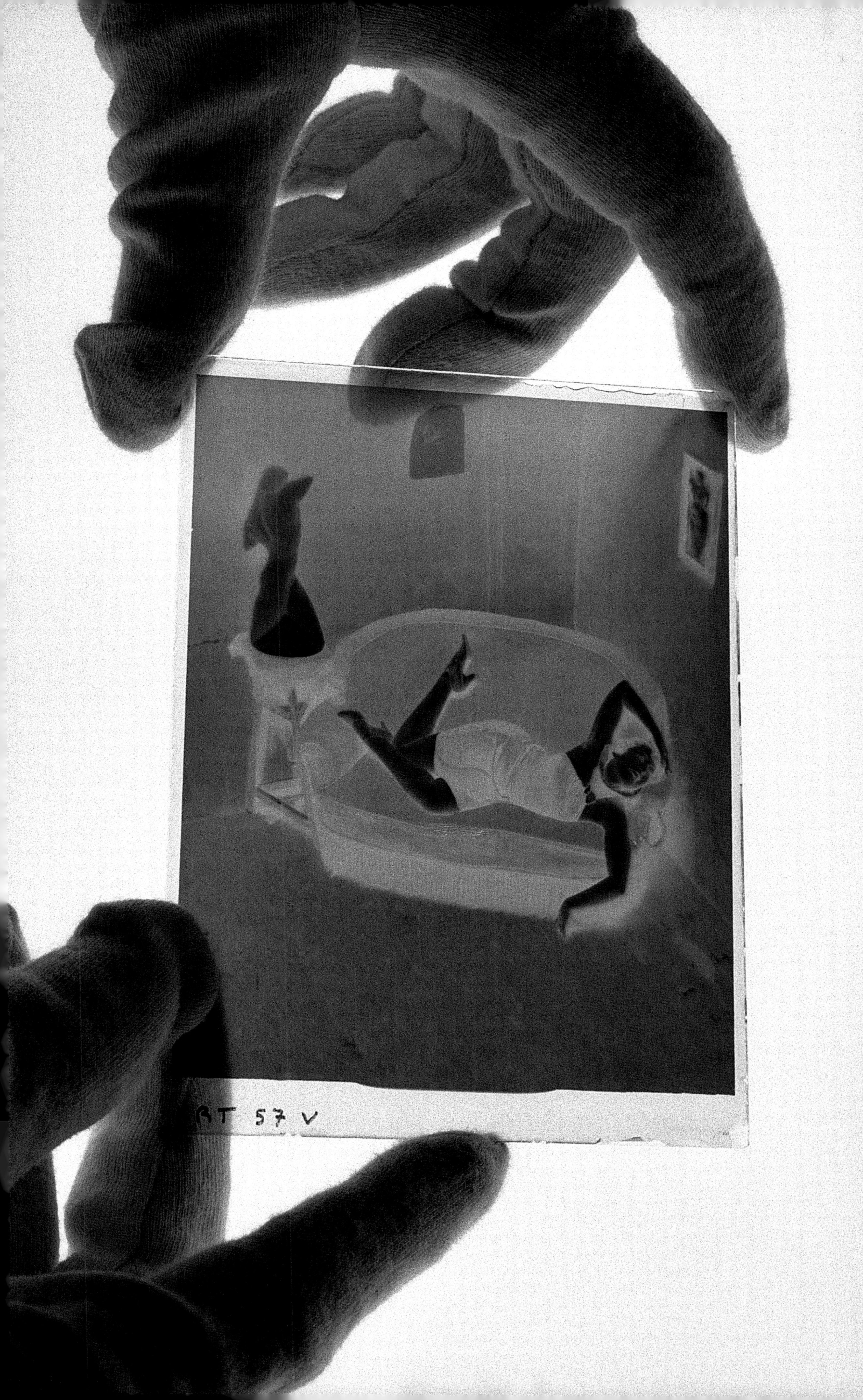
RT 57 V

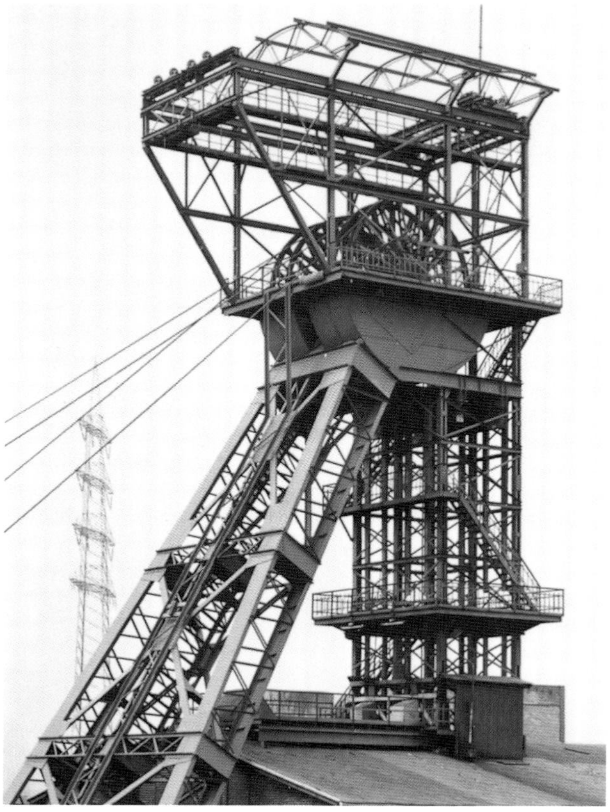
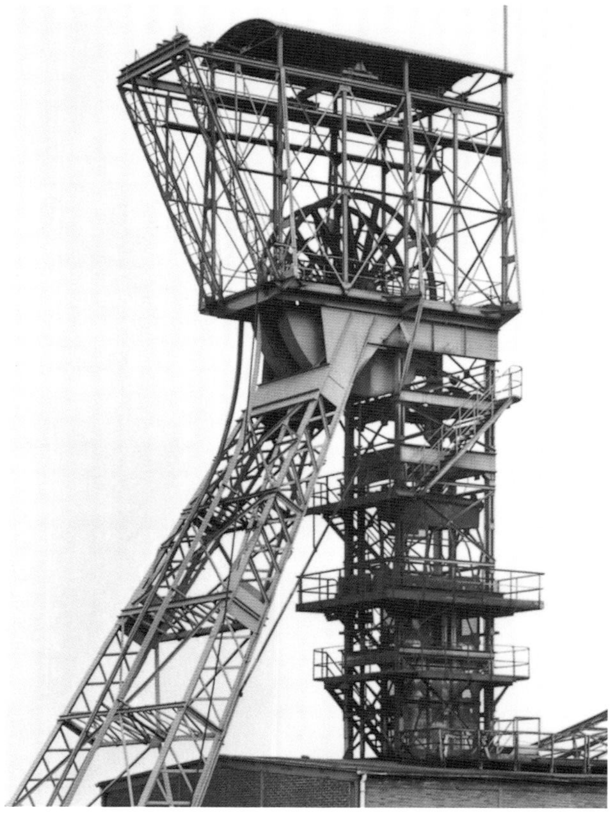
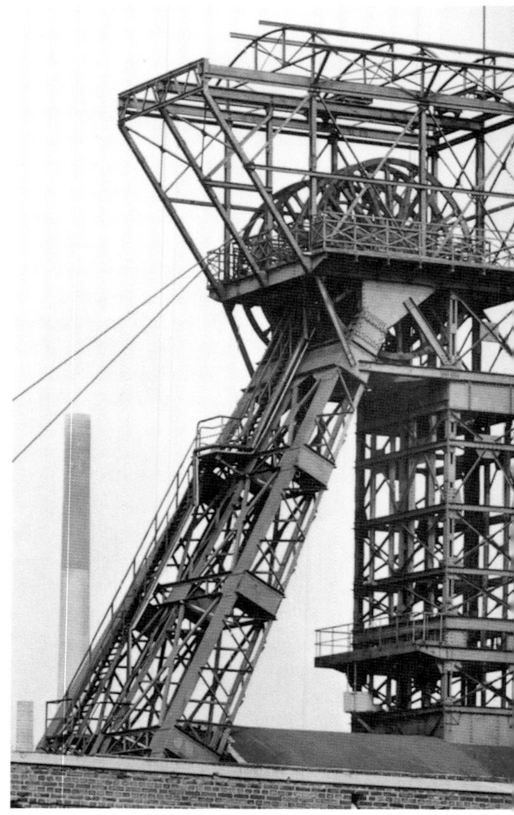
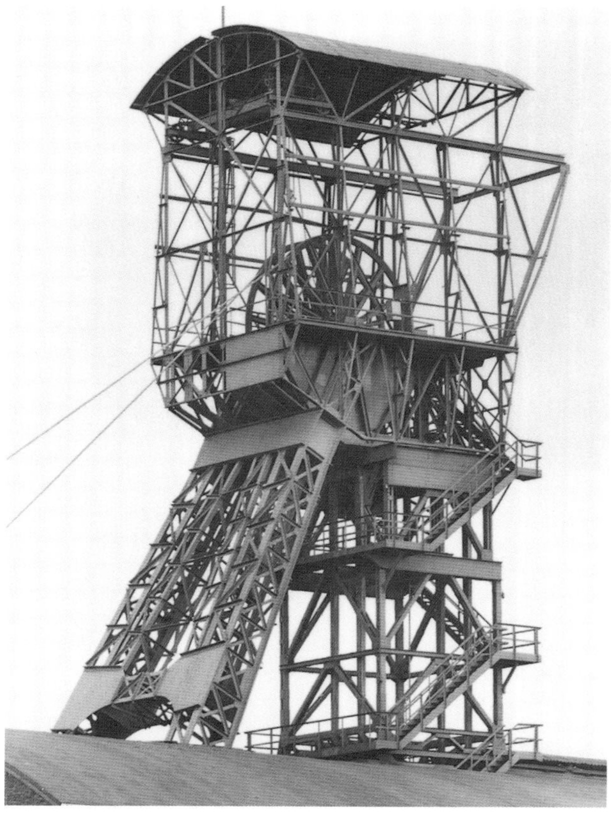
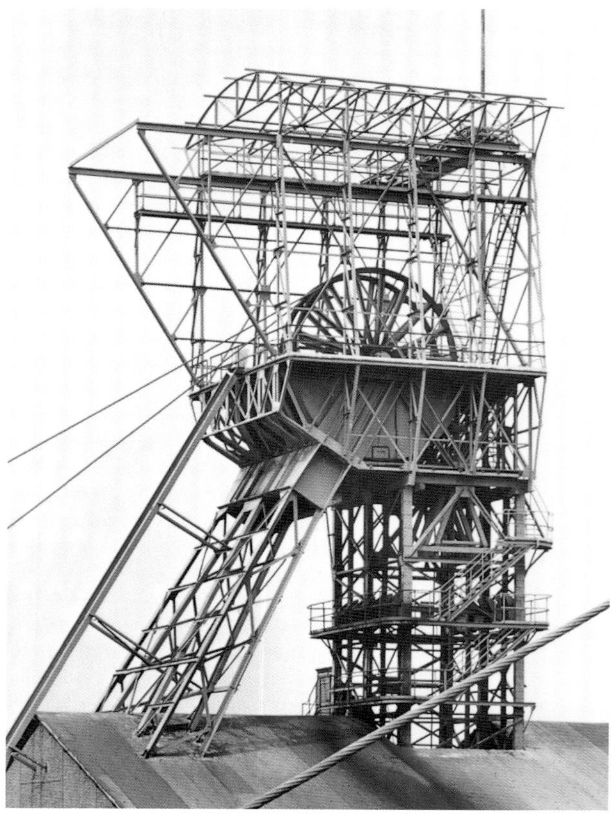
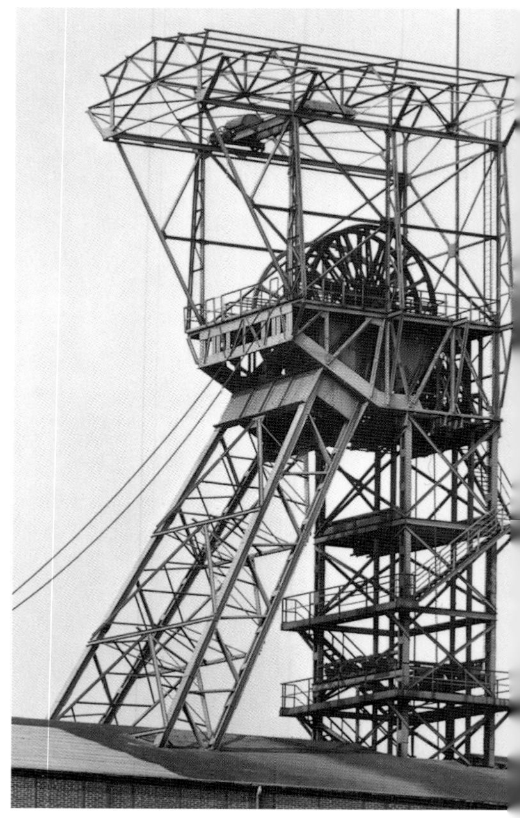
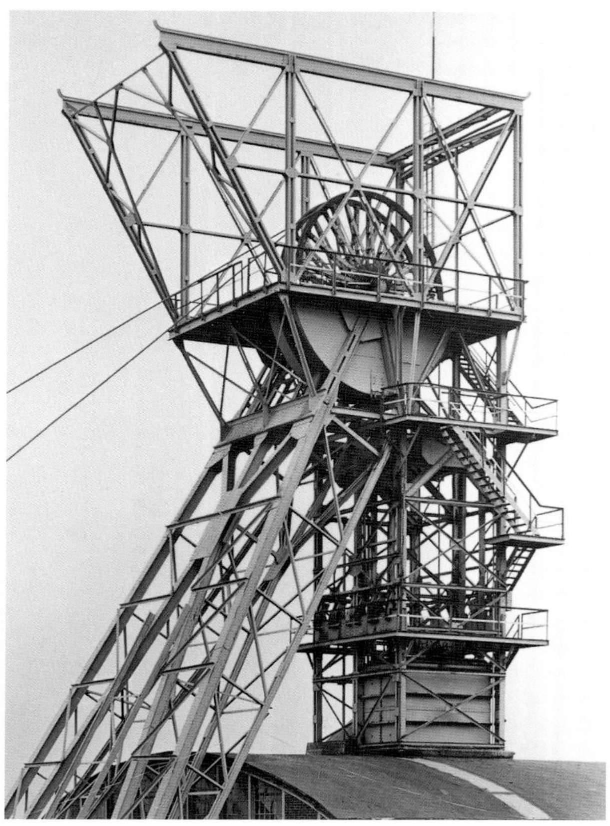
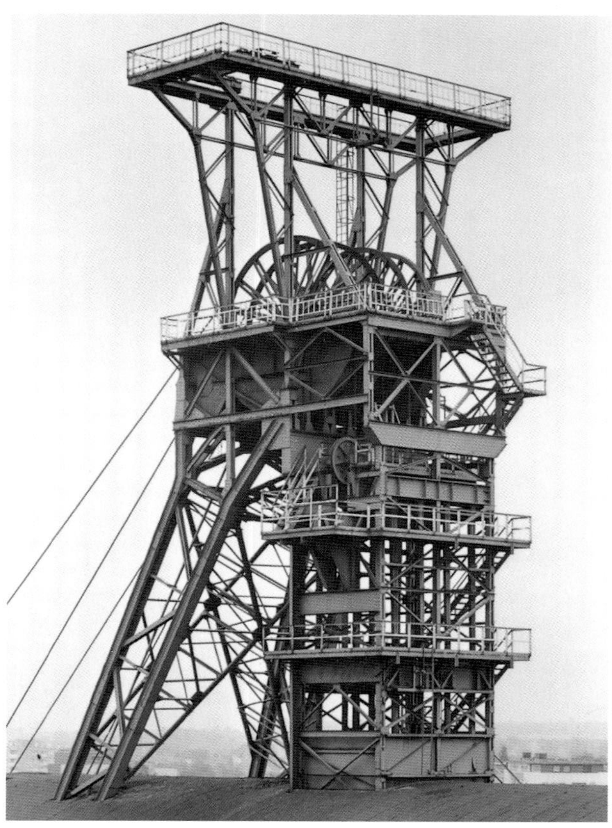
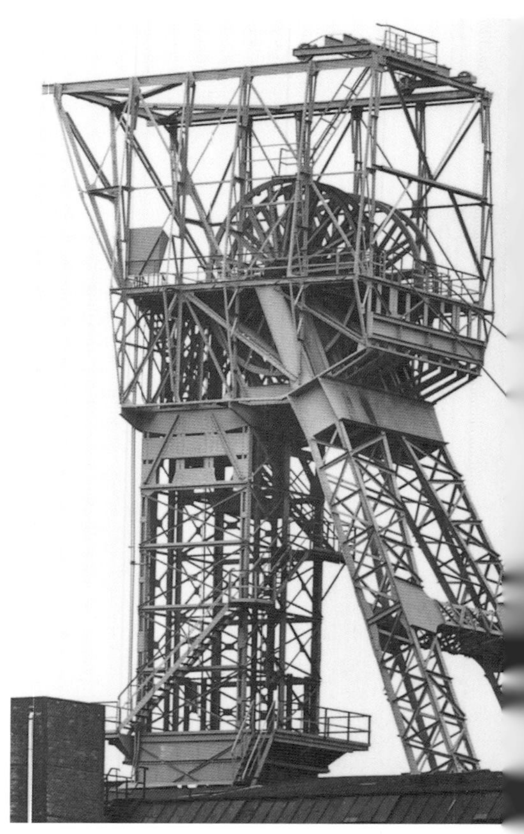

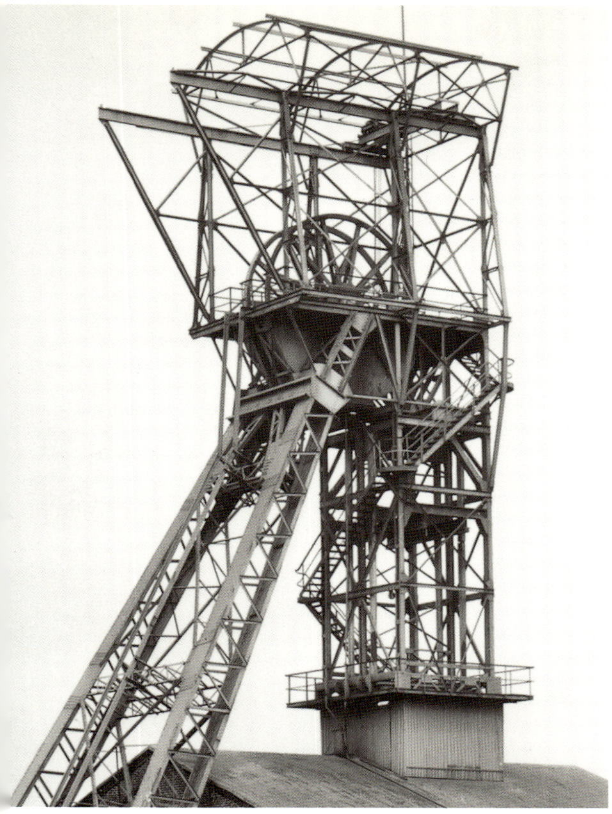

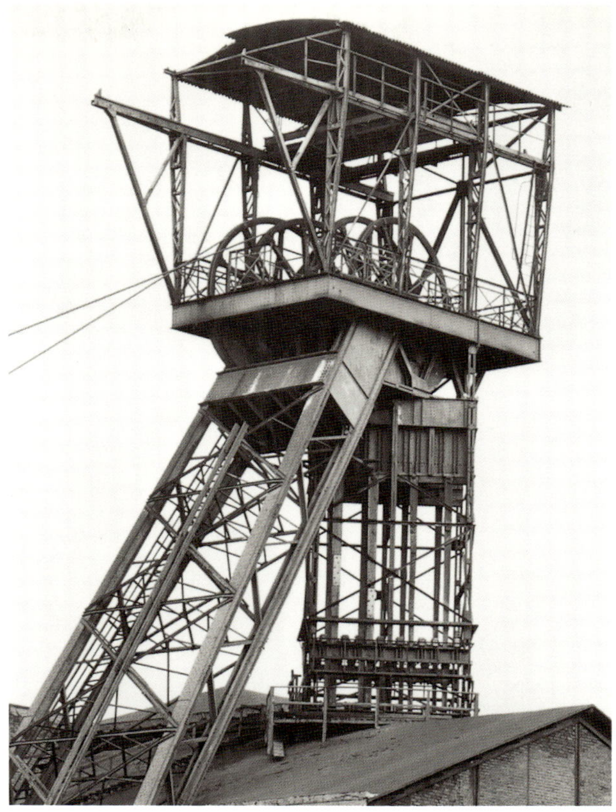

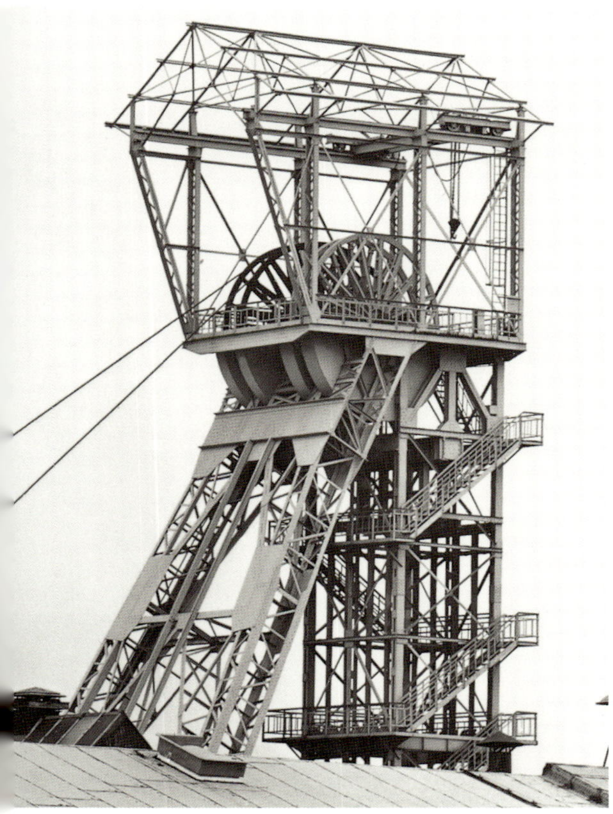

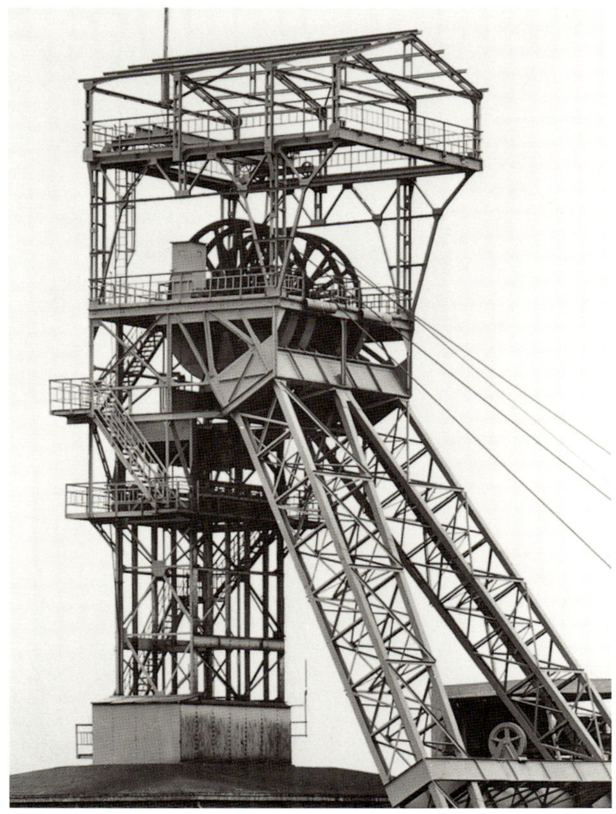

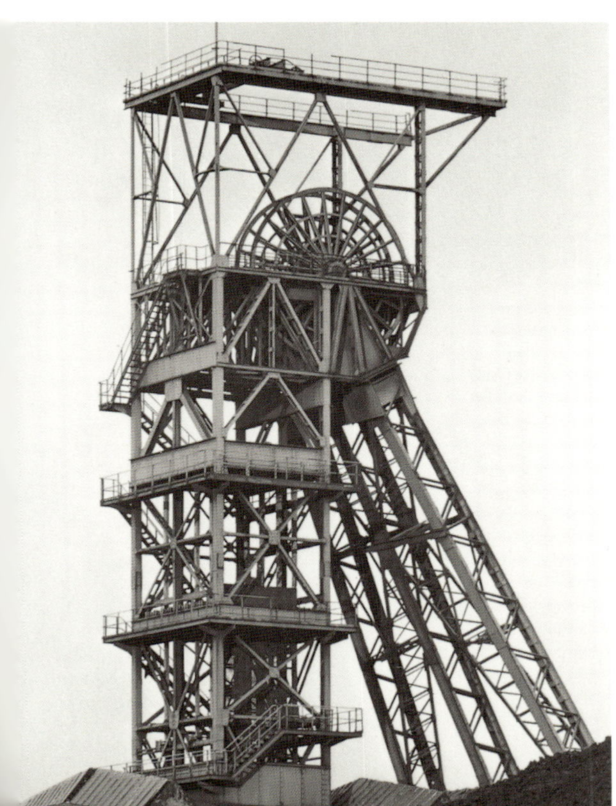

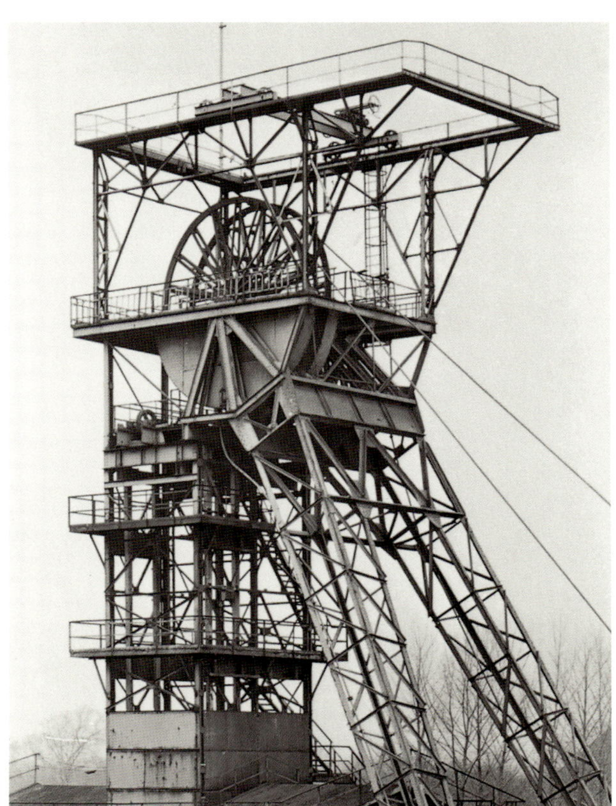

Fotos:
BERND & HILLA BECHER

Ein immer gleicher Rahmenabstand, keine raffinierte Perspektive, keine Farbe, kein Himmel, weder Mann noch Maus. Nur fahles Streulicht und ein Denkmal, über das niemand nachgedacht, das niemand beachtet hat. Ein Foto wie das andere. Das ist das Markenzeichen des Düsseldorfer Künstlerpaares Bernd und Hilla Becher. Jahrzehntelang reisten sie zu stillgelegten Fördertürmen, Hochöfen oder Gasbehältern und schufen so eine Enzyklopädie der europäischen Industriebrachen

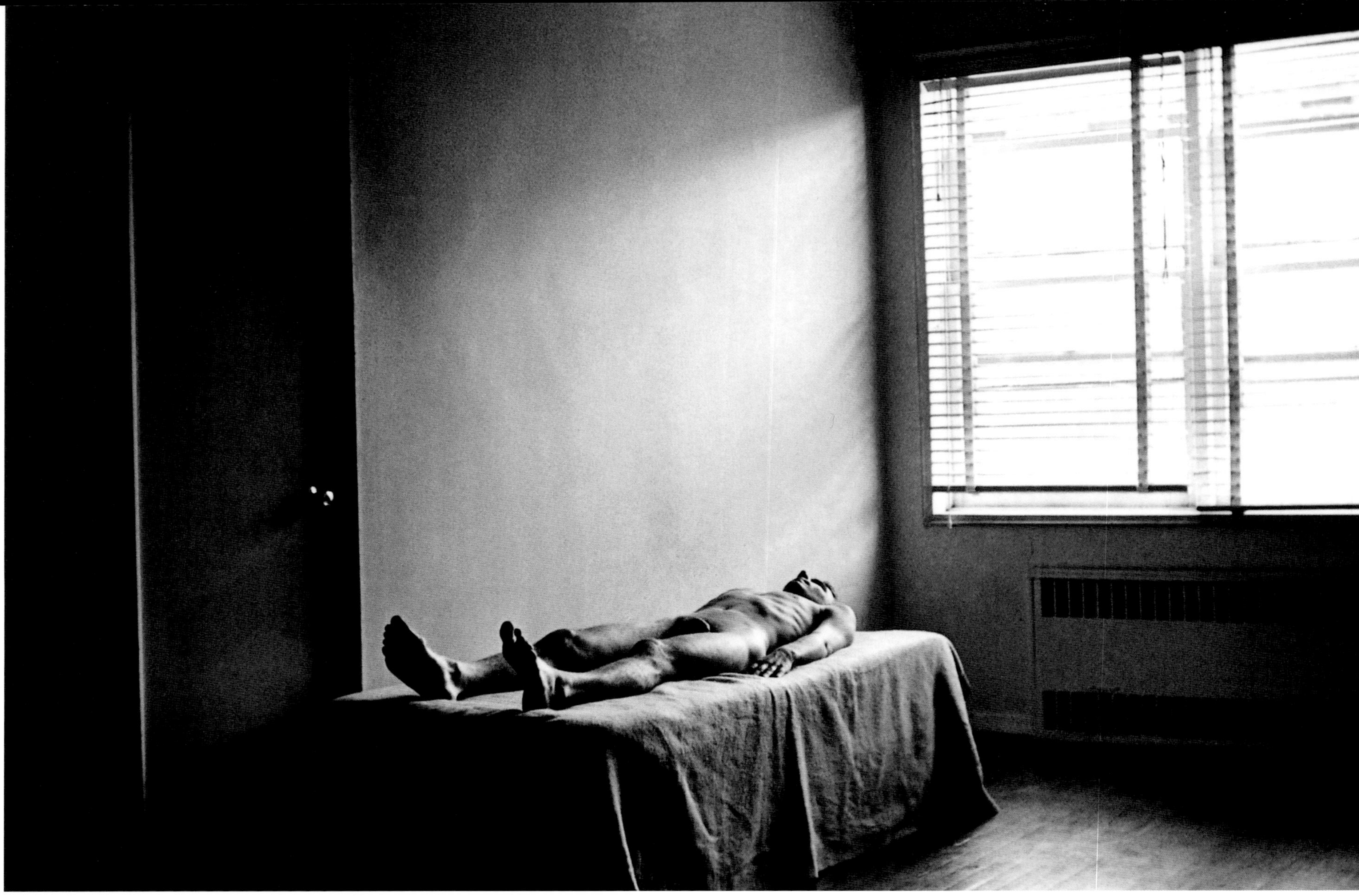

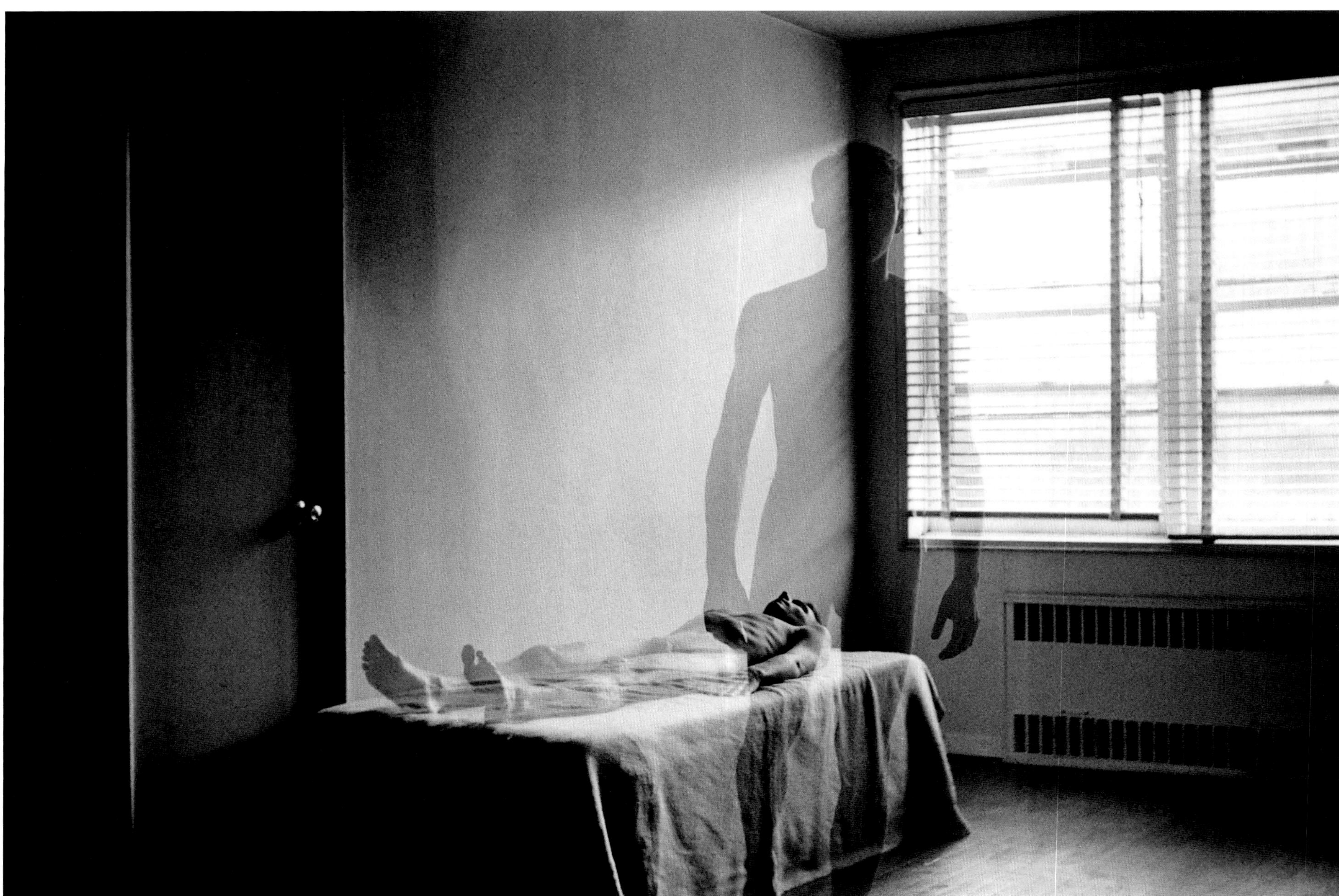

Fotos: DUANE MICHALS

Wenn der Geist geht: Dem Sterben nahe liegt ein Mann auf einem Bett. Plötzlich, von allen Schmerzen befreit, richtet er sich auf und verlässt seinen leblosen Körper. Immer wieder beschreiben Unfallopfer und Soldaten, die nur knapp dem Tode entronnen sind, solche Erfahrungen in ihrer vermeintlich letzten Stunde. Der amerikanische Fotograf Duane Michals hat solche Grenzerlebnisse in einer surrealistischen Bildsequenz umgesetzt

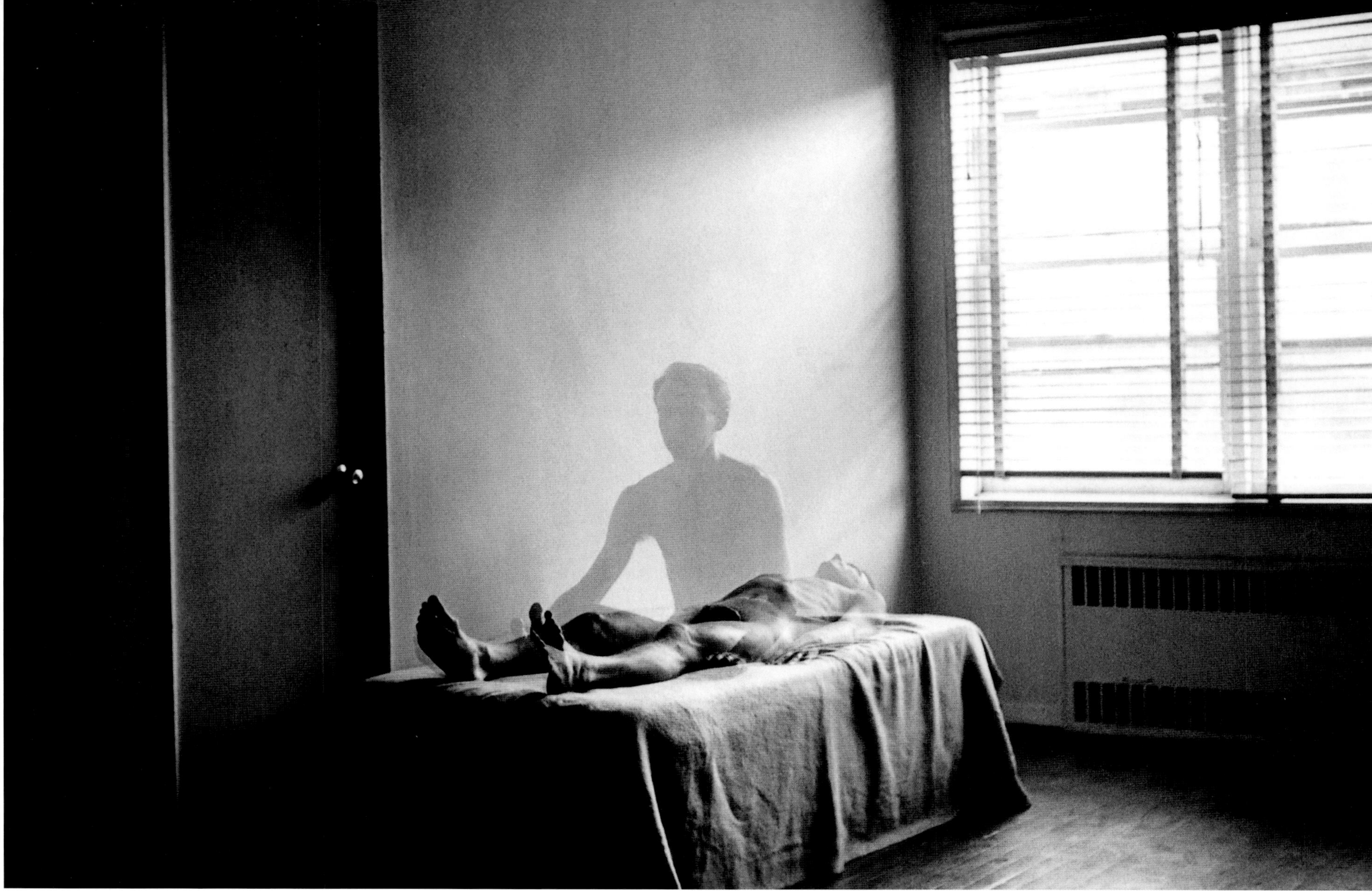

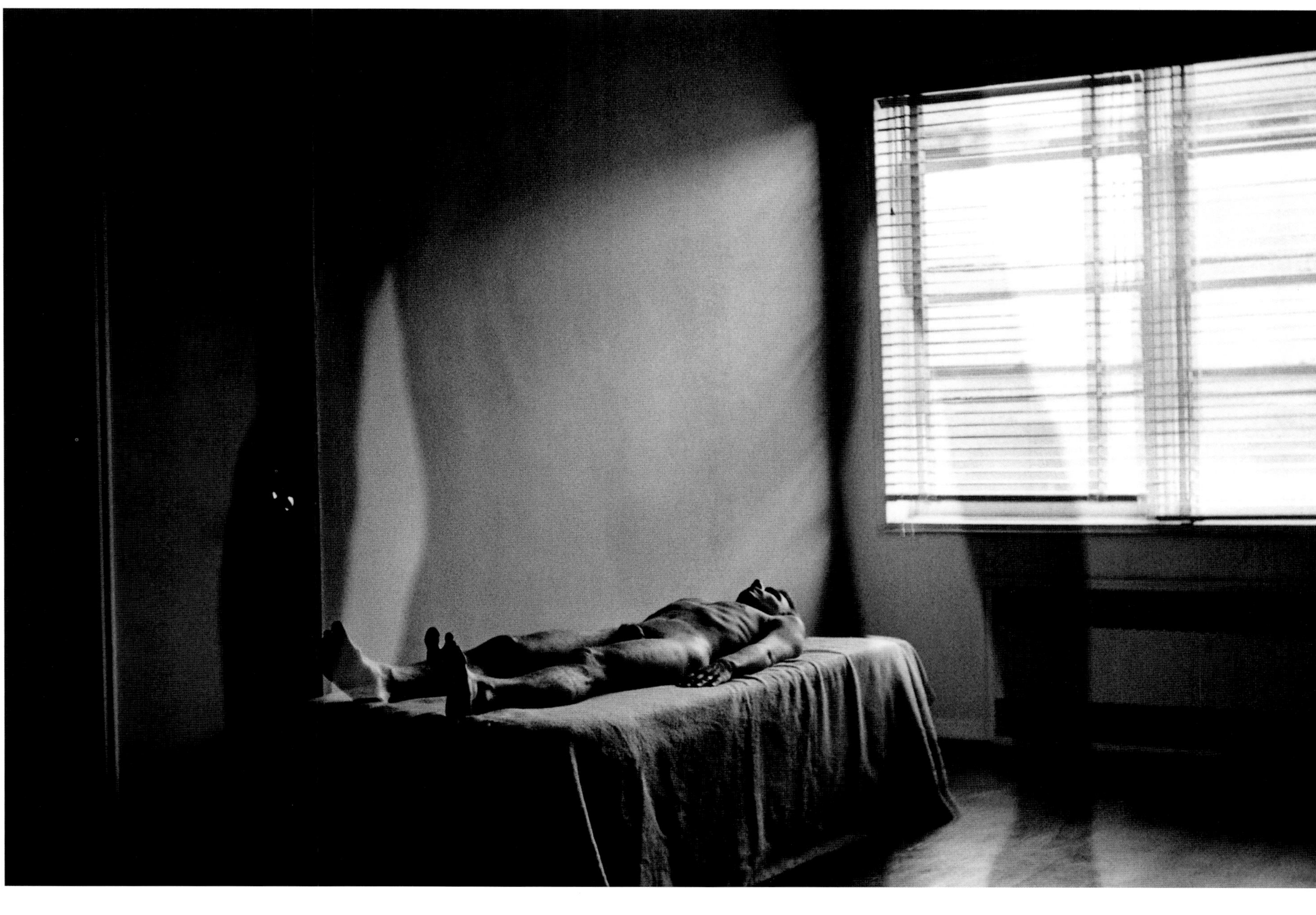

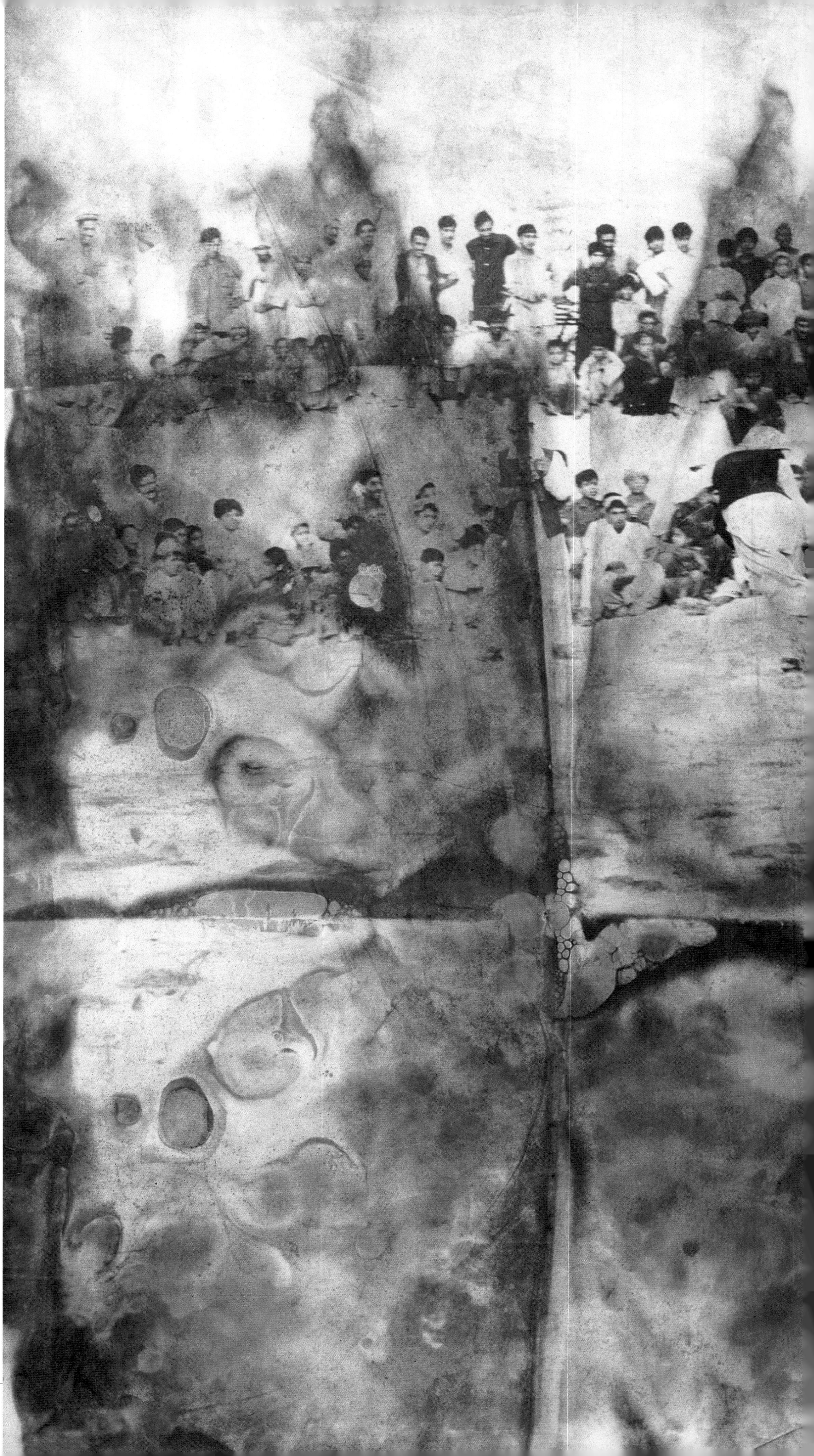

FOTO:
SIGMAR POLKE

Ihre Väter erwarteten, dass die Fotografie die Kunst verdrängen werde – doch die Kunst adoptierte die Fotografie. Sigmar Polke, gelernter Maler aus Köln, rückt eigenen und fremden Fotos zu Leibe. Mit Witz und Ironie bearbeitet er die Bilder, tunkt sie ein zweites Mal in den Entwickler und solarisiert so lange, bis sich die ursprüngliche Absicht des Fotografen auflöst. Erst dann erscheint, wie beim Werk »Afghanistan«, die eigentliche Erkenntnis: Ein Foto zeigt vor allem sich selbst, als Gegenstand

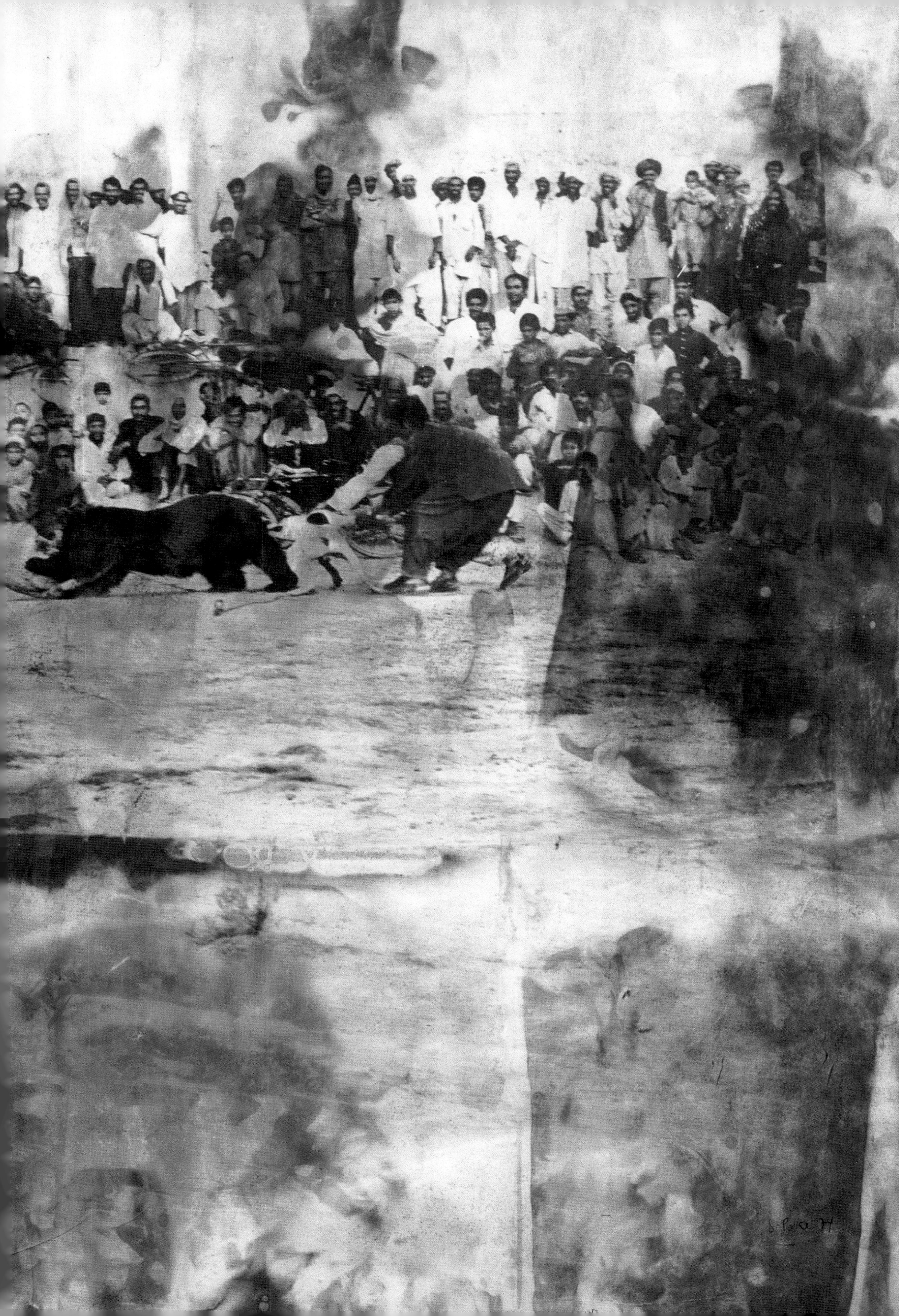
S. Polke 74

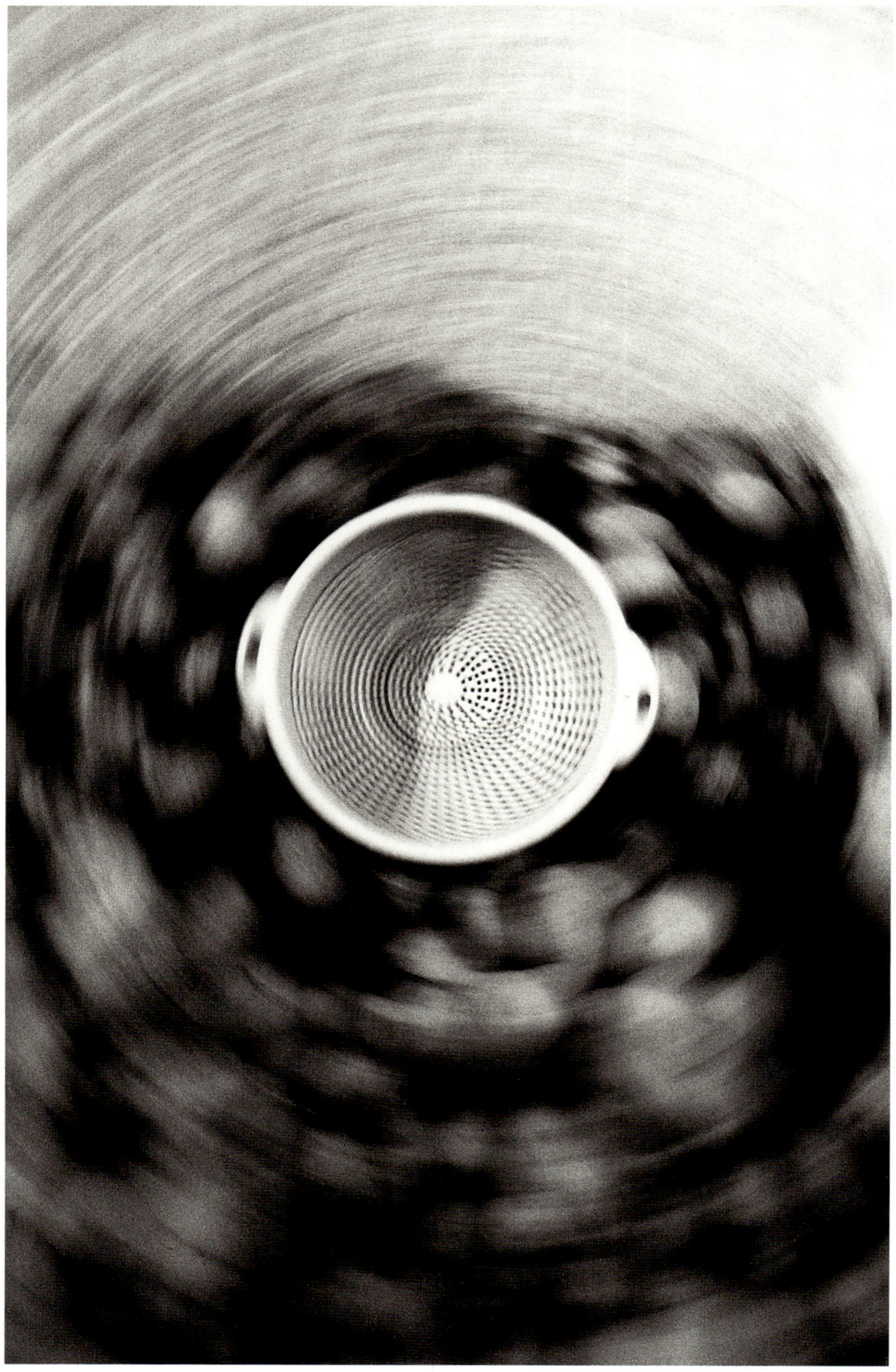

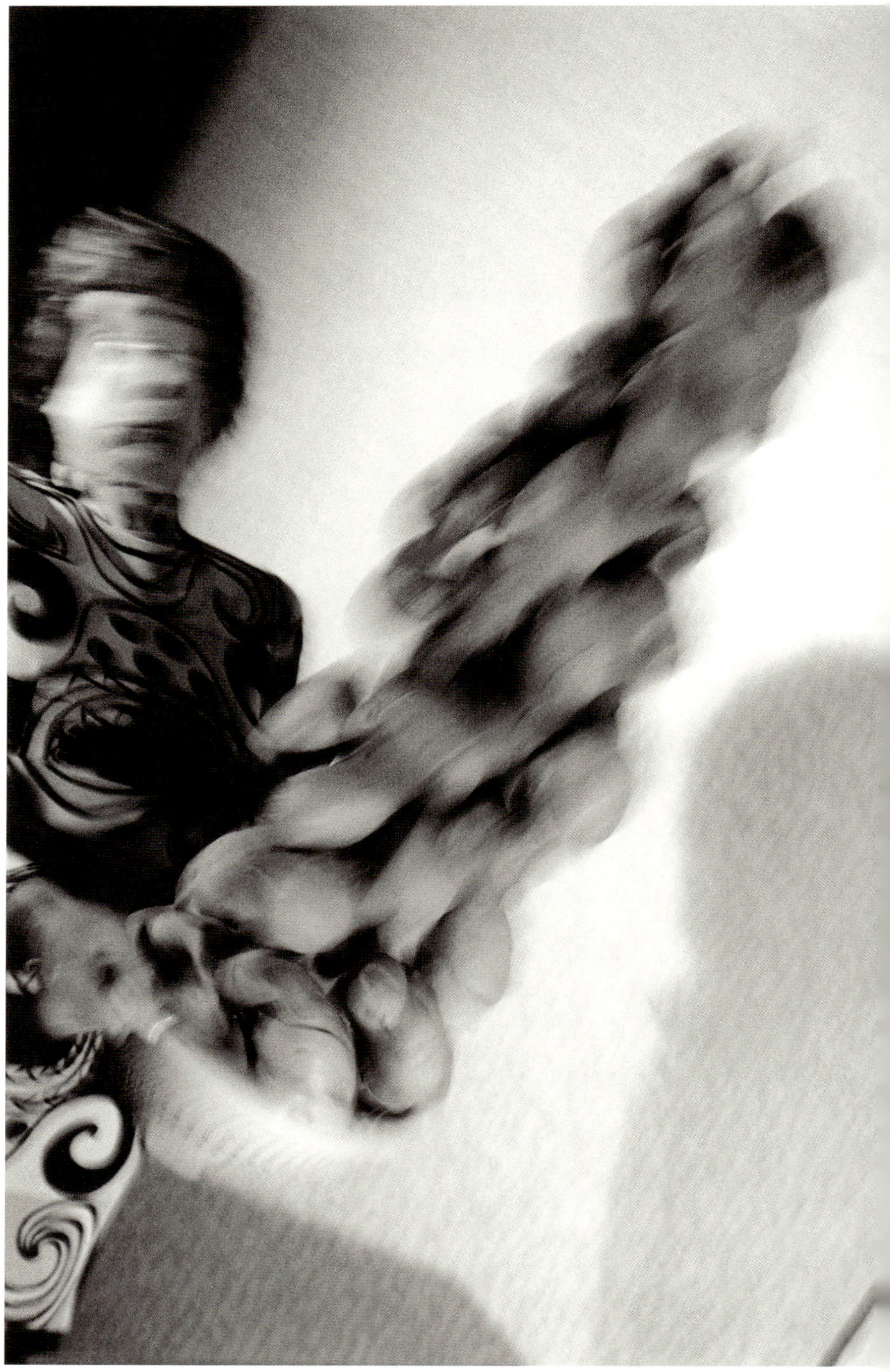

Erst dreht sich alles, dann fliegen der Hausfrau die Kartoffeln um die Ohren: In ihrer Fotosequenz »Küchenkoller« aus der Serie »Trautes Heim« zeigen Anna und Bernhard Blume nicht Lebensmittel, deren sich der Mensch bedient, sondern solche, die ihn bedrohen. Es ist der normale Alltagswahnsinn in deutschen Haushalten, den die beiden Kölner humorvoll in Szene setzen

FOTOS: ANNA & BERNHARD BLUME

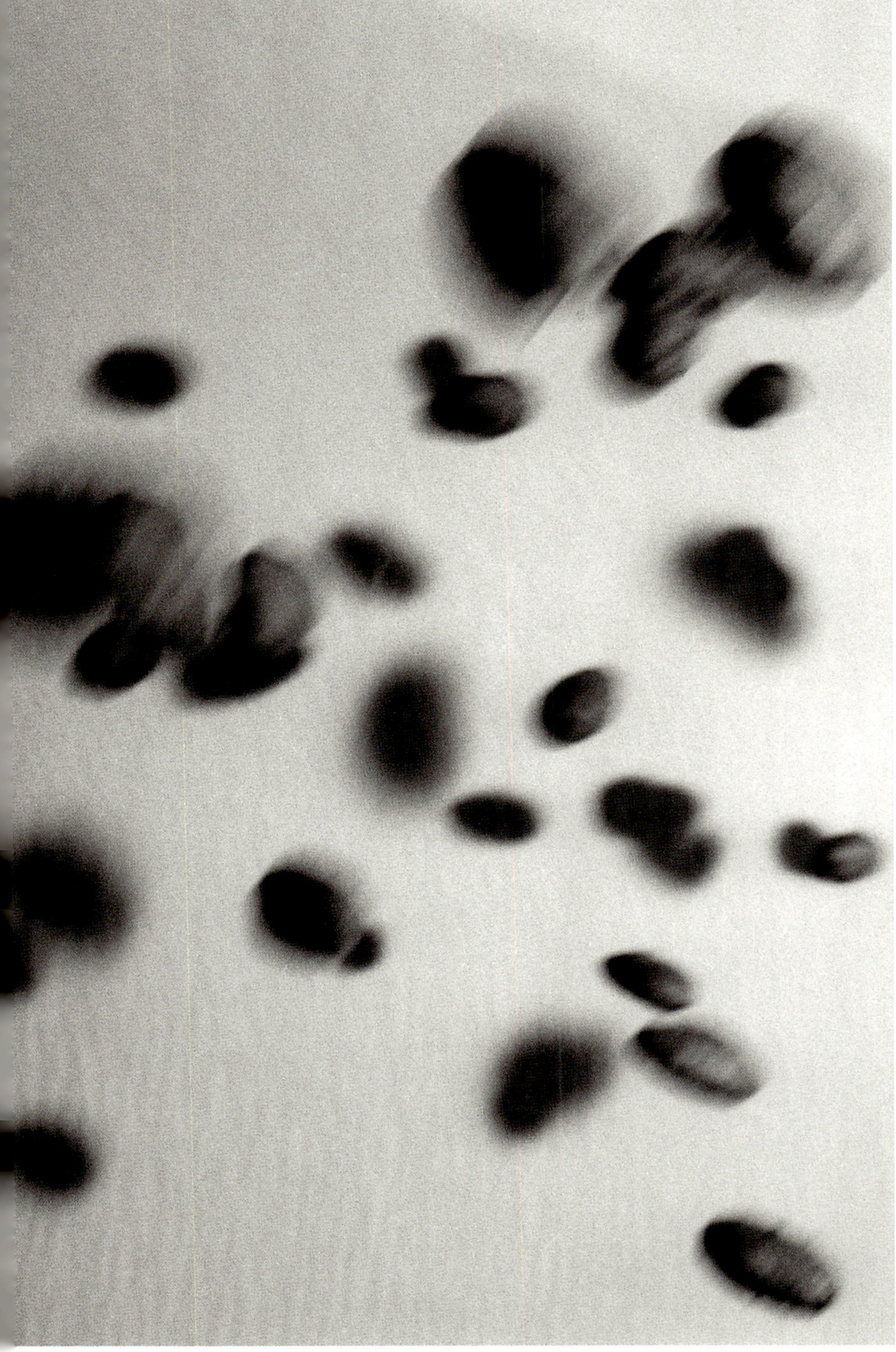

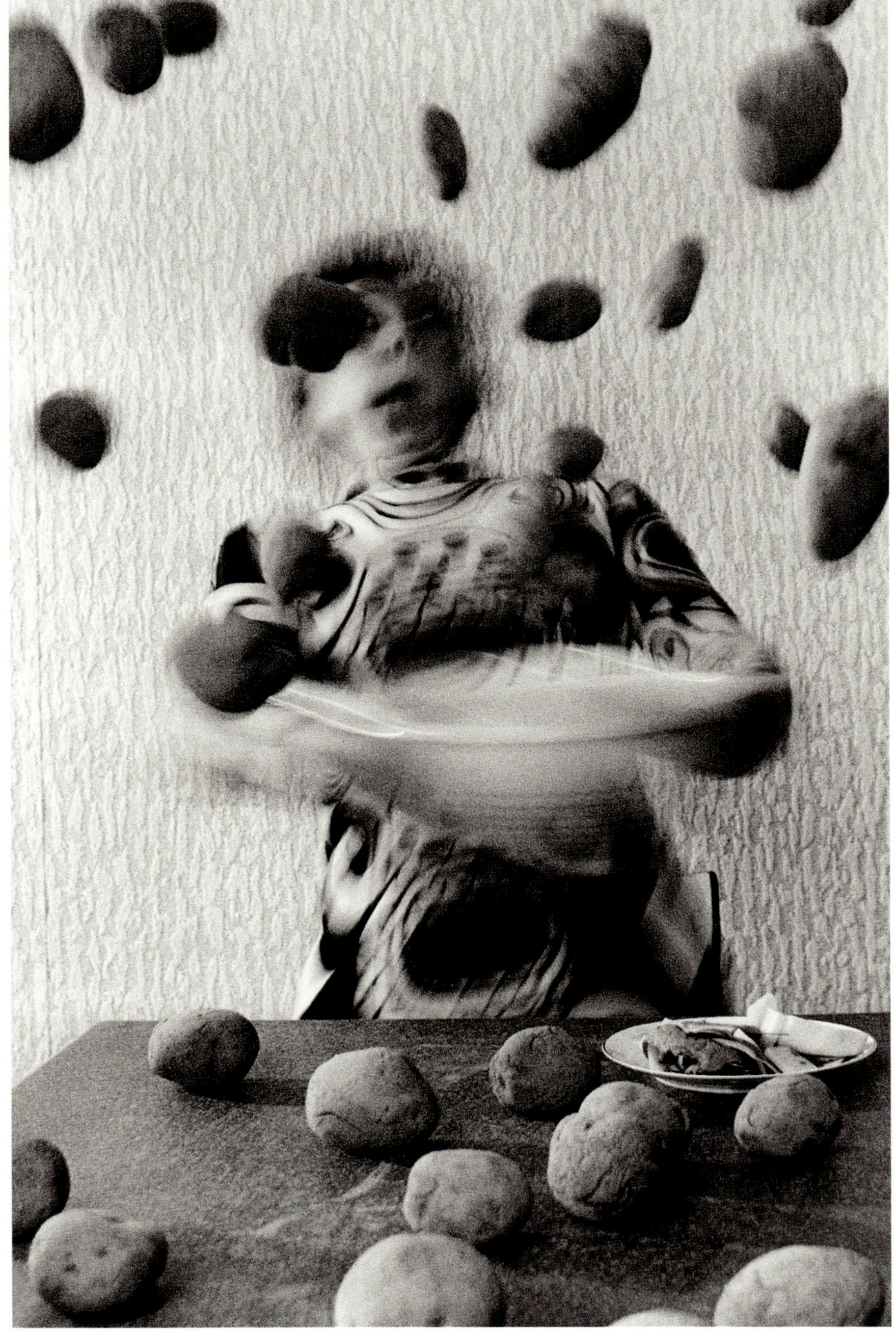

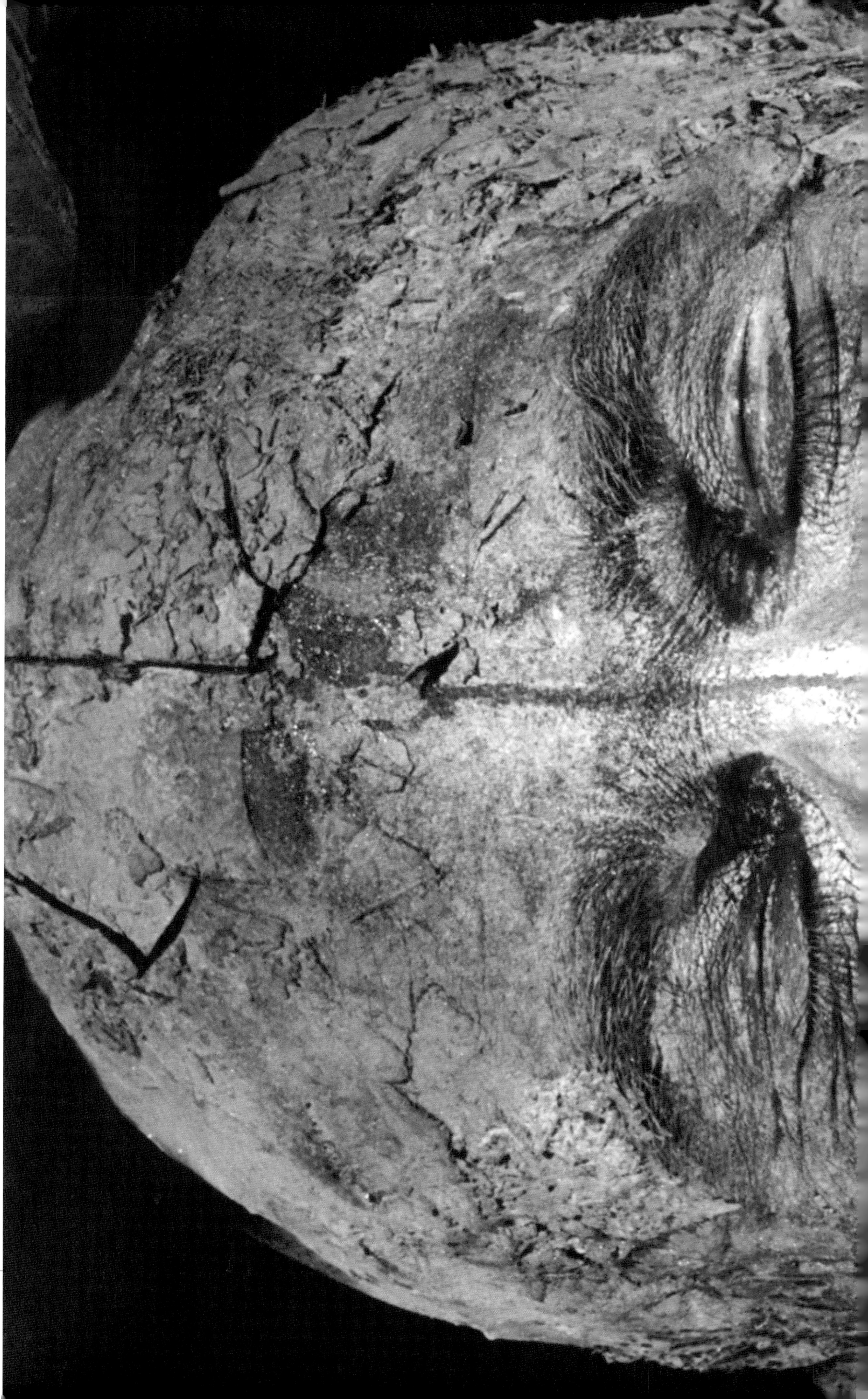

Foto:
DIETER APPELT

»Schichtung«: Für seine masochistischen Selbstporträts scheuert der Berliner Künstler sich seine Individualität vom Leib, ritzt die Haut, schnürt seine Glieder ab und beschmiert sich mit einer Patina aus Lehm. Schließlich bricht Appelts Gesicht auf, verwittert und wird Natur. So wird aus dem Porträtbild Landschaftsfotografie

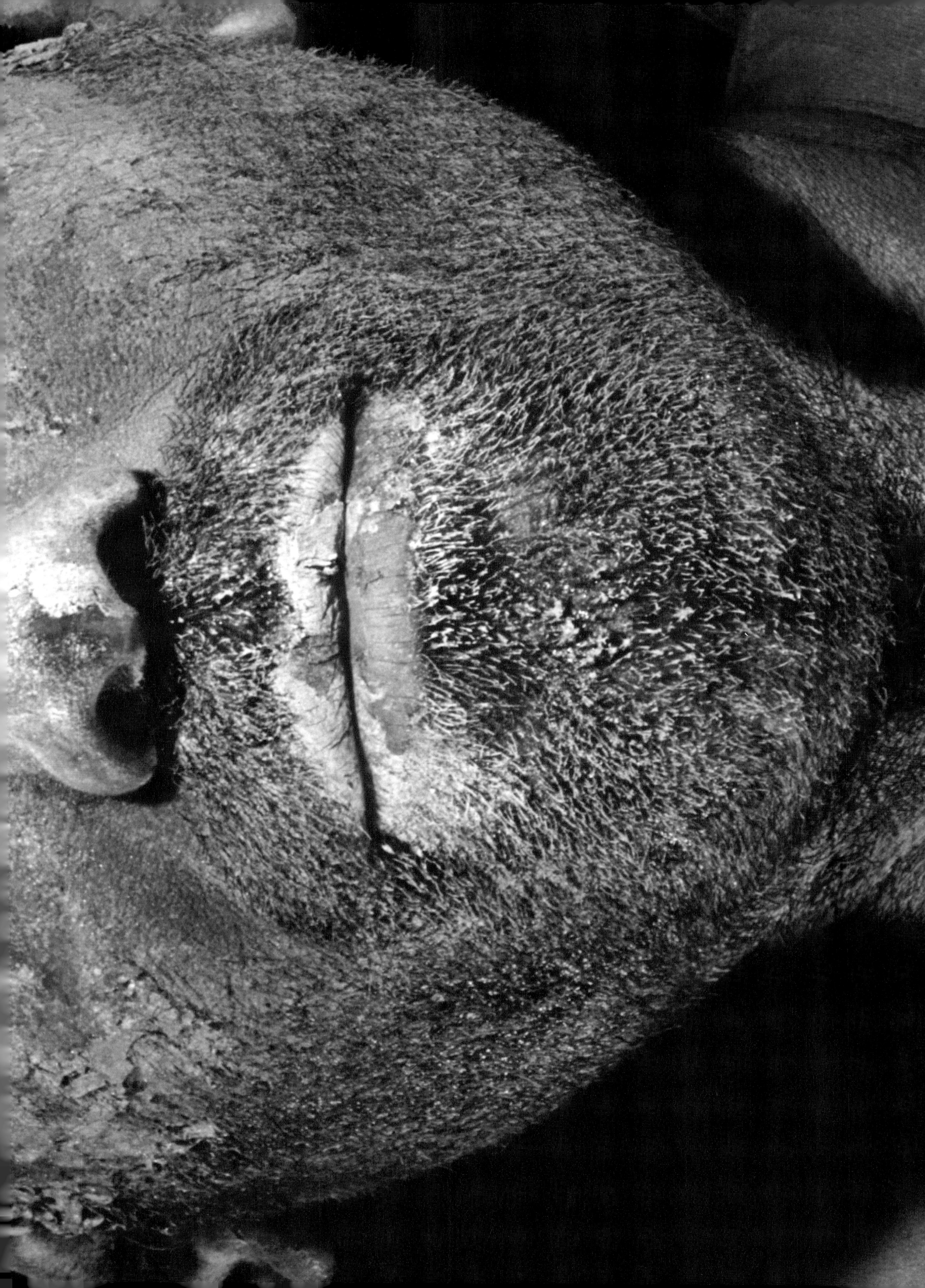

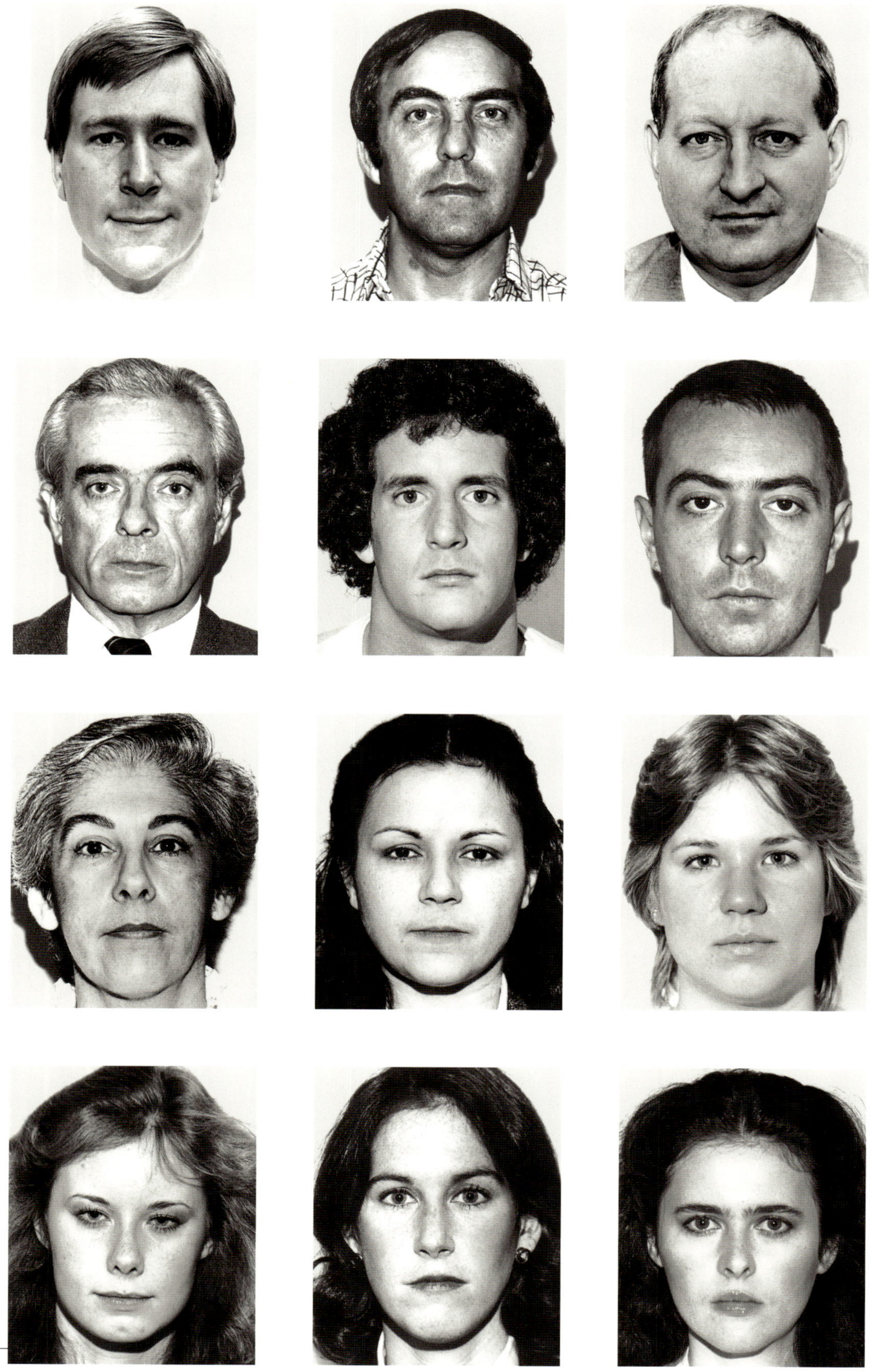

Fotos:
NANCY BURSON

Sechs Männer, sechs Frauen – von der Künstlerin Nancy Burson am Computer zu einem gemeinsamen Antlitz verschmolzen. Der Durchschnitt trägt feminine Züge – für Burson ein Hinweis auf den Primat des Weiblichen. Ihr Werk »Androgyny« aus verschiedenen Gesichtern beantwortet allegorisch die Frage nach einer wahren Identität: Auch jedes Individuum ist als eine Komposition aus femininen und maskulinen Anteilen zu verstehen

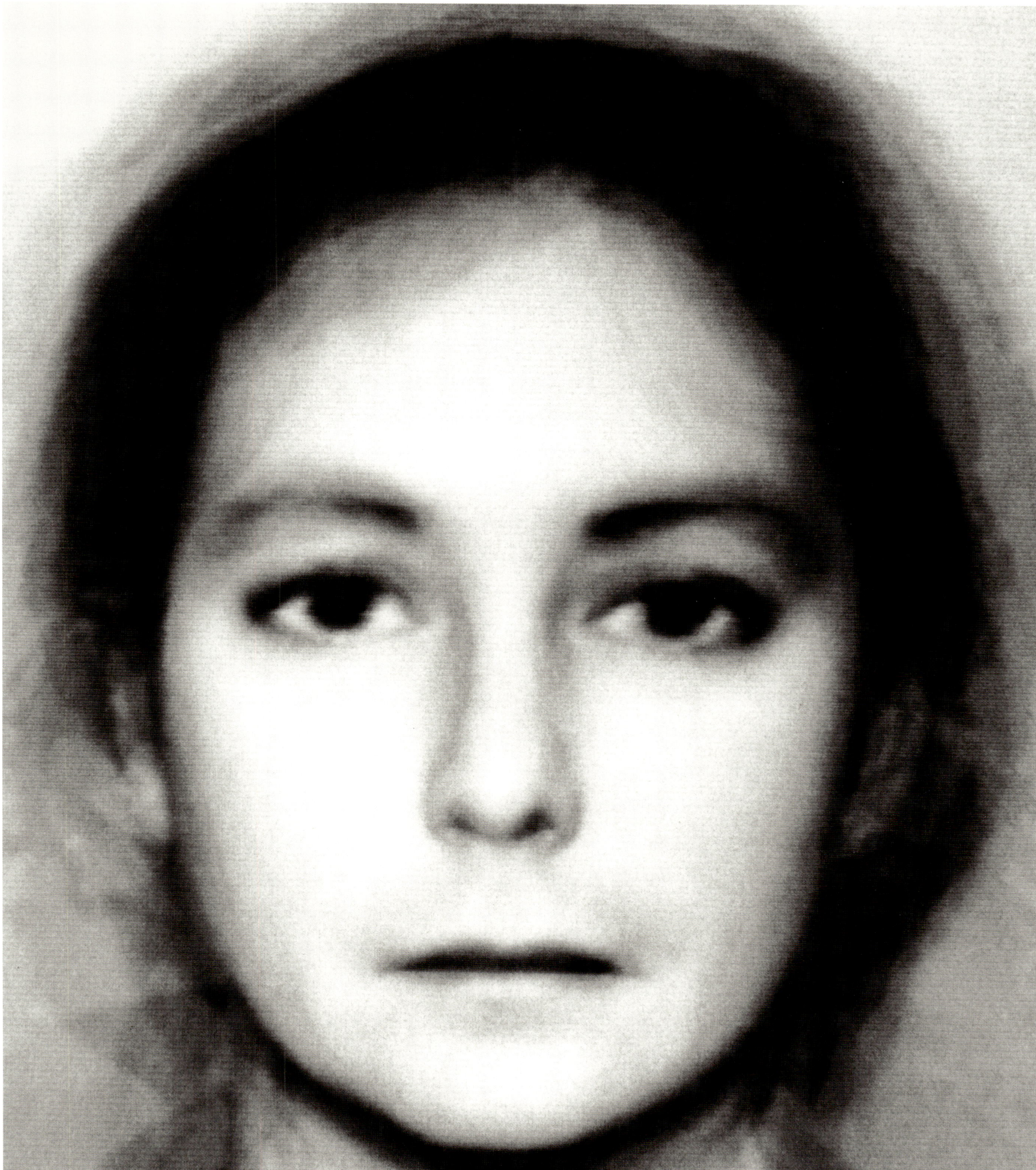

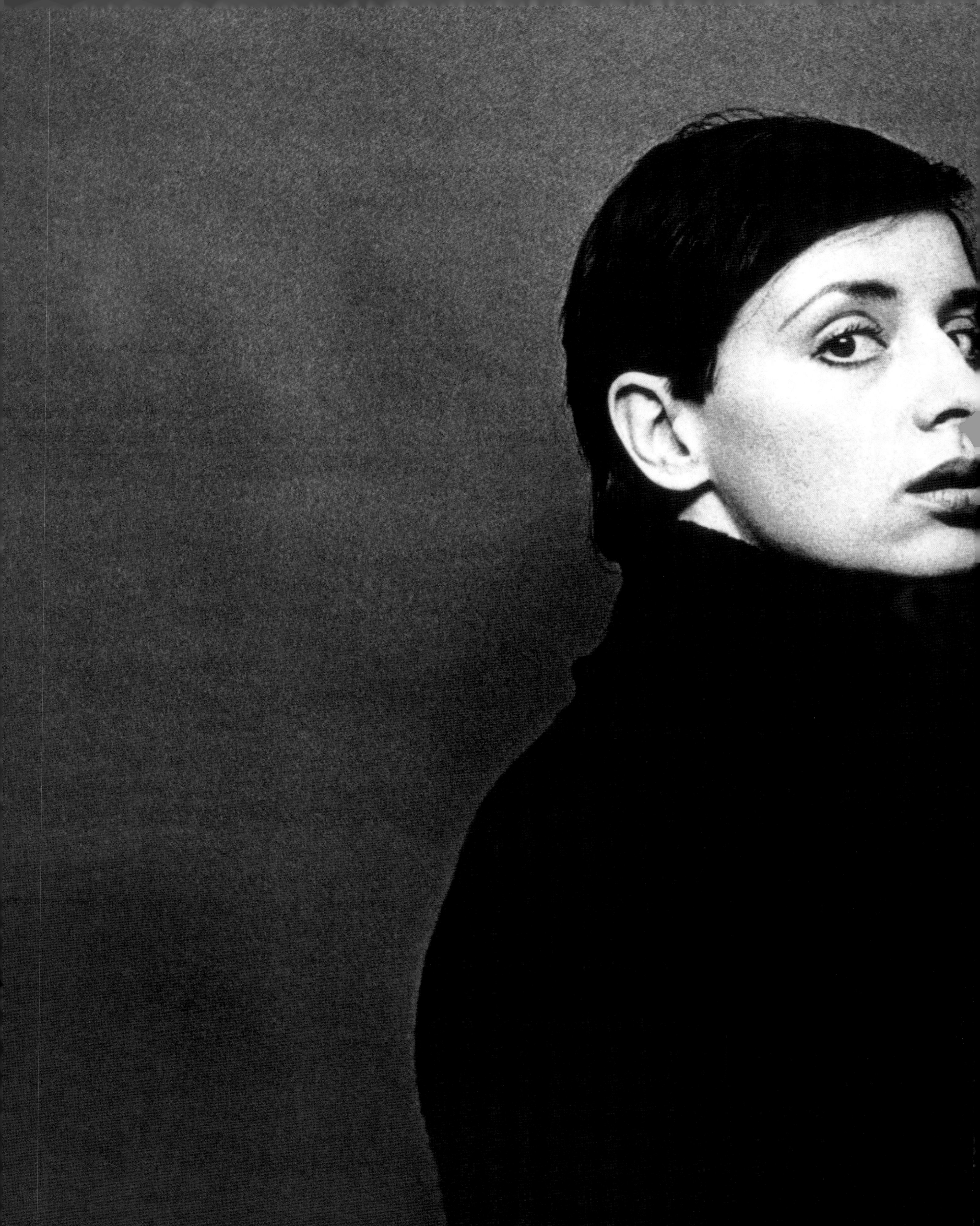

Foto: URS LÜTHI

Wer ist Mann, wer ist Frau? In seinem »Selfportrait with Ecky« sucht der Schweizer Urs Lüthi die Vereinigung mit seiner Geliebten im Androgynen. Es scheint, als hielte ein Mensch sein Gesicht gegen einen Spiegel. Auf dem Bild ist ein Unterschied zwischen den beiden kaum mehr zu erkennen: Sie und Er sind einander nahezu völlig gleich geworden

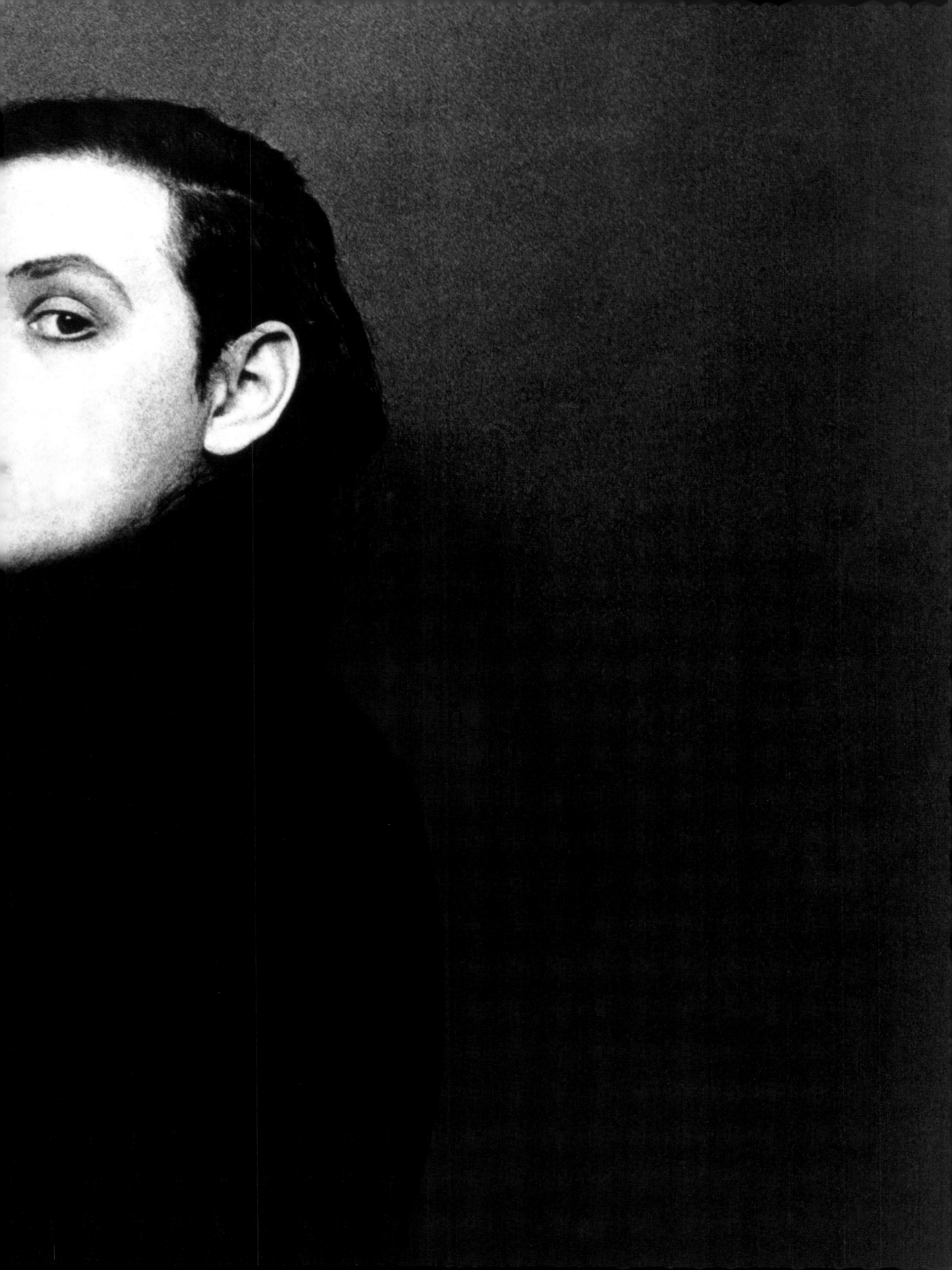

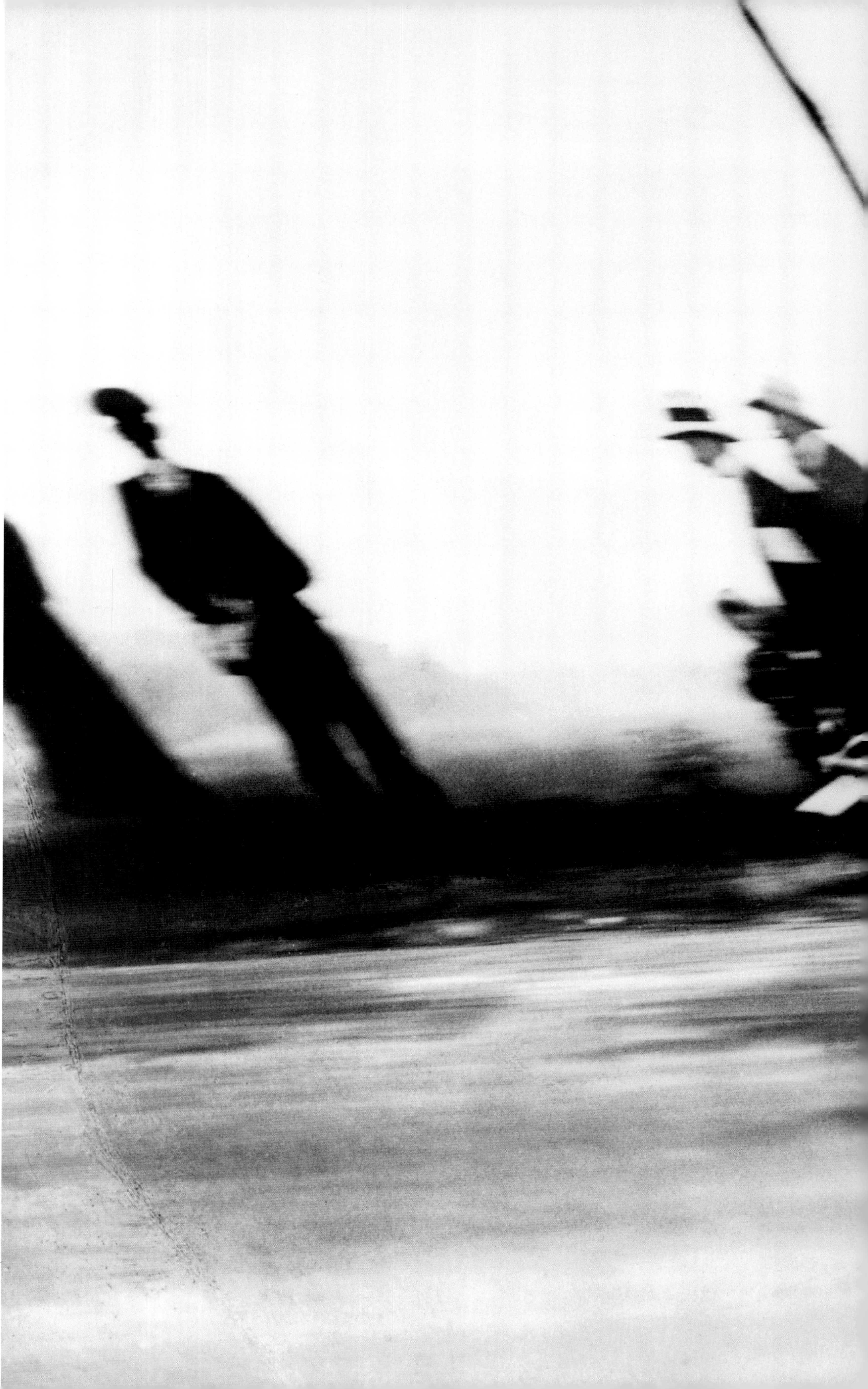

FOTO:
JACQUES-HENRI LARTIGUE

Als am 26. Juni 1912 die Rennfahrer im französischen Dieppe um den Grand Prix kämpfen, postiert sich der 18-jährige Hobbyfotograf Jacques-Henri Lartigue mit seiner Kamera auf gerader Strecke. Im richtigen Augenblick drückt er auf den Auslöser und erschafft ein Bild, das so dynamisch ist wie die Moderne. Den Verzerrungseffekt erzeugt der horizontal verlaufende Schlitzverschluss seines Fotoapparats. Bis ins hohe Alter bleibt Lartigue ein Unbekannter, erst in den 1960er Jahren wird sein Werk berühmt

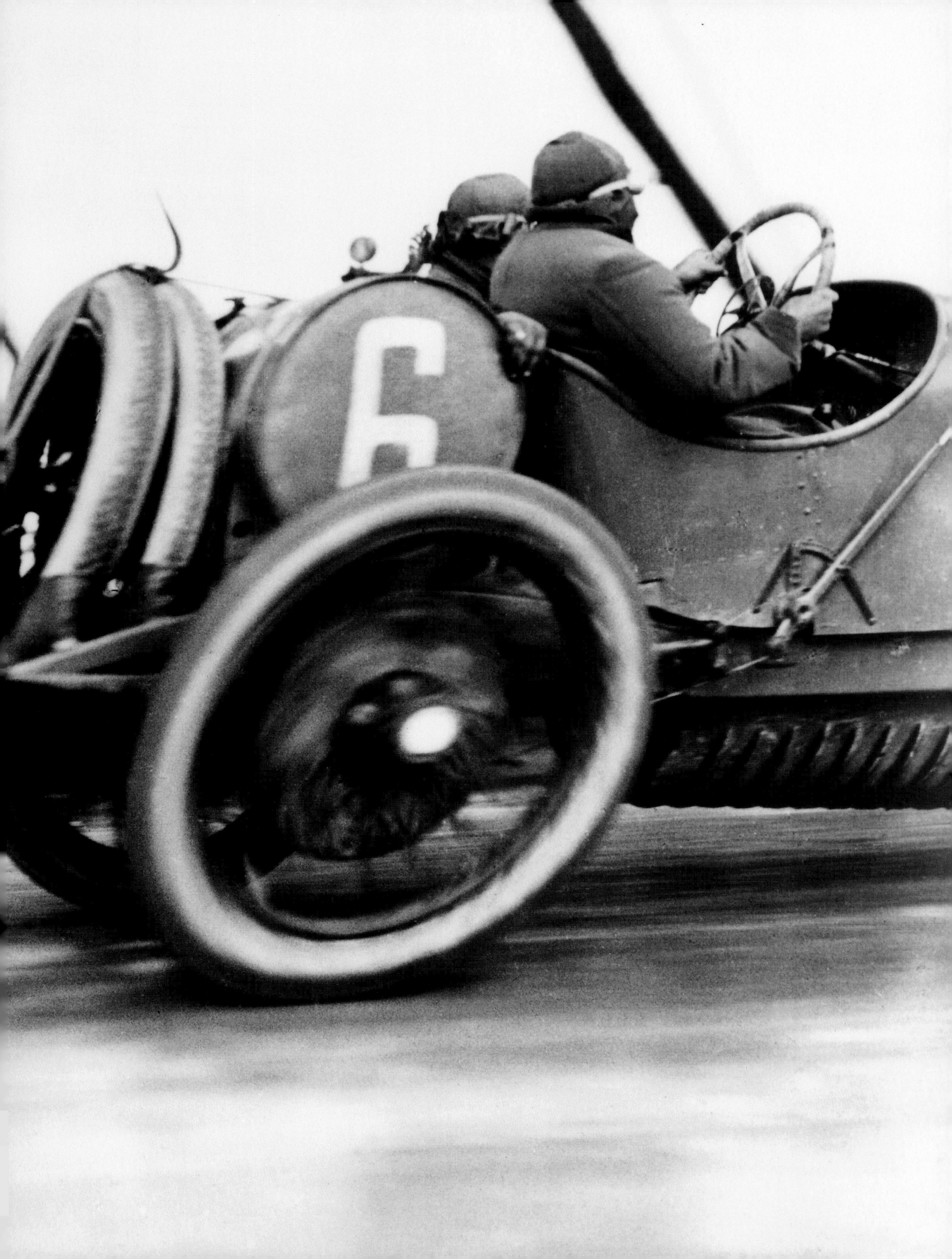
6

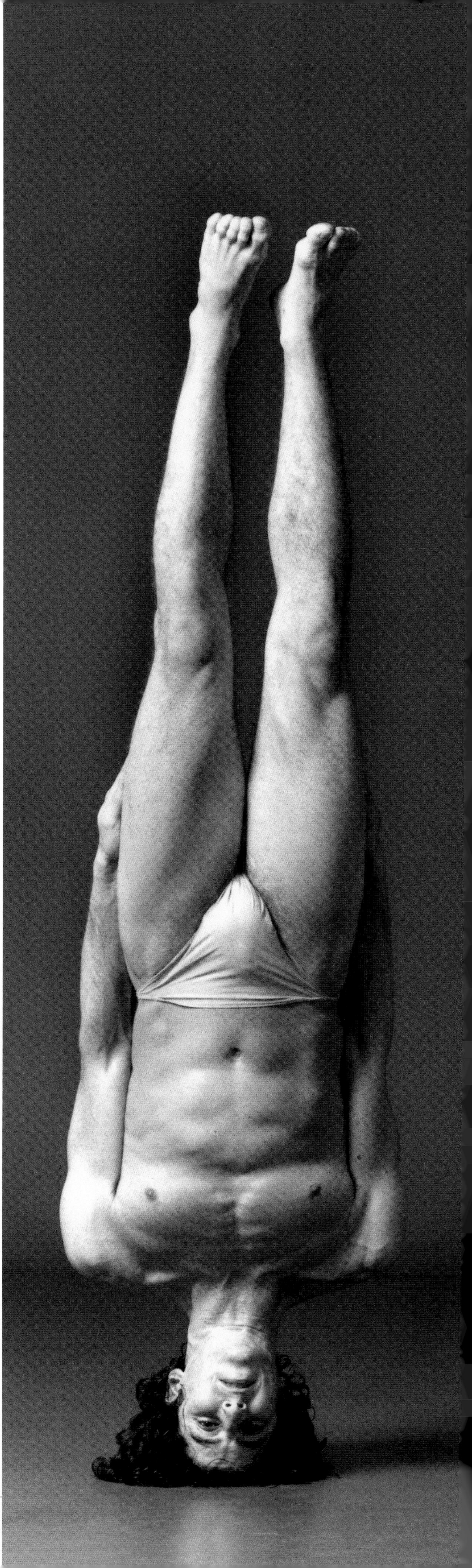

FOTO:
LOIS GREENFIELD

Scheinbar mühelos ruhen diese Tänzer auf ihren Köpfen. Ein Moment der Meditation, der unerschütterlichen Ruhe, festgehalten von der Fotografin Lois Greenfield. Ein eher ungewöhnliches Motiv der New Yorkerin, die durch Ballettfotos bekannt geworden ist, auf denen Menschen energiegeladen durch die Luft fliegen. Doch alle Werke Greenfields, ob sie ein Modell in Bewegung oder ruhend abbilden, strahlen etwas Besonderes aus: ein Höchstmaß an geistiger Konzentration und körperlicher Präzision

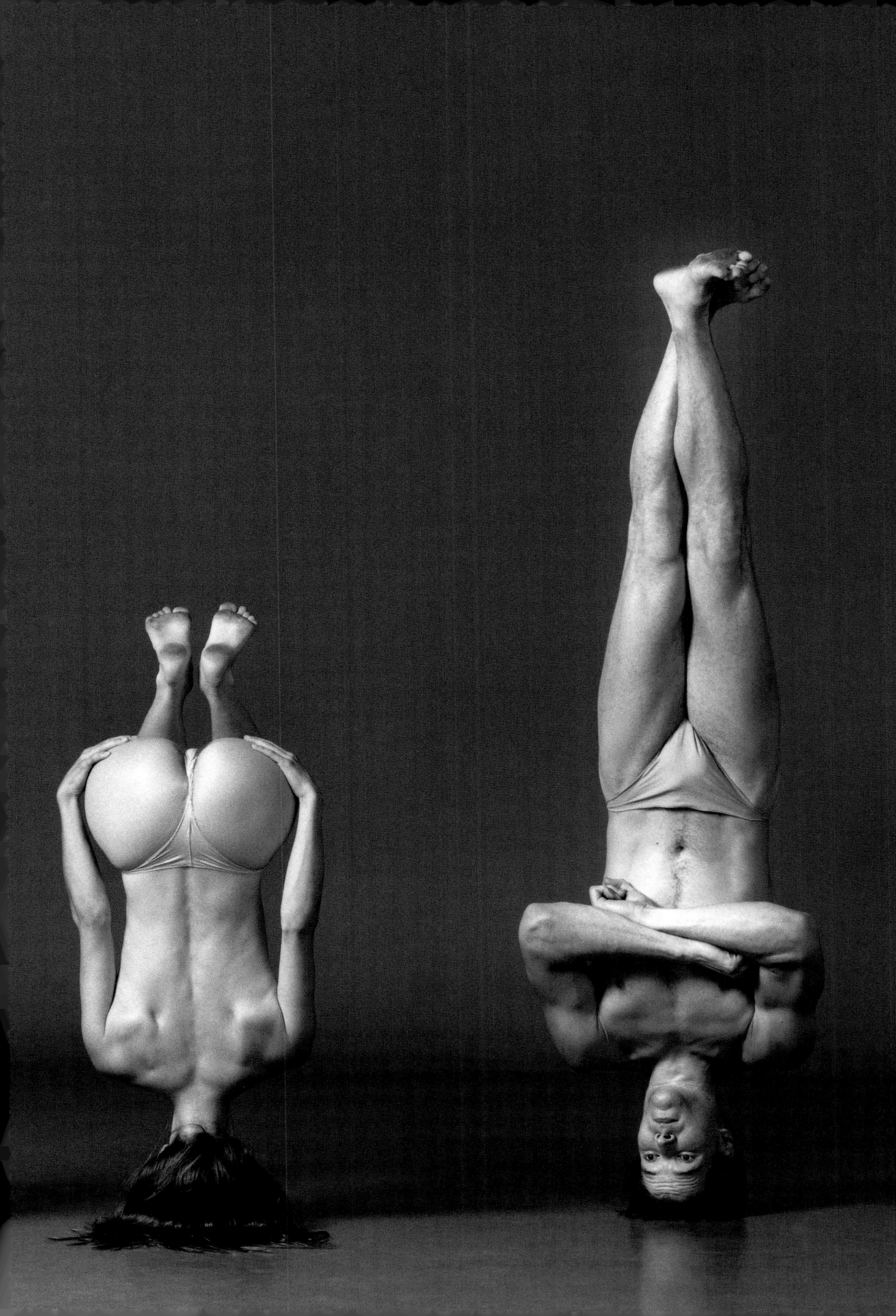

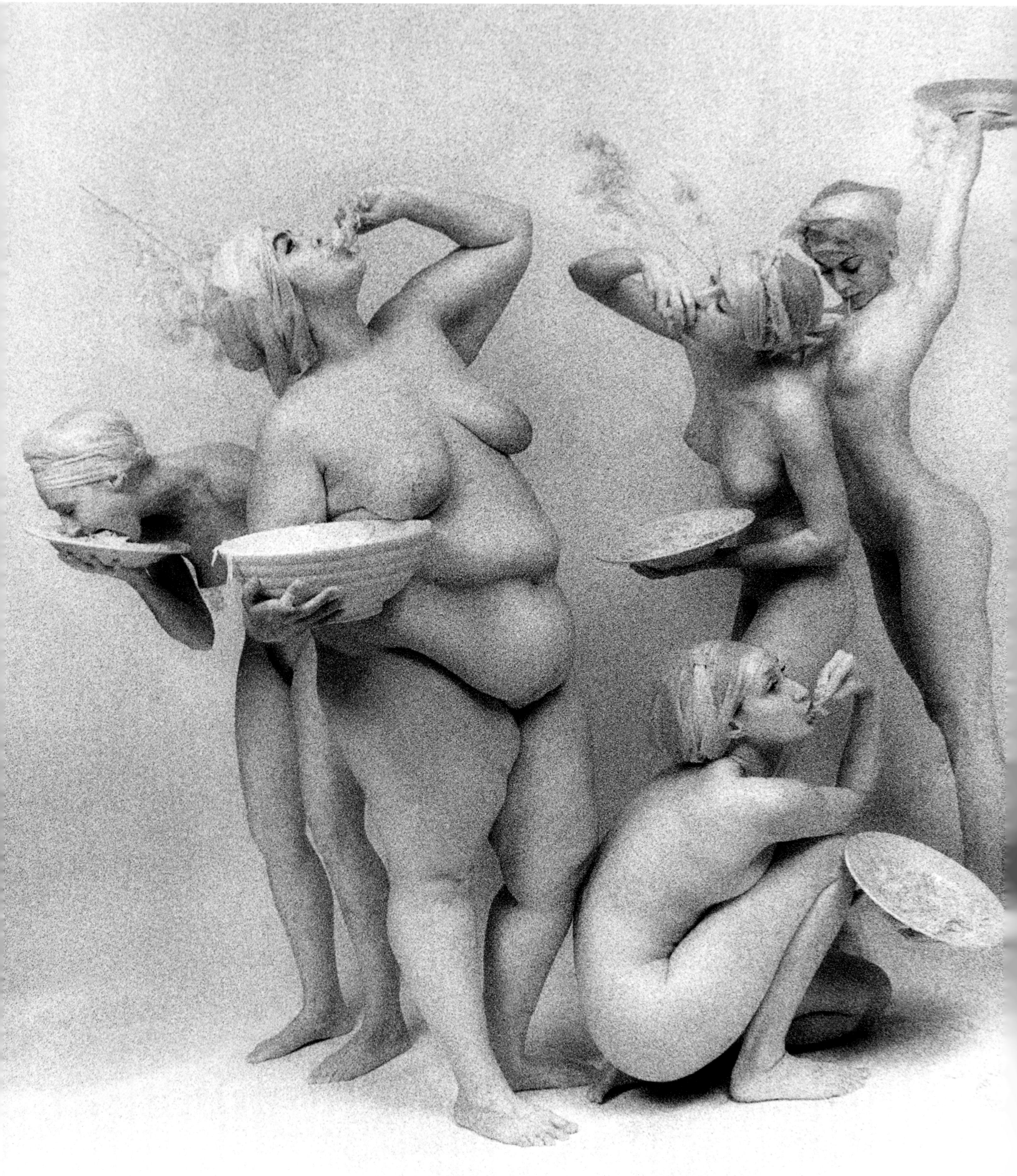

FOTO: LYNN BIANCHI

Voller Ironie karikiert die New Yorkerin Lynn Bianchi die kulinarische Kultur der Gegenwart in der westlichen Welt: Nackte Frauen, die lustlos an Spaghetti nagen, sie in sich hineinstopfen und bisweilen sogar fressen. Und obwohl sie ihr antik wirkendes Gelage auf engstem Raum zelebrieren, sich sogar teilweise berühren, isst jede für sich allein – und manch eine eben zu viel

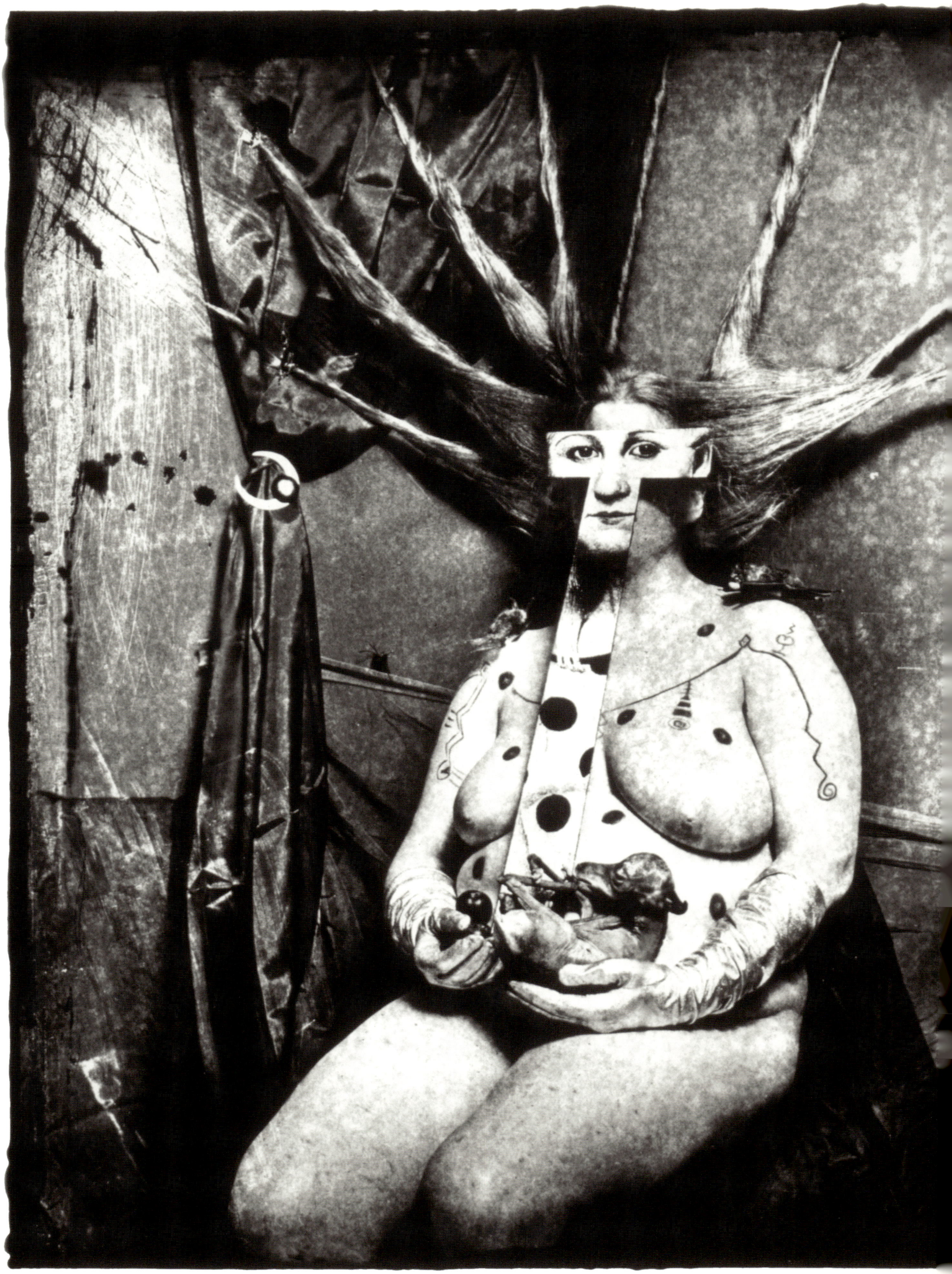

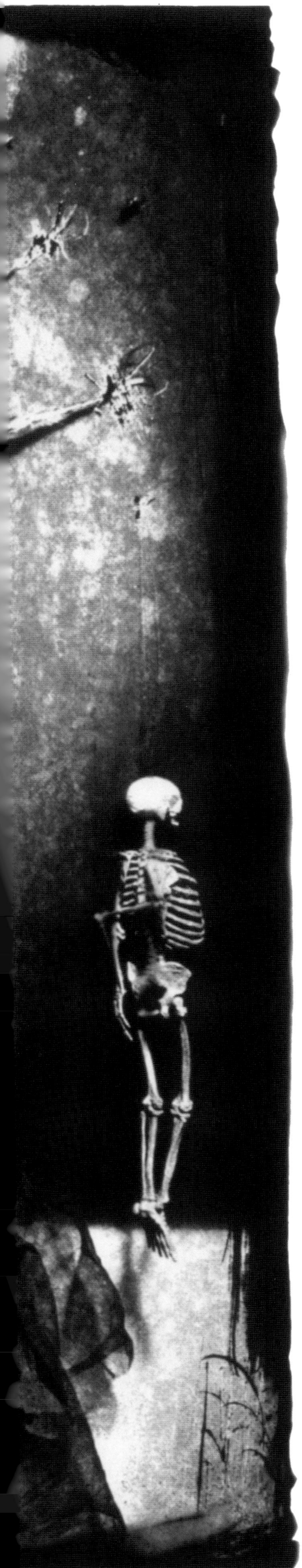

Foto: JOEL-PETER WITKIN

Wie ein fantastisches Gemälde voller sonderlicher Details wirkt »Portrait of Nan« von Joel-Peter Witkin. Mit der Fantasie eines Hieronymus Bosch baut der US-amerikanische Künstler sich seine wunderliche, manchmal schockierende Welt aus Zwergen, Satyrn, Menschen ohne Gliedmaßen, Krüppeln, Hermaphroditen und Seejungfrauen, tot oder lebendig. Die Fülle des Lebens ist Witkin in jeder Form willkommen, je fremdartiger, desto lieber

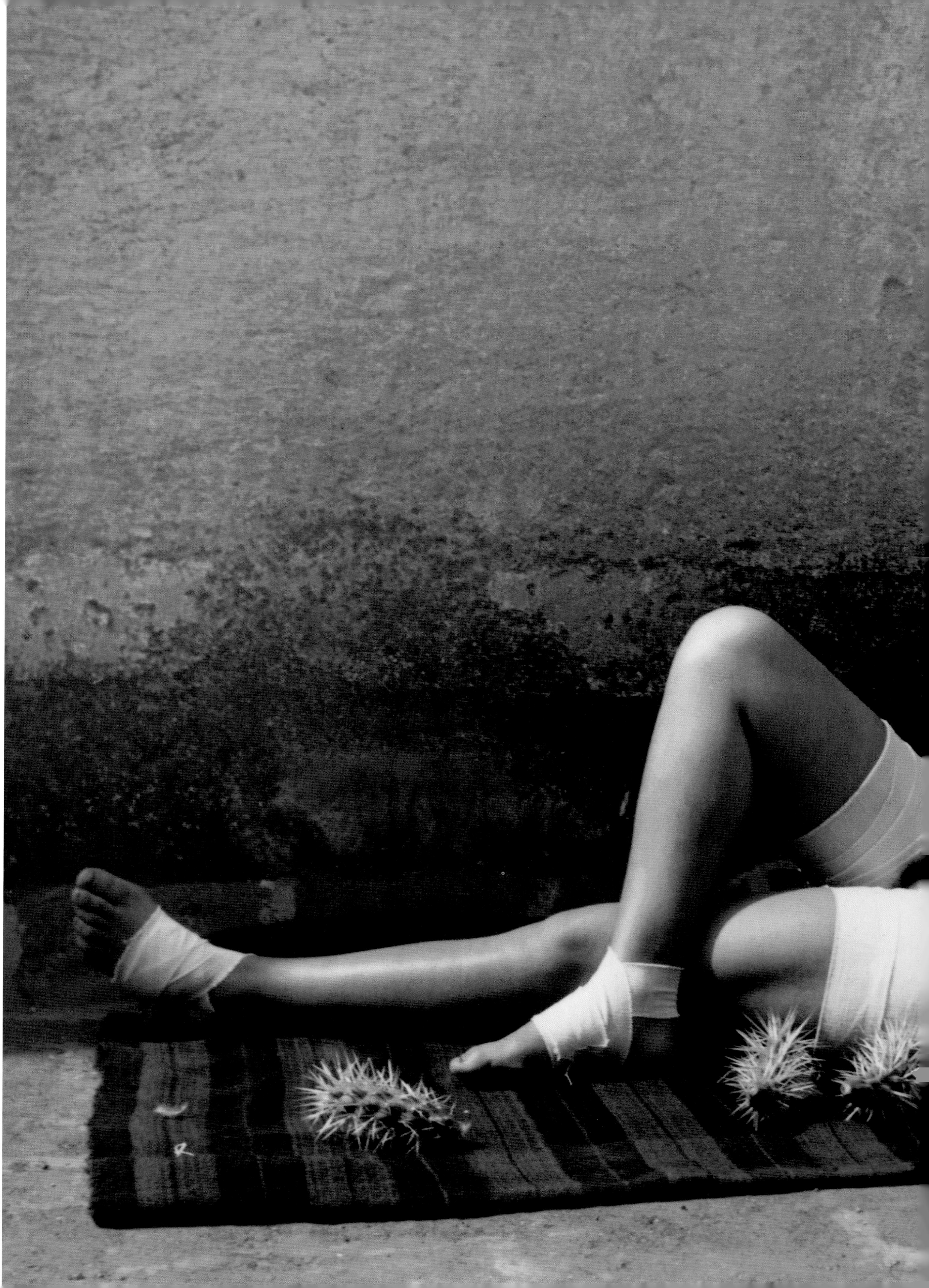

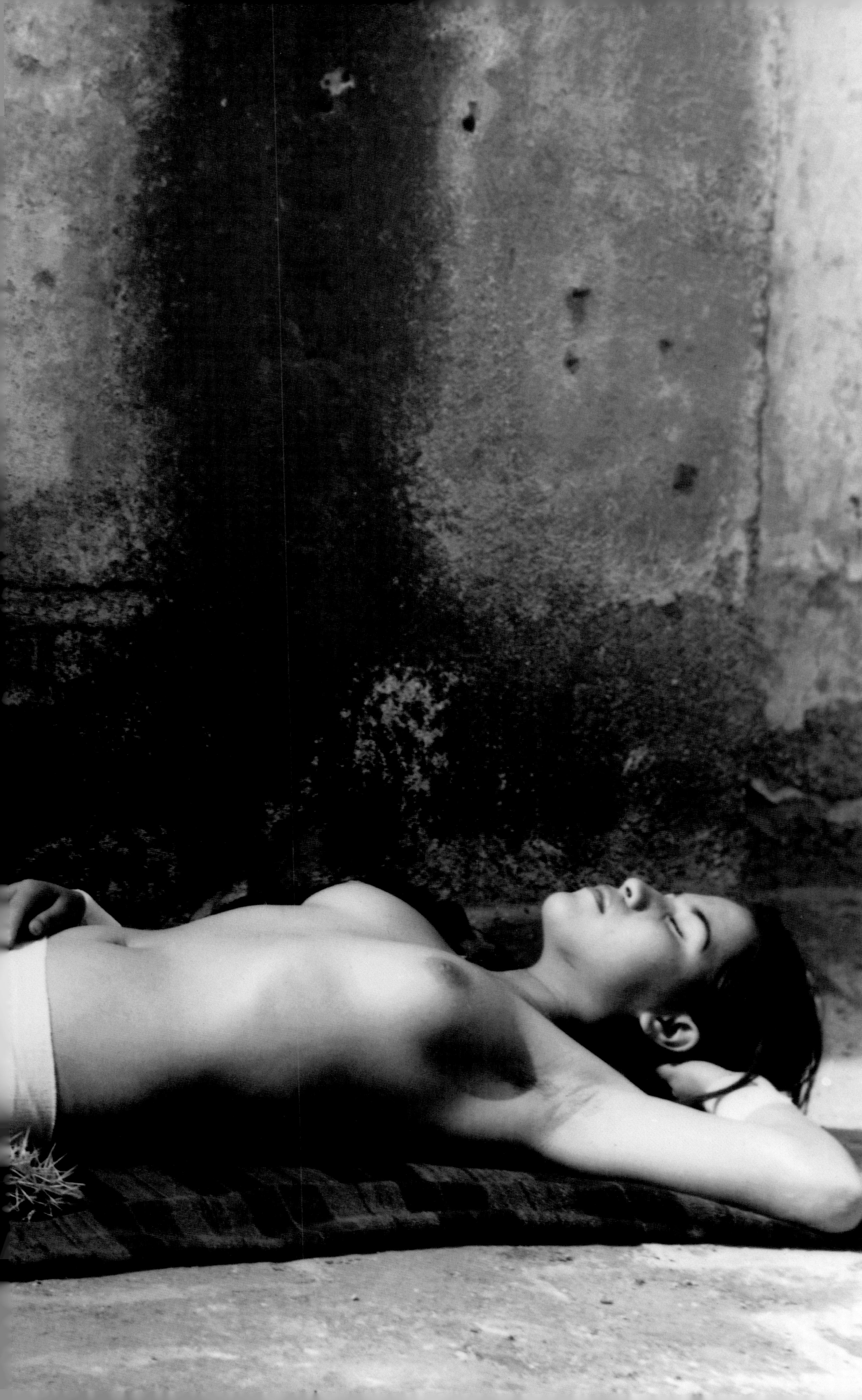

Foto:
MANUEL
ALVAREZ BRAVO

Er wollte mit seinen Fotos nicht aufrütteln, seine Kunst sollte nie etwas bewirken. Manuel Álvarez Bravo, der große alte Meister der mexikanischen Fotografie, hat seit den frühen zwanziger Jahren des vergangenen Jahrhunderts Bilder mit stiller Magie geschaffen. Sein berühmtestes ist »La buena fama durmiendo«: Der gute Ruf schläft. 1938 fotografierte Bravo die junge, mit Bandagen drapierte Frau im Auftrag des französischen Surrealisten André Breton

GEO Special *Mexiko*

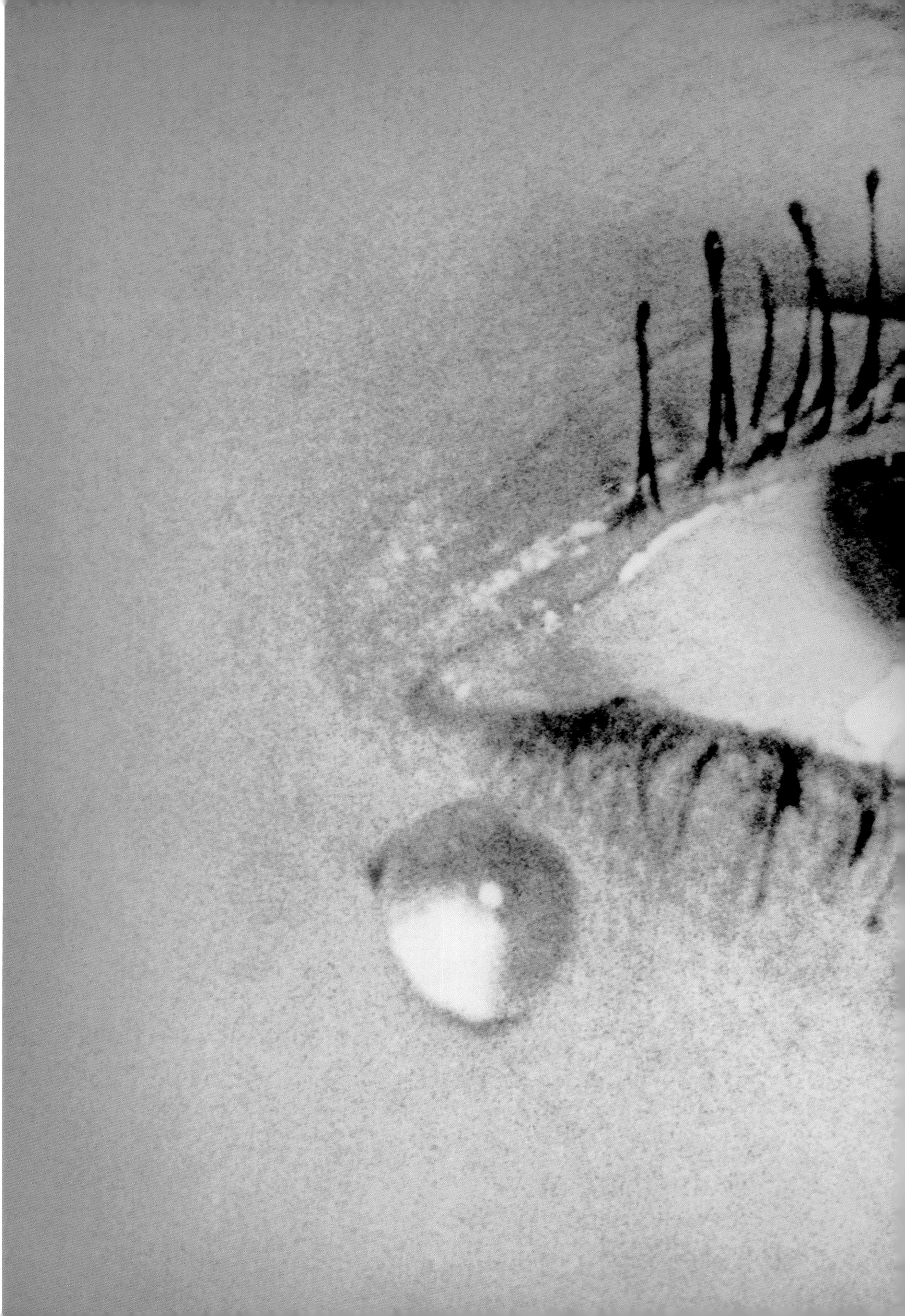

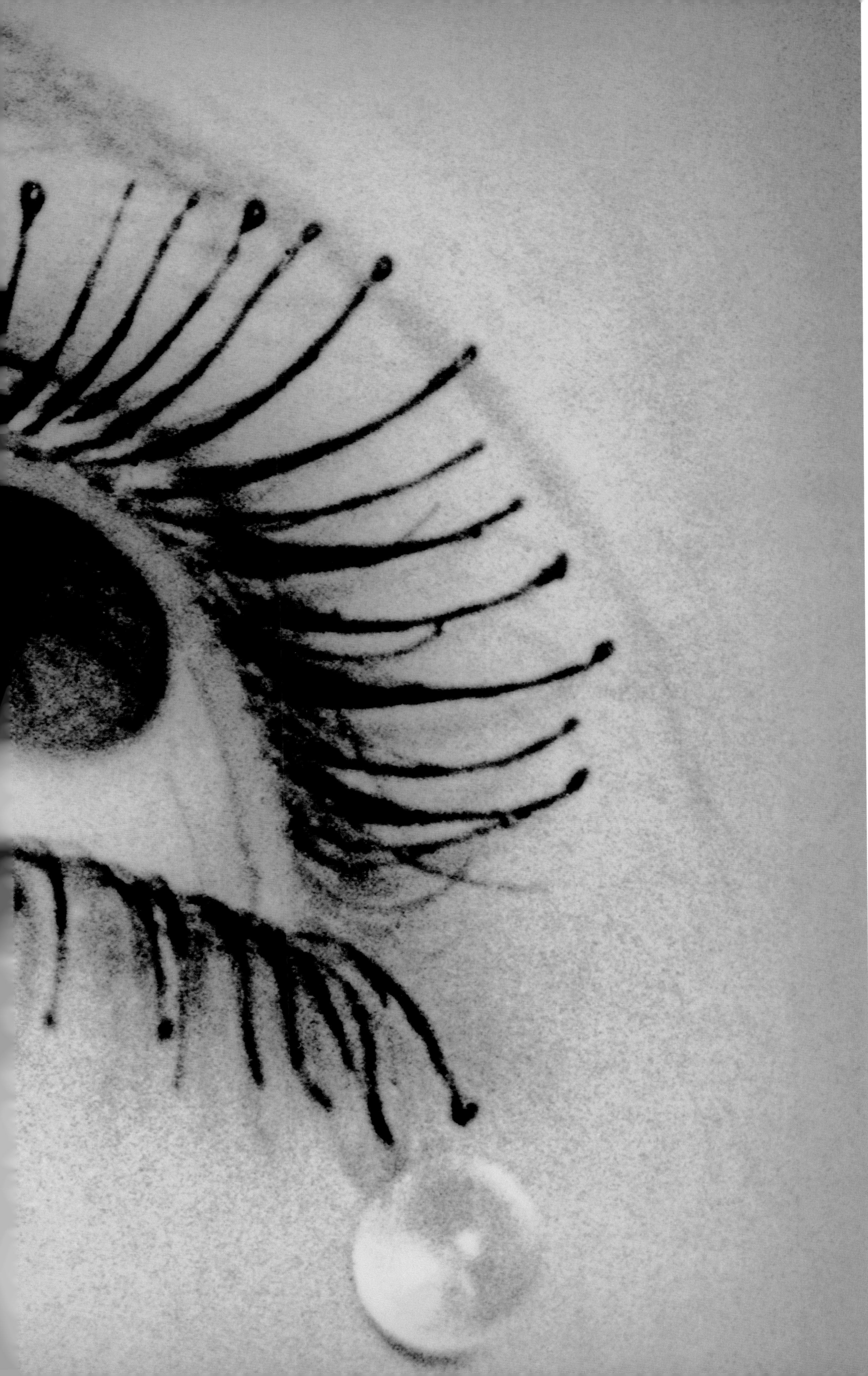

Foto:
MAN RAY

1934 schuf der amerikanische Surrealist Man Ray mit seinem Werk »Auge mit Träne« die kälteste Trauer der Fotogeschichte. So falsch wie der Kummer der Frau ist der überdimensionale Tropfen unter ihren schwarzen, getuschten Wimpern: Nicht Wasser rinnt ihr das Gesicht hinab; eine Glasperle hat der Fotograf seinem Modell unter das Auge geklebt

TIERE

„Der Mensch ist das einzige Tier, das errötet. Oder es nötig hat.“ Mark Twain

11

Die Elefanten konnten das Sterben nicht aufhalten. So sehr sie sich auch bemühten, die Elefantenkuh wieder aufzurichten. Selbst Futter brachte die Herde herbei. Schließlich bedeckte sie den toten Körper mit Gras und Zweigen. Eine Szene, die jeden Augenzeugen wahrscheinlich ergreift, wenn nicht sogar zutiefst berührt. Aber was sagt, was belegt sie? Dass Elefanten Trauer empfinden, dass sie eine Vorstellung vom Tod haben? Also fühlen wie ein Mensch?

Tiere, so viel oder so wenig wissen wir, verfügen über Emotionen, über Gedanken; sie träumen, fällen Entscheidungen, sie können sogar depressiv werden. Sie lernen, sie spielen und entwickeln Werkzeuge. Schimpansen benutzen Steine als Hammer und Amboss, um Palmkerne zu knacken. Raben verwenden unterschiedliche Äste, je nachdem, wo sie nach welchen Insekten stochern. Graupapageien sind in der Lage, die Grundregeln der Mathematik, Addition und Substraktion, zu erlernen. Schimpansen schließen Allianzen, betrügen einander, führen Krieg. Einige Menschenaffen und Delfine sind nach langem Training in der Lage, über Symbole eine Form von Verständigung mit dem Menschen zu finden.

Mit den Tieren sprechen aber kann allein Doktor Dolittle. Auch wenn wir in der Lage sind, Gebärden und Laute von Tieren teilweise zu deuten, den Tanz der Bienen und die Koordinaten vieler Zugvögel zu entschlüsseln. „Selbst wenn er reden könnte“, sagt der Philosoph Ludwig Wittgenstein, „würden wir einen Löwen nicht verstehen.“

Was hätte ein Tier dem Menschen zu sagen? Unser Verhältnis zur Kreatur ist schizophren. Wir schwanken zwischen sentimentaler Vermenschlichung und millionenfacher Verwertung. Im Löwen und Tiger bewundern wir Mut und Eleganz. Staunen über die schillernd-exotische Farbenpracht mancher Vögel und Fische. Und lieben doch vor allem die putzigen, die freundlichen, die niedlichen Tiere. Waldi, Muschi, Hansi. Charles Baudelaire hat die Katze in Gedichten gefeiert, Thomas Mann hat seinem „Bauschan“ mit „Herr und Hund“ ein literarisches Denkmal gesetzt, Sándor Márai seinem Hirtenhund. Auch Kälbchen sind niedlich, letztlich aber ist uns das Schnitzel näher als das ganze Tier. Sonst würden wir Tiere nicht so behandeln, wie wir selbst nie behandelt werden wollen. Als Massenware, als Fleisch- und Rohstofflieferant. Oder als Störenfried. Gegen „Schädlinge“ führen wir regelrechte Vernichtungskriege. Mag der Mensch auch gerade einmal doppelt so viele Gene wie die Fruchtfliege haben, ein respektvolles Gefühl will sich dennoch nicht einstellen. Bei den meisten Menschen wohl eher Ekel.

Der Großteil der Fauna lässt uns ohnehin gänzlich gleichgültig. Die wenigsten der rund 130 Säugetier- und Vogelarten, die in den vergangenen 350 Jahren ausgestorben sind, vermissen wir. Wer trauert der Dronte von Mauritius nach? Der Tod der letzten Wandertaube im September 1914 im Zoo von Cincinnatti ist immerhin noch gut dokumentiert. Und durch die Rückkreuzung aus alten Rinderrassen haben wir zumindest eine anschauliche Vorstellung von den gewaltigen Auerochsen von einst. Die meisten Tiere aber verschwinden unbemerkt von diesem Planeten. Tiere profitieren selten davon, dass ihnen der Mensch etwas Wesentliches voraus hat: die Moral, die Unterscheidung zwischen Gut und Böse. Sie sind Nahrungsspender, Beschützer, Gesellschafter, Unterhaltungsprogramm, Versuchstier und lebendiges Ersatzteillager. Und haben keine Wahl. Weil dem Tier fehlt, was der Mensch gegen es verwendet: die Fähigkeit, die Zukunft zu antizipieren, über den Tag hinaus zu planen.

Der Aufstand der Tiere wird nicht stattfinden.

Foto: JÖRG HESS

Erste Schritte ins Leben: Früh müht sich das Schimpansenmädchen Tana im Zoologischen Garten Basel, selbstständig zu werden. Ihre Mutter Fifi unterstützt sie wachsam bei ihrem Ausflug. Auch junge Schimpansinnen schlüpfen zeitig in die künftige Erzieherrolle, wenn ihnen die kleinen Geschwister anvertraut werden und sie mütterliche Fürsorge üben

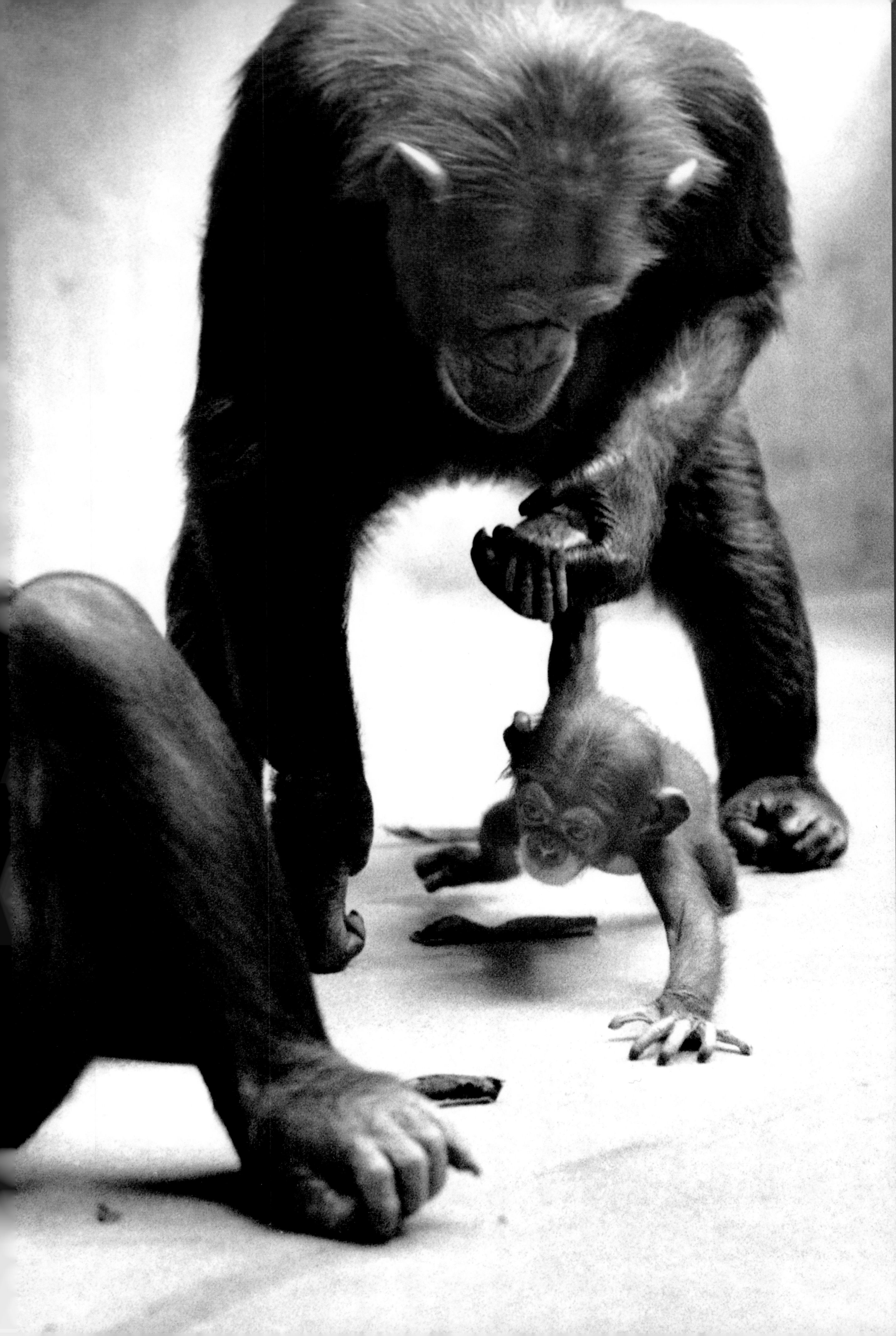

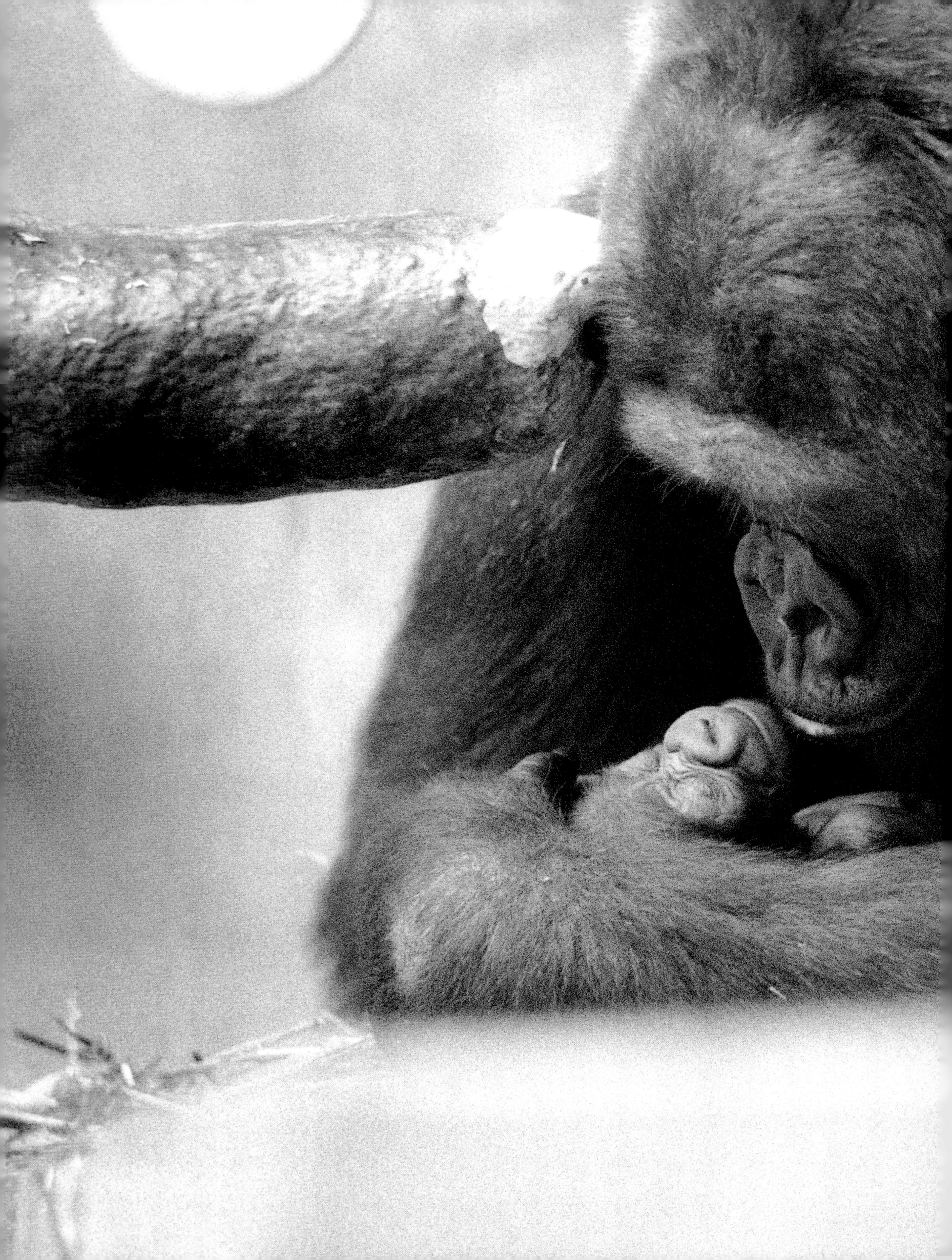

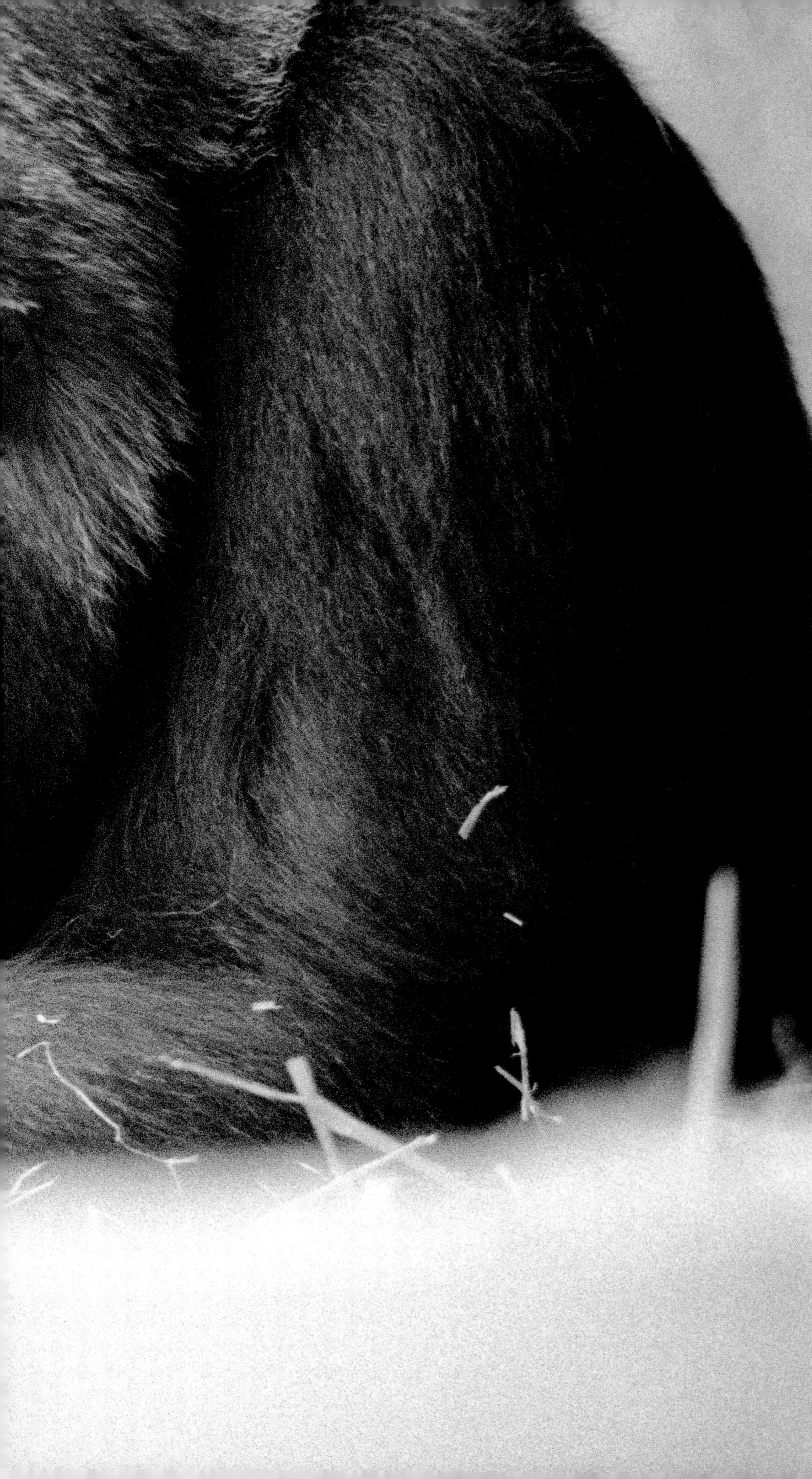

Foto:
JÖRG HESS

Geborgen wie in einem weichen Nest ruht das kleine Gorillakind in den Armen seiner Mutter. Von Geburt an verbindet die beiden ein inniges Bündnis, das viele Jahre bestehen wird. In einer Menschenaffengesellschaft, in der Koalitionen zerbrechen, Verbände sich auflösen, Geschwister sich aus den Augen verlieren und Paare nur so lange zusammen sind, wie die Glut der Brunst dauert, ist die Mutter-Kind-Beziehung der Kitt, der hält, wenn es im Leben durch dick und dünn geht

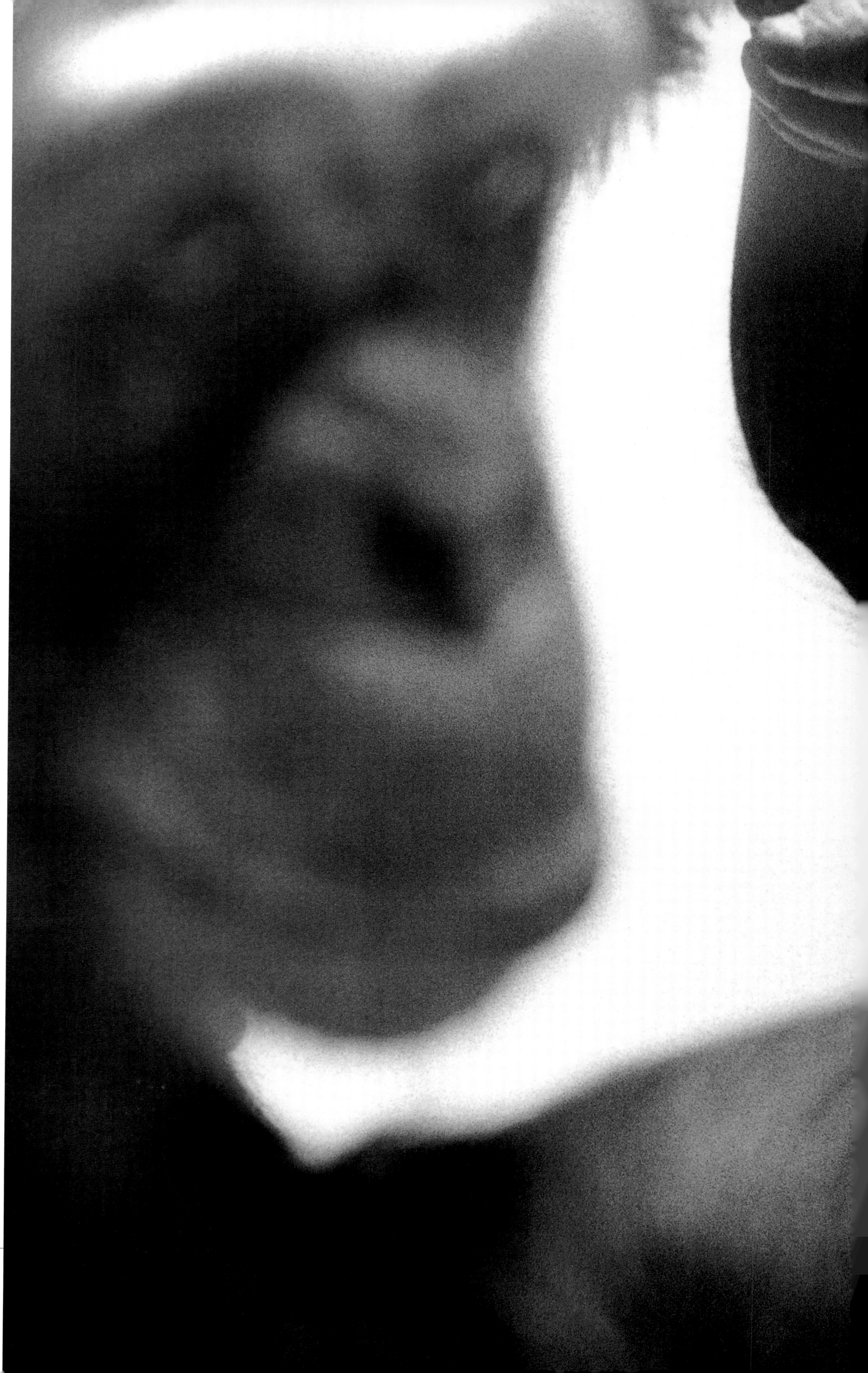

Foto:
JÖRG HESS

Schwingen, Klettern, Klammern und immer das Gleichgewicht zu halten üben bereits neugeborene Schimpansen – in der Wildnis wie im Zoo von Basel. Droht Gefahr, etwa wenn der Chef der Familie mal wieder auftrumpft und alle Mütter die Flucht ergreifen, müssen die Jüngsten sich notfalls im mütterlichen Fell festhalten können

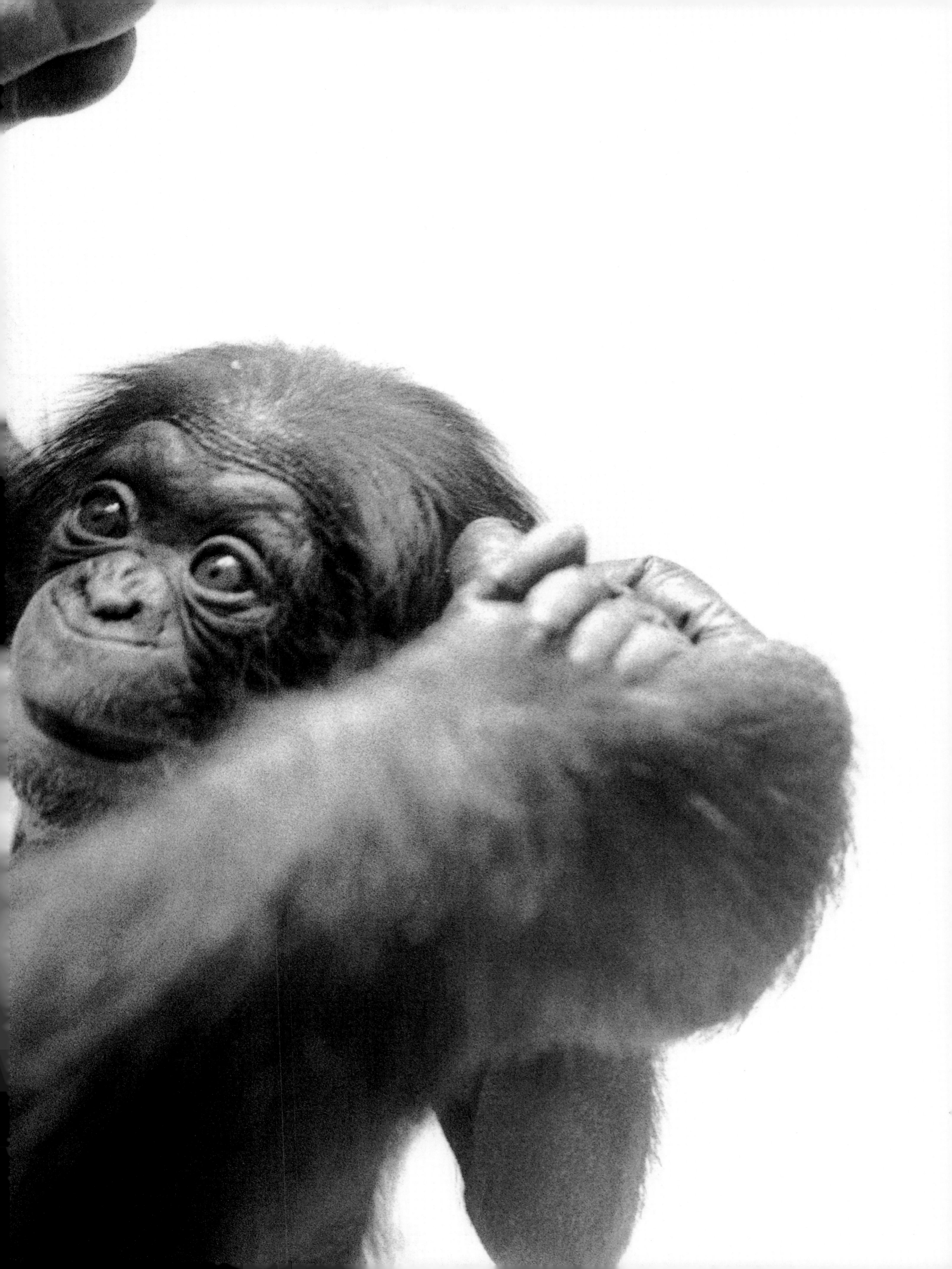

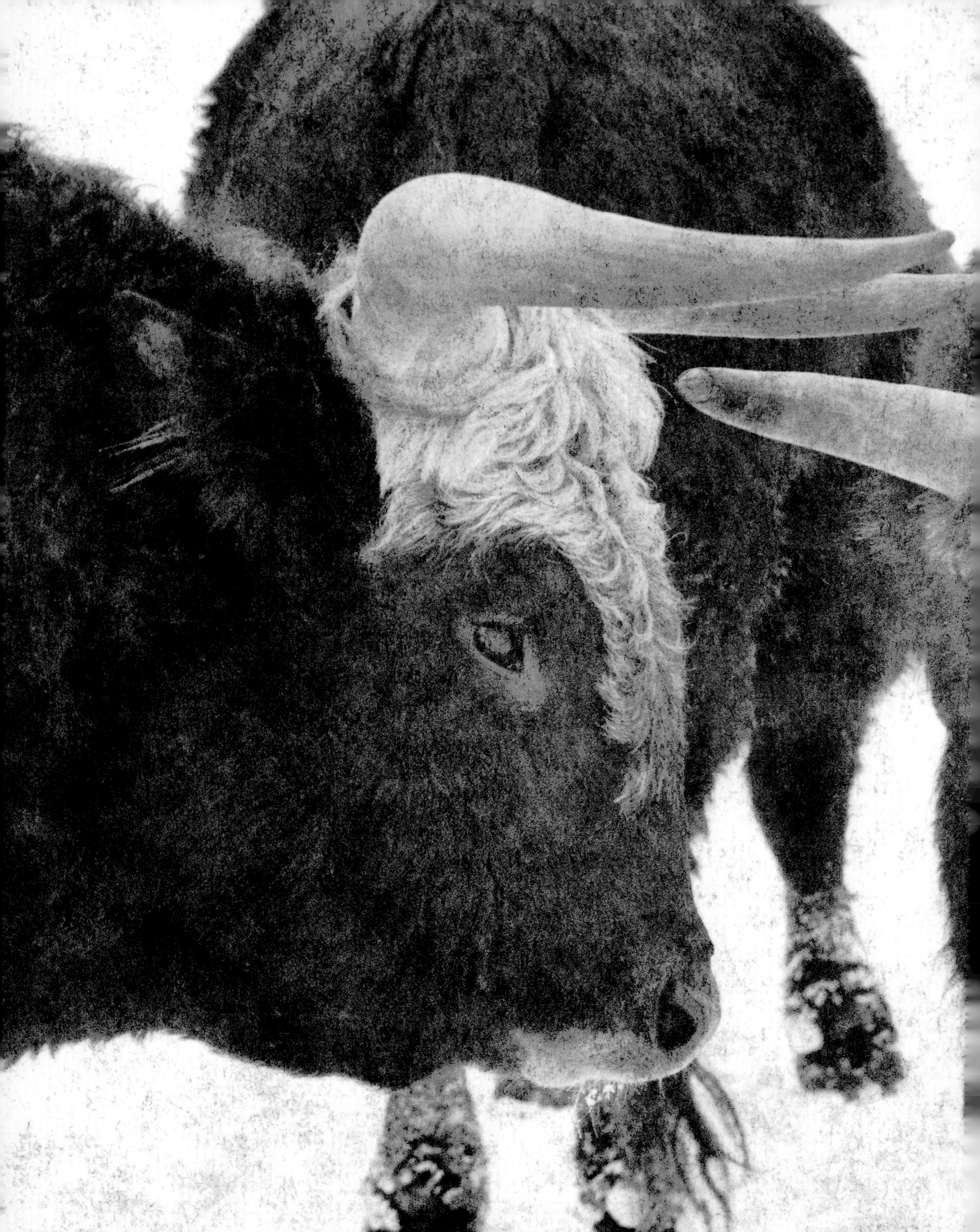

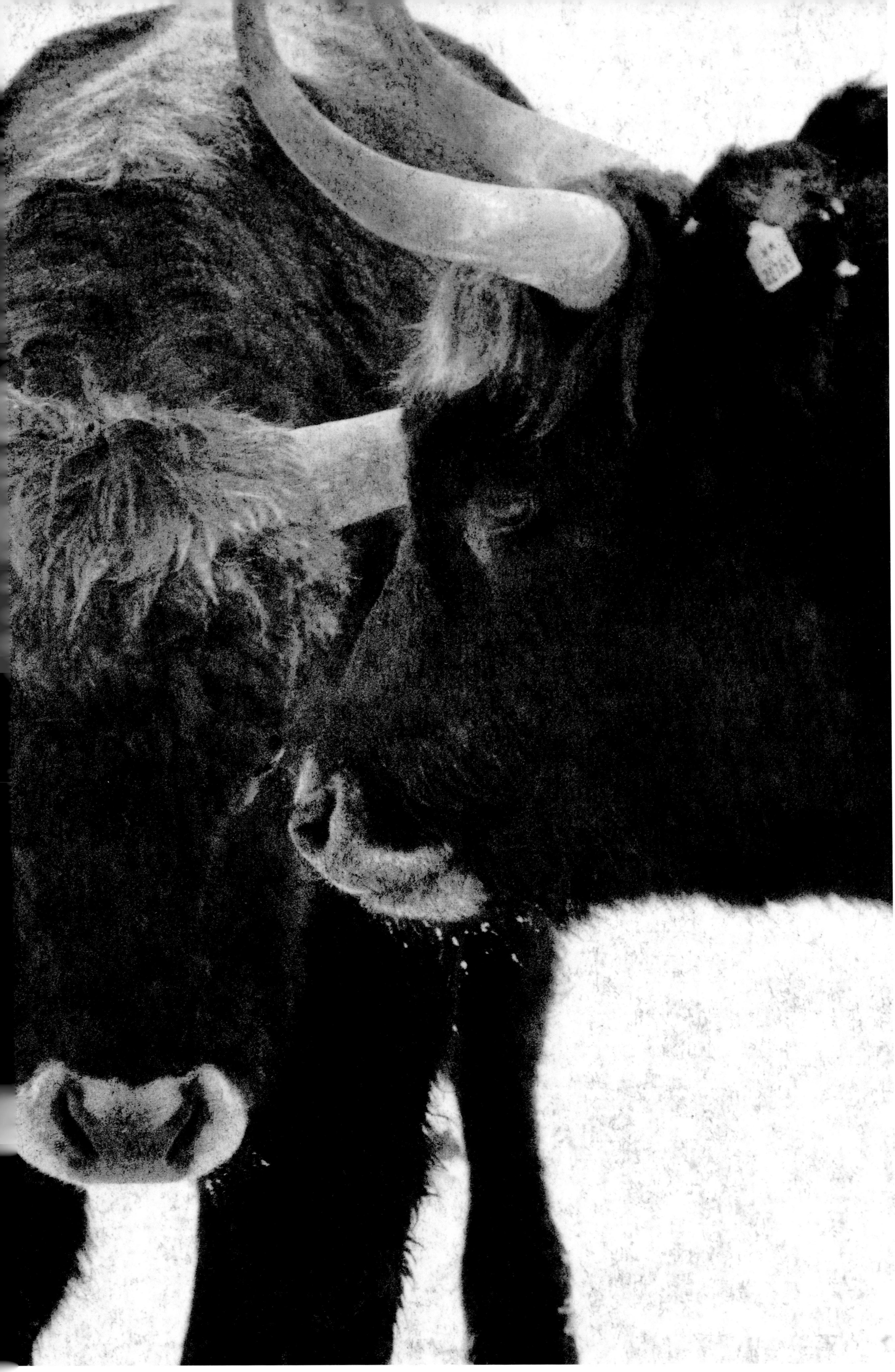

Foto:
WALTER MAYR

Archaische Gestalten durchstreifen winterliche Auen im Allgäu. Doch keine Wiedergänger aus prähistorischen Zeiten sind das, sondern moderne Plagiate des wilden Ures. Dem im 17. Jahrhundert ausgestorbenen Ahnen aller Rinderrassen haben deutsche Züchter zu neuen Stammhaltern verholfen – und eine zweite Ur-Zeit ins Leben gerufen

GEO *6/99*

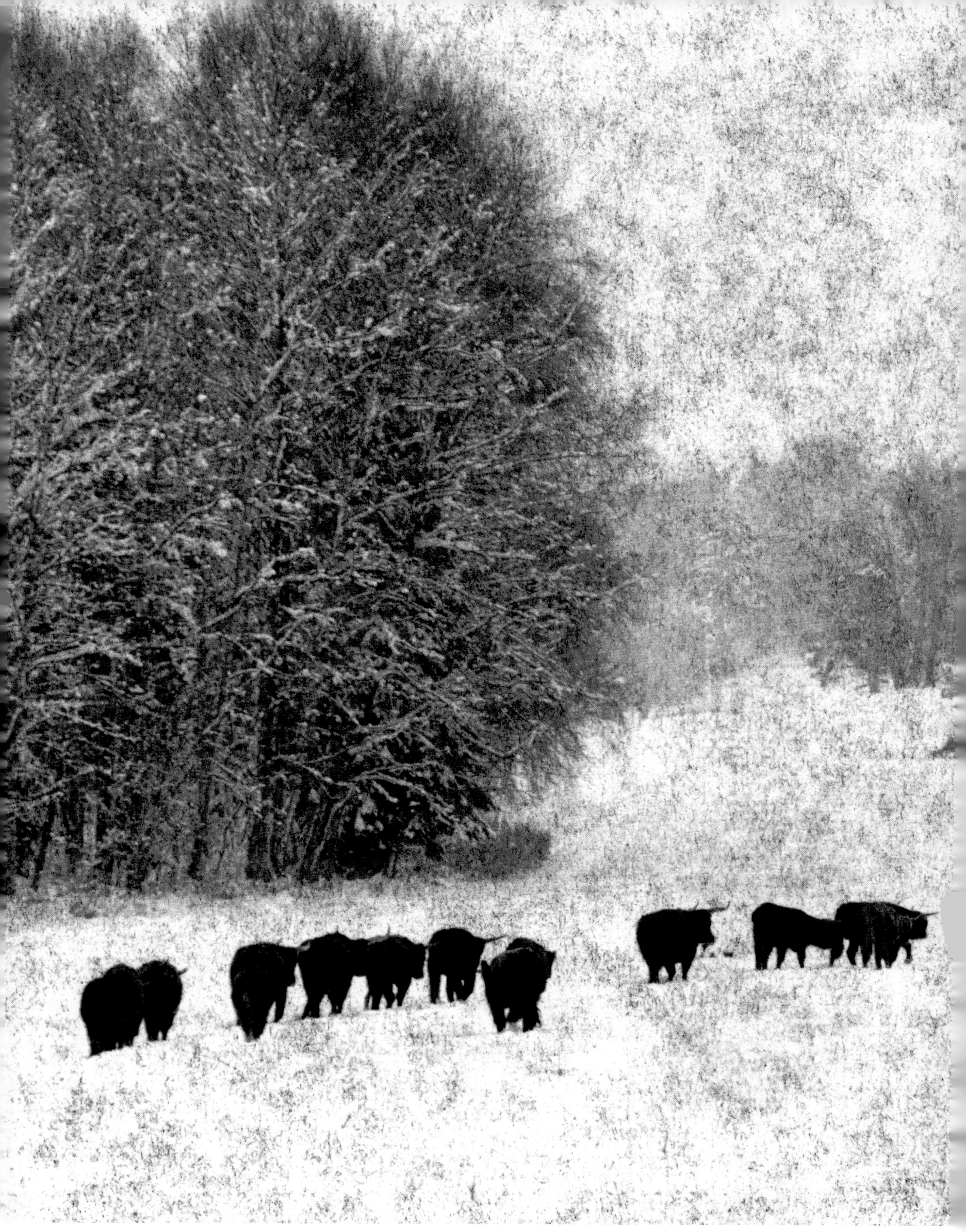

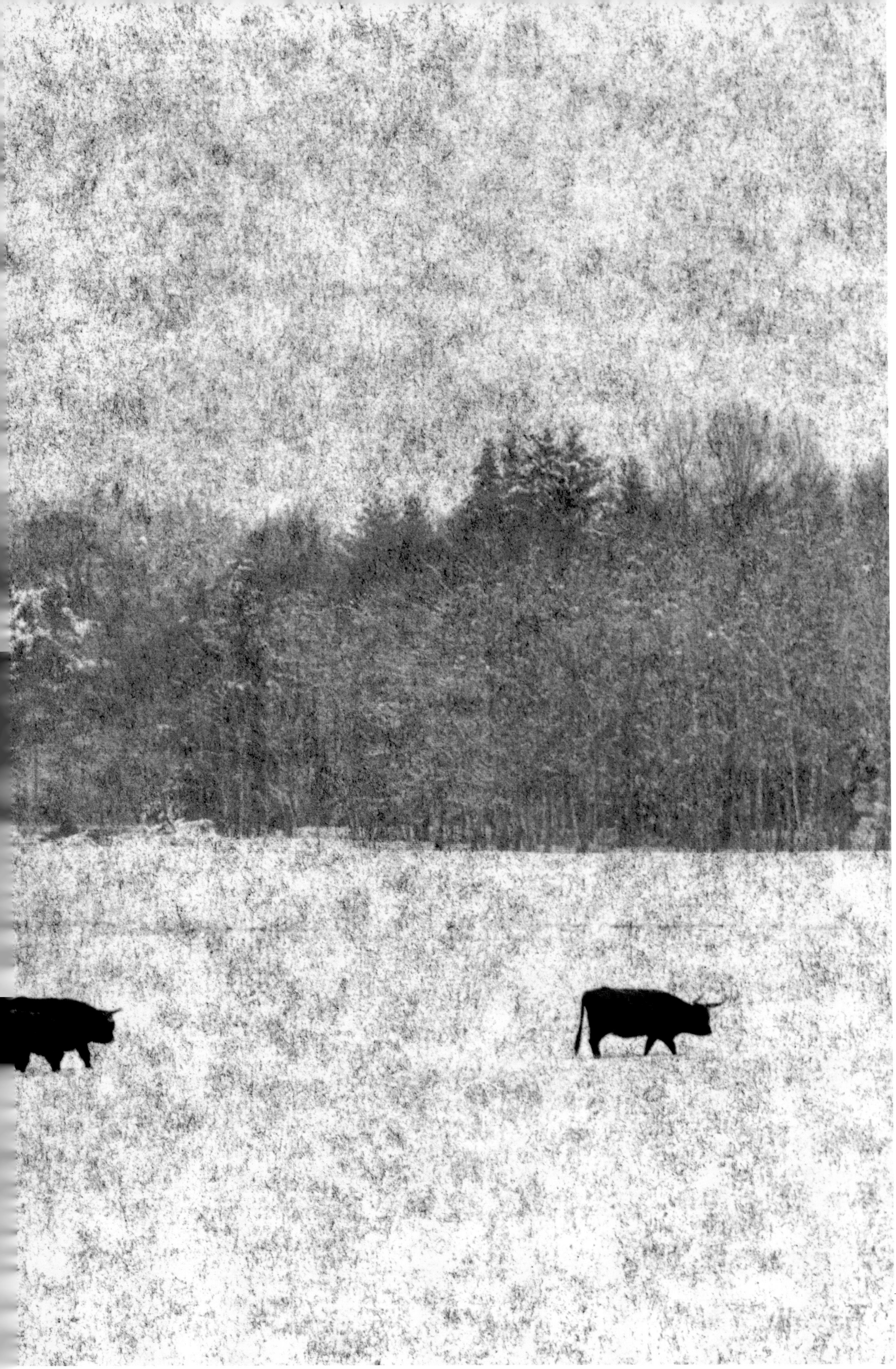

FOTO:
WALTER MAYR

Blut von manchen Verwandten – vom schottischen Highlander bis zum spanischen Kampfstier – fließt in den wehrhaften Neo-Auerochsen. Die einst zu Fabelwesen verklärten Tiere tragen heute ihre Herkunft auf Plaketten im Ohr – gemäß einer Kennzeichnungspflicht der Neuzeit. Im Vergleich zu ihren Verwandten, den Hausrindern, sind Ure harte Typen. Sie trotzen Kälte und Krankheit, brauchen weder Stall noch Trog noch Veterinär

GEO 6/99

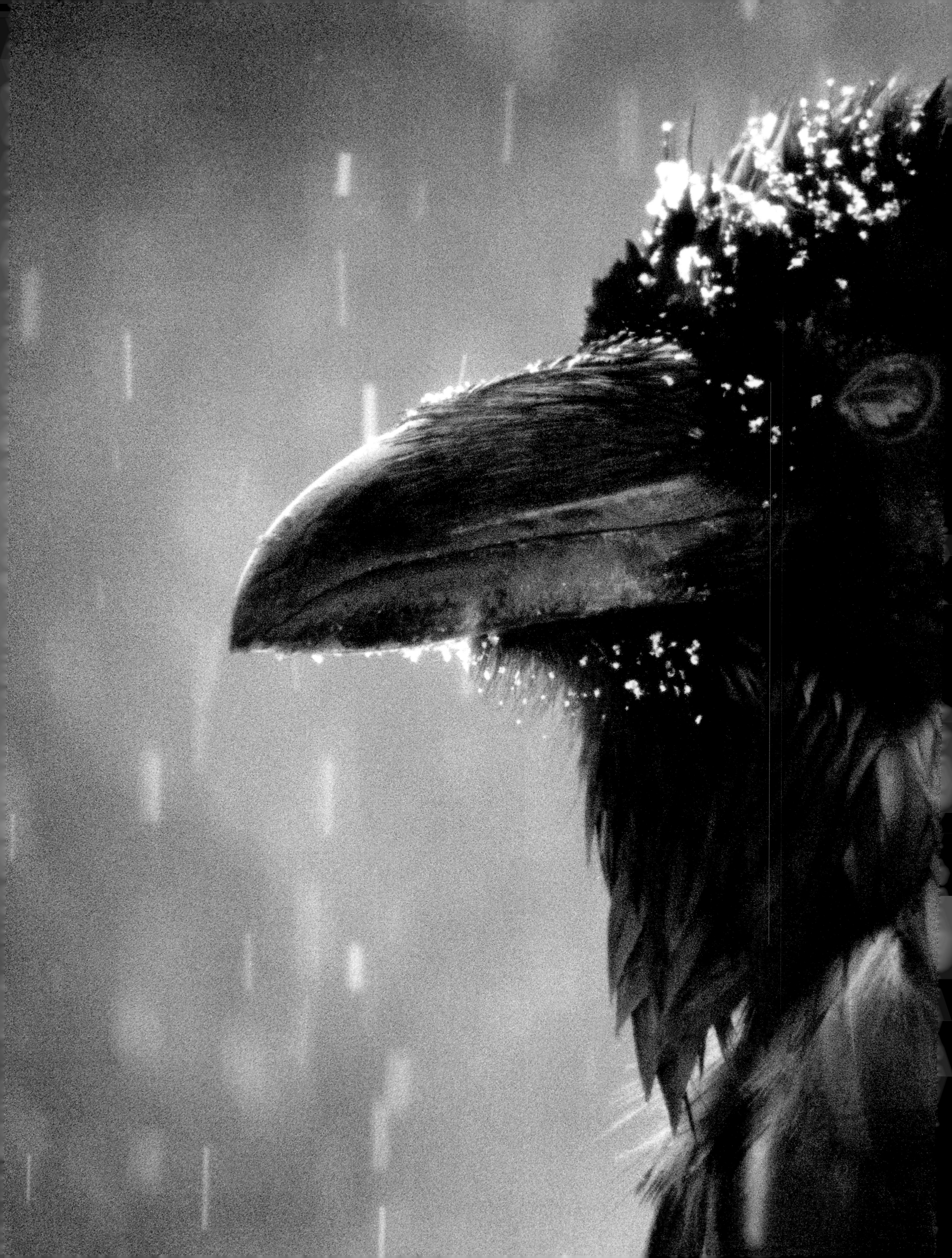

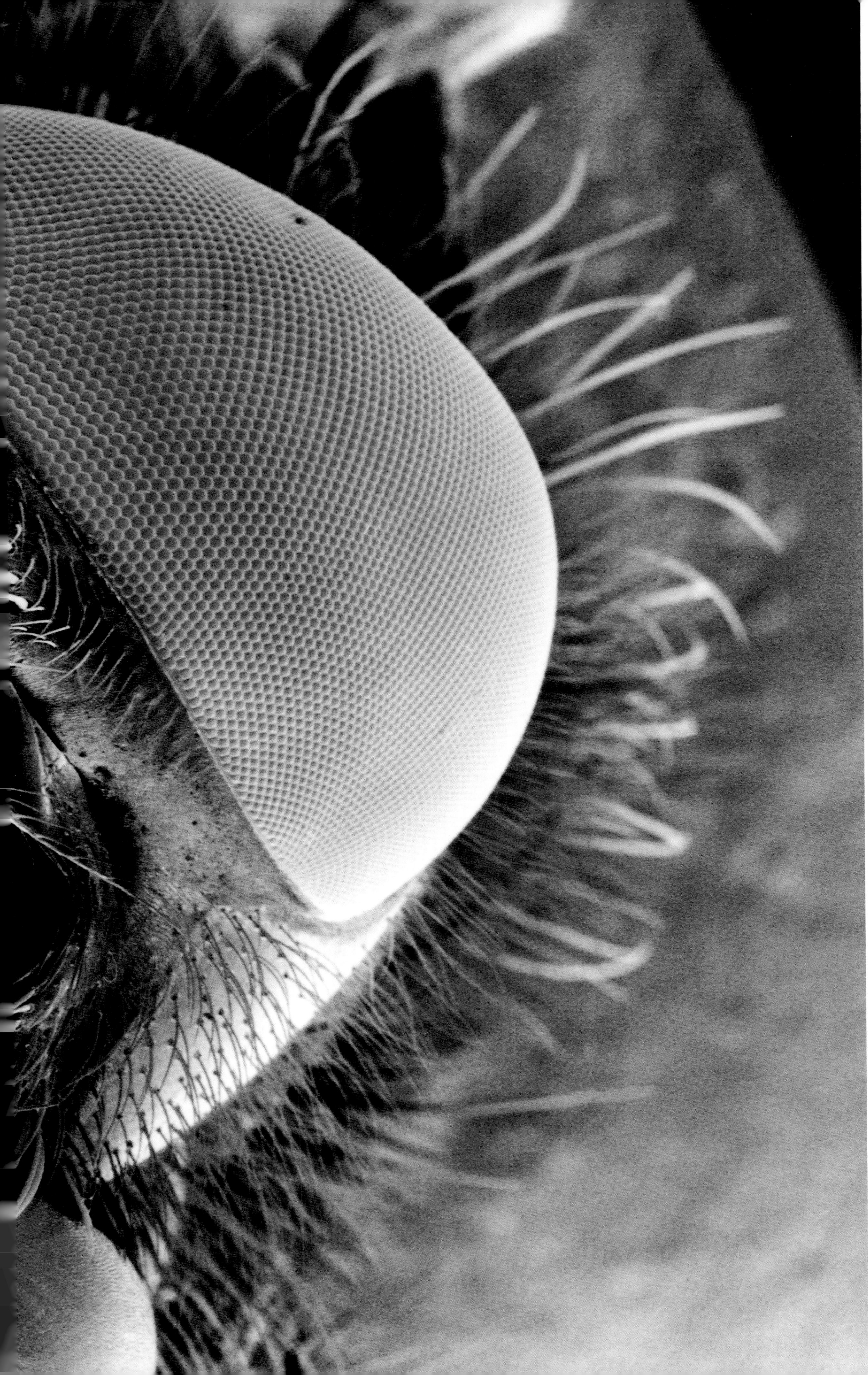

Foto:
CLAUDE NURIDSANY
& MARIE PERENNOU

Mit zwei großen Komplexaugen sieht eine Fliege die Welt. Die sechseckige Form der Linsen erlaubt eine größtmögliche Zahl von Einzelaugen, bei einigen Arten mehr als 5000 Stück, auf der kleinen Kopffläche. Die tagaktiven Insekten brauchen offenbar eine Flut von Lichtreizen, um zum Beispiel die Farben von Nektarquellen erkennen zu können. Die Wölbung der Komplexaugen verschafft ihnen einen Rundumblick. Geruchsempfindliche Fühlerborsten liefern der Grauen Fleischfliege außerdem Duftdaten

GEO *4/93*

DAS ZWEITE ANTLITZ

„Der Mythos ist die Legitimation des Lebens.“ Thomas Mann

GEBORGENHEIT WOHNT IM Halbschatten. Dort, wo das gleißende Licht von Aufklärung und Wissenschaft nicht jeden Winkel ausgeleuchtet hat. Wo die Unschärfe und das Irrationale über den Verstand siegen. Mit dem einen Bein steht der Mensch fest auf der Erde, mit dem anderen im Wunderland – jeder in seinem eigenen. Jeder hat seine eigene Erlösungsformel, seine eigene Schöpfungsgeschichte, seine privaten Götter, seit die großen Religionen nur noch ein Angebot unter vielen auf dem Markt der Heilsversprechen sind. Und seit jeder seinen Platz in der Geschichte neu erfinden muss, weil alle Utopien verbraucht sind und widerlegt.

Den Menschen fröstelt es in einer von Sinn entleerten Welt, weil er ohne Anfang die Gegenwart nicht versteht. Weil Zukunft Herkunft braucht. Und weil er Angst vor dem Sterben hat. Kein Mythos, keine Religion, keine Legende erzählt, was sich einst wirklich zugetragen hat. Doch Mythos, Religion, Legende bändigen das Chaos, füllen das Nichts, erzählen eine Geschichte vom Ursprung der Welt, begründen, warum sie einmal

12

ganz anders war und warum sie so ist, wie sie geworden ist. Und verheißen, was am Ende der Geschichte sein wird, wohin die Reise geht: in selige Gefilde, in höllische Abgründe, in ein gedankenloses Nirwana oder zurück, in einen neuen Körper, ins irdische Jammertal. Kultur beginnt mit der Erfindung von Toten- und Bestattungsriten. Sie regeln die Überfahrt in die Welt der Ahnen. Garantieren, dass der Einzelne mit dem Tod nicht aus der menschlichen Gesellschaft ausscheidet, heben die Trennung zwischen jenseitiger und diesseitiger Welt auf. Und sie festigen das Band der Gemeinschaft unter den Zurückgebliebenen, spenden Trost.

Rituale verleihen dem Zusammenleben Bedeutung, verwandeln das Profane zum Heiligen, den Alltag zum Fest. Sie markieren den Übergang zwischen den Jahreszeiten, zwischen Aussaat und Ernte, Arbeit und Muße. Zwischen den Lebenszeiten, Kindheit und Erwachsensein, zwischen Nüchternheit und Ekstase, Individuum und Gruppe. Zwischen Frieden und Krieg. Historische Legenden verleihen Staaten und Stämmen Legitimation, verklären Herrscher und Rebellen, schaffen Erinnerungsorte der Selbstvergewisserung, des Nachdenkens und des kollektiven Blutzolls. Jede Gesellschaft hat ihr Langemark, ihr Amselfeld und ihren 14. Juli. Und Legenden festigen die Macht, sichern die öffentliche Ordnung, indem sie diese in eine größere stellen.

Die Aufhebung aller Ordnung ist der Karneval, das apokalyptische Galafest, Zeit des Rauschs und der öffentlichen Delirien. Laut, schrill, obszön und graziös, anrührend, verspielt und aggressiv. Zu den römischen Saturnalien bewirteten die Herren ihre Sklaven, die ungestraft Spottreden auf sie verfassten. Seitdem ist der Karneval, wo er nicht zur Prinzen-Garde domestiziert wurde, eine Auszeit, in der der Bettler zum König wird, der Lebendige zum Geist, das hässliche Entlein zum Schwan. Jede Verkleidung, jede Maskerade, festlich, kultisch, erotisch, erlaubt es, das eigene Individuum für eine kurze Zeit zu vergessen, gestattet eine Reise in eine andere Existenz.

Und manchmal auch eine Reise zurück in die Provinzen der Kindheit, ins erste Wunderland, wo einer noch alles werden konnte – Prinzessin, Indianer, Lokomotivführer oder Zauberer.

FOTO: MARKUS BULLIK

In vielen Regionen Deutschlands war es jahrhundertelang Brauch, dass sich die jungen Rosshirten zu Pfingsten, in Kostüme verkleidet, Belohnungen bei ihren Dienstherren abholten. Noch heute zieht um diese Zeit eine seltsame Gestalt durch einige Dörfer im Breisgau: der »Pfingstkäs«, eine Kegelfigur aus Schilfrohren und Binsen, die den Sommer versinnbildlichen soll

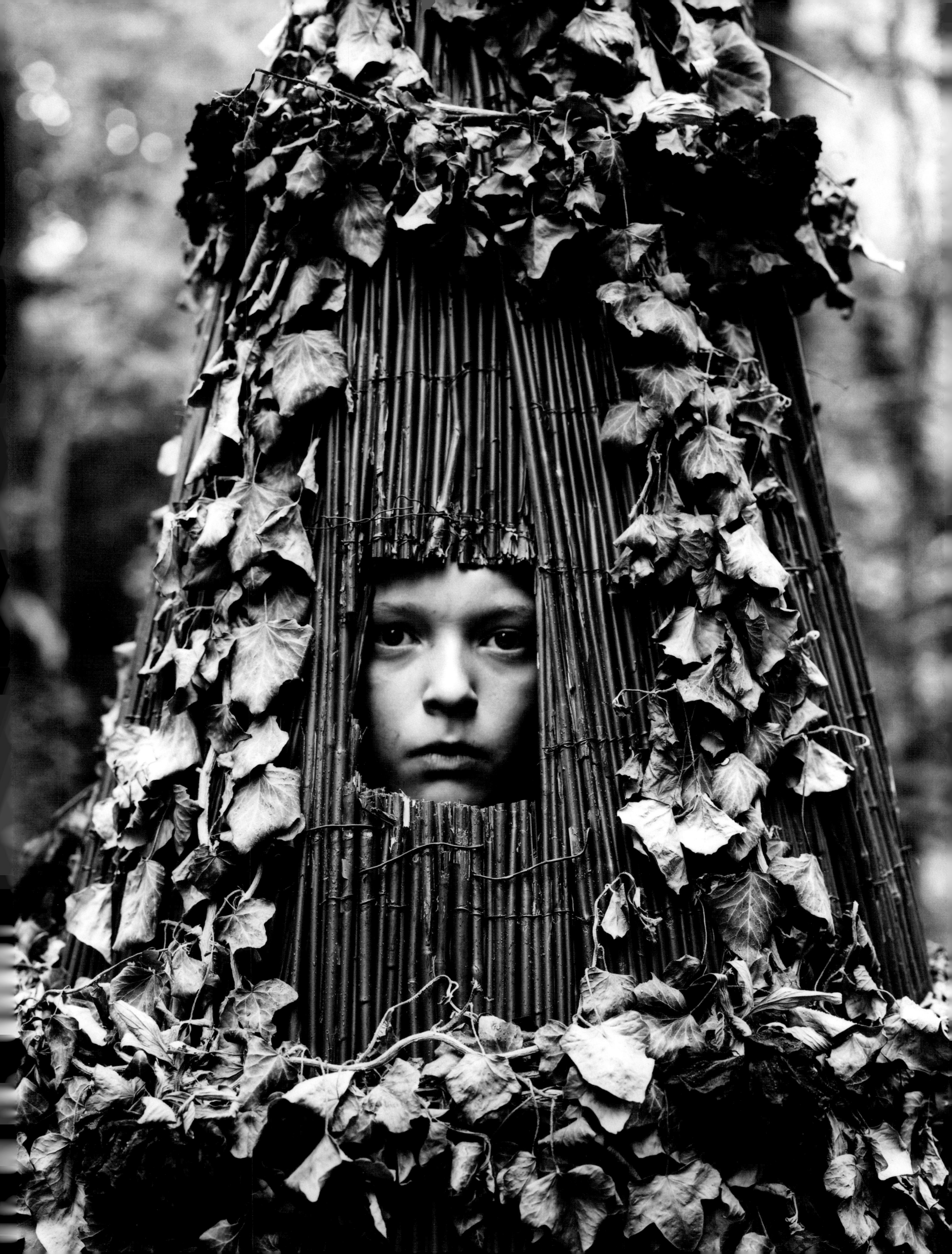

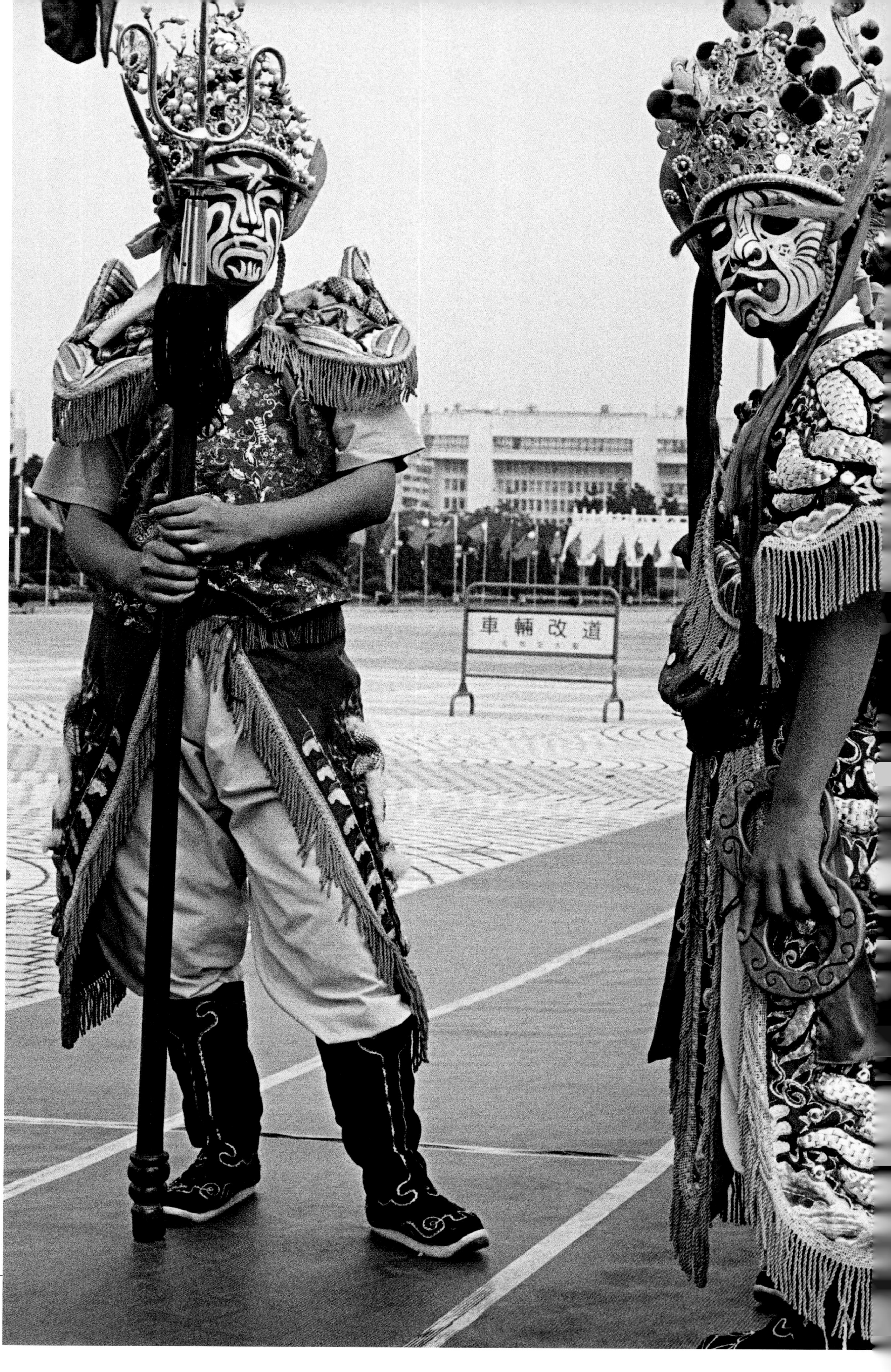

FOTO:
CHIEN-CHI CHANG

Rund eine Million Chinesen sind seit 1949 nach Taiwan geflüchtet und haben die alte Kultur der Insel weitgehend verdrängt. In der abtrünnigen Republik pflegen die Menschen die alten Riten und Traditionen des Festlands. Zum Beispiel in der Hauptstadt Taipeh jene Zeremonie, bei der Männer als prächtig geschmückte »Acht Generale« auftreten. Nach alter chinesischer Überlieferung stellen sie die Leibwache der Götter dar

GEO 5/01

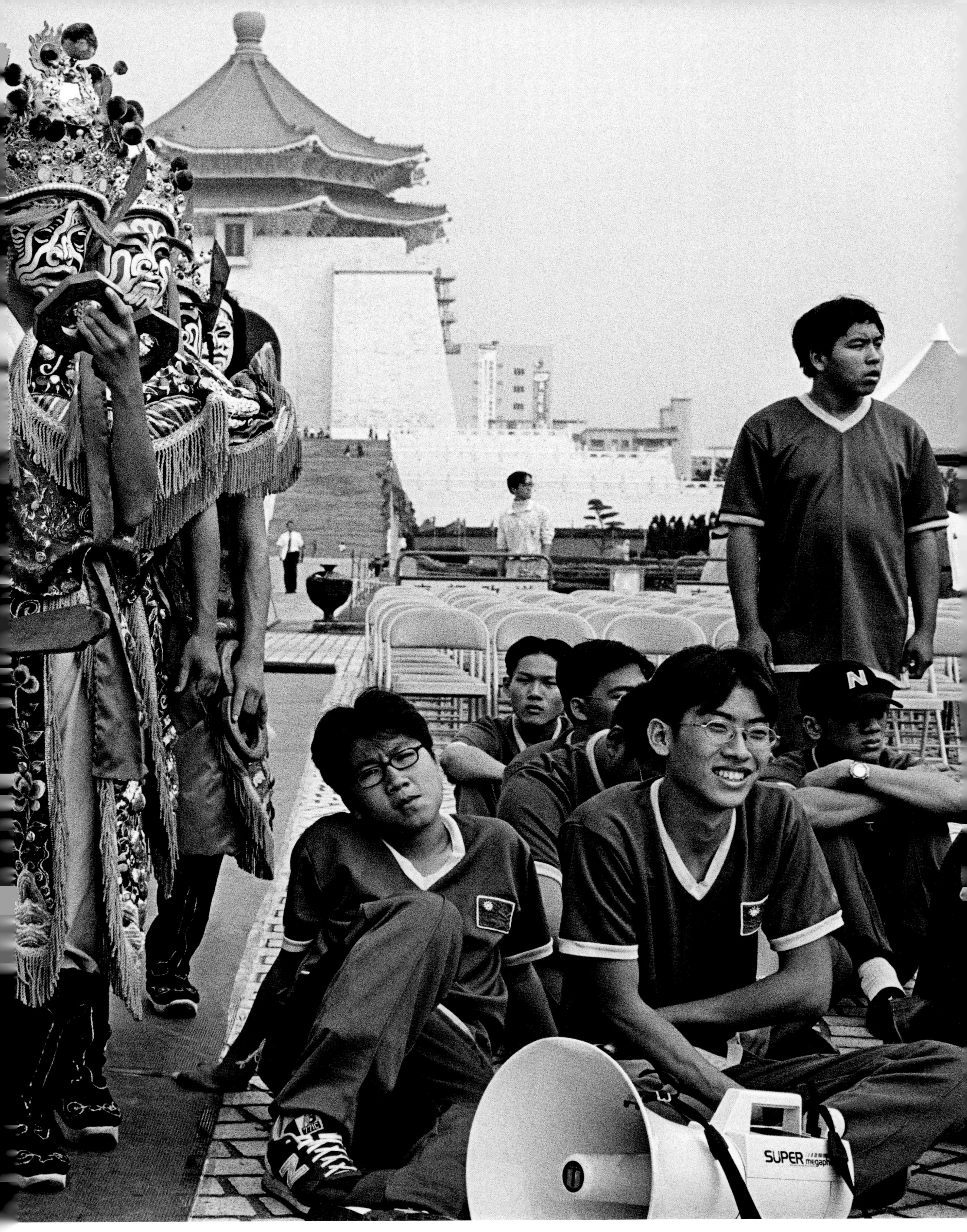
SUPER

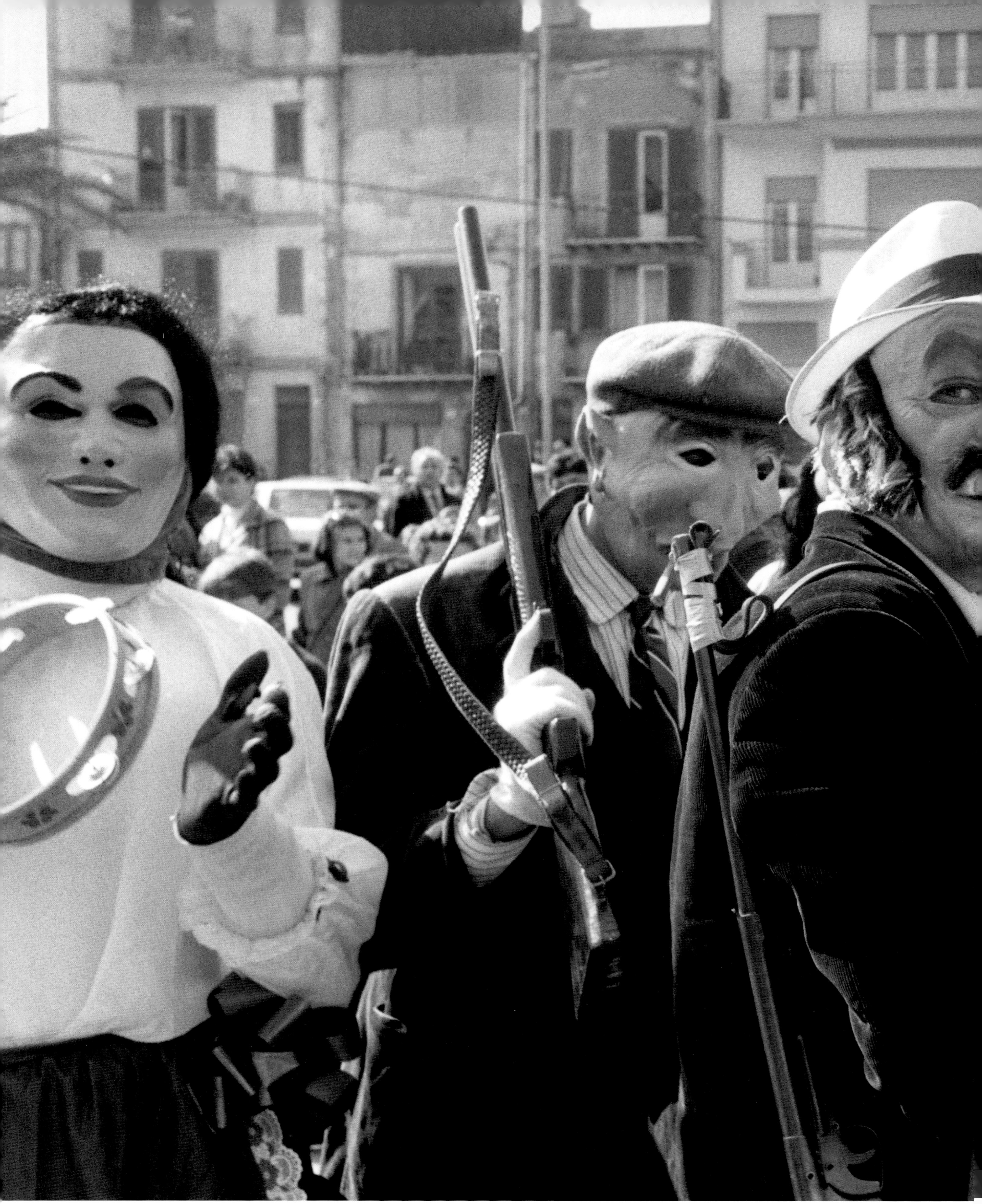

Foto: FRANCO ZECCHIN

Die Fratze des Verbrechens: Bewohner von Palermo verkleiden sich zum Karneval mit Masken und Spielzeuggewehren als Mafiosi. Der Brauch erscheint vor allem in der Hochburg der »Ehrenwerten Gesellschaft« wie eine groteske Umkehrung der Normalität, in der Mitglieder der Mafia ihre wahre Identität unter dem Mantel des rechtschaffenen Bürgers verbergen

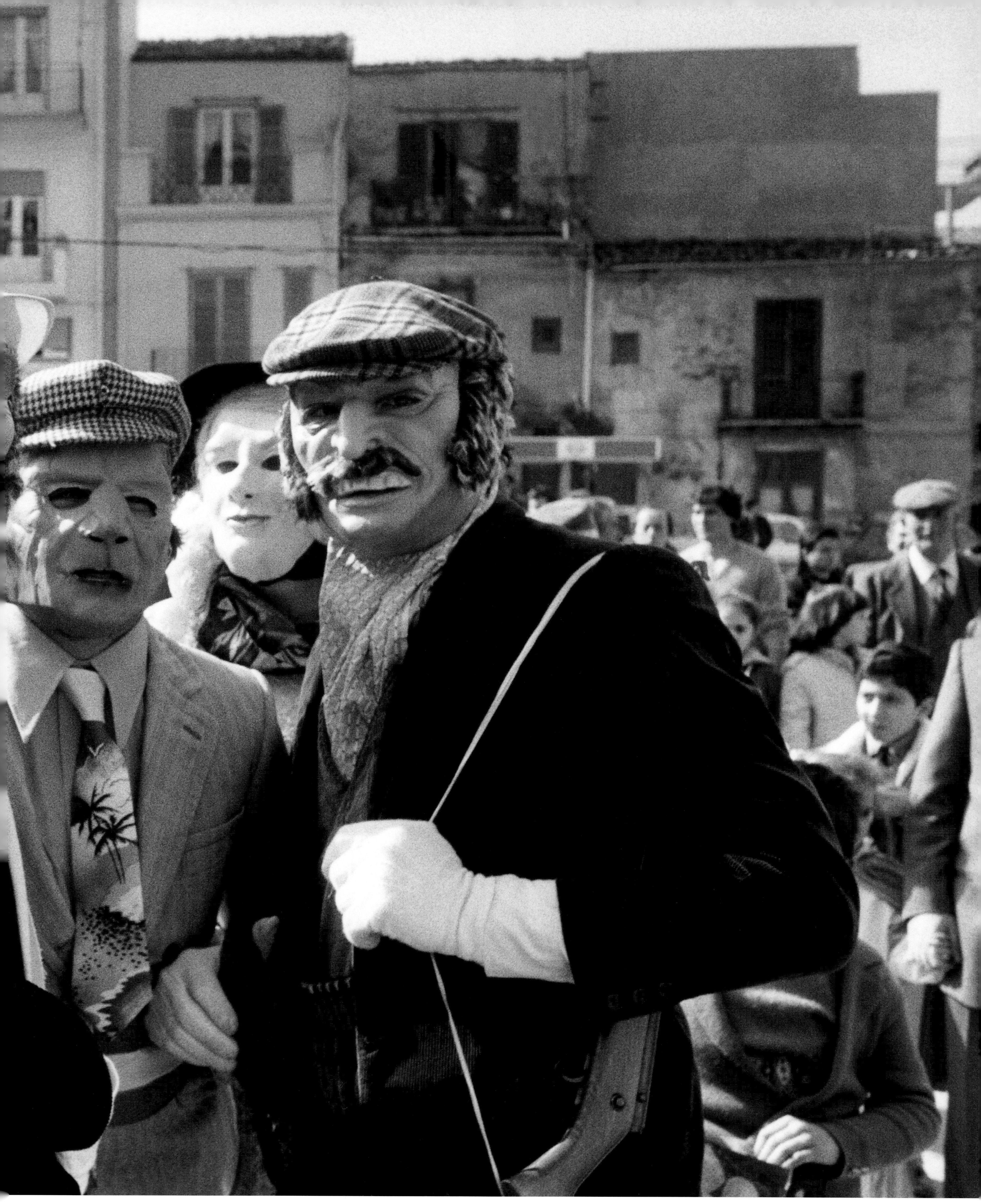

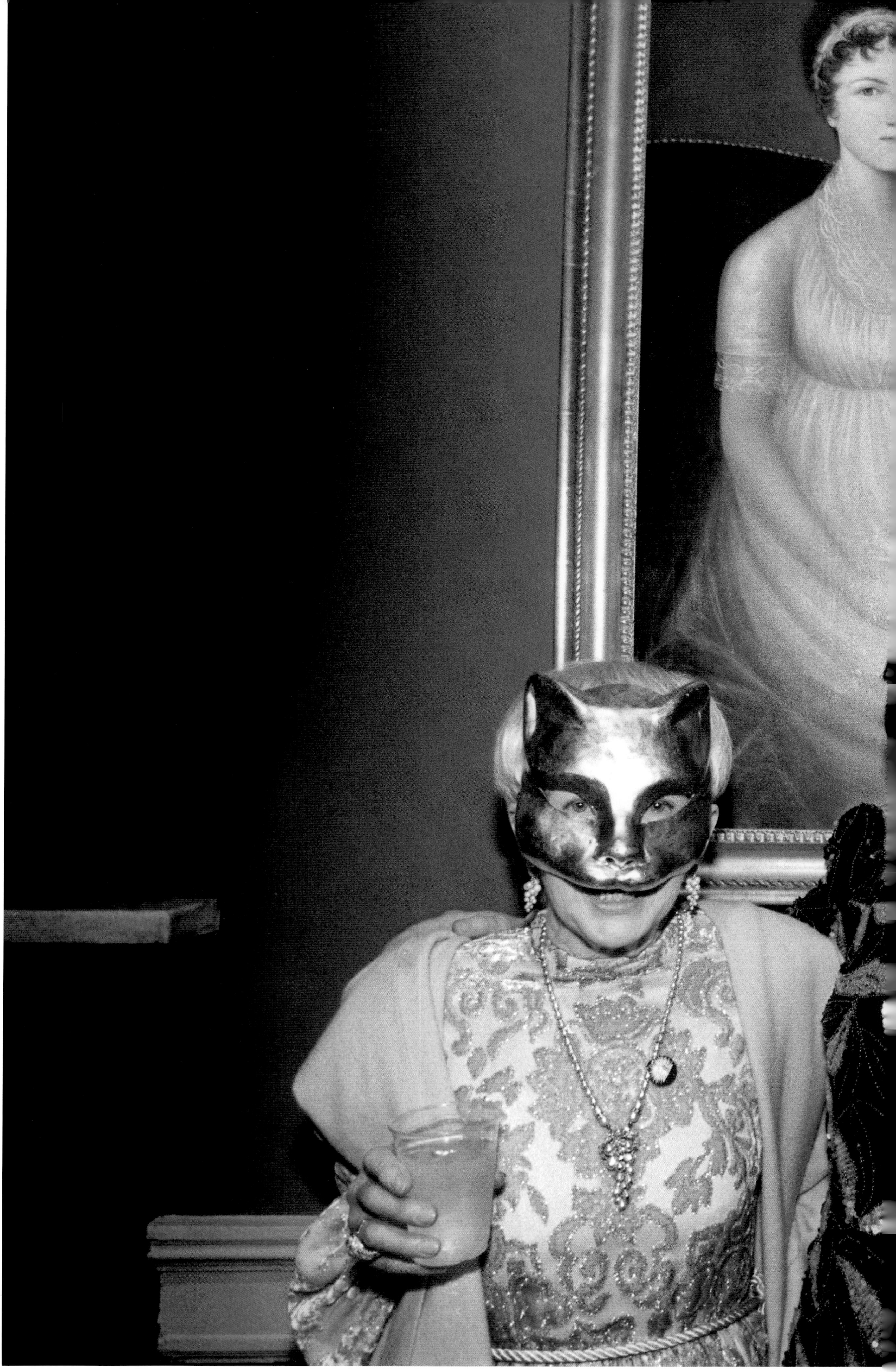

Foto:
FRANK FOURNIER

Paula Reeder (Mitte), Direktorin der »Corcoran Gallery of Art«, und ihre Eltern laden zum Maskenball. Eine Wohltätigkeitsveranstaltung, die rund 30 000 Dollar an Spenden für Kunststudenten einbringt – und gleichzeitig eine Investition in die Zukunft der ältesten Washingtoner Kunstsammlung ist. Wie in kaum einem anderen Staat der westlichen Welt muss Privatinitiative in den USA an die Stelle staatlicher Fürsorge treten – und hat eine Kultur des Spendens bewirkt

GEO *10/96*

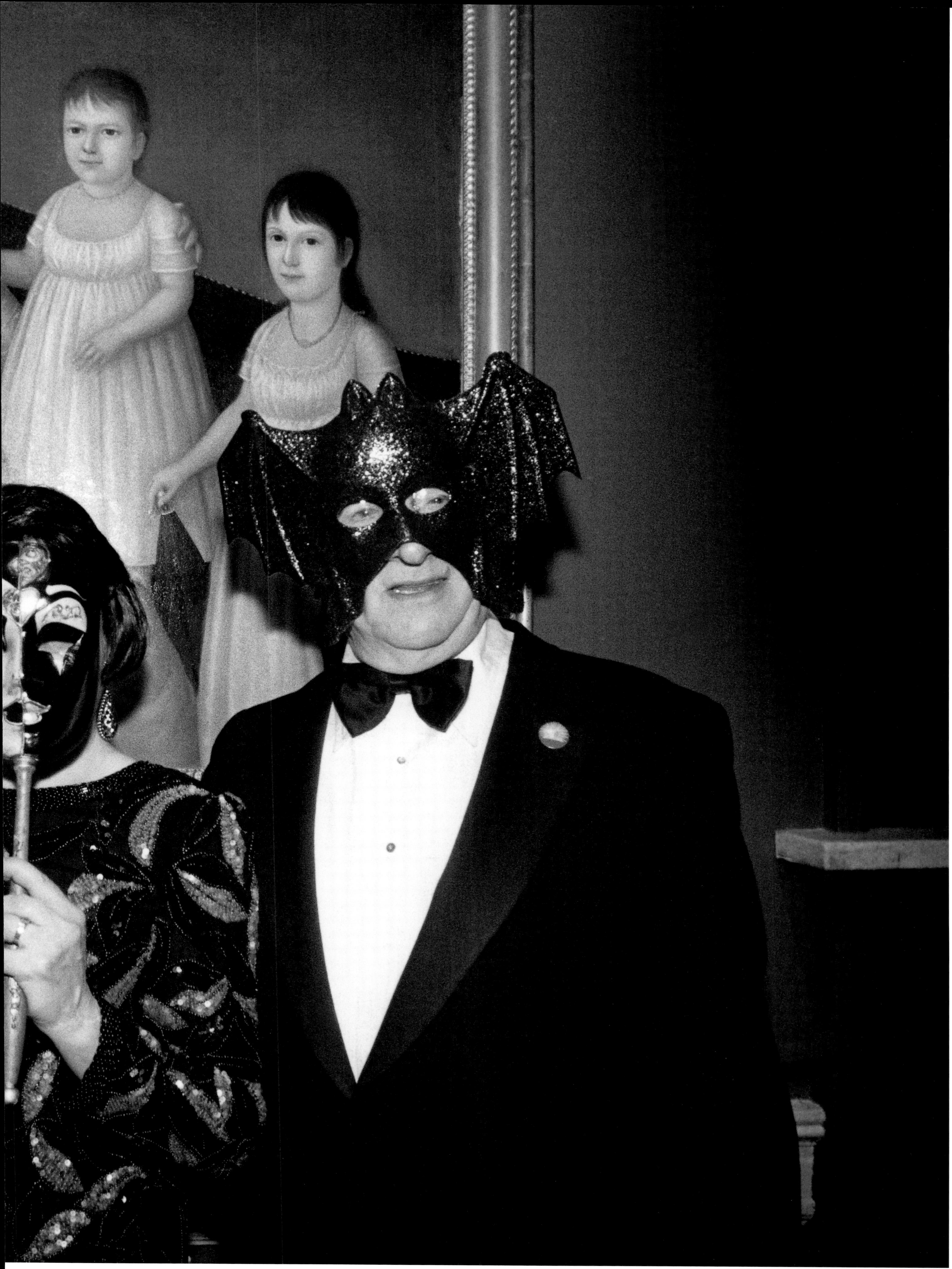

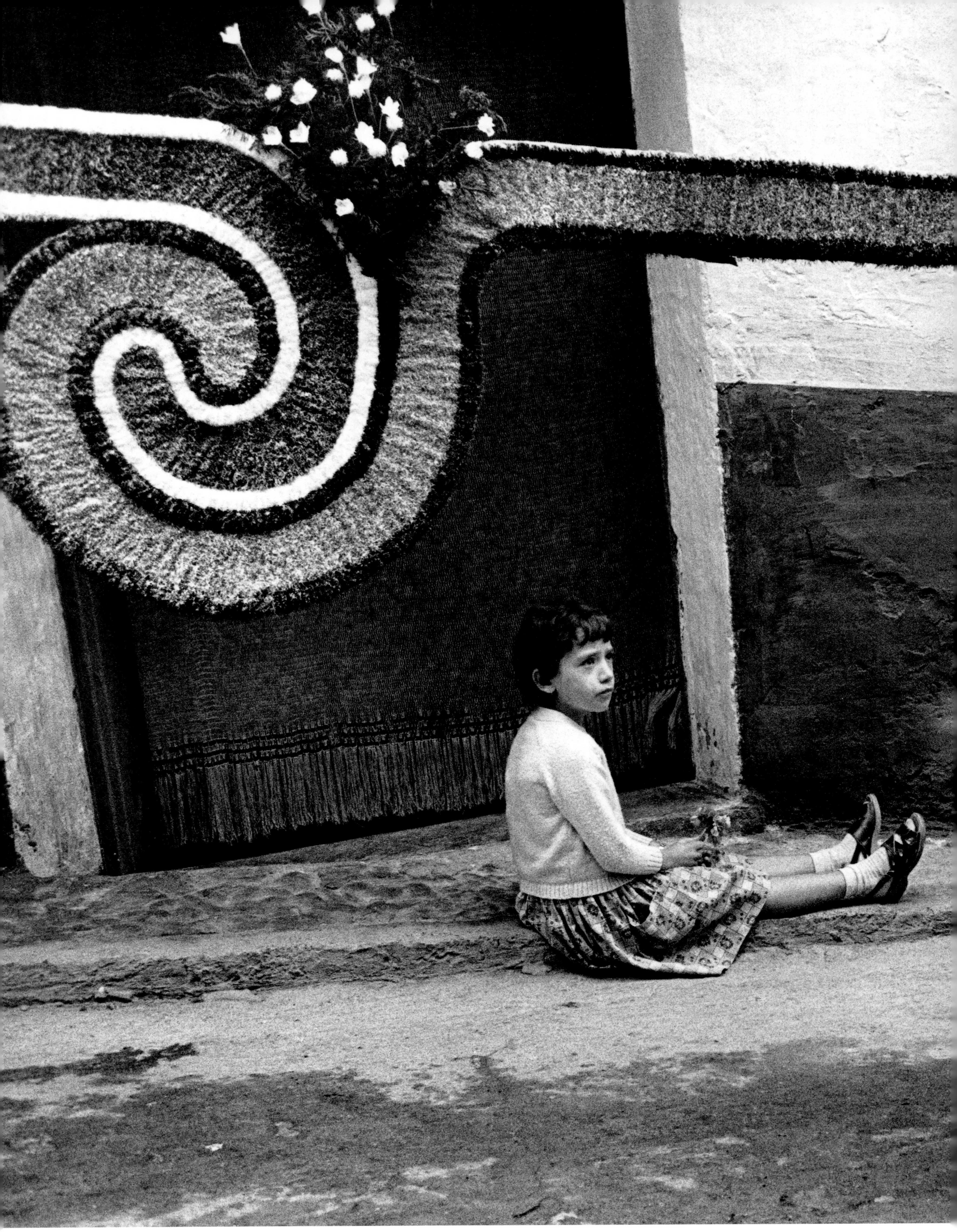

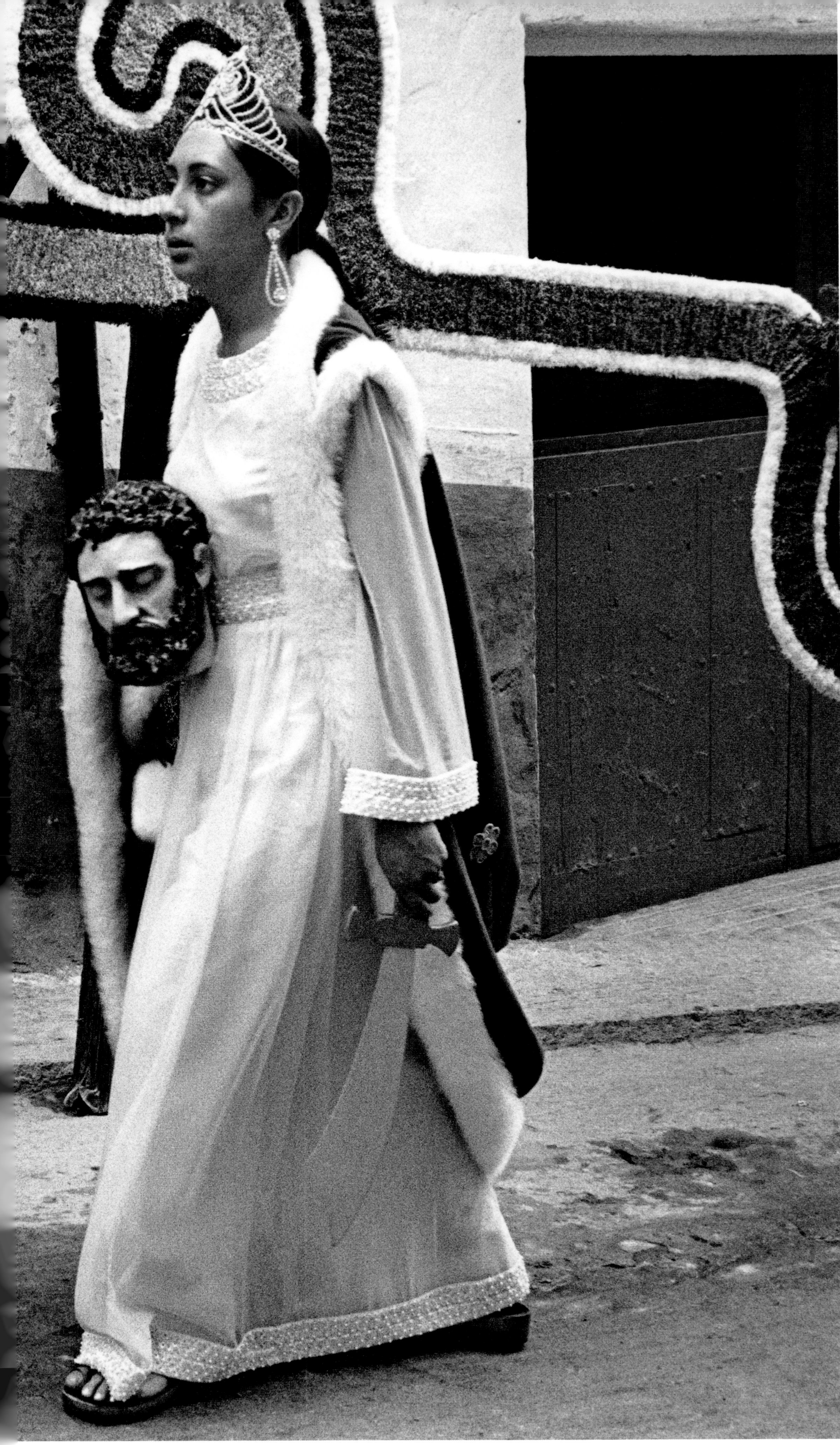

Foto:
CRISTINA GARCIA RODERO

Als 1672 die Pest im spanischen Dorf Morella in der Region Valencia wütete, blieb den Bewohnern nur noch eine Hoffnung: Sie trugen eine Marienstatue durch das Dorf – und die Seuche verschwand. Seither ziehen sie alle sechs Jahre zu Ehren der Muttergottes durch den Ort, wie sie es damals in einem Gelübde geschworen haben. Einige verkleiden sich dabei als biblische Figuren, wie diese junge Frau: Sie spielt die Judith aus dem Alten Testament, die dem Holofernes den Kopf abschlug und so ihre Stadt vor dem Verderben rettete

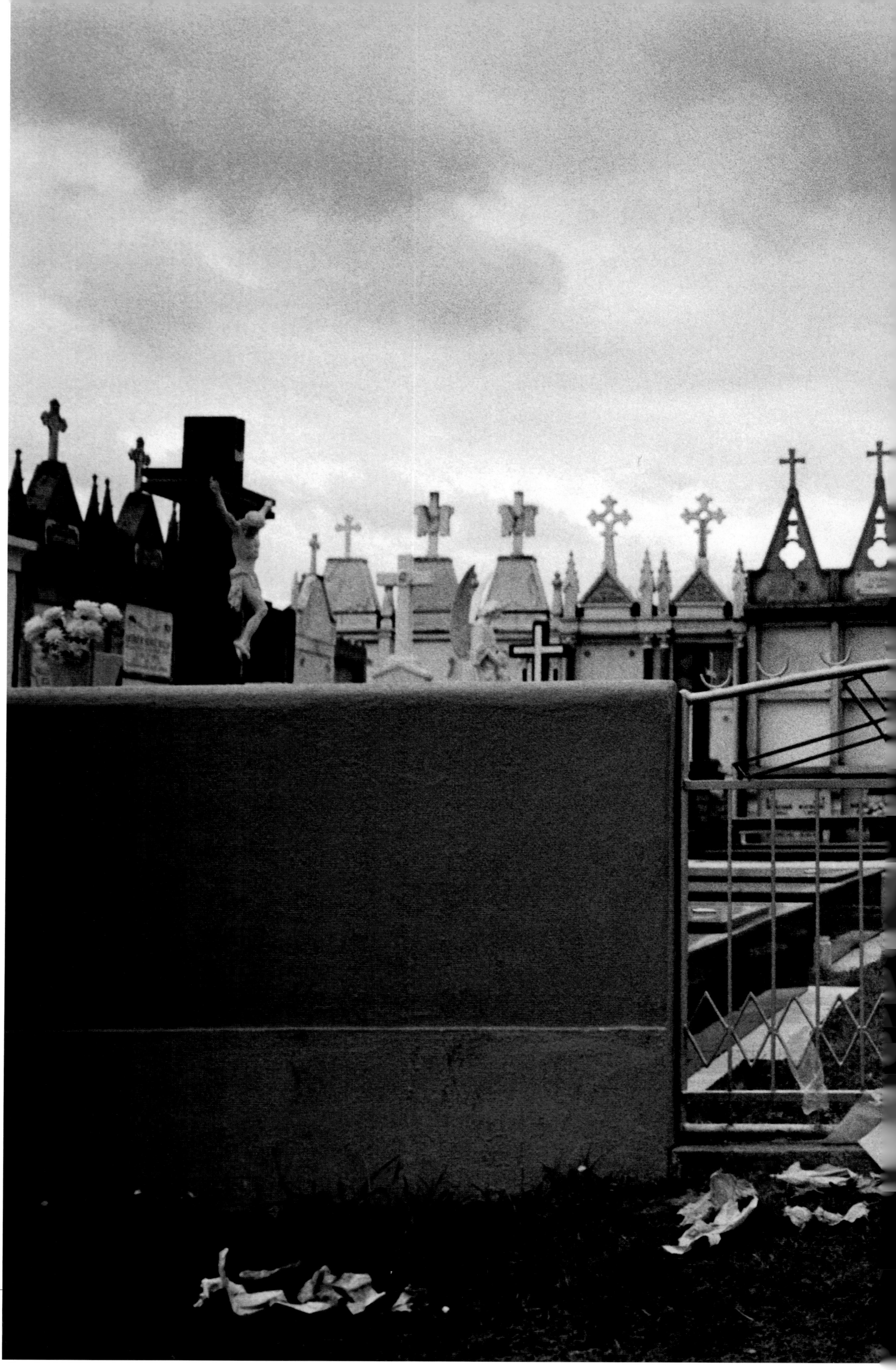

FOTO:
CRISTINA GARCIA RODERO

Ein Mädchen spielt im Dorf Saavedra im Nordwesten Spaniens vor dem Friedhof; wie von der Schwerkraft befreit, scheint es über dem Boden zu schweben. Schon früh lernen spanische Kinder die besondere Bedeutung von Friedhöfen als Orte der Erinnerung kennen. Regelmäßig besuchen sie mit ihren Familien die Verstorbenen. Einmal im Jahr, zu Allerheiligen, bilden die Grabstätten das Zentrum des gesellschaftlichen Lebens: Dann legen die Menschen mitunter Hunderte Kilometer zurück, um ihre Toten zu ehren

GEO *9/90*

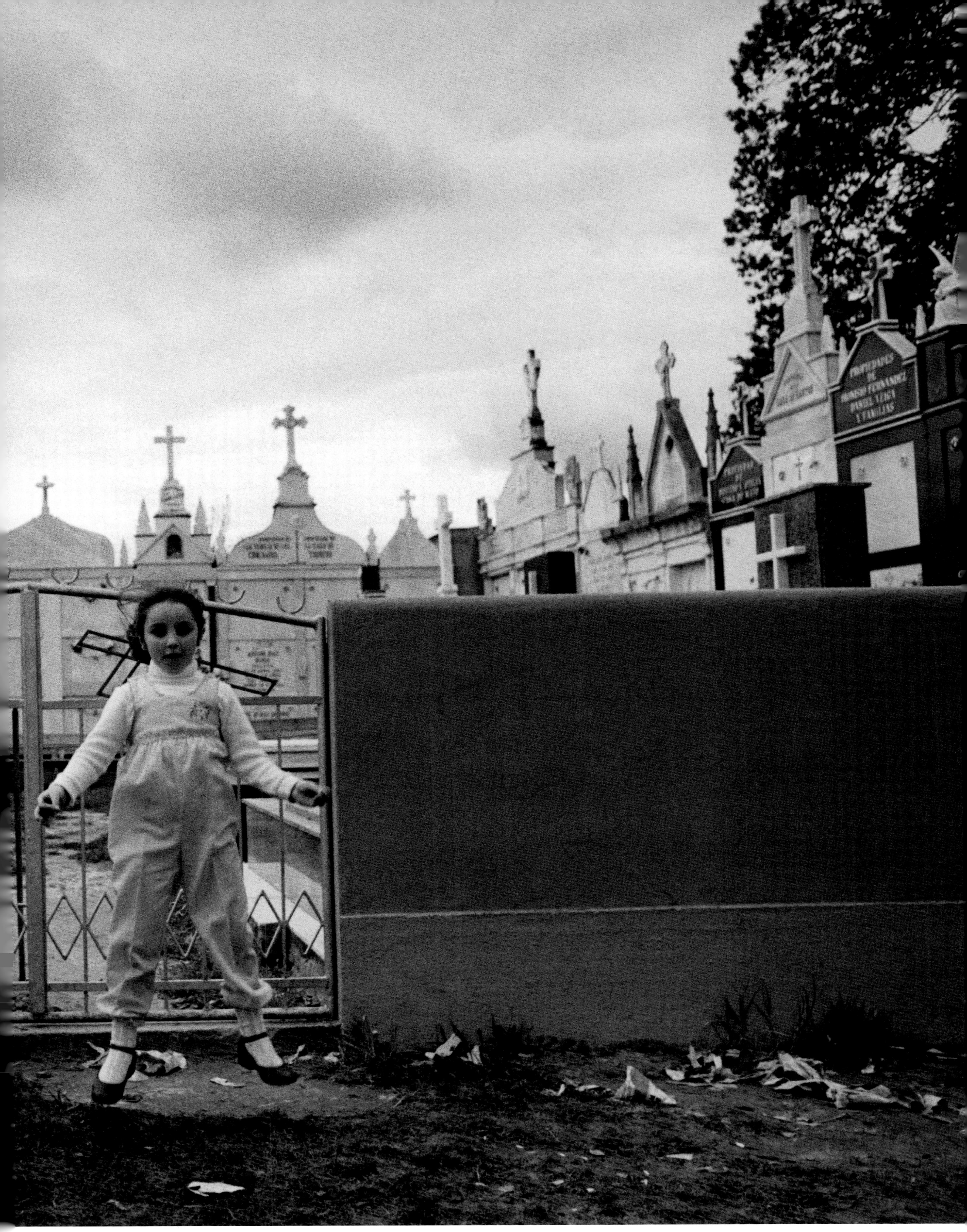

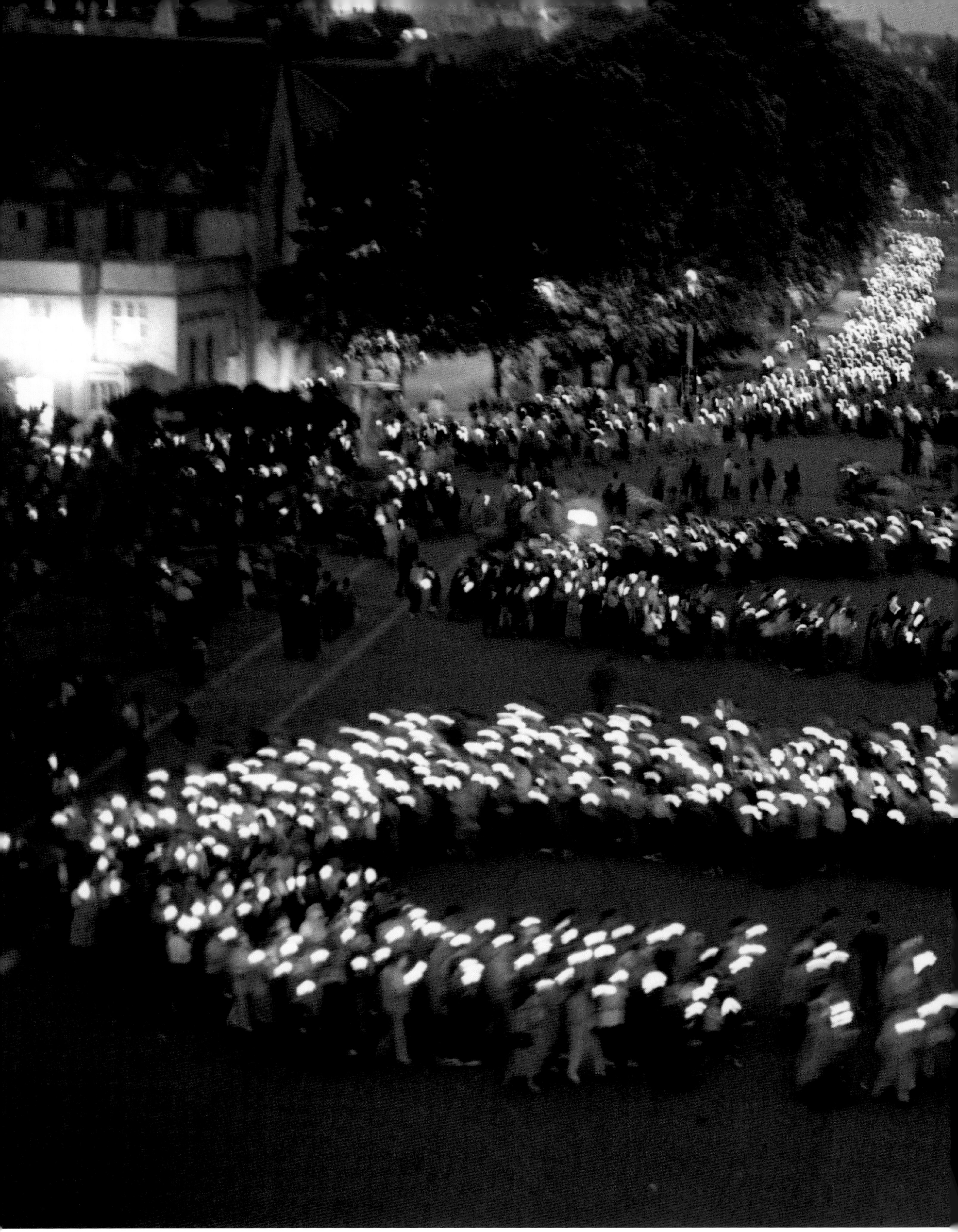

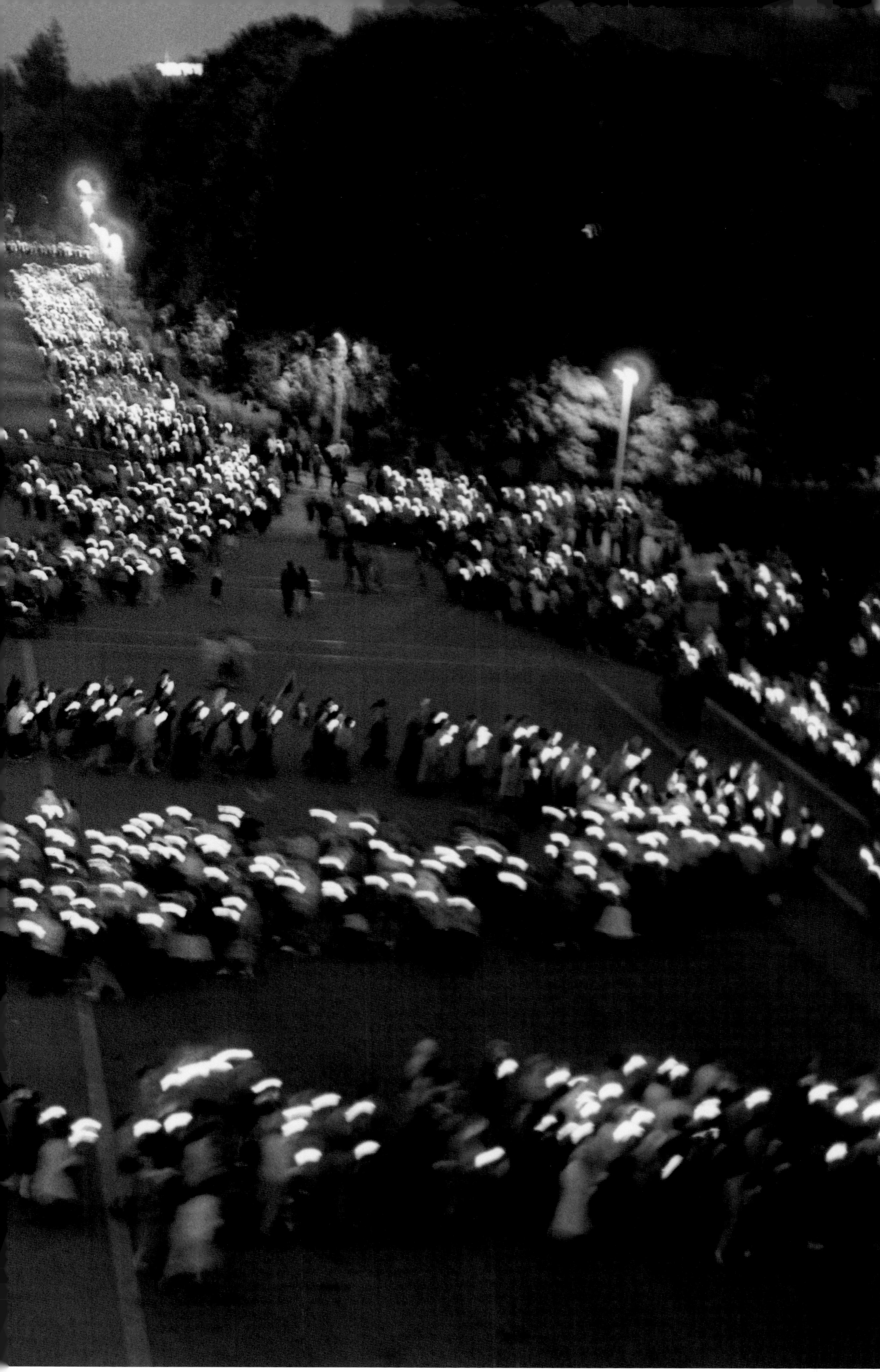

Foto:
ABBAS

Lourdes: Rund fünf Millionen Menschen strömen Jahr für Jahr an jenen Ort in Frankreich, an dem im Februar 1858 die Jungfrau Maria einem jungen Mädchen erschienen sein soll. Viele der Pilger, die in langen Schlangen geduldig warten, sind schwer krank und hoffen auf Wunderheilungen. Bislang hat die katholische Kirche 65 solcher Genesungen offiziell anerkannt

GEO 1/00

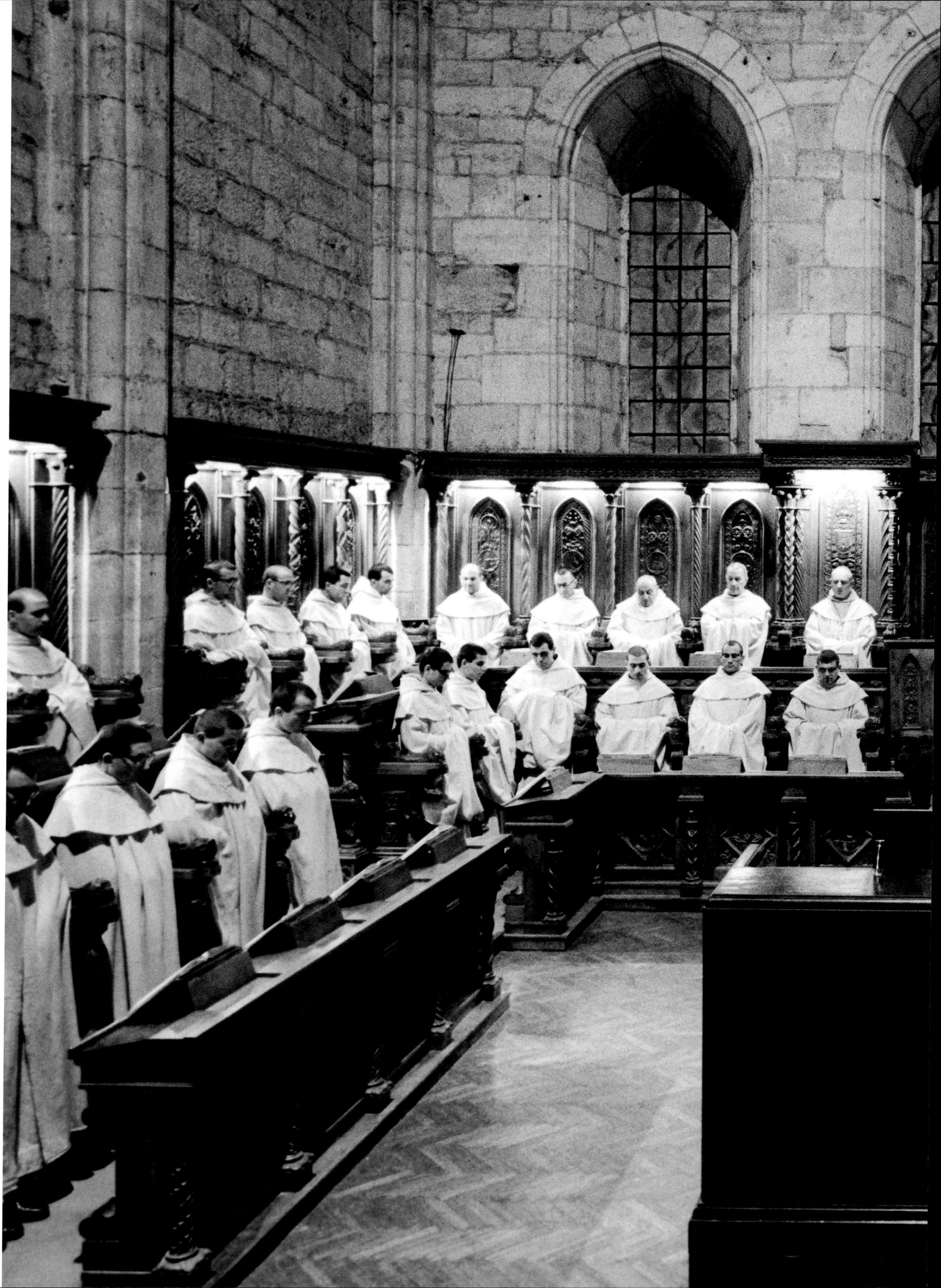

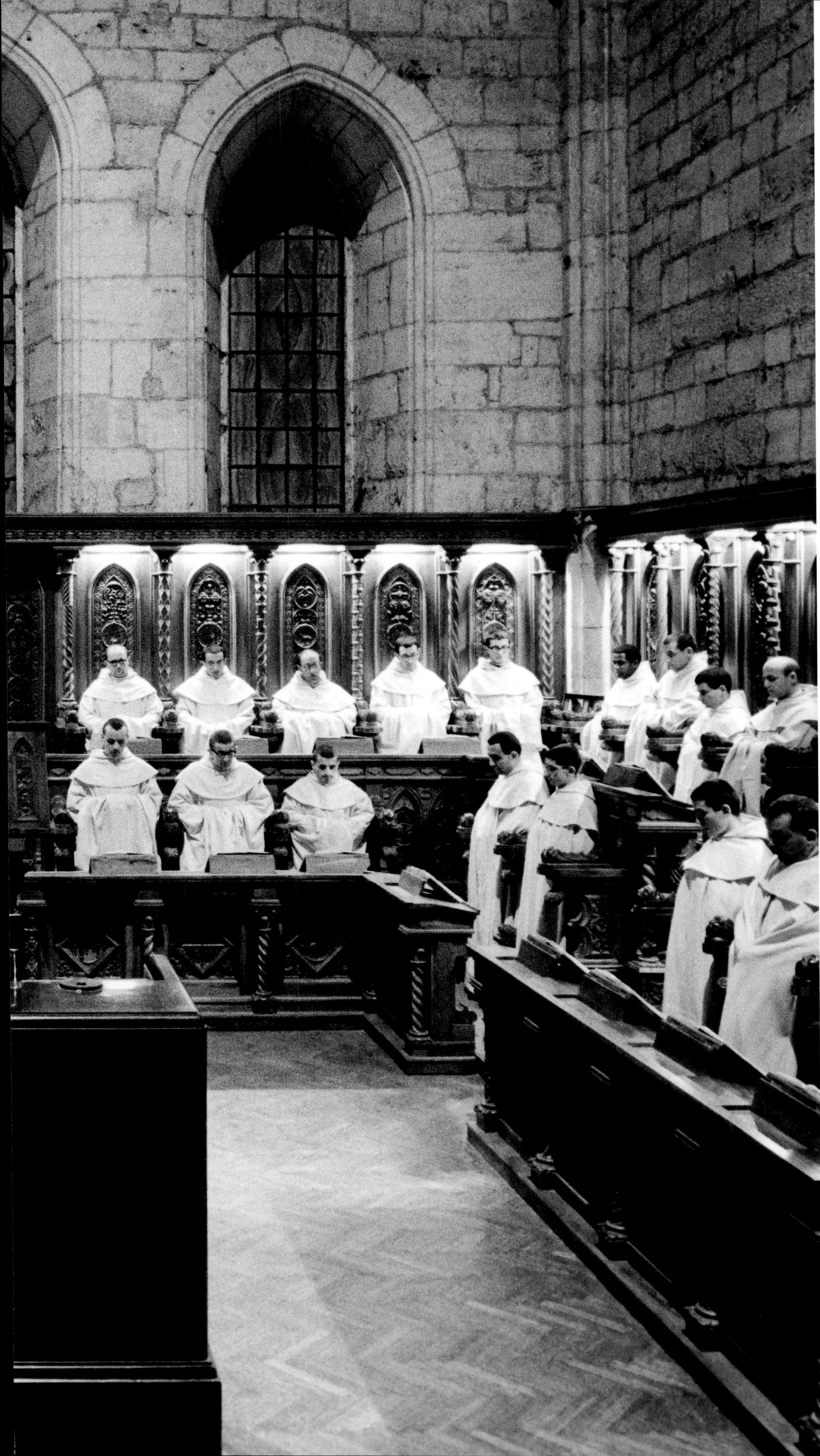

Foto:
DAVID LEES

Siebenmal täglich versammeln sich die Mönche im italienischen Zisterzienserkloster Casamari zur Andacht: zur Matutin (um zwei Uhr), zur Prim (Tagesanbruch, meist gegen sechs Uhr), zur Terz (neun Uhr), zur Sext (zwölf Uhr), zur Non (15 Uhr), zur Vesper (18 Uhr) und zur Komplet (20 Uhr). Nur während dieser Messen erklingen die Stimmen der Männer zu Gebet und Gesang – die restliche Zeit müssen sie schweigen. Denn aus der Stille schöpfen sie ihre Kraft

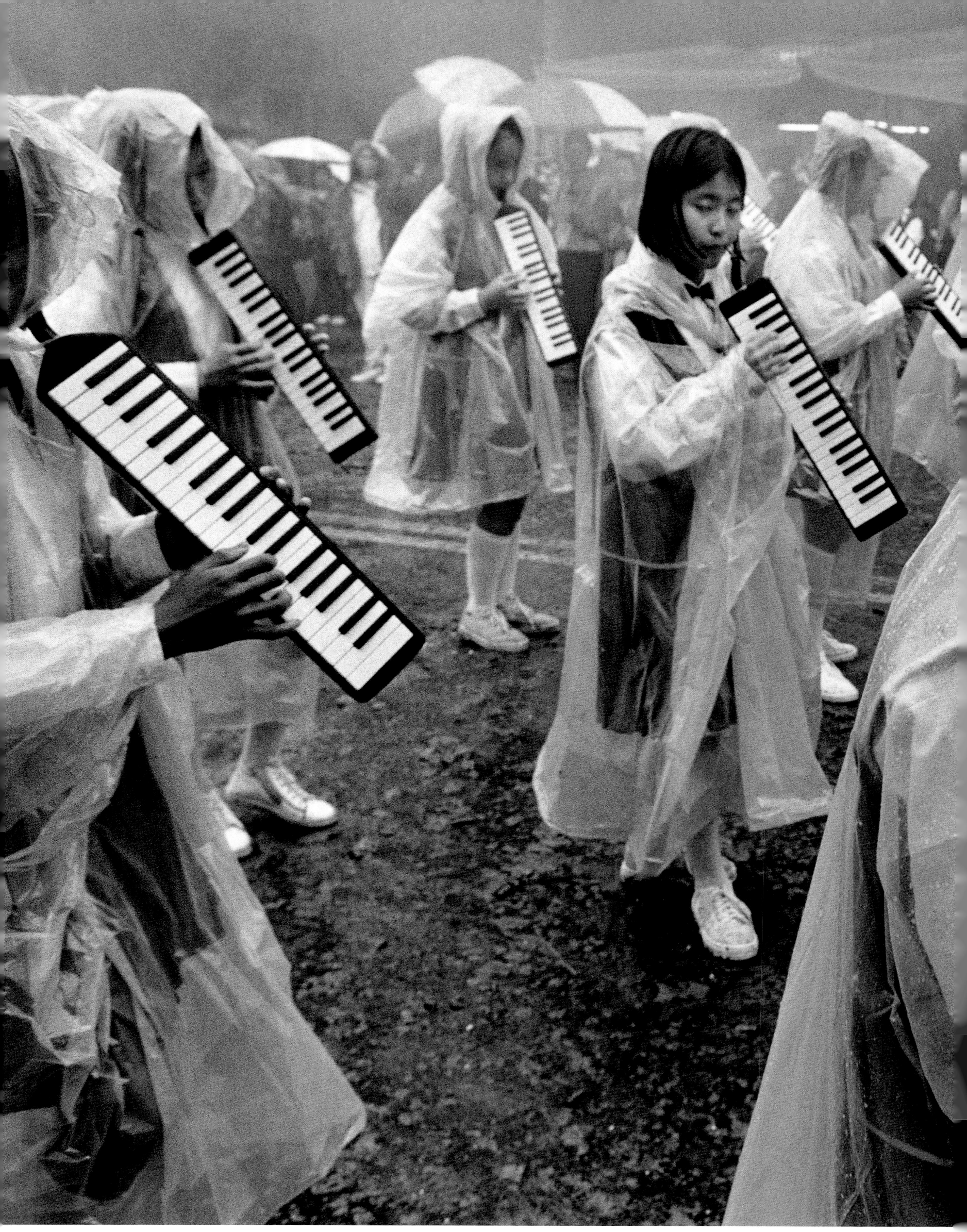

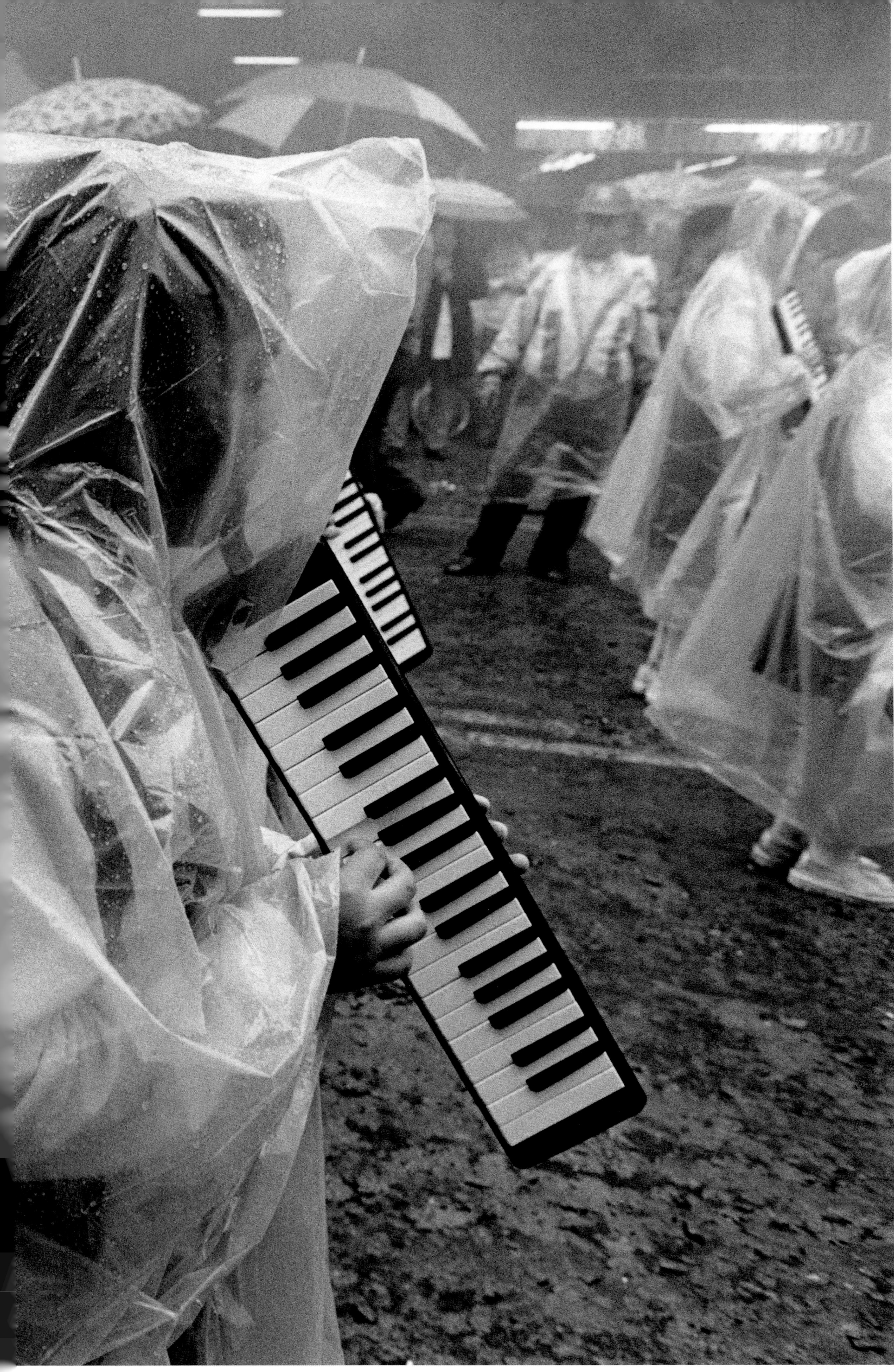

Foto:
CHIEN-CHI CHANG

Im strömenden Regen marschieren die Mitglieder einer Schülerkapelle, Melodica spielend, durch die Straßen von Hsin-kang im Süden von Taiwan. Die Kinder ehren eine der vielen Hundert Gottheiten, die den Menschen hier in fast jedem Bereich des Alltags helfen sollen: beim Autokauf, im neuen Job oder beim Fischen. Die Vielzahl der Götter prägt auch das Bild der Insel. Rund 100 000 Tempel sind ihnen in den Städten und Dörfern gewidmet

GEO 5/01

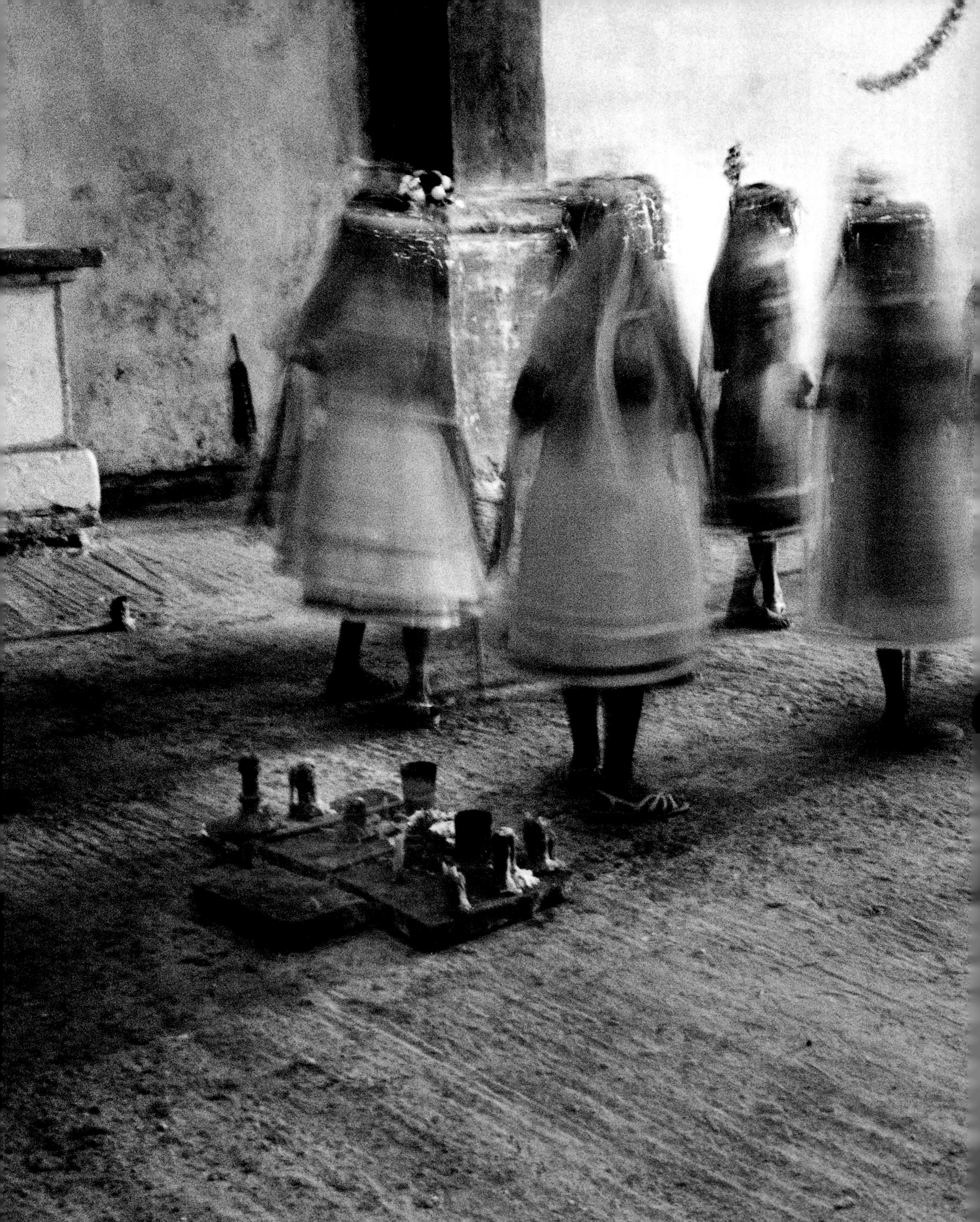

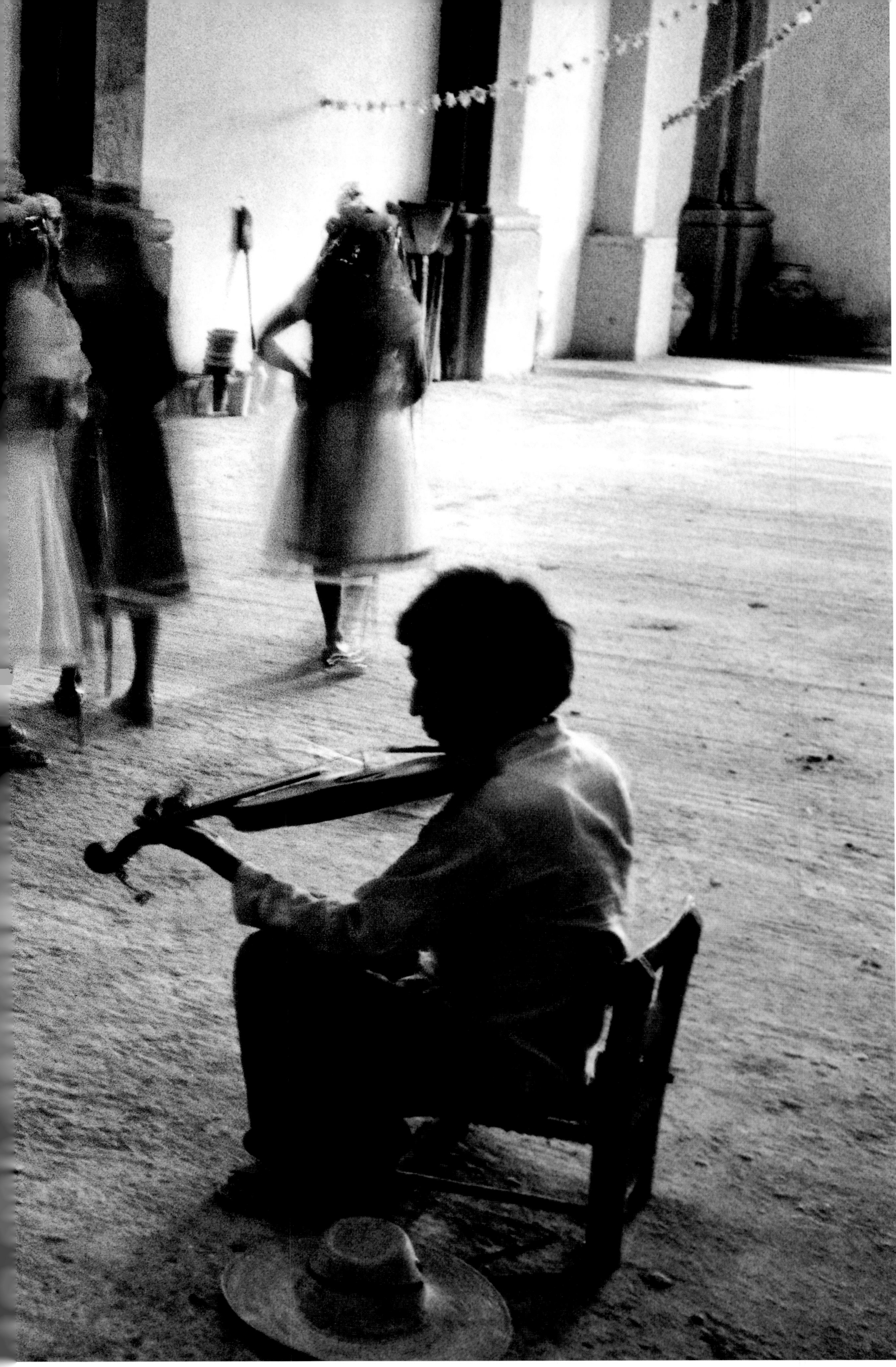

Foto:
ABBAS

Junge Mädchen treffen sich im mexikanischen Oapan auf Einladung des Pfarrers in der Dorfkirche, um rituelle Tänze ihrer aztekischen Vorfahren aufzuführen. Einst haben Vertreter der katholischen Kirche überall in Südamerika an der brutalen Auslöschung der alten Kulturen mitgewirkt – heute helfen sie mancherorts, deren fragmentarische Überreste zu bewahren

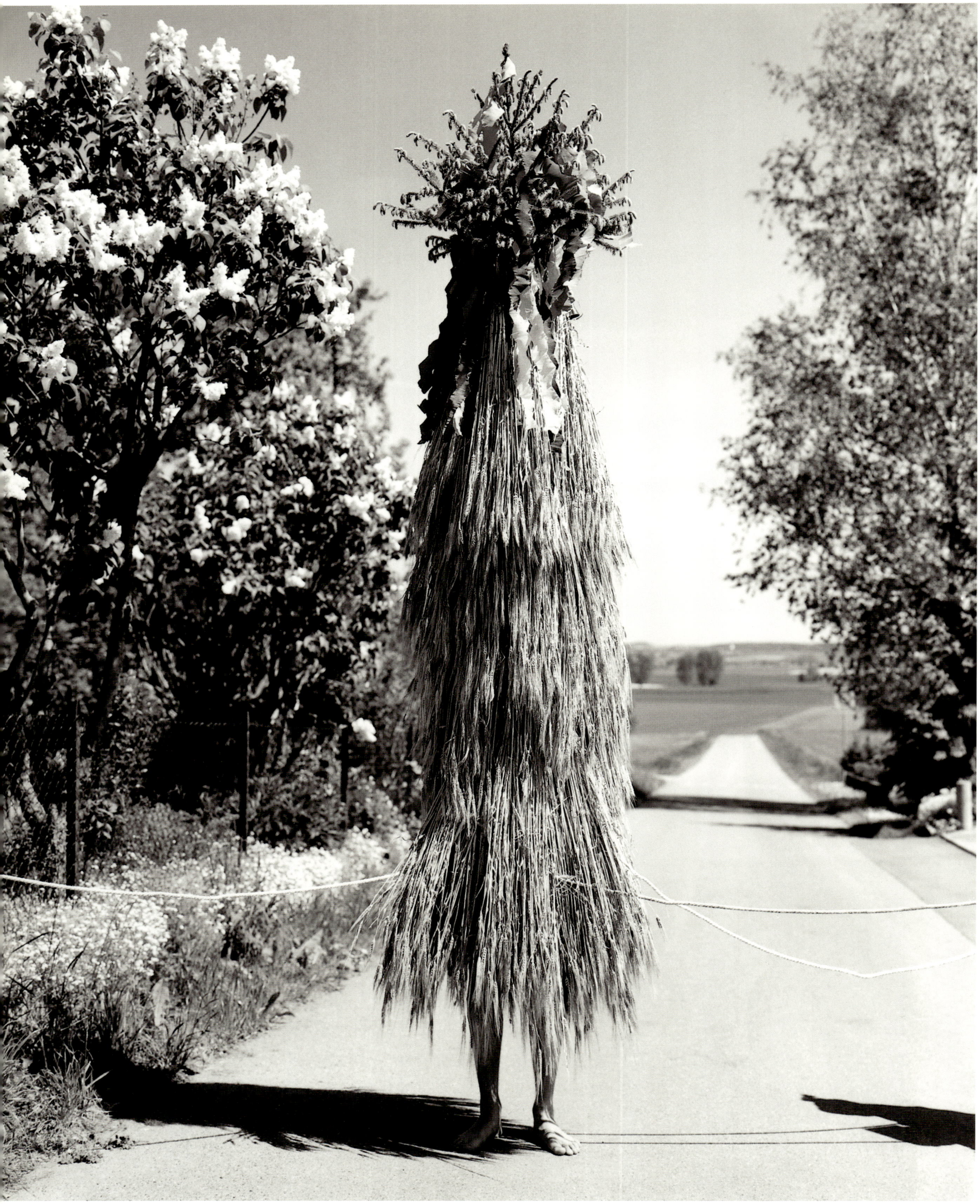

Fotos: MARKUS BULLIK

Wäre da nicht die europäische Umgebung, könnte man meinen, der Mann im Strohkostüm stamme aus Neuguinea. Doch der »Latzmann« zieht zu Pfingsten durch die Gegend von Ehingen im Alb-Donau-Kreis. Stroh soll dabei den Winter, Grünzeug den Sommer symbolisieren. Dick vermummt jagen dagegen am Nikolausabend wilde »Klausen« durch Oberstdorf, klopfen an Fenster und schütteln Passanten durch; ein Relikt der dämonischen Seite des Nikolaus-Brauchs

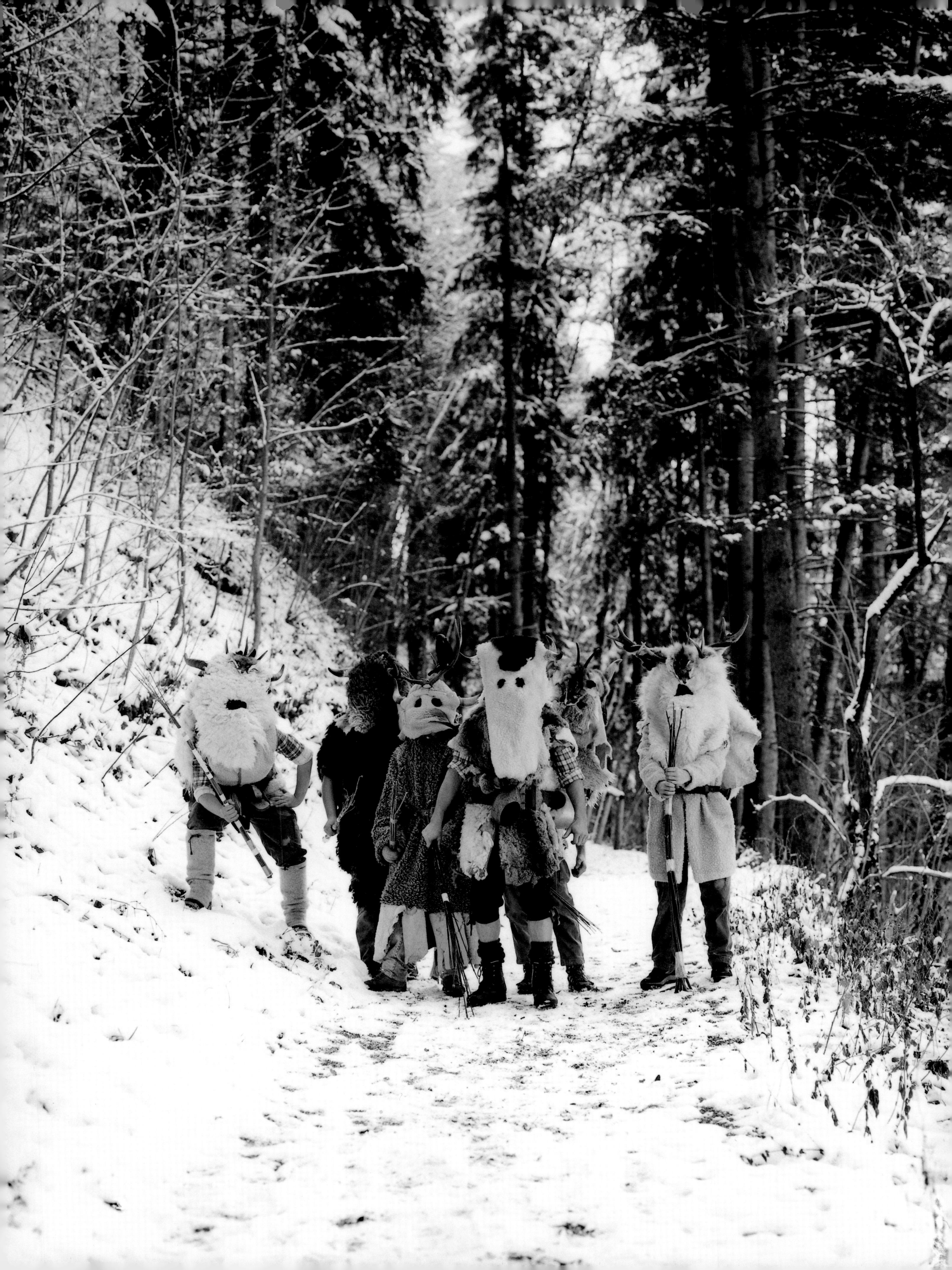

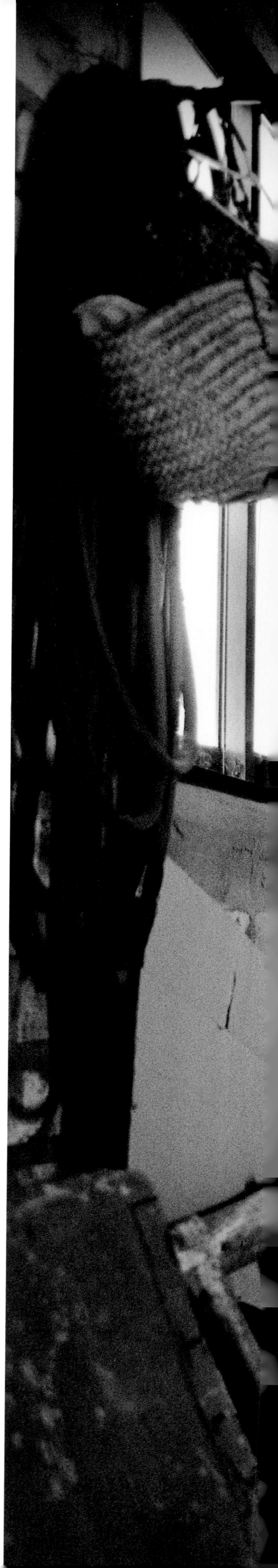

Foto: GIORGIA FIORIO

Der Stierkampf ist in Andalusien der Inbegriff für Mut, Disziplin und Eleganz. Für die Anhänger des Spektakels, das Ausländern meist nur grausam und sinnlos erscheint, zählt nicht der Ausgang des Duells, sondern allein dessen Form: Wie bewährt sich der Torrero in der Gefahr? Dessen stolze Pose wird früh geübt – in allen Schichten, auch von Stallburschen und Nachwuchsmatadoren

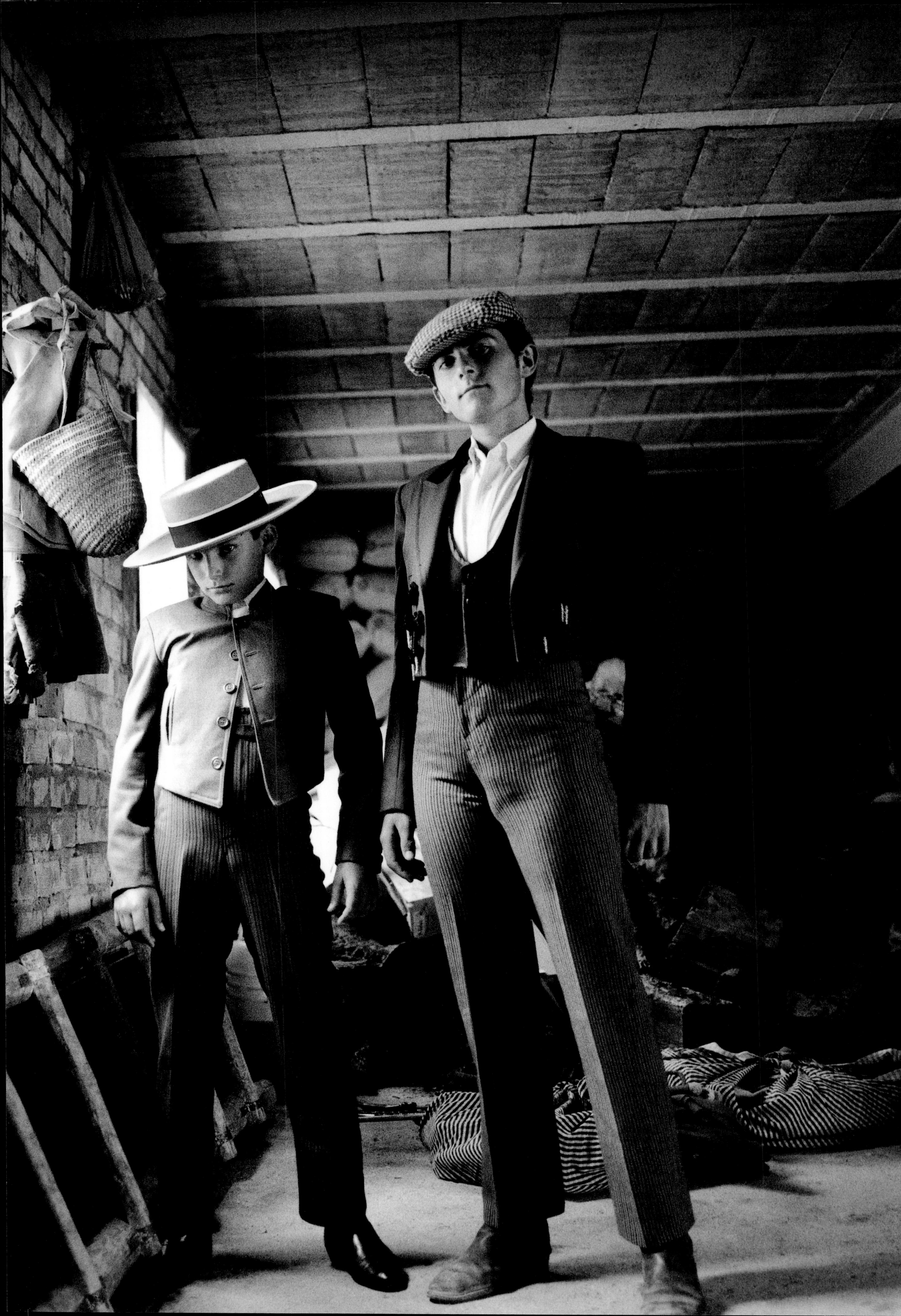

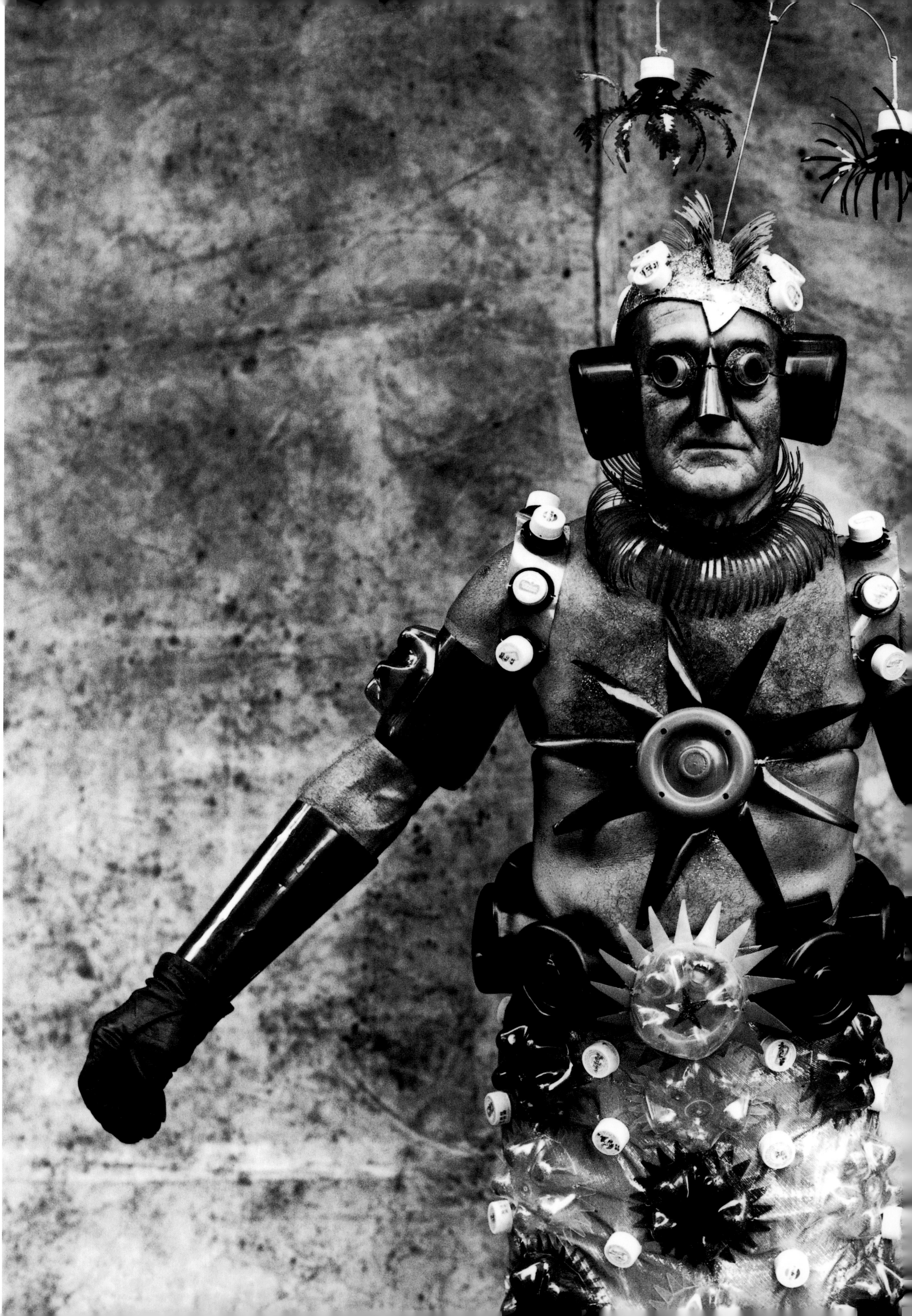

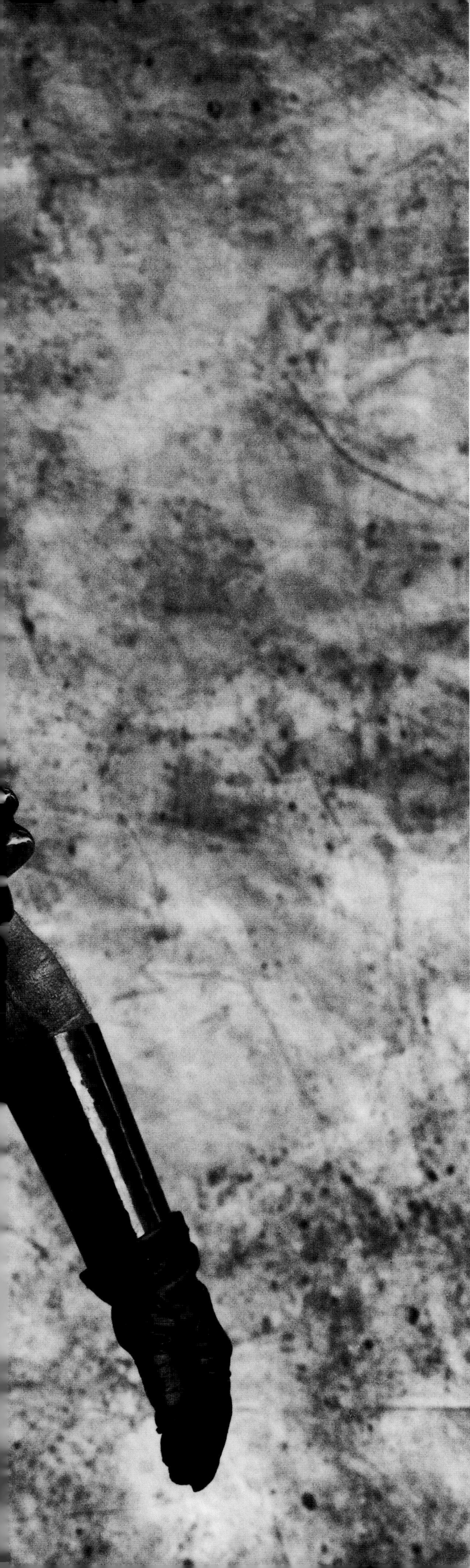

Foto:
ROGERIO REIS

Kaum einer bleibt, wer er war, wenn im Februar ganz Rio de Janeiro ins Delirium fällt. Dann füllen sich die Straßen mit halluzinatorischen Masken und Gestalten: mit Müllköniginnen, Zukunftswesen und Außerirdischen wie diesem – mit Menschen, die auf Reisen in andere Körper und andere Seelen gehen und im Samba-Takt die Frustrationen ihres Alltags verscheuchen

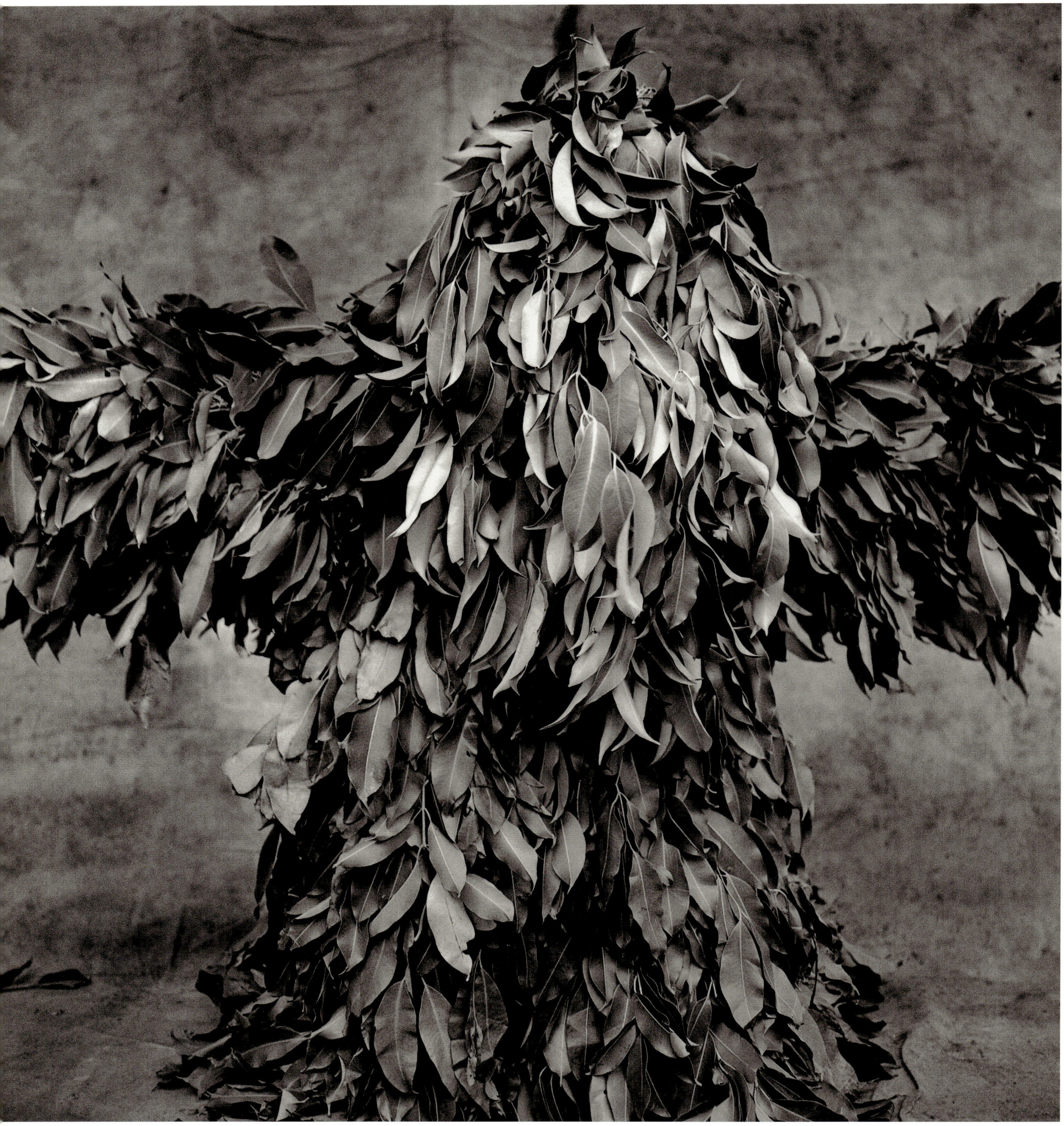

Fotos: ROGERIO REIS

Schon 15 Tage vor Rosenmontag beginnen die ersten lärmenden Straßenumzüge in Rio, jeden Tag in einem anderen Stadtviertel. In dieser Zeit gelten die Gesetze der Possenreißer, des Bacchanals und der »fantasia« – jenes in Brasilien magischen Wortes für die Maskerade. Die Kunst der Verkleidung beherrschen die Bewohner Rios meisterlich: Unter Lottoschein-Gewändern und tragbaren Moos- und Blätterwäldern wechseln sie ihr Ego. Oder sie finden es

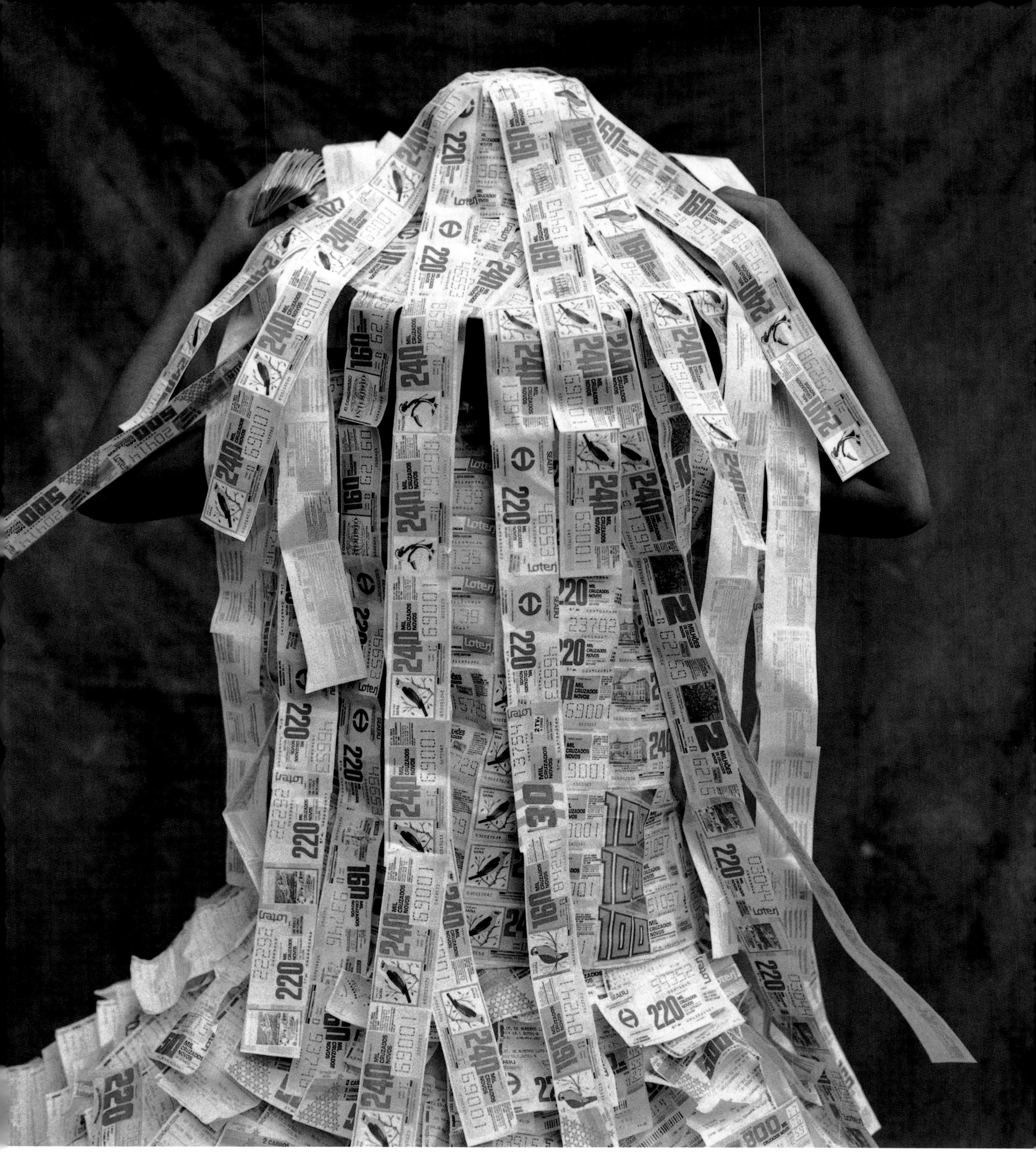
240 MIL CRUZADOS NOVOS
220 MIL CRUZADOS NOVOS
160 MIL CRUZADOS NOVOS
Loterj
SEAERJ
2 MILHÕES
100 MIL CRUZADOS NOVOS

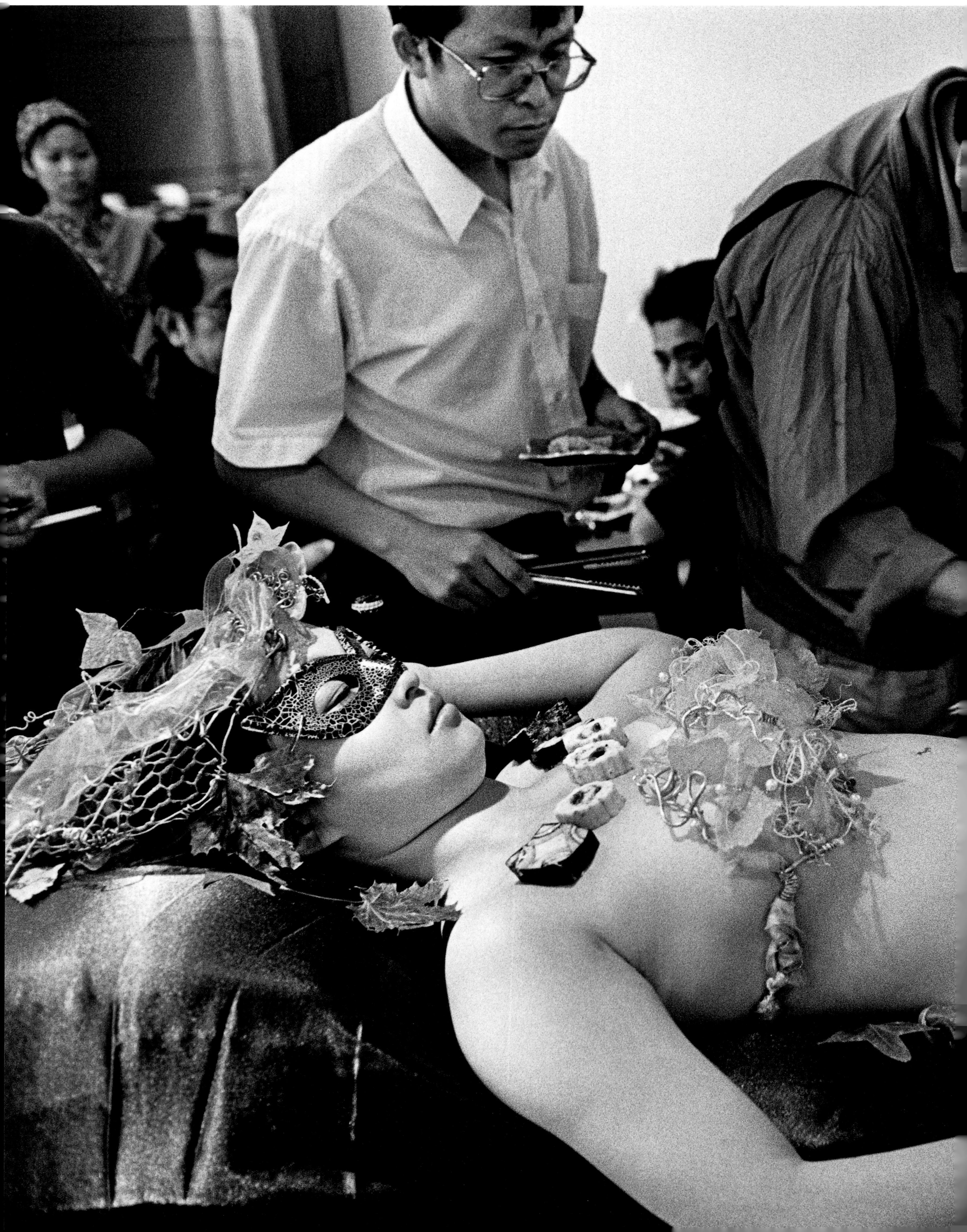

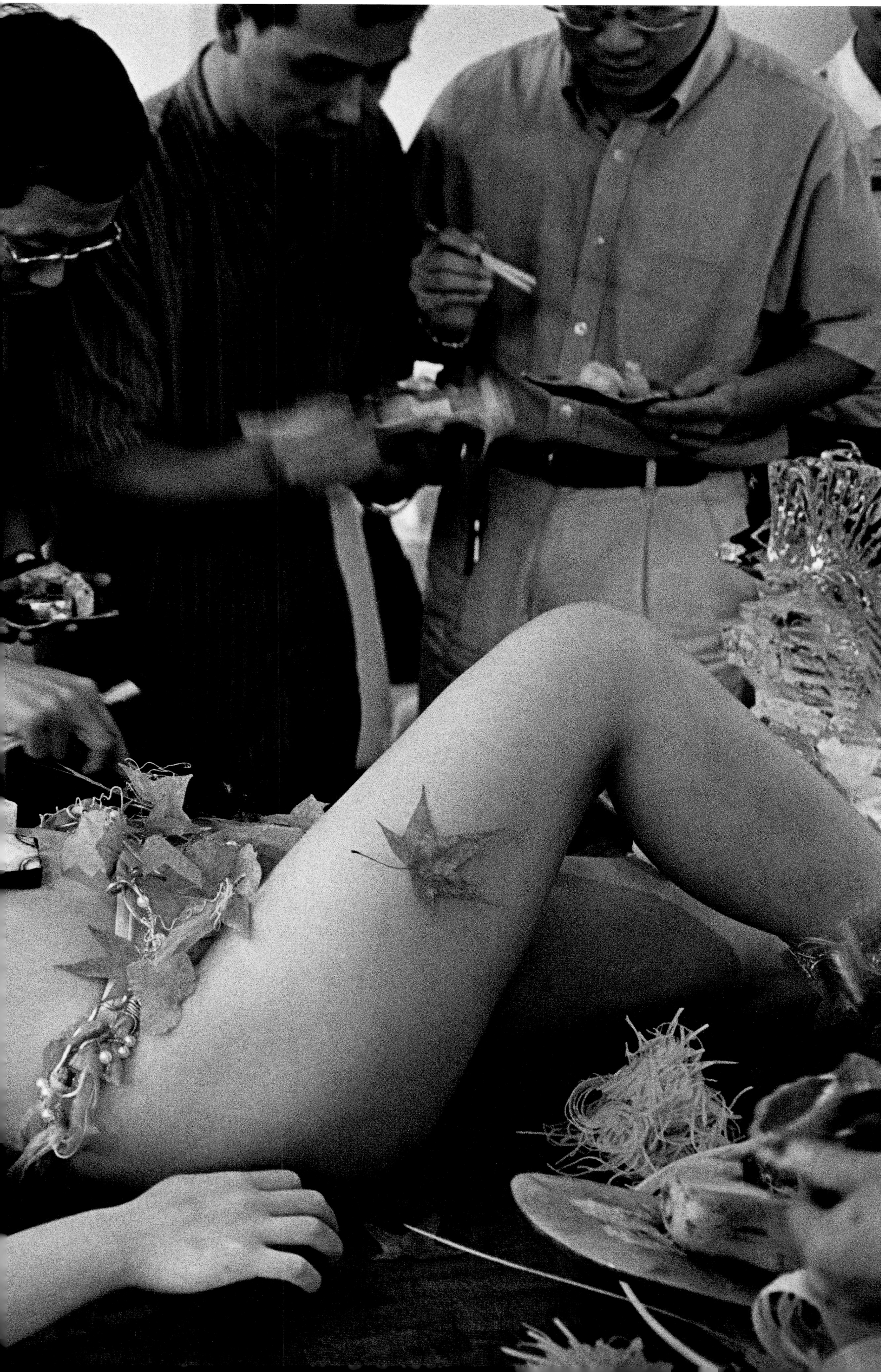

FOTO:
CHIEN-CHI CHANG

Eigentlich ist Sushi eine japanische Spezialität, doch längst sind die gewickelten Häppchen aus rohem Fisch und gekochtem Reis auch in Taiwan eine beliebte Speise. Nach 50 Jahren ungebrochenen Wirtschaftswachstums ist das Land einer der reichsten Staaten Asiens: Die einheimische Elite verfügt über viel Kaufkraft – und leistet sich in Sushi-Bars gern auch mal den Aufpreis für eine Lebenddekoration

GEO *5/01*

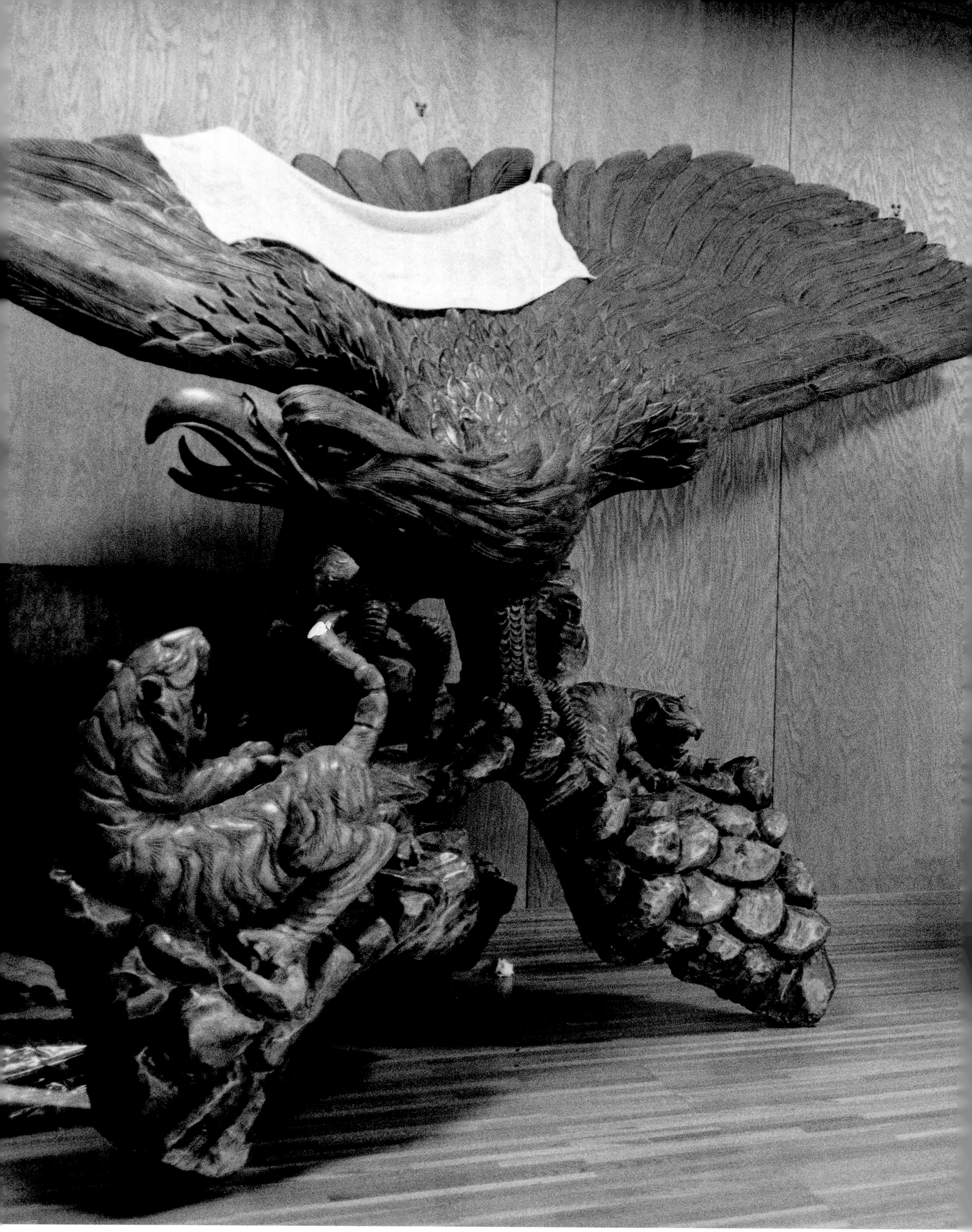

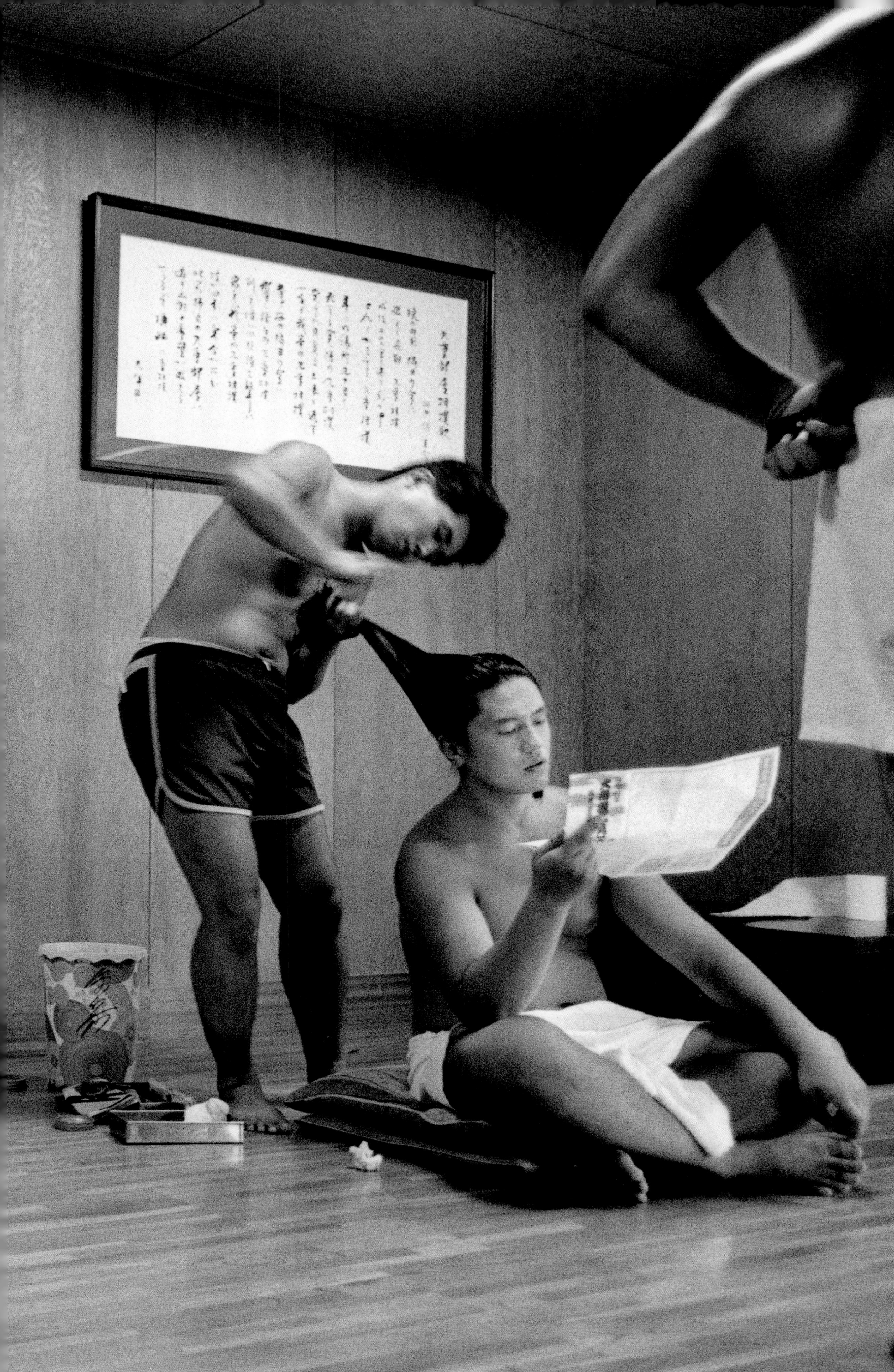

FOTO:
JOEL SACKETT

Tausende japanischer Jugendlicher teilen einen Traum: eines Tages ein erfolgreicher Sumoringer, ein Halbgott in ihrem Land zu werden. In klosterähnlichen Sportschulen leben die Kämpfer zehn Jahre lang für dieses Ziel. Hier werden sie ausgebildet, trainiert und gemästet. Zur täglichen Haarpflege – zum Waschen, Ölen, Knotenbinden – kommt ein Spezialist ins Haus; der geschnitzte Adler, Geschenk eines Fans für die Ringerschule, dient ihm als Handtuchtrockner

GEO 9/94

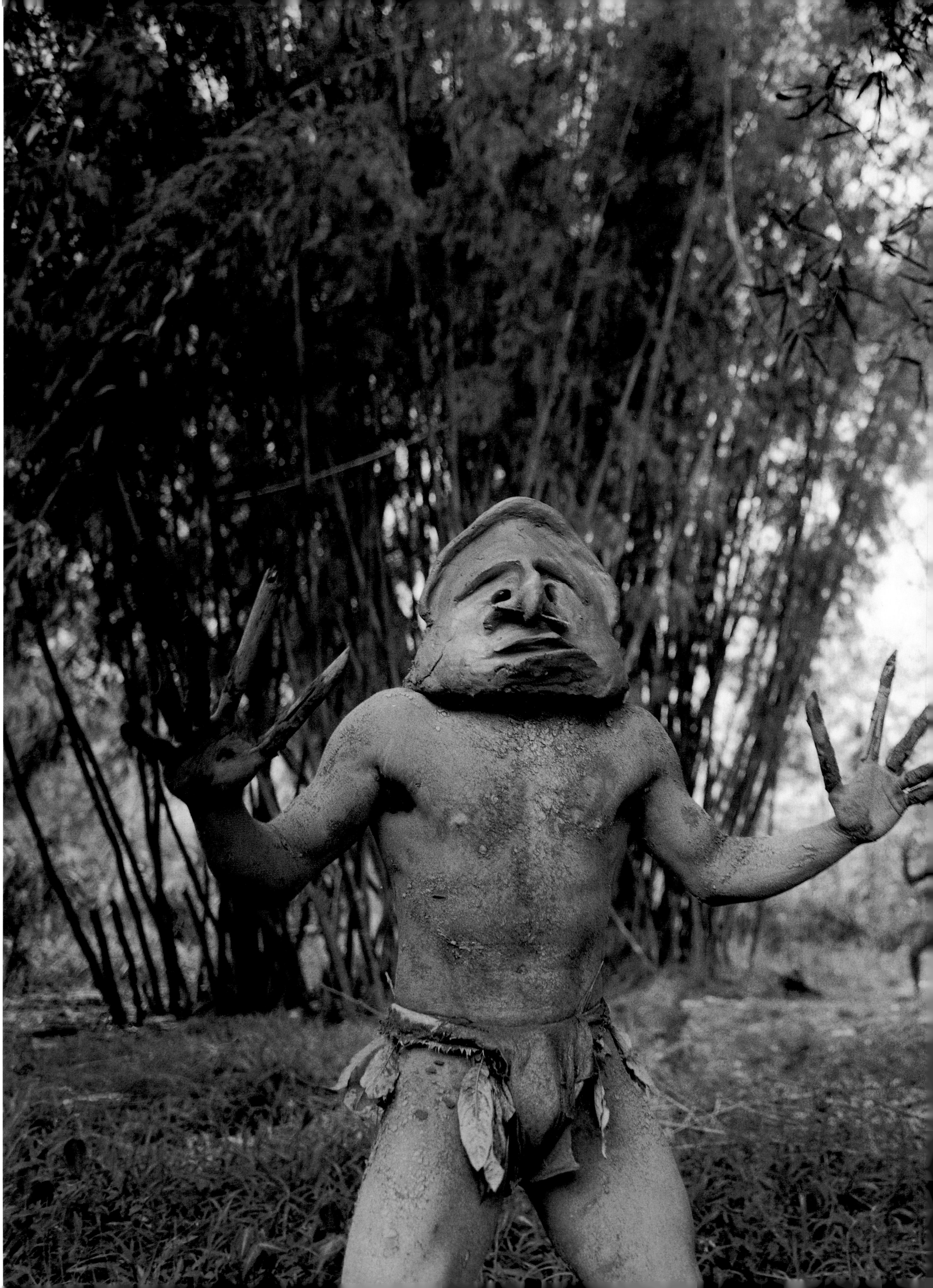

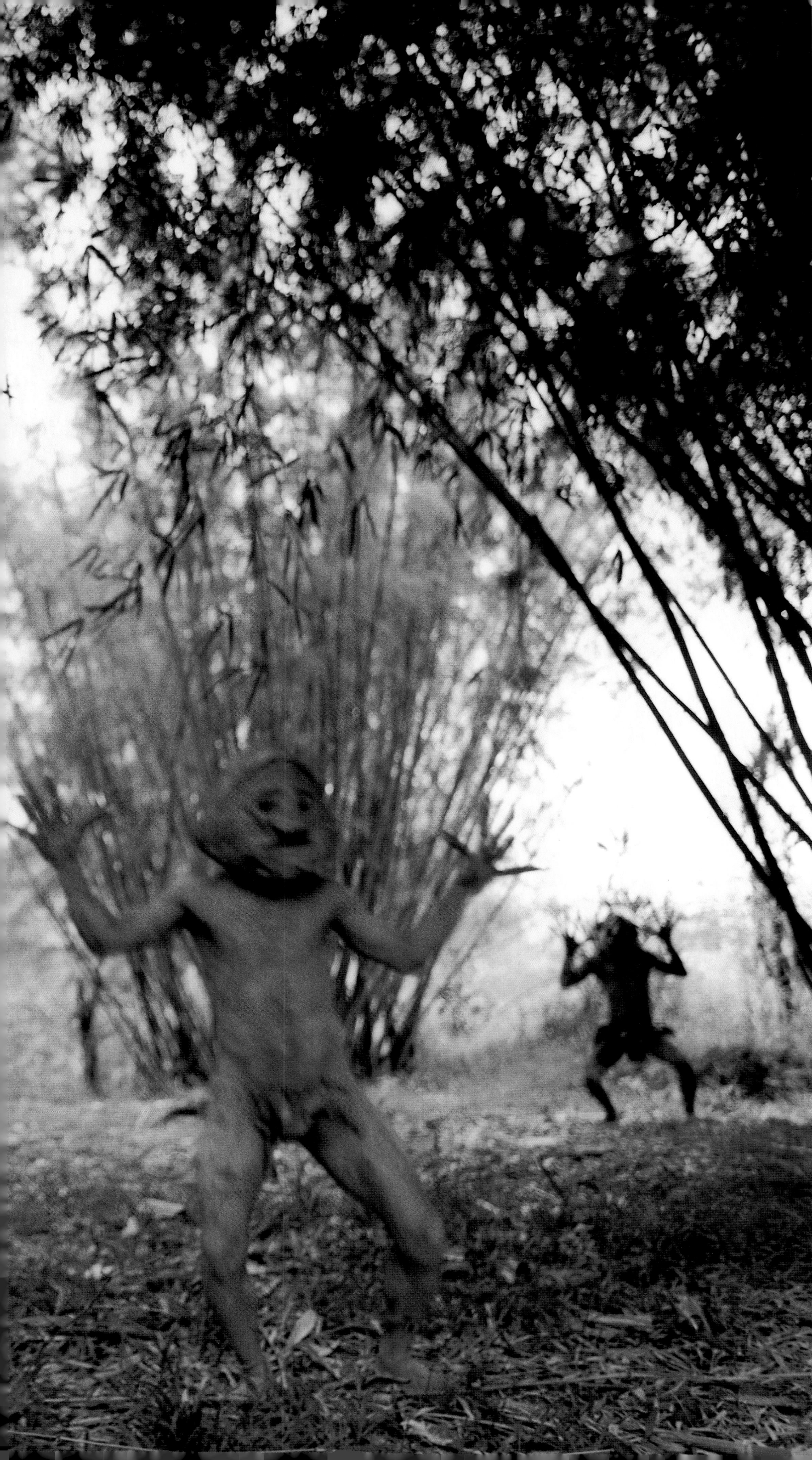

Foto:
CHRIS RAINIER

Seit ungezählten Generationen unverändert begleiten die rund 1000 Völker der Insel Neuguinea in kunstvollen Masken und Kostümen Ereignisse wie Geburt, Erwachsenwerden, Heirat oder Tod. Die Schlamm-Männer aus dem Asaro-Tal versammelten sich einst nur, um einen verstorbenen Dorfbewohner zu betrauern. Ihre lehmbedeckten Körper und Masken sollten die Überlebenden an Tod und Verfall erinnern. Heute treten die Schlamm-Männer meist vor Touristen auf – sie sind zur pittoresken Kulisse geworden

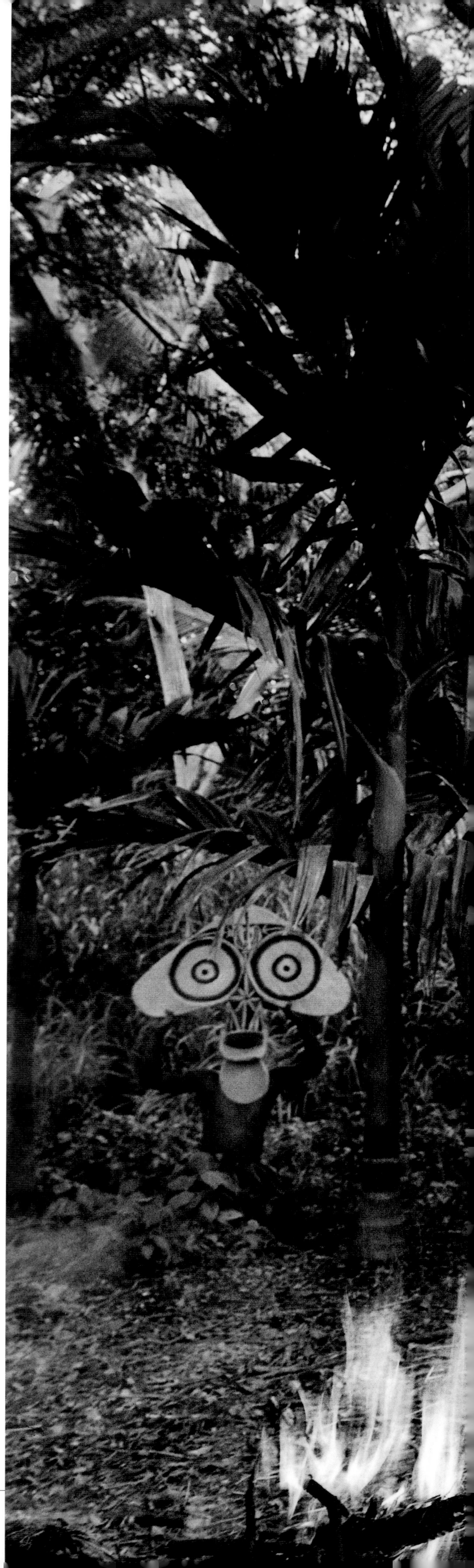

Foto:
CHRIS RAINIER
Häufig bestehen die Masken der Bewohner Neuguineas aus Rindenbast, werden auf Holzrahmen gespannt und mit rituellen Motiven bemalt. Bei den Baining stehen die Kostüme zwar auch – wie anderswo – für Gestalt gewordene Geister, doch erinnern deren Formen an Details aus Flora und Fauna, etwa an die Rückenwirbel eines Schweins

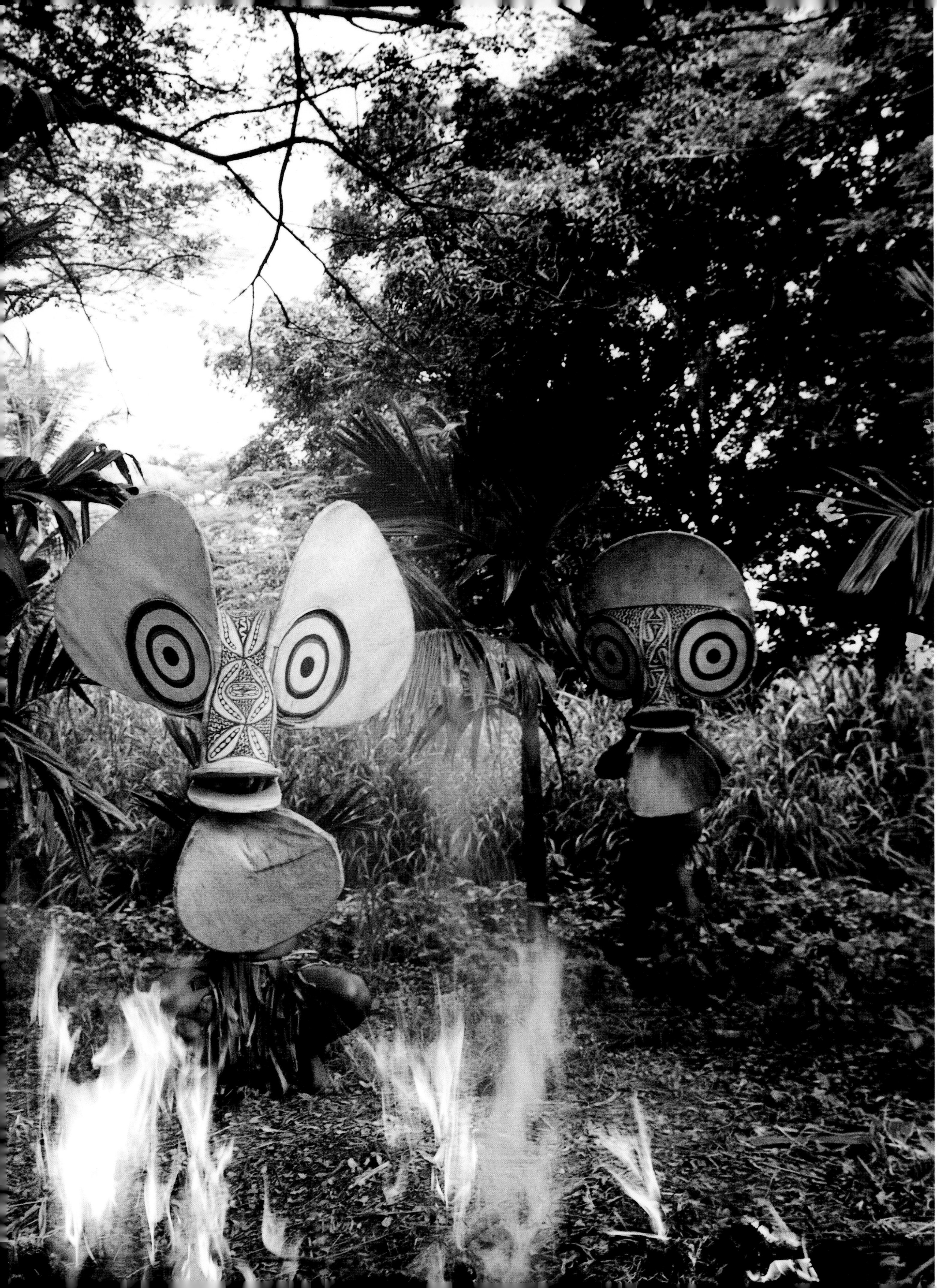

GLÜCK

„Kurzes Glück schwamm mit den Wolkenmassen; Wollt es halten, mußt es schwimmen lassen.“ Detlev von Liliencron

IMMER NUR HALLELUJA und Manna. Tagein, tagaus. Und Gott hat Mitleid mit dem Dienstmann Aloysius und lässt ihn aus dem Himmel dorthin zurückkehren, wo das Glück ganz irdisch und bescheiden ist: ins Münchner Hofbräuhaus. Denn nichts ist so unerträglich wie ewige Glückseligkeit, die Langeweile der totalen Wunschlosigkeit. Glück ist nicht ins Unendliche zu steigern, Glück ist nicht einmal messbar. Glück ist reiner Überschuss. Eine flüchtige Ausnahme, ein kurzes Fluten der hirneigenen Opiate, nur ein Moment, aber ein Moment voller Intensität. Wenn ein Kind auf die Welt gekommen ist. Der kurze Rausch der Verliebtheit, das Verschmelzen im Tanz. Ein Wiedersehen. Ein Lob. In den letzten Stunden des Lebens nicht allein zu sein. Das Wort Glück kennt keinen Plural. Und keine Verlässlichkeit.

Fortuna, die Glücksgöttin, ist blind. Wie Justitia trägt sie eine Augenbinde. Aber um Gerechtigkeit geht es ihr nicht. Dem einen schenkt sie einen makellosen Körper, der andere muss mit seiner Missgestalt leben. Dem einen vererbt sie Millionen, dem anderen nur Schulden. Ehrliche Arbeit belohnt sie nicht immer, manch Gauner steht in ihrer Gunst besonders hoch. Fortuna verteilt ihre Gaben ohne Ansehen der Person, Leistung gilt ihr selten etwas. Sie ist der Zufall, und launisch spielt sie Schicksal. Darum will der

13

Mensch ihr nach den Augen auch die Hände binden. Fortuna wird entmachtet, das Glück ins Diesseits geholt. „Das Paradies auf Erden“, sagt Voltaire, „ist da, wo ich bin.“ Also ist es das Hier und Jetzt. Das Jetzt oder nie. Auf den Terror der Tugend ist so etwas wie der Terror des Glücks gefolgt. Ebenso erbarmungslos und immer mitleidsloser. Der Mensch hat das Glück zur kategorischen Lebensaufgabe gemacht, das Unglück zum Beweis schlechter Lebensführung, zur Provokation. „Für einen zivilisierten Menschen besteht nicht der geringste Grund, irgendetwas ernstlich Unangenehmes zu erdulden“, heißt es in Aldous Huxleys Roman „Schöne neue Welt“.

Deshalb wird das Leid wegoperiert. Wegtherapiert. Weggeschafft. Die Sterbenden in die Sterilität der Intensivmedizin. Die Behinderten in für sie geschaffene Einrichtungen. Die Obdachlosen und Drogenabhängigen aus den Einkaufsstraßen. Den Unglücklichen ihre einsame Matratzengruft. Vor Überschwemmung oder Erdbeben, vor den Folgen eines Unfalls schützen Versicherungen.

Unglück, so scheint es, ist regresspflichtig geworden. Für jedes Drama ein Verantwortlicher.

Der Mensch als Mängelwesen hält sich nicht mehr aus. Gegen Traurigkeit helfen Motivationstrainer und positives Denken: Glück soll trainierbar sein wie der Bizeps. Für gute Stimmung sorgen Partys, Pauschalurlaub und Prozac, für die Libido sorgt Viagra. Dem Körper wird die Hinfälligkeit ausgetrieben. Mit Bodybuilding, plastischer Chirurgie und Hormonen. Kinderlosigkeit ist kein Schicksal mehr, sondern eine Herausforderung für die Reproduktionsmedizin. Fortunas Kinder sind dabei, das Schicksal abzuschaffen. Und selber Schicksal zu spielen. Das Tal der Tränen soll ein Rosengarten werden.

40 Prozent der Amerikaner wären bereit, ihr Kind genetisch „verbessern“ zu lassen. Zwölf Prozent würden abtreiben, sollte das Kind eine Disposition zur Fettleibigkeit haben. Das Paradies ist heute. Die Unsterblichkeit vielleicht morgen. Schöne neue Welt.

Glückliche neue Welt? Bei Huxley fordert der Wilde, der die geklonte, zum Glück verdammte Welt nicht mehr erträgt, scheinbar Unglaubliches. Er will das Alter, will Hässlichkeit, Impotenz, Furcht und sogar Schmerzen. „Ich brauche keine Bequemlichkeit. Ich will Gott, ich will Poesie, ich will wirkliche Gefahren und Freiheit und Tugenden. Ich will die Sünde.“ – „Kurzum“, erwidert ihm der Weltaufsichtsrat: „Sie fordern das Recht auf Unglück.“ Das tut der Wilde: weil er weiß, dass es der Preis für das Glück ist.

FOTO: EVERETT KENNEDY BROWN

GEO 11/01

Vom leisen Glück des Alltags: Auf einer Reise durch die weiten Steppen der Inneren Mongolei machen ein Mann und eine Frau Rast, um ihre Pferde zu füttern und um gemeinsam ein paar Blumen zu pflücken. Nicht mehr und nicht weniger. Ein beiläufiges, nicht wichtiges Bild? Man könnte es auch umgekehrt lesen: ein Bild von der Essenz des Humanen

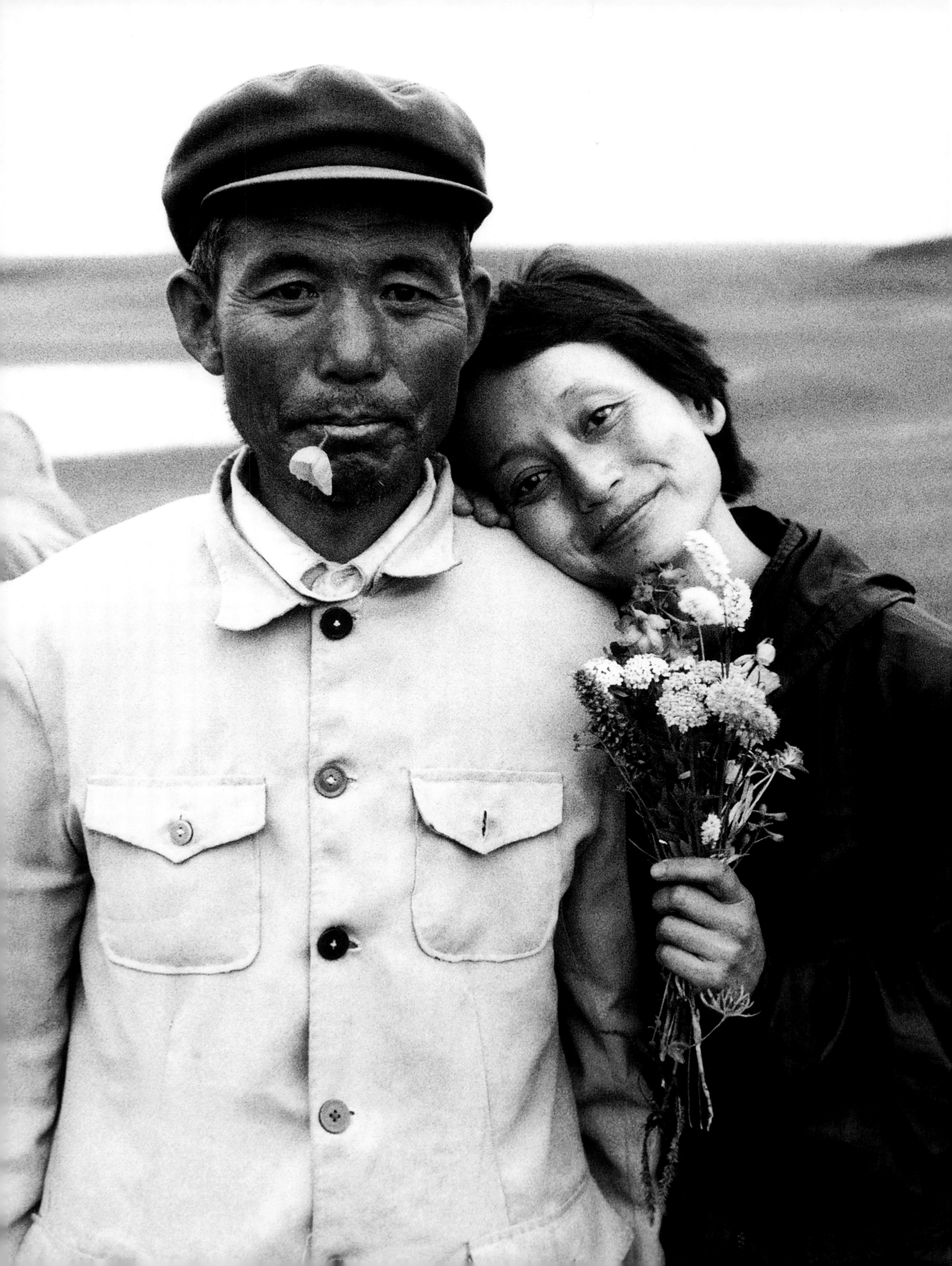

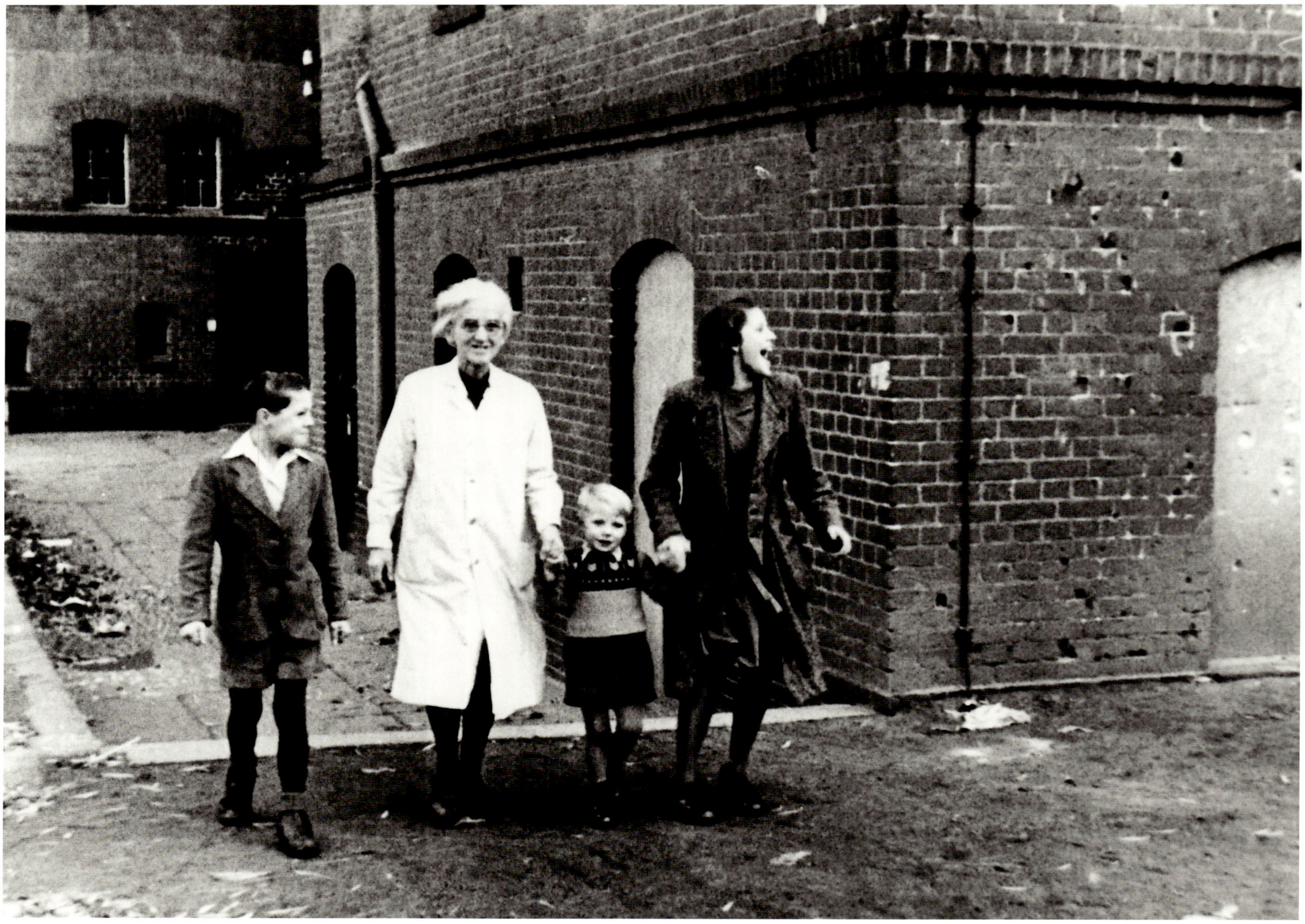

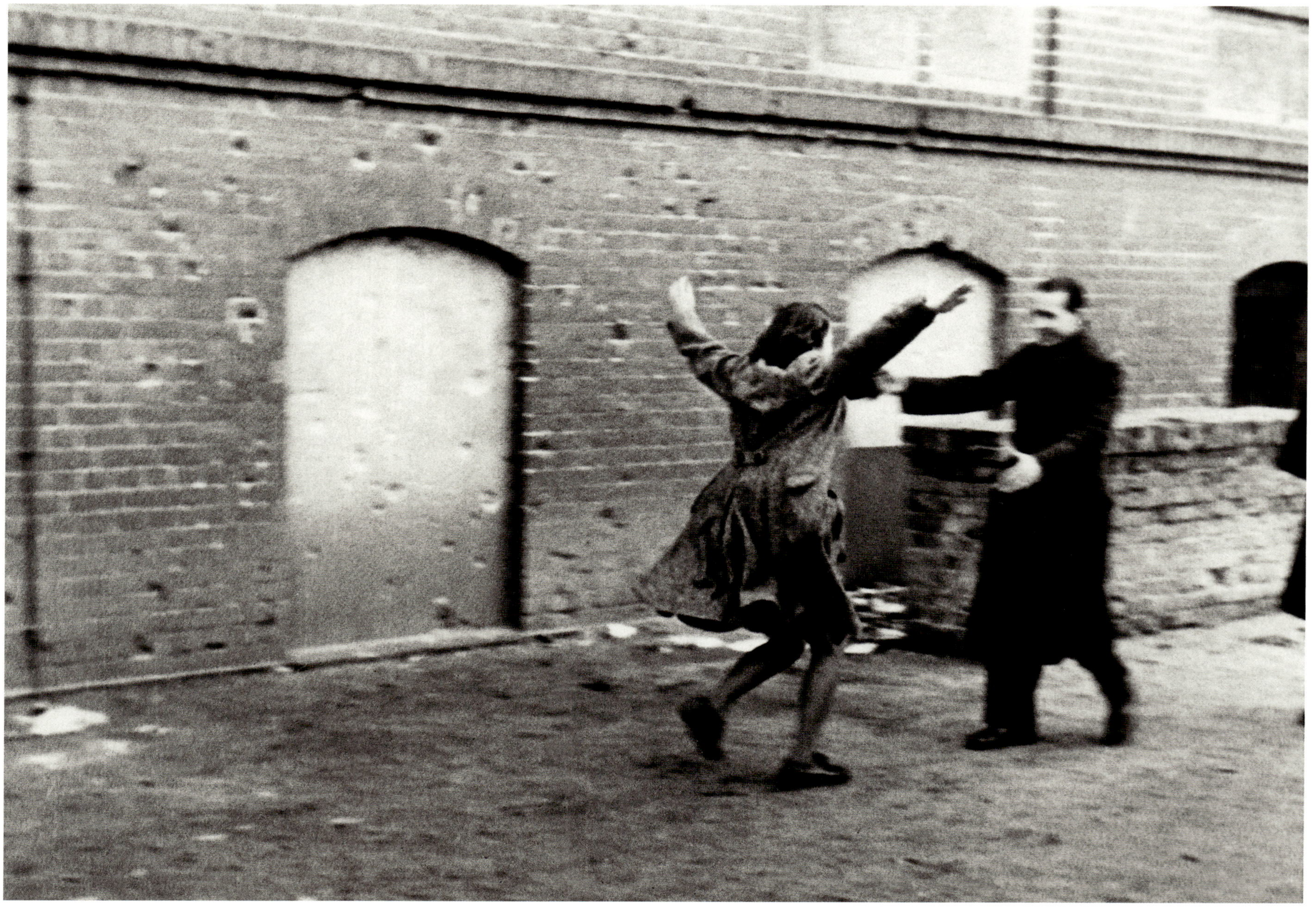

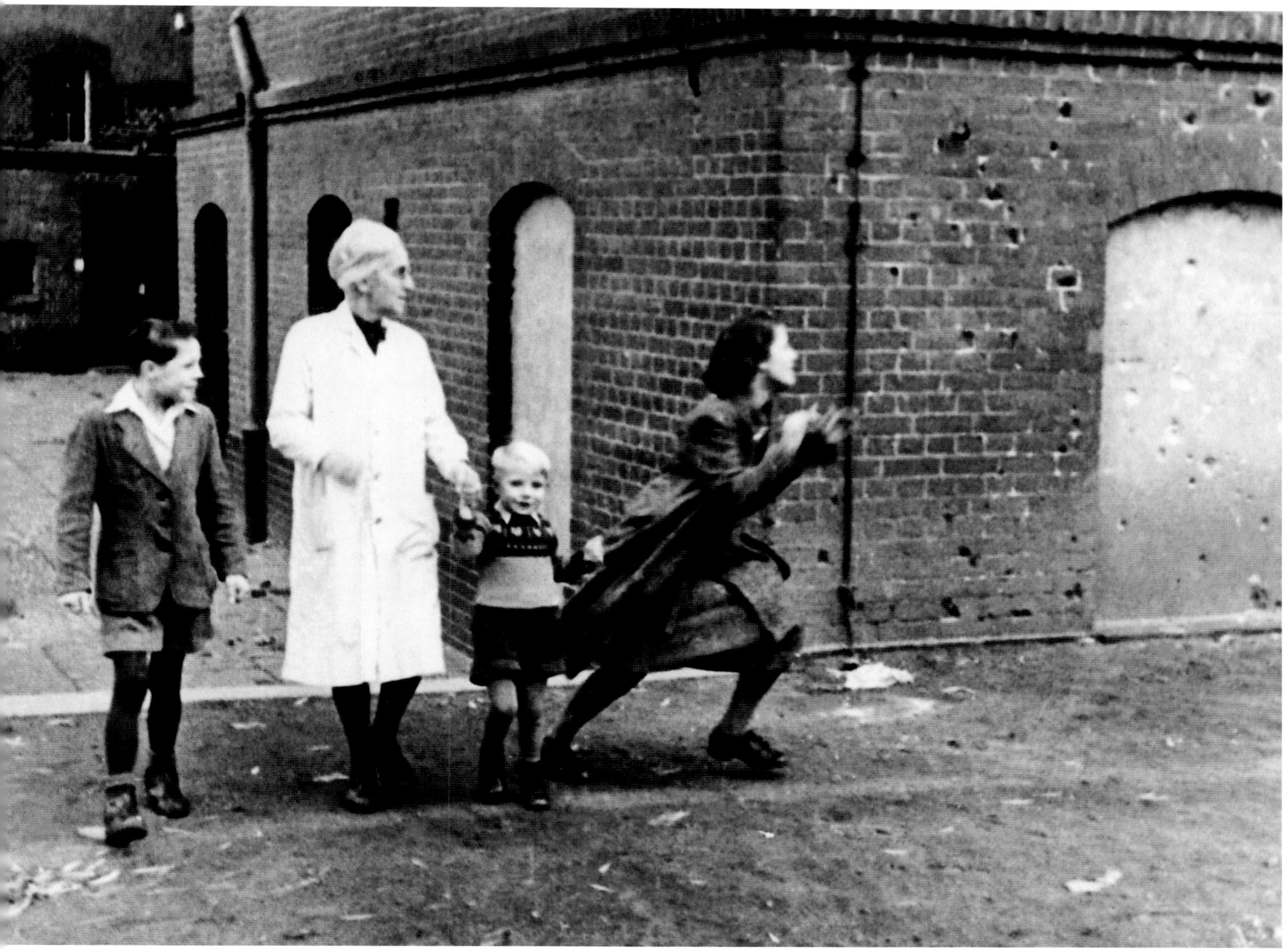

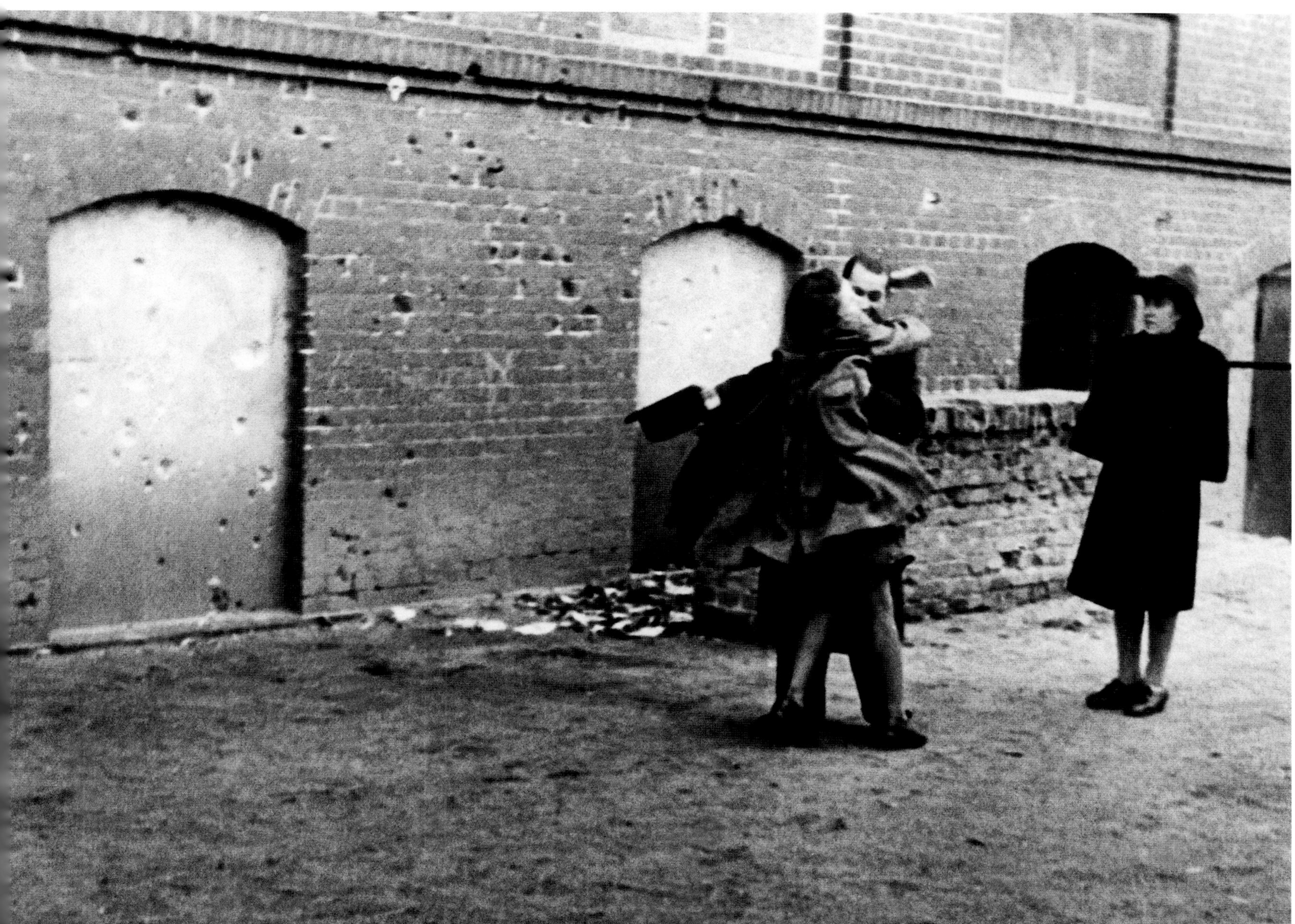

Fotos:
GERHARD GRONEFELD

Potsdam, November 1945: Erika Trenkner und ihre beiden Geschwister haben die Mutter bei einem Bombenangriff verloren. Der Vater ist vermisst. Plötzlich sehen sie ihn auf der Straße wieder, aus der Kriegsgefangenschaft heimgekehrt. Er hat aus der Suchmeldung einer Wochenschau vom Verbleib seiner Kinder erfahren. Glücklich fallen sich Vater und Tochter in die Arme – eine schreckliche Zeit der Ungewissheit ist vorbei

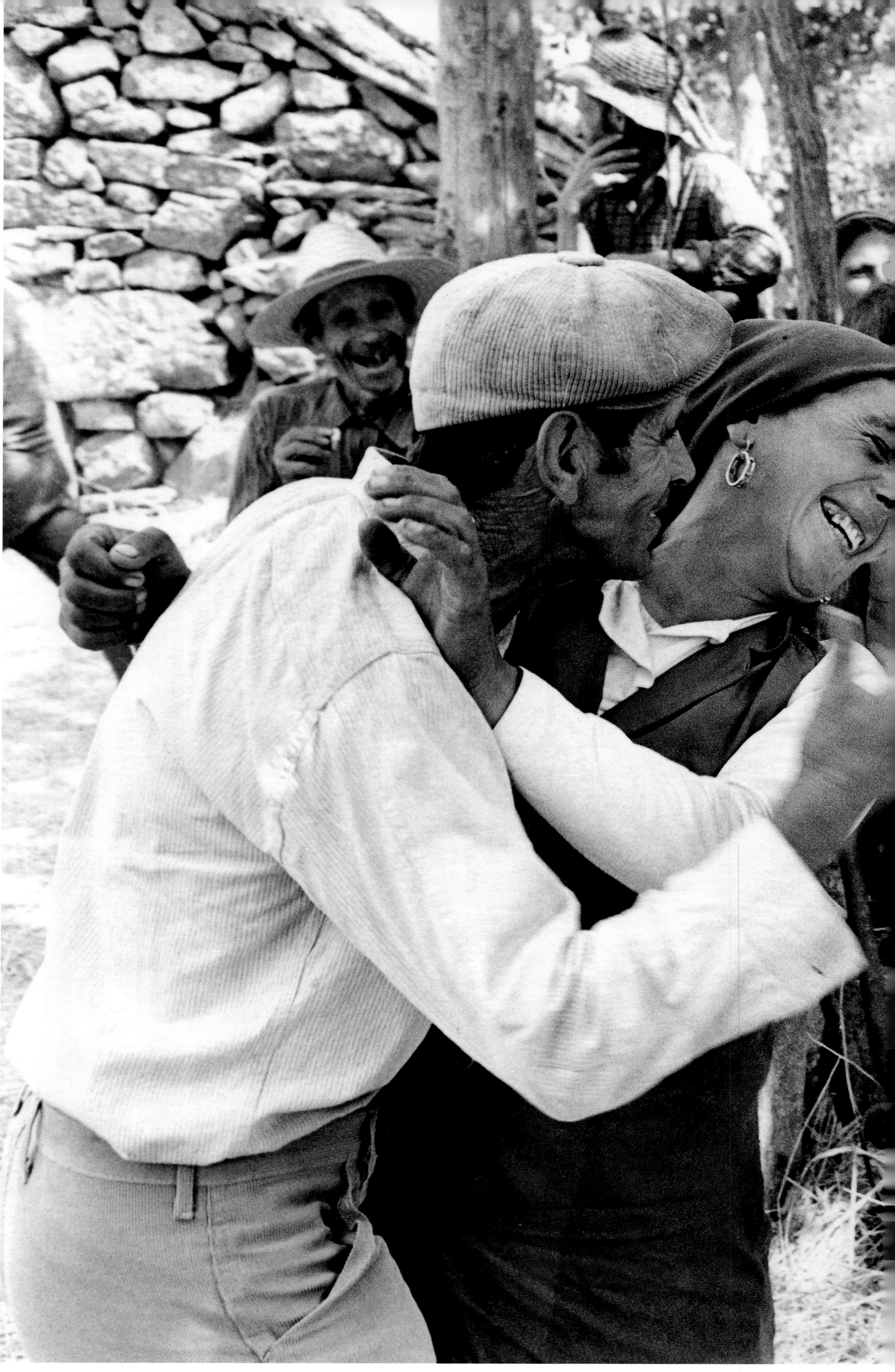

Foto:
GEORGES DUSSAUD

Die Bergwelt von Trás-os-Montes im Nordosten Portugals ist eine karge, unwirtliche Gegend; eine archaische Provinz, in der es vorgekommen ist, dass Männer im Kampf um Wasser zu Mördern wurden. Doch wenn im Sommer die Ernte gut war und das Korn gedroschen ist, ist das den Menschen ein Fest wert. Oder wenigstens ein Tänzchen. Denn schon morgen heißt Leben hier wieder nur Überleben

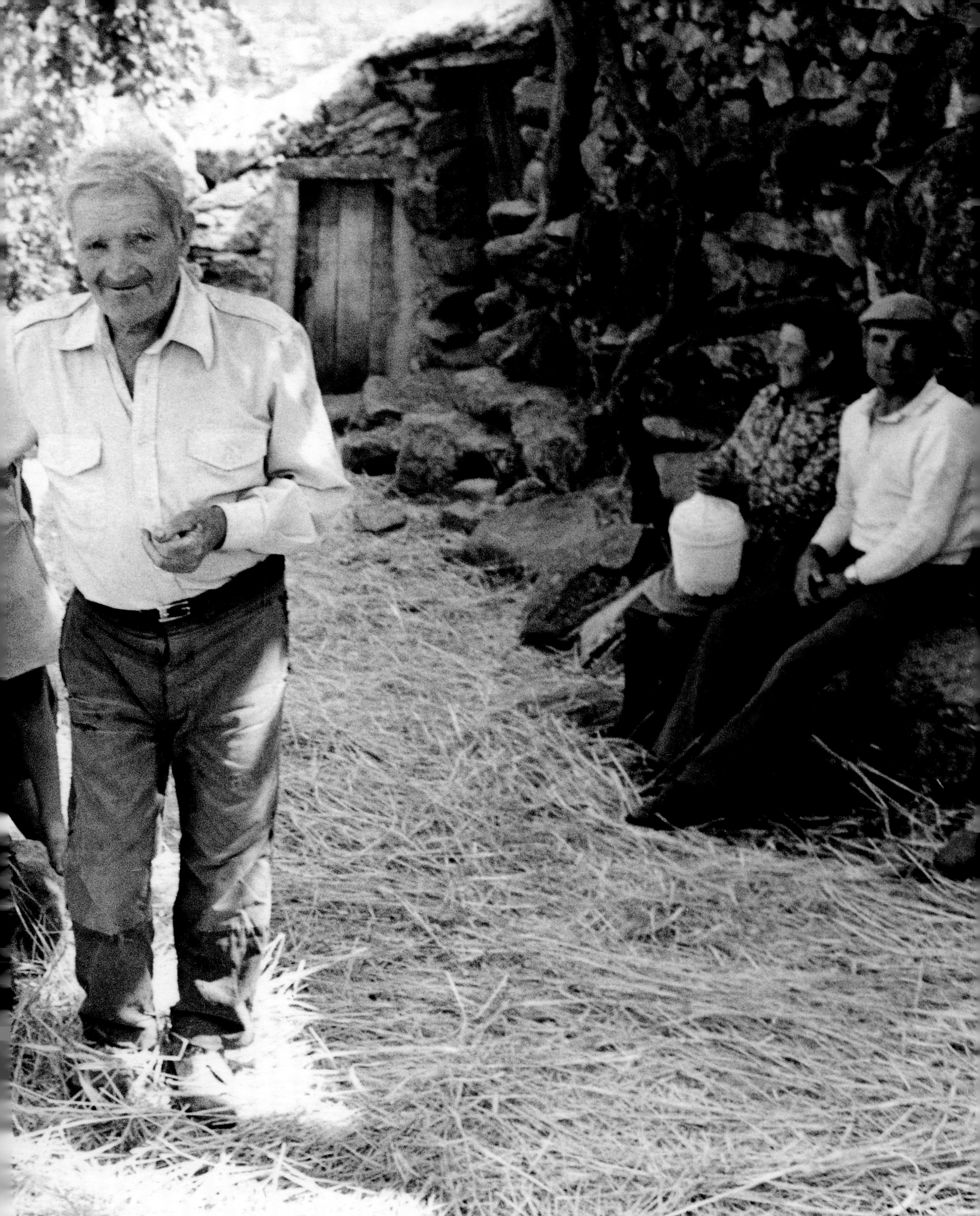

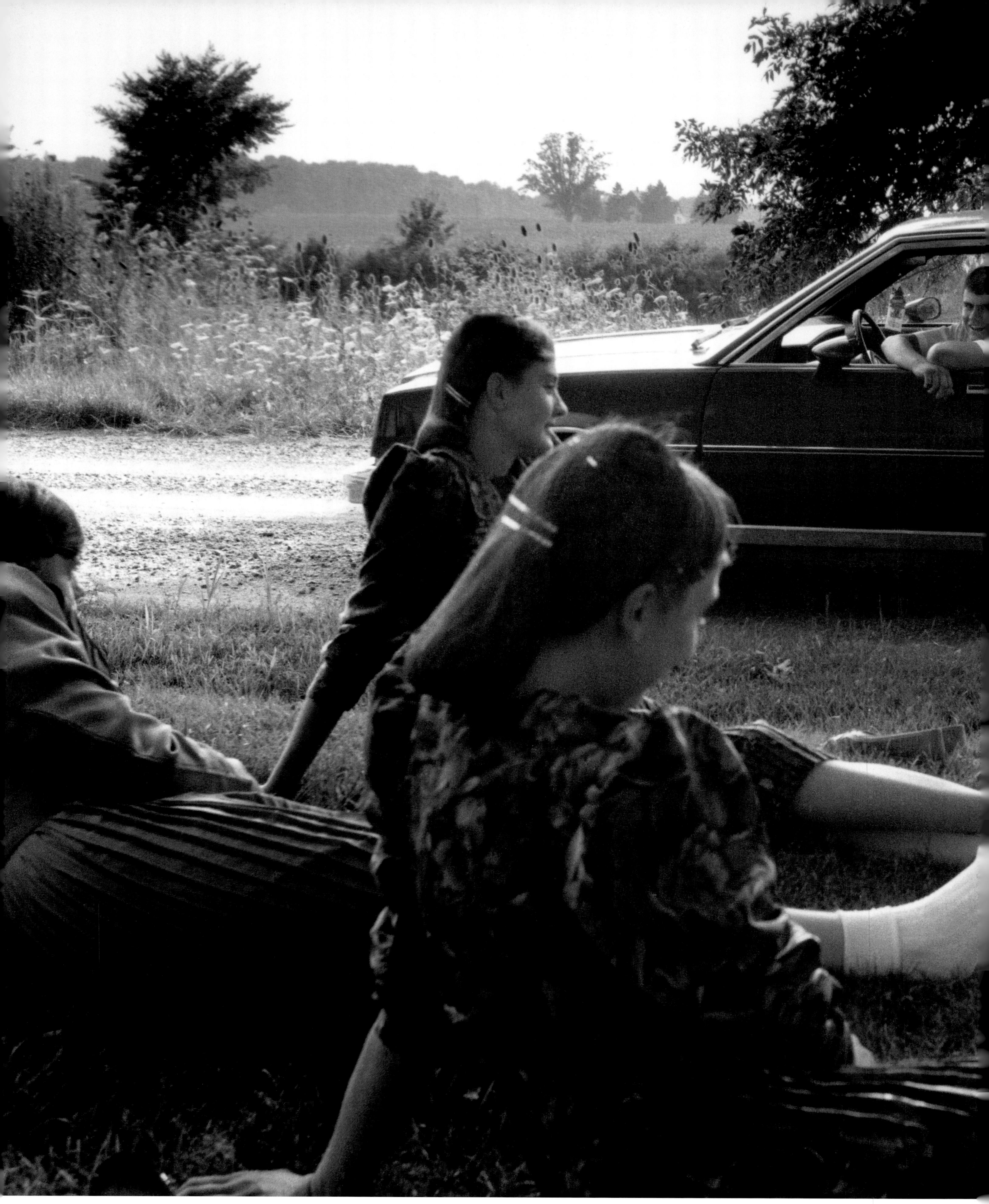

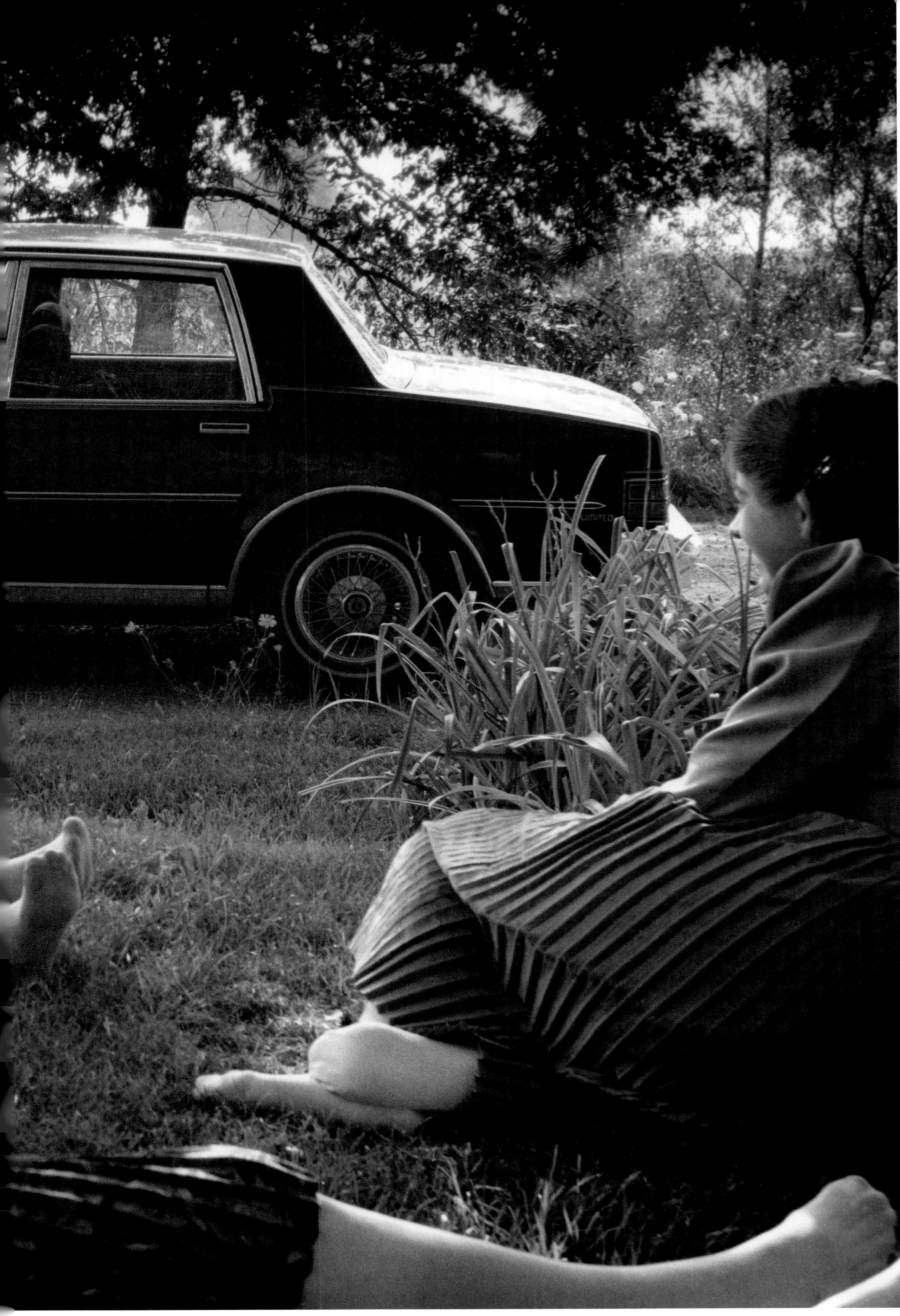

Foto:
LARRY TOWELL

Die rund 50 000 streng gläubigen Mennoniten in Mexiko leben nach jahrhundertealten Regeln weitgehend abgeschirmt von der modernen Zivilisation. Werktags arbeiten sie 14 Stunden, von frühmorgens bis zum Abend, auf den Feldern; nur am Sonntag lassen sie Hacke, Pflug und Sense ruhen. Zeit für die Mädchen, nach dem Gottesdienst einfach im Gras zu sitzen und auch einmal mit einem Fremden aus der anderen Welt zu liebäugeln

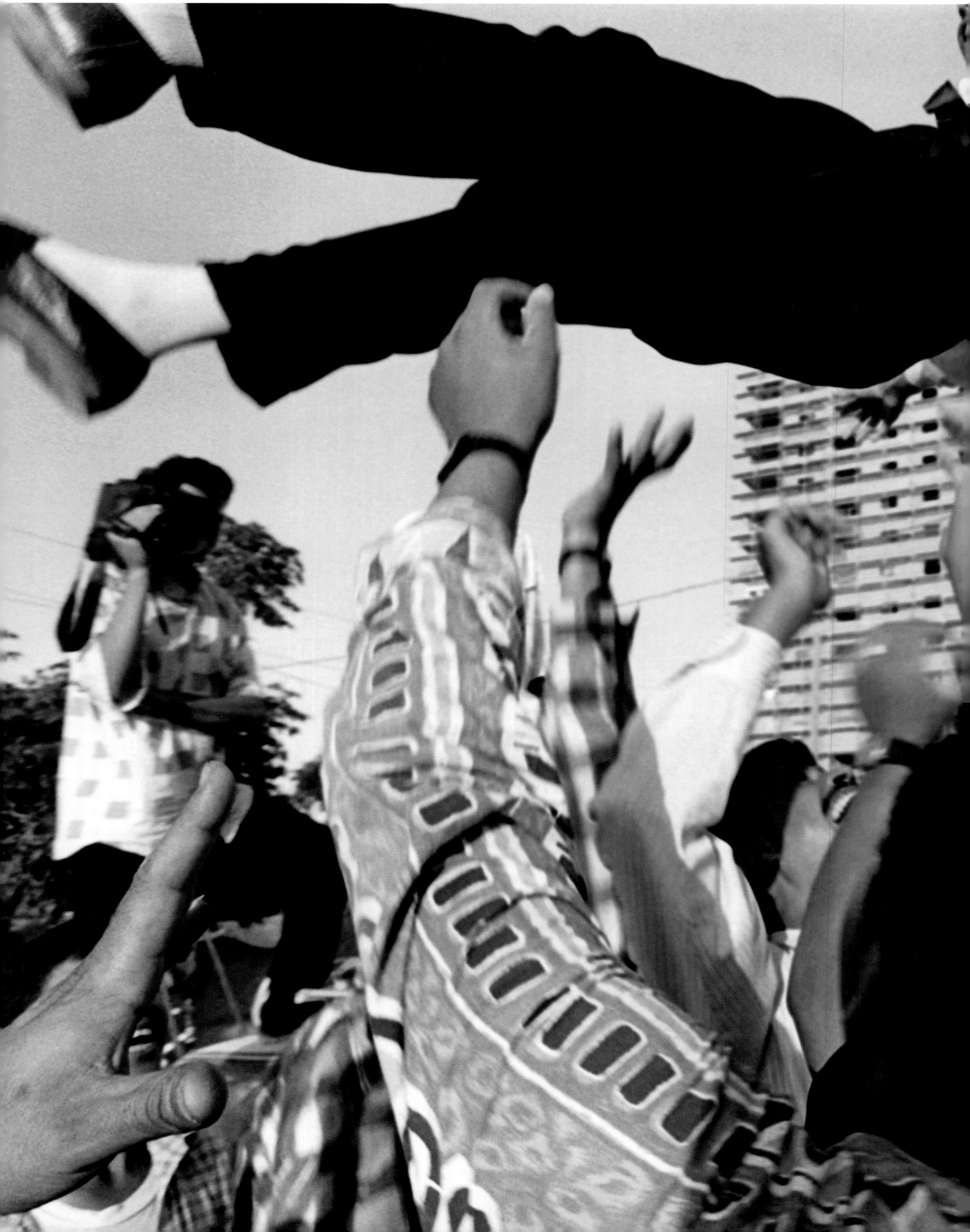

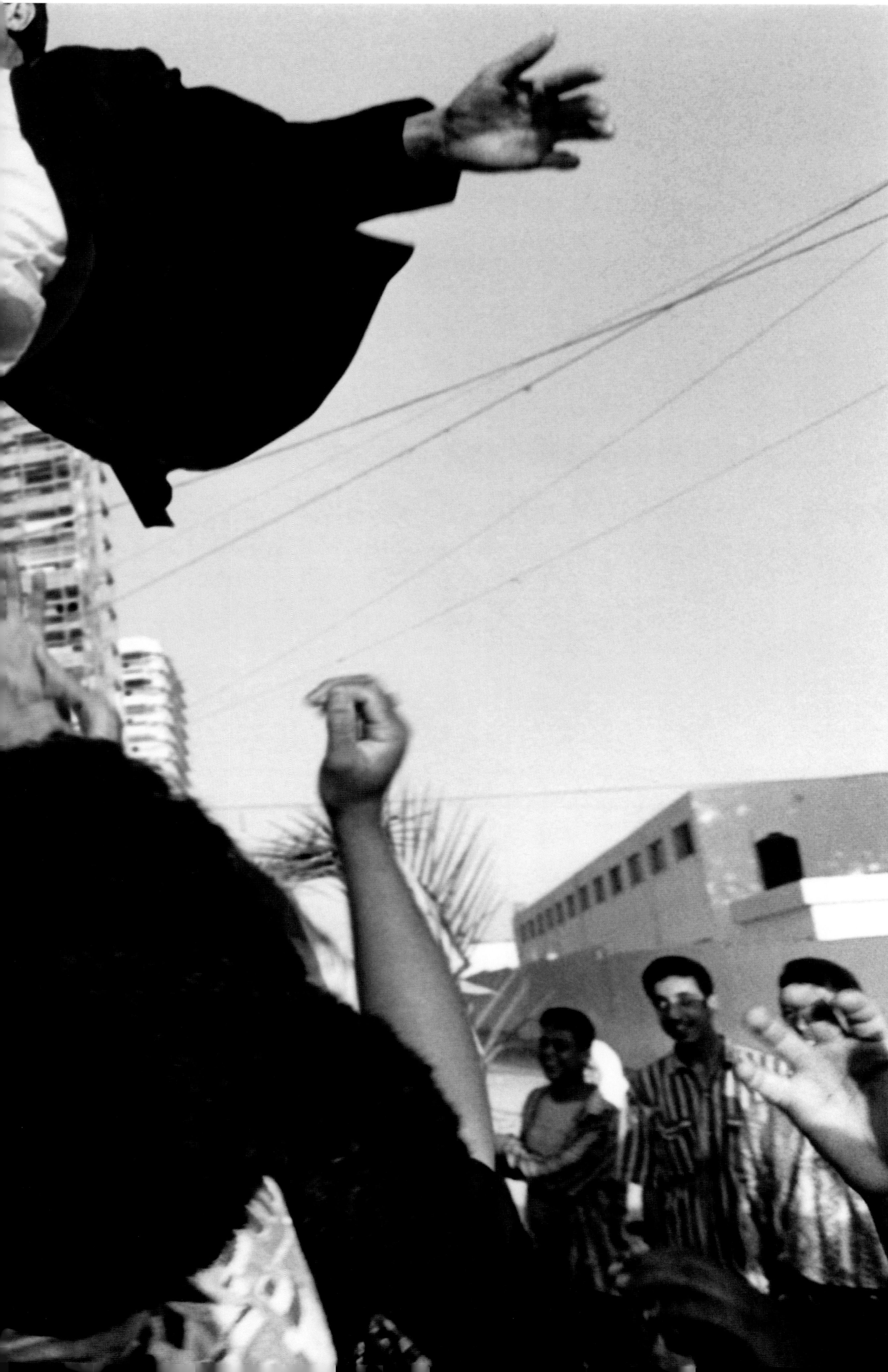

Foto:
KAI WIEDENHÖFER

Ein Augenblick der Freude in einer Stadt des Unglücks: Trotz der palästinensischen Terroranschläge, der israelischen Militärpatrouillen und trotz des Hasses zwischen den Völkern haben sich die Menschen von Gaza ein Stück Normalität bewahrt. So vergessen sie bei Familienfeiern einige Stunden lang die Gewalt des Alltags. Wie diese Hochzeitsgesellschaft, die den Bräutigam auf der Straße hochleben lässt

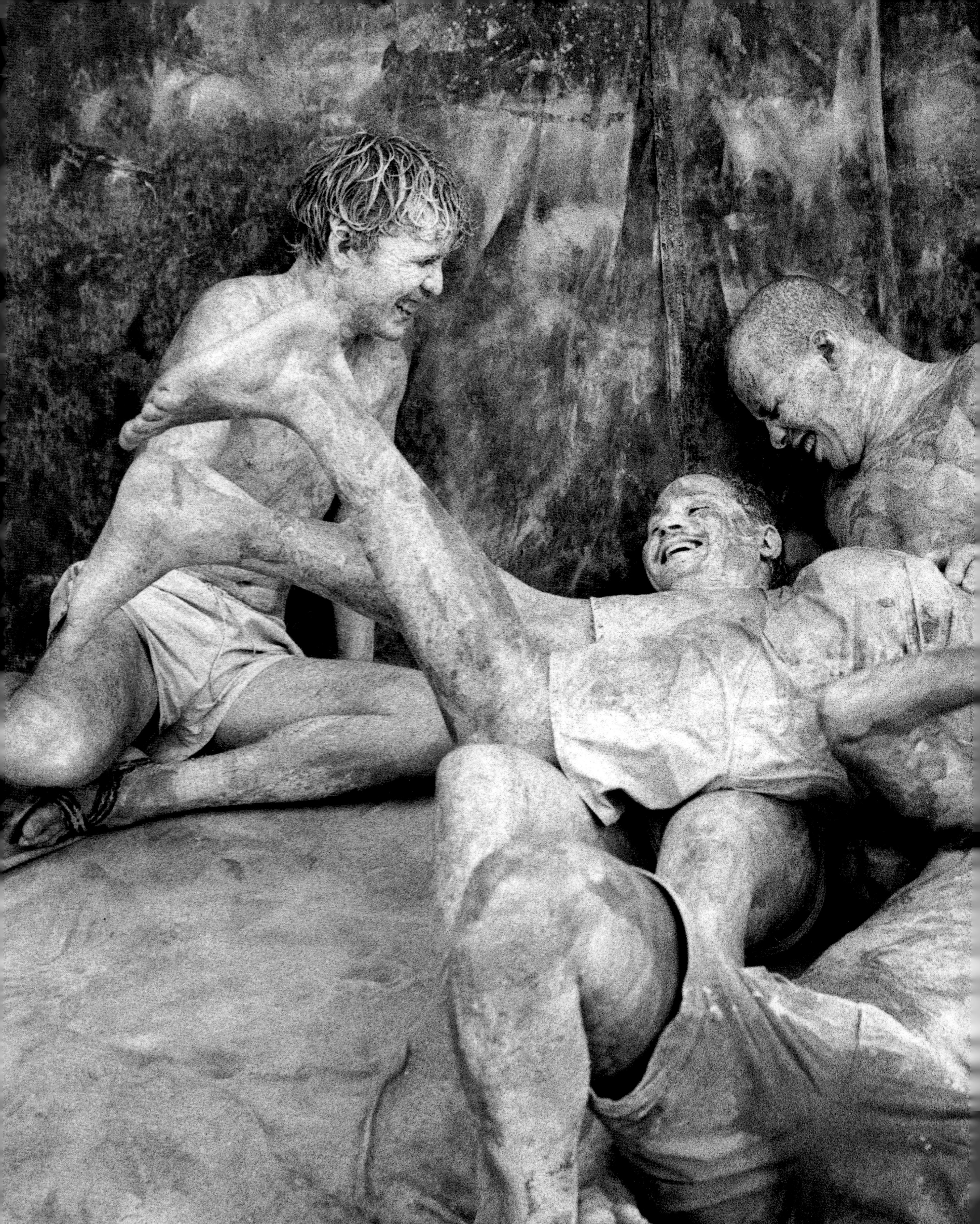

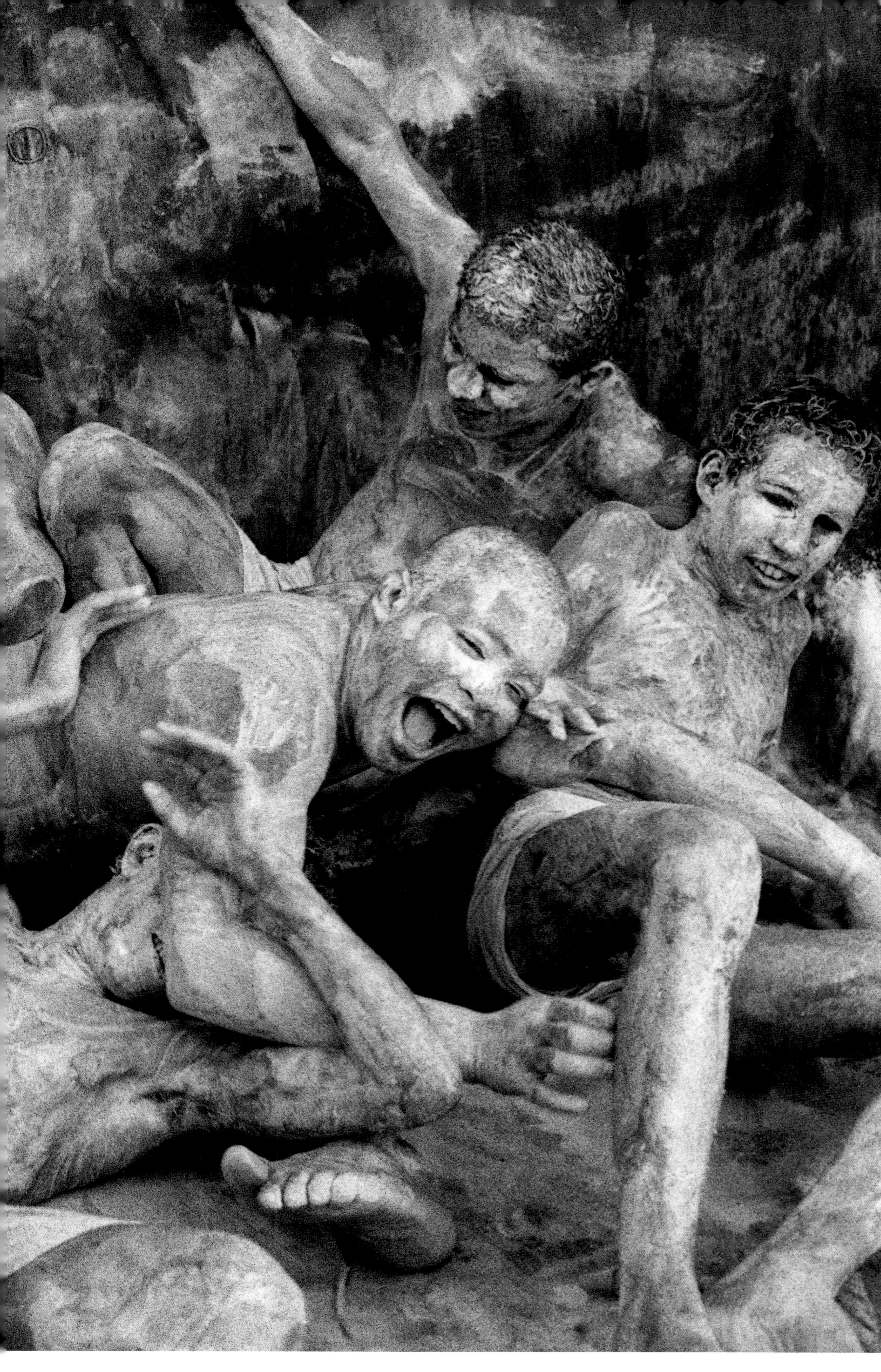

FOTO:
ROGERIO REIS

Wenn sich der Karneval in Rio dem Ende zuneigt, kommt die Zeit der »bloco da lama«, der Horde des Schlamms. Vor ihrem Umzug durch die Straßen ziehen die Männer in die Mangrovenwälder vor den Toren der Stadt, legen dort ihre Kleider ab und suhlen sich brüllend und kichernd im Schlick. Grau geschlemmt kehren sie nach Rio zurück und tanzen, begeistert empfangen von den Zuschauern, wie lebendige Tonfiguren im Pulk der Maskierten

GEO *2/01*

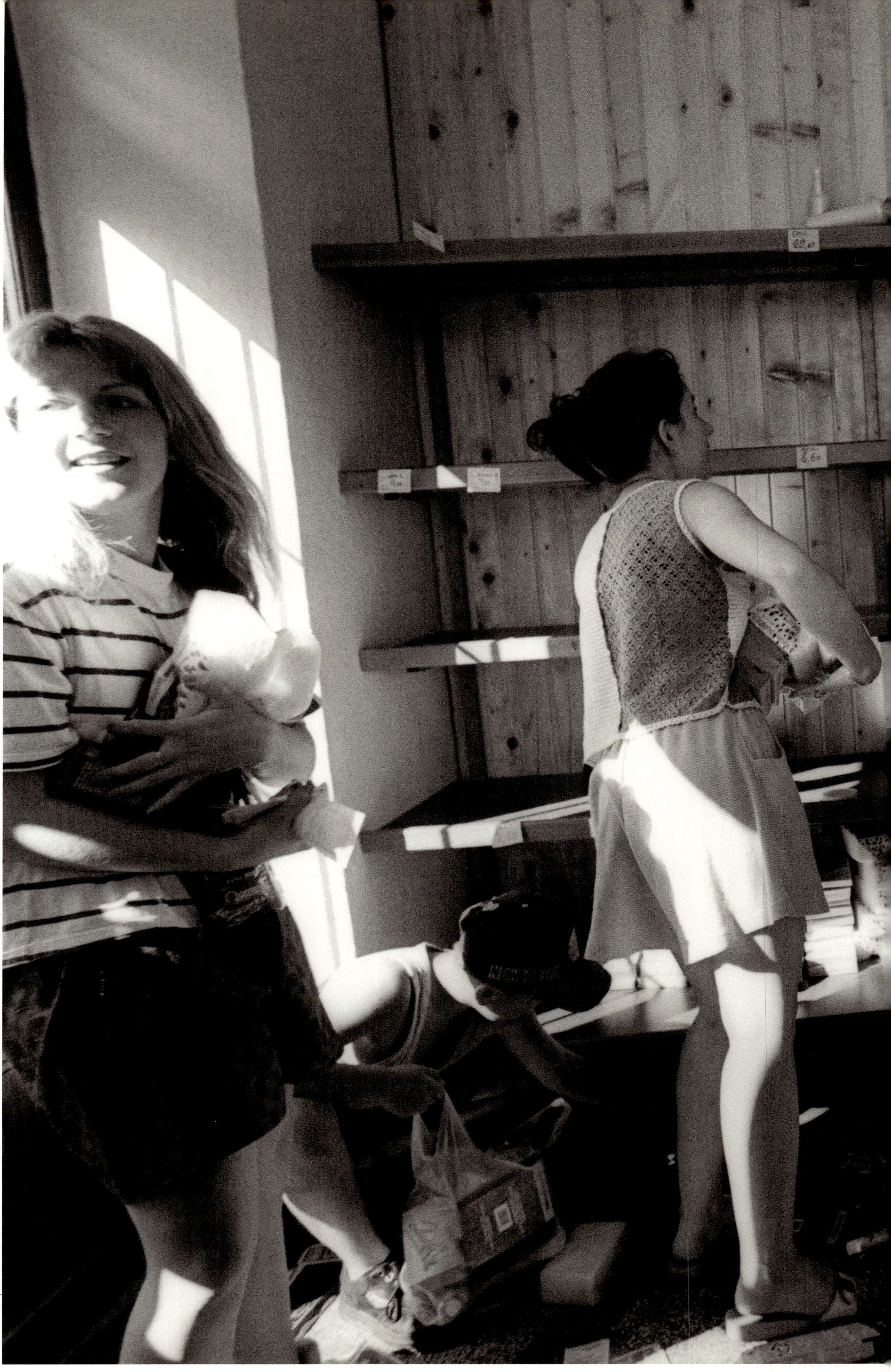

Foto:
CRISTINA GARCIA RODERO

Prizren 1999: Verschmitzt präsentiert ein albanischer Junge Beute, die er in einem serbischen Kramladen geplündert hat. Die Besitzer des Geschäfts sind einen Tag zuvor geflüchtet, als deutsche Truppen in die Stadt im Kosovo einmarschiert sind. Wie ein Fest zelebrieren die Albaner die Plünderung: Niemand streitet um Diebesgut; es scheint, als müsse jeder irgendetwas mitnehmen, nur um mitzufeiern. Allein die Würste aus Schweinefleisch bleiben hängen – denn die essen die muslimischen Plünderer nicht

GEO 8/99

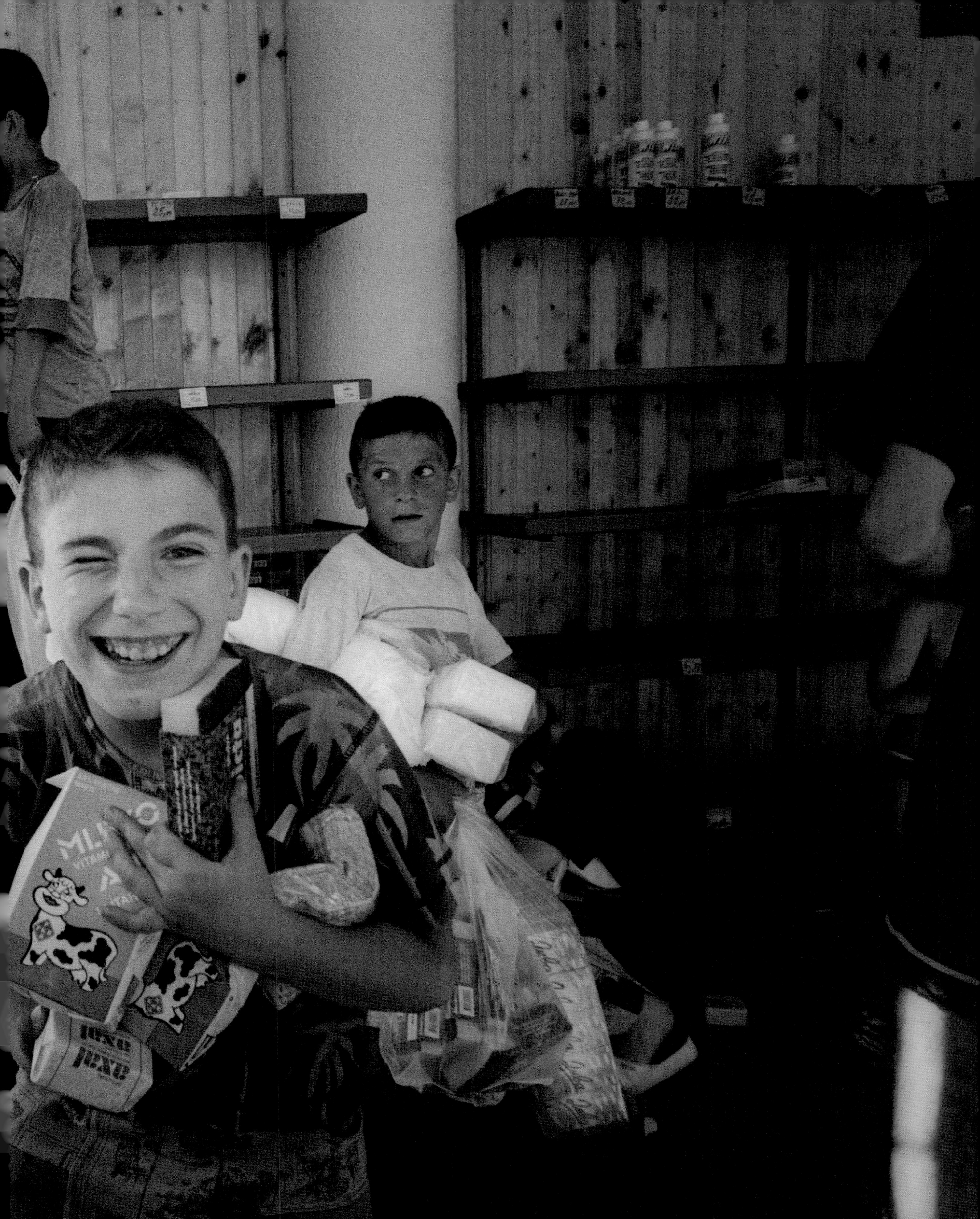

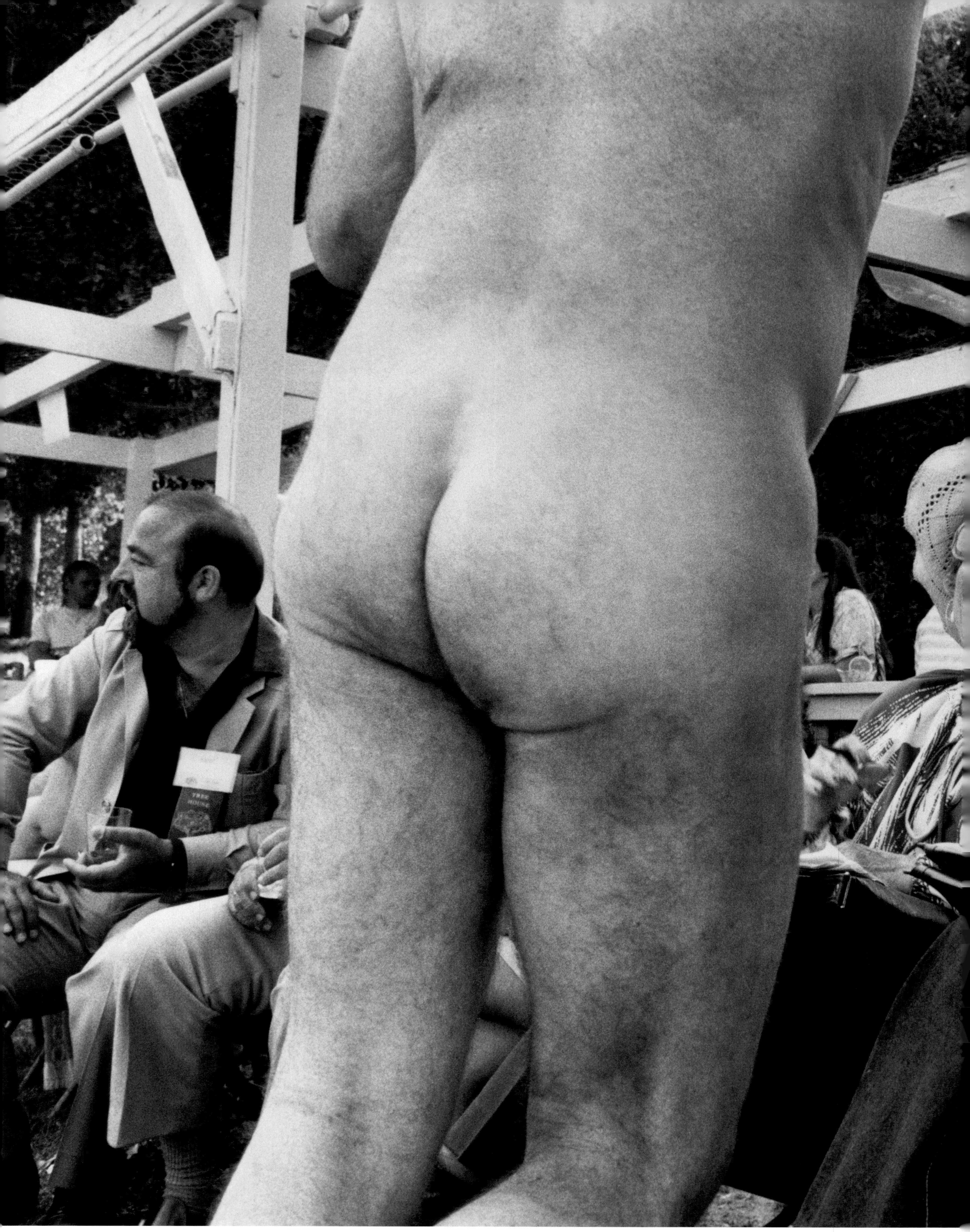

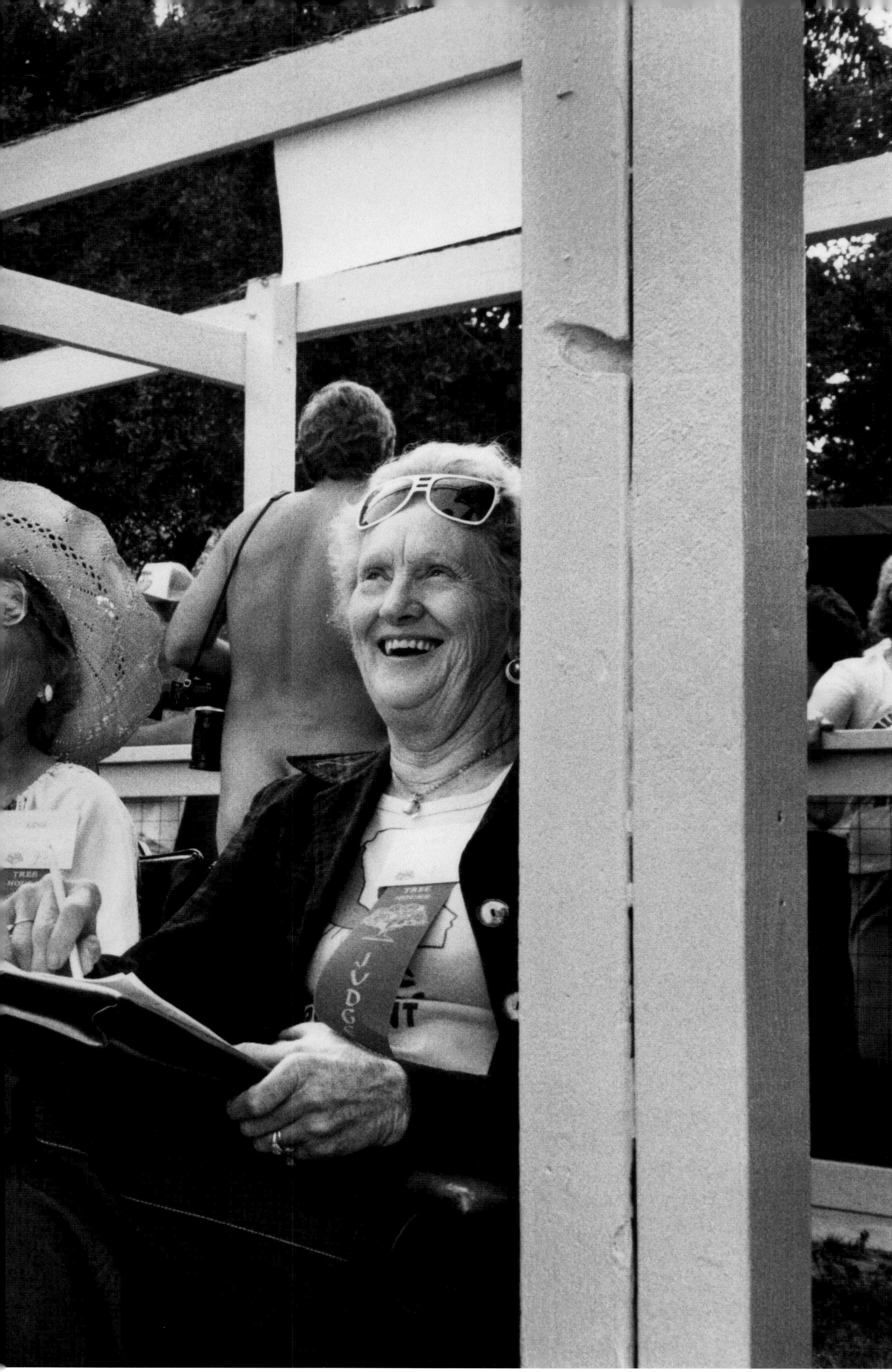

FOTO:
ELLIOTT ERWITT

Die Freude am Hinsehen: Trotz ihres Alters haben diese beiden Jurorinnen beim Schönheitswettbewerb eines Nudistenclubs in der Nähe des kalifornischen Bakersfield die Lust an der Ästhetik männlicher Körper nicht verloren. Unbeschwert genießen sie den Anblick eines nackten Kandidaten – und finden offenbar Gefallen an dessen Qualitäten

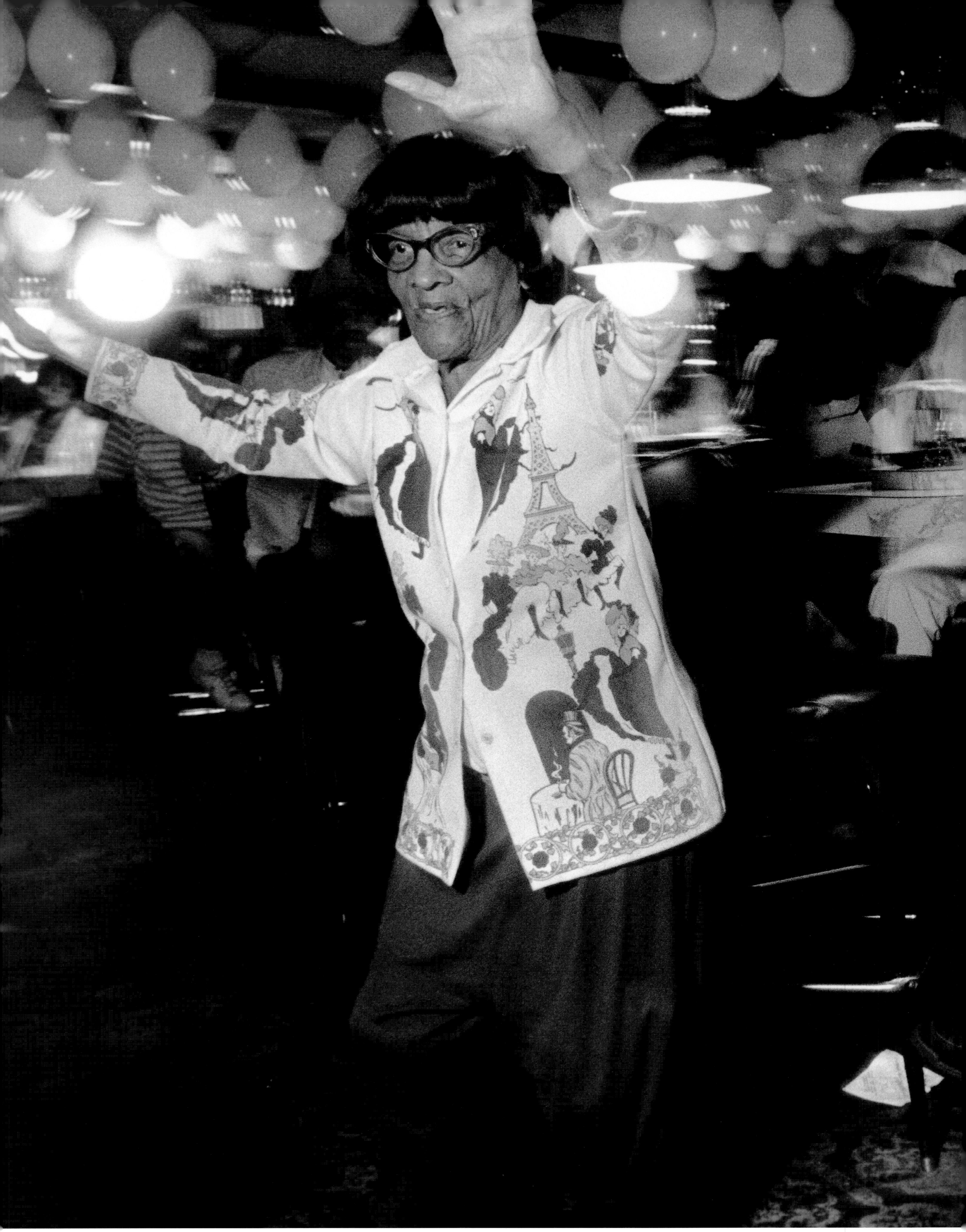

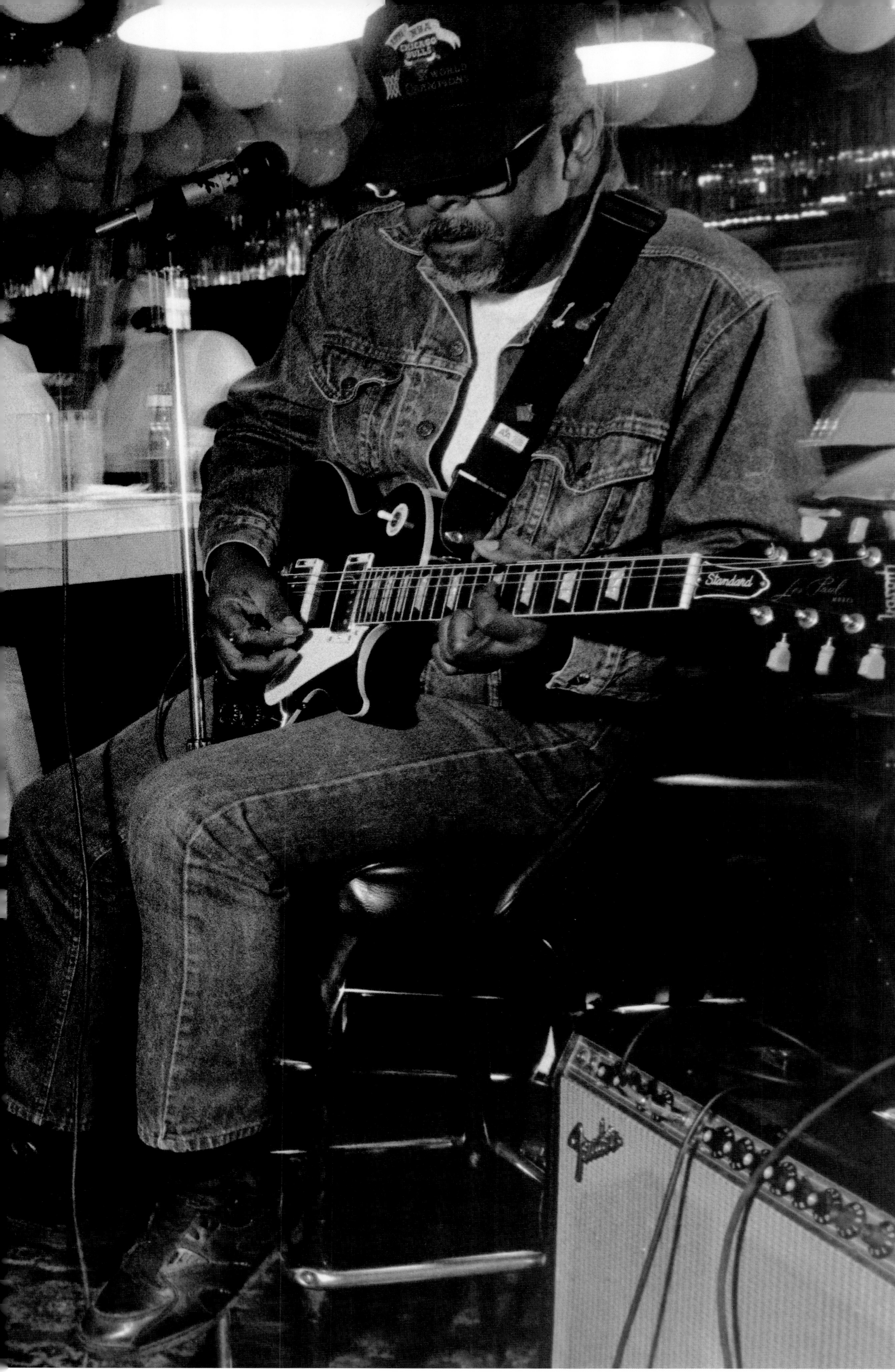

Foto:
ACHIM MULTHAUPT

Der Blues ist gesungenes Leid, als Musikform erfunden von schwarzen Sklaven, die einst aus Afrika nach Nordamerika verschleppt wurden. Doch wer ihn fühlt, ist glücklich – und kommt nie wieder von ihm los. »Der Blues ist ein Gift: Einmal infiziert, trägst Du ihn ein Leben lang in dir herum«, heißt es. Wie offenbar die alte Frau in einem Club in Chicago, die auch mit 90 Jahren noch bewegt wird von dem Gefühl, dass es ihre Musik ist, wenn die Gloria-Thompson-Rodgers-Band spielt

GEO Special *Chicago*

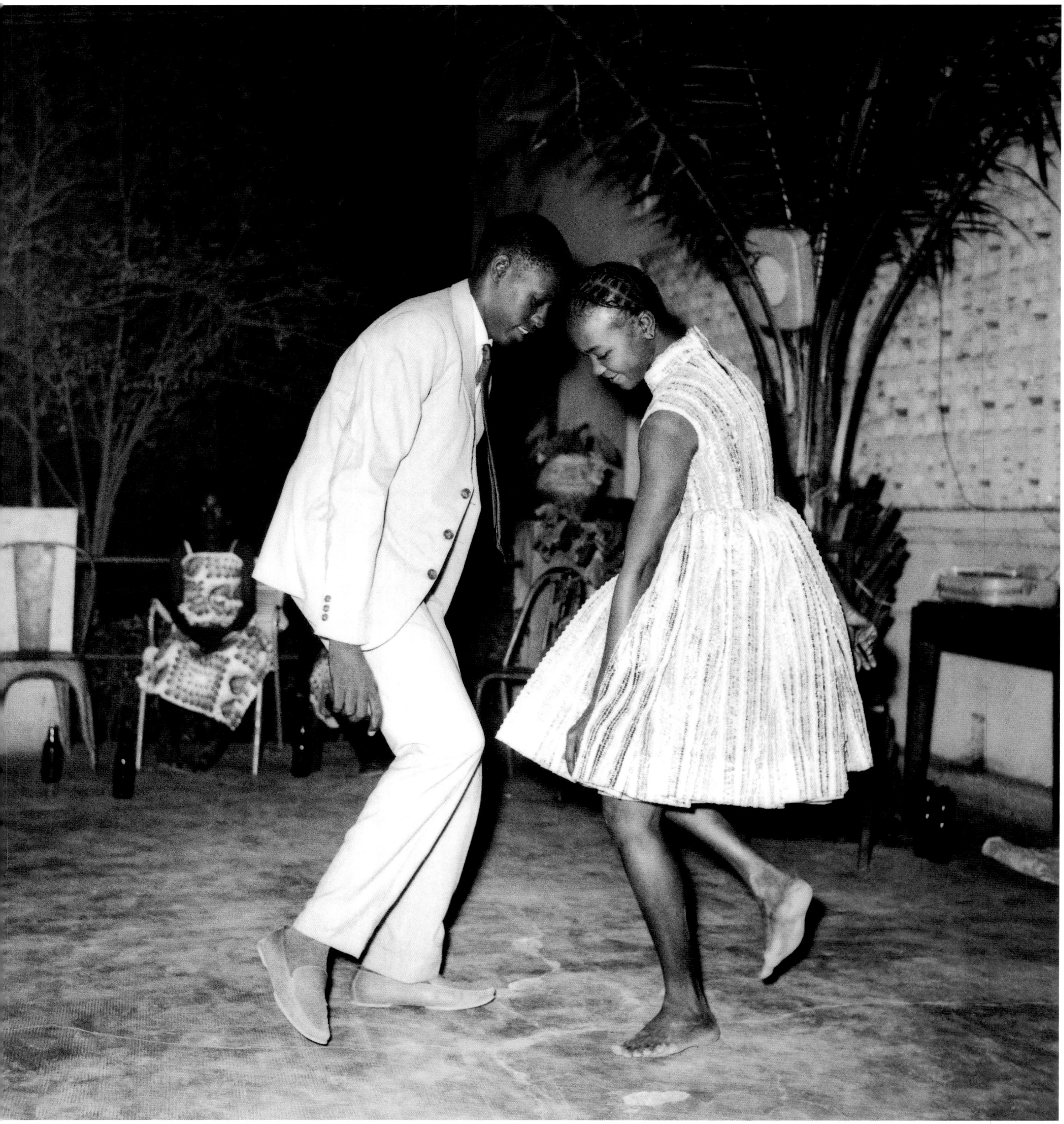

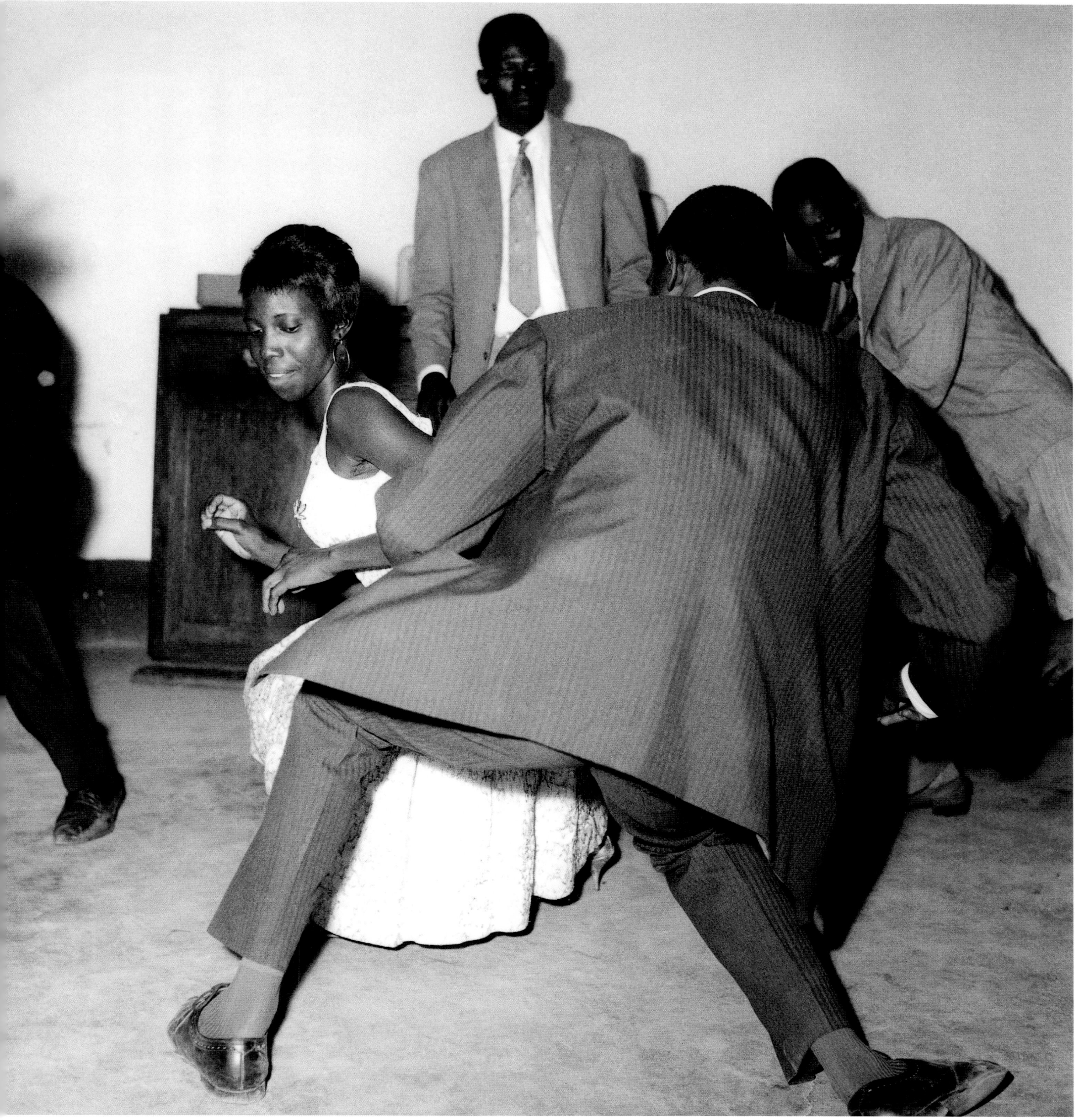

Fotos: MALICK SIDIBE

GEO 12/97

Ein neues Lebensgefühl erfasst die Menschen in vielen Gebieten Afrikas in den 1960er Jahren: Die Kolonialmächte ziehen sich langsam zurück, viele Staaten werden in dieser Zeit unabhängig. Die lang ersehnte Freiheit erreicht auch den Alltag der Gesellschaft, vor allem die Jugendlichen genießen den Aufbruch. Auf Partys und in Clubs tanzen sie, wie hier 1965 in Malis Hauptstadt Bamako, selbstbewusst und ausgelassen zu westlicher Musik

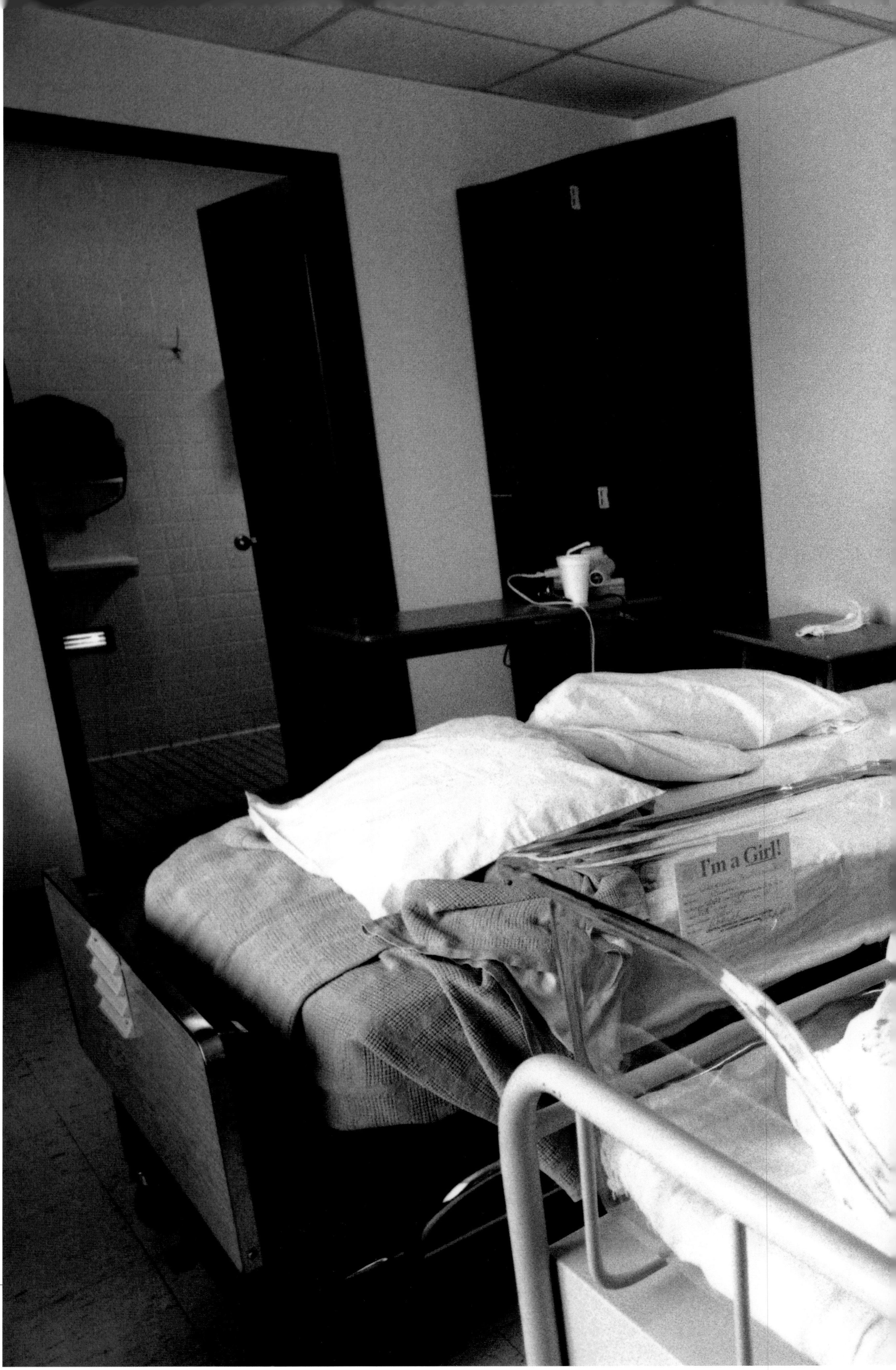

Foto:
LYNN JOHNSON

Zwei Mütter weinen um ihre gemeinsamen Kinder – die eine vor Glück, die andere vor Schmerz. Neun Monate lang hat Julie Boldrey (rechts) zwei befruchtete Eizellen von Susan Fitter ausgetragen. Vor wenigen Stunden sind Alexandra und Stephanie im Central Michigan Community Hospital von Mount Pleasant auf die Welt gekommen. Nun übergibt die Leihmutter die Mädchen an die andere – ein Abschied nach Abmachung

GEO WISSEN
Sex, Geburt, Genetik

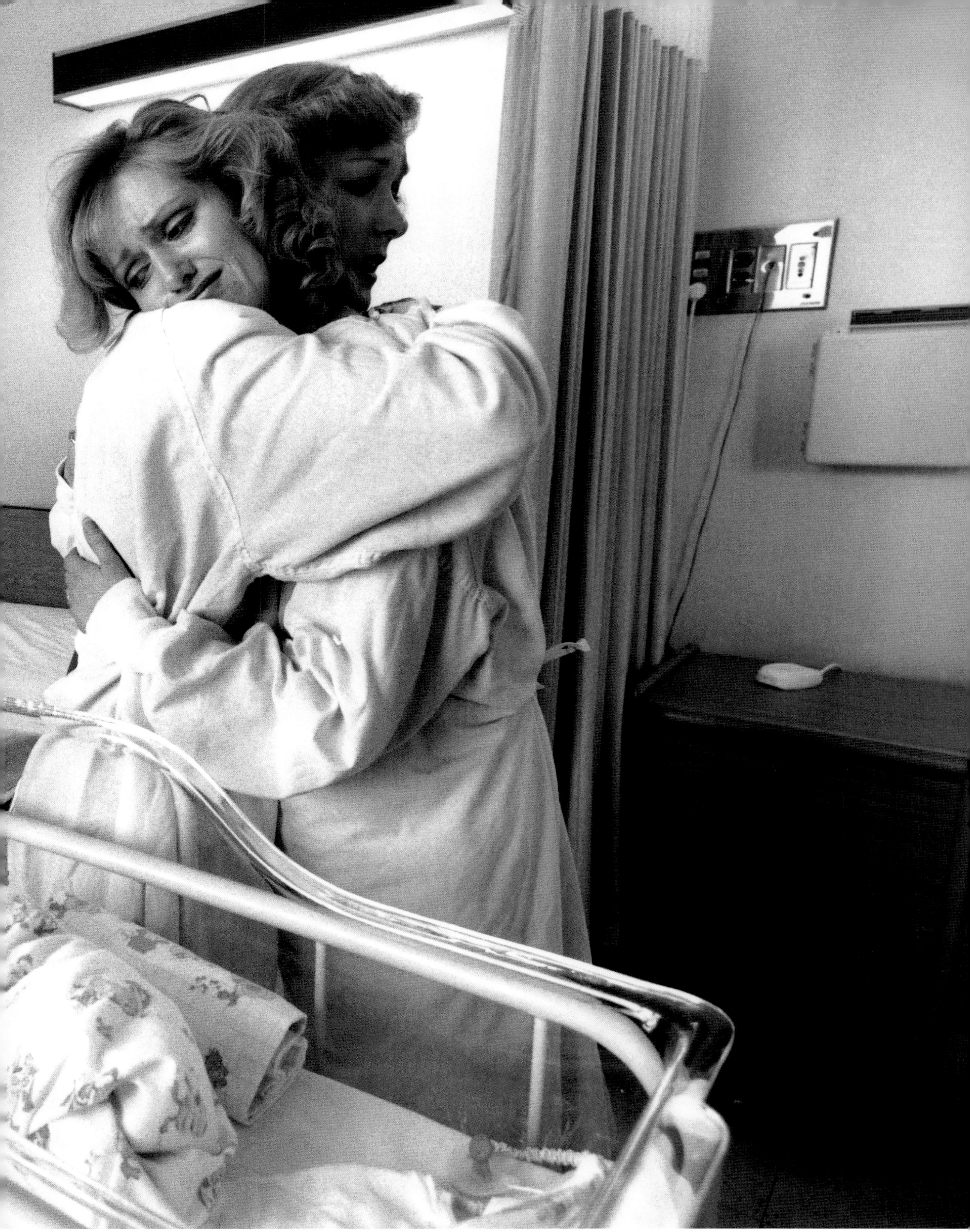

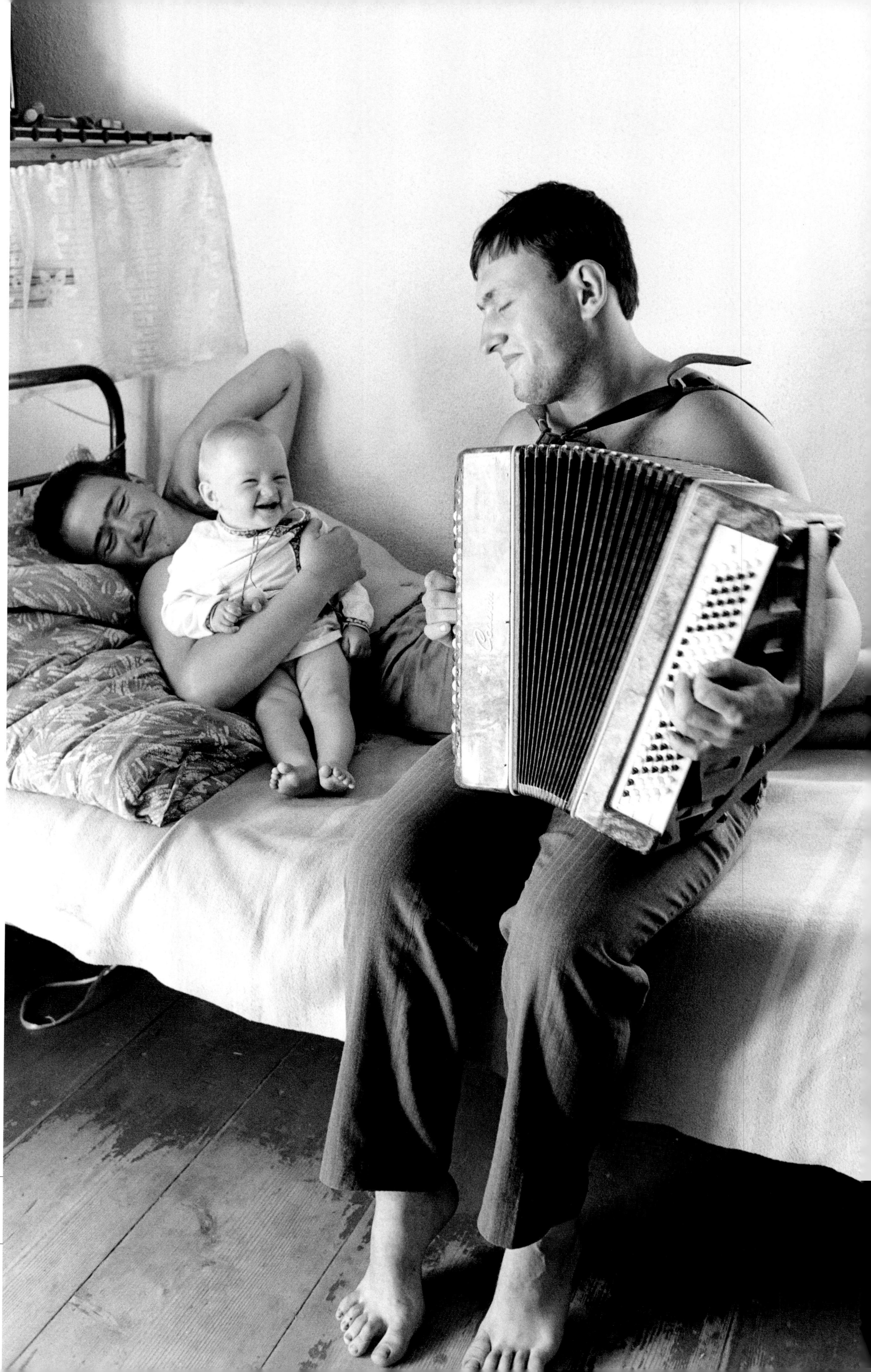

Foto (rechts):
GEORGES DUSSAUD
Musik als Muntermacher, als Vertonung menschlicher Stimmungen, die anstecken können: Zum Beispiel, wenn Wassyl Filipew zu Hause in den ukrainischen Karpaten auf seinem Akkordeon für seinen Sohn und dessen Onkel eine alte Huzulen-Weise spielt; oder wenn ein alter Mann in der portugiesischen Provinz Trás-os-Montes auf seinem Gehstock ein »Querflötensolo« bläst

GEO Special *Portugal*

Foto (links):
LIDA & MISO SUCHY
GEO *7/99*

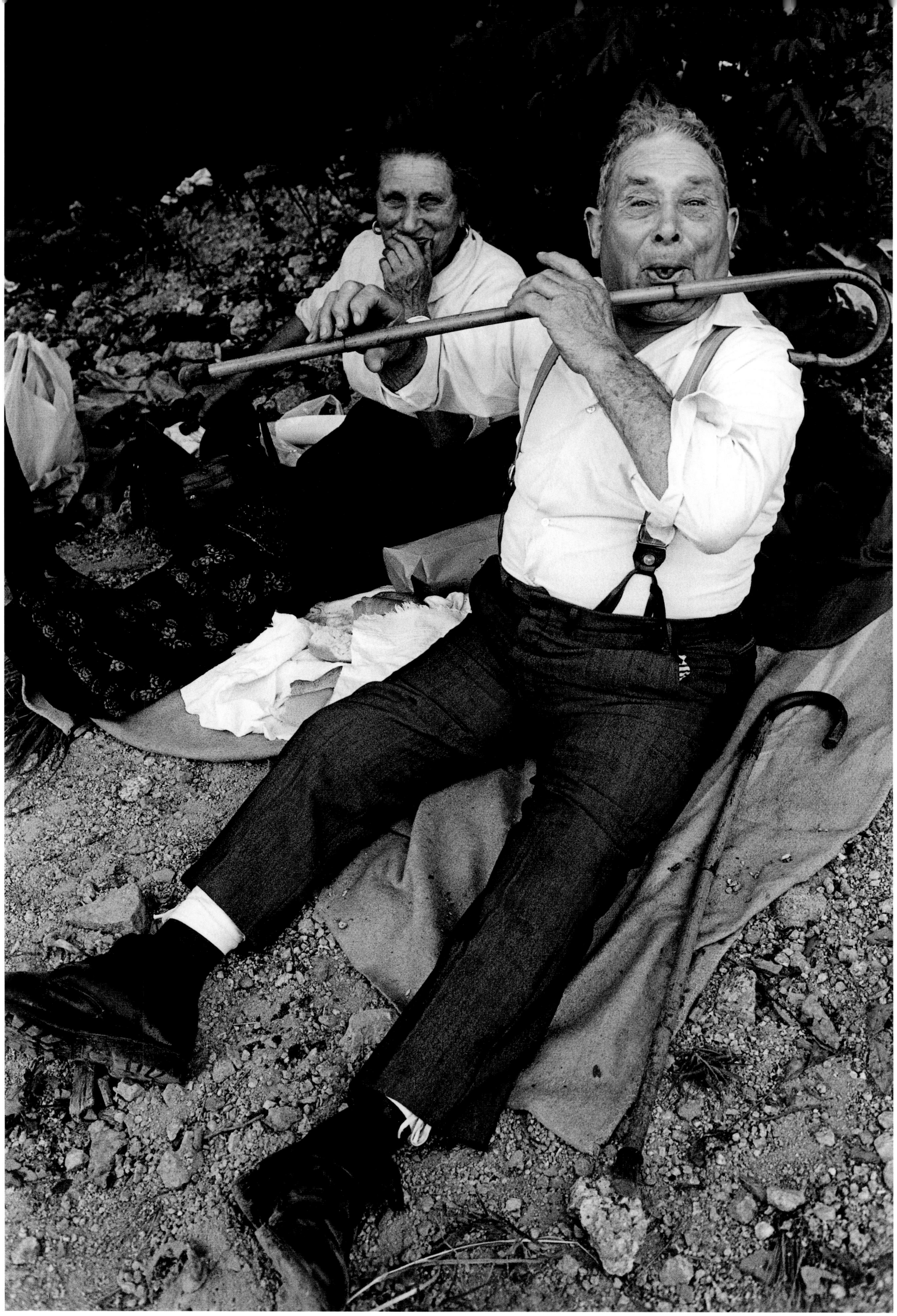

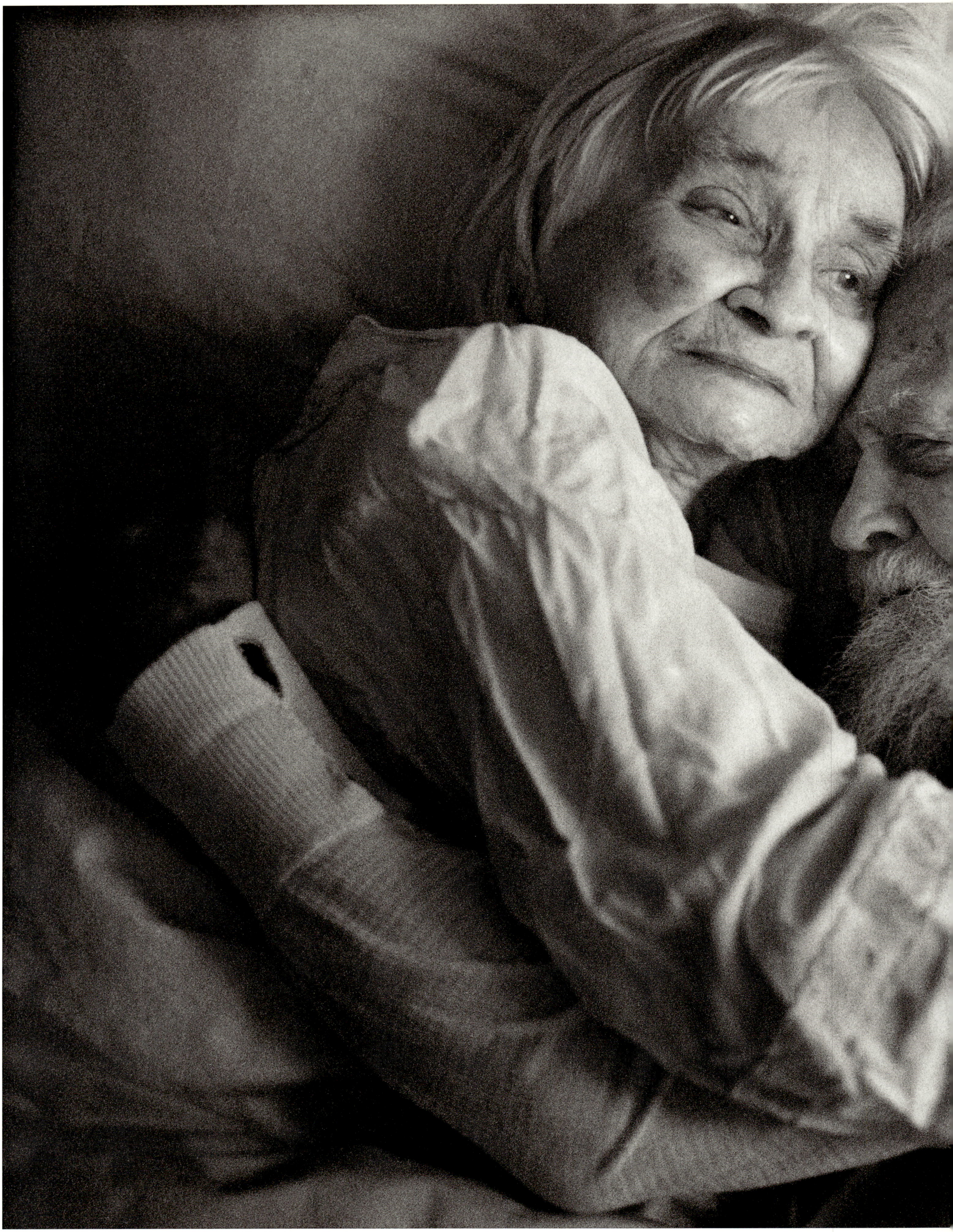

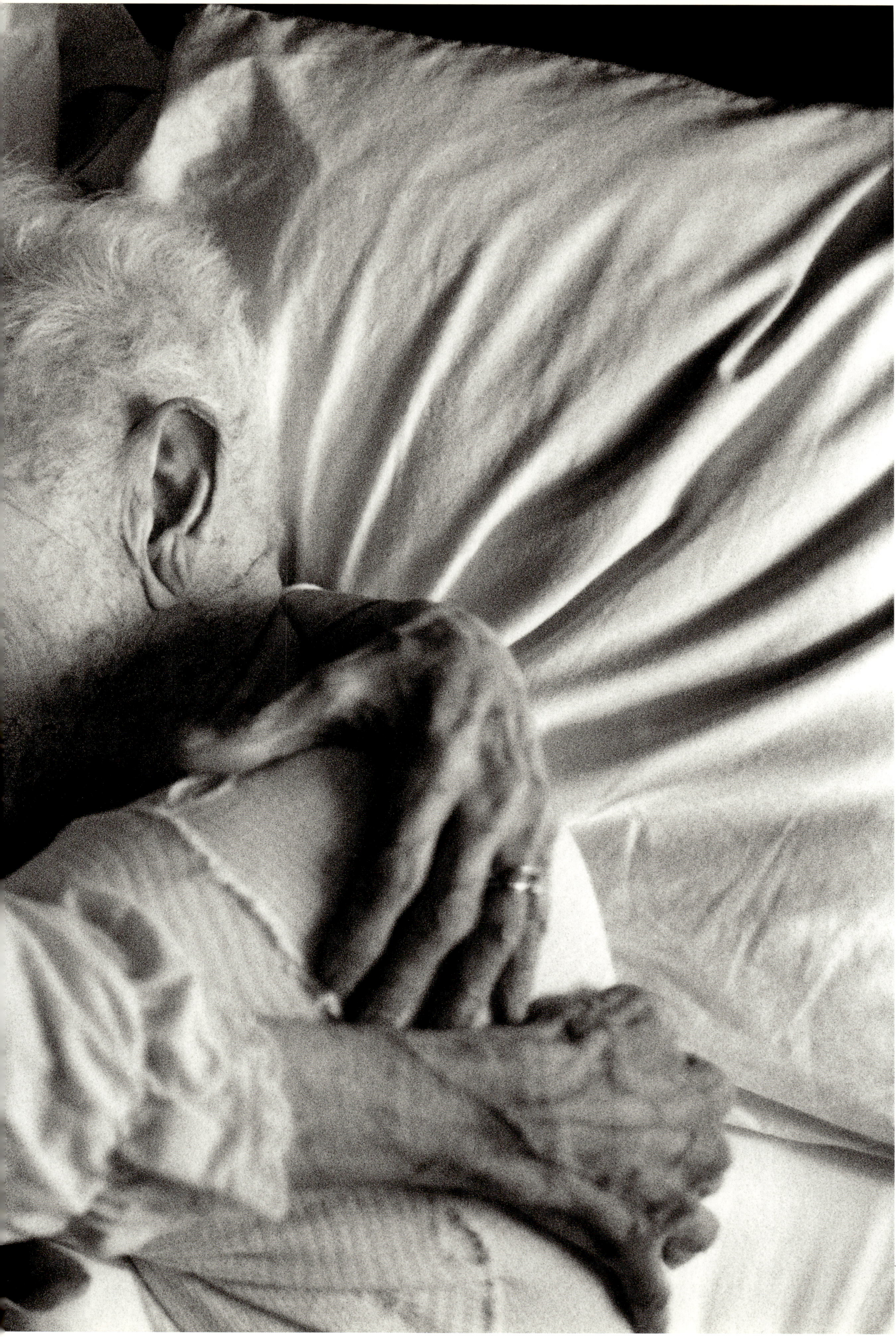

Foto:
KERI PICKETT

In den USA wird jede zweite Ehe geschieden, in Deutschland etwa jede dritte. Für das lange Glück, das all jene nicht haben, die sich trennen, könnten Josie und Bernhard Blakey stehen: Das US-amerikanische Paar umschiffte alle Klippen des Lebens miteinander und blieb sich 63 Jahre lang treu, liebevoll und innig – bis Bernhard Blakey 97-jährig starb

GEO 1/97

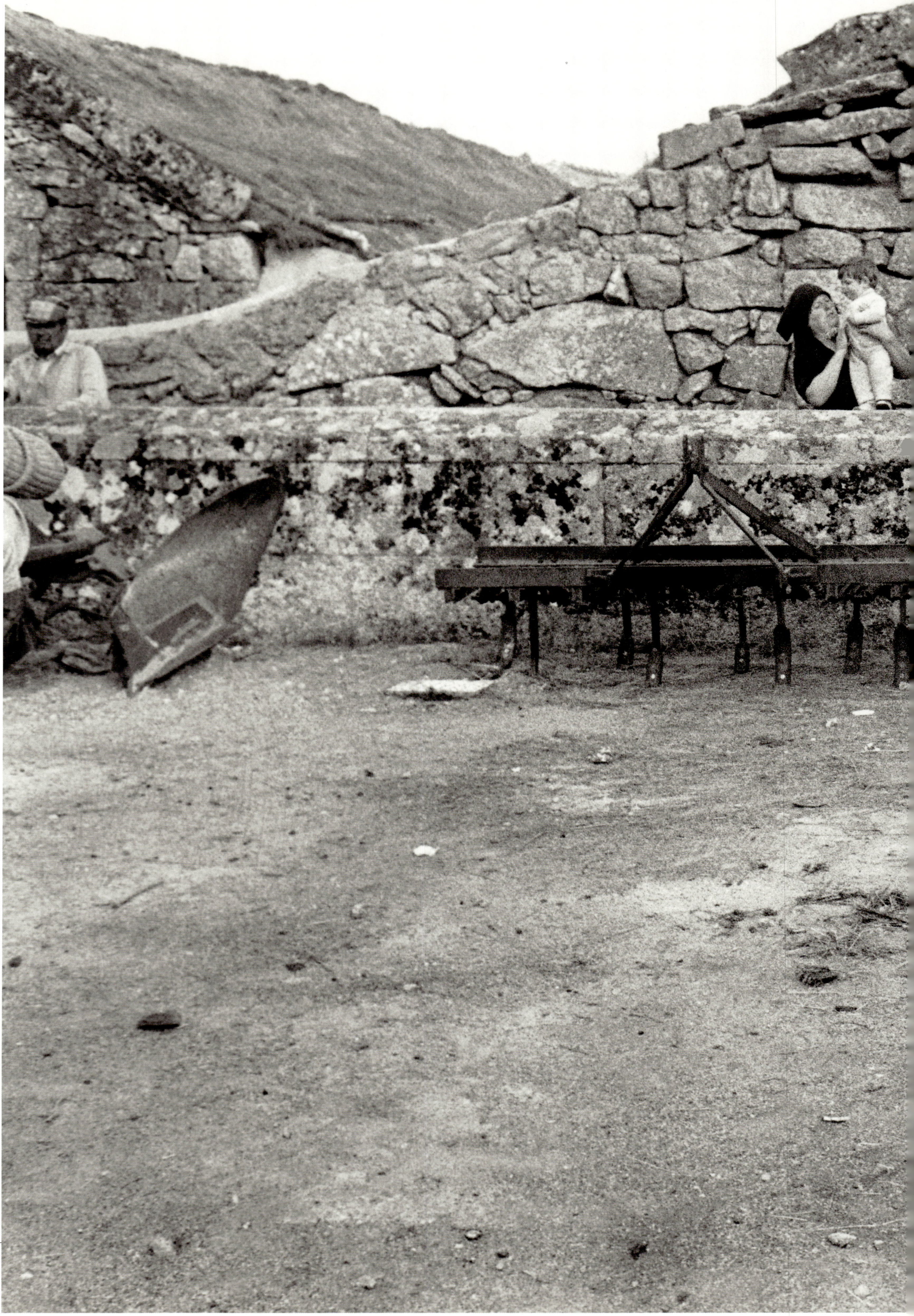

Foto:
GEORGES DUSSAUD

Hochzeitsfest in der portugiesischen Provinz Trás-os-Montes: steinerne Kulisse, schwarz gewandete alte Frauen; keine Spur jener Unbeschwertheit, die andernorts über solch einer Feier läge. Wäre da nicht dieser Augenblick von Fröhlichkeit im Gesicht des tanzenden Mädchens

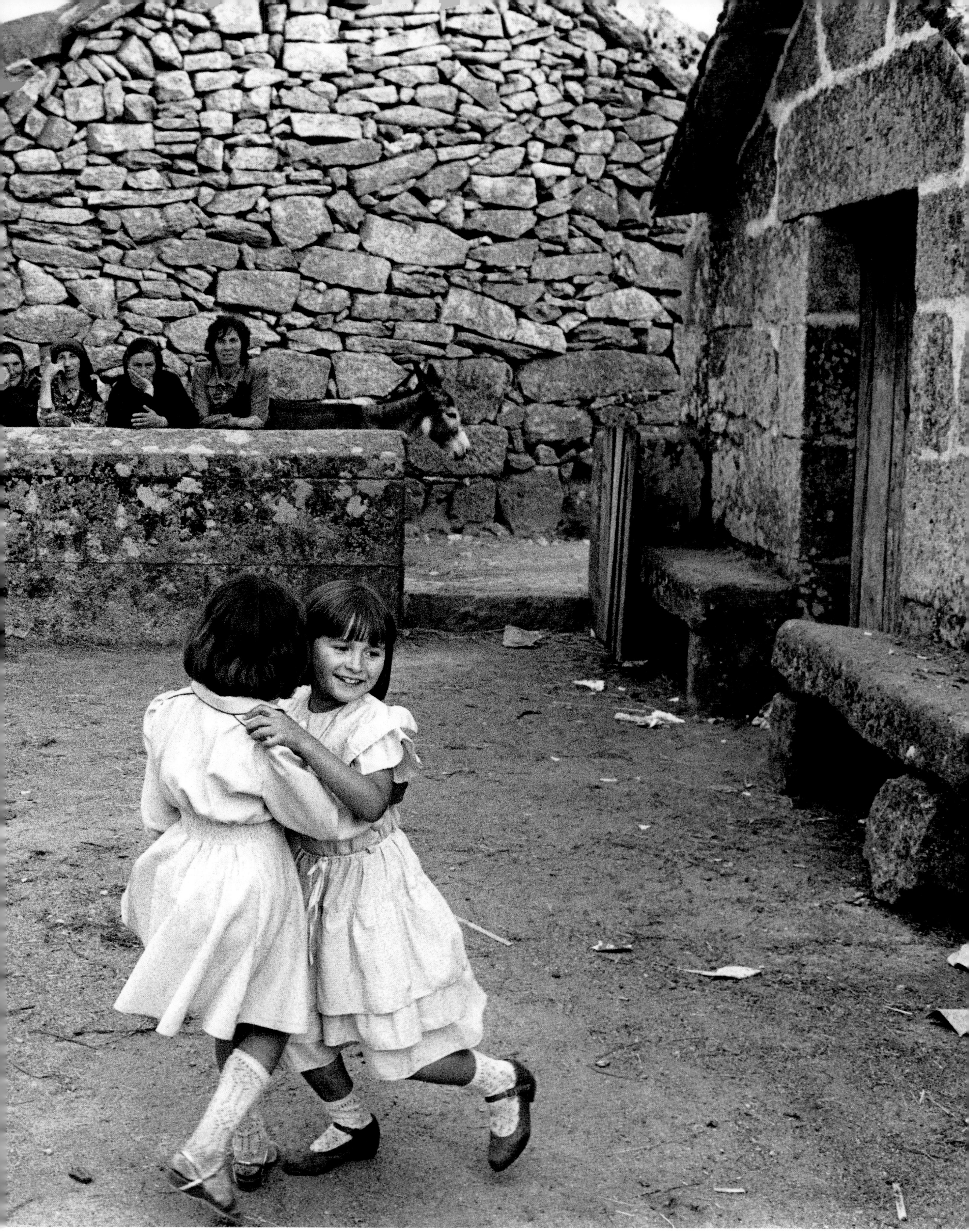

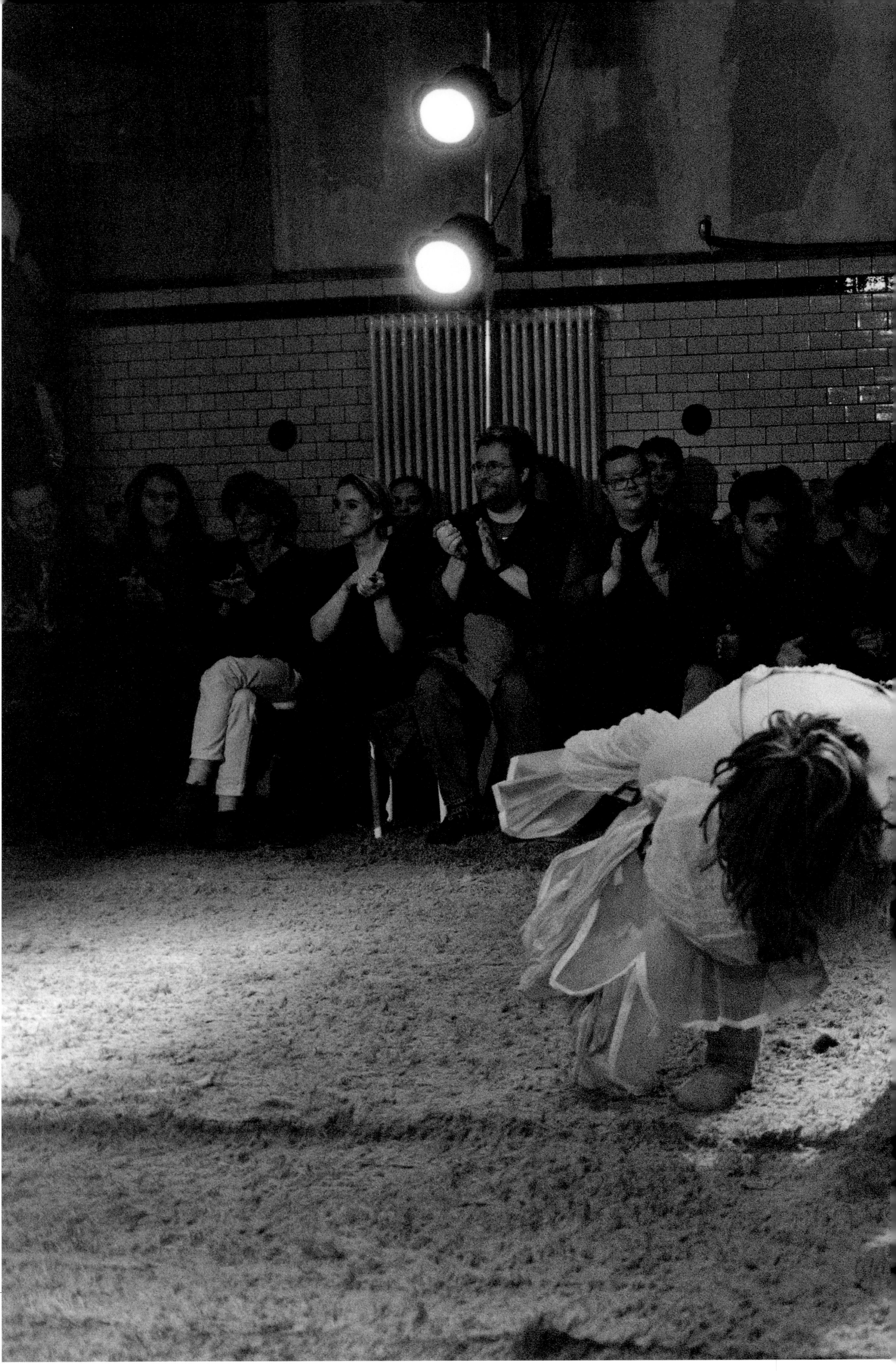

FOTO:
SIBYLLE BERGEMANN

Der schönste Augenblick für zwei Künstler: Nach gelungener Aufführung des Theaterstücks »Woyzeck(en)« verbeugen sich Constanze Holländer und Sven Hakenes und genießen den Applaus des Publikums. Die beiden gehören zu dem ungewöhnlichen Berliner Ensemble Ramba Zamba. Nahezu alle der rund 40 Schauspieler und Musiker sind behindert: Unter ihnen sind Spastiker, Autisten und Menschen mit Down-Syndrom – souverän auch bei ihren Vorstellungen agierend

GEO *10/97*

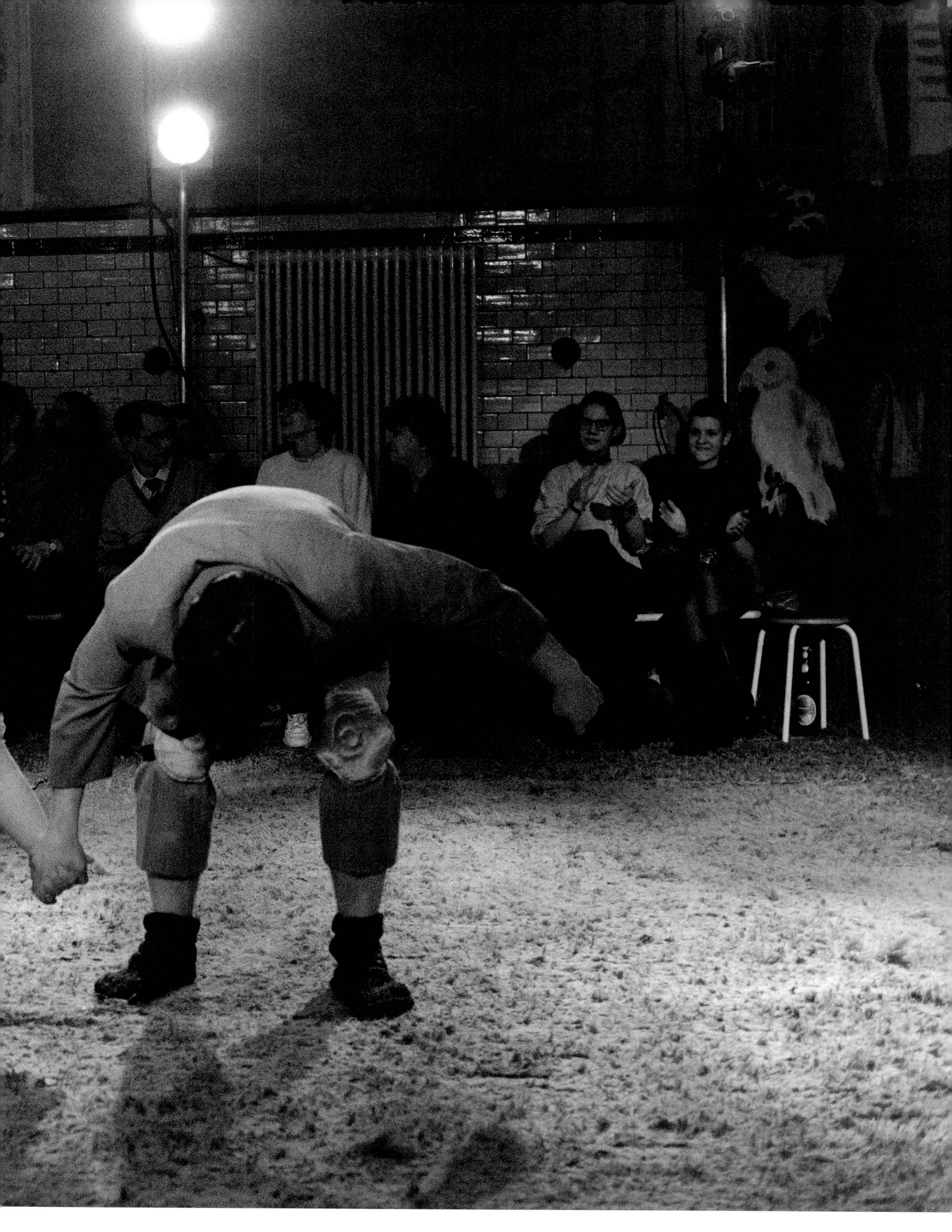

Das subjektive Grau

NACHWORT

In seinem Buch „Eine Anthropologin auf dem Mars" erzählt Oliver Sacks von dem Maler Jonathan Isaacson, der nach einer Kopfverletzung von einem Tag auf den anderen die Fähigkeit verlor, farbig zu sehen – obwohl den Augen Isaacsons nicht das Geringste geschehen war. Rot, Grün und Blau, Cyan, Magenta und Gelb gab es für den Maler plötzlich nicht mehr; seine Farbwahrnehmung war auf verschiedene Abstufungen von Grautönen reduziert. Für den Neurologen Sacks ein Beweis dafür, dass in einem unversehrten Gehirn ein spezifischer Bereich wie ein Farbfilm zur Belichtung bereitliegen muss; die Augen hingegen vergleichsweise nur mechanische Fotoapparate sind. Alles Gesehene wird also farbig erst im Hirn abgespeichert, meint Sacks. Und die Träume der Nacht? Voller Melancholie berichtete Jonathan Isaacson, dass selbst sie einen Grauschleier bekommen hätten.

Aber ist Farbe in den Träumen, ist Farbe als unbewusster Spiegel der Wirklichkeit überhaupt selbstverständlich? 1942 wurden in einer Studie Studenten befragt, welche Farbe ihre nächtlichen Fantasien hätten. Über 70 Prozent gaben damals an, sie würden, soweit sie wüssten, in Schwarzweiß träumen. Eric Schwitzgebel, Professor an der University of California, wiederholte den Versuch im Jahre 2001. Und da erzählten nur noch knapp 18 Prozent seiner Probanden von einer Tendenz zu grau getönten Nachtgeschichten.

Woran mag es liegen, dass Menschen innerhalb von sechzig Jahren so unterschiedliche Auskünfte zu der Farbpalette ihres Unterbewusstseins geben? Obwohl doch, wie Oliver Sacks festgestellt hat, ein „Farbzentrum" in unserem Gehirn vom Anbeginn unseres Seins vorhanden sein muss. Offenbar nicht die biologische Ausstattung des Menschen, wohl aber seine Wahrnehmung, seine Reflexe auf die Farbigkeit der Welt scheinen sich zu wandeln. Noch im Jahre 1908 waren es frühestens Achtjährige, die in ihrem Wortschatz über die Farbbezeichnungen „Rot, Gelb, Grün, Blau" verfügten; 1950 waren schon Fünfjährige mit den Grundfarben vertraut – und mittlerweile können bereits Dreijährige diese vier Farben benennen. Unsere Welt ist offenbar im letzten Jahrhundert *subjektiv* immer bunter geworden. Frisch angestrichen worden.

Warum aber haben nicht alle Fotografen darauf reagiert?

Zunächst hatten sie keine Wahl; anders als die Maler aller Jahrhunderte, die über vielfältige Möglichkeiten verfügten, sich mit Farben künstlerisch zu äußern. Den frühen Gestaltern von Zeitungen und Magazinen, den ersten Generationen der Filmemacher und Fotografen blieb hingegen gar nichts anderes übrig, als ihre Aussagen über die Welt in Schwarz und Weiß und in den dazwischenliegenden Tönen zu treffen. Dass die Technik sie beschränkte, dass Verfahren zur farbigen Reproduktion noch vor ihrer Erfindung standen, gab der Schwarzweiß-Fotografie etwas Selbstverständliches, war kein Statement – und hinderte Fotografen nicht daran, dem Betrachter die Augen zu öffnen.

In Schwarzweiß entstanden im 19. Jahrhundert die aufregenden Porträts von Félix Nadar; die superben Bilder der Gebrüder Louis und Auguste Bisson, aufgenommen, während sie Napoleon III. in die Provinz Savoyen begleiteten; die Fernweh und Staunen auslösenden Himalaya-Eindrücke von Samuel Bourne und die Japan-Fotografien von Felice Beato. Interpretationen des Südens hatte es selten so schön gegeben wie bei Giorgio Sommer, Ägypten noch nie so betörend wie bei Francis Frith und Maxime Ducamp, und Baron von Gloedens Knaben waren über Jahrzehnte eine Inkarnation des Verführerischen. Trotz langer Belichtungszeiten entstanden auch die ersten erschreckenden Kriegsreportagen; vom Krim-Krieg, von Roger Fenton; erschienen revolutionäre Fotos über den Aufstand der Pariser Commune von Eugène Disdéri und aus dem amerikanischen Sezessionskrieg von Timothy H. O'Sullivan. Im Wettstreit mit der Malerei brachte schon die Fotografie dieser Zeit Bilder von ungeheurer Sorgfalt, Detailfreude, visionärer Kraft, Schönheit, Dramatik und von Stimmungsreichtum hervor. Auch wenn ihr die Farbe fehlte. Oder vielleicht schon damals: *weil* sie ihr fehlte?

Noch in die Phase der Schwarzweiß-Fotografie fiel, Anfang des 20. Jahrhunderts, ein selbstbewussteres Verständnis der Fotografen von ihrem Medium. Foto für Foto näherten sie sich dem härteren Blick der Moderne, im Abtasten der Möglichkeiten, durch eine Debatte in Bildern. Paul Strand schrieb 1917 in dem berühmten Fotomagazin „Camera Work": „Fotografie ist nur ein neuer Weg, der aus einer anderen Richtung das allgemeine Ziel ansteuert, welches Leben heißt." In diesem Sinne ist auch August Sanders „Antlitz der Zeit" zu betrachten. 1929 konnte es als eine Art Musterbuch der soziologischen Analyse gelesen werden, in dem jede Falte und jede Narbe eines von Sander porträtierten Menschen als Indizien von Status und Klasse zu entziffern waren. Eine Annäherung an den uralten Menschheitstraum, mit einem naturgetreuen Bild festzuhalten, wer man ist und wie die Welt beschaffen ist – die Fotografie leistete sie nun glaubwürdiger als die Malerei.

„Jeder kann sofort farbig fotografieren!", war die Botschaft, die 1932 auf einem Faltblatt der Firma Agfa verkündet wurde. Aber kein Eugène Atget, August Sander, Alfred Stieglitz, Henri Cartier-Bresson, keiner

Die Bilder im Kopf

Die kollabierenden Türme des World Trade Centers werden dazugehören. Noch aber sind es vor allem Schwarzweiß-Bilder, die sich in unsere kollektive Erinnerung eingebrannt haben. So sehr, dass Worte reichen, sie sichtbar zu machen.

Die Beine von Marlene Dietrich

Während des Mauerbaus in Berlin springt ein Volkspolizist über den Stacheldraht in den Westen

Ein südvietnamesischer Polizeichef erschießt auf offener Straße einen Vietcong

Willy Brandt kniet vor dem Ehrenmal zum Gedenken an die Opfer des Warschauer Ghettos

der ganz Großen seiner Zeit ließ sich darauf ein. Lange noch, bis in die ersten Jahre nach dem Zweiten Weltkrieg, war Farbe mit „Werbung" verbunden; mit Anzeigen-, nicht mit journalistischer Fotografie. Farbfotografie verkaufte Deodorants und Autos, brachte aber kaum eine bedeutungsvolle Arbeit hervor. Farbe galt als verführerisch. Sie schien glamouröser und weniger aufklärerisch zu sein. Farbe war weniger abstrakt, es fehlten ihr nach gängiger Ansicht eine spezifische Mystik und der Fantasie-Anreiz.

Und doch: 1953 nahm ein bedeutender Fotograf wie Ernst Haas, der seine Karriere in Schwarzweiß begonnen hatte, virtuos auch die Möglichkeiten des Farbfilms wahr. Nicht zuletzt, weil ein Magazin wie „LIFE" seine farbigen Impressionen auch in hoher Auflage drucken konnte. Der Zeitpunkt, an dem technische Innovationen es endgültig dem Fotografen überließen, wie er die Welt zeigen wollte. Und damit der Zeitpunkt, an dem das Bekenntnis zur Schwarzweiß-Fotografie ebenso wie jenes zur Farbfotografie nach Begründungen verlangte, nach einer stärkeren Reflexion des eigenen Tuns. Und nicht zuletzt der Zeitpunkt, der in den Bildredaktionen der Magazine einen gezielteren Umgang mit dem Medium Fotografie nötig machte.

Was die Fotografen des vorliegenden Buches vereint, ist nicht eine einzige Ansicht zu Schwarzweiß, hat aber doch auch Gemeinsamkeiten. „Wenn ich fotografiere, sehe ich in Schwarz und Weiß", merkt Abbas an, der Fotograf des Titelbildes. Und weiter: „Farben empfinde ich intuitiv als Grauschattierungen von Tiefschwarz bis Grellweiß. Ich gestalte mein Bild, indem ich die politische, soziale, religiöse und die rein ästhetische Dimension verinnerliche, aber zur gleichen Zeit auf das Licht und die Bewegungen achte. In Schwarzweiß ist das für mich einfacher. Es ist nicht die Wirklichkeit, es gibt der Wirklichkeit eine metaphysische Dimension." An einem Beispiel versucht Abbas, die Wandlungsfähigkeit der Wirklichkeit im Auge des Betrachters zu veranschaulichen: „Ein Jahr lang arbeitete ich in Mexiko City mit Schwarzweißfilmen. Bei meiner letzten Reise beschloss ich spontan, zu Farbfilmen zu wechseln. Plötzlich wurde Mexiko City eine andere Stadt für mich. Ich bemerkte, dass Mexiko City eine visuelle Katastrophe ist ..." „In Farbe oder in Schwarzweiß zu fotografieren heißt, zwei unterschiedliche Sprachen zu sprechen", meint auch Ed Kashi, Fotograf aus San Francisco. „Ich beherrsche beide, setze sie aber für unterschiedliche Ausdrucksweisen ein."

Anders Larry Towell, der ebenfalls in „Schattenlicht" vertreten ist. Er würde niemals einen Farbfilm anrühren; seine lärmfreien Bilder brauchen die Ruhestellung durch die Farblosigkeit. Und sie dürften damit auch Philip Jones Griffiths nahe kommen, der in einem Aufsatz über den „Fluch der Farben" kategorisch schreibt: „Die Beschäftigung mit der Farbe beeinträchtigt das Interesse am Inhalt. Die Light Show wird wichtiger als alles andere."

Ebenso wie Towell und Griffiths hat sich Sebastião Salgado für den Schwarzweißweg entschieden, nachdem noch seine ersten GEO-Reportagen in Farbe entstanden waren. Salgados zentrale These ist die, dass die Lebensumstände der Armen, der Vertriebenen, der Marginalisierten zwar Mensch für Mensch unvergleichbar sind, aber ihr Leiden, ob in Brasilien oder im Kosovo, sich ähnelt. Dieses Bemühen, die Achtung der Individualität mit einer Verallgemeinerung der strukturellen Miseren dieses Planeten zu kombinieren, spricht aus allen seinen Fotos. Man hat sie bisweilen pathetisch genannt – und meinte das unerbittliche Schwarzweiß, den strengen Bildaufbau, das heroisierende Licht und den Hang zur christlichen Allegorisierung. Doch wenn es Pathos ist, dann eben doch ein eindringliches, ein unbeirrbares Pathos, dessen Glaubwürdigkeit nicht durch den Verweis auf die Farbigkeit dieser Welt zu erschüttern ist.

Blut ist rot. Aber auch der bedeutendste Kriegsfotograf unserer Zeit, James Nachtwey, Chronist apokalyptischen Leidens und archaischen Hasses, hat sich dafür entschieden, Rot wie Schwarz zu zeigen. „Ich kann in Schwarzweiß mehr aussagen", ist er überzeugt: „Ich sehe so mehr in der Wertigkeit und Gewichtung von hell und dunkel. Benutze ich Farbe, geht es nicht mehr um Wertigkeiten, sondern um offensichtliche Buntheit. Meine Aussagen in Farbe sind eingeschränkter, weil mehr Variablen dabei mitspielen. Und je mehr Variablen ein Bild bestimmen, desto geringer der Grad, in dem meiner Meinung nach ein Bild gelungen sein kann."

Es ist offensichtlich, dass die Schrecken und die Finsternis der menschlichen Existenz von Fotografen bevorzugt in Grauwerten vermittelt werden. Nicht um zu trösten, ist anzunehmen. Eher wohl, um zu konzentrieren, sich selber und den Betrachter. So auch bei Gilles Peress, der mit seiner intensiven, teils dokumentarischen, teilweise narrativen und gänzlich subjektiven Form der Fotografie die Konfliktfelder dieser Erde aufsucht – um zu begreifen, was Krieg aus Menschen macht. Um die Realität in ihren bizarren Widersprüchen, Spannungen und Gleichzeitigkeiten einzufangen. Nur möglich für ihn, dies mit Hilfe eines Schwarzweißfilms zu tun.

Es wäre dennoch ein Irrtum, das Medium Schwarzweiß-Fotografie ausschließlich der „Sozialfotografie" und den düsteren Themen zuzuordnen, mag es für sie auch das adäquateste sein. Schwarzweißbilder können eine traumwandlerische Heiterkeit ausstrahlen. Bei Elliott Erwitt etwa, dem Meister des scheinbar beiläufigen Schnappschusses und der visuellen Randnotizen vom menschlichen Alltag, sind eine bezwingende Logik und der Witz kurioser Situationen erfasst. Überspitzung und Überhöhung sind hier das Ziel des Verzichtes auf Farbe.

Und was wäre die Porträtfotografie ohne das nachdrückliche, das einen Charakter heraushebende Schwarz und Weiß, verantwortlich für Verwandlung und Rückführung zum Wesentlichen einer Lebensgeschichte? Stefan Moses, Herlinde Koelbl, Graciela Iturbide sind Beispiele für die großen „Erblicker" eindrucksvoller Individuen.

Fotografie in ihrem ursprünglichsten Sinn – als Zeit-Zeugnis, das den vergangenen Moment für den Betrachter wieder herbeizuzwingen vermag, hat im Schwarzweißbild nicht die einzige, aber eine gesteigerte Kraft. Die Kraft der Verdichtung. Die Kraft, sich im Gedächtnis einzunisten. Und mögen wir auch in Farbe träumen: Schwarzweißbilder werden immer in der Lage sein, Alb- oder Wachträume von besonderem Schrecken oder besonderer Schönheit hervorzurufen.

Ruth Eichhorn

Ein nacktes vietnamesisches Mädchen flieht weinend vor einem Napalm-Angriff auf das Dorf Trang Bang

Der Fußabdruck des ersten Menschen auf dem Mond

Die Explosion des Luftschiffs »Hindenburg«

Engelsstatue über dem zerstörten Dresden

»Bilder im Kopf« war Titel einer Fotoausstellung ohne Fotos, die Mitte der 1980er Jahre von Michael Schirner im Auftrag des Stern konzipiert worden ist. GEO dankt Herrn Schirner für die Erlaubnis, auf diese Idee als Begleitung des Nachworts zu »Schattenlicht« noch einmal zurückgreifen zu dürfen. Die hier nur in Worten beschriebenen Bilder sind auf Seite 414 zu sehen.

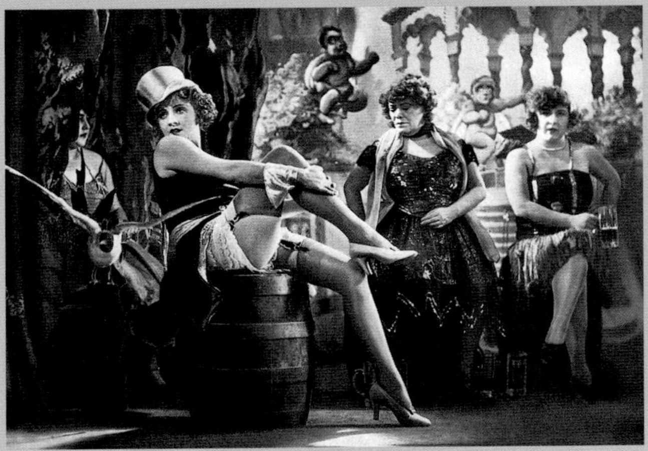
Foto (1): FOTOGRAF UNBEKANNT

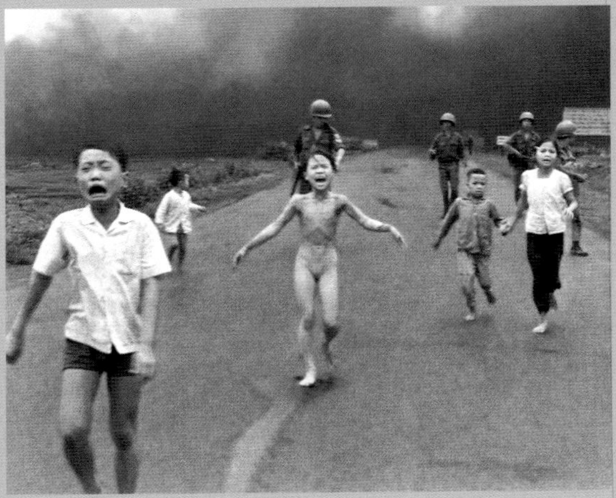
Foto (2): NICK UT

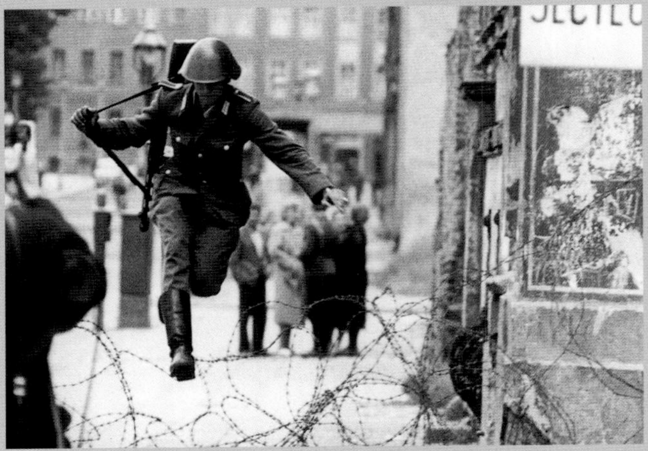

Foto (3): PETER LEIBING

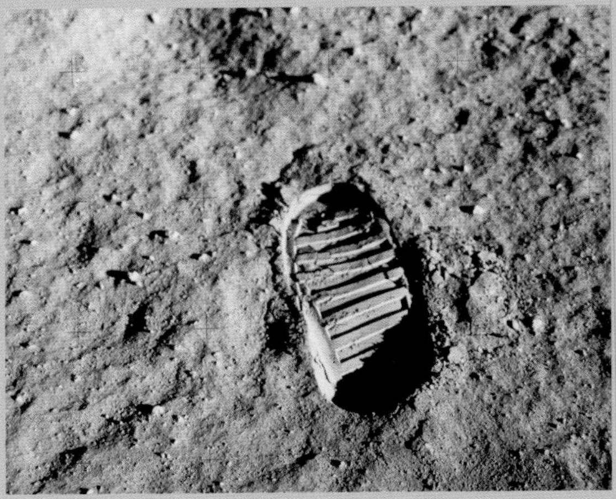
Foto (4): NASA

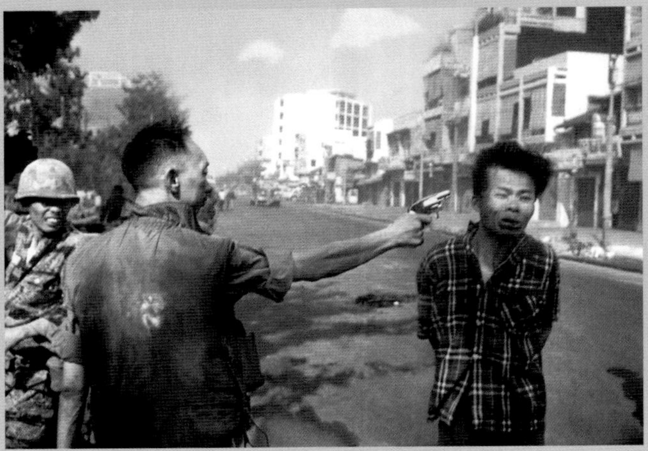
Foto (5): EDDIE ADAMS

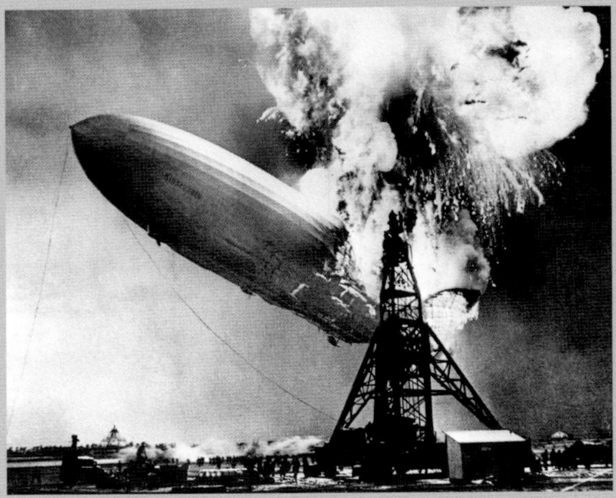
Foto (6): FOTOGRAF UNBEKANNT

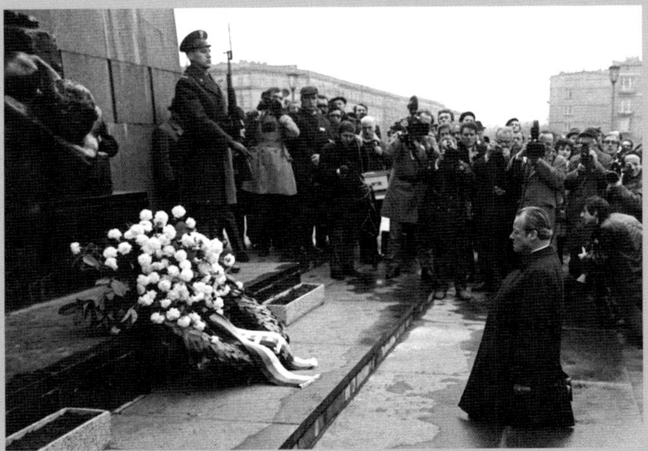
Foto (7): SVEN SIMON

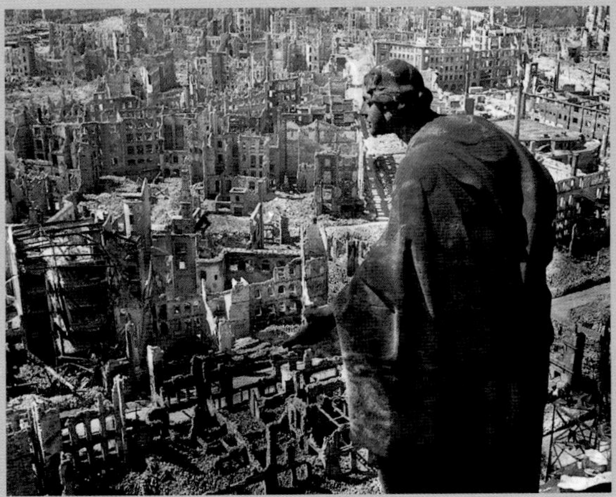
Foto (8): RICHARD PETER

BILDNACHWEIS

TITEL
Abbas/Magnum/Agentur Focus

A
Abbas/Magnum/Agentur Focus: 60, 61, 94/95, 171, 356/357, 362/363
Eddie Adams/AP: 414 (5)
Museum Ludwig/Agfa Photo-Historama/Sammlung Robert Lebeck: 260/261
Chris Anderson/Aurora: 180/181
Dieter Appelt/Galerie Kicken, Berlin: 308/309
Amy Arbus: 14/15, 16, 17; Archiv für Kunst und Geschichte, Berlin: 288/289
Cornélius Yao Azaglo Augustt: 46/47

B
Letizia Battaglia/Agentur Focus: 143
Manuel Bauer/Lookat: 104/105, 184/185
Bernd und Hilla Becher/Mit freundlicher Genehmigung des Schirmer/Mosel Verlags, München: 300/301
Sibylle Bergemann/Ostkreuz: 408/409
Bettmann/Corbis/Picture Press Life: 256/257
Lynn Bianchi: 318/319
Anna & Bernhard Blume: 306/307
Margaret Bourke-White/Life Magazine/Intertopics: 278/279
Courtesy Manuel Alvarez Bravo/The Witkin Gallery, Inc. New York: 322/323;
Barbara Brändli: 52/53, 64/65, 74/75, 100/101, 130/131, 132/133
Hugo Brehme/Bazar de Fotografia Casasola: 272/273
Markus Bullik: 345, 364, 365
Nancy Burson: 310/311
Harry Burton/Hulton Archive: 268/ The Griffith Institute Ashmolean Museum, Oxford: 269

C
Christophe Calais/Contact/Agentur Focus: 196/197
Henri Cartier-Bresson/Magnum/Agentur Focus:282/283
Jewgeni Chaldej/Ullstein Bilderdienst: 276/277
Archivo Fotográfico **Martín Chambi**, Cusco, Peru: 266/267
Tiane Doan Na Champassak/Agence Vu: 70/71, 78/79
Chien-Chi Chang/Magnum/Agentur Focus: 38/39, 160/161, 204/205, 230/231, 346/347, 360/361, 372/373
Mariano Chillihuani/PUCP/TAFOS: 62/63

D
Jan Dagø/Magnum/Agentur Focus: 172/173, 173/174
Ad van Denderen/Agence Vu: 168/169
Gertrude Duby Blom/Associación Cultural Na Bolom A.C.: 270, 271
Georges Dussaud/Rapho/Agentur Focus: 126/127, 128/129, 384/385, 402, 406/407

E
Herman LeRoy Emmet, 2002: 232/233
Elliott Erwitt/Magnum/Agentur Focus: 36/37, 394/395

F
Donna Ferrato/Domestic Abuse Awareness, Inc. from the book Living With the Enemy (Aperture): 158/159
Giorgia Fiorio/Contact/Agentur Focus: 366/367
Frank Fournier/Contact/Agentur Focus: 216/217, 350/351
Stuart Franklin/Magnum/Agentur Focus: 44/45, 134/135, 136/137
Nicolai Fuglsig/Rapho/Agentur Focus: 116/117

G
Peter Ginter/Bilderberg: 68/69
C. H. Grabill, 1891/The Library of Congress: 246/247
Michael von Graffenried: 198/199, 200/201
Daniel Ezralow and Adee, Photo © **Lois Greenfield**, 1983: 58/59
Daniel Ezralow, Ashley Roland and David Parsons, Photo © **Lois Greenfield**, 1986: 316/317
Philip Jones Griffiths/Magnum/Agentur Focus: 176/177
Gerhard Gronefeld/Deutsches Historisches Museum, Berlin: 382/383
Martin Gusinde/Anthropos Institut: 244/245, 248/249
Carol Guzy/The Washington Post: 18/19

H
Xie Hailong: 106/107, 215
Bill Hess/Running Dog Publications: 86/87, 124/125
Jörg Hess: 327, 328/329, 330/331;
Abigail Heyman/NYC: 24/25
Ken Heyman/Woodfin Camp & Assiociates, Inc.: 26/27
Frank Hurley/Royal Geographical Society, London: 254/255

I/J
IFTN GmbH/Mit freundlicher Genehmigung der Marlene Dietrich Collection GmbH, München: 414 (1)
Christien Jaspars/laif: 82/83, 84/85
Lynn Johnson: 400/401

K
Seydou Keïta/Courtesy of C.A.A.C – The Pigozzi Collection, Geneva: 41
Everett Kennedy Brown/M.I.L.K.-Projekt »Liebe«, Knesebeck Verlag 2001: 381
Antonin Kratochvil/VII: 154/155

L
Hien Lam Duc/Agence Vu: 236/237
Photograph by **Jacques-Henri Lartigue** © Ministère de la Culture – France/AAJHL: 314/315
Bernd Lasdin/Edition Temmen: 54/55
M. Leahy/Royal Geographical Society, London: 252/253
David Lees: 92/93, 358/359
Peter Leibing/bpk: 414 (3)
John William Lindt/Berlinische Galerie: 264/265
John Loengard: Satiric Dancer, 1926, by André Kertész/Mission du Patrimoine Photographique, Paris; Hands: Noel Bourcier, 31.3.93: 299
Urs Lüthi: 312/313

M
Walter Mayr/Agentur Focus: 332/333, 334/335, 336/337, 338/339
Klaus Meier-Ude/Wartberg Verlag: 293, 294/295, 296/297
Toribio Mendoza/PUCP/TAFOS: 148/149
Duane Michals: 302/303
Abelardo Morell/Courtesy Bonni Benrubi Gallery, NYC: 22/23
Françoise de Mulder/Gamma: 178/179
Achim Multhaupt/Bilderberg: 396/397

N
James Nachtwey/VII: 42/43, 210/211, 226/227, 228/229
NASA: 414 (4)
Helmut Newton/tdr: 32
Marie Pérennou & Claude Nuridsany/SPL/Agentur Focus: 340/341, 342/343

O
Copyright 1952, 1980 **Ruth Orkin**: 30/31

P
Paolo Pellegrin/Grazia Neri/Agentur Focus: 224/225
Gilles Peress/Magnum/Agentur Focus: 182/183, 188/189, 190/191, 192/193, 194/195
Richard Peter/Deutsche Fotothek in der Sächsischen Landesbibliothek: 414 (8)
© 1996 **Keri Pickett**: 404/405
Christopher Pillitz/Network/Agentur Focus: 33, 34/35
Sylvia Plachy: 20/21
Sigmar Polke/VG Bild-Kunst: 304/305
Herbert Ponting/Royal Geographical Society, London: 241
Popperfoto/Bilderberg: 414 (6)
Martin Pudenz: 50/51
Simon Puschmann/Bilderberg: 12/13

R
Chris Rainier: 77, 376/377, 378/379
Man Ray Trust, Paris/VG Bild-Kunst, Bonn 2002: 324/325
Rogério Reis/Tyba: 368/369, 370, 371, 390/391
Forum für Internationale Photographie (FiPho) der Reiss-Engelhorn-Museen: 258/259
Eugene Richards/Magnum/Agentur Focus: 144/145
Cristina García Rodero/Agence Vu: 118/119, 352/353, 354/355, 392/393
George Rodger/TimePix: 280/281
Royal Geographical Society, London: 242/243, 252/253
Steven Rubin: 28/29
Andrew Russel/Union Pacific Historical Collection, # 2-18: 250/251

S
Philippe Saada/Eurelios: 10/11
Joel Sackett: 56/57, 374/375
Sebastião Salgado/Amazonas Images/Agentur Focus: 88/89, 98/99, 111, 112/113, 114/115, 140/141, 186/187, 208/209, 222/223, 238/239
Jürgen Schadeberg: 156/157
Jordis Schlösser/Ostkreuz: 72/73, 220/221
© 1993 **Peter Sibbald**: 108/109
Malick Sidibé Courtesy André Magnin/C.A.A.C – The Pigozzi Collection, Geneva: 398, 399
Sven Simon: 414 (7)
W. Eugene Smith/Black Star: 9
John Shaw Smith/Courtesy Eastman House/International Museum of Photography and Film: 262/263
David Stewart-Smith/Katz Pictures/Studio X: 102/103
Laurent van der Stockt/Gamma: 206/207
Tom Stoddart/IPG/Studio X: 48/49, 202/203
Wolf Strache: 275
Lida & Miso Suchy: 96/97, 120/121, 122/123, 234/235, 403
SV Bilderdienst Süddeutscher Verlag: 292

T
Scott Thode: 146/147
Larry Towell/Magnum/Agentur Focus: 66/67, 90/91, 138/139, 166/167, 386/387

U
Ullstein Bilderdienst: 284/285, 286/287, 290/291
Nick Ut/AP: 414 (2)

V
Serapio Verduzco/PUCP/TAFOS: 80/81

W
Kai Wiedenhöfer/Lookat: 388/389
Joel-Peter Witkin/Courtesy Fraenkel Gallery, San Francisco, Portrait of Nan, New Mexico, 1984: 320/321
Patrick Witty: 212/213

XYZ
Patrick Zachmann/Magnum/Agentur Focus: 162/163, 164/165, 218/219
Franco Zecchin/Agentur Focus: 150/151, 152/153, 348/349